ŒUVRES
COMPLÈTES
DE PÉTRONE

AVEC LA TRADUCTION FRANÇAISE
DE LA COLLECTION PANCKOUCKE

PAR M. HÉGUIN DE GUERLE

Ancien inspecteur de l'Académie de Lyon

ET PRÉCÉDÉES

DES RECHERCHES SCEPTIQUES SUR LE SATYRICON ET SON AUTEUR

PAR

J. N. M. DE GUERLE

Ancien censeur au collège Louis-le-Grand

NOUVELLE ÉDITION TRÈS-SOIGNEUSEMENT REVUE

PARIS
GARNIER FRÈRES, LIBRAIRES-ÉDITEURS
6, RUE DES SAINTS-PÈRES, ET PALAIS-ROYAL, 215

1861

OEUVRES COMPLÈTES
DE PÉTRONE

Paris. — Imprimerie de P.-A. BOURDIER et Cie, 30, rue Mazarine.

AVERTISSEMENT

DU TRADUCTEUR

Les amis des lettres classiques connaissent la traduction en vers du poëme de la *Guerre civile* de Pétrone, par M. de Guerle, mon beau-père, et ses imitations des autres morceaux de poésie que renferme le *Satyricon*. Ces jolies pièces perdaient beaucoup de leur prix à être ainsi isolées du roman satirique où Pétrone les a si heureusement semées, et où elles répandent tant de charme et de variété. Le désir de les replacer dans leur cadre naturel est ce qui m'a engagé à faire cette traduction.

Ce qui, surtout, m'encourageait dans cette entreprise, c'est la médiocrité de toutes les traductions du *Satyricon* publiées jusqu'à ce jour. En effet, sans parler de celle que l'on doit à la plume infatigable de l'abbé de Marolles, la plus mauvaise, peut-être, de toutes celles qu'il a faites, et ce n'est pas peu dire; Nodot et Lavaur, tous les deux bons latinistes, en s'imposant une fidélité trop scrupuleuse, ont bien rendu *la lettre*, mais non *l'esprit* de Pétrone; ils semblent avoir oublié qu'ils avaient à reproduire un des écrivains les plus délicats et les plus ingénieux de l'antiquité : toutes les grâces du modèle, toute la vivacité de son coloris, disparaissent sous leur pinceau lourd et blafard. D'autres, comme Boispréaux (Desjardins) et M. Durand, ont voulu donner à leur version une allure leste et dégagée; mais, par une erreur encore plus grande, en habillant Pétrone à la française, ils lui ont ôté sa physionomie originale, et l'ont rendu méconnaissable.

Placé entre ces deux écueils, j'ai tâché, tout en suivant d'assez près le texte, que ma fidélité n'eût rien de servile. Si je n'ai pu rendre tout l'éclat des morceaux saillants, j'ai quelquefois pallié les défauts de l'original. Sans doute cette version n'est qu'une bien pâle copie d'un brillant tableau; mais je prie le lecteur de considérer que, si j'ai souvent échoué dans mes efforts, c'est que j'avais à lutter contre des obstacles presque insurmontables.

La première difficulté qui se présentait, c'était le choix d'un texte : l'ouvrage de Pétrone a tellement souffert de l'injure des temps et de l'ignorance des copistes, qu'il offre à chaque instant des passages mutilés ou corrompus, dont il est impossible de fixer le véritable sens, malgré les doctes et laborieuses élucubrations des Reinesius, des Douza, des Gonsalle de Salas, des Barthius, des Heinsius, des Pithou, des Bourdelot, des Bouhier, des Burmann, et d'une foule d'autres savants illustres.

Le texte de Burmann (Amsterdam, 1733), l'édition Bipontine de 1790, et celle que M. Ant.-Aug. Renouard a publiée en 1797, sous le format in-18, ont servi de base à mon travail. Lorsque je m'en suis écarté, c'est que j'avais, pour le faire, d'imposantes autorités.

Tout en reconnaissant, avec Burmann et Breugière de Barante, pour apocryphes les prétendus fragments du *Satyricon* trouvés à Belgrade en 1688, et publiés par Nodot en 1692, je n'ai pas laissé de les admettre dans mon texte, en les plaçant toutefois entre deux crochets, pour les distinguer de ce qui est entièrement conforme aux manuscrits. J'ai suivi en cela l'édition Bipontine et l'opinion de Basnage : ce critique célèbre pense que ces fragments, qui remplissent d'énormes lacunes, donnent de la liaison et de la suite à un ouvrage qui n'en avait pas, et rendent la lecture du *Satyricon* plus facile et plus agréable.

Quant aux notes, je ne me suis fait aucun scrupule d'emprunter, soit aux commentateurs, soit aux traducteurs mes devanciers, tout ce qui, dans leurs remarques, se trouvait à ma convenance : j'ai surtout mis à profit celles de Lavaur, qui se distinguent par une solide érudition.

J'avais d'abord eu l'intention de faire précéder cette

traduction d'une notice historique et littéraire sur Pétrone : la préface de Bourdelot m'offrait d'excellents matériaux pour ce travail; mais, au moment de les mettre en œuvre, je me suis rappelé que mon beau-père avait publié, à la suite de sa traduction de la *Guerre civile*, des *Remarques sceptiques sur le Satyricon et sur son auteur*, qui atteignaient parfaitement le but que je me proposais. J'ai donc pensé que c'était la meilleure introduction que je pusse placer en tête de cet ouvrage. J'espère que le lecteur sera de mon avis, et qu'il me saura gré de reproduire ici cette ingénieuse dissertation, où l'érudition la plus variée s'unit à une critique fine et spirituelle. Le seul reproche que l'on pourrait faire à l'auteur de ces *Remarques*, c'est de laisser le lecteur dans le doute, et de ne rien conclure; mais le titre de *sceptiques*, qu'il leur a donné, répond d'avance à cette objection.

Si j'osais, après tant de savants qui se sont épuisés en conjectures sur cet ouvrage, émettre mon opinion personnelle, je dirais :

Non, le *Satyricon* n'est pas la diatribe contre Néron, que Pétrone composa à l'article de la mort, tandis que sa vie s'écoulait avec son sang : la longueur de cette Satyre ne permet pas de le croire; mais il est très-probable que quelque compilateur du moyen âge aura réuni sous ce titre général de *Satyricon* ou plutôt de *Satyricôn*, comme le veulent Rollin, Baillet et Burmann, tous les fragments épars des différents écrits de Pétrone, tels que l'*Albutia*, l'*Eustion* et la diatribe en question, pour en former un corps d'ouvrage : dès lors, le défaut de plan et de suite dans ce roman serait facile à expliquer.

Non, ce n'est pas l'empereur Néron que Pétrone a représenté sous le personnage de Trimalchion, mais bien plutôt Tigellin, l'infâme Tigellin, cet homme sorti de la lie du peuple, qui, par la corruption de ses mœurs et ses lâches adulations, prit en peu de temps un grand ascendant sur l'esprit de l'empereur, et fut le principal auteur de la disgrâce de Pétrone. Celui-ci s'en vengea sans doute en homme d'esprit, et peignit cet ignoble favori du prince sous les traits d'un amphitryon fastueux et ridicule ; peut-être aussi le festin de Trimalchion est-il la parodie de cette fameuse orgie que Néron donna sur l'étang d'Agrippa, par les soins et sous la direction de Tigellin [1].

Dans tous les cas, il n'est pas douteux, selon moi, que le *Satyricon* ne soit, du moins en grande partie, l'ouvrage de ce même Pétrone dont parle Tacite [2], et qui fut, à la cour de Néron, l'arbitre du goût, *arbiter elegantiarum*, ce qui lui fit donner le surnom d'*Arbiter*, non pas comme une simple épithète, mais comme un

---

[1] TACITE, *Annales*, liv. xv, ch. 37.
[2] *Ibid.*, liv. xvi, ch. 14 et 18.

de ces surnoms si communs chez les Romains, et qu'on employait indifféremment en place du nom propre.

Il ne me reste plus qu'un mot à dire sur les fragments qui viennent à la suite du *Satyricon*. Parmi tous ceux que l'on attribue à Pétrone, je n'ai traduit que ceux qui m'ont paru présenter quelque intérêt, sans m'occuper de leur plus ou moins d'authenticité. La plupart sont extraits du recueil intitulé *Veterum poetarum catalecta*, publié par Joseph Scaliger en 1573, et que l'on a joint depuis à presque toutes les éditions de Pétrone.

HÉGUIN DE GUERLE.

RECHERCHES
SCEPTIQUES
SUR LE SATYRICON
ET SON AUTEUR

PREMIÈRE PARTIE

Si l'on en croit plusieurs savants, onze auteurs célèbres ont porté le nom de Pétrone : malheureusement, il ne nous reste de chacun d'eux que des fragments. Parmi ces différents Pétrones, le plus illustre est distingué par le surnom d'*Arbiter* : c'est à lui qu'on doit le *Satyricon*, monument de littérature autrefois précieux sans doute par son élégance et sa légèreté, puisque ses ruines même ont encore de quoi plaire; mais dont la clef, depuis longtemps perdue, ne se retrouvera probablement jamais, quoi qu'en aient dit quelques modernes antiquaires.

Nul écrivain, si l'on en excepte Aristote, n'a trouvé peut-être autant d'interprètes[1]; cependant il n'en est ni mieux compris, ni plus connu.

De graves auteurs, qui ne doutent jamais, nous ont donné la vie de Pétrone bien circonstanciée. Le temps où il vécut, la cité qui le vit naître, les charges dont il fut honoré, les ouvrages qu'il composa, le caractère qui

---

[1] Huetiana, *Jugement sur Pétrone*.

lui fut propre, la manière dont il mourut, rien n'est oublié : ils connaissent Pétrone comme s'ils eussent été ses contemporains, ses compatriotes, ses amis. Et tout cela se trouve, selon eux, dans une page de Tacite ! Il s'agit ici d'un passage des *Annales*[1], relatif à la mort du consul Pétrone. « C'était, dit Tacite, un courtisan voluptueux, passant avec aisance des plaisirs aux affaires, et des affaires aux plaisirs. Habitué à donner le jour au sommeil, il partageait la nuit entre ses devoirs, la table et ses maîtresses. Idole d'une cour corrompue, qu'il charmait par son esprit, ses grâces et ses dépenses, il y fut longtemps l'arbitre du goût, le modèle du bon ton, le favori du prince. Mais enfin, supplanté par Tigellin son rival, il prévint, par une mort volontaire, la cruauté de Néron. Fidèle épicurien, même à son dernier soupir, il regardait en souriant la vie s'échapper avec son sang de ses veines entr'ouvertes. Quelquefois il les faisait fermer un instant, pour s'entretenir quelques minutes de plus avec ses amis, non de l'immortalité de l'âme ou des opinions des philosophes, mais de poésies badines, de vers légers et galants. Loin d'imiter ces lâches victimes du tyran, qui baisaient en mourant la main de leur bourreau, et léguaient leurs biens à leur avare assassin, il s'amusa dans ses derniers moments à tracer un récit abrégé des débauches de Néron ; il le peignit outrageant à la fois la pudeur et la nature dans les bras de ses mignons et de ses prostituées. Après avoir adressé à Néron lui-même ce testament accusateur, scellé de l'anneau consulaire, il se laissa tranquillement expirer, et sembla s'endormir d'une mort naturelle. »

---

[1] Tacite, *Annales*, liv. XVI, ch. 14 et 18.

Rien de plus beau que ce morceau de Tacite : pour en sentir tout le mérite, il faut le lire dans l'original. Mais peut-il s'appliquer à l'auteur du *Satyricon*? Voilà le point à résoudre.

On peut dire en faveur de l'affirmative :

1° S'il est vrai que tout écrivain se peigne dans ses ouvrages, la ressemblance est parfaite entre le courtisan et l'auteur. L'un donne le jour au sommeil et la nuit aux plaisirs ; l'autre prête à ses acteurs cette maxime d'Aristippe : *Vivamus, dum licet esse, bene.* Le premier ne disserte point comme Socrate, à son dernier soupir, sur l'immortalité de l'âme ; mais il récite nonchalamment à ses amis quelques strophes d'Anacréon ou d'Horace, et, sur le bord même de la tombe, il semble jouer avec la mort ; le second nous peint de jeunes débauchés, calmes sur un navire battu par l'orage, raillant, au milieu d'une mer en courroux, la piété tardive des matelots, et s'écriant au sein d'une orgie :

La crainte a fait les dieux........

Le favori disgracié adresse à Néron, pour dernier adieu, une diatribe sanglante où sont livrés à l'opprobre, et ce tyran sans pudeur, et ses infâmes complices ; or, dans les scènes symboliques du *Satyricon*, qui ne reconnaît les nuits du Sardanapale romain et le scandale de sa cour ?

2° Pline et Plutarque confirment ce qu'avance Tacite touchant le luxe délicat de Pétrone et la satire dont il flétrit en mourant les vices de Néron. Ils nous apprennent aussi qu'un moment avant d'expirer, Pétrone, pour dérober une coupe précieuse à l'avidité du tyran, la fit briser en sa présence.

3° Terentianus Maurus cite Pétrone comme faisant un usage familier du vers ïambe, et la lecture de Pétrone justifie la remarque de Terentianus : or, ce poëte écrivait, dit-on, sous Domitien. Pétrone est donc antérieur à ce prince.

4° Enfin, entre les règnes de Néron et de Domitien, nul auteur connu n'a porté le nom de Pétrone; car on ne peut citer *Petronius aristocrates* de Magnésie, philosophe contemporain de Perse, mais duquel il ne nous reste aucun ouvrage. Donc Terentianus, Tacite, Pline et Plutarque ont, sous le nom de Pétrone, désigné un seul et même homme; donc l'auteur du *Satyricon* vécut dans le premier siècle de l'ère vulgaire; donc il fut un personnage célèbre à la cour des empereurs, où il se vit décorer des honneurs du consulat; donc sa mort coïncide avec la douzième année du règne de Néron; donc le *Satyricon* est la peinture des vices de ce prince.

Ce qui pourrait donner quelque poids à cette opinion, c'est qu'elle fut celle de P. Pithou, justement surnommé le Varron français dans le XVIe siècle. Mais, d'abord, on peut opposer à ce savant des savants non moins respectables, un Juste Lipse, un Petit, les deux Valois, puis Voltaire et beaucoup d'autres. Viennent ensuite quelques objections assez fortes contre le sentiment commun. Les voici : j'en attends la solution.

1° C'est en vain qu'on invoquerait dans les deux Pétrones la ressemblance des noms. Le seul Pétrone qui se vit honorer du consulat sous Néron fut Caïus Petronius Turpillianus; Tacite et les fastes consulaires sont d'accord sur ce point. Or, l'auteur du *Satyricon* est Titus Petronius Arbiter. Cette double différence et de prénoms et de surnoms suffirait seule pour détruire l'identité des personnes. Mais, dira-t-on, Tacite n'appelle-t-il pas son Pétrone *elegantiæ arbiter*? Oui, mais ces deux mots doivent être traduits par ceux-ci : « Arbitre du goût; » ils ne forment donc là qu'une épithète. Séparez l'attribut du sujet, il ne vous restera qu'une abstraction. S'agit-il, au contraire, du *Satyricon*? le mot seul *Arbiter* présente l'idée complète de son auteur; il fait l'office de nom propre; *Arbiter* et *Pétrone* sont alors synonymes. Aussi voyons-nous ces deux mots employés indifféremment l'un pour l'autre par Planciades Fulgence, Diomède, Servius Honoratus, Macrobe, Victorin, Sidoine Apollinaire, saint Jérôme, et Terentianus Maurus lui-même. C'est pour n'avoir pas fait cette remarque, que plusieurs savants ont erré.

2° Il n'existe pas plus de parité entre les ouvrages qu'entre les personnes. La diatribe dont parle Tacite fut composée un instant avant la mort de son auteur. Elle était donc fort courte, et contenait au plus quelques pages. Au moment où ses forces et son génie s'écoulaient avec son sang, restait-il au consul assez de verve pour improviser sur la guerre civile un poëme de trois cents vers, qui, selon quelques écrivains, valent seuls toute la *Pharsale*? L'impromptu, sans doute, eût été merveilleux; mais il serait venu à contre-temps : Lucain en eût été plus piqué que Néron, et ce n'était pas Lucain que Pétrone voulait punir. Quoi qu'il en soit, si l'on en croit Douza, nous avons à peine aujourd'hui la dixième partie du *Satyricon;* cependant ce faible débris, échappé aux injures du temps, forme encore un volume assez considérable. Or, à qui persuadera-t-on qu'un ouvrage de si longue haleine ait été conçu et dicté en un seul jour, et par un homme à l'agonie?

3° La diatribe du favori disgracié était la chronique du jour; chronique scandaleuse, mais véridique et basée sur des faits trop certains. Elle dénonçait à l'indignation publique les turpitudes confiées au secret de la nuit. Les agents du crime et ses complices, leurs noms, leur sexe, leur âge, les lieux qui le virent commettre, tout s'y trouvait décrit en peu de mots comme sans emblème. Ainsi l'exigeait la vengeance : le voile de l'énigme en eût émoussé les traits, et le raccourci du tableau donnait un jeu plus fort aux figures. Mais que voit-on dans le *Satyricon?* Là, chaque acteur, sous un nom supposé, voyage dans le pays des fables, raconte quelque aventure galante, fait tour à tour, à l'aide de récits imaginaires, la satire de quelque vice, et jette le ridicule à pleines mains sur les objets qui lui déplaisent. Tantôt on y déplore la corruption du goût, l'avilissement des beaux-arts, la chute de l'éloquence : on y donne parfois d'excellents préceptes de morale et de poésie. Tantôt l'auteur nous promène sur les mers, à travers les écueils ou les querelles des passagers; puis tout à coup, interrompant son récit, il repose agréablement l'esprit du lecteur sur l'épisode de la matrone d'Éphèse, et donne aux prudes une leçon utile. Plus loin, il embouche fièrement la trompette de Mars, décrit en vers ïambes l'embrasement de Troie, ou consacre à peindre les fureurs de la guerre civile la majesté de l'hexamètre. Enfin son vol s'abaisse, et sa dernière scène nous présente un fripon dupe de sa propre fourberie. En vérité, voir, dans ces jeux d'un esprit qui s'amuse, les débauches d'un tyran et la vengeance d'une de ses victimes, c'est avoir l'œil bien pénétrant!

4° Sous quel personnage du *Satyricon* Néron serait-il

donc caché? Encolpe et son cher Ascylte n'ont ni feu ni lieu ; ils sont réduits à voler pour vivre. Néron est maître de l'univers; le monde met en tremblant ses richesses aux pieds de ce tyran. Eumolpe est un pauvre poëte maltraité de la fortune; il fait d'assez bons vers qu'on bafoue : Néron, bel esprit couronné, voit partout ses méchants vers applaudis [1]. Pour Trimalchion, c'est un vieillard cassé, chauve, difforme, cacochyme, du reste assez bon homme. Néron est dans la fleur de l'âge; mais, sous les grâces extérieures de la jeunesse [2], il cache un cœur féroce. Trimalchion fut autrefois esclave en Asie; le commerce a fait sa fortune : Néron, né d'un sang illustre, petit-fils de Germanicus, fils adoptif d'un empereur, doit à sa naissance, et non point à son industrie, le pouvoir suprême dont il abuse. De plus, si le *Satyricon* est la peinture des nuits de Néron, si Trimalchion est Néron lui-même, comme quelques-uns le prétendent, pourquoi l'ouvrage entier ne nous offre-t-il qu'une seule orgie nocturne? Pourquoi Trimalchion n'y préside-t-il pas en personne? Pourquoi n'en est-il pas même un des acteurs subalternes?. Serait-ce là une finesse de l'art? Mais, dans ce cas, comment l'empereur se serait-il reconnu dans ces hiéroglyphes perpétuels? D'ailleurs, pour couvrir d'opprobre Néron,

---

[1] Vossius (*de Poetis latinis*) prétend que les vers de Néron n'étaient pas à mépriser; et Voltaire dit quelque part, en parlant de cet empereur : « Ce jeune prince, après tout, avait de l'esprit et des talents. » Mais Perse a réfuté d'avance ce sentiment par ce vers qu'il applique à Néron, dans sa première *Satire* :

Auriculas asini Mida rex habet. . . . . . .

[2] Selon Tacite, Néron était d'un extérieur agréable; Suétone le fait difforme. Auquel ajouter foi?

le consul avait-il besoin de ces détours? et puisqu'il ne devait pas survivre à son ouvrage, pouvait-il craindre de faire briller aux yeux du tyran l'éclat terrible de la vérité nue?

5° Favori de la fortune et du prince, le consul se vit combler de richesses et d'honneurs; mais, parmi les anciens écrivains, nul n'a fait de notre Pétrone un magistrat romain, un second Lucullus, un courtisan de Néron, une victime de ses fureurs. Ce qui est bien plus décisif encore, c'est le silence absolu des auteurs jusqu'au troisième siècle. Martial, Suétone, Pline, Juvénal, Quintilien même, qui a parlé de presque tous ceux qui l'ont précédé, ne disent pas un mot du *Satyricon*, ni de Petronius Arbiter. Les premiers qui en aient fait mention sont Diomède, Priscien, Victorin, Macrobe et saint Jérôme.

6° L'autorité du poëte Terentianus Maurus ne prouve rien en fait d'époque, puisqu'on ignore quand il vécut lui-même.

7° Lactance-Placide[1] accuse T. Pétrone d'avoir dérobé au troisième livre de la *Thébaïde* cet hémistiche fameux que nous y lisons encore aujourd'hui :

Primus in orbe deos fecit timor.

Or, ce fut sous Trajan que mourut Stace : son prétendu plagiaire lui est nécessairement postérieur; il n'est donc pas le Pétrone dont Tacite a parlé.

---

[1] Lactance-Placide, *Comment. in Statii Thebaïd.* Il ne faut pas confondre, comme quelques-uns l'ont fait, ce grammairien avec Lactance le Philosophe : tous deux fleurirent sous Constantin.

8° Les regrets de notre Pétrone sur la triste situation de la peinture, disparue, dit-il, jusqu'à la dernière trace, au temps où il vivait, *picturæ ne vestigium quidem reliquum*, ne démontrent-ils pas jusqu'à l'évidence combien il est plus récent que Néron, puisque Rome possédait encore des chefs-d'œuvre de peinture et de sculpture sous le règne même de Commode?

9° Henri Valois fait vivre l'auteur du *Satyricon* sous Marc-Aurèle; Adrien, son frère, sous Gallien; Statilius, Bourdelot et Jean Leclerc, sous Constantin; Lylio Giraldi, sous Julien; d'autres, par une méprise assez plaisante, en ont fait un évêque de Bologne, mort dans le cinquième siècle, et qu'il plut au pape de canoniser. Le chantre un peu profane du plaisir ne s'attendait guère, apparemment, que les dévotes lui crieraient un jour : « Saint Pétrone, priez pour nous! » Quoi qu'il en soit, Henri Valois, qui lui donne le plus d'antiquité, le place, comme on voit, environ un siècle après Néron. Il est bon de remarquer combien est moderne l'opinion qui le recule vers le milieu du premier siècle. Avant P. Pithou, personne ne s'était avisé d'appliquer le passage de Tacite à l'auteur du *Satyricon*. Du moins, ce savant modeste ne l'a fait qu'en hésitant; il donne son sentiment pour une simple conjecture. « Si je ne me trompe, dit-il, l'auteur du *Satyricon* est le Pétrone dont Tacite a parlé. » Ainsi ses premiers mots expriment l'incertitude. Ceux qui depuis ont d'abord partagé son doute, ont trouvé bientôt plus commode de trancher que d'examiner; ils ont juré, par paresse, *in verba magistri*. Mais, quoique les adversaires de cette opinion ne s'accordent point entre eux sur l'époque où vécut T. Pétrone, le consentement unanime de ces derniers à le faire postérieur aux douze Césars, n'en est pas moins par lui-même une réfutation suffisante du système opposé; et tout ce qui résulte, en saine logique, de tant de variations, c'est qu'on ignore à quel siècle T. Pétrone appartient.

10° Ceux qui font de l'auteur du *Satyricon* un *seigneur* romain, n'ont pas même daigné motiver leur assertion, tant la chose leur paraît claire. Sidoine Apollinaire n'est pourtant pas de leur avis. Il semble indiquer Marseille pour la patrie de notre Pétrone, ou du moins pour le lieu de sa résidence ordinaire. Cette opinion paraîtrait plus probable encore, si, comme l'atteste Servius Maurus, il faut compter parmi les ouvrages de T. Pétrone, qui ne sont pas venus jusqu'à nous, une histoire des Marseillais. Elle est d'ailleurs soutenue par plusieurs savants estimables, tels que Lylio Giraldi, et Conrad Gesner, le Pline de l'Allemagne. Malgré ces considérations, Bouche attribue l'honneur d'avoir vu naître notre Pétrone au village de Pétruis, assez voisin de Sisteron et des rives de la Durance. Il se fonde sur ce que le nom latin de ce village est *Vicus Petronii*; ce qu'il prouve en citant une inscription trouvée en 1560, et qui, en parlant d'un préfet du prétoire assassiné à Pétruis, s'exprime en ces termes : *A sicariis nefandum facinus in vico Petronii, ad ripam Druentiæ*.

D'après cet exposé impartial, voici, je crois, tout ce qu'on peut raisonnablement conclure :

1° Nous n'avons rien de certain sur la personne de T. Pétrone.

2° Peut-être son berceau doit-il être placé dans l'ancienne Provence, et c'est le sentiment qu'ont adopté les savants compilateurs de notre *Histoire littéraire*[1].

---

[1] *Hist. litt. de France*, in-4°, tome I.

3º Le silence absolu des auteurs des deux premiers siècles semble prouver qu'il leur est postérieur.

4º Les différents passages de T. Pétrone, rapportés par quelques écrivains du troisième siècle, défendent, à mon avis, de le placer au-dessous de Dioclétien.

5º On se tromperait probablement fort peu en le faisant contemporain du philosophe Longin, ministre de la célèbre Zénobie, et mis à mort, l'an 273, par l'ordre du superbe Aurélien.

6º Dans aucun cas, le *Satyricon*, dont quelques parties seulement sont parvenues jusqu'à nous, sous le nom de T. Petronius Arbiter; ne peut être le testament de mort du consul Caïus Petronius Turpillianus, ni l'histoire secrète de Néron [1].

Si l'on me reprochait d'avoir détruit sans réédifier : Quelle nécessité, répondrais-je, de bâtir des systèmes ? Ne peut-on montrer au doigt l'erreur, parce qu'on ne se flatte point de tenir la vérité ?

DEUXIÈME PARTIE

Après avoir principalement cherché l'homme dans Pétrone, occupons-nous plus spécialement de son ouvrage. Ici, la même incertitude va présider, malgré nous, à ce nouvel examen. Considérons attentivement les fragments de Pétrone sous leurs trois principaux rapports : l'objet, la forme et le style. Au milieu des opinions con-

---

[1] *Histoire secrète de Néron*, C'est le titre que Lavaur a donné à sa traduction du festin de Trimalchion.

tradictoires qui déjà nous assiégent, nous saurons nous borner aux fonctions modestes de rapporteur ; c'est aux lecteurs éclairés par la discussion qu'il appartient d'être juges.

I

OBJET DU SATYRICON.

J'ai réfuté, dans la première partie, ceux qui regardent l'ouvrage de Pétrone comme la satire de Néron ; n'en parlons plus. D'autres ont cru reconnaître le vieux Claude dans Trimalchion, Agrippine dans Fortunata, Lucain dans Eumolpe, Sénèque dans Agamemnon : Tiraboski, Burmann et Dotteville semblent pencher de ce côté. Selon les deux Valois, le *Satyricon* n'est que le tableau ordinaire de la vie humaine, une véritable Ménippée, mêlée de prose et de vers, dans le goût de Varron, une satire générale des ridicules et des vices qui appartiennent à tous les peuples, à tous les temps. Quelques-uns ont presque fait de Pétrone un casuiste; ils y voient à chaque page des sermons très-édifiants, et le *Satyricon* est, à leur avis, un traité complet de morale, qui vaut bien celui de Nicole : c'est, du moins, ce que semble insinuer Burmann, quand il appelle Pétrone *virum sanctissimum*. L'ingénieux Saint-Évremond a réfuté d'une manière agréable ce dernier sentiment. A l'appui de cet écrivain, Leclerc, toujours caustique, ajoute avec un peu d'humeur : « Que dirait-on d'un peintre qui, pour inspirer l'horreur du vice, tracerait avec toute la délicatesse possible les postures de l'Arétin? » Enfin, si l'on en croit Macrobe, le *Satyricon* est un pur roman, dont l'unique but est de plaire.

Je ne vois pas trop ce qu'on pourrait opposer à l'autorité de Macrobe. Il fut l'écrivain du quatrième siècle le plus versé dans la connaissance de l'antiquité ; sa sagacité dans la critique égalait sa vaste érudition. Il vivait dans un temps où l'on ne pouvait encore avoir perdu le secret du *Satyricon*, s'il eût renfermé quelque mystère. Son opinion individuelle peut donc ici passer pour celle de ses contemporains ; et, dans le cas où l'une eût différé de l'autre, un auteur aussi judicieux aurait-il manqué d'exposer au lecteur les motifs qui l'engageaient à s'écarter du sentiment général ? Parmi les modernes, Huet, Leclerc, Basnage se sont rangés à l'avis de Macrobe. Défions-nous de ces esprits systématiques ou malins, qui se plaisent à torturer un auteur pour lui faire penser ce qu'ils eussent dit : leur pupitre est, en fait de critique, le lit de fer de Procuste. La Bruyère riait sous cape des prétendues clefs ajustées à ses *Caractères* par des devins en défaut. Peut-être, un jour, tirant Artamène ou Clélie de la poussière, quelques savants en *us* les publieront tour à tour, grossis de nouveaux tomes ; et, pour prouver que Louis XIV est Cyrus ou Porsenna, ils joindront aux fadeurs de Scudéry, avec leurs propres visions, les *variorum* des commentateurs.

II

FORME DU SATYRICON.

L'Espagnol Joseph-Antoine-Gonsalle de Salas a fait jadis une belle dissertation sur ce seul mot *Satyricon*. Son étymologie est-elle grecque ou latine ? grande question parmi les érudits. Voici ce qu'Heinsius, Scaliger, et plusieurs autres, allèguent en faveur de la première opinion. Les Grecs appelaient *satyriques* certains drames, moitié sérieux, moitié bouffons, dans lesquels les acteurs, le visage barbouillé de lie, imitaient les danses grotesques, ainsi que les propos un peu lestes des divinités des bois, et tournaient en ridicule, dans la personne des magistrats et des riches, les véritables dieux de la terre. Ces drames eurent cours longtemps encore après Thespis : il nous en reste un modèle dans le *Polyphème* d'Euripide. D'après cette hypothèse, notre mot *satyre* vient du grec Σάτυρος, Faune ou Satyre; il doit alors s'écrire par un *y*.

Casaubon, Spanheim et Dacier ne manquent point d'arguments pour combattre Heinsius et Scaliger. Ils dérivent *satire* du latin *satura* (plat rempli de différents mets). Si vous demandez quelle analogie peut exister entre un plat rempli de différents mets et les satires d'Horace, par exemple, on vous répond que ce genre de poésie est farci, pour ainsi dire, de quantité de choses diverses, comme s'exprime élégamment Porphyrion : *Multis et variis rebus hoc carmen refertum est.* Ce raisonnement est fort ! Au compte de ces messieurs, que d'auteurs qui ne s'en doutent guère sont des Juvénals ! que de satires sont des pots-pourris ! Quoi qu'il en soit, selon cette doctrine, de *satura* l'on a fait *satira*, comme on a fait *optimus* d'*optumus*, et *maximus* de *maxumus*. Vous voyez bien que, dans ce cas, on doit écrire *satire*; et que l'*y* est chassé par l'*i*[1].

---

[1] Les disputes de ce genre ne sont pas rares chez les savants. Le Parnasse, selon Boccalin, fut longtemps partagé entre Lambin et Manuce, pour un *p* : il s'agissait de savoir s'il fallait écrire *consumptus* ou *consumtus*. Que de veilles passa Politien à rechercher si l'on doit prononcer

Le vulgaire des écrivains, assez dénué d'érudition, a simplement distingué la satire en deux espèces. L'une, a-t-on dit, tend directement à réformer les mœurs, ou à ridiculiser les travers de l'esprit humain; ceux qui la craignent l'accusent de misanthropie ou de malignité. C'est sans doute pour adoucir l'austérité du précepte ou l'acerbe du sarcasme qu'elle emprunte à la poésie les grâces de son langage. Sœur cadette de la comédie, elle n'en diffère que dans la forme. Elle est plus courte, et n'est pas essentiellement dramatique. Horace, Juvénal et Perse ont porté dans Rome cette espèce de satire à sa perfection; elle n'a point dégénéré en France sous la plume des Regnier, des Boileau, des Gilbert.

La seconde espèce de satire est celle qu'on nomme *Ménippée*. Le plus savant des Romains, Varron, la mit en honneur chez ses concitoyens. Si son but est également d'instruire, elle y vise par des détours plus cachés : plaire est son premier désir; l'instruction chez elle n'est que secondaire. Ses tableaux plus variés embrassent toutes les scènes de la vie, comme toutes les branches de la littérature. Son caractère distinctif est un mélange agréable de prose et de vers. La fiction est son arme favorite; sa marche approche de celle du roman, dont elle usurpe impunément l'étendue. Elle caresse plus souvent qu'elle n'égratigne; et, pour faire aimer la vertu, elle l'affuble quelquefois des livrées de la Folie. L'*Apokolokyntosis* de Sénèque, le *Misopogon* de l'empereur Julien, la *Consolation* de Boëce sont autant de *Ménippées*. La

---

Virgilius ou *Vergilius*, *Carthaginensis* ou *Carthaginiensis*, etc. ! Nicanor composa six traités sur le point et la virgule. On connaît un ample traité de Messala sur la lettre *s*.

France peut leur comparer sans honte le *Pantagruel* de Rabelais, le *Catholicon d'Espagne*, la *Pompe funèbre de Voiture*, par Sarrazin.

Aux yeux de ceux pour qui les disputes de mots ne sont que de doctes âneries, Rome paraîtra peut-être redevable à la Grèce de ces deux espèces de satires. Varron, de son aveu même [1], avait imité Ménippe le Cynique; et les satires du second genre s'appellent encore aujourd'hui *Ménippées*, du nom du philosophe grec. Pour la satire du premier genre, elle fut évidemment chez les Romains, dans son origine, une copie informe de ces tragi-comédies grecques, que les acteurs de Thespis allaient représentant de ville en ville sur des tombereaux. Avant qu'Épicharme de Mégare eût inventé la bonne comédie, la Sicile, qui servait de lien commun entre la Grèce et l'Italie, avait porté dans la seconde les *satyriques* de la première. Elles succédèrent sur le théâtre des Romains aux danses des Étrusques, que des histrions toscans avaient jusqu'alors exécutées au son de la flûte, mais sans les accompagner d'aucune pièce réglée qui représentât une action. La satyre grecque, ainsi naturalisée chez les Romains, y fut encore longtemps mêlée, comme dans son pays natal, de chants bouffons, de danses burlesques, de postures lascives, de railleries grossières. Bientôt Ennius essaya de la faire descendre du théâtre, pour la rendre plus décente. Il la restreignit à de simples discours en vers, destinés à être lus dans des cercles d'amis. Mais, sous sa plume, elle ne changea que de forme; à l'exception du chant et de la danse, elle retint son nom, son fiel et sa gaieté.

[1] Varron, cité par Cicéron dans ses *Questions académiques*, liv. I.

Pacuvius, neveu d'Ennius, imita son oncle par complaisance ou par goût. Enfin parut Lucilius : en faveur du sel et de la politesse qu'il répandit dans cette composition nouvelle, il mérita d'en être appelé l'inventeur. Ce n'est que dans ce sens qu'il faut entendre le *Græcis intactum carmen* d'Horace, et ces paroles de Quintilien : *Satira quidem tota nostra est, in qua primus insignem laudem ademptus est Lucilius;* « la satire appartient tout entière à Rome ; Lucilius s'y distingua le premier. »

Au reste, les Grecs avaient aussi cette espèce de satire dont parle Quintilien ; ils lui avaient donné le nom de *Silles;* et les fragments des *Silles* de Timon le Phliasien, sceptique célèbre par ses vers mordants contre les dogmatiques, prouvent assez que la Grèce avait ses Lucile et ses Horace. N'étaient-ce donc pas une satire, ces ïambes lancés par le Grec Sotade contre Ptolémée-Philadelphe, ces ïambes que Suidas appelle κύναιδοι (cyniques, sans pudeur) : ces ïambes cruels qui mirent en fureur leur royale victime, et firent enfin précipiter dans le Nil leur malheureux auteur? Personne n'ignore que Lucile, Pacuvius, Ennius même, ne parurent qu'après Ptolémée-Philadelphe ; or, Timon et Sotade florissaient sous ce prince. Les Grecs connurent donc la satire proprement dite ; ils la connurent donc même avant les Romains. Ainsi la satire fut d'abord à Rome ce qu'elle avait été dans Athènes : la seule différence qui la distingua par la suite chez ces deux peuples, c'est qu'en changeant de forme, elle retint en Italie son nom primitif, tandis qu'elle prenait tour à tour chez les Grecs celui de *Silles* ou de *Ménippée*.

Les mots ne tiennent pas toujours ce que leur étymologie promet ; l'usage, ce tyran des langues, est plus fort que les grammairiens, et souvent l'expression est la même, quand la chose a changé. Charmés de la marche libre et facile que donnait à la Ménippée le mélange des vers et de la prose, les Romains s'accoutumèrent insensiblement à désigner par son nom les écrits revêtus de la même forme, quoique éloignés de son caractère original. Histoire, romans, philosophie, morale, tout fut bientôt de son ressort. On oublia qu'elle était née caustique, pour ne plus voir en elle qu'une ingénieuse babillarde. Pourvu que, dans un même ouvrage, elle semât avec esprit et les vers et la prose, on lui pardonna de ne plus médire; en dépit de son changement, elle resta Ménippée. Cette satire n'est donc point essentiellement mordante. Celle même de Varron, quoique plus proche de son origine, montre rarement le vice couvert de ridicule ou d'opprobre. Sa philosophie badine plus qu'elle ne dogmatise ; elle cache sous les fleurs les épines de l'érudition ; et ses leçons de morale, elle ne les donne qu'en se jouant. La satire, chez Pétrone, est encore plus indulgente. Ne cherchez pas en elle un pédagogue : enfant gâté d'Épicure, sa malignité s'endort auprès du vice aimable ; craignez qu'elle ne s'éveille aux sermons de la sagesse. Près de Pétrone, l'âne d'Apulée est un Caton. Il censura fort bien les travers de son siècle; cependant il n'a pas l'honneur de siéger parmi les satiriques. Cet âne, content de parler mieux que certains hommes, négligea d'employer le langage des dieux; et, je l'ai déjà dit, il n'est point de Ménippées sans le mélange de la prose et des vers.

Pétrone ne pouvait choisir pour son roman une forme de composition plus variée, plus agréable que celle de la Ménippée; aussi n'y manqua-t-il point, et voilà sans doute tout le mystère du *Satyricon*. Quant à la désinence du mot, les Latins, selon Gonsalle de Salas, ont fait *satyricon* de *satyra*, comme ils faisaient *epigrammation* d'*epigramma*, *elegidarion* d'*elegia* : le diminutif ne changeait rien d'essentiel dans l'objet principal de l'expression; il annonçait seulement dans le dérivé moins de prétention et plus d'enjouement. Peut-être aimerez-vous mieux la leçon de Rollin, Baillet, Burmann et autres : ils font longue la dernière syllabe de *satyricôn*, et la prononcent comme l'*ôméga* des Grecs. Dans cette hypothèse, le *Satyricôn* serait un recueil de satires. Mais l'*omicron* n'en fait qu'un innocent badinage; je suis pour l'*omicron*.

III

STYLE DU SATYRICON.

Le style de Pétrone a trouvé des censeurs, même parmi les meilleurs juges en cette matière. « Quoique Pétrone, dit Huet, paraisse avoir été un grand critique, et d'un goût exquis, son style pourtant ne répond pas tout à fait à la délicatesse de son jugement. On y remarque quelque affectation; il est un peu trop peint et trop étudié; il dégénère de cette simplicité naturelle et majestueuse de l'heureux siècle d'Auguste. Peut-être doit-il une partie de sa réputation à la liberté de ses portraits; il aurait été moins lu, s'il avait été plus modeste. » Rollin porte à peu près le même jugement[1]; et Rapin assure[2] que Pétrone, s'il donne quelquefois d'ex-

---

[1] Rollin, *Hist. ancienne*.
[2] Rapin, *de Poesi*.

cellents préceptes d'éloquence, ne les suit pas toujours. Valois[1] croyait remarquer dans son style un air un peu étranger; il se servait même de cet argument, pour prouver que notre auteur était Gaulois, et qu'il vécut après Suétone. Saumaise ne trouve dans les fragments de Pétrone que des extraits faits sans goût par quelques libertins obscurs du Bas-Empire. « Pétrone, dit Bayle[2], est moins dangereux dans ses tableaux trop nus, que dans les délicatesses dont Bussy-Rabutin les a revêtus; et la galanterie se présente, dans les *Amours des Gaules*, sous des formes bien plus aimables que dans le *Satyricon*. » Aux yeux de Voltaire[3], cet ouvrage n'est pas plus un modèle de style qu'il n'est l'histoire secrète de Néron; les suppôts de nos tavernes tiennent, à l'entendre, des discours plus honnêtes que les convives de Trimalchion; à l'exception de quelques vers heureux, de deux ou trois contes agréables, tout le livre n'est qu'un amas confus d'images ampoulées ou lascives, d'érudition ou de débauches. Selon Baillet et Tiraboski, on y rencontre des tours ingénieux et de jolies pensées; mais ces beautés sont obscurcies par l'inégalité du style, par des mots barbares, par des récits où l'on ne comprend rien. C'est peut-être, ajoutent-ils, la faute des copistes; mais l'ouvrage, en somme, ne méritait pas les peines qu'on s'est données pour en rechercher et recoudre les lambeaux. Leclerc maltraite encore plus Pétrone. Mais c'est trop longtemps parler de ses détracteurs; écoutons enfin ses panégyristes.

---

[1] Valesius, *Dissert. sup. fragm. tugur.*
[2] Bayle, *Éclaircissements sur les obscénités*, etc.
[3] Voltaire, *Dictionnaire-philosophique*, au mot *Pétrone*.

A la tête des nombreux admirateurs de Pétrone, marchent Vossius et Douza, Turnèbe et Pithou, Briet et Ronsin. Les censures même, hasardées contre Pétrone, sont mêlées, disent-ils, d'éloges arrachés par la force de la vérité ; et, dans la bouche d'un ennemi, la louange est d'un bien plus grand poids que les reproches. Cette barbarie même et cette bassesse d'expressions, qui paraissent défigurer quelquefois le style de Pétrone, sont, aux yeux de Ménage, le chef-d'œuvre de l'art; il ne les a placées que dans la bouche des valets et des débauchés sans délicatesse. Voyez, au contraire, avec quelle élégance il fait parler les gens de la bonne compagnie. Pétrone donne à chacun de ses acteurs le langage qui lui convient. Ce mérite est d'autant plus précieux, qu'il est plus rare; et les ombres qu'un peintre habile répand dans ses tableaux, en rendent les beautés plus saillantes. Barthius trouve réunies dans Pétrone seul, quand il n'est pas défiguré par l'ignorance des copistes, toutes les finesses de Plaute, toutes les grâces de Cicéron; et Juste Lipse l'appelle *auctor purissimæ impuritatis*. Telle était l'admiration du vainqueur de Rocroi pour Pétrone, qu'il pensionnait un lecteur, uniquement chargé de lui réciter le *Satyricon*. En parlant du poëme de la *Guerre civile*, dans lequel Pétrone, dit-on, prétendit lutter contre Lucain, l'abbé Desfontaines s'écrie : « Quelle finesse dans la peinture des vices des Romains et des défauts de leur gouvernement! que d'esprit dans ses fictions! Ces beautés sont relevées par un style mâle et nerveux, en faveur duquel on doit pardonner au poëte quelques fautes contre l'élocution, et certains traits qui sentent le rhéteur. » Fréron, dont le goût fut presque toujours d'accord avec la raison, quand il ne jugea que les anciens, parle de Pétrone dans le sens de Desfontaines : « Il est riant, dit-il, dans ses descriptions, coulant, net et facile dans sa narration, admirable dans ses vers; et, ce qui le caractérise plus particulièrement, il est toujours fin et délicat en fait de galanterie, quand il parle de celle que la nature avoue. » Je fais grâce des éloges prodigués à Pétrone par ses différents traducteurs : ils pourraient paraître suspects; mais on me permettra, du moins, d'opposer à ses censeurs le suffrage de Saint-Évremond. De tous les panégyristes de Pétrone, aucun n'eut plus de ressemblances morales avec son héros que cet ingénieux épicurien; et comme nul n'apprécia notre auteur avec plus de connaissance de cause, nul aussi ne l'a vanté avec plus d'esprit. Qu'on me permette de citer ce passage, malgré son étendue :

« Pétrone est admirable partout, dans la pureté de son style, dans la délicatesse de ses sentiments. Ce qui me surprend davantage est cette grande facilité à nous donner ingénieusement toutes sortes de caractères. Térence est peut-être l'auteur de l'antiquité qui entre le mieux dans le naturel des personnes : j'y trouve cela à redire, qu'il a trop peu d'étendue; et tout son talent est borné à faire bien parler des valets et des vieillards, un père avare, un fils débauché : voilà où s'étend la capacité de Térence. N'attendez de lui ni galanterie, ni passion, ni les sentiments, ni les discours d'un honnête homme. Pétrone, d'un esprit universel, trouve le génie de toutes les professions, et se forme, comme il lui plaît, à mille naturels différents. S'il introduit un déclamateur, il en prend si bien l'air et le style, qu'on dirait qu'il a déclamé toute sa vie. Rien n'exprime plus naïvement le désordre d'une vie débauchée, que les querelles d'Encolpe et d'Ascylte sur le sujet de Giton. Quartilla ne représente-t-elle pas admirablement ces femmes prostituées, *quarum sic accensa libido, ut sæpius peterent viros quam a viris peterentur?* Les noces du petit Giton et de l'innocente Pannychis ne nous donnent-elles pas l'image d'une impudicité accomplie? Tout ce que peut faire un faux délicat, un impertinent, vous l'avez sans doute au festin de Trimalchion. Quoi de mieux touché, dans le portrait d'Eumolpe, que la vanité des poëtes, et cette manie de réciter leurs vers à tout venant? Est-il rien de plus naturel que le personnage de Chrysis? toutes nos confidentes n'en approchent pas. Sans parler de sa première conversation avec Polyœnos, ce qu'elle lui dit de sa maîtresse sur l'affront qu'elle a reçu est d'une naïveté inimitable. Quiconque a lu Juvénal, connaît assez *impotentiam matronarum*, et leur méchante humeur, *si quando vir aut familiaris infelicius cum ipsis rem habuerit*. Mais il n'y a que Pétrone qui ait pu nous décrire Circé si belle, si voluptueuse et si galante. Enothéa, la prêtresse de Priape, me ravit avec les miracles qu'elle promet, avec ses enchantements, ses sacrifices, sa désolation sur la mort de l'oie sacrée, et la manière dont elle s'apaise, quand Polyœnos lui fait un présent dont elle peut acheter une oie et des dieux, si bon lui semble. Philumène, cette honnête dame, n'est pas moins bonne, qui, après avoir escroqué plusieurs héritages, dans la fleur de sa jeunesse et de sa beauté, devenue vieille, et par conséquent inutile à tout plaisir, tâchait de continuer ce bel art par le moyen de ses enfants, qu'avec mille beaux discours elle introduisait auprès des vieillards qui n'en avaient point; enfin, il n'y a profession dont Pétrone ne suive admirablement le génie. Il est poëte, il est orateur, il est philosophe, quand il lui plaît.

« Pour ses vers, j'y trouve une force agréable, une beauté naturelle : *naturali pulchritudine carmen exsurgit;* en sorte que Douza ne saurait plus souffrir la fougue et l'impétuosité de Lucain; quand il a lu la prise de Troie :

> Jam decuma mœstos, etc.,

ou l'essai sur la guerre civile :

> Orbem jam totum, etc.

Je ne sais si je me trompe, mais il me semble que Lucrèce n'a pas traité si agréablement la matière des songes :

> Somnia quæ mentes, etc.

Et que peut-on comparer à cette nuit voluptueuse, dont l'image remplit l'âme de telle sorte, qu'on a besoin d'un peu de vertu pour s'en tenir aux simples impressions qu'elle fait sur l'esprit :

> Qualis nox fuit illa, dii! etc.

« Quoique le style de déclamateur semble ridicule à Pétrone, il ne laisse pas de montrer beaucoup d'éloquence en ses déclamations; et, pour faire voir que les plus débauchés ne sont pas incapables de méditations et de retour, la morale n'a rien de plus sérieux ni de mieux touché que les réflexions d'Encolpe sur l'inconstance des choses humaines et sur l'incertitude de la mort. Quelque sujet qui se présente, on ne peut ni penser plus délicatement, ni s'exprimer avec plus de netteté. Souvent, en ses narrations, il se laisse aller au simple naturel, et se contente des grâces de la naïveté ; quelquefois, il met la dernière main à son ouvrage, et il n'y a rien de si poli. Catulle et Martial traitent les mêmes choses grossièrement ; et si quelqu'un pouvait trouver le secret d'envelopper les ordures avec un langage pareil au sien, je réponds pour les dames qu'elles donneraient des louanges à sa discrétion. Mais ce que Pétrone a de plus particulier, c'est qu'à la réserve d'Horace, en quelques odes, il est peut-être le seul de l'antiquité qui ait su parler de galanterie. Virgile est touchant dans les passions ; les amours de Didon, les amours d'Orphée et d'Eurydice, ont du charme et de la tendresse ; toutefois il n'a rien de galant ; et la pauvre Didon, tant elle a l'âme pitoyable, devient amoureuse du pieux Énée, au récit de ses malheurs. Ovide est spirituel et facile, Tibulle délicat ; cependant il fallait que leurs maîtresses fussent plus savantes que mademoiselle de Scudéry ; car ils allèguent sans cesse les dieux, les fables, et des exemples tirés de l'antiquité la plus éloignée ; ils promettent toujours des sacrifices, et je pense que Chapelain a pris d'eux la manière de brûler les cœurs en holocauste. Lucien, tout ingénieux qu'il est, devient grossier, sitôt qu'il parle d'amour ; ses courtisanes ont plutôt le langage des lieux publics que les discours des ruelles. Autant que les autres nations nous le cèdent en galanterie, autant Pétrone l'emporte sur nous dans ce genre de mérite. Nous n'avons point de roman qui nous fournisse une histoire si agréable que la matrone d'Éphèse ; rien de si délicat que les poulets de Circé à Polyœnos. Toute leur aventure, soit dans l'entretien, soit dans les descriptions, a un caractère fort au-dessus de la politesse de notre siècle. Jugez cependant s'il eût traité délicatement une belle passion, puisque c'était une affaire de deux personnes qui, à la première vue, devaient goûter les derniers plaisirs. »

Ce n'est pourtant pas sans quelque injustice peut-être, ou du moins sans un peu de prévention, que Saint-Évremond, après Douza, semble élever au-dessus de la *Pharsale* l'*Essai* de Pétrone *sur la Guerre civile*, et même son *Fragment de la guerre de Troie*. Mais, si le premier de ces morceaux, à peine composé de trois cents vers, ne peut être mis en parallèle avec un poëme en dix chants, il n'en étincelle pas moins de beautés sublimes. Quant au fragment de la prise de Troie, son seul défaut peut-être est de rappeler un des plus beaux épisodes de l'*Énéide* : sans le Laocoon de Virgile, celui de Pétrone pourrait passer pour un chef-d'œuvre.

Voilà sans doute de quoi contre-balancer les reproches qu'on a pu faire au style de Pétrone. Je n'ai parlé que de ses vers ; sa prose est peut-être plus élégante encore. Qui ne sait que La Fontaine lui doit son joli conte de la *Matrone d'Éphèse*? et Bussy-Rabutin, en transportant dans *les Amours des Gaules* l'épisode piquant de Polyœnos et de Circé, n'a changé que le nom des acteurs.

Résumons-nous : 1° Pétrone, sans doute, n'a voulu faire qu'un roman ; 2° Le *Satyricon* peut être classé parmi les Ménippées ; 3° Son style est mêlé de beautés et de défauts ; mais risquerait-on beaucoup, en attribuant les beautés à Pétrone, et les défauts à ses copistes ?

TROISIÈME PARTIE

Nous venons de traiter, en quelque sorte, l'histoire ancienne du roman de Pétrone; traçons maintenant en peu de mots l'histoire moderne de ses fragments.

I

DES PRINCIPALES ÉDITIONS DE PÉTRONE.

Parmi les livres qui n'ont pu soustraire qu'une partie d'eux-mêmes aux outrages du temps, le *Satyricon* est un de ceux qui ont le plus souffert. Ce qui nous en reste n'est, comme nous l'avons déjà dit, qu'un mince débris de cet ingénieux ouvrage. Il contenait plusieurs livres, divisés en plusieurs chapitres : on peut citer, pour preuve de cette assertion, l'autorité des anciens glossaires et le témoignage des savants Daniel, Douza, Gonsalle, Saumaise, Burmann, etc. Encore le peu que nous avons du *Satyricon* ne nous est-il parvenu que par lambeaux. La première antiquité ne nous en avait transmis, jusqu'en 1476, que des fragments successifs. Était-ce, comme le croit Nodot, des collections qu'un homme studieux avait faites de quelques lieux choisis de cette satire? Dans cette supposition, ne peut-on pas dire, avec Huet, que ce recueil eut le sort de tant d'autres, celui de faire négliger d'abord, puis bientôt perdre entièrement l'original, comme il est arrivé, par exemple, à Justin, abréviateur de Trogue-Pompée? Faut-il, comme d'autres le veulent, accuser les moines, si longtemps possesseurs exclusifs des débris littéraires de Rome et d'Athènes, d'avoir mutilé Pétrone dans les endroits que leur pudeur n'osait regarder sans rougir? Saumaise ne le pense pas. Enfin, de ce que Jean de Sarisbéry, évêque de Chartres au xii.ᵉ siècle, rapporte quelques fragments de Pétrone qui ne se trouvent dans aucune édition du *Satyricon*, peut-on conjecturer avec l'évêque d'Avranches, ou que l'ouvrage de Pétrone subsistait encore à cette époque en son entier, ou qu'il en existait du moins alors une collection manuscrite plus ample que celle que nous en avons? Quoi qu'il en soit, la première édition connue, et l'une des plus estimées de Pétrone, est celle publiée à Milan, en 1477.

Les deux Pithou, à qui l'on doit la découverte des fables de Phèdre, publièrent, en 1587, quelques additions trouvées dans un manuscrit, pris à Budes par Mathias Corvin. Soixante-seize ans après, c'est-à-dire en 1663, Pierre Petit déterra à Traü, en Dalmatie, dans la bibliothèque de Nicolas Cippius un manuscrit in-folio, dans lequel, à la suite des poésies de Catulle, Tibulle et Properce, se trouvait un fragment considérable de Pétrone, contenant la suite du festin de Trimalchion. Il commence par ces mots : *Venerat jam tertius dies*, et finit par ceux-ci : *ex incendio fugimus*. La date du manuscrit était du 20 novembre 1423 : en tête du fragment, on lisait : *Petronii Arbitri fragmenta ex libro quintodecimo et decimo sexto*. Les premiers mots de chaque chapitre étaient écrits avec de l'encre rouge, et les caractères en étaient bien lisibles.

A peine ces fragments eurent-ils paru, imprimés pour la première fois à Padoue, en 1664, et l'année suivante à Paris, que soudain éclata, dans la république des lettres, une espèce de guerre civile. On vit les Schæfer, en Suède, les Reinesius et les Wagenseil, en Allemagne, les deux Valois et les Petit, en France, inonder, coup sur coup, le public de dissertations. Selon les uns, le fragment n'était qu'un enfant supposé : on ne pouvait, selon les autres, lui contester son adoption. Mantel, Lucius et Gradi s'en déclarèrent les premiers champions. L'auteur de la découverte, caché sous le nom de Statilius, en défendit éloquemment l'authenticité dans une apologie latine; il fit plus, il envoya le manuscrit du *Fragment* à Grimani, ambassadeur de Venise à Rome, et le pria de le soumettre à l'examen des connaisseurs. Le 28 août 1668, une assemblée nombreuse de savants se réunit, à ce sujet, dans le palais de l'ambassadeur. L'avis unanime fut que le manuscrit comptait au moins deux cents ans d'ancienneté; la date de sa transcription devait être à peu près celle du temps où fleurit Pétrarque, et la nature des caractères et du vélin parut être une preuve incontestable de son authenticité. Le manuscrit, revenu en France, y excita de nouvelles contestations. De nouvelles conférences, tenues chez le grand Condé, produisirent le même résultat. L'ouvrage fut alors déposé dans la bibliothèque du roi; et, malgré les doutes affectés de certains critiques obstinés qui se rendent difficilement à l'évidence, il passa, dès cette époque, pour être de Pétrone. On l'a constamment imprimé depuis, comme tel, dans toutes les éditions du *Satyricon*. Cependant, plus de vingt ans après cette décision solennelle, la conviction, s'il faut en croire un critique célèbre [1], n'était

---

[1] Basnage, *Histoire des ouvrages des savants*. — Cette assertion de Basnage n'a rien qui m'étonne. Le doute des savants dont il parle était-il au fond si déraisonnable? N'avait-on pas déjà vu les plus fins critiques pris pour dupes dans plus d'une occasion de cette nature? Sans parler du tour de Michel-Ange, qui ne sait que Muret fit prendre

pas générale. « L'arrêt de partage, écrivait-il en 1692, subsiste encore aujourd'hui : peut-être subsistera-t-il jusqu'à la fin du monde, car la république des lettres n'a point de tribunal souverain qui prononce sans appel. »

En cette même année, 1692, Nodot, officier français, fit imprimer à Rotterdam, chez Leers, une édition de Pétrone, augmentée de nouveaux fragments. Ils avaient été, disait-il, trouvés à Belgrade en 1688 : un heureux hasard lui en avait procuré, en 1690, une copie très-exacte; et l'Europe, ajoutait-il, pouvait se glorifier désormais de posséder Pétrone tout entier. On avait réclamé contre l'original de Trau : jugez si la copie de Belgrade trouva des incrédules! Malgré les lettres flatteuses des académies d'Arles et de Nîmes, ainsi que de Charpentier, alors directeur de l'Académie française, malgré les petits vers de quelques poëtes enthousiastes dont Nodot n'avait pas manqué d'enfler son édition, les nouveaux fragments ne passèrent point pour un rare trésor, comme Nodot se plaisait à les qualifier; et, quoi qu'en ait dit Charpentier dans une missive latine que peu de personnes s'empressèrent de lire, la France, dont les armes victorieuses faisaient alors trembler l'Allemagne, s'honora beaucoup plus par la brillante campagne de 1690, que par la prétendue découverte dont Nodot revendiquait la gloire.

L'adversaire le plus obstiné des nouveaux fragments fut Breugière de Barante, célèbre avocat de Riom. Dans des observations publiées en 1694, il prétendit prouver

---

à J. Scaliger, pour un fragment du vieux poëte comique Trabéa, une épigramme de sa façon ?

que ces fragments n'étaient que de maladroites interpolations, ouvrage d'un moderne sans goût, et facilement reconnaissables à de fréquents gallicismes. Pourquoi d'ailleurs, si le *Satyricon* de Belgrade était entier, n'y retrouvait-on pas, par exemple, le *non bene semper olet qui bene semper olet*, cité par saint Jérôme comme appartenant à Pétrone? Burmann ne fut pas plus sensible au présent que Nodot croyait avoir fait à l'Europe. Il gourmanda même assez rudement, sans respect pour les académies, ceux de leurs membres qui s'étaient laissé, disait-il, trop grossièrement surprendre à de trompeuses apparences. Nodot répondit en savant courroucé : on remarqua dans sa *Contre-critique* plus de présomption que de politesse, plus de pédantisme que de savoir, plus d'injures que de raisons. C'est ainsi que madame Dacier, mais dans une cause meilleure sans doute, avait défendu contre Lamotte l'honneur d'Homère, attaqué par les modernes. Il faut avouer pourtant que la dernière objection de Breugière de Barante n'était pas trop solide. Le pentamètre cité par saint Jérôme ne pouvait-il pas avoir fait partie, non du *Satyriçon*, mais de l'*Eustion* ou de l'*Albutia*, deux des ouvrages de Pétrone mentionnés par Planciade Fulgence, mais qui ne sont pas venus jusqu'à nous? C'est aussi la solution qu'en donna Nodot. Quant aux gallicismes, n'en avait-on pas aussi reproché au fragment de Dalmatie, et n'avait-il pas néanmoins été reconnu pour antique? Au reste, c'est toujours un mérite aux yeux de plus d'un lecteur que d'avoir rempli des lacunes. C'est du moins le sentiment de Basnage : « Grâce à Nodot, dit-il, la lecture de Pétrone est devenue plus commode : on ne s'y trouve plus de temps à autre, comme auparavant, dans un pays perdu. La liaison et la suite qui règnent désormais dans le *Satyricon*, si elles ne sont pas l'ouvrage de son auteur, rendent du moins intelligible ce qui ne l'était pas. » Peu de personnes seront ici de l'avis de Basnage.

Malgré les recherches des savants, Pétrone est encore incomplet[1]. Parmi ceux dont l'érudition a consacré quelques veilles à fixer le véritable sens de notre auteur dans les endroits difficiles ou corrompus, on distingue Tornésius, Sambucus, Richard, Muret, Scioppius, Brassican, Junius, Vouwer, Pontanus, Pulman, Barthius, Arnaud, Lundorpius, Binet, Passerat, Lotichius, Goldast, Gonsalle, Hermann, les deux Daniel, les deux Douza, les deux Pithou, Bourdelot, Burmann et Bouhier. Postérieurement à la plupart de ces commentateurs, l'abbé Sévin a rétabli un passage de Pétrone visiblement

---

[1] On connaît l'équivoque de nom qui fit faire inutilement un long voyage à Henry Meibomius, professeur dans l'université de Helmstadt. Le bruit venait de se répandre (c'était en 1691) qu'on avait trouvé un manuscrit complet de la satyre de Pétrone; il n'en était rien. Meibomius, ayant lu dans un itinéraire d'Italie : *Petronius Bononiæ integer asservatur, egoque ipsum meis oculis non sine admiratione vidi*, il part aussitôt de Lubeck pour aller voir cette merveille. A peine arrivé à Bologne, il court chez le médecin Copponi qu'il connaissait de réputation ; et là, ouvrant son livre dont il avait exprès marqué la page, il lui demanda si le fait est véritable. « Très-véritable, répond le médecin ; et je puis faire en sorte, par mon crédit, que votre curiosité soit satisfaite. » Meibomius le suit avec une joie qui ne se peut exprimer ; mais quelle fut sa surprise, lorsque son guide, l'ayant conduit à la porte de l'église, le pria d'entrer, lui disant que c'était là qu'il trouverait ce qu'il cherchait. « Comment ! s'écria Meibomius, dans une église, un livre aussi infâme ? — Que voulez-vous dire, interrompit Copponi, avec votre livre infâme ! C'est ici l'église de Saint-Pétrone, évêque et patron de Bologne ; on y garde son corps tout entier, et vous allez vous-même le voir tout à l'heure. » Meibomius reconnut le quiproquo ; et Copponi de rire.

altéré par l'ignorance des copistes, et sur lequel les meilleurs critiques semblent avoir erré. Voici ce qu'on lit à ce sujet dans les Mémoires de l'Académie des inscriptions et belles-lettres : « Pétrone, après avoir donné de grands éloges à ces hommes illustres qui avaient consacré leurs veilles au bien de la société, ajoute : *Itaque, Hercula, omnium herbarum succos Democritus expressit; et ne lapidum virgultorumque vis lateret, ætatem inter experimenta consumpsit*. La difficulté roule sur *Hercula*. On ne rapporte point ici les différentes conjectures que ce mot a fait naître; la plupart ne paraissent appuyées que sur des fondements peu solides. Dans le dessein de rehausser le prix de tant de découvertes dues aux soins de Démocrite, Pétrone insinue que les travaux de ce fameux philosophe, dans l'art de la médecine, pouvaient entrer en parallèle avec ceux qui avaient rendu le nom d'Hercule si célèbre dans la Grèce; et par une comparaison fort à la mode parmi les anciens, Pétrone n'aura pas cru pouvoir mieux exprimer sa pensée, qu'en disant, pour désigner Démocrite, *Hercules alter*. C'est là sans doute ce qu'il faut lire, au lieu d'*Hercula*, qui ne signifie rien. »

L'abbé Sévin appuie son sentiment sur divers passages de Plutarque, de Cicéron et de Pline; ils prouvent qu'en effet Démocrite fut souvent assimilé à Hercule. Il est étonnant qu'une restitution si naturelle et si facile en apparence, n'ait pas été proposée plus tôt. Mais combien de secrets merveilleux ressemblent à l'œuf de Christophe Colomb !

Outre le *Satyricon*, Scaliger, Daniel et dom Rivet attribuent à notre Pétrone l'*Eustion*, l'*Albutia*, et les petits poëmes connus sous le nom de *Priapées* (*Lusus in*

Priapum), ainsi que les épigrammes revendiquées par les différents Pétrone, et dont Lotichius a grossi son recueil. Cependant Tillemont fait auteur de la plupart d'entre elles le poëte Optatien Porphyre, qu'il ne faut pas confondre avec Porphyre le philosophe. Selon Raphaël de Volterre, on doit aussi faire honneur à Pétrone d'un grand nombre de *Fragments poétiques sur la médecine;* mais, comme l'observe Conrad Gesner, il est évident que l'on confond ici Pétrone avec Petrichius, qui, au rapport de Pline, a écrit en vers sur les matières médicales. Enfin, La Monnoie donne, sans hésiter, à Pétrone, la jolie épigramme latine de *la Boule de neige*, qu'Antoine Govea s'est appropriée, page 11 de son Recueil, imprimé à Lyon en 1540, chez Sébastien Gryphius.

Les bibliomanes, qui désireraient avoir sous les yeux une nomenclature plus étendue des diverses éditions de Pétrone, peuvent consulter l'*Histoire de la littérature française*, par Labastide et d'Ussieux.

II

DES PRINCIPALES TRADUCTIONS FRANÇAISES DE PÉTRONE.

Il semble qu'un auteur aussi galant que Pétrone ne pouvait manquer de trouver en France beaucoup de traducteurs ou d'imitateurs. Cependant nous ne sommes pas très-riches de ce côté. Le premier morceau du *Satyricon* que l'on ait fait passer en notre langue est la *Matrone d'Éphèse*, et c'est un moine qui s'en avisa. On la trouve sous le titre de *Fable du chevalier et de la femme veuve*, dans celles d'Ésope, d'Avianus et du Poge, publiées en français, l'an 1475, par *frère Julien des Augustins de Lyon, docteur en théologie.* Comme il n'existe point d'édition de Pétrone qui date de si loin, frère Julien avait probablement tiré cette fable de quelque manuscrit du *Satyricon,* enseveli dans la bibliothèque de son couvent; mais il n'en dit rien. C'est sur le même épisode que Brinon de Baumartin bâtit, en 1614, sa tragi-comédie de l'*Éphésienne.* On en trouve aussi une imitation dans le *Quatrième discours de Brantôme sur les femmes galantes;* une autre dans la trente-quatrième lettre du *Recueil épistolaire* de Méré. Tout le monde sait que La Fontaine a fait de la *Matrone d'Éphèse* l'un de ses plus jolis contes. Saint-Évremond s'est également amusé à traduire ce passage célèbre : sa traduction, assez littérale, est en prose, et suit immédiatement sa *Dissertation sur Pétrone.* Elle a trouvé un nouveau traducteur dans Lavaleterie [1]. On doit encore à ce dernier une imitation du début de Pétrone contre les déclamateurs. Fréron, dans ses *Opuscules,* a traduit le même fragment. Prépétit de Grammont a mis en vers français ceux que déclame Agamemnon sur la poésie latine. Ces différents essais sont agréables à lire; mais ils sont loin de soutenir la comparaison avec l'original, dont ils ne sont qu'une faible copie; j'en excepte le conte de La Fontaine.

Dans son *Histoire amoureuse des Gaules,* Bussy-Rabutin introduit le comte de Guiche racontant sa dolente aventure avec la comtesse d'Olonne. Ses rendez-vous, ses désirs, son impatience amoureuse cruellement trompée par ses sens en défaut, ses serments de réparer sa faute, sa rechute involontaire, l'emportement de sa maîtresse,

---

[1] Lavaleterie, *OEuvres mêlées de Saint-Évremond.*

tout, jusqu'aux lettres des deux amants, est une traduction littérale des *Amours de Polyœnos et de Circé*. Rabutin n'avait point indiqué la source où sa plume trop maligne avait puisé : les parties offensées ne prirent point la raillerie, comme Joconde, en véritables gens de cour. L'indiscret plagiaire pouvait acheter sa grâce, en décelant dans Pétrone le principal et le premier coupable; mais l'amour-propre du bel-esprit l'emporta; il ne dit rien, et son silence lui valut la Bastille et l'exil. Nul peut-être n'était plus capable de faire parler Pétrone en français que Bussy-Rabutin. On assure qu'il l'avait entrepris de concert avec le maréchal de Vivonne et le célèbre abbé de la Trappe; mais les scrupules tardifs du dernier firent échouer ce projet.

Il n'est personne qui ne connaisse la traduction en vers du poëme de la *Guerre civile*, donnée en 1737 par le président Bouhier. Le public applaudit alors à son élégance; on y voudrait aujourd'hui plus de chaleur; mais la critique la plus sévère ne contestera jamais aux notes qui l'accompagnent le mérite du goût le plus pur et de l'érudition sans faste.

Parmi les mille et une traductions dont l'infatigable abbé de Marolles fit gémir les presses de son siècle, on compte une version en prose du festin de Trimalchion, publiée en 1677, et non moins plate qu'infidèle. Goujet attribue encore à l'abbé de Marolles le *Pétrone en vers français*, imprimé chez Barbin en 1667, d'après l'édition latine de Gabbéma. Marolles, dont la modestie n'était pas la vertu favorite, et qui se vantait avec complaisance d'avoir enfanté *cent trente trois mille cent vingt-quatre vers*, se déguisa pourtant, dans ce recueil, sous les lettres M. L. D. B.; mais il aurait dû condamner ses vers maussades à l'oubli, comme alors il y condamna son nom.

On prétend, ajoute Goujet, que François Galaup de Chasteuil, Provençal, homme de beaucoup d'esprit, mort en 1678, avait traduit tout ce qui nous reste de Pétrone; et Gui-Patin parle, dans ses *Lettres*, d'un savant qui, après avoir rempli les lacunes du *Satyricon*, ne put obtenir la permission d'en publier une édition latine et française.

Les éditeurs des poésies de Lainez attribuent à cet aimable épicurien une traduction complète du *Satyricon*; elle s'est perdue manuscrite, et l'on ne peut que regretter cette perte.

Les *Fragments d'histoire et de littérature*, imprimés à la Haye, en 1706, parlent d'une autre traduction anonyme de la première partie du *Festin de Trimalchion*, publiée en 1687. « Le traducteur, dit-on dans ces *Fragments*, a trouvé le secret de changer un auteur *très-impur* en un poëte *très-chaste*, qui peut être lu par les dévotes mêmes dans leurs moments de loisir. » Beau service rendu à Pétrone !

Fabricius, dans sa *Bibliothèque latine*, fait mention d'une traduction plus complète par Venette, auteur du *Tableau de l'amour conjugal*. Elle parut à Amsterdam en 1697; mais elle était déjà devenue si rare au bout de quelques années, que les compilateurs de l'*Histoire littéraire de France*, malgré toutes leurs recherches, ne purent, de leur aveu même, s'en procurer un seul exemplaire. Ce savant médecin avait aussi composé un dictionnaire raisonné du *Satyricon*, pour en faciliter l'intelligence : il est resté manuscrit.

Il est plus aisé de se procurer la traduction du *Festin*

de *Trimalchion*[1], donnée par Lavaur, en 1726, sous le titre d'*Histoire secrète de Néron*. Les notes et la préface en sont la partie la plus estimable.

Nodot, déjà connu par ses *Fragments* de Belgrade, voulut avoir l'honneur d'enrichir le public de ce qu'il appelait une traduction entière du *Satyricon*. Sa première édition parut, en 1694, à Cologne; la seconde, plus estimée, est de 1713, à Paris. On ne peut nier qu'il n'ait assez fidèlement rendu les pensées de l'original; mais sa prose dénuée de grâce et ses vers prosaïques n'ont fait de Pétrone qu'un squelette pour ceux qui ne peuvent l'admirer dans sa langue. Ses notes historiques et critiques supposent plus de connaissance des usages antiques que d'habitude à sentir les beautés des anciens. Son édition a du moins cela de recommandable pour les esprits superficiels, qu'elle est la seule qui réunisse à un texte sans lacune apparente une traduction assez exacte, quoique fort maussade.

En 1742 parut à Londres, chez Nourse, une traduction nouvelle de Pétrone, par Dujardin, caché sous le nom de Boispréaux. Il a suivi, comme Nodot, le texte de Belgrade; mais il s'est dispensé de le joindre à sa traduction. Elle est plus élégante, plus vive, plus enjouée que

---

[1] L'abbé Margon fit mieux que de traduire le *Festin de Trimalchion*: il le réalisa. Cet abbé, fort gourmand de son naturel, ayant un jour reçu du régent, je ne sais trop pour quel service secret, une gratification de 30,000 francs, imagina de la manger dans un souper, qu'il pria son patron de lui laisser donner à Saint-Cloud. Il en fit la disposition, Pétrone à la main, et exécuta, avec la plus grande exactitude, le repas de Trimalchion. On surmonta toutes les difficultés à force de dépenses. Le régent eut la curiosité d'aller surprendre les acteurs, et il avoua qu'il n'avait jamais rien vu de si original.

celle de son prédécesseur; mais Boispréaux, moins fidèle que lui, tronque souvent l'original, même dans sa prose, ce qui ne peut s'excuser. Sa plume, qu'il croit l'épée d'Alexandre, coupe le nœud gordien qu'il eût fallu délier. Est-ce pour se dérober au désavantage de la comparaison que Boispréaux a privé du texte les admirateurs de Pétrone [1]? Ce qui me plairait le plus dans son ouvrage serait la préface, si elle ne pouvait passer pour un plagiat de Saint-Évremond, qu'il ne daigne pas nommer: La dernière traduction de Pétrone que je connaisse est celle de Durand, publiée par Gérard, Paris, 1803; elle n'est pas plus exacte que celle de Boispréaux : comme lui, le nouveau traducteur allonge, tronque l'original à sa fantaisie, au point de le rendre quelquefois méconnaissable.

J'allais augmenter cette dissertation d'un beau chapitre sur la morale de Pétrone; mais, me suis-je dit, ce titre seul menacerait d'un sermon, et ce siècle n'aime pas les sermons. J'ai donc déchiré mon chapitre.

---

[1] Boispréaux ou Dujardin n'a pas trouvé grâce aux yeux de Fréron, qui s'écrie : « Pourquoi Boispréaux a-t-il énervé la force des pensées de Pétrone par des paraphrases insipides, éteint le feu de ses idées par des tours froids et languissants, altéré la charmante naïveté de ses sentiments par un choix affecté de mots précieux ; substitué, en un mot, à un original plein de vie une copie languissante et inanimée? N'est-ce pas imiter ce tyran dont il est parlé dans Virgile, qui appliquait des corps morts à des corps vivants? »

T. PÉTRONE

LE SATYRICON

DE

T. PÉTRONE

CHEVALIER ROMAIN.

CHAPITRE I.

Il y a bien longtemps que je vous promets le récit de mes aventures; je veux tenir aujourd'hui ma parole. Puisque nous voici réunis, moins pour nous livrer à des dissertations savantes, que pour ranimer par des contes plaisants la gaieté de nos entretiens, profitons, mes amis, de l'heureuse occasion qui nous rassemble. Fabricius Véjento vient de vous entretenir, en homme d'esprit, des impostures sacerdotales. Il vous a peint les prêtres préparant à loisir leurs fureurs prophétiques, ou commentant avec impudence des mystères qu'ils ne comprennent point. Mais est-elle moins plaisante, la manie des déclamateurs? Entendez-les s'écrier : — Ces blessures honorables, c'est pour la liberté que je les ai reçues! Cet œil qui me manque, c'est pour vous que je l'ai perdu! Qui me donnera un guide pour me conduire vers mes enfants? mes genoux cicatrisés fléchissent sous le poids de mon corps!

CAPUT I.

[Jam dudum, quæ mihi acciderunt, vobis ita narrare pollicitus sum, ut hodie promissis stare decreverim : nobis, ad scientias non solum explicandas, sed etiam ad hilaria colloquia, fabulis jucundioribus animanda, opportune congregatis. Fabricius Vejento de religionis erroribus jam nunc ingeniose locutus est, et detexit, quo doloso vaticinandi furore sacerdotes mysteria, illis sæpe ignota, audacter publicant. Sed] num alio genere furiarum declamatores inquietantur? qui clamant : — Hæc vulnera pro libertate publica excepi, hunc oculum pro vobis impendi : date mihi ducem, qui me ducat ad liberos meos, nam succisi poplites membra non sustinent.

— Tant d'emphase serait supportable, si elle ouvrait à leurs élèves la route de l'éloquence; mais cette enflure de style, ce jargon sentencieux, à quoi servent-ils? Les jeunes gens, lorsqu'ils débutent au barreau, se croient transportés dans un nouveau monde. Ce qui fait de nos écoliers autant de maîtres sots, c'est que tout ce qu'ils voient et entendent dans les écoles ne leur offre aucune image de la société. Sans cesse on y rebat leurs oreilles de pirates en embuscade sur le rivage et préparant des chaînes à leurs captifs; de tyrans dont les barbares arrêts condamnent des fils à décapiter leurs propres pères; d'oracles dévouant à la mort trois jeunes vierges, et quelquefois plus, pour le salut des villes dépeuplées par la peste. C'est un déluge de périodes mielleuses agréablement arrondies : actions et discours, tout est saupoudré de sésame et de pavot.

CHAPITRE II.

Nourri de pareilles fadaises, comment leur goût pourrait-il se former? un cuistre sent toujours sa cuisine. Ne vous en déplaise, ô rhéteurs, c'est de vous que date la chute de l'éloquence. En réduisant le discours à une harmonie puérile, à de vains jeux de mots, vous en avez fait un corps sans âme, un squelette. On n'exerçait pas encore la jeunesse à ces déclamations, quand le génie des Sophocle et des Euripide créa pour la scène un nouveau langage. Un pédant, croupi dans la poussière des classes, n'étouffait point encore le talent dans son

---

— Hæc ipsa tolerabilia essent, si ad eloquentiam ituris viam facerent : nunc, et rerum tumore, et sententiarum vanissimo strepitu, hoc tantum proficiunt, ut, quum in forum venerint, putent se in alium terrarum orbem delatos. Et ideo ego adolescentulos existimo in scholis stultissimos fieri, quia nihil ex iis, quæ in usu habemus, aut audiunt, aut vident, sed piratas cum catenis in littore stantes, sed tyrannos edicta scribentes, quibus imperent filiis; ut patrum suorum capita præcidant; sed responsa in pestilentiam data, ut virgines tres aut plures immolentur; sed mellitos verborum globulos, et omnia dicta, factaque quasi papavere et sesamo sparsa.

CAPUT II.

Qui inter hæc nutriuntur, non magis sapere possunt, quam bene olere, qui in culina habitant. Pace vestra liceat dixisse, primi omnium eloquentiam perdidistis. Levibus enim atque inanibus sonis ludibria quædam excitando effecistis, ut corpus orationis enervaretur, et caderet. Nondum juvenes declamationibus continebantur, quum Sophocles atque Euripides invenerunt verba, quibus deberent loqui. Nondum umbrati-

germe, quand la muse de Pindare et de ses neuf rivaux osa faire entendre des chants dignes d'Homère. Et, sans citer les poëtes, je ne vois point que Platon ni Démosthène se soient exercés dans ce genre de composition. Semblable à une vierge pudique, la véritable éloquence ne connaît point le fard. Simple et modeste, elle s'élève naturellement, et n'est belle que de sa propre beauté. C'est depuis peu que ce débordement d'expressions boursouflées a reflué de l'Asie dans Athènes. Astre malin, son influence meurtrière a comprimé chez la jeunesse les élans du génie, et dès lors les sources de la véritable éloquence se sont taries. A dater de cette époque, quel historien approcha de la perfection de Thucydide, de la renommée d'Hypéride? Citez-moi un seul vers où le bon goût étincelle : tous ces avortons littéraires ressemblent à ces insectes qu'un seul jour voit naître et mourir. La peinture a eu le même sort, depuis que la présomptueuse Égypte abrégea les procédés et les règles de cet art sublime. — Je tenais un jour à peu près ce langage, quand Agamemnon s'approcha de nous, et, d'un œil curieux, chercha à savoir quel était l'orateur que la foule écoutait avec tant d'attention.

CHAPITRE III.

Impatient de m'entendre pérorer si longtemps sous le portique, tandis qu'il venait de s'enrouer sans succès dans sa classe, Agamemnon m'adressa ainsi la parole : — Jeune

cus doctor ingenia deleverat, quum Pindarus novemque lyrici Homericis versibus canere non timuerunt. Et ne poetas quidem ad testimonium citem, certe neque Platona, neque Demosthenem ad hoc genus exercitationis accessisse video. Grandis, et, ut ita dicam, pudica oratio non est maculosa, nec turgida, sed naturali pulchritudine exsurgit. Nuper ventosa isthæc et enormis loquacitas Athenas ex Asia commigravit, animosque juvenum ad magna surgentes, veluti pestilenti quodam sidere, afflavit, simulque corrupta eloquentiæ regula stetit, et obmutuit. Quis postea ad summam Thucydidis, quis Hyperidis ad famam processit? Ac ne carmen quidem sani coloris enituit : sed omnia, quasi eodem cibo pasta, non potuerunt usque ad senectutem canescere. Pictura quoque non alium exitum fecit, postquam Ægyptiorum audacia tam magnæ artis compendiariam invenit. — [Hæc taliaque olim declamabam, quum Agamemnon nobis se admovit, et oculo curioso inspiciens, quem conciones tam diligentius audiebant.]

CAPUT III.

Non est passus Agamemnon, me diutius declamare in porticu, quam ipse in schola sudaverat; sed : — Adolescens, inquit, quoniam sermonem habes non publici sapo-

homme, vos expressions ne sont pas dans le goût du jour. Vous avez du bon sens, qualité rare à votre âge ; je veux vous dévoiler les secrets de mon art. Le vice de nos leçons n'est point la faute des professeurs. Devant des têtes sans cervelle, il faut bien qu'on déraisonne. Comme l'a dit Cicéron, si l'enseignement n'est point agréable à l'élève, « le maître reste bientôt sans auditeurs. » Ainsi l'adroit parasite, qui veut être admis à la table du riche, prépare d'avance un choix de contes agréables pour les convives : il ne peut parvenir à son but sans tendre un piége aux oreilles de ses auditeurs. Autrement, il en est du maître d'éloquence comme du pêcheur qui, faute d'attacher à ses hameçons l'appât le plus propre à attirer le poisson, se morfond sur un rocher, sans espoir de butin.

CHAPITRE IV.

Ainsi donc le blâme doit retomber sur les parents seuls, eux qui redoutent pour leurs enfants une éducation mâle et sévère. Ils commencent par sacrifier, comme le reste, leur espérance même à l'ambition ; ensuite, pour arriver plus promptement au but de leurs désirs, ils lancent dans le barreau ces apprentis orateurs ; et l'éloquence dont l'homme mûr peut à peine, de leur propre aveu, atteindre la hauteur, ils la rapetissent à la taille d'un marmot. Avec plus de patience, les études seraient mieux graduées ; on verrait une jeunesse studieuse épurer insensiblement son goût par la méditation des

---

ris, et, quod rarissimum est, amas bonam mentem, non fraudabo te arte secreta. Minimum in his exercitationibus doctores peccant, qui necesse habent cum insanientibus furere. Nam ni dixerint, quæ adolescentuli probent, ut ait Cicero, *soli in scholis relinquentur.* Sicut ficti adulatores, quum cœnas divitum captant, nihil prius meditantur, quam id, quod putant gratissimum auditoribus fore (nec enim aliter impetrabunt quod petunt, nisi quasdam insidias auribus fecerint) ; sic eloquentiæ magister, nisi, tanquam piscator, eam imposuerit hamis escam, quam scierit appetituros esse pisciculos, sine spe prædæ moratur in scopulo.

CAPUT IV.

Quid ergo est ? Parentes objurgatione digni sunt, qui nolunt liberos suos severa lege proficere. Primum enim, sicut omnia, spes quoque suas ambitioni donant : deinde, quum ad vota properant, cruda adhuc studia in forum impellunt, et eloquentiam, qua nihil esse majus contitentur, pueris induunt adhuc nascentibus. Quod si paterentur laborum gradus fieri, ut studiosi juvenes lectione severa mitigarentur,

bons livres, plier peu à peu son âme au joug de la sagesse, corriger impitoyablement son style, et écouter avec une attention soutenue les modèles qu'elle veut imiter ; enfin, on la verrait refuser son admiration à tout ce qui séduit ordinairement l'enfance. C'est alors que l'éloquence reprendrait et sa noblesse et son imposante majesté. Mais aujourd'hui ces mêmes hommes qui, dans leur enfance, traitent l'étude comme un jeu, dans leur adolescence sont la fable du barreau, et, pour comble de folie, parvenus à la vieillesse, ne veulent point convenir du vice de leur première éducation. Ce n'est pas que j'improuve tout à fait cet art facile d'improviser, dont Lucilius est le père ; je vais moi-même vous en donner un exemple de ma façon :

CHAPITRE V.

Le génie est enfant de la frugalité.
Toi dont l'orgueil aspire à l'immortalité,
De la table des grands fuis le luxe perfide.
Les vapeurs de Bacchus offusquent la raison,
  Et la vertu rigide
Devant le vice heureux, craint de courber son front.

On ne doit point te voir assis sur un théâtre,
  Couronné de honteuses fleurs,
Aux applaudissements d'une foule idolâtre
  Mêler d'indécentes clameurs.

ut sapientiæ præceptis animos componerent, ut verba atroci stilo effoderent, ut, quod vellent imitari, diu audirent : sibi nihil esse magnificum, quod pueris placeret ; jam illa grandis oratio haberet majestatis suæ pondus. Nunc pueri in scholis ludunt, juvenes ridentur in foro ; et, quod utroque turpius est, quod quisque perperam didicit, in senectute confiteri non vult. Sed ne me putes improbasse schedium Lucilianæ improbitatis, quod sentio, et ipse carmine effingam :

CAPUT V.

Artis severæ si quis amat effectus,
Mentemque magnis applicat, prius more
Frugalitatis lege polleat exacta :
Nec curet alto regiam trucem vultu,
Cliensve cœnas impotentium captet :
Nec perditis addictus obruat vino
Mentis calorem, neve plausor in scena
Sedeat redimitus, histrioniæ addictus.
Sed sive armigeræ rident Tritonidis arces,
Seu Lacedæmonio tellus habitata colono,

L'honneur t'appelle à Naple ou dans le sein d'Athène
Là, ton premier encens fume pour Apollon,
Et tu bois à longs traits l'onde castalienne.
Vers Socrate bientôt la sagesse t'entraîne ;
   Et déjà ta main plus certaine,
Saisit avec succès la plume de Platon,
   Ou les foudres de Démosthène.

A ton goût épuré le Parnasse latin
Peut offrir à son tour les plus parfaits modèles,
Soit que ta lyre chante ou les guerres cruelles,
Ou des fils de Pélops le tragique festin.

 Virgile des héros éternisa la gloire ;
 Lucrèce à la nature arracha son bandeau ;
   Cicéron tonnait au barreau ;
 Tacite des tyrans a flétri la mémoire....
Pour égaler un jour ces écrivains fameux.
   Imite-les ; c'est la source féconde
D'où tes vers, à plein bord, couleront comme l'onde
   D'un fleuve impétueux.

CHAPITRE VI.

Tandis que j'écoutais avidement Agamemnon, Ascylte m'avait quitté sans que je m'en aperçusse. Tout en réfléchissant sur cette longue tirade, je vis le portique subitement inondé d'une troupe de jeunes étudiants. Ils venaient sans doute d'assister à je ne sais quelle harangue qu'avait improvisée certain rhéteur, en réponse à celle d'Agamemnon. L'un en critiquait

   Sircumumque domus, det primos versibus annos,
   Mæoniumque bibat felici pectore fontem ;
   Mox, et Socratico plenus grege mutet habenas
   Liber, et ingentis quatiat Demosthenis arma.
   Hinc romana manus circumfluat, et modo graio
   Exonerata sono, mutet suffusa saporem.
   Interdum subducta foro det pagina versum,
   Et cortina sonet celeri distincta meatu.
   Dein epulas et bella truci memorata canore,
   Grandiaque indomiti Ciceronis verba minentur.
   His animum succinge bonis, sic flumine largo
   Plenus, Pierio defundes pectore verba.

CAPUT VI.

— Dum hæc diligentius audio, non notavi mihi Ascylti fugam : et dum in hoc dictorum æstu totus incedo, ingens scholasticorum turba in porticum venit, ut apparebat, ab extemporali declamatione nescio cujus, qui Agamemnonis suasoriam exce-

les pensées, l'autre en tournait le style en ridicule, un troisième n'y trouvait ni plan, ni méthode. Moi, profitant de l'occasion, je m'esquive parmi la foule; et me voilà à la poursuite de mon fugitif. Grand était mon embarras; les chemins m'étaient peu connus, et j'ignorais où était située notre auberge. Après bien des détours, je revenais toujours au point d'où j'étais parti. Enfin, exténué de fatigue, inondé de sueur, j'aborde une petite vieille qui vendait de grossiers légumes.

CHAPITRE VII.

— Bonne mère, lui dis-je, ne sauriez-vous point où je demeure? — Cette naïveté la fit sourire. — Pourquoi non? répond-elle gaiement. — Aussitôt elle se lève et marche devant moi. Je la suis, tenté de la croire inspirée. Arrivés ensemble vers une ruelle obscure, la vieille leva le rideau d'une porte; puis: — Voilà sans doute votre logis. — Je m'en défendis, comme on pense. Pendant notre altercation, j'aperçois entre deux rangs d'écriteaux, et, au milieu de femmes nues, des promeneurs mystérieux. Trop tard alors je reconnus le piége : j'étais dans une maison de prostitution. Furieux contre la maudite vieille, je me couvre la tête d'un pan de ma robe; et me voilà courant de toute ma force à travers cette infâme demeure, jusqu'à l'issue opposée. Je touchais au seuil de la porte, quand tout à coup je donne du nez contre Ascylte. Le malheureux était non moins fatigué, non moins mourant que moi. On eût dit que la vieille sorcière avait pris à tâche de nous rassembler là tous les deux.

perat. Dum ergo juvenes sententias rident, ordinemque totius dictionis infamant, opportune subduxi me, et cursim Ascylton persequi cœpi. Sed nec viam diligenter tenebam, nec, quo loco stabulum esset, sciebam. Itaque quocumque ieram, eodem revertebar, donec et cursu fatigatus, et sudore jam madens, accedo aniculam quamdam, quæ agreste olus vendebat.

CAPUT VII.

— Te rogo, inquam; mater, numquid scis ubi ego habitem? — Delectata illa urbanitate tam stulta, et : — Quidni sciam? inquit; — consurrexitque, et cœpit me præcedere. Divinam ego putabam : at subinde, ut in locum secretiorem venimus, centonem anus urbana rejecit; et : — Hic, inquit, debes habitare. — Quum ego negarem me cognoscere domum, video quosdam intus titulos nudasque meretrices furtim conspatiantes. Tarde, imo jam sero, intellexi, me in fornicem esse deductum : exsecratus itaque aniculæ insidias, operui caput, et per medium lupanar fugere cœpi in aliam partem : quum ecce in ipso aditu occurrit mihi æque lassus ac moriens

Je ne pus m'empêcher de l'aborder en riant. — Eh! bonjour, m'écriai-je ; que fais-tu donc dans cette honnête maison?

CHAPITRE VIII.

— Hélas! répondit-il, en essuyant la sueur de son visage, si tu savais ce qui m'est arrivé! — Bon! répliquai-je, qu'y a-t-il de nouveau? — Ascylte, d'une voix presque éteinte, reprit en ces termes : J'errais de rue en rue sans pouvoir retrouver mon gîte. Un vieillard d'un extérieur vénérable m'aborde, et, voyant mon inquiétude, s'offre obligeamment à me remettre sur la voie. J'accepte ; nous traversons plusieurs rues détournées, et nous voilà dans cette maison. A peine arrivés, cet homme tire sa bourse d'une main, et de l'autre.... L'infâme! il ose marchander mon déshonneur au poids de l'or. Déjà la digne hôtesse de ce lieu avait reçu le prix d'un cabinet ; déjà notre satyre me pressait d'un bras impudique. Sans la vigueur de ma résistance, mon cher Encolpe, vous m'entendez....! — Pendant ce récit d'Ascylte, survient précisément le vieillard en question, accompagné d'une femme assez jolie. S'adressant à Ascylte : — Dans cette chambre, dit-il, le plaisir vous attend ; rassurez-vous sur le genre du combat, le choix du rôle est à votre disposition. — La jeune femme, de son côté, me pressait également de consentir à la suivre. Nous nous laissâmes tenter ; et, sur les pas de nos guides, nous traversâmes plusieurs salles, théâtres lubriques des jeux de la volupté. A la fureur

---

Ascyltos ; putares ab eadem anicula esse deductum. Itaque ut ridens cum consalutavi, quid in loco tam deformi faceret? quæsivi.

CAPUT VIII.

Sudorem ille manibus detersit, et : — Si scires, inquit, quæ mihi acciderunt. — Quid novi? inquam ego. — At ille deficiens : Quum errarem, inquit, per totam civitatem, nec invenirem quo loco stabulum reliquissem, accessit ad me paterfamilias, et ducem se itineris humanissime promisit. Per aufractus deinde obscurissimos egressus, in hunc locum me perduxit, prolatoque peculio cœpit rogare stuprum. Jam pro cella meretrix assem exegerat, jam ille mihi injecerat manum ; et, nisi valentior fuissem, pœnas dedissem. — [Dum sortem suam mihi narrat Ascyltos, ipse paterfamilias, comitatus muliere haud inculta, supervenit, et, respiciens ad Ascylton, rogavit ut domum intraret, certiorem faciens nil timendum ; sed, quum patiens esse nollet, saltem agens foret. Aliunde mulier urgebat consensum, ut secum veniremus. Subsequimur ergo, et conducti inter titulos, aspicimus complures

des combattants, on les eût crus ivres de satyrion. A notre aspect, ils redoublèrent de postures lascives, pour nous engager à les imiter. Tout à coup l'un d'eux retrousse sa robe jusqu'à la ceinture, et, se précipitant sur Ascylte, le renverse sur un lit voisin, et veut lui faire violence. Je vole au secours du pauvre patient, et nos efforts réunis triomphent sans peine de ce brutal assaillant. Ascylte gagne aussitôt la porte et s'enfuit, me laissant seul en butte aux attaques de leur débauche effrénée; mais, supérieur en force et en courage, je sortis sain et sauf de ce nouvel assaut.

CHAPITRE IX.

Je parcourus presque toute la ville avant de retrouver mon gîte. Enfin, comme à travers un épais brouillard, j'aperçus au coin d'une rue Giton debout sur la porte d'une auberge : c'était la nôtre. J'entre, il me suit. — Mon ami, lui dis-je, qu'avons-nous pour dîner? — Pour toute réponse, Giton s'assied sur le lit; et ses larmes, qu'il essuie vainement, coulent en abondance. Ému de sa douleur, j'en veux connaître le sujet : il s'obstine au silence; j'insiste; aux prières je mêle les menaces; il se rend enfin; et montrant Ascylte : — Cet ami si fidèle, dit-il, ce compagnon de vos plaisirs, Ascylte a devancé ici votre venue. Me trouvant seul, il a voulu faire outrage par la force à ma pudeur. J'ai crié à la violence; mais lui, tirant son épée : « Si tu fais la Lucrèce, m'a-t-il dit, tu

---

utriusque sexus ludentes in cellis,] adeo ubique omnes mihi videbantur satyrion bibisse. [Ut conspicimur, nos cynædica petulantia allicere conati sunt, statimque unus alte succinctus invadit Ascylton, et super eum, grabato prostratum, moler conatus est. Succurro statim patienti, et] junctis viribus molestum contempsimus.

Egreditur Ascyltos, et fugit, meque eorum libidini obnoxium relinquit; sed valentiorem viribus et animo illæsum dimisit.

CAPUT IX.

Lustratà pæne urbe,] quasi per caliginem vidi Gitona in crepidine semitæ [limineque diversorii] stantem, et in eumdem locum me conjeci. Quum quærerem, num quid nobis in prandium frater parasset? consedit puer super lectum, et manantes lacrymas pollice extersit. Perturbatus ego habitu fratris, quid accidisset? quæsivi. At ille tarde quidem et invitus, sed postquam precibus et iracundiam miscui : — Tuus, inquit, iste frater, seu comes, paulo ante in conductum accucurrit, cœpitque mihi velle pudorem extorquere. Quum ego proclamarem, gladium strinxit; et : « Si Lucretia es, inquit, Tarquinium invenisti. » — Quibus ego auditis, intentavi in ocu-

as trouvé ton Tarquin. » — A ces mots, peu s'en fallut que je n'arrachasse les yeux au perfide. — Que répondras-tu, m'écriai-je, infâme débauché, plus vil que les plus viles courtisanes ! toi dont la bouche même ne craint point de se souiller de la façon la plus honteuse ! — Ascylte affecte alors une indignation qu'il ne sentait guère ; et, agitant ses bras d'une manière menaçante, il le prend sur un ton beaucoup plus haut que le mien : — Oses-tu parler, vil gladiateur ! s'écrie-t-il à son tour ; toi, lâche assassin de ton hôte ! qui n'es échappé que par miracles aux charniers de l'amphithéâtre ! Oses-tu parler, toi, voleur de nuit, qui, même lorsque tu n'étais pas encore réduit à l'impuissance, n'as jamais été aux prises avec une femme honnête ! toi qui, dans certain bosquet, m'as fait servir un jour de Ganymède à ta lubricité, comme cet enfant t'en sert aujourd'hui dans ce cabaret. — Mais, repris-je, pourquoi t'esquiver pendant mon entretien avec Agamemnon ?

CHAPITRE X.

— Imbécile ! que voulais-tu que je fisse là ? Je mourais de faim ; pouvais-je m'arrêter à écouter les sornettes d'un pédant, les rêves d'un visionnaire ? Le scrupule te sied bien, quand, pour escroquer un souper, tu t'es fait le prôneur d'un méchant poëte. — Peu à peu cette ridicule dispute se tourna en plaisanterie. Nous commençâmes à parler plus doucement d'autres choses. Au fond pourtant la perfidie d'Ascylte ne me laissait pas sans rancune. — Tiens, lui dis-je, toute réflexion

los Ascylti manus ; et : — Quid dicis, inquam, muliebris patientiæ scortum, cujus ne spiritus purus est ? — Inhorrescere se finxit Ascyltos ; mox, sublatis fortius manibus, longe majore nisu clamavit : Non taces, inquit, gladiator obscœne, quem [hospitis homicidam] de ruina arena dimisit ? Non taces, nocturne percussor, qui ne tum quidem, quum fortiter faceres, cum pura muliere pugnasti ? Cujus eadem ratione in viridario frater fui, qua nunc in deversorio puer est ? — Subduxisti te, inquam, a præceptoris colloquio ?

CAPUT X.

— Quid ego, homo stultissime, facere debui, quum fame morerer ? an videlicet audirem sententias, id est, vitrea fracta, et somniorum interpretamenta ? Multo me turpior es tu, Hercule, qui ut foris cœnares, poetam laudasti. — Itaque ex turpissima lite in risum diffusi, pacatius ad reliqua secessimus. Rursus in memoriam revocatus injuriæ : Ascylte, inquam, intelligo nobis convenire non posse ; itaque

faite, nos humeurs ne sympathisent point. Partant, faisons deux lots de notre petit bagage, et que chacun de nous aille tenter fortune de son côté. Nous pouvons nous flatter l'un et l'autre de quelque mérite littéraire; mais, pour ne pas aller sur tes brisées, je chercherai quelque autre profession; autrement, ce serait entre nous chaque jour de nouveaux débats, et nous serions bientôt la fable de toute la ville. — Soit, répond Ascylte. Mais nous sommes invités ce soir à un grand souper en notre qualité de savants; ne perdons pas une soirée si agréable, et demain, puisque vous le voulez, je saurai me pourvoir d'un gîte et d'un mignon. — Pourquoi remettre à demain, répliquai-je, cet arrangement qui nous convient à tous deux? — C'est l'amour qui me faisait désirer si ardemment cette séparation. Depuis longtemps j'aspirais à me débarrasser d'un témoin importun pour me livrer sans contrainte à ma passion pour Giton. — Ascylte, piqué au vif, sortit brusquement sans dire mot. Son départ précipité était d'un sinistre augure. Connaissant l'emportement de ce jeune homme et la fougue de ses passions, je le suivis pour observer ses démarches et déjouer ses projets; mais il se déroba bientôt à ma vue, et toutes mes recherches furent inutiles.

CHAPITRE XI.

Après avoir fureté dans tous les quartiers de la ville, je rentrai au logis, et je me consolai dans les bras de Giton. Je l'en-

communes sarcinulas partiamur, ac paupertatem nostram privatis quæstibus tentemus expellere. Et tu litteras scis, et ego; ne quæstibus tuis obstem, aliquid aliud promittam : alioqui mille causæ nos quotidie collident, et per totam urbem rumoribus different. — Non recusavit Ascyltos, et : — Hodie, inquit, quia tanquam scholastici ad cœnam promisimus, non perdamus noctem : cras autem, quia hoc libet, et habitationem mihi prospiciam, et aliquem fratrem. — Tardum est, inquam, differre quod placet. — Hanc tam præcipitem divisionem libido faciebat : jam dudum enim cupiebam amoliri custodem molestum, ut veterem cum Gitone meo rationem deducerem. [Contumeliam ægre ferens Ascyltos, et silens, cum impetu egreditur. Tam præceps eruptio lævum augurabat : etenim nota erat mihi ejus animi impotentia, notus et amor impotens. Subsequor ergo abeuntem, exploraturus consilia, illisque obstiturus; sed oculis se subripuit meis, et frustra illum diu quæsivi.]

CAPUT XI.

Postquam lustravi oculis totam urbem, in cellulam redii; osculisque tandem bona fide exactis, alligo arctissimis complexibus puerum, fruorque votis usque ad

laçai des plus étroits embrassements, et mon bonheur, égal
à mes désirs, fut véritablement digne d'envie. Nous préludions à de nouveaux plaisirs, quand, arrivant à pas de loup,
Ascylte enfonce la porte avec fracas, et nous surprend, Giton
et moi, au milieu de nos plus vives caresses. Aussitôt, remplissant notre étroite demeure de ses éclats de rire et de ses applaudissements, le perfide lève gravement le manteau qui
nous couvrait : — Ah! ah! dit-il, que faisiez-vous là, homme
de bien ? Quoi ! logés à deux sous la même couverture ! — Non
content de ces sarcasmes, le coquin détache sa ceinture de
cuir, et le voilà qui m'étrille, non de main morte, en ajoutant
insolemment : — Cela t'apprendra une autre fois à ne pas
rompre avec Ascylte ! — Tant d'audace m'atterra. Il fallut
bien digérer en silence les épigrammes et les coups. Je pris
donc la chose en plaisanterie : c'était le plus prudent; sans
cela il eût fallu en venir à un combat sérieux avec mon rival.
Ma fausse gaieté l'apaisa. — Encolpe, me dit-il en souriant, tu
t'endors dans la mollesse, et tu ne songes pas que l'argent
nous manque ! Ce qui nous reste est peu de chose. La ville
n'offre aucune ressource dans les beaux jours; la campagne
nous sera, j'espère, plus propice; allons voir nos amis. —
Quelque dur qu'il me fût d'avaler ainsi la pilule, je fis de nécessité vertu. Giton se chargea de notre mince bagage; nous
sortîmes de la ville, et nous nous dirigeâmes vers le château
de Lycurgue, chevalier romain. Ascylte avait eu jadis des
bontés pour lui; il nous reçut d'une manière affable; nous
trouvâmes bonne compagnie, et nous y passâmes le temps

invidiam felicibus. Nec adhuc quidem omnia erant facta, quum Ascyltos furtim se
foribus admovit, discussisque fortissime claustris, invenit me cum fratre ludentem :
risu itaque plausuque cellulam implevit, opertum me amiculo evolvit, et : — Quid
agebas, inquit, frater sanctissime ? Quid ? vesticontubernium facis ? Nec se solum
intra verba continuit, sed lorum de pera solvit, et me cœpit non perfunctorie verberare, adjectis etiam petulantibus dictis : — Sic dividere cum fratre nolito. —
[Res tam inopinata injuriam, ictusque silere constrinxit : casum igitur irrideo, et
prudenter : aliter enim prœliandum erat cum æmulo. Hilaritate mentita animum
illius sedavi. Subrisit etiam Ascyltos. — Et tu, inquit, Encolpi, deliciis sepultus,
non cogitas nos pecunia deficere, et quæ supersunt nullius esse pretii ? In æstivis
temporibus urbs sterilis est, rus erit fortunatius : eamus ad amicos. — Consilium
probare coegit necessitas, dolorisque sensum cohibere. Itaque, onerato Gitone sarchiulis, urbe egredimur, et ad castellum Lycurgi, equitis romani, pergimus. Quum
olim illi frater fuisset Ascyltos, pulchre nos accepit; cœtusque ibi congregatus

très-agréablement. Parmi les femmes réunies en ce lieu, Tryphène était la plus jolie. Elle était venue avec un patron de vaisseau nommé Lycas, possesseur de quelques domaines sur le bord de la mer. Si la table de Lycurgue n'était pas splendide, sa maison de campagne, en récompense, nous offrit à profusion tous les autres plaisirs. Vous saurez d'abord que l'amour prit soin de nous assortir par couples. Tryphène était belle : elle me plut, et ne se montra pas rebelle à mes vœux. Mais, à peine goûtions-nous ensemble les premiers plaisirs, quand Lycas, s'écriant que je lui volais sa maîtresse, s'avisa d'exiger que je la remplaçasse auprès de lui. Leur intrigue commençait à vieillir, et il me proposa gaiement de l'indemniser par cet échange. Bientôt son caprice pour moi devint une véritable persécution; mais mon cœur brûlait pour Tryphène, et je fermais l'oreille aux propositions de Lycas. Le refus irritant ses désirs, il me suivait partout. Une nuit, il pénètre dans ma chambre; se voyant rebuté, il passe des prières à la violence : mes cris furent si aigus, qu'ils réveillèrent les valets; et, grâce au secours de Lycurgue, j'échappai sain et sauf aux attaques de ce brutal. Voyant que la maison de Lycurgue opposait trop d'obstacles à ses desseins, Lycas voulut m'attirer chez lui. Sur mon refus, il m'en fit de nouveau prier par Tryphène. Cette complaisance coûta d'autant moins à la belle, qu'elle se flattait de trouver chez Lycas plus de liberté. Je suivis enfin l'impulsion de l'amour, et voici ce que nous dé-

jucundiora effecit oblectamenta. Imprimis erat Tryphæna, pulcherrima mulier, quæ venerat cum Lyca, navigii domino, et fundorum in vicinia maris possessore. Quas in hoc loco gratissimo voluptates hausimus, nulla vox comprehendere potest, quamvis Lycurgi mensa frugalis esset. Scias oportet Venerem nos omnes quamprimum conjunxisse. Formosa Tryphæna placuit mihi; et vota mea libens audivit. Sed vix eam amplexui jungebam, quum Lycas indignatus, raptas sibi furto delicias, me de repetundis insimulavit. Illa enim erat vetus amor illius : itaque mercedem jacturæ sic festive aggressus est. Libidine concitatas me prosequitur. Tryphæna autem cor meum possidente, aures Lycæ negavi : denegationem tamen ardentior factus me quoquo sequebatur, et meam noctu cellulam intravit; sed, precibus fastiditis, ad violentiam in me conversus, tam vehementer exclamavi, ut, excitata familia, et Lycurgo favente, a molesti impetu liberatus evasi. Ut denique Lycurgi domus illius votis non commoda videbatur, mihi suadere tentavit ut hospitium ejus peterem; sed repudiata propositione, auctoritate Tryphænæ usus est : eo libentius illa me 'rogavit, Lycæ voluntati consentirem, quod ibi liberius vivere speraret. Sequor igitur amorem; sed Lycurgus, cum Ascylto veteri ratione renovata, eum discedere

cidâmes : Lycurgue gardait Ascylte (son ancien goût pour ui s'était réveillé); Giton et moi nous devions suivre Lycas. Il fut en outre convenu, entre Ascylte et moi, que le butin que chacun de nous pourrait faire dans l'occasion appartiendrait de droit à la masse commune. Ravi de cet arrangement, l'impatient Lycas hâta notre départ. Nous prîmes donc sur-le-champ congé de nos amis, et nous arrivâmes le même jour chez Lycas. Il avait si bien pris ses mesures qu'il était placé à côté de moi dans la route, et Tryphène, près de Giton. Il connaissait l'inconstance de cette femme; c'était un piége qu'il lui tendait; elle y fut prise. Près de cet aimable enfant, le cœur de Tryphène fut bientôt en feu. Je ne tardai point à m'en apercevoir; et Lycas, comme on peut le croire, ne cherchait point à m'en dissuader. Cette circonstance introduisit dans notre commerce moins de froideur de ma part, ce qui le combla de joie. Il espérait que le dépit me ferait oublier l'infidèle, et qu'il gagnerait sur mon cœur ce qu'elle y perdait de son empire. Telle était notre situation réciproque chez Lycas. Si Tryphène se consumait d'amour pour Giton, Giton le lui rendait de son mieux, et leur flamme mutuelle était un double tourment pour moi. Cependant Lycas, pour me plaire, inventait chaque jour de nouveaux plaisirs. Sa jeune épouse, l'aimable Doris, les embellissait en les partageant; et ses grâces chassèrent enfin Tryphène de mon cœur. Mes yeux languissants firent bientôt à Doris l'aveu de mon amour; et ses re-

---

non passus est. Propterea pacti sumus, quod ille cum Lycurgo remaneret, nos autem Lycam sequeremur. Insuper et decrevimus, quod unusquisque secundum occasionem prædaretur in communem usum. Accepta propositione, incredibilis fuit Lycæ lætitia : acceleravit discessum, et continuo valere jubemus amicos, eodemque die ad ejus domum pervenimus. Tam gnaviter res disposuerat Lycas, ut in itinere secundum me sederet, Tryphæna vero assideret Gitoni ; idque propter notissimam sibi hujus mulieris inconstantiam ita struxerat ; nec deceptus : arsit enim illa puerum statim, et id de facili perspexi. Lycas quoque illud mihi accurate notavit, jussitque credere. Quamobrem gratiosius illum accepi, et gaudio perfusus fuit ; certus scilicet, ex illata mihi a sorore injuria contemptum nasciturum : quo facto, Tryphænæ succensus, eum libentius acciperem. Sic res se habebat in ædibus Lycæ : Tryphæna Gitonem amore deperibat; Gito ei serviebat toto pectore, et utrumque oculis meis minime gratum erat, dum Lycas, mihi placere cupidus, quotidie nova excogitabat oblectamenta; quæ Doris, ejus formosa uxor, certatim augebat; et tam concinne, ut Tryphænam e corde meo statim expulerit. Oculorum nictu meus innotuit amor Doridi, et mihi blanda oculorum petulantia Doris annui, adeo ut hæc tacita loquela,

gards plus animés me promirent un doux retour. Cette éloquence muette, plus rapide, plus expressive que la parole, fut seule pendant quelque temps l'interprète discret de nos désirs. La jalousie de Lycas ne m'avait point échappé, et l'amoureuse Doris ne pouvait être la dupe des attentions de son mari pour moi ; c'est ce qui nous forçait au silence. Dès notre première entrevue, elle me communiqua ses soupçons. En avouant de bonne foi ce qu'il en était, je fis adroitement valoir auprès d'elle la résistance sévère que j'avais toujours opposée à son mari. Mais, admirez les ressources de l'esprit féminin ! — Usons de ruse, me dit-elle ; et, pour posséder Doris, souffrez que Lycas vous possède. — Je suivis ce conseil, et je m'en trouvai bien. Cependant Giton, épuisé par Tryphène, tâchait de réparer ses forces par un peu de repos. L'inconstante alors revint à moi. Mes rebuts changèrent son amour en fureur. Sans cesse attachée à mes pas, elle eut bientôt découvert ma double intrigue avec les deux époux. Le goût du mari pour moi ne la sevrait de rien ; elle s'en inquiéta peu, mais elle résolut de troubler mes amours furtifs avec Doris. Elle court chez Lycas, et lui dévoile tout le mystère. Déjà la jalousie de cet homme, plus forte que son amour, méditait une vengeance éclatante. Heureusement Doris fut prévenue à temps par l'une des femmes de sa rivale, et, pour conjurer l'orage, nous suspendîmes nos rendez-vous et nos plaisirs. Indigné de la perfidie de Tryphène et de l'ingratitude de Lycas, je résolus de quitter la place. L'occasion était d'autant plus favorable que,

---

linguam antecedens, quam animorum propensionem eodem momento senseramus, furtim expresserit. Zelotypia Lycæ, jam mihi nota, causa erat silentii, et amor ipse animum mariti erga me patefecerat uxori. Ubi primum nobis licuit colloqui, quod deprehenderat, retulit, et candide fassus sum, narravique, qua severitate semper illum exceperam. At mulier prudentissima : — et nunc ingenio utendum est, inquit ; — secundumque ejus consilia unius concessio fuit, et possessio alterius. Interim dum attritus Giton vires reficit, Tryphæna ad me rediit, sed repulsa, ex amore in rabiem efferata est. Ardens ergo secutuleia meum cum utroque conjuge commercium detexit. Petulantiam erga me mariti, nihil sibi auferentem, sprevit. Doridis autem furtivos amores aggressa est, notavitque Lycæ, qui amorem zelotypia superante ad ultionem decurrit. At Doris, ancilla Tryphænæ admonita, ut procellam averteret, a secreta familiaritate abstinuit. Hæc ut intellexi, Tryphænæ perfidiam, ingratumque animum Lycæ exsecratus, abeundi formavi consilium ; et favit Fortuna : pridie enim sacrum Isidi navigium, manubiis oneratum, vicinis scopulis alliserat. Consilio igitur cum Gitone habito, libenter ille assensus est, quia Tryphæna exhaustum eum negli-

la veille, un vaisseau richement chargé d'offrandes pour la fête d'Isis avait échoué sur la côte voisine. Je tins là-dessus conseil avec Giton. Mon dessein ne pouvait que lui plaire ; car son état de faiblesse ne lui valait plus auprès de Tryphène que des dédains. Le lendemain donc, dès la pointe du jour, nous gagnâmes le rivage de la mer. Nous montâmes à bord d'autant plus aisément que nous étions déjà connus des gens préposés par Lycas à la garde du navire. Pour mieux nous en faire les honneurs, ils se crurent obligés de nous accompagner partout. Tant de politesse ne faisait pas notre compte ; elle nous liait les mains. Aussi, laissant Giton avec eux, je m'esquive adroitement. Dans une chambre voisine de la poupe était la statue de la déesse ; je m'y glisse. Une robe précieuse la couvrait, et sa main portait un sistre d'argent ; j'enlève le sistre et la robe. De là, passant dans la cabine du pilote, je fais un paquet des meilleures nippes, puis, à l'aide d'un câble officieux, je m'élance hors du vaisseau. Giton seul avait observé mes démarches ; il se débarrasse adroitement de ses gardes, et me rejoint un moment après. Dès que je l'aperçus, je lui montrai ma proie, et nous convînmes d'aller trouver Ascylte au plus tôt ; mais nous ne pûmes arriver que le lendemain à la maison de Lycurgue. En abordant Ascylte, je le mis en peu de mots au fait de notre heureux larcin et des revers que nous avions éprouvés dans nos amours. D'après son conseil, je courus prévenir l'esprit de Lycurgue en notre faveur ; je l'assurai que les nouvelles importunités de Lycas avaient seules motivé le secret et la promptitude de notre départ. Lycurgue, persuadé par mon discours, jura de nous défendre envers et contre tous.

---

gere videbatur. Multo mane ergo ad mare proficiscimur, et navigium conscendimus eo facilius, quod custodibus, Lycæ ministris, noti eramus. Sed quum nos comitatu semper honorarent, nec ideo nobis prædandi locus esset, Gitone cum eis relicto, opportune me subduxi, subrepsique in puppim, ubi Isidis simulacrum erat, quod veste pretiosa, sistroque argenteo spoliavi, et alias manubias e diæta magistri sustuli, furtimque descendi per funem, Gitone solo advertente ; qui se quoque custodibus subduxit, et clam me secutus est. Ut illum vidi, furtum ostendi, et Ascylton celeriter adire decrevimus, nec ante posterum diem Lycurgi domum licuit pervenire. Ascylton igitur accedens paucis narravi latrocinia, et quomodo amoris ludibrium fueramus. Nobis consilium dedit Lycurgi animum in nostri gratiam occupare, et asserere, novam Lycæ petulantiam migrationis nostræ furtivæ et præcipitis causam fuisse : quibus auditis, Lycurgus juravit se nobis adversus inimicos in præsidio sem-

Ce ne fut qu'au réveil de Tryphène et de Doris qu'on s'aperçut de notre disparition. Chaque matin, nous assistions galamment à la toilette de ces dames, et notre absence inattendue devait sembler étrange. Aussitôt Lycas met ses gens en campagne ; les recherches se dirigent surtout vers la côte : on apprend notre tournée sur le tillac du navire ; mais du vol point de nouvelles, car la poupe tournait le dos au rivage, et le pilote était encore à terre. Trop assuré de notre évasion, Lycas, furieux, s'en prit à Doris, qu'il crut en être la cause. Injures, menaces, coups même, sans doute le brutal ne ménagea rien ; mais j'ignore les détails : je dirai seulement que l'auteur de tout ce vacarme, Tryphène, persuada à Lycas de chercher ses fugitifs chez Lycurgue, où nous aurions probablement trouvé un asile : elle s'offrit même de l'accompagner dans cette poursuite, pour nous accabler d'outrages et jouir de notre confusion bien méritée. Dès le lendemain, ils se mettent en route et arrivent au château de Lycurgue. Nous venions d'en sortir avec notre hôte, qui nous avait conduits à la fête d'Hercule, qu'on célébrait dans un bourg voisin. A cette nouvelle, ils prennent la même route, et nous nous rencontrons sous le portique du temple. Leur abord nous déconcerta. Lycas querellait déjà Lycurgue au sujet de notre fuite, mais une réponse fière et menaçante lui ferma bientôt la bouche. Fort de l'appui de Lycurgue, j'élève la voix à mon tour ; je reproche hautement à Lycas les assauts scandaleux livrés à ma pudeur par sa lubricité, tantôt chez lui, tantôt chez Lycurgue. Try-

---

per futurum. Fuga nostra latuit, donec Tryphæna Dorisque expergefactæ surrexerunt : nos enim ad earum ornamentum matutinum quotidie urbanissime assidebamus. Quum ergo præter morem defuimus, Lycas exploratores misit, et præcipue ad maris littus, accepitque, nos ad navigium ivisse, sed de latrocinio nihil ; latebat quippe : nam puppis pelagus respiciebat, et magister in navigium nondum redierat. Fuga denique nostra pro certo habita, et Lycas pertæsus fugæ, in Dorida, quam discessus causam autumnabat, vehementer furit. Tacebo verborum manusve atrocitates, singulas ignoro ; dicam tantum, Tryphænam, perturbationis materiam, Lycæ suasisse, ut apud Lycurgum, refugium fortasse nostrum, perquireret fugitivos, seque ipsam comitem voluit, ut contumelia nos, pro merito, obrueret. Postero die proficiscuntur, et in castellum pervenere. Aberamus ; nam Lycurgus ad Herculea sacra, quæ celebrabantur in oppidulo vicino, nos duxerat. Quod ut intellexerunt, obviam venerunt veloces, et in porticu templi occurrerunt. Quibus conspectis, valde turbati fuimus : Lycas de fuga nostra apud Lycurgum vehementer conquestus est. Sed tam constricta fronte altoque supercilio exceptus fuit, ut ego, audacior factus, gravia et turpia pro-

phène veut défendre Lycas; elle en fut bien punie! Le bruit de notre querelle avait arrêté les passants : je dévoile en leur présence la turpitude de cette femme; puis, montrant successivement et Giton et moi-même : — Vous le voyez, m'écriai-je; sa pâleur et la mienne ne déposent que trop contre cette Messaline! — Atterrés de voir que les rieurs étaient pour nous, nos ennemis se retirent confus, mais jurant tout bas de se venger. Ne pouvant plus douter de la prévention de Lycurgue en notre faveur, Lycas et Tryphène résolurent de l'attendre chez lui, pour le détromper de son erreur. La fête dura jusqu'au soir : il était trop tard pour aller coucher au château. Lycurgue nous mena donc dans une petite maison de campagne, située à moitié chemin. Le lendemain, obligé de retourner chez lui pour ses affaires, il partit sans nous éveiller. En arrivant au château, il y trouva Lycas et Tryphène qui l'attendaient; ils surent le circonvenir avec tant d'adresse, qu'ils lui arrachèrent une promesse de nous livrer entre leurs mains. Naturellement cruel et sans foi, Lycurgue ne songea plus qu'aux moyens d'exécuter son perfide projet. Il fut arrêté que Lycas irait chercher main-forte, tandis que Lycurgue nous ferait garder à vue dans sa maison de campagne. A peine arrivé, il nous aborde avec autant de sévérité que Lycas lui-même; ensuite, croisant gravement les bras, il nous accuse d'avoir impudemment calomnié son ami; puis, sans vouloir même entendre son cher Ascylte en notre faveur, il le pousse hors de la chambre où nous étions couchés, nous y renferme à

---

bra alta voce jeci in ejus libidinosos impetus, tum in Lycurgi, tum in propriis ædibus, in me factos : et Tryphæna obluctans etiam pœnas dedit, me turpitudinem ejus prædicante concionibus, quæ ad clamorem confluxerant, et, pro veritatis argumento, Gitona exsuccum, meque, tentigine meretricis prope enectum, prodebam. Ad concionum risus inimici obstupuere, mœstique, meditantes ultionem, recesserunt. Ut ergo Lycurgi animum notarunt a nobis esse circumventum, domi eum exspectare voluerunt, ut ab errore averterent. Solemniis tardius finitis, castellum adire non potuimus, et Lycurgus in villam, medio itinere distantem, nos conduxit, posteroque die adhuc dormientes reliquit, castellum petiturus ad negotia expedienda. Ibi Lycam Tryphænamque invenit exspectantes, qui tam blande eum allocuti sunt, ut nos suis manibus imponere eum incitaverint. Lycurgus natura crudelis, et fidem servare nescius, qua ratione nos traderet, jam meditans, Lycæ persuasit, ut auxilium iret quæsitum, dum ipse in villa nos daret custodiendos. In villam venit, primaque fronte nos excepit ut Lycas ipse excepisset, et postquam, manibus inter se contritis, nostrum in Lycam mendacium exprobravit, in cella, qua discumbebamus, Ascylto ex-

double tour, reprend avec Ascylte la route du château, et nous laisse là sous bonne garde jusqu'à son retour. Pendant la route, Ascylte essaya vainement de fléchir l'âme de Lycurgue : prières, larmes, caresses, rien ne peut l'émouvoir. Il rêve alors aux moyens de briser nos fers. Outré de la dureté de Lycurgue, il refuse dès le soir même de partager son lit, et parvient ainsi à exécuter plus aisément le projet qu'il avait médité. Voyant les gens de Lycurgue ensevelis dans leur premier sommeil, Ascylte charge notre bagage sur ses épaules, s'échappe par une brèche de mur qu'il avait remarquée, arrive avec l'aube du jour au pied-à-terre qui nous servait de prison, y pénètre sans obstacle, et le voilà dans notre chambre. Les gardes avaient eu soin d'en fermer la porte ; mais la serrure n'était que de bois, et n'offrait que peu de résistance : un morceau de fer qu'il y introduisit suffit pour l'ouvrir. En dépit de notre mauvaise fortune, nous dormions sur l'une et l'autre oreilles, et il ne fallut pas moins que la chute des verrous pour nous réveiller. Heureusement ce bruit ne fut entendu que de nous : fatigués d'avoir veillé toute la nuit, nos Argus continuèrent de ronfler comme auparavant. Après un court récit de ce qu'il avait fait en notre faveur, Ascylte n'eut pas besoin de nous montrer la porte. Tout en nous habillant à la hâte, il me vint en idée de tuer nos gardes et de piller la maison. Ascylte, à qui j'en fis part, approuva le pillage : — Mais point de sang, dit-il, si l'on peut sortir d'ici sans en répandre. Je connais les êtres du logis, suivez-moi. — A ces mots, il nous

---

cluso, nos includi jussit, noluitque etiam illi in defensionem nostram aures præbere, et postea Ascylton secum abducens in castellum, custodibus, usque ad reditum, nos tradidit. Iter faciens incassum Ascyltos Lycurgi animum tentat effrangere : nihil preces, nihil amor, nihil lacrymæ promoverunt. Fratri ergo in mentem venit nos a vinculis liberare : et certe, Lycurgi contumaciæ succensus, dormire cum eo noluit, sicque, quod animo conceperat, facilius exsecutus est. Familia primo somno sepulta, Ascyltos nostras sarcinulas humeris imposuit, et per muri ruinam, antea observatam, transiens, diluculo ad villam pervenit, quam, nullo obstante, intrayit, cubiculumque petiit nostrum, quod custodes claudi curaverant. Apertura vero non difficilis ; ligneum erat claustrum, cujus firmitatem, inserto ferro, laxavit ; et sera delapsa, nos excitavit : stertebamus enim invita fortuna. Utque ob pervigilium, altus custodes habebat somnus, ad fragorem soli expergiscimur : et Ascyltos ingressus paucis narravit quæ nostri gratia fecerat. Pluribus non opus fuit. Dum amicimur diligenter, mihi in mentem venit occidere custodes, villamque expilare. Consilium Ascylto declaravi : expilatio placuit, sed absque sanguine optabilem exitum dedit : omnes

conduit vers un riche garde-meuble dont il nous ouvre les portes, et nous dévalisons à l'envi les effets les plus précieux. Le jour qui commençait à poindre nous avertit de décamper ; nous prîmes un chemin détourné ; et quand nous fîmes halte, nous étions hors de toute atteinte. Reprenant enfin haleine, Ascylte nous fit part de la joie qu'il avait éprouvée à piller la maison de Lycurgue, le plus avare des mortels. Il n'avait pas tort de maudire ce ladre. Mauvais vin et maigre chère, jamais le moindre cadeau, voilà comme les complaisances d'Ascylte avaient été payées ; telle était la lésine du personnage, qu'au milieu de ses richesses immenses, il se refusait même le nécessaire :

> Vers une eau désirée, ou sur un fruit voisin,
> Toujours Tantale avance ou la bouche ou la main :
> Toujours le fruit, rebelle à la main, qui le touche,
> Recule, et l'eau perfide a fui loin de sa bouche.
>   Tel est l'avare entouré d'or.
>   C'est des yeux seuls qu'il boit, qu'il mange....
> Pauvre insensé ! pour prix de ce repas étrange,
>   Meurs de faim sur ton coffre-fort !

Ascylte voulait rentrer le même jour à Naples. Je lui fis sentir son imprudence : la justice probablement y serait bientôt sur nos traces ; mais quelques jours d'absence dépayseraient nos espions, et nos fonds nous permettaient de courir la campagne. Il revint à mon avis. Dans le voisinage, s'élevait un ha-

enim noscens ædium aditus, in recessum supellectarium, quem ipse reseravit, nos conduxit ; et quod pretiosius erat, subducimus, dein summo mane egredimur, et vias publicas declinantes, non quievimus, donec nos securos esse credidimus. Tunc Ascyltos, collecto spiritu, exaggeravit, quanta cum lætitia villam Lycurgi, hominis avarissimi, expilaverat : de cujus parcimonia juste conquerebatur : nullam enim mercedem noctium acceperat, mensaque sicca et sterili victitarat : adeo quippe sordibus erat Lycurgus, ut, invitis opibus immensis, etiam quæ sunt vitæ necessaria sibi denegaret.]

> Nec bibit inter aquas, nec poma patentia carpit
>   Tantalus infelix, quem sua vota premunt.
> Divitis hæc magni facies erit, omnia late
>   Qui tenet, et sicco concoquit ore famem.

[Neapolim eodem die intrare volebat Ascyltos : — Sed imprudenter est, inquam, eo nos recipere, ubi, quantum conjicere licet, perquirendi sumus : absentes ergo pro tempore peregrinemur : habemus, ut bene sit. — Placuit consilium, et ad pagum progredimur prædiorum amœnitate formosissimum, ubi non pauci ex nostris familiaribus voluptate tempestiva fruebantur : sed vix ad medium itineris pervenimus,

meau peuplé de jolies maisons de plaisance, où plusieurs de nos amis étaient venus passer la belle saison ; mais, à moitié chemin, surpris tout à coup par une grosse pluie, nous courûmes nous réfugier dans une auberge de village qui se trouvait sur la route, et dans laquelle un grand nombre de passants étaient venus chercher un abri contre l'orage. Confondus dans la foule, personne ne prenait garde à nous. Tandis que nous guettions l'occasion de faire un coup de main, Ascylte aperçoit à terre un petit sac qui le tente ; il le ramasse sans être vu de personne, et y trouve plusieurs pièces d'or. Joyeux d'un si bon augure, mais craignant les réclamations, nous gagnons une porte de derrière. Un valet y sellait des chevaux ; ayant apparemment oublié quelque chose, il les quitta pour retourner à l'écurie. Profitant de son absence, je détache d'une des selles un superbe manteau ; puis, filant le long des masures jusqu'à la forêt prochaine, nous disparaissons tout à coup. Rassurés enfin par l'épaisseur du bois, nous songeâmes à cacher notre or, tant dans la crainte des voleurs, que de peur de passer pour tels. Nous nous déterminâmes à le coudre dans la doublure d'une vieille robe, et je la mis sur mes épaules. Ascylte se chargea du manteau que j'avais dérobé, et, par des routes détournées, nous nous acheminâmes vers la ville. Mais, au sortir du bois, une voix sinistre frappe nos oreilles : — Ils ne peuvent, disait-on, nous échapper ; ils sont entrés dans la forêt ; partageons-nous, nous les prendrons plus aisément. — Ces mots furent pour nous un coup de fou-

ecce nimbus urceatim delumens in vicum proximum fugere nos coegit, et diversorium ingressi, notavimus se plures, imbris vitandi causa, eo recepisse. Impediebat frequentia ne observaremur ; sic facilius in turba quid furari possemus curiosis investigabamus oculis, quum Ascyltos humi saccellum, nemine advertente, collegit, in quo multos invenit aureos. Hoc primo faustoque omine plurimum exsultamus ; timentes tamen ne quis illos repeteret, per pseudotyrum clam egredimur, ibique servum ephippiis equos instruentem vidimus, qui aliquid oblitus, domum repetens ab equis discessit, et, eo absente, superbum pallium ephippio alligatum loris solutis subripui : dein secundum mapalia in silvam proximam effugimus. In nemoris recessu magis in tuto positi, de occultando auro jactavimus multa, ne aut latrocinii argui possemus, aut ipsimet expilari : tandem statuimus illud pannis tunicæ detritæ intus consuere, quam ego postea scapulis imposui, curaque pallii Ascylto commissa, viis obliquis urbem petere destinamus : ast egredientes læva hæc audivimus : — Non effugient, nemus ingressi sunt, diversis perquiramus, ut facilius prehendi possint. — His auditis, terror ingens ita nos invasit, ut Ascyltos, Gitonque, secundum dumos

dre. Soudain, Ascylte et Giton de fuir vers la ville à travers les buissons, et moi de rebrousser chemin. La peur me donnait des ailes. Dans la chaleur de la course, ma chère robe, dépositaire de mon or, avait glissé de dessus mes épaules, sans que je m'en aperçusse. Bientôt, rendu, hors d'haleine, je m'étends au pied d'un arbre, pour respirer un peu. Alors seulement mes yeux s'ouvrent sur ma perte : la douleur me rend mes forces ; je me lève pour chercher mon trésor. Temps perdu ! peine inutile ! le corps brisé, le désespoir dans l'âme, je m'enfonce au plus fort du bois. Là, quatre heures entières, je reste seul, absorbé dans ma mélancolie. Cependant, pour m'arracher aux sombres pensées que m'inspirait cette affreuse solitude, je cherche une issue pour en sortir. A quelques pas de là, un campagnard s'offre à ma rencontre. J'eus besoin alors de tout mon courage, et, par bonheur, il ne fut point en défaut. J'aborde mon homme d'un air ferme : — Depuis tantôt, lui dis-je, égaré dans cette forêt, je cherche vainement le chemin de la ville ; voulez-vous bien me l'enseigner ? — J'étais plus pâle que la mort, et crotté jusqu'à l'échine. Mon état lui fit pitié. Après m'avoir demandé si je n'avais rencontré personne dans la forêt, il se contenta de ma réponse négative, et me remit obligeamment sur la grande route. Nous allions nous quitter, quand deux de ses camarades vinrent lui faire ce rapport : — Nous avons en vain battu le bois jusqu'en ses derniers recoins ; nous n'avons rien découvert, si ce n'est cette méchante tunique que voici. — On se figure sans peine que je n'eus pas l'audace de la réclamer, quoique j'en connusse le

ad urbem fugerint : ego vero tanta festinatione reduxi gradum, ut ex humeris, me non sentiente, pretiosa tunica ceciderit : fessusque tandem, et ulterius progredi impotens, sub tegmine arboris recubui, ubi primum jacturam tunicæ notavi. Tum dolor vires restituit, surrexique ad thesaurum perquirendum, et diu frustra discurri, donec labore tristitiaque attritus, in tenebrosius nemoris latibulum penetravi, ubi quatuor horis commoratus, et in tam horrenda solitudine mœstus, exitum quæsivi : sed procedens rusticum quemdam conspexi : tunc omni constantia mihi opus fuit ; nec defuit : audacter ad illum progressus sum, et, qua ad urbem iretur, petii, conquerens me diu in silva deerrare. Ille habitum meum miseratus, quia letho pallidior eram, lutoque oblitus, interrogavit num aliquem in silva vidissem. Neminem, inquam : dein humanissime ad viam regiam me conduxit, ubi duos sibi familiares offendit, qui retulerunt se per omnes silvæ semitas discurrisse, nihilque præter tunicam, quam ostendunt, invenisse. Illam repetere audacia non valuit, ut fas est credere, licet, quanti erat, probe nossem : tunc vehementius dolere cœpi, raptum-

prix mieux que personne. Qu'on juge cependant de mon dépit secret, à l'aspect de ces rustres, possesseurs de mon trésor dont ils ignoraient la valeur! Ma lassitude allait toujours croissant, et je repris lentement le chemin de la ville. Il était tard, quand j'y arrivai. Entré dans la première auberge, je trouve Ascylte, plus mort que vif, étendu sur un mauvais grabat; je tombe moi-même sur un autre lit, sans pouvoir proférer un seul mot. Ascylte cherche en vain sur mes épaules le précieux fardeau dont je m'étais chargé; il se trouble : — Qu'as-tu fait de notre robe? — s'écrie-t-il avec précipitation. La voix me manqua, et un regard douloureux fut d'abord toute ma réponse. Bientôt pourtant, un peu réconforté, je lui fis, comme je pus, le récit de mon triste accident. Il le prit pour un pur badinage. En vain je jure par tous les dieux, en vain un torrent de larmes vient appuyer mes serments; il s'obstine à n'en rien croire, s'imaginant que je voulais lui escroquer sa part du trésor. Présent à cette scène, Giton pleurait, et sa tristesse augmentait la mienne. Pour surcroît de malheur, je pensais à la justice qui nous talonnait. Je parlai de mes craintes; Ascylte s'en moqua, parce qu'il s'était heureusement tiré d'affaire : — D'ailleurs, disait-il, inconnus dans cette ville, qui viendrait nous y déterrer? nous n'avons été vus de personne. — Néanmoins, pour avoir un prétexte de garder la chambre, nous jugeâmes prudent de feindre une maladie; mais, les fonds venant à manquer, il fallut déloger plus tôt que nous ne l'avions résolu, et vendre quelques nippes pour subsister.

[que gemens thesaurum, rusticis non advertentibus; et ingravescente debilitate, solito lentius gradiebar. Tardius igitur in urbem perveni, et stabulum intrans Ascylton semimortuum grabatoque resolutum inveni, in alium quoque lectum ipse decidi, et ne quidem verbum proferre potui. Perturbatus ille, quod tunicam mihi creditam non videret, præcipiti voce illam a me petiit. Sed ego deficiens, quod vox negabat, oculorum languore explicui; viribus tandem paulatim redeuntibus, Ascylto infortunium declaravi. At me jocari putavit; et quamvis ambitiosus lacrymarum imber sacramenti testis foret, plane revocavit in dubium, credens se aureis me fraudare velle. Giton, inter hæc stans, æque mœstus erat ac ego ipse, et dolor pueri tristitiam augebat meam; sed perquisitio, quæ de nobis fiebat, magis torquebat animum : rem Ascylto declaravi, qui leviter commotus fuit, quia se feliciter a negotio expedierat. Persuasus insuper nos esse securos, ignotos scilicet, et a nemine visos. Morbum tamen mentiri voluimus, ut diutius in cubiculo morari liceret; sed deficiente pecunia, citius quam statueramus migrare, et cogente necessitate, manubia vendere oportuit.]

CHAPITRE XII.

Dans ce dessein, nous prîmes, vers le soir, le chemin du marché. Il était abondamment fourni de marchandises pour la plupart d'assez mince valeur, mais dont l'obscurité couvrait la coupable origine de son voile officieux. Nous avions eu soin d'apporter le manteau que nous avions volé. L'occasion ne pouvant être plus favorable, nous nous établîmes dans un coin ; et là, nous étalâmes un pan de notre marchandise, espérant que son éclat pourrait attirer les chalands. En effet, bientôt s'approche un campagnard dont les traits ne m'étaient pas inconnus ; une jeune femme l'accompagnait. Tandis qu'ils étaient occupés à considérer attentivement notre manteau, Ascylte jette par hasard les yeux sur les épaules de cet homme, et reste muet de surprise. De mon côté, je n'étais pas sans émotion ; plus j'envisageais l'individu, plus il m'offrait de ressemblance avec celui qui avait trouvé ma robe dans le bois. Je ne me trompais pas, c'était lui-même. Ascylte ne savait s'il devait en croire ses yeux. Pour ne rien hasarder, il accoste le campagnard ; et, sous prétexte de marchander cette robe, il la lui tire doucement de dessus les épaules, et l'examine attentivement.

CHAPITRE XIII.

O fortuné hasard! le bonhomme ne s'était pas même avisé d'en visiter les coutures ; et ce n'était que par manière d'ac-

CAPUT XII.

Veniebamus in forum, deficiente jam die, in quo notavimus frequentiam rerum venalium, non quidem pretiosarum, sed tamen, quarum fidem male ambulantem obscuritas temporis facillime tegeret. Quum ergo et ipsi raptum latrocinio pallium detulissemus, uti occasione opportunissima cœpimus, atque in quodam angulo laciniam extremam concutere, si quem forte emtorem splendida vestis posset adducere. Nec diu moratus rusticus quidam, familiaris oculis meis, cum muliercula comite propius accessit ; ac diligentius considerare pallium cœpit. Invicem Ascyltos injecit contemplationem super humeros rustici emtoris, ac subito exanimatus conticuit. Ac ne ipse quidem sine aliquo motu hominem conspexi : nam videbatur ille mihi esse qui tuniculam in solitudine invenerat ; plane is ipse erat. Sed quum Ascyltos timeret fidem oculorum ne quid temere faceret, prius tanquam emtor propius accessit, detraxitque humeris laciniam, et diligentius tenuit.

CAPUT XIII.

O lusum fortunæ mirabilem ! Nam adhuc nec suturæ quidem attulerat rusticus curiosas manus, sed tanquam mendici spolium etiam fastidiose venditabat. Ascyltos, postquam depositum esse inviolatum vidit, et personam vendentis contemptam,

quit qu'il se déterminait à la mettre en vente, comme une guenille de mendiant. Voyant que notre trésor était intact et que le marchand n'avait pas une mine bien redoutable, Ascylte me tire à part : — Bonne nouvelle! me dit-il à l'oreille; le trésor est retrouvé : cette robe, si je ne me trompe, a fidèlement conservé nos espèces. Que ferons-nous? à quel titre revendiquer notre bien? — A ces mots, double fut ma joie : si, d'un côté, nous ressaisissions notre proie, de l'autre, j'étais lavé d'un honteux soupçon. — Point de ménagements! répondis-je; que la justice en décide; et si cet homme refuse de restituer de bon gré ce qui ne lui appartient pas, il faut le faire assigner.

CHAPITRE XIV.

Ascylte ne fut pas de cet avis. — La voie de la justice n'est pas trop sûre, me dit-il. Qui nous connaît ici? qui voudrait ajouter foi à notre déposition? Il est dur de racheter son bien qu'on reconnaît entre les mains d'autrui; mais quand nous pouvons, à peu de frais, recouvrer notre trésor, faut-il nous embarquer dans un procès douteux?

> Où l'or est tout-puissant, à quoi servent les lois?
> Faute d'argent, hélas! le pauvre perd ses droits.
> A sa table frugale, en public, si sévère,
> Le cynique, en secret, met sa voix à l'enchère;
> Thémis même se vend, et sur son tribunal
> Fait pencher sa balance au gré d'un vil métal.

seduxit me paululum a turba; et : — Scis, inquit, frater, rediisse ad nos thesaurum, de quo querebar? Illa est tunicula adhuc, ut apparet, intactis aureis plena. Quid igitur facimus;. aut quo jure rem nostram vindicamus? — Exhilaratus ego, non tantum quia prædam videbam, sed etiam quod fortuna me a turpissima suspicione dimiserat, negavi circuitu agendum, sed plane jure civili dimicandum, ut, si nollet alienam rem domino reddere, ad interdictum veniret.

CAPUT XIV.

Contra Ascyltos leges timebat, et : — Quis, aiebat hoc loco nos novit? aut quis habebit dicentibus fidem? Mihi plane placet emere, quamvis nostrum sit, quod agnoscimus, et parvo ære recuperare potius thesaurum, quam in ambiguam litem descendere.

> Quid faciant leges, ubi sola pecunia regnat,
>   Aut ubi paupertas vincere nulla potest?
> Ipsi, qui Cynica traducunt tempora cœna,
>   Nonnunquam nummis vendere verba solent.
> Ergo judicium nihil est, nisi publica merces,
>   Atque eques, in causa qui sedet, emta probat.

— D'ailleurs à l'exception de quelque menue monnaie, à peine suffisante pour acheter des lupins et des pois chiches, notre bourse était vide. Ainsi donc, de peur que notre proie ne vînt à nous échapper, nous consentîmes à lâcher la main sur le prix du manteau, sûrs de gagner d'un côté beaucoup plus que nous ne perdions de l'autre. Nous voilà donc à déployer notre marchandise. La jeune femme, qui, couverte d'un voile, accompagnait le campagnard, après avoir examiné le manteau à loisir, le saisit à deux mains, puis s'écrie de toutes ses forces : — Je tiens mes voleurs ! — Étourdis de cette apostrophe, nous, à notre tour, de faire main basse sur le haillon sale et déchiré, et de nous écrier aussi : — Cette robe que vous tenez là nous appartient. — Mais la partie n'était pas égale ; la foule, attirée par nos cris, riait de nos prétentions réciproques ; car c'était un vêtement superbe que notre partie adverse revendiquait, et nous ne réclamions qu'une misérable guenille qui ne méritait pas même d'être rapiécée. Mais Ascylte vint à bout de faire cesser les rires, et obtint enfin du silence.

CHAPITRE XV.

— Évidemment, dit-il, l'expérience nous apprend que chacun tient à ce qu'il a : qu'ils nous rendent notre robe, et qu'ils reprennent leur manteau. — Le manant et sa compagne étaient près d'agréer l'échange, quand deux officiers de justice, qui

---

— Sed præter unum dupondium, quo cicer lupinosque destinaveramus mercari, nihil ad manum erat. Itaque ne interim præda discederet, vel minoris pallium addicere placuit, ut pretium majoris compendii leviorem faceret jacturam. Quum primum ergo explicuimus mercem, mulier operto capite, quæ cum rustico steterat, inspectis diligentius signis, injecit utramque laciniæ manum, magnaque vociferatione latrones tenere clamavit. Contra, nos perturbati, ne videremur nihil agere, et ipsi scissam et sordidam tenere cœpimus tunicam, atque eadem invidia proclamare nostra esse spolia quæ illi possiderent. Sed nullo genere par erat causa nostra, et conciones, quæ ad clamorem confluxerant, nostram, scilicet de more, ridebant invidiam ; quod pro illa parte vindicabant pretiosissimam vestem, pro hac pannuciam ne centonibus quidem bonis dignam. Hinc Ascyltos bene risum discussit, qui, silentio facto :

CAPUT XV.

— Videmus, inquit, suam cuique rem esse carissimam : reddant nobis tunicam nostram, et pallium suum recipiant. — Etsi rustico mulierique placebat permutatio, advocati tamen, jam pæne nocturni, qui volebant pallium lucrifacere, flagitabant

ressemblaient à des voleurs de nuit, voulant s'approprier le manteau, demandent à haute voix qu'on dépose provisoirement entre leurs mains les objets en litige. La justice, disaient-ils, prononcera demain sur ce différend. Il importait peu, selon ces messieurs, de connaître la partie lésée ; il fallait, avant tout, déterrer les véritables voleurs. L'avis du séquestre allait passer ; mais voici que, du milieu de la foule, sort un homme au front chauve et garni d'excroissances charnues, une espèce de solliciteur de procès, qui, s'emparant du manteau, promet de le représenter le lendemain. Le but de ces coquins était évidemment, une fois que le manteau serait entre leurs mains, de le faire disparaître et de nous empêcher, par la crainte d'une accusation de vol, de comparaître à l'assignation. C'était bien aussi ce que nous voulions éviter : le hasard servit les deux parties à souhait. Outré de nous voir faire tant de bruit pour un méchant haillon, le campagnard jette la robe au nez d'Ascylte ; et, pour mettre fin aux débats, il demande le dépôt, en main tierce, du manteau, cause unique du procès. Nous, certains d'avoir ressaisi notre petit trésor, nous gagnons l'auberge à toutes jambes. Là, qu'on juge de notre joie ! nous pûmes gloser à notre aise, à huis-clos, sur la finesse et des gens de justice et de notre partie adverse : ils avaient été si ingénieux à nous rendre notre argent !

Nous décousions la robe, pour en tirer notre or, quand nous entendîmes quelqu'un demander à notre hôte quels étaient les gens qui venaient d'entrer chez lui. Cette question ne me

uti apud se utraque deponerentur, ac postero die judex querelam inspiceret. Neque enim res tantum, quæ viderentur in controversiam esse, sed longe aliud quæri, in utra parte scilicet latrocinii suspicio haberetur. Jam sequestri placebant, et nescio quis ex concionibus, calvus, tuberosissimæ frontis, qui solebat aliquando ad causas agere, invaserat pallium, exhibiturumque crastino die affirmabat. Ceterum apparebat nihil aliud quæri, nisi ut semel deposita vestis inter prædones strangularetur, et nos metu criminis non veniremus ad constitutum. Idem plane et nos volebamus. Itaque utriusque partis votum casus adjuvit. Indignatus enim rusticus, quod nos centonem exhibendum postularemus, misit in faciem Ascylti tunicam, et liberatus querela jussit pallium deponere, quod solum litem faciebat. Ergo recuperato, ut putabamus, thesauro, in diversorium præcipites abimus, præclusisque foribus, ridere acumen non minus concionum, quam calumniantium, cœpimus, quod nobis ingenti calliditate pecuniam reddidissent.

[Quum aureos extraheremus, tunicam dissuendo, audivimus aliquem a diversitore petentem, quod hominum genus stabulum jam nunc intraverat ? Hac voce perterritus,

plut guère : à peine son auteur fut-il sorti, que je courus m'informer de l'objet de sa visite. — C'est, me répondit notre hôte, un huissier du préteur ; sa charge consiste à inscrire sur les registres publics les noms des étrangers : il vient d'en voir entrer deux chez moi, dont il n'a point encore pris les noms ; c'est pourquoi il venait s'informer du lieu de leur naissance et de leur profession. — Cette explication que l'hôte me donna sans avoir l'air d'y mettre aucune importance, me fit naître des inquiétudes sur le peu de sûreté de notre gîte. Pour prévenir toute fâcheuse aventure, nous résolûmes de sortir aussitôt de l'auberge, et de n'y rentrer qu'à la nuit. En notre absence, nous laissâmes à Giton le soin de préparer notre souper. Nous voilà donc en marche, évitant avec soin les rues fréquentées, et cherchant les quartiers déserts. Arrivés vers le soir dans un endroit écarté, nous rencontrâmes deux femmes voilées, d'assez bonne tournure ; les ayant suivies de loin, à pas de loup, nous les vîmes entrer dans une espèce de petit temple d'où partait un bruit confus de voix qui semblaient sortir du fond d'un antre. La curiosité nous y fit entrer après elles. Là, nous vîmes un troupeau de femmes qui, pareilles à des Bacchantes, couraient, agitant dans leurs mains droites de petites figures de Priape. Nous ne pûmes en voir davantage. A notre aspect inattendu, le bataillon femelle poussa un cri si épouvantable, que la voûte du temple en trembla. Elles voulaient nous saisir ; mais, rapides comme l'éclair, nous prîmes la fuite vers notre auberge.

eo egresso, ad sciendum quid esset descendi, accepique prætoris lictorem, qui pro officio curabat exterorum nomina inscribi in publicis codicibus, duos vidisse advenas domum ingredi, quorum nomina nondum in acta retulerat, et idcirco de illorum patria et occupatione inquirere. Hæc ita perfunctorie narravit diversitor, ut mihi suspicionem dederit, nos hic non in tuto esse ; atque, ne deprehenderemur, placuit egredi ; nec, nisi noctu, domum repetere · itaque discedentes officium cœnæ Gitoni mandavimus. Ut nobis in animo erat vias publicas declinare, per solitarias urbis regiones gradimur, et sub vesperum in loco semoto obvias habuimus duas mulieres stolatas haud indecores, quas lento gradu secuti sumus usque ad sacellum, quod ingressæ sunt, et unde murmur insolitum, quasi voces ex antri penetralibus erumpentes, audivimus. Curiositas sacellum intrare etiam nos impulit, ibique complures, Bacchantium instar, mulieres vidimus, quæ in manu dextra Priapinos fascinosos gestabant. Plus videre non licuit : nam, ut nos animadverterunt, tam magnum clamorem sustulere, ut intremuerit templi camera ; et nos corripere conatæ sunt : sed velociter ad diversorium confugimus.]

CHAPITRE XVI.

Nous soupions tranquillement, grâce aux soins de Giton. Tout à coup la porte retentit de coups redoublés. — Qui frappe? demandâmes-nous en tremblant. — Ouvrez, répondit-on, vous le saurez. — Pendant ce dialogue, la serrure tomba d'elle-même, et la porte, en s'ouvrant, offrit à nos regards une femme voilée. Elle entre : c'était précisément la compagne de l'homme au manteau. — Vous pensiez donc vous jouer de moi? nous dit-elle. Je suis la suivante de Quartilla : vous avez profané le sanctuaire où elle célébrait les mystères de Priape ; elle vient en personne vous demander un moment d'entretien. Ne craignez rien, pourtant : loin de vouloir vous accuser et vous punir d'une erreur involontaire, elle remercie les dieux d'avoir conduit dans cette contrée des jeunes gens aussi bien élevés.

CHAPITRE XVII.

Nous gardions encore le silence, ne sachant que penser de l'aventure, quand nous vîmes entrer Quartilla elle-même, accompagnée d'une jeune fille. Elle s'assied sur mon lit, et verse un torrent de pleurs. Nous, stupéfaits de ce désespoir méthodique, nous attendions, sans mot dire, quel en serait le résultat. Enfin s'arrête le débordement de ses larmes. Elle lève son voile, nous regarde d'un œil sévère, et, joignant les mains avec

CAPUT XVI.

Sed ut primum beneficio Gitonis præparata nos implevimus cœna, ostium satis audaci strepitu impulsum exsonuit. Quum ipsi ergo pallidi rogaremus — Quis esset? — Aperi, inquit, jam scies. — Dumque loquimur, sera sua sponte delapsa cecidit, remissæque subito fores admiserunt intrantem. Mulier autem erat operto capite, illa scilicet quæ paulo ante cum rustico steterat ; et : — Me derisisse, inquit, vos putabatis? Ego sum ancilla Quartillæ, cujus vos sacra ante cryptam turbastis. Ecce ipsa venit ad stabulum, petitque ut vobiscum liceat loqui : nolite perturbari ; nec accusat errorem vestrum, nec punit : imo potius miratur, quis deus juvenes tam urbanos in suam regionem detulerit?

CAPUT XVII.

Tacentibus adhuc nobis, et ad neutram partem assentationem flectentibus, intravit ipsa una comitata virgine, sedensque super torum meum, diu flevit. Ac ne tunc quidem nos ullum adjecimus verbum, sed attoniti spectavimus lacrymas ad ostentationem doloris paratas. Ut ergo tam ambitiosus detonuit imber, retexit superbum

tant de force que ses doigts en craquèrent : — Audacieux mortels ! s'écrie-t-elle, qui vous a donc si bien appris le métier de fourbes et de fripons ? En vérité, j'ai pitié de vous ! on n'ose point impunément porter un regard curieux sur nos mystères impénétrables ; il y a dans ce pays tant de divinités protectrices, que les hommes y sont plus rares que les dieux. Ce n'est pas néanmoins la vengeance qui m'amène : j'oublie mon injure en faveur de votre âge, et j'aime à ne voir de votre part qu'une imprudence excusable dans un crime irrémissible. Tourmentée, cette nuit, d'un frisson mortel, et craignant un accès de fièvre tierce, je cherchai dans le sommeil un remède à mon mal. Les dieux m'ont ordonné en songe de m'adresser à vous ; vous possédez la recette qui convient à ma guérison. Ma santé n'est pas cependant ce qui m'inquiète davantage : un plus grand chagrin me dévore ; si vous ne le calmez, il faudra que j'en meure. Je tremble que l'indiscrétion naturelle à votre âge ne vous pousse à révéler ce que vos yeux ont vu dans le sanctuaire de Priape, et ne vous fasse initier un vulgaire profane dans les secrets des dieux. J'embrasse vos genoux ! écoutez ma voix suppliante ! Que nos cérémonies nocturnes ne deviennent point, par votre faute, la fable du public ! ne portez point le jour dans l'ombre de nos antiques mystères, de ces mystères inconnus même à plusieurs de nos initiés

---

pallio caput, et manibus inter se usque ad articulorum strepitum constrictis : — Quænam est, inquit, hæc audacia ? aut ubi fabulas etiam antecessura latrocinia didicistis ? Misereor, me Dius Fidius, vestri : neque enim impune quisquam, quod non liquit, aspexit. Utique nostra regio tam præsentibus plena est numinibus, ut facilius possis deum quam hominem invenire. Ac ne me putetis ultionis causa huc venisse, ætate magis vestra commoveor, quam injuria mea. Imprudentes enim, ut adhuc puto, admisistis inexpiabile scelus. Ipsa quidem illa nocte vexata, tam periculoso inhorrui frigore, ut tertianæ etiam impetum timerem : et ideo medicinam somno petii, jussaque sum vos perquirere, atque impetum morbi, monstrata subtilitate, lenire. Sed de remedio non tam valde laboro : major enim in præcordiis dolor sævit, qui me usque ad necessitatem mortis deducit : ne scilicet juvenili impulsi licentia, quod in sacello Priapi vidistis, vulgetis, deorumque consilia proferatis in populum. Protendo igitur ad genua vestra supinas manus, pétoque et oro ne nocturnas religiones jocum risumque faciatis, neve traducere velitis tot annorum secreta, quæ Mystæ vix omnes noverunt.

CHAPITRE XVIII.

Après cette fervente supplication, les larmes de Quartilla recommencent à couler ; de longs soupirs s'échappent de sa poitrine ; elle se jette sur mon lit, qu'elle presse contre son sein et contre son visage. Moi, tour à tour ému de compassion et de crainte : —Rassurez-vous, lui dis-je ; vous n'avez rien à redouter. Aucun de nous ne divulguera le secret de votre culte ; et notre courtoisie, d'accord avec les dieux, saura guérir, même au péril de notre vie, le mal qui vous tourmente. — A cette promesse, Quartilla reprit un peu de gaieté. Elle me couvre de baisers, et, passant des larmes à la joie la plus vive, elle promène une main folâtre dans les boucles de ma chevelure : — Méchants, dit-elle, je fais la paix avec vous ; entre nous, plus de procès. Malheur à vous, si vous eussiez refusé d'être mes médecins ! mes vengeurs étaient prêts, et demain votre châtiment eût expié l'injure des dieux et la mienne.

<blockquote>
Il est beau de donner la loi,
La recevoir est un outrage,
Et j'aime à n'obéir qu'à moi.
Le mépris est l'arme du sage :
A l'oubli d'une offense on connaît un grand cœur :
Le vainqueur qui pardonne est doublement vainqueur.
</blockquote>

— Tout à coup, à cet accès poétique, succèdent des battements de mains et des éclats de rire si immodérés, qu'ils nous

CAPUT XVIII.

Secundum hanc deprecationem lacrymas rursus effudit, gemitibusque largis concussa, tota facie ac pectore torum meum pressit: Ego eodem tempore et misericordia turbatus, et metu, bonum animum habere eam jussi, et de utroque esse securam. Nam neque sacra quemquam vulgaturum, et, si quod praeterea aliud remedium ad tertianam deus illi monstrasset, adjuvaturos nos divinam providentiam, vel periculo nostro. Hilarior post hanc pollicitationem facta mulier, basiavit me spissius, et ex lacrymis in risum mota, descendentes ab aure capillos meos dentata manu duxit; et :
— Facio, inquit, inducias vobiscum, et a constituta lite dimitto. Quod si non annuissetis, de hac medicina, quam peto, jam parata erat in crastinum turba, quae et injuriam meam vindicaret, et dignitatem.

<blockquote>
Contemni turpe est; legem donare, superbum ;
Hoc amo, quod possum qua libet ire via.
Nam sane et sapiens contemptu jurgia flectit :
Et, qui non jugulat, victor abire solet.
</blockquote>

— Complosis deinde manibus in tantum repente risum effusa est, ut timeremus.

effrayèrent. La servante, qui était arrivée la première, imita sa maîtresse ; la jeune fille, qui était entrée avec Quartilla, en fit autant.

CHAPITRE XIX.

Tandis que tout retentissait des accès de leur bruyante gaieté, nous cherchions à deviner la cause d'un si brusque changement. Nos regards incertains se portaient tantôt sur ces trois femmes, et tantôt sur nous-mêmes. Quartilla reprend enfin la parole : — Mes ordres sont donnés, dit-elle : de tout le jour, personne n'entrera dans cette auberge, et vous pouvez, sans crainte des importuns, m'administrer le fébrifuge que vous m'avez promis. — A ces mots, qu'on se peigne l'embarras d'Ascylte : pour moi, je sentis circuler dans mes veines toutes les glaces du nord, et je ne pus prononcer une seule parole. Ce qui pourtant me rassurait un peu sur les tristes suites de cette aventure, c'était notre nombre : quelque mal-intentionnées qu'elles fussent, que pouvaient trois femmelettes contre trois hommes qui, sans être des Hercules, avaient du moins l'avantage du sexe. Certes, nous nous présentions au combat avec des forces supérieures, et j'avais déjà ainsi formé mon ordre de bataille, en cas d'hostilités : j'opposais Ascylte à la suivante, Giton à la jeune fille, à Quartilla moi-même. Tandis que je faisais ces réflexions, Quartilla s'approche de moi, et réclame le remède que je lui avais promis ; mais, trompée dans son attente, elle sort furieuse ; un instant après

Idem ex altera parte et ancilla fecit, quæ prior venerat. Idem virguncula, quæ una intraverat.

CAPUT XIX.

Omnia mimico risu exsonuerant : quum interim nos, quæ tam repentina esset mutatio animorum facta, ignoraremus, ac modo nosmet ipsos, modo mulieres, intueremur. [— Tandem, inquit Quartilla.] Ideo vetui, hodie in hoc diversorio quemquam mortalium admitti, ut remedium tertianæ, sine interpellatione, a vobis acciperem. — Ut hæc dixit Quartilla, Ascyltos quidem paulisper obstupuit : ego autem frigidior hieme gallica factus, nullum potui verbum emittere. Sed ne quid tristius exspectarem, comitatus faciebat. Tres enim erant mulierculæ, si quid vellent conari, infirmissimæ, scilicet contra nos, quibus, si nihil aliud, virilis sexus esset. Et præcincti certe altius eramus : imo ego sic jam paria composueram, ut, si depugnandum foret, ipse cum Quartilla consisterem, Ascyltos cum ancilla, Giton cum virgine. [Dum hæc mente volvebam, accessit Quartilla, ut tertianæ mederer; sed delusa spe furibunda egredi-

elle rentre, et, par son ordre, des inconnus nous saisissent et nous transportent dans un palais magnifique. Pour le coup, muets d'étonnement, nous perdîmes entièrement courage, et, dans notre malheur, nous crûmes notre mort résolue.

CHAPITRE XX.

— Au nom des dieux, madame! m'écriai-je, si l'on en veut à notre vie, qu'on nous l'arrache d'un seul coup! Quelque coupables que puissions paraître, nous ne méritons pas de périr dans de pareilles tortures. — Pour toute réponse, Psyché (c'était la suivante) étend sur le parquet un élégant tapis, et, par ses caresses, tente de réchauffer mes sens mortellement engourdis. Pendant ce temps, Ascylte se tenait la tête cachée dans son manteau. Le malheureux n'avait que trop appris à ses dépens ce qu'il en coûte parfois aux curieux! Bientôt, tirant de son sein deux rubans, Psyché nous en attache tour à tour et les pieds et les mains. — A quoi bon, lui dis-je, me garrotter ainsi? Pour arriver à ses fins, votre maîtresse choisit mal ses moyens. — D'accord, répondit-elle; mais j'ai sous la main un spécifique plus prompt et plus sûr. — A ces mots, elle apporte un vase plein de satyrion. Tout en folâtrant et en débitant mille contes plaisants, elle m'en fait avaler les trois quarts; puis, se rappelant la froideur d'Ascylte à toutes ses avances, elle lui jette le reste sur le dos, sans qu'il s'en

---

tur, et reversa paulo post, nos invadi ab ignotis, et in palatium superbissimum transferri jussit.] Tunc vero excidit omnis constantia attonitis, et mors non dubia miserorum oculos cœpit obducere.

CAPUT XX.

— Rogo, inquam, domina, si quid tristius paras, celerius confice : neque enim tam magnum facinus admisimus, ut debeamus torti perire. — Ancilla, quæ Psyche vocabatur, lodiculam in pavimento diligenter extendit ; [et] sollicitavit inguina mea, mille jam mortibus frigida. Operuerat Ascyltos pallio caput, admonitus scilicet periculosum esse alienis intervenire secretis. [Interim] duas institas ancilla protulit de sinu : alteraque pedes nostros alligavit, altera manus. [Constrictus ita vinculis : — Non, inquam, hac ratione frui poterit votis domina tua. — Fateor, inquit ancilla, sed alia medicamenta sunt mihi ad manum, et certiora : — subitoque vas satyrio plenum attulit, et jocose fabuloseque multa jactitans ita effecit, ut fere totum liquorem exhauserim, et, quia nuper ejus blanditias spreverat Ascyltos, extrema satyrii portione ejus dorsum, illo non sentiente, sparsit.] Ascyltos, jam deficiente fabularum con-

aperçoive. Ascylte, voyant que la conversation languissait : — Et moi? dit-il; me trouvez-vous donc indigne de boire à cette coupe?—Trahie par un sourire qui m'échappa, Psyché répond en battant des mains : — Jeune homme! le vase était à ta portée; tu l'as vidé seul jusqu'à la dernière goutte!.— Bon! reprit Quartilla; Encolpe n'a-t-il pas bu toute la dose? — Cette plaisanterie nous fit rire par son à-propos, et Giton lui-même ne put tenir plus longtemps son sérieux. La petite fille, se jetant alors au cou de cet aimable enfant, l'accabla de baisers qu'il reçut de fort bonne grâce.

CHAPITRE XXI.

Encore si, dans notre malheur, il nous eût été libre d'appeler du secours! Mais, d'abord, personne n'était là pour nous défendre; et puis, dès que je faisais mine de vouloir crier, Psyché, saisissant l'aiguille qui soutenait sa coiffure, m'en piquait impitoyablement les joues, tandis qu'armée d'un pinceau imbibé de satyrion, la petite fille en barbouillait le pauvre Ascylte. Pour nous achever, entre un de ces baladins qui se prostituent pour de l'argent. Sa robe, d'un vert foncé, était relevée jusqu'à la ceinture; tantôt ses reins, agités de lascives contorsions, nous heurtaient violemment; tantôt sa bouche infecte nous souillait d'affreux baisers. Enfin Quartilla, qui présidait à notre supplice, une verge de baleine à la main, et la robe retroussée, touchée de nos souffrances, fit signe qu'on nous donnât quartier. Nous jurâmes, par tout ce qu'il

textu, — Quid ergo? inquit, non sum dignus qui bibam? — Ancilla risu meo prodita, complosit manus; et, — Apposui quidem, inquit, adolescens : solus tamen medicamentum ebibisti. — Itane est, inquit Quartilla, quidquid satyrii fuit, Encolpius ebibit?—Non indecenti risu latera commovit. Ac ne Giton quidem ultimo risum tenuit, utique postquam virguncula cervicem ejus invasit, et non repugnanti puero innumerabilia oscula dedit.

CAPUT XXI.

Volebamus miseri exclamare, sed nec in auxilio erat quisquam, et hinc Psyche acu comatoria, cupienti mihi invocare Quiritum fidem, malas pungebat; illinc puella penicillo, quod et ipsum satyrio tinxerat, Ascylton opprimebat. Ultimo cinædus supervenit, myrtea subornatus gausapina, cinguloque succinctus, modo extortis nos clunibus cecidit, modo basiis olidissimis inquinavit; donec Quartilla balænatam tenens virgam, alteque succincta, jussit infelicibus dari missionem. Uterque nostrum religio-

y a de plus saint, de ne jamais révéler cet horrible secret.
Ensuite parurent plusieurs courtisanes qui nous frottèrent le
corps d'une huile parfumée. Oubliant alors notre fatigue, nous
endossons des robes de festin, et nous passons dans la salle
voisine, où trois lits étaient dressés autour d'une table servie
avec la plus grande magnificence. Invités à prendre place,
nous débutons par d'excellentes entrées, que nous arrosons
largement d'un falerne délicieux. Ensuite différents services
se succèdent avec profusion; et déjà nos yeux, appesantis par
le sommeil, commençaient à se fermer : — Qu'est-ce à dire?
s'écrie Quartilla, croyez-vous être ici pour dormir? cette nuit
est due tout entière au culte de Priape.

CHAPITRE XXII.

Toujours piquée des rebuts d'Ascylte, et le voyant tout à
fait assoupi, accablé qu'il était de tant de fatigues, Psyché s'amuse à lui barbouiller les lèvres et les épaules avec du charbon, et lui couvre la figure d'un masque de suie; mais il n'en
sentit rien. Moi-même, harassé des persécutions que j'avais
souffertes, je commençais à goûter les douceurs du sommeil.
Toute la valetaille, tant dans l'intérieur qu'au dehors de la
salle, en faisait autant. Vous eussiez vu l'un étendu sous les
pieds des convives, l'autre adossé contre un mur, un troisième
couché sur le seuil de la porte, tous pêle-mêle, tête contre
tête. Les lampes, épuisées, ne donnaient plus qu'une lueur

---

sissimis juravit verbis, inter nos periturum esse tam horribile secretum. Intraverunt
palæstritæ quamplures, et nos legitimo perfusos oleo refricuerunt. Utcumque igitur
lassitudine abjecta, cœnatoria repetimus, et in proximam cellam ducti sumus; in qua
tres lecti strati erant, et reliquus lautitiarum apparatus splendidissime expositus.
Jussi ergo discubuimus, et gustatione mirifica initiati, vino etiam Falerno inundamur.
Excepti etiam pluribus ferculis quum laberemur in somnum, — Itane est? inquit
Quartilla, etiam dormire vobis in mente est, quum sciatis Priapi genio pervigilium
deberi?

CAPUT XXII.

Quum Ascyltos gravatus tot malis in somnum laberetur, illa, quæ injuria depulsa
fuerat, ancilla totam faciem ejus fuligine longa perfricuit, et non sentientis labra
humerosque sopitis titionibus pinxit. Jam ego etiam tot malis fatigatus, minimum
veluti gustum hauseram somni : idem et tota intra forisque familia fecerat : atque
alii circa pedes discumbentium sparsi jacebant, alii parietibus appliciti, quidam in
ipso limine conjunctis marcebant capitibus. Lucernæ quoque, humore defectæ,

pâle et mourante, lorsque deux fripons de Syriens se glissèrent à tâtons dans la salle, pour escamoter une bouteille de vin : tandis qu'ils se la disputent avec acharnement près d'une table couverte d'argenterie, elle éclate dans leurs mains. Table, vaisselle, tout est renversé; et une coupe, en tombant d'assez haut, va briser la tête d'une servante qui dormait sur un lit voisin. La douleur du coup lui arrache un cri subit. Une partie de nos ivrognes se réveillent, et voilà les deux larrons découverts! Se voyant pris sur le fait, les rusés Syriens se laissent adroitement tomber au pied d'un lit. A les entendre ronfler, on eût dit qu'ils dormaient là depuis deux heures. Déjà, réveillé par ce vacarme, le maître d'hôtel avait ranimé les lampes expirantes; déjà les valets, frottant leurs yeux encore appesantis par le sommeil, reprenaient leur service, lorsqu'une joueuse de cymbales achève, avec sa bruyante musique, de réveiller les plus paresseux.

CHAPITRE XXIII.

On se remet donc à table de plus belle : Quartilla porte de nouvelles santés; le son des cymbales excite la gaieté des convives. Alors survint un baladin, le plus insipide de tous les hommes, et digne commensal d'un pareil logis. Après avoir battu des mains pour marquer la mesure, il entonne la chanson suivante :

---

tenue et extremum lumen spargebant, quum duo Syri, expilaturi lagenam, triclinium intraverunt : dumque inter argentum avidius rixantur, diductam fregerunt lagenam. Cecidit etiam mensa cum argento, et ancillæ, super torum marcentis, excussum forte altius poculum caput fregit : ad quem ictum exclamavit illa, pariterque et fures prodidit, et partem ebriorum excitavit. Syri illi, qui venerant ad prædam, postquam se deprehensos intellexerunt, pariter secundum lectum conciderunt, ut putares hoc convenisse, et stertere, tanquam olim dormientes, cœperunt. Jam et tricliniarches experrectus lucernis occidentibus oleum infuderat, et pueri, detersis paulisper oculis, redicrant ad ministerium, quum intrans cymbalistria, et concrepans æra, omnes excitavit.

CAPUT XXIII.

Refectum igitur est convivium, et rursus Quartilla ad bibendum revocavit. Adjuvit hilaritatem comessantium cymbalistria. Intrat cinædus, homo omnium insulsissimus, et plane illa domo dignus, qui ut infractis manibus congemuit, ejusmodi carmina effudit :

Aimables impudiques,
Ganymèdes nouveaux,
Audacieux cyniques,
Complaisantes Saphos!
Le plaisir nous rassemble;
Aimons en liberté :
Par tous les sens ensemble,
Buvons la volupté!

En achevant ces vers, l'effronté m'applique un immonde baiser; bientôt même, usurpant une moitié de mon lit, il écarte, malgré moi, le vêtement qui me couvrait, et s'efforce longtemps, mais en vain, de m'exciter au plaisir. De son front coulaient des ruisseaux de sueur mêlée de fard; et ses joues, dont le blanc remplissait les rides, semblaient un vieux mur dont le plâtre fond à la pluie.

CHAPITRE XXIV.

Je ne pus retenir plus longtemps mes larmes; et, le cœur navré de tristesse : — Madame, dis-je à Quartilla, est-ce bien là l'Embasicète que vous m'aviez promis? — O l'habile homme! répondit-elle en frappant doucement des mains; la question est spirituelle! Embasicète ne veut-il pas dire incube. Cela vous étonne? — Du moins, répliquai-je, jaloux de voir mon camarade plus heureux que moi, souffrirez-vous qu'Ascylte, bien tranquille sur son lit, savoure seul en pai.

Huc, huc convenite nunc, spatalocinædi,
Pede tendite, cursum addite, convolate planta,
Femore facili, clune agili, et manu procaces,
Molles, veteres, Deliaci manu recisi.

Consumtis versibus suis, immundissimo me basio conspuit : mox et super lectum venit, atque omni vi detexit recusantem. Super inguina mea diu multumque frustra moluit. Perfluebant per frontem sudantis acaciæ rivi, et inter rugas malarum tantum erat cretæ, ut putares detectum parietem nimbo laborare.

CAPUT XXIV.

Non tenui ego diutius lacrymas : sed ad ultimam perductus tristitiam, — Quæso, inquam, domina, certe Embasicœtam jusseras dari. — Complausit illa tenerius manus, et, — O, inquit, hominem acutum, atque urbanitatis vernulæ frontem! Quid? tu non intellexeras cinædum embasicœtam vocari? — Deinde, ne contubernali meo melius succederet : — Per fidem, inquam, vestram, Ascyltos in hoc triclinio solus

les douceurs du repos? — A la bonne heure! dit-elle, qu'Ascylte y passe à son tour. — Aussitôt fait que dit : mon écuyer change de monture, et le voilà qui, sous le poids de ses impures caresses, broie les membres de mon pauvre compagnon. Témoin de cette scène, Giton riait aux éclats. Quartilla n'avait pas manqué de le considérer avec attention : — A qui appartient, dit-elle, ce jeune Adonis? — C'est mon frère, lui répondis-je. — Pourquoi donc, reprit-elle, n'est-il pas encore venu m'embrasser? — A ces mots, elle le fait approcher, le baise tendrement; et, glissant sa main sous la robe de Giton, elle parcourt ses attraits novices, puis elle ajoute : — Ce bijou servira demain à me donner l'avant-goût du plaisir. Pour aujourd'hui, servie par un hercule, je ne me rabats point sur un pygmée.

CHAPITRE XXV.

A ces mots, Psyché, s'étant approchée de sa maîtresse, lui dit en riant je ne sais quels mots à l'oreille : — Oui! oui! s'écrie tout à coup Quartilla; l'idée est heureuse. Pourquoi pas? Quelle plus belle occasion peut s'offrir de délivrer Pannychis du fardeau de sa virginité? — Sans plus attendre, on introduit une jeune fille assez jolie, qui ne paraissait pas avoir plus de sept ans (la même qui était venue à notre auberge avec Quartilla). Aussitôt tous les assistants d'applaudir et de presser l'accomplissement de ce mariage. Moi, frappé de stupeur, j'allé-

---

ferias agit? — Ita? inquit Quartilla, et Ascylto embasicœtas detur. — Ab hac voce equum cinædus mutavit, transituque ad comitem meum facto, clunibus eum basiisque distrivit. Stabat inter hæc Giton, et risu dissolvebat ilia sua. Itaque, conspicata eum Quartilla, cujus esset puer diligentissima sciscitatione quæsivit. Quum ego fratrem meum esse dixissem, — Quare ergo, inquit, me non basiavit? — vocatumque ad se in osculum applicuit. Mox manum etiam demisit in sinum, et protracto vasculo tam rudi : — Hoc, inquit, belle cras in promulside libidinis nostræ militabit : hodie enim post asellum diaria non sumo.

CAPUT XXV.

Quum hæc diceret, ad aurem ejus Psyche ridens accessit, et quum dixisset nescio quid : — Ita, ita, inquit Quartilla, bene admonuisti : cur non, quia bellissima occasio est, devirginetur Pannychis nostra? — Continuoque producta est puella, satis bella, et quæ non plus quam septem annos habere videbatur, et ea ipsa, quæ primum cum Quartilla in cellam venerat nostram. Plaudentibus ergo universis, et postulantibus, nuptias fecerunt. Obstupui ego, et, nec Gitona, verecundissimum puerum, sufficere

guai, d'une part, la timidité de Giton; de l'autre, l'âge trop tendre de Pannychis. — Lui, disais-je, n'osera tenter le combat; elle, ne pourra le soutenir. — Bon! répondit Quartilla, étais-je donc plus formée quand, pour la première fois, je reçus les caresses d'un homme? Je veux mourir, si je me souviens d'avoir jamais été vierge! Enfant, je folâtrais avec des marmots de ma taille; un peu plus grande, j'eus des amants plus hommes; c'est ainsi que je suis parvenue à l'âge où vous me voyez. Voilà, sans doute, l'origine du proverbe:

> Qui l'a bien porté veau
> Peut le porter taureau.

— Craignant donc qu'en mon absence il n'arrivât pis à Giton, je me levai pour assister à la cérémonie.

CHAPITRE XXVI.

Déjà, par les soins de Psyché, s'avançait Pannychis, le front couvert du voile de l'hymen; déjà notre baladin ouvrait la marche, un flambeau à la main, et une longue file de femmes ivres marchait derrière lui en battant des mains; déjà la couche nuptiale, ornée par elles, n'attendait plus que les deux époux. Échauffée par l'image du plaisir, Quartilla se lève brusquement, saisit Giton dans ses bras, et l'entraîne vers la chambre à coucher. Le fripon s'y prêtait de fort bonne grâce; la

---

huic petulantiæ, affirmavi; nec puellam ejus ætatis esse ut muliebris patientiæ legem possit accipere. — Ita? inquit Quartilla, minor est ista, quam ego fui, quum primum virum passa sum? Junonem meam iratam habeam, si unquam me meminerim virginem fuisse. Nam et infans cum paribus inquinata sum, et subinde prodeuntibus annis, majoribus me pueris applicui, donec ad hanc ætatem perveni. Hinc etiam puto proverbium natum illud, ut dicatur:

> Quæ tulerit vitulum, illa potest et tollere taurum.

— Igitur ne majorem injuriam in secreto frater acciperet, consurrexi ad officium nuptiale.

CAPUT XXVI.

Jam Psyche puellæ caput involverat flammeo; jam embasicœtas præferebat facem; jam ebriæ mulieres longum agmen plaudentes fecerant, thalamumque ingesta exornaverant veste. Tum Quartilla, jocantium quoque libidine accensa, et ipsa surrexit, correptumque Gitona in cubiculum traxit. Sine dubio non repugnaverat puer, ac ne

jeune fille n'était rien moins que triste : elle avait entendu sans pâlir le mot d'hymen. Pour laisser le champ libre aux combattants, nous restâmes sur le seuil de la porte. La curieuse Quartilla l'avait laissée malicieusement entr'ouverte, et son œil libertin contemplait avec avidité les ébats du couple novice. Bientôt, pour me faire jouir du même spectacle, elle m'attire doucement à elle ; or, comme dans cette attitude nos joues se touchaient, cela lui donnait de fréquentes distractions, et de temps en temps elle tournait la bouche de mon côté pour me dérober un baiser furtivement. Las des importunités de cette femme, je songeais à m'en délivrer par la fuite. Ascylte, informé de mon dessein, l'approuva beaucoup ; c'était aussi sa seule ressource contre les persécutions de Psyché. Rien n'était plus facile, si Giton n'eût été enfermé avec Pannychis ; mais nous voulions l'emmener pour le soustraire à la lubricité de ces Messalines. Pendant que nous cherchions quelque expédient, Pannychis tombe du lit ; entraînée par son poids, Giton la suit dans sa chute. Heureusement, il en fut quitte pour la peur ; mais, blessée légèrement à la tête, Pannychis jette les hauts cris. Quartilla, effrayée, vole à son secours ; nous de détaler aussitôt vers notre auberge ; et bientôt, étendus dans nos lits, nous passâmes à bien dormir le reste de la nuit. Le lendemain, au sortir du logis, nous rencontrâmes deux de nos ravisseurs : Ascylte en attaque un avec fureur, et l'étend à terre grièvement blessé ; puis il vient aussitôt m'aider à presser le second ; mais il se défendait si bravement, qu'il nous blessa l'un et l'au-

---

puella quidem tristis expaverat nuptiarum nomen. Itaque, quum inclusi jacerent, consedimus ante limen thalami, et in primis Quartilla, per rimam improbe diductam, applicaverat oculum curiosum, lusumque puerilem libidinosa speculabatur diligentia. Me quoque ad idem spectaculum lenta manu traxit ; et quia considerantium hæserant vultus, quidquid a spectaculo vacabat, commovebat valgiter labra, et me tanquam furtivis subinde osculis verberabat. [Libidine Quartillæ ita fatigatus eram, ut recedendi vias meditarer. Ascylto mentem declaravi, quæ multum placuit : cupiebat se ex Psyches vexationibus expedire : idque nobis non difficile, ni Giton cubiculo fuisset inclusus : volebamus enim eum abducere, et meretricum petulantiæ subtrahere. Hoc ipsum anxie meditabamur, quum Pannychis lecto cecidit, Gitonaque suo traxit pondere, illæsum tamen ; puella autem capite leviter læsa tanto exclamavit, ut concitata terrore, præcipiti gressu accurrens, Quartilla nobis effugiendi locum dederit : nec mora ; celeres in hospitium pervolamus nostrum, et continuo] abjecti in lectis sine metu reliquam exegimus noctem. [Postero die egredientes duos ex nostris raptoribus offendimus, quos ut conspexit Ascyltos, alterum animose aggressus est, quo victo,

tre, légèrement à la vérité, et parvint à s'échapper sans la moindre égratignure. Nous touchions au jour marqué par Trimalchion, jour où, dans un souper splendide, il devait affranchir un grand nombre d'esclaves. Mais, écharpés comme nous l'étions, nous trouvâmes plus à propos de fuir que de rester tranquilles en ce lieu. Rentrant donc au plus tôt à l'auberge, nous nous mîmes au lit, et nous pansâmes avec du vin et de l'huile nos blessures, heureusement peu profondes. Cependant, nous avions laissé un de nos ravisseurs sur le carreau; la crainte d'être reconnus nous donnait de mortelles inquiétudes. Tandis que, tout pensifs, nous rêvions aux moyens de conjurer l'orage, un valet d'Agamemnon vint interrompre nos tristes réflexions : — Eh bien! nous dit-il, ignorez-vous chez qui l'on dîne aujourd'hui? c'est chez Trimalchion, chez cet homme opulent dont la salle à manger est ornée d'une horloge près de laquelle un esclave, la trompette à la main, l'avertit de la fuite du temps et de la vie. — Aussitôt, oubliant tous nos maux passés, nous nous habillons à la hâte; et Giton, qui jusqu'alors avait bien voulu nous servir de valet, reçoit l'ordre de nous suivre au bain.

CHAPITRE XXVII.

Dès que nous fûmes sortis, nous commençâmes à rôder de tous côtés, ou plutôt à folâtrer. Des joueurs étaient réunis en cercle : nous nous en approchons, et le premier objet qui frappe

et graviter vulnerato, mihi alterum urgenti præsto fuit. Ille vero tam strenue se gerebat, ut nos ambos, sed leviter, vulneraverit, illæsusque effugerit.] Venerat jam tertius dies, id est, exspectatio liberæ cœnæ [apud Trimalchionem;] sed tot vulneribus confossis fuga magis placebat, quam quies. Itaque [in diversorium citissime abimus, et, haud alte vulnerati, in lecto plagas oleo et vino medemur. Raptor tamen debellatus humi jacebat, et ne agnosceremur timebamus.] Itaque quum mœsti deliberaremus quonam genere præsentem evitaremus procellam, unus servus Agamemnonis interpellavit trepidantes : et : — Quid? vos, inquit, nescitis hodie apud quem fiat? Trimalchio, lautissimus homo, horologium in triclinio, et buccinatorem habet subornatum, uti subinde sciat quantum de vita perdiderit. — Amicimur ergo diligenter, obliti omnium malorum, et Gitona, libentissime servile officium tuentem usque hoc, jubemus in balneo sequi.

CAPUT XXVII.

Nos interim vestiti errare cœpimus, imo jocari magis, et circulis ludentum accedere; quum subito videmus senem calvum, tunica vestitum russea, inter pueros ca-

notre vue est un vieillard au front chauve, vêtu d'une tunique rousse, et jouant à la paume avec de jeunes esclaves aux cheveux longs et flottants. Nous ne savions qu'admirer le plus, ou la beauté de ces enfants, ou la mollesse de ce vieux bouc, qui jouait en pantoufles avec des balles vertes. Dès qu'une de ces balles avait touché la terre, on la jetait au rebut : un de ses gens, posté près des joueurs avec une corbeille bien garnie, leur en fournissait sans cesse de nouvelles. Entre autres choses bizarres, nous vîmes, aux deux extrémités du jeu, deux eunuques, dont l'un portait un pot de nuit d'argent, l'autre comptait les balles, non pas celles que les joueurs se renvoyaient les uns aux autres, mais celles qui tombaient à terre. Tandis que nous admirions cette magnificence, Ménélas vint à nous :
— Voilà, nous dit-il, en désignant Trimalchion, voilà celui qui vous traite aujourd'hui ; ce que vous voyez n'est que le prélude du souper. — Il allait en dire davantage, quand Trimalchion fait craquer ses doigts. A ce signal du maître, l'un des eunuques approche, le bassin à la main. Trimalchion soulage sa vessie, fait signe qu'on lui serve de l'eau, en mouille légèrement l'extrémité de ses doigts, et les essuie aux cheveux d'un esclave.

CHAPITRE XXVIII.

On ne finirait pas de raconter toutes les singularités qui nous frappèrent. Enfin, nous nous rendîmes aux Thermes, et là, nous passâmes promptement du bain chaud au rafraîchis-

---

pillatos ludentem pila. Nec tam pueri nos, quamquam erat operæ pretium, ad spectaculum duxerant, quam ipse paterfamiliæ, qui soleatus pila prasina exercebatur : nec eam amplius repetebat, quæ terram contigerat, sed follem plenum habebat servus, sufficiebatque ludentibus. Notavimus etiam res novas. Nam duo spadones in diversa parte circuli stabant, quorum alter matellam tenebat argenteam, alter numerabat pilas : non quidem eas, quæ inter manus lusu expellente vibrabant ; sed eas quæ in terram decidebant. Quum has miraremur lautitias, accurrit Menelaus, et : — Hic est, inquit, apud quem cubitum ponetis ; et quid ? jam principium cœnæ videtis ? — Etiamnum loquebatur Menelaus, quum Trimalchio digitos concrepuit : ad quod signum matellam spado ludenti subjecit. Exonerata ille vesica, aquam poposcit ad manus, digitosque paululum aspersos in capite pueri tersit.

CAPUT XXVIII.

Longum erat singula excipere : itaque intravimus balneum, et sudore calefacti, momento temporis ad frigidam eximus. Jam Trimalchio unguento perfusus tergeba-

soir. On venait de parfumer Trimalchion, et les frottoirs dont on l'essuyait étaient, non pas de lin, mais du molleton le plus doux. Trois garçons étuvistes sablaient le falerne en sa présence ; et comme, en se disputant à qui boirait le plus, ils en répandaient beaucoup à terre : — Buvez, buvez à ma santé, leur dit Trimalchion, il est de mon cru ! — Bientôt on l'enveloppa d'une peluche écarlate, puis on le plaça dans une litière précédée de quatre valets de pied à livrées magnifiques, et d'une chaise à porteurs où figuraient les délices de Trimalchion : c'était un petit vieillard précoce, chassieux, plus laid que Trimalchion lui-même. Tandis qu'on l'emportait, un musicien s'approcha de lui avec une petite flûte ; et, penché à son oreille, comme s'il lui eût confié quelque secret, il ne cessa d'en jouer pendant toute la route. Déjà rassasiés d'admiration, nous suivîmes en silence, et nous arrivâmes avec Agamemnon à la porte du palais, sur le fronton duquel était placé un écriteau avec cette inscription :

TOUT ESCLAVE
QUI SORTIRA SANS L'AUTORISATION DU MAÎTRE
RECEVRA CENT COUPS DE FOUET.

Sous le vestibule même se tenait le portier, habillé de vert, avec une ceinture couleur cerise : il écossait des pois dans un plat d'argent. Au-dessus du seuil était suspendue une cage d'or renfermant une pie au plumage bigarré, qui saluait de ses cris ceux qui entraient.

tur, non linteis, sed palliis, ex mollissima lana factis. Tres interim iatraliptæ in conspectu ejus falernum potabant : et quum plurimum rixantes effunderent, Trimalchio, hoc suum propinasse, dicebat. Hinc, involutus coccina gausapa, lecticæ impositus est, præcedentibus phaleratis cursoribus quatuor, et chiramaxio, in quo deliciæ ejus vehebantur, puer vetulus, lippus, domino Trimalchione deformior. Quum ergo auferretur, ad caput ejus cum minimis symphoniacus tibiis accessit, et tanquam in aurem aliquid secreto diceret, toto itinere cantavit. Sequimur nos jam admiratione saturi, et cum Agamemnone ad januam pervenimus, in cujus poste libellus erat, cum hac inscriptione fixus :

QUISQUIS. SERVUS.
SINE. DOMINICO. JUSSU. FORAS. EXIERIT.
ACCIPIET. PLAGAS. CENTUM.

In aditu autem ipso stabat ostiarius prasinatus, cerasino succinctus cingulo, atque in lance argentea pisum purgabat. Super limen autem carea pendebat aurea, in qua pica varia intrantes salutabat.

CHAPITRE XXIX.

Pour moi, bouche béante, j'admirais tout cela, quand, à la gauche de l'entrée, près de la loge du portier, j'aperçus un énorme dogue enchaîné, au-dessus duquel était écrit, en lettres capitales : GARE, GARE LE CHIEN ! Ce n'était un dogue qu'en peinture ; mais sa vue me causa un tel effroi, que je faillis tomber à la renverse et me casser les jambes ; et mes compagnons de rire. Cependant, je recouvrai mes esprits, et je continuai l'examen des sujets peints à fresque sur la muraille. On y voyait un marché d'esclaves qui portaient leurs titres suspendus à leur cou, et Trimalchion lui-même qui, les cheveux flottants, et un caducée à la main, entrait dans Rome, conduit par Minerve. Plus loin, il était représenté prenant des leçons de calcul, puis devenant trésorier : le peintre avait eu soin d'aider, par des inscriptions très-détaillées, l'intelligence des spectateurs. A l'extrémité de ce portique, Mercure enlevait notre héros par le menton, et le plaçait sur le siége le plus élevé d'un tribunal. Près de lui s'empressait la Fortune avec une énorme corne d'abondance ; et les trois Parques filaient ses destins avec des fils d'or. Je remarquai aussi une troupe d'esclaves qui, sous la conduite d'un maître, s'exerçaient à la course. Dans un angle du portique, je vis encore une vaste armoire qui renfermait un reliquaire où étaient placés des Lares d'argent, une statue de Vénus en marbre, et une boîte d'or d'assez grande dimension, qui, disait-on, renfermait la première barbe de Trimalchion. Alors, je me mis à inter-

CAPUT XXIX.

Ceterum ego, dum omnia stupeo, pæne resupinatus crura mea fregi. Ad sinistram enim intrantibus, non longe ab ostiarii cella, canis ingens, catena vinctus, in pariete erat pictus, superque quadrata littera scriptum, CAVE, CAVE CANEM ! Et collegæ quidem mei riserunt. Ego autem, collecto spiritu, non destiti totum parietem persequi. Erat autem venalitium titulis pictum, et ipse Trimalchio capillatus caduceum tenebat, Minervaque ducente, Romam intrabat. Hinc quemadmodum ratiocinari didicisset, dein dispensator factus esset, omnia diligenter curiosus pictor cum inscriptione reddiderat. In deficiente vero jam porticu, levatum mento in tribunal excelsum Mercurius rapiebat. Præsto erat Fortuna, cornu abundanti copiosa, et tres Parcæ, aurea pensa torquentes. Notavi etiam in porticu gregem cursorum cum magistro se exercentem. Præterea grande armarium in angulo vidi, in cujus ædicula erant Lares argentei positi, Venerisque signum marmoreum, et pixis aurea non pusilla, in qua

roger le concierge. — Quelles sont, lui dis-je, ces peintures que je vois au centre du portique? — L'*Iliade* et l'*Odyssée*, me répondit-il; sur la gauche, vous voyez un combat de gladiateurs.

CHAPITRE XXX.

Nous n'avions pas le temps d'examiner à loisir toutes ces curiosités. Déjà nous étions arrivés à la salle du festin, à l'entrée de laquelle se tenait l'intendant de la maison, recevant des comptes : ce qui m'étonna le plus, ce fut d'apercevoir, sur le chambranle de la porte, des faisceaux surmontés de haches, et dont l'extrémité inférieure se terminait par une espèce d'éperon de galère en airain, sur lequel était écrit :

A GAÏUS POMPÉE
TRIMALCHION SÉVIR AUGUSTAL
CINNAME SON TRÉSORIER.

Cette inscription était éclairée par une double lampe suspendue à la voûte. J'aperçus aussi deux tablettes attachées aux deux battants de la porte; l'une, si j'ai bonne mémoire, portait ces mots :

LE III, ET LA VEILLE DES CALENDES DE JANVIER,
GAÏUS NOTRE MAÎTRE SOUPE EN VILLE.

barbam ipsius conditam esse dicebant. Interrogare ego atriensem cœpi quas in medio picturas haberent? — Iliada et Odysseam, inquit, ac læva videtis gladiatorium munus.

CAPUT XXX.

Non licebat tam multas jam considerare. Nos jam ad triclinium perveneramus, in cujus parte prima procurator rationes accipiebat : et, quod præcipue miratus sum, in postibus triclinii fasces erant cum securibus fixi, quorum imam partem quasi embolum navis æneum finiebat, in quo erat scriptum :

G. POMPEIO.
TRIMALCHIONI. VI. VIRO. AUGUSTALI.
CINNAMUS. DISPENSATOR.

Sub eodem titulo, etiam lucerna bilychnis de camara pendebat, et duæ tabulæ in utroque poste defixæ; quarum altera, si bene memini, hoc habebat inscriptum :

III. ET PRIDIE. KAL. JAN.
G. NOSTER. FORAS. CŒNAT.

l'autre représentait le cours de la lune, les sept planètes, les jours fastes et néfastes, indiqués par des points de différentes couleurs. Au moment où, enivrés de tant de merveilles, nous nous disposions à entrer dans la salle du banquet, un esclave, spécialement chargé de cet emploi, nous cria : — *Du pied droit!* — Il y eut parmi nous un moment de confusion, dans la crainte que quelqu'un des convives ne franchît le seuil sans prendre le pas d'ordonnance. Enfin, nous partions tous ensemble du pied droit, quand tout à coup un autre esclave, dépouillé de ses vêtements, tombe à nos pieds, et nous supplie de le soustraire au châtiment dont il est menacé : sa faute, à l'entendre, était très-légère : tandis que le trésorier était au bain, chargé de la garde de ses habits, il les avait laissé prendre; mais ils valaient à peine dix sesterces, nous dit-il. Faisant donc volte-face, et toujours partant du pied droit, nous allons vers le trésorier; nous le trouvons à son bureau, qui comptait de l'or, et nous le supplions instamment de faire grâce à ce pauvre esclave. — C'est moins la perte que j'ai faite, nous dit-il, en jetant sur nous un regard orgueilleux, que la négligence de ce misérable qui m'irrite. Le vêtement qu'il m'a laissé prendre était une robe de banquet : elle m'avait été donnée par un de mes clients, le jour anniversaire de ma naissance; elle était assurément de pourpre Tyrienne; mais elle avait déjà été lavée une fois. Quoi qu'il en soit, je vous accorde la grâce du coupable.

---

altera lunæ cursum, stellarumque septem imagines pictas; et, qui dies boni, quique incommodi essent, distinguente bulla, notabantur. His repleti voluptatibus, quum conaremur in triclinium intrare, exclamavit unus ex pueris, qui super hoc officium erat positus : — *Dextro pede!* — Sine dubio paulisper trepidavimus ne contra præceptum aliquis nostrum transiret. Ceterum, ut pariter movimus dextros gressus, servus nobis despoliatus procubuit ante pedes, et rogare cœpit ut se pœnæ eriperemus : nec magnum esse peccatum suum propter quod periclitaretur. Subducta enim sibi vestimenta dispensatoris in balneo, quæ vix fuissent x HS. Retulimus ergo dextros pedes, dispensatoremque in precario, aureos numerantem deprecati sumus ut servo remitteret pœnam. Superbus ille subtulit vultum, et, — Non tam jactura me movet, inquit, quam negligentia nequissimi servi. Vestimenta mea cubitoria perdidit, quæ mihi natali meo cliens quidem donaverat, Tyria sine dubio, sed jam semel lota. Quid ergo est? dono vobis reum.

CHAPITRE XXXI.

Reconnaissants d'une si grande clémence, nous étions à peine entrés dans la salle du festin, quand ce même esclave, pour lequel nous venions d'intercéder, se précipite vers nous, et, pour nous remercier de cet acte d'humanité, nous applique tant et de si vigoureux baisers, que nous ne savions où nous en étions. — Du reste, nous dit-il, vous allez bientôt connaître que vous n'avez pas obligé un ingrat : c'est moi qui sers le vin du maître, et j'en dispose à mon gré. — Lorsque, après tous ces retards, nous fûmes enfin placés à table, des esclaves égyptiens nous versèrent sur les mains de l'eau de neige, et furent bientôt remplacés par d'autres qui nous lavèrent les pieds et nous nettoyèrent les ongles avec une admirable dextérité : ce que faisant, ils ne gardaient pas le silence, mais ils chantaient, tout en s'acquittant d'un si triste office. Curieux de savoir si les autres esclaves faisaient ainsi leur service en chantant, je demande à boire : aussitôt un esclave empressé m'apporte une coupe, en accompagnant cette action d'un chant aigre et discordant : ainsi faisaient tous les gens de la maison lorsqu'on leur demandait quelque chose. Vous eussiez cru être au milieu d'un chœur de pantomimes plutôt qu'à la table d'un père de famille. Cependant, on apporte le premier service, qui était on ne peut plus splendide ; car déjà tout le monde était à table, à l'exception de Trimalchion, à qui, contre l'usage, on avait réservé la place d'honneur. Sur un plateau destiné aux hors-d'œuvre était un petit

CAPUT XXXI.

Obligati tam grandi beneficio, quum intrassemus triclinium, occurrit nobis ille idem servus, pro quo rogaveramus, et spississima basia stupentibus impegit, gratias agens humanitati nostræ. — Ad summam, statim scietis, ait, cui dederitis beneficium. Vinum dominicum ministratoris gratia est. — Tandem ergo discubuimus, pueris alexandrinis aquam in manus nivatam infundentibus, aliisque insequentibus ad pedes, ac paronychia cum ingenti subtilitate tollentibus. Ac ne in hoc quidem tam molesto tacebant officio ; sed obiter cantabant. Ego experiri volui an tota familia cantaret. Itaque potionem poposci : paratissimus puer non minus me acido cantico excepit : et quisquis aliquid rogatus erat ut daret. Pantomimi chorum, non patrisfamiliæ triclinium crederes. Allata est tum gustatio valde lauta : nam omnes jam discubuerant præter unum Trimalchionem, cui locus, novo more, primus servabatur.

âne en bronze de Corinthe, portant un bissac qui contenait d'un côté des olives blanches, de l'autre des noires. Sur le dos de l'animal étaient deux plats d'argent sur le bord desquels étaient gravés le nom de Trimalchion et le poids du métal. Des arceaux en forme de ponts soutenaient des loirs assaisonnés avec du miel et des pavots. Plus loin, des saucisses brûlantes sur un gril d'argent; et, au-dessous du gril, des prunes de Syrie et des grains de grenade.

CHAPITRE XXXII.

Nous étions plongés dans cet océan de délices, lorsqu'aux accents d'une symphonie parut Trimalchion lui-même, porté par des esclaves qui le posèrent bien mollement sur un lit garni de petits coussins. A cet aspect imprévu, nous ne pûmes nous empêcher de rire étourdiment. Il fallait voir sa tête chauve s'échappant d'un voile de pourpre, et son cou affublé d'une vaste serviette, en forme de laticlave, qui s'étendait sur tous les vêtements dont il était chargé, et retombait en franges des deux côtés. Il portait aussi, au petit doigt de la main gauche, un grand anneau doré, et, à l'extrémité du doigt suivant, un anneau de plus petite dimension, mais d'or pur, à ce qu'il me parut, et parsemé d'étoiles d'acier. Ce n'est pas tout : pour nous éblouir de l'éclat de ses richesses, il découvrit son bras droit, orné d'un bracelet d'or, émaillé de lames de l'ivoire le plus brillant.

Ceterum in promulsidari asellus erat Corinthius cum bisaccio positus, qui habebat olivas, in altera parte albas, in altera nigras. Tegebant asellum duæ lances, in quarum marginibus nomen Trimalchionis inscriptum erat, et argenti pondus. Ponticuli etiam ferruminati sustinebant glires, melle et papavere sparsos. Fuerunt et tomacula ferventia supra craticulam argenteam posita, et infra craticulam Syriaca pruna cum granis Punici mali.

CAPUT XXXII.

In his eramus lautitiis, quum ipse Trimalchio ad symphoniam allatus est, positusque inter cervicalia minutissima, expressit imprudentibus risum. Pallio enim coccineo adrasum excluserat caput, circaque oneratas veste cervices laticlaviam immiserat mappam, fimbriis hinc atque illinc pendentibus. Habebat etiam in minimo digito sinistræ manus annulum grandem subauratum; extremo vero articulo digiti sequentis minorem, ut mihi videbatur, totum aureum, sed plane ferreis veluti stellis ferruminatum. Et, ne has tantum ostenderet divitias, dextrum nudavit lacertum, armilla aurea cultum, et eboreo circulo lamina splendente connexum.

CHAPITRE XXXIII.

— Amis, nous dit-il, en se nettoyant la bouche avec un cure-dent d'argent, si je n'avais suivi que mon goût, je ne serais pas venu si tôt vous rejoindre ; mais, pour ne pas retarder plus longtemps vos plaisirs par mon absence, je me suis arraché volontairement à un jeu qui m'amusait beaucoup : permettez-moi donc, je vous prie, de finir ma partie. — En effet, il était suivi d'un esclave portant un damier de bois de térébinthe et des dés de cristal ; et, ce qui me parut le comble du raffinement, au lieu de dames blanches et noires, il se servait de pièces d'or et d'argent. Tandis qu'en jouant il enlevait tous les pions de son adversaire, on nous sert, sur un plateau, une corbeille dans laquelle était une poule de bois sculpté, qui, les ailes ouvertes et étendues en cercle, semblait réellement couver des œufs. Aussitôt deux esclaves s'en approchèrent, aux accords de l'éternelle symphonie ; et, fouillant dans la paille, en retirèrent des œufs de paon qu'ils distribuèrent aux convives. Cette scène attira les regards de Trimalchion : — Amis, nous dit-il, c'est par mon ordre qu'on a mis des œufs de paon sous cette poule. Et, certes, j'ai lieu de craindre qu'ils ne soient déjà couvis ; essayons toutefois s'ils sont encore mangeables. — On nous servit, à cet effet, des cuillers qui ne pesaient pas moins d'une demi-livre, et nous brisâmes ces œufs, recouverts d'une pâte légère, qui imitait parfaitement la coquille. J'étais sur le point de jeter celui qu'on m'avait servi, car je croyais y voir remuer un poulet,

CAPUT XXXIII.

Ut deinde spina argentea dentes perfodit : — Amici, inquit, nondum mihi suave erat in triclinium venire, sed ne absentivus moræ vobis essem, omnem voluptatem mihi negavi. Permittitis tamen finiri lusum ? — Sequebatur puer cum tabula terebinthina, et crystallinis tesseris ; notavique rem omnium delicatissimam : pro calculis enim albis ac nigris aureos argenteosque habebat denarios. Interim dum ille omnium calculorum agmen inter lusum consumit, gustantibus adhuc nobis, repositorium allatum est cum corbe, in qua gallina erat lignea patentibus in orbem alis, quales esse solent, quæ incubant ova. Accessere continuo duo servi, et, symphonia strepente, scrutari paleam cœperunt ; erutaque subinde pavonina ova divisere convivis. Convertit hanc scenam Trimalchio vultum ; et, — Amici, ait, pavonis ova gallinæ jussi supponi. Et, me hercules, timeo, ne jam concepti sint : tentemus tamen, si adhuc sorbilia sunt. — Accipimus nos cochlearia non minus selibras pendentia, ovaque ex farina pingui figurata pertundimus. Ego quidem pæne projeci partem meam : nam

lorsqu'un vieux parasite m'arrêta : — Il y a là dedans, me dit-il, je ne sais quoi d'excellent. — Je cherche donc dans la coquille, et j'y trouve un becfigue bien gras, enseveli dans des jaunes d'œufs poivrés.

CHAPITRE XXXIV.

Cependant Trimalchion, interrompant sa partie, se fit apporter successivement tous les mets qu'on nous avait servis. Il venait de nous annoncer à haute voix que, si quelqu'un de nous désirait retourner au vin miellé, il n'avait qu'à parler; lorsqu'à un nouveau signal donné par l'orchestre, un chœur d'esclaves enleva en cadence les entrées. Au milieu du tumulte que causa le service, un plat d'argent vint à tomber; un esclave, croyant bien faire, le ramasse. Trimalchion, qui s'en aperçoit, fait appliquer à l'officieux serviteur de vigoureux soufflets, pour punir sa gaucherie, et ordonne que l'on rejette à terre ce même plat d'argent, qu'un valet vient balayer avec les autres ordures. Alors entrèrent deux Éthiopiens à longue chevelure, portant deux petites outres pareilles à celles dont on se sert pour arroser l'amphithéâtre, et, au lieu d'eau, ils nous versèrent du vin sur les mains. Comme on s'extasiait sur cet excès de luxe, notre hôte s'écria : — Mars aime l'égalité. — En conséquence, il exige que chacun des convives ait sa table à lui seul : — Par ce moyen, ajouta-t-il, ces esclaves puants, n'étant plus entassés, nous suffoqueront

videbatur mihi jam in pullum coisse. Deinde ut audivi veterem convivam : — Hic nescio quid boni debet esse ! — persecutus putamen manu, pinguissimam ficedulam inveni, piperato vitello circumdatam.

CAPUT XXXIV.

Jam Trimalchio eadem omnia, lusu intermisso, poposcerat; feceratque potestatem, clara voce, si quis nostrûm iterum vellet mulsum sumere : quum subito signum symphonia datur, et gustatoria pariter a choro cantante rapiuntur. Ceterum inter tumultum, quum forte parapsis excidisset, et puer jacentem sustulisset, animadvertit Trimalchio, colaphisque objurgari puerum, ac projicere rursus parapsidem jussit. Insecutus est lecticarius, argentumque inter reliqua purgamenta scopis cœpit verrere. Subinde intraverunt duo Æthiopes capillati, cum pusillis utribus, quales solent esse qui arenam in amphitheatro spargunt, vinumque dedere in manus; aquam enim nemo porrexit. Laudatus propter elegantias dominus : — Æquum, inquit, Mars amat. — Itaque jussit suam cuique servo mensam assignari : — Ob id ergo, ait, pædidissimi servi minorem nobis æstum, sublata frequentia, facient. — Statim allatæ sunt

moins. — Aussitôt on apporte des flacons de cristal soigneusement cachetés ; au cou de chacun d'eux était suspendue une étiquette ainsi conçue :

FALERNE OPIMIEN DE CENT ANS.

Tandis que nous parcourions des yeux les étiquettes, Trimalchion battant des mains : — Hélas! s'écria-t-il, hélas! il est donc vrai, le vin vit plus longtemps que l'homme! Buvons donc comme des éponges; le vin, c'est la vie : celui que je vous offre est du véritable opimien : hier, j'avais à souper meilleure compagnie, et le vin qu'on servit était moins bon. — Tandis que, tout en buvant, nous admirions en détail la somptuosité du festin, un esclave posa sur la table un squelette d'argent, si bien imité, que les vertèbres et les articulations se mouvaient avec facilité dans tous les sens. Lorsque l'esclave eut fait jouer deux ou trois fois les ressorts de cet automate, et lui eut fait prendre plusieurs attitudes, Trimalchion se mit à déclamer :

> Que l'homme est peu de chose, hélas! et de ses ans
> Que la trame est courte et fragile!
> La tombe est sous nos pas ; mais, dans leur vol agile,
> Sachons, par le plaisir, embellir nos instants.

amphoræ vitreæ diligenter gypsatæ, quarum in cervicibus pittacia erant affixa cum hoc titulo :

FALERNUM. OPIMIANUM. ANNORUM. CENTUM.

Dum titulos perlegimus, complausit Trimalchio manus ; et : — Heu ! heu ! inquit, ergo diutius vivit vinum, quam homuncio ! Quare tingomenas faciamus ; vita vinum est : verum opimianum præsto : heri non tam bonum posui, et multo honestiores cœnabant. — Potantibus ergo et accuratissime nobis lautitias mirantibus, larvam argenteam attulit servus, sic aptam, ut articuli ejus vertebræque laxatæ in omnem partem flecterentur. Hanc quum super mensam semel iterumque abjecisset, et catenatio mobilis aliquot figuras exprimeret, Trimalchio adjecit :

> Heu! heu! nos miseros! quam totus homuncio nil est!
> [Quam fragilis tenero stamine vita cadit!]
> Sic erimus cuncti, postquam nos auferet Orcus.
> Ergo vivamus, dum licet esse bene.

CHAPITRE XXXV.

Cette espèce d'élégie fut interrompue par l'arrivée du second service, dont la magnificence ne répondit pas à notre attente. Cependant, un nouveau prodige attira bientôt tous les regards : c'était un surtout en forme de globe, autour duquel étaient représentés les douze signes du zodiaque, rangés en cercle. Au-dessus de chacun d'eux, le maître d'hôtel avait placé des mets qui, par leur forme ou leur nature, avaient quelque rapport avec ces constellations : sur le Bélier, des pois chiches ; sur le Taureau, une pièce de bœuf ; sur les Gémeaux, des rognons et des testicules ; sur le Cancer, une simple couronne ; sur le Lion, des figues d'Afrique ; sur la Vierge, une matrice de truie ; au-dessus de la Balance, un peson qui, d'un côté, soutenait une tourte, de l'autre, un gâteau ; au-dessus du Scorpion, un petit poisson de mer ; au-dessus du Sagittaire, un lièvre ; une langouste sur le Capricorne ; sur le Verseau, une oie ; deux surmulets sur les Poissons. Au centre de ce beau globe, une touffe de gazon artistement ciselée supportait un rayon de miel. Un esclave égyptien nous présentait à la ronde du pain chaud dans un petit four d'argent ; et, chemin faisant, ce même esclave tirait de son rauque gosier un hymne en l'honneur de je ne sais quelle infusion de laser et de vin. Nous nous disposions tristement à attaquer des mets aussi grossiers, quand Trimalchion : — Si vous voulez m'en croire, mangeons, nous dit-il ; vous avez devant vous le plus succulent du repas.

CAPUT XXXV.

Laudationem ferculum est insecutum, plane non pro exspectatione magnum. Novitas tamen omnium convertit oculos. Repositorium enim rotundum duodecim habebat signa in orbe disposita, super quæ proprium, convenientemque materiæ, structor imposuerat cibum. Super Arietem, cicer arietinum ; super Taurum, bubulæ frustum ; super Geminos, testiculos ac renes ; super Cancrum, coronam ; super Leonem, ficum africanam ; super Virginem, stericulam ; super Libram, stateram, in cujus altera parte scriblita erat, in altera placenta ; super Scorpionem, pisciculum marinum ; super Sagittarium, otopetam ; super Capricornum, locustam marinam ; super Aquarium, anserem ; super Pisces, duos mullos. In medio autem cespes cum herbis excisus favum sustinebat. Circumferebat ægyptius puer clibano argenteo panem, atque ipse etiam teterrima fauce de laserpitiario vino canticum extorquet. Nos ut tristiores ad tam viles accessimus cibos : — Suadeo, inquit Trimalchio, cœnemus ; hoc est jus cœnæ.

CHAPITRE XXXVI.

Il dit; et, au son des instruments, quatre esclaves s'élancent vers la table, et enlèvent, en dansant, la partie supérieure de ce globe. Soudain se découvre à nos yeux un nouveau service : des volailles engraissées, une tétine de truie, un lièvre avec des ailes sur le dos, qui figurait Pégase. Nous remarquâmes aussi, dans les angles de ce surtout, quatre satyres qui portaient de petites outres d'où s'écoulait une saumure poivrée, dont les flots allaient grossir l'euripe où nageaient des poissons tout accommodés. A cette vue, tous les valets d'applaudir, et nous de les imiter. Ce fut alors avec un rire de satisfaction que nous attaquâmes ces mets exquis. Trimalchion, enchanté comme nous de cette surprise ménagée par le cuisinier : — Coupez! s'écria-t-il. — Aussitôt s'avance un écuyer tranchant qui se met à découper les viandes, en observant dans tous ses gestes la mesure de l'orchestre, avec une telle exactitude, que l'on eût dit un conducteur de chars parcourant l'arène aux sons de l'orgue hydraulique. Cependant Trimalchion disait toujours avec les plus douces inflexions de voix : — Coupez, coupez. — Soupçonnant quelque fine plaisanterie dans ce mot si souvent répété, je n'hésitai pas à demander à mon plus proche voisin le sens de cette énigme. Il avait été souvent témoin de semblables scènes : — Vous voyez bien, me répondit-il, cet esclave chargé de découper? *Coupé* est son nom. Ainsi toutes les fois que notre hôte lui dit : *Coupez!* du même mot il appelle et il commande.

CAPUT XXXVI.

Hæc ut dixit, ad symphoniam quatuor tripudiantes procurrerunt, superioremque partem repositorii abstulerunt. Quo facto, videmus infra, scilicet in altero ferculo, altilia, et sumina, leporemque in medio pinnis subornatum, ut Pegasus videretur. Notavimus etiam circa angulos repositorii Marsyas quatuor, ex quorum utriculis garum piperatum currebat super pisces, qui in euripo natabant. Damus omnes plausum a familia inceptum, et res electissimas ridentes aggredimur. Non minus et Trimalchio, ejusmodi methodo lætus : — Carpe ! inquit. — Processit statim scissor, et ad symphoniam ita gesticulatus laceravit obsonium, ut putares essedarium hydraule cantante pugnare. Ingerebat nihilominus Trimalchio lentissima voce : — Carpe ! Carpe ! — Ego suspicatus ad aliquam urbanitatem toties iteratam vocem pertinere, non erubui, eum, qui supra me accumbebat, hoc ipsum interrogare. At ille, qui sæpius ejusmodi ludos spectaverat : — Vides, inquit, illum, qui obsonium carpit? Carpus vocatur. Itaque quotiescumque dicit : Carpe! eodem verbo et vocat et imperat.

CHAPITRE XXXVII.

Mon appétit étant complétement satisfait, je me tournai tout à fait vers mon voisin, pour entendre plus aisément ses réponses ; et, après une foule de questions qui n'avaient pour but que d'engager la conversation : — Quelle est, lui dis-je, cette femme que je vois sans cesse aller et venir de tous côtés? — C'est la femme de Trimalchion : on l'appelle Fortunata, et jamais nom ne fut mieux mérité, car elle mesure l'or au boisseau. — Qu'était-elle avant son mariage? — Sauf votre respect, vous n'eussiez pas voulu recevoir de sa main un morceau de pain. Mais je ne sais ni pourquoi ni comment elle est parvenue à cette élévation : Trimalchion ne voit que par ses yeux, à un tel point, que, si elle lui disait qu'il fait nuit à midi, il le croirait. Ce Crésus est si riche, qu'il ne connaît pas toute l'étendue de ses biens ; mais cette bonne ménagère veille à tous les détails de sa fortune : vous la trouvez toujours où vous l'attendiez le moins. Elle est sobre, tempérante, de bon conseil ; mais c'est une langue de vipère, une véritable pie domestique. Quand elle aime, elle aime bien ; mais aussi quand elle hait, c'est de toute son âme. Trimalchion possède de si vastes domaines, qu'ils lasseraient les ailes d'un milan. Il entasse les intérêts des intérêts, et l'on voit plus d'argent dans la loge de son portier, que personne de nos jours n'en possède pour tout patrimoine. Quant à ses esclaves, oh! oh! par ma foi, je ne crois pas que la dixième partie d'entre eux connaisse son maître. Mais la crainte qu'il leur inspire est telle, qu'avec une

CAPUT XXXVII.

Non potui amplius quidquam gustare ; sed conversus ad eum, ut quam plurima exciperem, longe arcessere fabulas cœpi, sciscitarique quæ esset illa mulier, quæ huc atque illuc discurreret. — Uxor, inquit, Trimalchionis, Fortunata appellatur, quæ nummos modio metitur. — Et modo quid fuit? — Ignoscet mihi genius tuus, noluisses de manu illius panem accipere. Nunc nec quid, nec quare, in cœlum abiit, et Trimalchionis *ta panta* est. Ad summam, mero meridie si dixerit illi tenebras esse, credet. Ipse nescit quid habeat ; adeo zaplutus est : sed hæc eupatria providet omnia, et, ubi non putes, est. Sicca, sobria, bonorum consiliorum : est tamen malæ linguæ, pica pulvinaris : quem amat, amat ; quem non amat, non amat. Ipse Trimalchio fundos habet, qua milvi volant, et nummorum nummos : argentum in ostiarii cella plus jacet, quam quisquam in fortunis habet. Tantum auri vides. Familia vero babæ! babæ! non, me hercules! puto decumam partem esse, quæ

simple houssine il les ferait tous entrer dans un trou de souris.

CHAPITRE XXXVIII.

Mais gardez-vous de croire qu'il ait besoin de rien acheter; il trouve dans ses domaines tout ce qu'il lui faut : la laine, la cire, le poivre; vous demanderiez chez lui du lait de poule qu'on vous en servirait aussitôt. Ses brebis ne lui donnaient qu'une laine de médiocre qualité; il a fait acheter des béliers à Tarente pour renouveler ses troupeaux. Pour avoir dans ses ruches du miel attique, il a fait venir du mont Hymette des essaims, et il espère que les abeilles du pays deviendront meilleures par leur croisement avec celles de la Grèce. Ces jours derniers ne s'est-il pas avisé d'écrire qu'on lui envoyât des Indes de la graine de champignons! Bien plus, il n'y a pas, dans ses haras, une seule mule qui n'ait pour père un onagre. Vous voyez bien tous ces lits? il n'y en a pas un dont la laine ne soit teinte en pourpre ou en écarlate. Est-il un mortel plus heureux!

Quant à ces affranchis, ses anciens compagnons de servitude, n'allez pas les mépriser : ils nagent dans l'opulence. Remarquez celui qui occupe la dernière place au bas côté de la table : il possède aujourd'hui huit cents grands sesterces; naguère c'était moins que rien; il était obligé de porter du bois pour vivre. On assure (pour moi j'ignore si le fait est vrai, mais je l'ai entendu dire) qu'ayant eu dernièrement l'adresse de s'emparer

---

dominum suum novit. Ad summam, quemvis ex istis bacillo in rutæ folium conjiciet.

CAPUT XXXVIII.

Nec est, quod putes illum quidquam emere; omnia domi nascuntur : lana, ceræ, piper, et lac gallinaceum, si quæsieris, invenies. Ad summam, parum illi bona lana nascebatur, arietes a Tarento emendos curavit in gregem. Mel atticum ut domi nasceretur, apes ab Athenis jussit afferri (ob id ut vernaculæ quæ sunt, meliusculæ a Græculis fiant). Ecce intra hos dies scripsit, ut illi ex India semen boletorum mitteretur; nam mulam quidem nullam habet, quæ non ex onagro nata sit. Vides tot culcitas? Nulla non aut conchyliatum, aut coccineum tomentum habet. Tanta est homini beatitudo!

Reliquos autem collibertos ejus cave contemnas. Valde succosi sunt. Vides illum qui in imo imus recumbit? hodie sua octingenta possidet; de nihilo crevit : solebat collo modo suo ligna portare. Sed quomodo dicunt (ego nihil scio, sed audivi), quum modo

du chapeau d'un incube, il a trouvé un trésor. Si, en effet, quelque dieu lui a fait ce présent, je ne lui porte pas envie. Il n'en est pas moins un affranchi de fraîche date ; mais il ne s'en trouve pas plus mal. Aussi, dernièrement, a-t-il fait mettre cette inscription sur sa porte :

C. POMPÉE DIOGÈNE,
DEPUIS LES CALENDES DE JUILLET,
A MIS EN LOCATION LA CHAMBRE QU'IL HABITAIT,
PARCE QU'IL VIENT D'ACHETER UNE MAISON
POUR LUI-MÊME.

Quel est, continuai-je, celui qui occupe la place destinée aux affranchis? comme il se soigne, le gaillard! — Je ne lui en fais pas reproche; il avait décuplé son patrimoine; mais ses affaires ont mal tourné : il n'a pas sur la tête un cheveu qui lui appartienne; et cependant ce n'est pas sa faute, car il n'y a pas sur la terre un plus honnête homme, mais bien celle de quelques fripons d'affranchis qui l'ont dépouillé jusqu'au dernier sou. Car dès que la marmite est renversée, et que la fortune décline, les amis disparaissent aussitôt. — Et par quel honnête métier est-il parvenu au rang qu'il occupe maintenant? — Le voici : il était entrepreneur de funérailles. Sa table était servie comme celle d'un roi : on y voyait des sangliers entiers encore couverts de leurs soies, des pièces de pâtisserie, des oiseaux rares, des cerfs, des poissons, des lièvres. On répandait chez lui plus de vin sous la table que bien d'autres n'en ont dans leurs

---

incuboni pileum rapuisset, thesaurum invenit. Ego nemini invideo, si qua deus dedit : est tamen sub alapa, et non vult sibi male. Itaque proxime cum hoc titulo proscripsit :

C. POMPEIUS. DIOGENES.
EX. KALENDIS. JULIIS. COENACULUM. LOCAT.
IPSE. ENIM. DOMUM. EMIT.

Quid ille, qui libertini loco jacet? Quam bene se habuit! — Non impropero illi. Sestertium suum vidit decies: sed male vacillavit. Non puto illum capillos liberos habere; nec, me hercules! sua culpa, ipso enim homo melior non est; sed liberti scelerati, qui omnia ad se fecerunt. Scito autem, socio quum olla male fervet, et ubi semel res inclinata est, amici de medio. — Et quam honestam negotiationem exercuit, quod illum sic vides? — Ecce, libitinarius fuit. Solebat sic coenare, quomodo rex : apros gausapatos, opera pistoria, aves, cervos, pisces, lepores; plus vini sub

celliers. — Mais c'est un rêve qu'une pareille extravagance. — Aussi, lorsqu'il vit son crédit chanceler, de peur que ses créanciers ne s'imaginassent qu'il en était aux expédients, il fit afficher cet avis :

JULIUS PROCULUS
VENDRA A L'ENCAN LE SUPERFLU DE SON MOBILIER.

CHAPITRE XXXIX.

Trimalchion interrompit cet agréable entretien. On avait déjà enlevé le second service, et, le vin excitant la gaieté des convives, la conversation était devenue générale. Alors notre hôte, les coudes appuyés sur la table : — Égayons notre vin, mes amis, et buvons assez pour mettre à la nage les poissons que nous avons mangés. Pensez-vous, dites-moi, que je me contente des mets qu'on nous a servis dans les compartiments de ce surtout que vous avez vu? Qu'est-ce à dire? Connaissez-vous si peu les ruses d'Ulysse? Mais sachons cependant entremêler aux plaisirs de la table les dissertations savantes. Que la cendre de mon bienfaiteur repose en paix! c'est à lui que je dois de jouer le rôle d'un homme parmi mes semblables. Aussi l'on ne peut rien me servir qui m'étonne par sa nouveauté : par exemple, je puis, mes chers amis, vous expliquer l'allégorie de ce globe. Le ciel est le séjour de douze divinités dont il prend tour à tour les différentes figures. Tantôt il est

---

mensam effundebant, quam aliquis in cella habet. — Phantasia, non homo. — Inclinatis quoque rebus suis, quum timeret ne creditores illum conturbare existimarent, hoc titulo auctionem proscripsit :

JULIUS. PROCULUS.
AUCTIONEM. FACIET. RERUM. SUPERVACUARUM.

CAPUT XXXIX.

Interpellavit tam dulces fabulas Trimalchio : nam jam sublatum erat ferculum, hilaresque convivæ vino sermonibusque publicatis operam cœperant dare. Is ergo reclinatus in cubitum : — Hoc vinum, inquit, vos oportet suave faciatis : pisces natare oportet. Rogo, me putatis illa cœna esse contentum, quam in theca repositorii videratis? sic notus Ulyxes? Quid ergo est? oportet etiam inter cœnandum philologiam nosse. Patrono meo ossa bene quiescant! qui me hominem inter homines voluit esse. Nam mihi nihil novi potest afferri : sic ille fericulus lucem a me habebit, proximi. Cœlus hic, in quo duodecim dii habitant, in totidem se figuras convertit, et modo fit Aries. Itaque quisquis nascitur illo signo, multa pecora habet, multum lanæ : caput

sous l'influence du Bélier, et tous ceux qui reçoivent le jour sous cette constellation possèdent de nombreux troupeaux et de la laine en abondance. Ils sont, en outre, entêtés, sans pudeur; ils aiment à heurter les gens. Ce signe préside à la naissance de la plupart des étudiants et des déclamateurs. — Nous applaudîmes à la fine plaisanterie de notre astrologue; aussi s'empressa-t-il d'ajouter : — Le Taureau vient ensuite régner sur les cieux : alors naissent les gens hargneux, les bouviers et ceux qui n'ont d'autre occupation que de paître comme des brutes. Ceux qui naissent sous le signe des Gémeaux aiment à s'accoupler comme les deux chevaux d'un char, les deux taureaux d'une charrue et les deux organes de la génération; ils brûlent également pour les deux sexes. Pour moi, j'ai reçu le jour sous le signe du Cancer; comme cet animal amphibie, je marche sur plusieurs pieds, et mes possessions s'étendent sur l'un et l'autre élément : aussi, je n'ai placé sur ce signe qu'une couronne, pour ne pas défigurer mon horoscope. Sous le Lion naissent les grands mangeurs et ceux qui aiment à dominer; sous la Vierge, les hommes efféminés, poltrons et destinés à porter des fers; sous la Balance, les bouchers, les parfumeurs, et tous ceux qui vendent leurs marchandises au poids; sous le Scorpion, les empoisonneurs et les meurtriers; sous le Sagittaire, ces gens à l'œil louche, qui semblent regarder les légumes et décrochent le lard; sous le Capricorne, les portefaix, dont la peau devient calleuse à force de travail; sous le Verseau, les cabaretiers et les gens à tête de citrouille; sous les Poissons enfin, les cuisiniers et les rhéteurs. Ainsi tourne le monde, comme une meule, et ce mouvement de rotation nous apporte toujours quelque mal-

præterea durum, frontem expudoratam, cornu acutum. Plurimi hoc signo scholastici nascuntur, et arietilli. — Laudamus urbanitatem mathematici; itaque adjecit : — Deinde totus cœlus Taurulus fit. Itaque tunc calcitrosi nascuntur, et bubulci, et qui se ipsi pascunt. In Geminis autem nascuntur bigæ, et boves, et colei, et qui utrosque parietes linunt. In Cancro ego natus sum : ideo multis pedibus sto, et in mari, et in terra multa possideo. Nam cancer, et hoc, et illoc quadrat; et ideo jamdudum nihil super illum posui, ne genesim meam premerem. In Leone cataphagæ nascuntur, et imperiosi. In Virgine mulieres, et fugitivi, et compediti. In Libra laniones, et unguentarii, et quicunque aliquid expendunt. In Scorpione venenarii, et percussores. In Sagittario strabones, qui olera spectant, lardum tollunt. In Capricorno ærumnosi, quibus præ mole sua cornua nascuntur. In Aquario caupones, et cucurbitæ. In Piscibus obsonatores, et rhetores. Sic orbis vertitur, tanquam mola; et

heur, soit qu'il nous fasse naître ou mourir. Quant au gazon que vous voyez au milieu du globe, et au rayon de miel dont il est couvert, ce n'est pas sans raison ; car la terre, notre commune mère, arrondie comme un œuf, occupe le centre de l'univers : et elle renferme dans son sein tous les biens désirables, dont le miel est l'emblème.

CHAPITRE XL.

Admirable ! s'écrièrent à la fois tous les convives, en levant les mains au ciel : chacun de nous jurait qu'Hipparque ni Aratus ne méritaient d'être comparés à Trimalchion. Ce concert d'éloges fut interrompu par l'entrée de valets qui étendirent sur nos lits des tapis où étaient représentés en broderie des filets, des piqueurs avec leurs épieux, enfin, tout l'attirail de la chasse. Nous ne savions encore ce que cela signifiait, lorsque tout à coup un grand bruit se fait entendre au dehors, et des chiens de Laconie, s'élançant dans la salle, se mettent à courir autour de la table. Ils étaient suivis d'un plateau sur lequel on portait un sanglier de la plus haute taille. Sa hure était coiffée d'un bonnet d'affranchi ; à ses défenses étaient suspendues deux corbeilles tissues de petites branches de palmier, l'une remplie de dattes de Syrie, l'autre de dattes de la Thébaïde. Des marcassins faits de pâte cuite au four entouraient l'animal, comme s'ils eussent voulu se suspendre à ses mamelles, et nous indiquaient assez que c'était une laie : les convives à qui on les offrit eurent la permission de les emporter. Cette

semper aliquid mali facit, ut homines aut nascantur, aut pereant. Quod autem in medio cespitem videtis, et super cespitem favum : nihil sine ratione facto. Terra-mater est in medio, quasi ovum corrotundata : et omnia bona in se habet, tanquam favus.

CAPUT XL.

Sophos universi clamamus, et sublatis manibus ad cameram, juramus Hipparchum Aratumque comparandos illi homines non fuisse ; donec advenerunt ministri, ac toralia proposuerunt toris, in quibus retia erant picta, subsessoresque cum venabulis, et totus venationis apparatus. Necdum sciebamus quo mitteremus suspiciones nostras, quum extra triclinium clamor sublatus est ingens : et ecce canes laconici etiam circa mensam discurrere cœperunt. Secutum est hos repositorium, in quo positus erat primæ magnitudinis aper, et quidem pileatus, e cujus dentibus sportellæ dependebant duæ, palmulis textæ, altera caryotis, altera thebaicis repleta. Circa autem, minores porcelli, ex coptoplacentis facti, quasi uberibus imminerent, scropham esse

fois, ce ne fut pas ce même Coupé, que nous avions vu dépecer les autres pièces, qui se présenta pour faire la dissection du sanglier, mais un grand estafier, à longue barbe, dont les jambes étaient enveloppées de bandelettes, et qui portait un habit de chasseur. Tirant son couteau de chasse, il en donne un grand coup dans le ventre du sanglier : soudain, de son flanc entr'ouvert, s'échappe une volée de grives. En vain les pauvres oiseaux cherchent à s'échapper en voltigeant autour de la salle; des oiseleurs, armés de roseaux enduits de glu, les rattrapent à l'instant, et, par l'ordre de leur maître, en offrent un à chacun des convives. Alors Trimalchion : — Voyez un peu si ce glouton de sanglier n'a pas avalé tout le gland de la forêt. — Aussitôt les esclaves courent aux corbeilles suspendues à ses défenses, et nous distribuent, par portions égales, les dattes de Syrie et de Thébaïde.

CHAPITRE XLI.

Au milieu de tout ce mouvement, comme j'avais une place un peu séparée des autres, je me livrais à une foule de réflexions sur ce sanglier que l'on avait servi coiffé d'un bonnet d'affranchi. Après avoir épuisé toutes les conjectures les plus ridicules, je me hasardai à interroger de nouveau ce même voisin qui m'avait déjà servi d'interprète, et à lui exposer la cause de mon embarras : — Comment! me dit-il; mais votre esclave pourrait sans peine vous expliquer cela; car ce n'est pas une énigme. Rien de plus simple, en effet. Ce sanglier fut

---

positam significabant : et hi quidem apophoreta fuerunt. Ceterum ad scindendum aprum non ille Carpus accessit, qui altilia laceraverat; sed barbatus, ingens, fasciis cruralibus alligatus, et alicula subornatus polymita, strictoque venatorio cultro latus apri vehementer percussit, ex cujus plaga turdi evolaverunt. Parati aucupes cum arundinibus fuerunt, et eos, circa triclinium volitantes, momento exceperunt. Inde, quum suum cuique jussisset referri Trimalchio, adjecit : — Etiam videte quam porcus ille silvaticus totam comederit glandem. — Statim pueri ad sportellas accesserunt, quæ pendebant e dentibus, thebaicasque, et caryotas ad numerum divisere cœnantibus.

CAPUT XLI.

Interim ego, qui privatum habebam secessum, in multas cogitationes di luctus sum, quare aper pileatus intrasset. Postquam itaque omnes bucolesias consumsi, duravi interrogare illum interpretem meum, quid me torqueret. At ille : — Plane etiam hoc servus tuus indicare potest : non enim ænigma est, sed res aperta. Hic aper, quum heri sum-

servi hier sur la fin du repas; les convives rassasiés le renvoyèrent sans y toucher; c'était lui rendre sa liberté : aussi le voyez-vous reparaître aujourd'hui sur la table avec les attributs d'un affranchi. — Honteux de mon ignorance, je bornai là mes questions, dans la crainte de passer pour un homme qui n'avait jamais mangé en bonne compagnie. Pendant cet entretien, un jeune esclave d'une grande beauté, couronné de pampre et de lierre, faisait le tour de la table avec une corbeille de raisins qu'il présentait aux convives. Se donnant tour à tour les noms de Bromius, de Lyæus et d'Evius, il chantait d'une voie aiguë des vers que son maître avait composés. A ces accents, Trimalchion se tournant vers lui : — *Bacchus*, lui dit-il, *sois libre*. — L'esclave aussitôt décoiffe le sanglier de son bonnet, et le pose sur sa tête. — Alors Trimalchion ajouta : — Vous avouerez que, chez moi, Bacchus est le père de la liberté, puisque je viens de l'affranchir. — Nous applaudîmes à ce bon mot du patron, et chacun à la ronde couvrit de baisers le jeune esclave. Pressé de satisfaire un besoin secret, Trimalchion quitta la table. Son départ, en nous délivrant d'un tyran importun, ranima la conversation des convives. L'un d'entre eux, le premier, ayant demandé des raisins à *Bacchus* : — Qu'est-ce qu'un jour? s'écria-t-il, un espace insensible : à peine a-t-on le temps de se retourner, que déjà la nuit vient. Ainsi donc rien de plus sage que de passer directement du lit à la table. On n'a pas encore eu le temps de se refroidir, et l'on n'a pas besoin d'un bain pour se réchauffer : toutefois, une boisson chaude est le meilleur des manteaux.

mam cœnam vindicasset, a convivis dimissus : itaque hodie tanquam libertus in convivium revertitur. — Damnavi ego stuporem meum, et nihil amplius interrogavi, ne viderer nunquam inter honestos cœnasse. Dum hæc loquimur, puer speciosus, vitibus hederisque redimitus, modo Bromium, interdum Lyæum Eviumque confessus, calathisco uvas circumtulit, et poemata domini sui acutissima voce traduxit. Ad quem sonum conversus Trimalchio : — Dionyse, inquit, *Liber esto!* — Puer detraxit pileum apro, capitique suo imposuit. Tum Trimalchio rursus adjecit : — Non negabitis, me, inquit, habere Liberum patrem. — Laudamus dictum Trimalchionis, et circumeuntem puerum sane perbasiamus. Ab hoc ferculo Trimalchio ad lasanum surrexit. Nos, libertatem sine tyranno nacti, cœpimus invitare convivarum sermones. Clamat itaque primus, quum *Patrem* acina poposcisset : — Dies, inquit, nihil est; dum versas te, nox fit : itaque nihil est melius, quam de cubiculo recta in triclinium ire. Sic nondum fri-

J'ai bu comme un Thrace, aussi je ne sais plus ce que je dis, et le vin m'a brouillé la cervelle.

CHAPITRE XLII.

Seleucus, l'interrompant, prit la parole en ces termes : — Ni moi non plus, je ne me baigne pas tous les jours; c'est là un métier de foulon. L'eau a des dents invisibles qui rongent chaque jour notre corps et le minent insensiblement; mais quand je me suis garni l'estomac d'une coupe de vin miellé, je me moque du froid. D'ailleurs, je n'ai pas pu me baigner aujourd'hui, car j'ai assisté à des funérailles, à celles d'un homme aimable, de cet excellent Chrysanthe, qui vient de rendre l'âme. Il m'appelait encore il n'y a qu'un instant ; il me semble qu'il est là et que je lui parle. Hélas! hélas! l'homme n'est qu'une outre enflée de vent! c'est moins qu'une mouche : car cet insecte a du moins quelques propriétés; mais nous, nous ne sommes que des bulles d'eau. Que dirait-on, si Chrysanthe n'eût pas observé un régime sévère? Pendant cinq jours, il n'est pas entré dans sa bouche une goutte d'eau, pas une miette de pain, et cependant il s'en est allé! Mais il a eu un trop grand nombre de médecins, ou, plutôt, il a succombé à son mauvais destin : car un médecin ne peut que soulager l'esprit. Quoi qu'il en soit, il a été enterré, on peut le dire, avec les plus grands honneurs, sur son lit de festin, enveloppé de belles couvertures : il y avait un grand nombre de pleureuses à son convoi. Il a affranchi quelques esclaves; eh bien,

---

gus habuimus, nec nos balneus calfecit; tamen calda potio vestiarius est. Staminatas duxi, et plane matus sum; vinum mihi in cerebrum abiit.

CAPUT XLII.

Excepit Seleucus fabulæ partem : — Et ego, inquit, non quotidie lavor; baliscus enim fullo est. Aqua dentes habet, et corpus nostrum quotidie liquescit; sed, quum mulsi pultarium obduxi, frigori læcasin dico. Nec sane lavare potui, fui enim hodie in funus. Homo bellus, tam bonus Chrysanthus animam ebulliit : modo, modo me appellavit : videor mihi cum illo loqui. Heu! utres inflati ambulamus, minoris quam muscæ sumus; quæ tamen aliquam virtutem habent : nos, non pluris sumus quam bullæ. Et quid? si non abstinax fuisset? quinque dies aquam in os suum non conjecit, non micam panis; tamen abiit. At plures medici illum perdiderunt, imo magis malus fatus; medicus enim nihil aliud est quam animi consolatio. Tamen bene elatus est, convivali lecto, stragulis bonis; planctus est optime : manumisit aliquot, etiamsi

son épouse a fait à peine semblant de verser quelques larmes. Qu'aurait-elle fait, s'il ne l'avait pas si bien traitée? Mais les femmes! qu'est-ce que les femmes? elles sont de la nature du milan : leur faire le moindre bien, c'est comme si l'on le jetait dans un puits. Un vieil attachement devient pour elles une prison insupportable.

CHAPITRE XLIII.

Il y eut alors un certain Philéros qui s'écria : — Ne pensons qu'aux vivants! Chrysanthe a eu le sort qu'il méritait : il a vécu honorablement, on l'a traité honorablement après sa mort : qu'a-t-il à se plaindre? Il n'avait pas un sou à son début, et il eût ramassé avec ses dents une obole dans un tas de fumier : aussi, s'est-il arrondi peu à peu, et s'est accru comme un rayon de miel. Je crois, sur ma foi! qu'il laisse cent mille sesterces, et le tout en argent comptant. Cependant je vous dirai toute la vérité sur son compte, car je suis la franchise même. Il avait la parole dure; il était grand bavard, et c'était la discorde en personne. Son frère était un homme de cœur, tout à ses amis; sa main était libérale, et sa table ouverte à tout le monde. A son début, il n'était pas bien solide sur ses jambes; mais il prit un maintien plus ferme à la première vendange : il vendit son vin au prix qu'il voulut; et, ce qui le fit surtout marcher la tête haute, c'est qu'il fit un héritage dont il sut s'approprier une part plus considérable que celle qui lui avait été laissée. Alors Chrysanthe, furieux

---

maligne illum ploravit uxor. Quid? si non illam optime accepisset? sed mulier? milvinum genus : feminis nihil boni facere oportet, æque est enim ac si in puteum conjicias : eis antiquus amor carcer est molestus.

CAPUT XLIII.

Fuit Phileros, qui proclamavit : — Vivorum meminerimus : ille habet quod sibi debebatur : honeste vixit, honeste obiit. Quid habet, quod queratur? ab asse crevit, et paratus fuit quadrantem de stercore mordicus tollere. Itaque crevit, quidquid crevit, tanquam favus. Puto, me Hercules! illum reliquisse solida centum : et omnia in nummis habuit. De re tamen ego verum dicam, qui linguam caninam comedi. Duræ buccæ fuit, linguosus, discordia, non homo. Frater ejus fortis fuit, amicus amico, manu uncta, plena mensa : et inter initia malum passum ambulavit; sed recorrexit costas illius prima vindemia; vendidit enim vinum quantum ipse voluit : et, quod illius mentum sustulit, hereditatem accepit, ex qua plus involavit quam illi relictum est. Et ille

contre son frère, n'a-t-il pas fait la sottise de léguer son patrimoine à je ne sais quel intrigant, venu je ne sais d'où! Fuir ses parents, c'est s'expatrier soi-même; mais aussi il écoutait ses affranchis comme des oracles : ce sont eux qui l'ont engagé dans cette mauvaise voie. On ne peut rien faire de raisonnable quand on se laisse trop facilement persuader, surtout un homme qui est dans le commerce : toutefois, il est vrai de dire qu'il a fait de grands gains pendant sa vie, car il a reçu ce qui ne lui était pas même destiné. Ce fut un vrai fils de la fortune. Dans ses mains le plomb se changeait en or; mais rien n'est difficile aux personnes à qui tout vient à souhait. A quel âge croyez-vous qu'il soit mort? à soixante-dix ans et plus. Mais il avait une santé de fer, et portait son âge à merveille : il avait le poil noir comme un corbeau. Je l'avais connu autrefois fort débauché; et vieux, c'était encore un fier gaillard; il ne respectait ni l'âge, ni le sexe; tout lui était bon, fût-ce un chien coiffé. Qui pourrait l'en blâmer? Le plaisir d'avoir joui, c'est tout ce qu'il emporte avec lui dans la tombe.

CHAPITRE XLIV.

Ainsi parla Philéros; Ganymède reprit en ces mots : — Tous ces vains propos n'intéressent ni le ciel ni la terre; et personne de vous ne songe à la famine qui nous menace. Je vous jure que, de toute la journée, je n'ai pu trouver à me procurer une bouchée de pain. Quelle en est la cause? la sécheresse qui

stips, dum fratri suo irascitur, nescio cui terræ filio patrimonium elegavit. Longe fugit, quisquis suos fugit. Habuit autem oracularios servos, qui illum pessum dederunt. Nunquam autem recte faciet, qui cito credit; utique homo negotians : tamen verum, quod frunitus est, quamdiu vixit, cui datum est, quod non destinatum. Plane Fortunæ filius, in manu illius plumbum aurum fiebat. Facile est autem, ubi omnia quadrata currunt. Et quot putas illum annos secum tulisse? septuaginta, et supra; sed corneolus fuit, ætatem bene ferebat, niger, tanquam corvus. Noveram hominem olim molitorem, et adhuc salax erat; non, me Hercules! illum puto in domo canem reliquisse. Imo etiam puellarius erat; omnis Minervæ homo : nec improbo; hoc enim solum secum tulit.

CAPUT XLIV.

Hæc Phileros dixit; ista Ganymedes : — Narratis, quod nec ad cœlum, nec ad terram pertinet; quum interim nemo curat, quid annonam mordet. Non, me Hercules! hodie buccam panis invenire potui. Et quomodo? siccitas perseverat : jam

dure toujours : il me semble que je suis à jeun depuis un an. Malheur aux édiles qui s'entendent avec les boulangers! Aide-moi, je t'aiderai, voilà ce qu'ils se disent entre eux : aussi le menu peuple souffre, pendant que ces sangsues nagent dans l'abondance. Oh! si nous avions encore parmi nous de ces hommes déterminés que je trouvai ici à mon retour d'Asie! C'est alors qu'il faisait bon vivre! La Sicile intérieure avait éprouvé la même disette : la sécheresse avait brûlé les moissons de cette contrée, qu'on eût dite en butte au courroux de Jupiter. Mais à cette époque vivait Safinius (je m'en souviens, quoique je fusse bien jeune alors) : il demeurait auprès du vieil aqueduc. Ce n'était point un homme, mais un véritable tonnerre : partout où il passait, il mettait tout en combustion. D'ailleurs, cœur droit, d'un commerce sûr, ami dévoué ; vous eussiez pu, sans crainte, jouer à la mourre avec lui les yeux fermés. C'est au forum qu'il fallait le voir! il vous pilait ses adversaires comme dans un mortier. Il n'usait pas de détours en parlant, mais il allait droit son chemin. Lorsqu'il plaidait au barreau, sa voix grossissait peu à peu comme le son du clairon ; et jamais cependant on ne l'a vu ni suer ni cracher : il avait le tempérament sec des Asiatiques. Et comme il était affable! il rendait toujours un salut et appelait chacun par son nom : on l'eût pris pour un simple citoyen comme nous. Aussi, pendant son édilité, les vivres étaient pour rien. A cette époque, deux hommes affamés n'auraient pu manger un pain d'un sou ; aujourd'hui, ceux qu'on nous vend au même prix

---

annum esurio fui. Ædiles (male eveniat!) qui cum pistoribus colludunt : serva me, servabo te. Itaque populus minutus laborat ; nam isti majores maxillæ semper Saturnalia agunt. O si haberemus illos leones, quos ego hic inveni, quum primum ex Asia veni! Illud erat vivere. Similia Siciliæ interioris ; sic arva siccitas perurebat, ut illis Jupiter iratus esset. Sed memini Safinium : tunc habitabat ad arcum veterem, me puero, piper, non homo. Is, quacunque ibat, terram adurebat ; sed rectus, sed certus, amicus amico, cum quo audacter posses in tenebris micare. In curia autem quomodo? singulos velut pilo tractabat : nec schemas loquebatur, sed directim. Quum ageret porro in foro, sic illius vox crescebat, tanquam tuba ; nec sudavit unquam, nec exspuit. Puto enim nescio quid asiatici habuisse. Et quam benignus! resalutare, nomina omnium reddere, tanquam unus de nobis. Itaque illo tempore annona pro luto erat. Asse panem, quem emisses, non potuisses cum altero devorare : nunc oculum bubulum vidi majorem. Heu, heu, quotidie pejus! hæc colonia retroversus crescit, tanquam cauda vituli! Sed quare non? habemus ædilem trium caunearum, qui sibi mavult assem, quam vitam nostram. Itaque domi gaudet : plus in die nummorum

ne sont pas gros comme l'œil d'un bœuf. Hélas! hélas! tout va de mal en pire dans ce pays; tout y croît comme la queue d'un veau, en rétrécissant. Peut-on s'en étonner? Nous avons pour édile un homme de néant qui donnerait notre vie pour une obole. Aussi fait-il bombance chez lui, et reçoit-il plus d'argent un un jour qu'un autre n'en possède pour tout son patrimoine. Je pourrais citer telle affaire qui lui a valu mille deniers d'or. Oh! si nous avions un peu de sang dans les veines, il ne nous mènerait pas de la sorte! Mais tel est le peuple aujourd'hui : brave comme un lion au logis, timide, au dehors, comme un renard. Quant à moi, j'ai déjà mangé le prix de mes habits; et, si la disette continue, je serai forcé, pour vivre, de vendre ma pauvre bicoque. Que devenir en effet, si ni les dieux ni les hommes ne prennent pitié de cette colonie? Le ciel me soit en aide! je crois que tout cela arrive par la volonté des immortels; car, de nos jours, personne ne pense qu'il y ait un dieu au ciel : plus de jeûnes; on estime Jupiter moins que rien; mais tous, les yeux tournés vers la terre, ne songent qu'à compter leur or. Autrefois, les femmes, pieds nus, les cheveux épars, le front voilé, et surtout l'âme pure, allaient, sur les coteaux, implorer Jupiter Pluvieux. Aussitôt la pluie tombait par torrents, et tout le monde se livrait à la joie. Mais maintenant il n'en est pas ainsi : oubliés dans leurs temples, les dieux ont toujours les pieds enveloppés de laine comme des souris; aussi, pour prix de notre impiété, nos champs restent stériles.

CHAPITRE XLV.

Parle mieux, je te prie, dit Échion, homme de pauvre

accipit, quam alter patrimonium habet. Jam scio unde acceperit denarios mille aureos; sed, si nos coleos haberemus, non tantum sibi placeret. Nunc populus est, domi leones, foras vulpes. Quod ad me attinet, jam pannos meos comedi, et, si perseverat hæc annona, casulas meas vendam. Quid enim futurum est, si nec dii, nec homines, ejus coloniæ miserentur? Ita meos fruniscar, ut ego puto omnia illa a cœlitibus fieri. Nemo enim cœlum cœlum putat, nemo jejunium servat, nemo Jovem pili facit; sed omnes, opertis oculis, bona sua computant. Antea stolatæ ibant, nudis pedibus, in clivum, passis capillis, mentibus puris, et Jovem aquam exorabant; itaque statim urceatim pluebat, et omnes ridebant : sic tunc, nunc nunquam : nam ubi tanquam mures, ita dii pedes lanatos habent : quia nos religiosi non sumus, agri jacent.

CAPUT XLV.
Oro te, inquit Echion centonarius, melius loquere. Modo sic, modo sic, inquit rus-

apparence : tout n'est qu'heur et malheur, comme disait ce paysan qui avait perdu un cochon bigarré : ce qui n'arrive pas aujourd'hui arrivera demain; ainsi va le monde. Certes, il n'y aurait pas de meilleur pays que le nôtre, s'il était habité par d'honnêtes gens; il souffre en ce moment, mais il n'est pas le seul. Il ne faut pas nous montrer si difficiles : le soleil luit pour tout le monde. Si tu étais ailleurs, tu dirais qu'ici les cochons se promènent tout rôtis. N'allons-nous pas avoir, dans trois jours, un spectacle magnifique? un combat, non pas de simples gladiateurs, mais où l'on verra figurer un grand nombre d'affranchis! Titus, mon maître, est un homme magnanime; il a la tête chaude, et vous verrez quelque chose d'extraordinaire d'une manière ou de l'autre : je le connais mieux que personne, moi qui suis de sa maison. Ce ne sera pas un combat pour rire; mais il donnera aux combattants du fer bien trempé; ils n'auront pas la faculté de fuir, et les spectateurs verront un véritable carnage au milieu de l'arène. Il a de quoi fournir à de pareilles dépenses : son père, en mourant, lui a laissé plus de trente millions de sesterces. Quand bien même il en dépenserait quatre cent mille mal à propos, sa fortune n'en souffrira pas, et il se fera une réputation impérissable de générosité. Il a déjà quelques petits chevaux barbes et une conductrice de chars à la gauloise; il a pris à son service le trésorier de Glycon qui s'est laissé surprendre dans les bras de sa maîtresse. Vous rirez bien de voir le peuple prendre parti dans cette affaire, les uns pour le mari jaloux,

---

ticus (varium porcum perdiderat). Quod hodie non est, cras erit : sic vita truditur. Non, me Hercules! patria melior dici posset, si homines haberet; sed laborat hoc tempore; nec hæc sola : non debemus delicati esse : ubique medius cœlus est. Tu, si aliubi fueris, dices hic porcos coctos ambulare. Et ecce habituri sumus munus excellens in triduo, die festa, familia non lanistitia, sed plurimi liberti. Et Titus noster magnum animum habet, et est calidi cerebri, aut hoc, aut illud erit : notus utique : nam illi domesticus sum. Non est mixcix : ferrum optimum daturus est, sine fuga; carnarium in medio, ut amphitheatrum videat : et habet unde. Relictum est illi sestertium tricenties (decessit illius pater). Male ut quadringenta impendat : non sentiet patrimonium illius, et sempiterno nominabitur. Jam mannos aliquot habet, et mulierem essedariam, et dispensatorem Glyconis, qui deprehensus est, quum dominam suam delectaretur. Ridebis populi rixam inter zelotypos, et amasiunculos. Glyco autem, sestertiarius homo, dispensatorem ad bestias dedit. Hoc est se ipsum traducere. Quid servus peccavit, qui coactus est facere? magis illa matella digna fuit, quam taurus jactaret. Sed qui asinum non potest, stratum cædit. Quid autem Glycon puta-

les autres pour l'amant favorisé. Quant à Glycon, qui ne vaut pas un sesterce, il a fait jeter aux bêtes son trésorier. C'est se livrer au ridicule. En quoi cet esclave est-il coupable? il a dû obéir aux volontés de sa maîtresse. C'était plutôt cette femme impudique qui méritait d'être mise en pièces par les taureaux; mais quand on ne peut frapper l'âne, on frappe le bât. Comment, d'ailleurs, Glycon pouvait-il espérer que la fille d'Hermogène fît jamais une bonne fin? cela était aussi impossible que de couper les ongles d'un milan au plus haut de son vol; tel père, tel fils, dit le proverbe. Glycon! Glycon! tu as tendu la joue; aussi, tant que tu vivras, on y verra une tache que la mort seule peut effacer : du reste, les fautes sont personnelles. Je flaire d'avance le festin que Mammea doit nous donner; il y aura, j'espère, deux deniers d'or pour moi et pour les miens. Si Mammea nous fait cette générosité, puisse-t-il supplanter entièrement Norbanus dans la faveur publique! Vous le verrez, j'en suis certain, voler à pleines voiles vers la fortune. Et, de bonne foi, quel bien nous a fait ce Norbanus? Il nous a offert en spectacle de misérables gladiateurs loués à vil prix, et déjà si vieux, si décrépits, qu'un souffle les eût renversés. J'ai vu des athlètes plus redoutables périr en combattant contre les bêtes, à la clarté des flambeaux : ici l'on semblait assister à un combat de coqs. L'un était si lourd, qu'il ne pouvait se traîner; l'autre avait les pieds tortus; un troisième, qui remplaça celui qui venait de périr, était lui-même à moitié mort, car il avait déjà les nerfs coupés. Il n'y en eut qu'un seul, Thrace de nation, qui fit assez bonne contenance; encore ce gladiateur novice semblait-il répéter la leçon de son maître. A la fin, ils se firent tous quelque blessure pour terminer

---

bat, Hermogenis filiam unquam bonum exitum facturam? Ille milvo volanti poterat ungues resecare. Colubra restem non parit. Glyco dedit suum os : itaque, quamdiu vixerit, habebit stigmam, nec illam nisi Orcus delebit : sed sibi quisque peccat. Sed subolfacio, quod nobis epulum daturus est Mammea; binos denarios mihi, et meis. Quod si hoc fecerit, eripiat Norbano totum favorem : scias, oportet plenis velis hunc vecturum. Et revera, quid ille nobis boni fecit? Dedit gladiatores sestertiarios, jam decrepitos; quos si sufflasses, cecidissent : jam meliores bestiarios vidi occidi de lucerna; et quidem putares eos gallos gallinaceos. Alter gurdus, atta, alter loripes : tertiarius mortuus pro mortuo, qui habuit nervia præcisa. Unus alicujus staturæ fuit Thrax, qui et ipse ad dictata pugnavit; ad summam, omnes postea secti sunt, adeo

le combat. Ce n'était, en effet, que des gladiateurs à la douzaine, des poltrons, s'il en fut jamais. Cependant Norbanus me dit, en sortant : « Je vous ai donné un beau spectacle ! » — Et moi, je vous ai applaudi. Comptons maintenant, et vous verrez que je vous donné plus que je n'ai reçu. Une main lave l'autre.

CHAPITRE XLVI.

Il me semble, Agamemnon, vous entendre dire : « Que nous débite là ce bavard importun ? » Mais pourquoi vous, qui parlez si bien, gardez-vous le silence ? Vous avez plus d'éducation que nous, et vous riez de nos discours, à nous autres pauvres ignorants. Je n'ignore pas que vous êtes très-fier de votre savoir. Mais quoi ? ne pourrai-je pas quelque jour vous persuader de venir à la campagne visiter notre humble chaumière ? nous y trouverons, j'espère, de quoi manger : des poulets, des œufs. Nous y passerons agréablement le temps, quoique, cette année, l'intempérie de la saison ait ruiné toutes les récoltes. Il y aura toujours de quoi satisfaire notre appétit. A propos, je vous élève un futur disciple dans mon petit Cicaro : il sait déjà quatre parties de l'oraison ; s'il vit, il sera sans cesse à vos côtés comme un petit esclave : car, dès qu'il a un moment de loisir, il ne lève pas la tête de dessus son livre. Il est très-intelligent et d'un bon caractère : je n'ai à lui reprocher qu'un goût trop vif pour les oiseaux. Je lui ai déjà tué trois chardonnerets, et je lui ai dit que la belette les avait mangés : il en a cependant trouvé d'autres. Il se plaît aussi beaucoup à faire des vers. Au reste, il a déjà laissé de côté le grec,

---

de magna turba ac hebete accesserant, plane fugæ meræ. Munus tamen, inquit, tibi dedi : et ego tibi plaudo. Computa : et tibi plus do, quam accepi. Manus manum lavat.

CAPUT XLVI.

Videris mihi, Agamemnon, dicere : « Quid iste argutat molestus ? » Quia tu, qui potes loquere, non loquis. Non es nostræ fasciæ, et ideo pauperum verba derides. Scimus te præ litteris fatuum esse. Quid ergo est ? Aliqua die te persuadeam ut ad villam venias, et videas casulas nostras ; inveniemus quod manducemus : pullum, ova. Belle erit ; etiamsi omnia hoc anno tempestas dispare pullavit. Inveniemus ergo unde saturi fiamus. Etiam tibi discipulus crescit Cicaro meus, jam quatuor partes dicit ; si vixerit, habebis ad latus servulum. Nam, quidquid illi vacat, caput de tabula non tollit : ingeniosus est, et bono filo, etiamsi in aves morbosus est. Ego illi jam tres cardueles occidi, et dixi, quod mustela comedit ; invenit tamen alias.

et il commence à se livrer avec beaucoup d'ardeur au latin, quoique son maître soit un pédant qui s'en fait trop accroire, et qui ne sait se fixer à rien : il ne manque pas assurément de connaissances, mais il ne travaille pas assez. Mon fils a aussi un autre maître, qui n'est pas un grand docteur sans doute, mais qui enseigne avec beaucoup de soin ce qu'il ne sait pas. Il vient ordinairement chez moi les jours de fête, et se contente du moindre salaire. J'ai acheté depuis peu pour ce cher enfant des livres de chicane, parce que je veux qu'il ait quelque teinture du droit, pour diriger les affaires de la maison. C'est là un véritable gagne-pain ! Quant aux belles-lettres, il n'en a déjà la tête que trop farcie. S'il regimbe, eh bien ! j'ai résolu de lui faire apprendre quelque profession utile, comme celle de barbier ou de crieur public, ou tout au moins d'avocat ; un métier enfin qu'il ne puisse perdre qu'avec la vie. Aussi je lui répète chaque jour : « Mon fils aîné, crois-moi, tout ce que tu apprends n'est que pour toi seul. Regarde l'avocat Philéros : s'il n'avait pas étudié, il mourrait de faim aujourd'hui. Naguère encore, ce n'était qu'un pauvre portefaix; maintenant, il lutte de richesses avec Norbanus lui-même. La science est un vrai trésor, et un métier nourrit toujours son maître. »

CHAPITRE XLVII.

Tels étaient les contes en l'air qu'ils débitaient tour à tour, lorsque Trimalchion rentra. Après avoir essuyé les parfums

---

Versus etiam libentissime fingit. Ceterum jam Græculis calcem impingit. Et latinas cœpit non male appetere, etiamsi magister ejus sibi placens sit, nec uno loco consistat : novit quidem litteras, sed non vult laborare. Est et alter, non quidem doctus, sed curiosus, qui plus docet, quam scit. Itaque feriatis diebus solet domum venire, et, quidquid dederis, contentus est. Emi ergo nunc puero aliquot librá rubricata, quia volo, illum, ad domus usionem, aliquid de jure gustare (habet hæc res panem), nam litteris satis inquinatus est. Quod si resilierit, destinavi illum artificium aut tonsorium doceri, aut præconem, aut certe causidicum, quod illi auferre non possit, nisi Orcus. Ideo illi quotidie clamo : « Primigeni, crede mihi, quidquid discis, tibi discis. Vides Phileronem causidicum, si non didicisset, hodie famem a labris non abigeret. Modo, modo collo suo circumferebat onera venalia : nunc etiam adversus Norbanum se extendit. Litteræ thesaurum est, et artificium nunquam moritur. »

CAPUT XLVII.

Ejusmodi fabulæ vibrabant, quum Trimalchio intravit, et, detersa fronte, unguento manus lavit, spatioque minimo interposito : — Ignoscite mihi (inquit), amici, multis

qui coulaient de son front, il se lava les mains, et, l'instant d'après : — Excusez-moi, dit-il, mes amis ; depuis plusieurs jours mon ventre ne fait pas bien ses fonctions, et les médecins n'y connaissent rien. Cependant j'ai reçu quelque soulagement d'une infusion d'écorce de grenade et de sapin dans du vinaigre. J'espère toutefois que l'orage qui grondait dans mes entrailles va se calmer ; autrement mon estomac retentirait d'un bruit semblable aux mugissements d'un taureau. Au reste, si quelqu'un de vous éprouve un pareil besoin, il aurait tort de se gêner : personne de nous n'est exempt de cette infirmité. Pour moi, je ne crois pas qu'il y ait un plus grand tourment que celui de se contraindre en pareil cas. Jupiter lui-même nous ordonnerait en vain cet effort. Vous riez, Fortunata ! vous, dont les bruyantes détonations m'empêchent toutes les nuits de fermer l'œil. Jamais je n'ai empêché mes convives de prendre à table toutes les libertés qui pouvaient les soulager. Les médecins défendent aussi de se retenir ; et si l'un de vous se sentait pressé par un besoin plus urgent, il trouvera dehors de l'eau, une chaise, enfin une garde-robe complète. Croyez-m'en, lorsque les flatuosités de l'estomac remontent au cerveau, tout le corps s'en ressent. J'ai vu plusieurs personnes mourir ainsi, faute de parler, par une fausse modestie. — Nous remerciâmes notre amphitryon de sa générosité et de son indulgence extrêmes ; et, pour ne pas étouffer de rire, nous eûmes recours à de fréquentes rasades. Mais, hélas ! nous ne savions pas que nous n'étions encore parvenus qu'à la moitié de ce splendide et interminable festin. En effet, lorsque l'on eut desservi les tables au son des instruments, nous

---

jam diebus venter mihi non respondit : nec medici se inveniunt ; profuit mihi tamen malicorium, et tæda ex aceto. Spero tamen jam ventrem pudorem sibi imponere ; alioquin circa stomachum mihi sonat, putes taurum. Itaque, si quis vestrum voluerit suæ rei causa facere, non est quod illum pudeatur. Nemo nostrum solide natus est. Ego nullum puto tam magnum tormentum esse, quam continere. Hoc solum vetare ne Jovis potest. Rides, Fortunata ! quæ soles me nocte desomnem facere. Nec tamen in triclinio ullum vetui facere quod se juvet : et medici vetant continere ; vel, si quid plus venit, omnia foras parata sunt : aqua, lasanum, et cetera minutalia. Credite mihi, anathymiasis si in cerebrum it, in toto corpore fluctum facit. Multos scio sic periisse, dum nolunt sibi verum dicere. — Gratias agimus liberalitati indulgentiæque ejus, et subinde castigamus crebris potiunculis risum. Nec adhuc sciebamus nos in medio lautitiarum, quod aiunt, clivo laborare. Nam commundatis ad symphoniam

vîmes entrer dans la salle trois cochons blancs, muselés et ornés de clochettes. L'esclave qui les conduisait nous apprit que l'un avait deux ans, l'autre trois, et que le dernier était déjà vieux. Pour moi, je pensais que ces animaux qu'on venait d'introduire étaient de ces porcs acrobates qu'on voit figurer dans les cirques, et qu'ils allaient nous faire voir quelques tours merveilleux. Mais Trimalchion, dissipant notre incertitude :
— Lequel des trois, nous dit-il, voulez-vous manger? on va vous l'apprêter sur-le-champ. Des cuisiniers de campagne font cuire un poulet, un faisan ou d'autres bagatelles; mais les miens font bouillir à la fois un veau tout entier. Qu'on appelle le cuisinier! — et, sans nous laisser l'embarras du choix, il lui ordonne de tuer le porc le plus vieux. Puis, élevant la voix : — De quelle décurie es-tu? lui dit-il. — De la quarantième. — Es-tu né chez moi ou acheté? — Ni l'un, ni l'autre. Je vous ai été légué par le testament de Pansa. — Fais donc en sorte de me servir promptement ce cochon; sinon, je te fais reléguer dans la décurie des valets de basse-cour. — Le cuisinier n'eut pas plutôt entendu cette menace d'un maître dont il connaissait le pouvoir, qu'il partit, entraînant le porc vers sa cuisine.

CHAPITRE XLVIII.

Trimalchion, jetant alors sur nous un regard paternel : — Si ce vin n'est pas de votre goût, je vais le faire remplacer par

mensis, tres albi sues in triclinium adducti sunt, capistris et tintinnabulis culti, quorum unum bimum nomenculator esse dicebat, alterum trimum, tertium vero jam senem. Ego putabam, petauristarios intrasse, et porcos, sicut in circulis mos est, portenta aliqua facturos. Sed Trimalchio, exspectatione discussa : — Quem, inquit, ex eis vultis in cœnam statim fieri? Gallum enim gallinaceum, phasianum, et ejusmodi nænias rustici faciunt : mei coci etiam vitulos, aeno coctos, solent facere. — Continuoque cocum vocari jussit, et, non exspectata electione nostra, maximum natu jussit occidi; et clara voce : — Ex quota decuria es? — Quum ille, ex quadragesima, respondisset : — Emtitius, an, inquit, domi natus es? — Neutrum, inquit cocus, sed testamento Pansæ tibi relictus sum. — Vide ergo, ait, ut diligenter ponas; si non, te jubebo in decuriam villicorum conjici. — Et quidem cocus, potentiæ admonitus, in culinam obsonium duxit.

CAPUT XLVIII.

Trimalchio autem miti ad nos vultu respexit; et, — Vinum, inquit, si non placet, mutabo : vos illud, oportet, bonum faciatis. Deorum beneficio non emo, sed nunc,

d'autre. Ou bien, prouvez-moi que vous le trouvez bon, en y faisant honneur. Grâce au ciel, je ne l'achète pas; car tout ce qui flatte ici votre goût, je le récolte dans une de mes métairies que je n'ai pas encore visitée. On dit qu'elle est située dans les environs de Terracine et de Tarente. A propos, j'ai envie de joindre la Sicile à quelques terres que j'ai de ce côté, afin que, lorsqu'il me prendra fantaisie de passer en Afrique, je puisse y aller sans sortir de mes domaines. Mais vous, Agamemnon, dites-moi quelle est la déclamation que vous avez prononcée aujourd'hui? Tel que vous me voyez, si je ne plaide pas au barreau, j'ai cependant appris les belles-lettres par principes. Et n'allez pas croire que j'aie perdu le goût de l'étude : au contraire, j'ai trois bibliothèques, une grecque, et deux latines. Faites-moi donc l'amitié de me donner l'analyse de votre déclamation. — Agamemnon avait à peine prononcé ces mots : « Un pauvre et un riche étaient ennemis, » quand Trimalchion, l'interrompant : — Qu'est-ce qu'un pauvre? lui dit-il. — Excellente plaisanterie! reprit Agamemnon; — et il lui débita je ne sais quelle discussion savante; à quoi Trimalchion répliqua sur-le-champ : — Si c'est un fait réel, ce n'est pas une matière à discuter; et si ce n'est pas un fait réel, ce n'est rien du tout. — Voyant que nous nous répandions en éloges sur ce raisonnement et d'autres de la même force : — Je vous prie, poursuivit-il, mon cher Agamemnon, vous souvenez-vous des douze travaux d'Hercule? savez-vous la fable d'Ulysse? comment le Cyclope lui abattit le pouce avec une baguette? Que de fois j'ai lu tout cela dans Homère, quand j'étais tout petit! Croiriez-vous que, moi qui

---

quidquid ad salivam facit, in suburbano nascitur meo, quod ego adhuc non novi. Dicitur confine esse Tarracinensibus et Tarentinis. Nunc conjungere agellis Siciliam volo, ut, quum Africam libuerit ire, per meos fines navigem. Sed narra tu mihi, Agamemnon, quam controversiam hodie declamasti? (Ego autem si causas non ago, in divisione tamen litteras didici; et, ne me putes studia fastiditum, tres bibliothecas habeo, unam græcam, alteras latinas.) Dic ergo, si me amas, peristasin declamationis tuæ. — Quum dixisset Agamemnon : « Pauper et dives inimici erant; » ait Trimalchio : — Quid est pauper? — Urbane! inquit Agamemnon, — et nescio quam controversiam exposuit. Statim Trimalchio : — Hoc, inquit, si factum est, controversia non est; si factum non est, nihil est. — Hæc aliaque quum effusissimis prosequeremur laudationibus, — Rogo, inquit, Agamemnon, mihi carissime, numquid duodecim ærumnas Herculis tenes, aut de Ulyxe fabulam, quemadmodum illi Cyclops

vous parle, j'ai vu de mes propres yeux la sibylle de Cumes suspendue dans une fiole ; et lorsque les enfants lui disaient : « Sibylle, que veux-tu ? » elle répondait : « Je veux mourir. »

CHAPITRE XLIX.

Trimalchion n'avait pas encore débité toutes ses extravagances, lorsqu'on servit un énorme porc sur un plateau qui couvrit une grande partie de la table. La compagnie aussitôt de se récrier sur la diligence du cuisinier ; chacun jurait qu'il aurait fallu plus de temps à un autre pour cuire un poulet ; et ce qui augmentait encore notre surprise, c'est que ce cochon nous paraissait beaucoup plus gros que le sanglier qu'on nous avait servi un peu auparavant. Cependant, Trimalchion l'examinant avec une attention toujours croissante : — Que vois-je ? dit-il ; ce porc n'est pas vidé ! non, certes, il ne l'est pas. Courez, et faites-moi venir ici le cuisinier. — Le pauvre diable s'approche de la table, et, en tremblant, confesse qu'il l'a oublié. — Comment, oublié ! s'écrie Trimalchion en fureur. Ne dirait-on pas, à l'entendre, qu'il a seulement négligé de l'assaisonner de poivre et de cumin ? Allons, drôle, habit bas ! — Aussitôt le coupable est dépouillé de ses vêtements et placé entre deux bourreaux. Sa mine triste et piteuse attendrit l'assemblée, et chacun s'empresse d'implorer sa grâce : — Ce n'est pas, disait-on, la première fois que pareille chose arrive ; veuillez, nous vous en prions, lui pardonner pour aujourd'hui ; mais, si jamais il y retombe, personne de nous n'intercédera

pollicem penicillo extorsit? Solebam hæc ego puer apud Homerum legere. Nam sibyllam quidem Cumis ego ipse oculis meis vidi in ampulla pendere ; et quum illi pueri dicerent, Σίβυλλα, τί θέλεις; respondebat illa, ἀποθανεῖν θέλω.

CAPUT XLIX.

Nondum efflaverat omnia, quum repositorium cum sue ingenti mensam occupavit. Mirari nos celeritatem cœpimus, et jurare, ne gallum quidem gallinaceum tam cito percoqui potuisse ; tanto quidem magis, quod longe major nobis porcus videbatur esse, quam paulo ante aper fuerat. Deinde magis magisque Trimalchio intuens eum : — Quid ? Quid ? inquit, porcus hic non est exenteratus ? Non, me Hercules ! est. Voca, voca cocum in medio. — Quum constitisset ad mensam cocus tristis, et diceret, se oblitum esse exenterare : — Quid oblitus ? Trimalchio exclamat ; putes illum piper et cuminum non conjecisse ? despolia. — Non fit mora : despoliatur cocus, atque inter duos tortores mœstus consistit. Deprecari tamen omnes cœperunt, et dicere : — Solet fieri ; rogamus, mittas ; postea si fecerit, nemo nostrum pro illo ro-

en sa faveur. — Je ne pus me défendre de traiter avec une sévérité beaucoup plus grande un pareil oubli; et me penchant vers Agamemnon, je lui dis à l'oreille : — Cet esclave doit être un grand drôle. Oublier de vider un cochon! par tous les dieux! je ne lui pardonnerais pas même d'oublier de vider un poisson. — Il n'en fut pas de même de Trimalchion; car, se déridant tout à coup : — Eh bien! lui dit-il en riant, puisque tu as si peu de mémoire, vide à l'instant ce porc devant nous. — Le cuisinier remet sa tunique, se saisit d'un couteau, et, d'une main tremblante, ouvre en plusieurs endroits le ventre de l'animal. Soudain, entraînés par leur propre poids, des monceaux de boudins et de saucisses se font jour à travers ces ouvertures qu'ils élargissent en sortant.

CHAPITRE L.

A la vue de ce prodige inattendu, tous les esclaves d'applaudir et de s'écrier : Vive Gaius! Le cuisinier eut l'honneur de boire en notre présence; de plus, il reçut une couronne d'argent. Or, comme la coupe dans laquelle il buvait était d'airain de Corinthe, et qu'Agamemnon en examinait de près le métal, Trimalchion lui dit : — Je suis le seul au monde qui possède du véritable Corinthe. — D'après son impertinence ordinaire, je m'attendais qu'il allait affirmer qu'on lui apportait tout exprès de Corinthe des vases pour son usage; mais il s'en tira mieux que je ne pensais. — Vous allez peut-être, dit-il, me demander comment il se fait que je possède

---

gabit. — Ego crudelissimæ severitatis, non potui me tenere, sed inclinatus ad aurem Agamemnonis : — Plane, inquam, hic debet servus esse nequissimus; aliquis obliviceretur porcum exenterare ? non, me Hercules ! illi ignoscerem, si piscem præterisset. — At non Trimalchio, qui, relaxato in hilaritatem vultu : — Ergo, inquit, quia tam malæ memoriæ es, palam nobis illum exentera. — Recepta cocus tunica cultrum arripuit, porcique ventrem hinc, atque illinc, timida manu secuit. Nec mora, ex plagis, ponderis inclinatione crescentibus, tomacula cum botulis effusa sunt.

CAPUT L.

Plausum post hoc automatum familia dedit, et Gaio, feliciter! conclamavit : nec non cocus potione honoratus est, etiam argentea corona, poculumque in lance accepit corinthia. Quam quum Agamemnon propius consideraret, ait Trimalchio : — Solus sum, qui vera corinthia habeam. — Exspectabam ut pro, reliqua insolentia, diceret sibi vasa Corintho afferri. Sed ille melius : — Et forsitan, inquit, quæris quare solus corinthia vera possideam? Quia scilicet ærarius, a quo emo, Corinthus vocatur; quid

seul de véritables vases de Corinthe? rien de plus simple :
c'est que l'ouvrier qui me les fabrique s'appelle Corinthe : or,
qui peut se vanter d'avoir des ouvrages de Corinthe, si ce
n'est celui qui a Corinthe au nombre de ses esclaves? Mais
n'allez pas toutefois me prendre pour un ignorant. Je sais tout
aussi bien que vous l'origine première de ce métal. Après la
prise de Troie, Annibal, homme rusé et fieffé voleur, fit main
basse sur toutes les statues d'airain, d'or et d'argent qu'il put
trouver, les fit jeter pêle-mêle sur un vaste bûcher, et y mit
le feu : de leur fonte naquit ce métal mélangé. Ce fut une
mine que les orfévres exploitèrent pour faire des plats, des
bassins et des figurines. Ainsi l'airain de Corinthe est né de
l'alliage de ces trois métaux, et n'est pourtant ni or, ni argent, ni cuivre. Permettez-moi de vous dire que j'aimerais
mieux pour mon usage des vases de verre; je sais que ce n'est
pas l'opinion générale. Si le verre était malléable, je le préférerais à l'or même : tel qu'il est, on le méprise aujourd'hui.

CHAPITRE LI.

Il y eut cependant autrefois un ouvrier qui fabriqua un vase
de verre que l'on ne pouvait briser. Il fut admis à l'honneur
de l'offrir en don à César. Ensuite, l'ayant repris des mains
de l'empereur, il le jeta sur le pavé. Le prince, à cette vue,
fut effrayé au delà de toute expression; mais, lorsque l'ouvrier ramassa le vase, il n'était que légèrement bossué, comme
l'eût été un vase d'airain. Tirant alors un petit marteau de sa

---

est autem corinthium, nisi quis Corinthum habeat? Et, ne me putetis nesapium esse,
valde bene scio, unde primum corinthia nata sint. Quum Ilium captum est, Annibal,
homo vafer, et magnus scelio, omnes statuas æneas, et aureas, et argenteas in unum
rogum congessit, et eas incendit; facta sunt in unum æra miscellanea. Ita ex hac
massa fabri sustulerunt, et fecerunt catilla et parapsides statuncula. Sic corinthia nata
sunt, ex omnibus unum, nec hoc, nec illud. Ignoscetis mihi quod dixero : ego malo
mihi vitrea; certi nolunt. Quod si non frangerentur, mallem mihi, quam aurum;
nunc autem vilia sunt.

CAPUT LI.

Fuit tamen faber, qui fecit phialam vitream, quæ non frangebatur. Admissus ergo
Cæsarem est cum suo munere; deinde fecit reporrigere Cæsarem, et illam in pavimentum projecit. Cæsar non pote validius, quam expaverit; at ille sustulit phialam de
terra : collisa erat, tanquam vasum æneum. Deinde martiolum de sinu protulit, et

ceinture, notre homme, sans se presser, le répare avec adresse et lui rend sa forme première. Cela fait, il crut voir l'Olympe s'ouvrir devant lui, surtout lorsque l'empereur lui dit : « Quelque autre que toi sait-il l'art de fabriquer du verre semblable? Prends bien garde à ce que tu vas dire! » L'ouvrier ayant répondu que lui seul possédait ce secret, César lui fit trancher la tête, sous prétexte que, si cet art venait à se répandre, l'or perdrait toute sa valeur.

CHAPITRE LII.

Pour moi, je suis très-curieux d'ouvrages d'argent; j'ai de ce métal des coupes qui contiennent environ une urne, plus ou moins : le ciseau y a gravé Cassandre égorgeant ses fils; les cadavres de ces enfants sont d'une si grande vérité, qu'on dirait la nature. Je possède une aiguière que le célèbre Mys a léguée à mon patron : on y voit Dédale enfermant Niobé dans le cheval de Troie. J'ai aussi des coupes représentant les combats d'Herméros et de Pétracte, toutes du plus grand poids; car, voyez-vous, ce que j'ai une fois acheté, je ne le cède à aucun prix. — Tandis qu'il divaguait de la sorte, un valet laisse tomber une coupe; Trimalchion se tournant vers lui : — Allons, vite, punis-toi toi-même de ton étourderie. — Déjà l'esclave ouvrait la bouche pour implorer sa clémence, quand Trimalchion : — Quelle grâce me demandes-tu? ne dirait-on pas que je te veux du mal? Je te conseille seulement de prendre garde à ne plus être si étourdi. — Enfin, cédant à

---

phialam otio belle correxit. Hoc facto, putabat se cœlum Jovis tenere; utique, postquam illi dixit : Numquid alius scit hanc conditeram vitreorum? Vide modo. Postquam negavit, jussit illum Cæsar decollari; quia enim, si scitum esset, aurum pro luto haberemus.

CAPUT LII.

In argento plane studiosus sum. Habeo scyphos urnales, plus minus. Quemadmodum Cassandra occidit filios suos : et pueri mortui jacent sic, uti vere putes. Habeo capidem, quam reliquit patrono meo Mys, ubi Dædalus Nioben in equum Trojanum includit. Jam Hermerotis pugnas et Petractis in poculis habeo : omnia ponderosa; meum enim, intellige, nulla pecunia vendo. — Hæc dum refert, puer calicem projecit; ad quem respiciens Trimalchio, — Cito, inquit, te ipsum cæde, quia nugax es. — Statim puer, demisso labro, orare. At ille, — Quid me, inquit, rogas? tanquam ego tibi molestus sim : suadeo, a te impetres ne sis nugax. — Tandem ergo, exora-

nos prières, il lui pardonna. L'esclave ne fut pas plutôt parti, que Trimalchion se mit à courir autour de la table en criant : — Plus d'eau! plus d'eau! le vin seul doit entrer céans! — Nous accueillîmes par des applaudissements cette plaisante saillie de notre hôte, surtout Agamemnon, qui savait comment il fallait s'y prendre pour être invité de nouveau à sa table. Encouragé par nos éloges, Trimalchion se mit gaiement à boire de plus belle; et bientôt, à moitié ivre : — Aucun de vous, dit-il, n'invite ma chère Fortunata à danser; personne cependant ne figure la cordace avec plus de grâce. — Puis le voilà lui-même qui, levant les bras au-dessus de sa tête, contrefait les gestes du bouffon Syrus, et toute la valetaille de chanter en chœur : — « Par Jupiter, c'est admirable! par Jupiter, rien n'est plus beau! » — Et notre homme allait se donner en spectacle à toute la compagnie, si Fortunata, s'approchant de son oreille, ne lui eût représenté sans doute que de pareilles niaiseries étaient indignes d'un homme de son importance. Je n'ai jamais vu d'humeur plus inégale : tantôt il se contenait par respect pour Fortunata, tantôt il revenait à ses ignobles penchants.

CHAPITRE LIII.

Mais, au moment où il allait se livrer à sa passion pour la danse, il fut interrompu par l'entrée d'un greffier qui, du même ton dont il aurait débité les actes de Rome, lut ce qui suit : — Le vii des calendes de juillet, il est né dans le do-

tus a nobis, missionem dedit puero. Illo dimisso circa mensam percucurrit, et : — Aquam foras! vinum intro! clamavit. — Excipimus urbanitatem jocantis, et ante omnes Agamemnon, qui sciebat quibus meritis revocaretur ad cœnam. Ceterum laudatus Trimalchio hilarius bibit. Etiam ebrio proximus : — Nemo, inquit, vestrum rogat Fortunatam meam ut saltet? credite mihi, cordacem nemo melius ducit. — Atque ipse, erectis supra frontem manibus, Syrum histrionem exhibebat, concinente tota familia : — Μὰ Δία perite, μὰ Δία! — Et prodisset in medium, nisi Fortunata ad aurem accessisset : et, credo, dixerit, non decere gravitatem ejus tam humiles ineptias. Nihil autem tam inæquale erat : nam modo Fortunatam reverebatur, modo ad naturam suam revertebatur.

CAPUT LIII.

Et plane interpellavit saltationis libidinem actuarius, qui tanquam Urbis acta recitavit — vii calendas sextiles in prædio Cumano, quod est Trimalchionis, nati sunt pueri xxx, puellæ xl, sublata in horreum, ex area, tritici millia modium quingenta;

maine de Cumes, qui appartient à Trimalchion, trente garçons
et quarante filles. On a transporté des granges dans les greniers cinq cent mille boisseaux de froment; on a accouplé
cinq cents bœufs. Le même jour l'esclave Mithridate a été mis
en croix pour avoir blasphémé contre le génie tutélaire de
Gaïus, notre maître. Le même jour, on a reporté dans la caisse
dix millions de sesterces dont il n'a pas été possible de faire
emploi. Le même jour, il y a eu dans les jardins de Pompée
un incendie qui a pris naissance chez le fermier Nasta. —
Qu'est-ce à dire? demanda Trimalchion; depuis quand m'at-on acheté les jardins de Pompée? — Depuis l'année dernière,
répondit le greffier, et c'est pour cela qu'on ne les a pas encore
portés en compte. — Trimalchion, bouillant de colère, s'écria : — Quels que soient à l'avenir les domaines que l'on m'achète, si l'on ne m'en donne pas avis dans les six mois, je
défends qu'on me les porte en compte. — Alors, on lut les ordonnances des édiles et les testaments des gardes des forêts, qui
déshéritaient Trimalchion, en s'excusant de le faire. Ensuite
venaient le rôle de ses fermiers, et l'histoire d'une affranchie
répudiée par l'inspecteur des domaines qui l'avait surprise
en flagrant délit avec un garçon de bains :—il était dit pourquoi
le majordome avait été exilé à Baïes; comment le trésorier
avait été convaincu de malversation ; — suivait le jugement
intervenu entre les valets de chambre. Au beau milieu de
cette lecture, entrèrent des danseurs de corde. Un de ces insipides baladins dressa une échelle, et ordonna à un jeune enfant d'en grimper tous les échelons, jusqu'au dernier, en dansant et en chantant; de passer à travers des cercles enflammés,

---

boves domiti quingenti. Eodem die Mithridates servus in crucem actus est, quia Gaii
nostri genio maledixerat. Eodem die in arcam relatum est, quod collocari non potuit,
sestertium centies. Eodem die incendium factum est in hortis Pompeianis, ortum ex
ædibus Nastæ, villici. — Quid? inquit Trimalchio : quando mihi Pompeiani horti
empti sunt? — Anno priore, inquit actuarius; et ideo in rationem nondum venerunt.
— Excanduit Trimalchio, et :—Quicumque, inquit, mihi fundi empti fuerint, nisi intra
sextum mensem sciero, in rationes meas inferri veto. — Jam etiam edicta ædilium
recitabantur : et saltuariorum testamenta, quibus Trimalchio cum elogio exheredabatur.
Jam nomina villicorum : et repudiata a circumitore liberta, in balneatoris contubernio deprehensa : atriensis Baias relegatus : jam reus factus dispensator : et judicium inter cubicularios actum. Petauristarii autem venerunt : baro insulsissimus cum
scalis constitit, puerumque jussit per gradus, et in summa parte, odaria saltare, cir-

et de soutenir une cruche avec ses dents. Trimalchion seul admirait ces tours de force, en regrettant qu'un si bel art fût si mal récompensé. — Il n'y a, dans la vie, disait-il, que deux sortes de spectacles que j'aie plaisir à voir : les voltigeurs et les combats de cailles ; quant à tous les autres animaux et bouffons, ce sont de véritables attrape-nigauds. — J'ai fait une fois la folie d'acheter une troupe de comédiens ; mais j'ai voulu qu'ils se bornassent à représenter des farces atellanes, et j'ai donné l'ordre à mon chef d'orchestre de ne jouer que des airs latins.

CHAPITRE LIV.

Au moment où Trimalchion débitait ces niaiseries, l'enfant du baladin tomba sur lui. Aussitôt toute la valetaille de jeter de grands cris, et les convives de l'imiter, non qu'ils fussent touchés de la souffrance d'un être aussi dégoûtant, car chacun d'eux eût été ravi de lui voir rompre le cou ; mais ils craignaient que le festin ne finît tristement, et qu'ils ne fussent obligés de pleurer aux funérailles d'un étranger. Cependant Trimalchion poussait de longs gémissements, et se penchait sur son bras, comme s'il y eût reçu une blessure grave. Les médecins accoururent ; mais la plus empressée était Fortunata, qui, les cheveux épars et une potion à la main, s'écriait qu'elle était la plus misérable, la plus infortunée des femmes. Quant à l'enfant dont la chute avait causé cet accident, il se traînait à nos genoux en implorant son pardon : loin d'être ému de ses prières, je craignais seulement que ce ne fût encore une comédie dont le dénoûment amènerait quelque pé-

culos deinde ardentes transire, et dentibus amphoram sustinere. Mirabatur hæc solus Trimalchio, dicebatque ingratum artificium esse. Ceterum duo esse in rebus humanis, quæ libentissime spectaret, petauristarios et coturnices ; reliqua animalia, acroamata, trjcas meras esse. — Nam et comœdos, inquit, emeram, et malui illos atellam facere, et choraulem meum jussi latine cantare.

CAPUT LIV.

Quum maxime hæc dicente Gaio, puer in eum delapsus est. Conclamavit familia, nec minus convivæ, non propter hominem tam putidum, cujus etiam cervices fractas libenter vidissent, sed propter malum exitum cœnæ, ne necesse haberent alienum mortuum plorare. Ipse Trimalchio quum graviter ingemuisset, superque brachium tanquam læsum incubuisset, concurrere medici, et inter primos Fortunata, crinibus passis, cum scypho, miseramque se atque infelicem proclamavit. Nam puer quidem, qui ceciderat, circumibat jam dudum pedes nostros, et missionem rogabat. Pessime

ripétie ridicule; car je n'avais pas encore oublié l'histoire du cuisinier qui avait oublié de vider le porc. Aussi je parcourais des yeux toute la salle pour voir si les murs n'allaient pas s'entr'ouvrir pour livrer passage à quelque apparition inattendue. Ce qui me confirma dans cette opinion, ce fut de voir châtier un esclave parce que, pour bander le bras malade de son maître, il s'était servi de laine blanche, et non de laine écarlate. Je ne me trompais guère; car, au lieu de punir cet enfant, Trimalchion rendit un arrêt par lequel il lui rendait la liberté, pour qu'il ne fût pas dit qu'un personnage de son importance eût été blessé par un esclave.

CHAPITRE LV.

Nous applaudîmes à cet acte de clémence, et nous fîmes des raisonnements à perte de vue sur l'instabilité des choses humaines. — Cela est vrai, dit Trimalchion; et un pareil accident ne se passera pas sans donner lieu à quelque impromptu. — Aussitôt il demanda ses tablettes, et, sans trop se torturer l'esprit, il nous récita les vers suivants :—

> Les biens, les maux sont incertains
> Comme le sort qui nous gouverne.
> Buvons! dans les flots de falerne,
> Esclaves, noyez nos chagrins.

— Cette épigramme amena la conversation sur les poëtes, et depuis longtemps on s'accordait à donner la palme à Marsus de Thrace, lorsque Trimalchion s'adressant à Agamemnon :

---

mihi erat, ne his precibus perridiculæ aliquid catastrophæ quæreretur. Nec enim adhuc exciderat cocus ille, qui oblitus fuerat porcum exenterare. Itaque totum circumspicere triclinium cœpi, ne per parietem automaton aliquod exiret; utique, postquam servus verberari cœpit, qui brachium domini contusum alba potius, quam conchyliata, involverat lana. Nec longe aberravit suspicio mea; in vicem enim pœnæ venit decretum Trimalchionis, quo puerum jussit liberum esse, ne quis posset dicere, tantum virum esse a servo lividatum.

CAPUT LV.

Comprobamus nos factum; et quam in præcipiti res humanæ essent, vario sermone garrimus. — Ita, inquit Trimalchio, non oportet hunc casum sine inscriptione transire; — statimque codicillos poposcit, et non diu cogitatione distorta, hæc recitavit :

> — Quod non exspectes ex transverso fit,
> Et supra nos Fortuna negotia curat.
> Quare da nobis vina falerna, puer.

— Sub hoc epigrammate cœpit poetarum esse mentio, diuque summa carminis

— Dites-moi, je vous prie, mon maître, quelle différence vous trouvez entre Cicéron et Publius? Le premier, selon moi, est plus éloquent; mais l'autre est plus moral. Que peut-on, par exemple, dire de mieux que ces vers?

> Le luxe a vaincu Rome, et, sous d'indignes lois,
> La mollesse asservit la maîtresse des rois.
> Jadis, sous l'humble chaume, en des vases d'argile,
> La faim assaisonnait un mets simple et facile.
> Sous des lambris dorés, et dans un seul repas,
> L'un dévore aujourd'hui les fruits de vingt climats.
> Pour lui Chio mûrit sa liqueur purpurine;
> La poule numidique enrichit sa cuisine;
> L'oiseau cher à Junon, si fier de son éclat,
> S'engraisse pour flatter son palais délicat;
> Que dis-je? la cigogne, aimable voyageuse,
> Vient orner à son tour sa table somptueuse.
> L'autre voit sans courroux, chez vingt adorateurs,
> Sa femme promener ses lubriques ardeurs.
> Le digne époux! aussi, voyez comme elle brille!
> La perle orne son front, l'émeraude y scintille;
> Un voile transparent, de ses secrets appas,
> Dessine les contours, et ne les cache pas.
> Mais ces tissus, Phryné, gênent encore la vue:
> Ose enfin au public te montrer toute nue!

penes Marsum Thracem commorata est; donec Trimalchio, — Rogo, inquit, magister quid putes inter Ciceronem et Publium interesse? Ego alterum puto disertiorem fuisse, alterum honestiorem. Quid enim his melius dici potest?

> Luxurie victa Martis marcent mœnia.
> Tuo palato clausus pavo pascitur,
> Plumato amictus aureo babylonico;
> Gallina tibi numidica, tibi gallus spado,
> Ciconia etiam grata, peregrina, hospita,
> Pietaticultrix, gracilipes, crotalistria,
> Avis exsul hiemis, titulus tepidi temporis,
> Nequitiæ nidum in cacabo fecit meo.
> Quo margarita cara, tribacca, ac indica?
> An ut matrona, ornata phaleris pelagiis,
> Tollat pedes indomita in strato extraneo?
> Smaragdum ad quam rem viridem pretiosum vitrum?
> Quo carchedonios optas ignes lapideos,
> Nisi ut scintillent? Probitas est carbunculus.
> Æquum est induere nuptam ventum textilem,
> Palam prostare nudam in nebula linea?

CHAPITRE LVI.

Quel est, selon vous, ajouta-t-il, le métier le plus difficile de tous, après celui des lettres? Pour moi, je pense que c'est la médecine et la banque : en effet, le médecin sait ce que l'homme a dans ses entrailles, et quand la fièvre doit se déclarer ; ce qui ne m'empêche pas de haïr ces docteurs qui me prescrivent trop souvent le bouillon de canard : le banquier, à travers l'argent, sait découvrir l'alliage du cuivre. Il y a deux espèces d'animaux muets très-laborieux, le bœuf et la brebis : le bœuf, à qui nous sommes redevables du pain que nous mangeons; la brebis, dont la laine nous donne ces habits dont nous sommes si fiers. Et cependant, ô comble de l'ingratitude! l'homme n'hésite pas à manger la brebis, oubliant qu'il lui doit sa tunique. Je pense aussi qu'elles ont un instinct divin, ces abeilles qui élaborent le miel, bien qu'on prétende qu'elles le reçoivent de Jupiter. Mais aussi font-elles de violentes piqûres : ce qui prouve que la plus grande douceur est toujours accompagnée de quelque amertume. — Déjà Trimalchion tranchait du philosophe, lorsque l'on fit circuler autour de la table un vase qui contenait des billets de loterie. Un esclave, chargé de cet emploi, lisait à haute voix les lots qui étaient échus à chacun des convives : *Argent, cause de tous les crimes!* on apporta un jambon sur lequel il y avait un huilier ; *Cravate!* on apporta une corde de potence; *Absinthe et Affronts!* on apporta des fraises sauvages, un croc et une

CAPUT LVI.

Quod autem, inquit, putamus, secundum litteras difficillimum esse artificium? Ego puto medicum, et nummularium. Medicus, qui scit quid homunciones intra præcordia sua habeant, et quando febris veniat. Etiamsi illos odi pessime, qui mihi jubent sæpe anatinam parari. Nummularius, qui per argentum æs videt. Sunt mutæ bestiæ laboriosissimæ, boves, et oves : boves, quorum beneficio panem manducamus; oves, quod lana illæ nos gloriosos faciunt. O facinus indignum! aliquis ovillam est, et tunicam habet. Apes enim ego divinas bestias puto, quæ mel vomunt : etiamsi dicitur illud a Jove afferri; ideo autem pungunt, quia, ubicunque dulce est, ibi et acidum invenies. — Jam etiam philosophos de negotio dejiciebat, quum pittacia in scypho circumferri cœperunt. Puerque, super hoc positus officium, apophoreta recitavit : — Argentum sceleratum! allata est perna, supra quam acetabula erant posita; Cervical! offla collaris allata est; Seriphia, et contumelia! agrifragulæ datæ sunt, et con-

pomme. Pour un billet ainsi conçu : *Poireaux et Pêches*, un convive reçut un fouet et un couteau; pour un autre : *Passereaux et Chasse-mouche*, des raisins secs et du miel attique; pour un autre : *Robe de festin et Robe de ville*, un gâteau, et des tablettes; pour un autre : *Canal et mesure d'un pied*, on apporta un lièvre et une pantoufle; pour un autre enfin : *Murène et Lettre*, un rat d'eau lié avec une grenouille, et un paquet de poirée. Nous rîmes longtemps de ces lots bizarres, et de mille autres semblables, dont j'ai perdu la mémoire.

CHAPITRE LVII.

Cependant Ascylte, levant les mains au ciel, se moquait, sans contrainte, de toutes ces niaiseries, dont il riait à gorge déployée. Cette conduite irrita un des affranchis de Trimalchion, celui-là même qui était à table au-dessus de moi : — Qu'as-tu donc à rire, pécore? s'écria-t-il. Est-ce que la magnificence de mon maître n'est point de ton goût? Sans doute tu es plus riche que lui, et tu fais meilleure chère? Que les lares protecteurs de cette maison me soient en aide! si j'étais auprès de lui, je l'aurais déjà empêché de braire. Voyez un peu le bel avorton, pour se moquer des autres! il m'a tout l'air d'un vagabond de nuit, qui ne vaut pas la corde qui servira à le pendre! Si je lâchais autour de lui le superflu de ma boisson, il ne saurait par où s'enfuir. Certes, je ne me mets pas aisément en colère; mais quand on se fait brebis, le loup vous mange. Il rit! qu'a-

---

tus cum malo. Porri, et Persica! flagellum et cultrum accepit; Passeres et Muscarium! uvam passam, et mel atticum; Cœnatoria, et Forensia! ofllam et tabulas accepit. Caualem, et Pedalem! lepus et solea est allata; Murænam, et Litteram! murem cum rana alligatum, fascemque betæ. Diu risimus. Sexcenta hujusmodi fuerunt, quæ jam ceciderunt memoriæ meæ.

CAPUT LVII.

Ceterum Ascyltos, intemperantis licentiæ, quum omnia sublatis manibus eluderet, et usque ad lacrymas rideret, unus ex conlibertis Trimalchionis excanduit, is ipse, qui supra me discumbebat; et : — Quid rides, inquit, berbex? An tibi non placent lautitiæ domini mei? tu enim beatior es, et convivare melius soles? Ita tutelam hujus loci habeam propitiam, ut ego, si secundum illum discumberem, jam illi balatu interdixissem. Bellum pomum, qui irrideat alios. Larifuga nescio quis nocturnus, qui non valet lotium suum. Ad summam, si circumminxero illum, nesciet qua fugiat. Non, me Hercule! soleo cito fervere, sed in molli carne vermes nascuntur. Ridet : quid

t-il à rire? On ne se choisit pas un père. Je vois à ta robe que tu es chevalier romain, et moi je suis le fils d'un roi. Pourquoi donc, diras-tu, as-tu été au service d'autrui? Parce qu'il m'a plu de me mettre en servitude, et que j'ai mieux aimé être citoyen romain que roi tributaire. Mais je compte maintenant vivre de telle sorte, que je ne serai plus le jouet de personne. Je suis un homme parmi les hommes, et je marche tête levée, je ne dois pas un sou à qui que ce soit. Je n'ai jamais reçu d'assignation; jamais un créancier ne m'a dit au forum : Rends-moi ce que tu me dois. J'ai acheté des terres; j'ai des lingots dans mon coffre-fort; je nourris vingt bouches chaque jour sans compter mon chien. J'ai racheté ma femme, afin qu'un maître n'eût plus le droit de prendre sa gorge pour essuie-main : on m'a conféré gratuitement la dignité de sévir, et j'espère n'avoir pas à rougir, après ma mort, de ma conduite en ce monde. Mais toi, tu as de si mauvaises affaires, que tu n'oses pas regarder derrière toi. Tu vois un pou sur ton voisin, et tu ne vois pas un scorpion sur toi. Il n'y a qu'un homme de ta trempe qui puisse nous trouver ridicules.

Voici Agamemnon, ton maître, homme plus âgé que toi, qui cependant se plaît dans notre société : va, tu n'es qu'un bambin; et si l'on te pressait le bout du nez, il en sortirait encore du lait. Veux-tu te taire, cruche fêlée, cuir mouillé, qui, pour être plus souple, n'en es pas meilleur! Si tu es plus riche que les autres, dîne deux fois, soupe deux fois. Pour moi, j'estime plus ma conscience que tous les trésors du monde. M'a-t-on jamais réclamé deux fois une

habet, quod rideat? Numquid patrem fœtus emit? Lana eques romanus es? et ego regis filius. Quare ergo servivisti? quia ipse me dedi in servitutem; et malui civis romanus esse, quam tributarius : et nunc spero me sic vivere, ut nemini jocus sim. Homo inter homines sum; capite aperto ambulo : assem ærarium nemini debeo : constitutum habui nunquam : nemo mihi in foro dixit, « Redde quod debes. » Glebulas emi, lamellulas paravi : viginti ventres pasco, et canem : contubernalem meam redemi, ne quis sinu illius manus tergeret : mille denarios pro capite solvi : sevir gratis factus sum : spero, sic moriar, ut mortuus non erubescam. Tu autem tam laboriosus es, ut post te non respicias? in alio pediculum vides, in te ricinum non vides? tibi soli ridiculi videmur? Ecce magister tuus, homo major natus; placemus illi : tu lacticulosus, nec mu, nec ma argutas? vasus fictilis, immo lorus in aqua, lentior, non melior. Tu beatior es? bis prande, bis cœna. Ego fidem meam malo, quam thesauros. Ad summam, quisquam me bis poposcit? Annis quadraginta servivi; nemo ta-

chose due? J'ai servi quarante ans; mais qui pourrait dire si j'étais esclave ou libre? Je n'étais encore qu'un enfant, et j'avais une longue chevelure, quand je vins dans cette colonie : à cette époque, la basilique n'était pas encore bâtie. Je fis tous mes efforts pour contenter mon maître, homme puissant et élevé en dignité, qui valait mieux dans son petit doigt que toi dans toute ta personne : je ne manquais pas d'ennemis dans sa maison qui cherchaient à me supplanter; mais, grâce à mon bon génie, j'ai surnagé, et j'ai recueilli le prix de mes efforts : car il est plus facile de naître dans une condition libre, que d'y arriver par son mérite. Eh bien! pourquoi restes-tu la bouche béante comme un bouc devant une statue de Mercure?

CHAPITRE LVIII.

Lorsqu'il eut fini de parler, Giton, placé à table au-dessous de lui, et qui depuis longtemps se mourait d'envie de rire, éclata tout à coup si bruyamment, que l'antagoniste d'Ascylte, l'ayant aperçu, tourna contre cet enfant toute sa colère : — Et toi aussi, lui-dit-il, tu ris, petite pie huppée? Voici les Saturnales! Sommes-nous donc, je te prie, au mois de décembre? Quand as-tu payé l'impôt du vingtième pour être libre? Voyez un peu l'audace de ce gibier de potence, vraie pâture de corbeaux! Puisse Jupiter faire tomber tout son courroux sur toi et sur ton maître qui ne sait pas te faire taire! puissé-je perdre le goût du pain, si je ne t'épargne par respect pour notre hôte, mon ancien camarade! sans sa présence, je t'aurais châtié sur-le-champ. Nous nous trouvons bien traités ici; mais il n'en est

---

men scit utrum servus essem, an liber : et puer capillatus in hanc coloniam veni : adhuc basilica non erat facta. Dedi tamen operam, ut domino satisfacerem, homini malisto et dignitoso, cujus pluris erat unguis, quam tu totus es : et habebam in domo, qui mihi pedem opponerent hac, illac: tamen (genio gratias!) enatavi. Hæc est vera athla : nam in ingenuum nasci facilius est, quam accedere istoc. Quid nunc stupes, tanquam hircus Mercurialem?

CAPUT LVIII.

Post hoc dictum, Giton, qui ad pedes stabat, risum, jamdiu compressum, etiam indecenter effudit; quod quum animadvertisset adversarius Ascylti, flexit convicium in puerum; et : — Tu autem, inquit, etiam tu rides, pica cirrata? O Saturnalia! Rogo, mensis december est? Quando vicesimam numerasti? Quid faciat crucis offla? corvorum cibaria? Curabo, jam tibi Jovis iratus sit, et isti, qui tibi non imperat. Ita satur pane fiam, ut ego istud conliberto meo dono; alioquin jam tibi de præsentiarum

pas de même de ton débauché de maître, qui ne sait pas te faire rentrer dans ton devoir. On a bien raison de dire : tel maître, tel valet. J'ai peine à me contenir; car, de ma nature, j'ai la tête chaude, et quand je suis une fois lancé, je ne connais personne, pas même ma propre mère. C'est bien ! je te rencontrerai ailleurs, reptile ! ver de terre ! Puissé-je voir ma fortune renversée de fond en comble, si je ne force ton maître à se cacher dans un trou de souris ! et je ne t'épargnerai pas non plus : oui, certes, quand bien même tu appellerais à ton secours le grand Jupiter, je t'allongerai encore ta chevelure d'une aune : toi et ton digne maître, vous tomberez tous deux sous ma griffe. Ou je ne me connais pas, ou tu perdras pour longtemps l'envie de me railler, quand tu aurais une barbe d'or, comme nos dieux. J'attirerai les maléfices de la sorcière Sagana sur toi et sur celui qui le premier a pris soin de ton éducation. Je n'ai pas appris, moi, la géométrie, la critique, et autres bagatelles semblables; mais je connais le style lapidaire, et je sais faire la division en cent parties, selon le métal, le poids, la monnaie. Enfin, si tu veux, nous ferons, toi et moi, une gageure. Voyons, je t'abandonne le choix du sujet. Je veux te convaincre que ton père a perdu son argent à te faire étudier, quoique tu saches la rhétorique. Dis-moi quel est celui de nous qui vient lentement et qui va loin. Paye-moi, et je te le dirai. Quel est celui qui court et qui ne bouge pas de place? quel est celui qui croît et devient plus petit? Tu t'agites, tu restes la bouche béante, tu te démènes comme une souris dans un pot de nuit. Tais-toi donc, ou ne moleste pas un homme qui vaut mieux

reddidissem. Bene nos habemus; haud iste ganeo, qui tibi non imperat. Plane, qualis dominus, talis et servus. Vix me teneo; et sum natura caldicerebrius : quum cœpi, matrem meam dupondii non facio. Recte; videbo te in publicum, mus, immo terræ tuber. Nec sursum, nec deorsum non crescam; nisi dominum tuum in rutæ folium non conjecero! nec tibi parcero, licet, me Hercules! Jovem Olympium clames : curabo, longior tibi sit comula ista bessalis, et dominus dupondiarius recte veniet sub dentem : aut ego non me novi, aut non deridebis, licet barbam auream habeas. Sagana tibi irata sit, curabo, et qui te primus condocefecit : non didici geometrias, critica et alogias nænias; sed lapidarias litteras scio, partes centum dico, ad æs, ad pondus, ad nummum. Ad summam, si-quid vis, ego et tu, sponsiunculam? ecce : defero lemma. Jam scies patrem tuum mercedes perdidisse; quamvis et rhetoricam scis. Ecce qui de nobis longe venit, late venit? Solve me : dicam tibi. Qui de nobis currit, et de loco non movetur? qui de nobis crescit, et minor fit? Curris, stupes, satagis, tanquam mus in matella. Ergo aut tace, aut meliorem noli molestare, qui te

que toi, et qui ne s'était pas aperçu que tu fusses au monde. Crois-tu donc m'en imposer avec tes bagues couleur de buis, que tu as sans doute volées à ta maîtresse? Que Mercure nous soit en aide! allons tous deux sur la place, et empruntons de l'argent : tu verras si cet anneau de fer que je porte a quelque crédit. Ah! le joli garçon! il est confus comme un renard mouillé! Puissé-je gagner tant d'argent et mourir en si bonne réputation, que le peuple bénisse ma mémoire, comme il est vrai que je te poursuivrai partout, jusqu'à ce que je t'aie fait condamner par les magistrats. C'est aussi un joli garçon, que celui qui t'a si bien appris à vivre! Mufrius, notre maître, nous disait (car nous aussi, nous avons étudié); Mufrius nous disait : « Votre devoir est-il fini? allez tout droit à la maison, sans regarder autour de vous, sans injurier ceux qui sont plus âgés que vous, sans compter les échoppes : autrement, on ne parvient à rien. » Pour moi, je rends grâces aux dieux du savoir-faire qui m'a élevé au rang que j'occupe.

CHAPITRE LIX.

Ascylte commençait à répondre à ces invectives, quand Trimalchion, charmé de l'éloquence de son affranchi : — Laissez là, leur dit-il, les injures, et ne songez qu'à vous réjouir. Toi, Herméros, tu devrais épargner ce jeune homme : le sang lui bout dans les veines; montre-toi le plus raisonnable : dans ces sortes de combats, tout l'avantage est pour celui qui cède : lorsque tu venais d'être chaponné, *cocorico*, tu n'étais pas plus

natum non putat; nisi, si me judicas annulos buxeos curare, quos amicæ tuæ involasti. Occuponem propitium! eamus in forum, et pecunias mutuemur. Jam scies hoc ferrum fidem habere. Vah! bella res est, volpis uda! Ita lucrum faciam; et ita bene moriar, ut populus per exitum meum juret, nisi te, toga ubique perversa, fuero persecutus. Bella res et iste, qui te hæc docet! Mufrius nos magister (didicimus enim), docebat : « Sunt vestra salva? recta domum, cave, circumspicias; cave, majorem maledicas; haud numera mapalia. Aliter nemo dupondium evadit. » Ego, quod me sic vides, propter artificium meum diis gratias ago.

CAPUT LIX.

Cœperat Ascyltos respondere convicio, sed Trimalchio, delectatus coliberti eloquentia : — Agite, inquit, scordalias de medio; suaviter sit potius; et tu, Hermeros, parce adolescentulo : sanguen illi fervet, tu melior esto. *Semper in hac re qui vincitur, vincit.* Et tu, quum esses capo : coco, coco, æque cor non habebas. Simus

raisonnable que lui. Nous ferons bien mieux de reprendre notre humeur facile et joyeuse, en attendant les Homéristes. — Au même instant, une troupe de ces comédiens entra, en faisant retentir les boucliers du choc des lances : Trimalchion, pour les écouter, s'assied sur un carreau ; mais à peine les Homéristes eurent-ils commencé à déclamer des vers grecs, selon leur coutume, que, par un nouveau caprice, il se mit à lire à haute voix un livre latin. Puis bientôt, faisant faire silence : — Savez-vous, nous dit-il, quelle est la fable qu'ils représentent ? Diomède et Ganymède étaient deux frères; Hélène était leur sœur. Agamemnon l'enleva, et lui substitua une biche, pour être immolée à Diane. Ainsi Homère, dans ce poëme, nous raconte les combats des Troyens et des Parentins. Agamemnon fut vainqueur, et donna sa fille Iphigénie en mariage à Achille. Cette union fut cause qu'Ajax perdit la raison, comme on va vous l'expliquer tout à l'heure. — Trimalchion parlait encore, quand les Homéristes jetèrent un grand cri, et des valets accoururent, portant sur un plat immense un veau bouilli, qui avait un casque sur la tête. Derrière venait Ajax, qui, l'épée nue, et imitant les gestes d'un furieux, le découpa dans tous les sens ; puis, avec la pointe de son épée, en distribua successivement tous les morceaux aux convives émerveillés.

CHAPITRE LX.

Nous eûmes à peine le temps d'admirer sa dextérité ; car tout à coup le plancher supérieur vint à craquer avec un s

---

ergo, quod melius est, apprime mites, hilares, et Homeristas speremus. — Intravi. factio statim, hastisque scuta concrepuit : ipse Trimalchio in pulvino consedit, et quum Homeristæ græcis versibus colloquerentur, ut solent, insolenter ille canora voce latin. legebat librum. Mox, silentio facto : — Scitis, inquit, quam fabulam agant? Diomede. et Ganymedes duo fratres fuerunt : horum soror erat Helena. Agamemnon illam rapuit, et Dianæ cervam subjecit. Ita nunc Homerus dicit quemadmodum inter se pugnent Trojani et Parentini. Vicit scilicet, et Iphigeniam, filiam suam, Achilli dedit uxorem : ob eam rem Ajax insanit, et statim argumentum explicabit. — Hæc ut dixit Trimalchio, clamorem Homeristæ sustulerunt, interque familiam discurrentem vitulus, in lance decumana elixus, allatus est, et quidem galeatus. Secutus est Ajax, strictoque gladio, tanquam insaniret, concidit, ac modo versa, modo supina gesticulatus, mucrone frusta collegit, mirantibusque vitulum partitus est.

CAPUT LX.

Nec diu mirari licuit tam elegantes strophas ; nam repente lacunaria sonare cœperunt, totumque triclinium intremuit. Consternatus ego exsurrexi, et timui ne pe

grand bruit, que toute la salle du festin en trembla. Épouvanté, je me levai, dans la crainte que quelque danseur de corde ne tombât sur moi du plafond : les autres convives, non moins surpris, levèrent les yeux en l'air, pour voir quelle nouvelle apparition leur venait du ciel. Soudain, le lambris s'entr'ouvre, et un vaste cercle, se détachant de la coupole, descend sur nos têtes, et nous offre, dans son contour, des couronnes d'or, et des vases d'albâtre remplis de parfums. Invités à accepter ces présents, nous jetons les yeux sur la table, et nous la voyons couverte, comme par enchantement, d'un plateau garni de gâteaux : une figure de Priape, en pâtisserie, en occupait le centre ; selon l'usage, il portait une grande corbeille pleine de raisins et de fruits de toute espèce. Déjà nous étendions une main avide vers ce splendide dessert, quand un nouveau divertissement vint ranimer notre gaieté languissante : au plus léger toucher, de tous ces gâteaux, de tous ces fruits jaillissaient des flots de safran qui, nous sautant au visage, nous inondaient d'une liqueur incommode. Persuadés que ce Priape avait quelque chose de sacré, nous fîmes dévotement les libations d'usage, et, nous levant sur notre séant, nous criâmes : *Le ciel protége l'empereur, père de la patrie!* Après cet acte de religion, voyant quelques-uns des convives faire main basse sur les fruits, nous suivîmes leur exemple, moi surtout qui pensais ne pouvoir jamais en donner assez à mon cher Giton. Sur ces entrefaites, trois esclaves, vêtus de tuniques blanches, entrèrent dans la salle : deux d'entre eux posèrent sur la table des dieux Lares, qui avaient des bulles d'or suspen-

tectum petauristarius aliquis descenderet : nec minus reliqui convivæ mirantes erexere vultus, exspectantes quid novi de cœlo nuntiaretur. Ecce autem deductus lacunaribus subito circulus ingens, de cupa videlicet grandi excussus, demittitur, cujus per totum orbem coronæ aureæ, cum alabastris unguenti, pendebant. Dum hæc apophoreta jubemur sumere, respicimus ad mensam : jam illic repositorium cum placentis aliquot erat positum, quod medium Priapus, a pistore factus, tenebat, gremioque satis amplo omnis generis poma et uvas sustinebat, more vulgato. Avidius ad pompam manus porreximus, et repente nova ludorum remissio hilaritatem hic refecit. Omnes enim placentæ, omniaque poma, etiam minima vexatione contacta, cœperunt effundere crocum, et usque ad nos molestus humor accedere. Rati ergo sacrum esse fericulum, tam religioso apparatu perfusi, consurreximus altius, et Augusto, patri patriæ, Feliciter! diximus : quibusdam tamen, etiam post hanc venerationem, poma rapientibus, et ipsi iis mappas implevimus. Ego præcipue, qui nullo satis amplo munere putabam me onerare Gitonis sinum. Inter hæc tres pueri, candidas succincti tunicas, intra-

dués à leur cou ; le troisième, portant dans sa main une coupe pleine de vin, fit le tour de la table, et prononça à haute voix ces mots : *Aux dieux propices!* Or ces dieux, disait-il, s'appelaient Cerdon, Félicion et Lucron. On fit ensuite circuler une image très-ressemblante de Trimalchion ; et voyant que chacun la baisait à la ronde, nous n'osâmes nous dispenser d'en faire autant.

CHAPITRE LXI.

Dès que tous les convives se furent souhaité mutuellement la santé du corps et celle de l'esprit, Trimalchion, se tournant vers Nicéros, lui dit : — Vous que j'ai toujours vu à table un véritable boute-en-train, je ne sais pourquoi vous vous taisez aujourd'hui, et ne parlez pas même à voix basse. Voyons, pour me faire plaisir, racontez-nous quelqu'une de vos aventures. — Charmé de ce compliment amical, Nicéros répondit : — Que jamais je n'obtienne un sourire de la Fortune, si depuis longtemps je ne tressaille de joie à la vue du bonheur dont vous semblez jouir ! Livrons-nous donc sans contrainte à la gaieté. Je vais vous raconter une histoire, bien que je craigne d'être en butte aux sarcasmes de ces savants. A eux permis ; ils peuvent rire, cela ne m'ôtera pas une obole : mieux vaut laisser rire de soi que de rire des autres.

Ayant ainsi parlé. . . . .

il commença son récit en ces termes : — J'étais encore en ser-

---

verunt : quorum duo Lares bullatos super mensam posuerunt ; unus pateram vini circumferens, Dii propitii ! clamabat. Aiebat autem unum Cerdonem, alterum Felicionem, tertium Lucronem vocari. Nos etiam veram imaginem ipsius Trimalchionis, quum jam omnes basiarent, erubuimus præterire.

CAPUT LXI.

Postquam ergo omnes bonam mentem, bonamque valetudinem sibi optarunt, Trimalchio ad Nicerotem respexit ; et : — Solebas, inquit, suavius esse in convictu ; nescio quid nunc taces, nec mutis ? Oro te, sic felicem me videas, narra illud quod tibi usu venit. — Niceros delectatus affabilitate amici : — Omne me, inquit, lucrum transeat, nisi jamdudum gaudimonio dissilio, quod te talem video. Itaque hilaria mera sint, etsi timeo istos scholasticos, ne me derideant : viderint. Narrabo tamen ; quid enim mihi aufert, qui ridet ? Satius est rideri, quam deridere.

Hæc ubi dicta dedit. . . . .

talem fabulam exorsus est : — Quum adhuc servirem, habitabamus in vico angusto

vice, et nous habitions cette petite rue où est maintenant la maison de Gaville. Là, par la volonté des dieux, je tombai amoureux de la femme de Térence, le cabaretier. Vous avez tous connu Mélisse de Tarente; c'était bien le plus joli nid de baisers qui fût au monde. Toutefois, sur mon honneur, ce n'était point un amour charnel ou l'attrait du plaisir qui m'attachait à elle; c'étaient plutôt ses bonnes qualités. Jamais elle ne me refusait rien; elle allait au-devant de tous mes vœux. Je lui confiais mes petites économies, et je n'eus jamais à me repentir de ma confiance. Son mari mourut à la campagne. Alors, je me mis l'esprit à la torture pour inventer quelque moyen d'aller la rejoindre. C'est dans les circonstances critiques que l'on connaît ses véritables amis.

CHAPITRE LXII.

Par un heureux hasard, mon maître était allé à Capoue vendre quelques nippes d'assez bon débit. Profitant de cette occasion, je persuadai à notre hôte de m'accompagner jusqu'à cinq milles de là. C'était un soldat, brave comme Pluton. Nous nous mettons en route au premier chant du coq (la lune brillait, et on y voyait clair comme en plein midi). Chemin faisant, nous nous trouvâmes parmi des tombeaux. Soudain, voilà mon homme qui se met à conjurer les astres; moi, je m'assieds, et je fredonne un air, en comptant les étoiles. Puis, m'étant retourné vers mon compagnon, je le vis se

---

(nunc Gavillæ domus est) : ibi, quomodo dii volunt, amare cœpi uxorem Terentii cauponis : noveratis Melissam Tarentianam, pulcherrimum basioballum. Sed ego non, me Hercules! corporaliter, aut propter res venerarias curavi, sed magis, quod bene morata fuit. Si quid ab illa petii, nunquam mihi negatum fuit; si assem, si semissem habui, in illius sinum demandavi; nec unquam fefellit usum. Hujus contubernalis ad villam supremum diem obiit. Itaque per scutum, per ocream excogitavi, quemadmodum ad illam pervenirem : attamen in angustiis amici apparent.

CAPUT LXII.

Forte dominus Capuæ exierat ad scruta scita expedienda. Nactus ego occasionem, persuadeo hospitem nostrum, ut mecum ad quintum milliarium veniat : erat autem miles fortis, tanquam Orcus. Apoculamus nos circa gallicinia (luna lucebat, tanquam meridie), venimus inter monumenta. Homo meus cœpit ad stellas facere : sedeo cantabundus, et stellas numero. Deinde ut respexi ad comitem, ille exuit se, et omnia vestimenta secundum viam posuit. Mihi, en, anima in naso esse : stabam, tanquam

dépouiller de tous ses habits, qu'il déposa sur le bord de la route. Alors, la mort sur les lèvres, je restai immobile comme un cadavre. Mais jugez de mon effroi, quand je le vis pisser tout autour de ses habits, et, au même instant, se transformer en loup. Ne croyez pas que je plaisante; je ne mentirais pas pour tout l'or du monde. Mais où donc en suis-je de mon récit? m'y voici. Lorsqu'il fut loup, il se mit à hurler, et s'enfuit dans les bois. D'abord, je ne savais où j'étais; ensuite, je m'approchai de ses habits pour les emporter : ils étaient changés en pierres. Si jamais homme dut mourir de frayeur, c'était moi. Cependant, j'eus le courage de tirer mon épée, et j'en frappai l'air de toute ma force, pour écarter les malins esprits tout le long du chemin, jusqu'à la maison de ma maîtresse. Dès que j'en eus franchi le seuil, je faillis rendre l'âme : une sueur froide me coulait de tous les membres; mes yeux étaient morts, et l'on eut toutes les peines du monde à me faire revenir. Ma chère Mélisse me témoigna son étonnement de me voir arriver à une heure si avancée : « Si vous étiez venu plus tôt, me dit-elle, vous nous auriez été d'un grand secours; un loup a pénétré dans la bergerie, et a égorgé tous nos moutons : c'était une véritable boucherie. Mais, bien qu'il se soit échappé, il n'a pas eu à s'applaudir de son expédition; car un de nos valets lui a passé sa lance à travers le cou. » A ce récit, je vous laisse à penser si j'ouvris de grands yeux; et, comme le jour venait de paraître, je courus à toutes jambes vers notre maison, comme un marchand détroussé par des voleurs. Lorsque j'arrivai à l'endroit où j'avais laissé les vêtements changés en pierres, je n'y trouvai

---

mortuus. At ille circumminxit vestimenta sua, et subito lupus factus est. Nolite me jocari putare : ut mentiar, nullius patrimonium tanti facio. Sed quid, quod cœperam dicere? postquam lupus factus est, ululare cœpit, et in silvas fugit. Ego primitus nesciebam ubi essem : deinde accessi, ut vestimenta ejus tollerem : illa autem lapidea facta sunt. Quis mori timore, nisi ego? Gladium tamen strinxi, et, mota vi tota, umbras cecidi, donec ad villam amicæ meæ pervenirem. Ut januam intravi, pæne animam ebullivi : sudor mihi per bifurcum volabat : oculi mortui : vix unquam refectus sum. Melissa mea mirari cœpit, quod tam sero ambularem; et : — Si ante, inquit, venisses, saltem nobis adjutasses; lupus enim villam intravit, et omnia pecora : tanquam lanius sanguinem illis misit. Nec tamen derisit, etiamsi fugit; servus enim noster lancea collum ejus trajecit. Hæc ut audivi, aperire oculos amplius non potui, sed luce clara hac nostri domum fugi, tanquam caupo compilatus : et, postquam veni in illum locum in quo lapidea vestimenta erant facta, nihil inveni, nisi sanguinem.

que du sang. Mais, en entrant au logis, je trouvai mon soldat étendu sur un lit : il saignait comme un bœuf, et un médecin était occupé à lui panser le cou. Je reconnus alors que c'était un loup-garou; et, à dater de ce jour, on m'aurait assommé plutôt que de me faire manger un morceau de pain avec lui. Libre à ceux qui ne veulent pas me croire d'en penser ce qu'ils voudront; mais, si je mens, que les génies qui veillent sur vous m'accablent de leur colère!

CHAPITRE LXIII.

Ce récit nous laissa tous saisis d'étonnement : — Je vous crois, dit Trimalchion, et votre histoire m'a tellement frappé, que les cheveux m'en ont dressé sur la tête. Je connais Nicéros, mes amis; il ne s'amuserait point à nous débiter des sornettes; ce n'est point un hâbleur, et il mérite toute votre confiance. Je vais moi-même vous raconter quelque chose d'horrible et d'aussi extraordinaire que de voir un âne marcher sur un toit. Je portais encore une longue chevelure (car, dès mon enfance, j'ai toujours mené une vie voluptueuse), quand Iphis, mes plus chères délices, vint à mourir : c'était, sur ma parole, un vrai bijou, un enfant charmant, ayant tout pour lui. Tandis que sa pauvre mère s'abandonnait à sa douleur, et que nous étions plusieurs auprès d'elle occupés à la consoler, tout à coup des sorcières firent entendre au dehors un bruit semblable à celui de chiens qui poursuivent un lièvre. Nous avions alors parmi nous un Cappadocien, homme de haute taille et d'un courage

---

Ut vero domum veni, jacebat miles meus in lecto, tanquam bovis, et collum illius medicus curabat. Intellexi illum versipellem esse, nec postea cum illo panem gustare potui; non, si me occidisses. Viderint, qui de hoc aliter exopinassent : ego, si mentior, genios vestros iratos habeam.

CAPUT LXIII.

Attonitis admiratione universis : — Salvo, inquit, tuo sermone, Trimalchio, si qua fides est, ut mihi pili inhorruerunt; quia scio Nicerotem nihil nugarum narrare. Immo certus est, et minime linguosus; nam et ipse vobis rem horribilem narrabo. Asinus in tegulis. Quum adhuc capillatus essem (nam a puero vitam chiam gessi), Iphis nostri delicatus decessit, me Hercules! margaritum, egregius, et omnium numerum. Quum ergo illum mater misella plangeret, et nos tum plures in tristimonio essemus, subito strigæ cœperunt; putares canem leporem persequi. Habebamus tunc hominem Cappadocem, longum, valde audaculum, et qui valebat Jovem iratum tol-

à toute épreuve : il eût attaqué Jupiter armé de sa foudre. Tirant donc son sabre d'un air résolu, et roulant avec soin son manteau autour de son bras gauche, il sort en courant de la maison, rencontre une de ces sorcières, et lui passe son épée au travers du corps, comme qui dirait ici (que les dieux préservent ce que je touche!). Un gémissement frappa nos oreilles; mais, pour ne pas mentir, nous ne vîmes pas les sorcières. En rentrant, notre brave se jeta sur un lit : tout son corps était couvert de taches livides, comme s'il eût été battu de verges; c'est qu'il avait été touché par une *mauvaise main*. Nous fermons la porte, et nous reprenons auprès du défunt nos tristes fonctions; mais, au moment où la mère se jetait sur le corps de son fils pour l'embrasser, ô surprise! elle ne voit, elle ne touche qu'une espèce de mannequin rempli de paille, qui n'avait ni cœur ni entrailles, enfin rien d'humain. Sans doute les sorcières avaient emporté l'enfant, et lui avaient substitué ce vain simulacre. Dites-moi, je vous prie, si l'on peut, d'après cela, nier l'existence de ces femmes habiles dans les maléfices, qui, pendant la nuit, mettent tout sens dessus dessous. Cependant notre grand Cappadocien ne recouvra jamais sa couleur naturelle; et même, à quelques jours de là, il mourut frénétique.

CHAPITRE LXIV.

Notre étonnement redouble avec notre crédulité; et, baisant religieusement la table, nous conjurons les sorcières de rester

lere. Hic audacter, stricto gladio, extra ostium præcucurrit, involuta manu sinistra curiose, et mulierem, tanquam hoc loco (salvum sit, quod tango), mediam trajecit. Audimus gemitum ; et (plane non mentiar) ipsas non vidimus. Baro autem noster introversus se projecit in lectum, et corpus totum lividum habebat, quasi flagellis cæsus, quod scilicet illum tetigerat mala manus. Nos, clauso ostio, redimus iterum ad ofticium ; sed, dum mater amplexaret corpus filii sui, tangit; et videt manuciolum de stramentis factum : non cor habebat, non intestina, non quidquam : scilicet jam strigæ puerum involaverant, et supposuerant stramentitium vavatonem. Rogo vos, oportet, credatis, sunt mulieres plures sciæ; sunt nocturnæ, et quod sursum est, deorsum faciunt. Ceterum Baro ille longus, post hoc factum, nunquam coloris sui fuit; immo, post paucos dies phreneticus periit.

CAPUT LXIV.

Miramur nos, et pariter credimus, osculatique mensam, rogamus nocturnas ut suis se teneant, dum redimus a cœna. Et sane jam lucernæ mihi plures videbantur

chez elles, et de ne pas nous troubler dans notre retour au logis. Déjà, tant j'étais ivre, je voyais se multiplier à l'infini le nombre des lumières, et toute la salle du festin changer d'aspect, lorsque Trimalchion dit à Plocrime : — En vérité, je ne te conçois pas, tu ne nous racontes rien ; tu ne dis rien pour nous amuser. Cependant, je t'ai connu un aimable convive ; tu chantais à ravir, tu nous déclamais des dialogues en vers ! hélas ! le charme de nos desserts s'en est allé. — Il est vrai, répondit Plocrime, que j'ai bien enrayé depuis que je suis devenu goutteux. Autrefois, quand j'étais jeune, je chantais jusqu'à m'en rendre poitrinaire ! Et la danse ! et les scènes de comédie ! et les tours de force ! je n'avais pas mon pareil pour tout cela, si ce n'est Apellète. — A ces mots, mettant sa main sur sa bouche, il nous fit entendre un horrible sifflement, qu'il nous dit ensuite être une imitation des Grecs. Trimalchion, à son tour, après avoir essayé de contrefaire les joueurs de flûte, se tourna vers l'objet de ses amours, qu'il appelait Crésus. C'était un petit esclave chassieux, qui avait les dents toutes sales ; il s'amusait alors à envelopper d'un ruban vert une petite chienne noire, et grasse à faire peur. Ayant posé sur son lit un pain d'une demi-livre, il le faisait avaler, bon gré mal gré, à la pauvre bête. Cela fut cause que Trimalchion, se souvenant de Scylax, le gardien de sa maison et de sa famille, ordonna de l'amener. L'instant d'après, nous vîmes entrer un chien d'une taille énorme : il était enchaîné ; mais un coup de pied du portier l'avertit de se coucher, et il s'étendit devant la table. Trimalchion lui jeta du pain blanc en disant : — Il n'y a personne

ardere, totumque triclinium esse mutatum, quum Trimalchio, — Tibi dico, inquit, Plocrime, nihil parras? nihil nos delectaris? et solebas suavis esse, canturire belle, diverbia adjicere melica. Heu! heu! abistis, dulces caricæ. — Jam, inquit ille, quadrigæ meæ decucurrerunt, ex quo podagricus factus sum : alioquin, quum essem adolescentulus, cantando pæne phthisicus factus sum. Quid saltare? quid diverbia? quid histrioniam? quem parem habui, nisi unum Apelletem? — Appositaque ad nos manu, nescio quid tetrum exsibilavit, quod postea græcum esse affirmabat : nec non Trimalchio ipse, quum tubicines esset imitatus, ad delicias suas respexit, quem Crœsum appellabat. Puer autem lippus, sordidissimus dentibus, catellam nigram atque indecenter pinguem prasina involvebat fascia, panemque semissem ponebat supra torum, atque hac, nausea recusantem, saginabat. Quo admonitus officio Trimalchio Scylacem jussit adduci, præsidium domus familiæque. Nec mora, ingentis formæ adductus est canis, catena vinctus ; admonitusque ostiarii calce, ut cubaret, ante men-

dans ma maison qui m'aime plus que cet animal. — Crésus, piqué des louanges prodiguées à Scylax, pose sa chienne à terre, et l'agace de toutes ses forces contre lui. Alors Scylax, selon l'instinct de sa race, remplit toute la salle du bruit de ses horribles aboiements, et faillit mettre en pièces la Perle (c'était le nom de la chienne de Crésus); mais le tumulte ne se borna pas à cette querelle, car un des lustres tomba sur la table, et, brisant tous les vases qui s'y trouvaient, couvrit d'huile bouillante quelques-uns des convives. Trimalchion, pour ne pas paraître affecté de cette perte, embrassa son mignon, et lui ordonna de grimper sur son dos. Aussitôt fait que dit : Crésus enfourche sa monture, et lui frappe du plat de la main sur les épaules; puis, ouvrant les doigts de l'autre main, il s'écrie en riant : — Cornes! cornes! combien sont-elles? — Trimalchion, après avoir subi pendant quelque temps cette espèce de pénitence, donna l'ordre de remplir de vin un grand vase, et d'en verser à tous les esclaves qui étaient assis à nos pieds, avec cette restriction : — Si quelqu'un d'entre eux, dit-il, refusait de boire, qu'on lui jette le vin sur la tête : je suis sévère pendant le jour; mais maintenant, vive la joie !

CHAPITRE LXV.

Après cet acte de familiarité, on servit les mattées, dont le souvenir seul, vous pouvez m'en croire, me soulève encore le

sam se posuit. Tum Trimalchio, jactans candidum panem, — Nemo, inquit, in domo mea me plus amat. — Indignatus puer, quod Scylacem tam effuse laudaret, catellam in terram deposuit, hortatusque ut ad rixam properaret : Scylax, canino scilicet usus ingenio, teterrimo latratu triclinium implevit, Margaritamque Crœsi pæne laceravit. Nec intra rixam tumultus constitit, sed candelabrum etiam supra mensam eversum, et vasa omnia crystallina comminuit, et oleo ferventi aliquot convivas respersit. Trimalchio, ne videretur jactura motus, basiavit puerum, ac jussit supra dorsum ascendere suum. Non moratur ille, usus equo, manuque plana scapulas ejus subinde verberavit, interque risum proclamavit : — Buccæ! buccæ! quot sunt hic? — Repressus ergo aliquandiu Trimalchio camellam grandem jussit misceri, et potiones dividi omnibus servis, qui ad pedes sedebant, adjecta exceptione : — Si quis, inquit, noluerit accipere, caput illi perfunde. Interdiu severa, nunc hilaria.

CAPUT LXV.

Hanc humanitatem insecutæ sunt matteæ, quarum etiam recordatio me, si qua est dicenti fides, offendit. Singulæ enim gallinæ altiles pro turdis circumlatæ sunt,

cœur : car, au lieu de grives, on offrit à chacun de nous une poularde grasse, des œufs d'oie chaperonnés ; et Trimalchion nous pria avec beaucoup d'instances d'y goûter, assurant que les poulardes étaient désossées. Nous en étions là du festin, lorsqu'un licteur frappa à la porte, et un nouveau convive, vêtu d'une robe blanche, entra dans la salle, suivi d'un nombreux cortége. Saisi d'une crainte respectueuse à l'aspect de ce personnage, je crus que c'était le préteur. Dans cette pensée, j'allais me lever et descendre pieds nus sur le carreau. Mais Agamemnon, riant de mon empressement : — Fou que vous êtes, me dit-il, ne vous dérangez pas ; ce n'est rien ; c'est le sévir Habinnas, marbrier de son métier, et qui passe pour un habile ouvrier en fait de tombeaux. — Rassuré par ces paroles, je me remis les coudes sur la table, non sans toutefois admirer l'entrée majestueuse du sévir. Il était déjà entre deux vins, et, pour se soutenir, s'appuyait sur l'épaule de sa femme ; de son front, orné de plusieurs couronnes, coulaient des ruisseaux de parfums qui lui tombaient sur les yeux. Il se mit sans façon à la place d'honneur, et sur-le-champ demanda du vin et de l'eau chaude. Charmé de son bachique enjouement, Trimalchion demanda aussi une plus grande coupe, et s'informa d'Habinnas comment on l'avait traité dans la maison d'où il sortait. — Nous avons eu tout à souhait, répondit-il : il ne nous manquait que vous ; car mon cœur était ici. Du reste, je vous jure, tout s'est très-bien passé. Scissa célébrait avec magnificence la neuvaine de Misellus, un de ses esclaves, qu'il n'avait affranchi qu'à l'article de la mort : outre l'impôt du vingtième qu'il y

---

et ova anserina pileata, quæ ut comessemus, ambitiosissime a nobis Trimalchio petiit, dicens exossatas esse gallinas. Inter hæc triclinii valvas lictor percussit, amictusque veste alba, cum ingenti frequentia commissator intravit. Ego, majestate conterritus, prætorem putabam venisse. Itaque tentavi assurgere, et nudos pedes in terram deferre. Risit hanc trepidationem Agamemnon, et : — Contine te, inquit, homo stultissime : Habinnas sevir est, idemque lapidarius qui videtur monumenta optime facere. — Recreatus hoc sermone, reposui cubitum, Habinnamque intrantem cum admiratione ingenti spectabam. Ille autem, jam ebrius, uxoris suæ humeris imposuerat manus, oneratusque aliquot coronis, et unguento per frontem in oculos fluente, prætorio loco se posuit, continuoque vinum et caldam poposcit. Delectatus hac Trimalchio hilaritate, et ipse capaciorem poposcit scyphum, quæsivitque quomodo acceptus esset. — Omnia, inquit, habuimus præter te ; oculi enim mei hic erant : et, me Hercules ! bene fuit. Scissa lautam novendialem servo suo Misello faciebat, quum mortuum

gagne, il a trouvé, je pense, une bonne succession; car on n'estime pas à moins de cinquante mille écus les biens du défunt. Toutefois, nous avons fait un repas très-agréable, quoiqu'il nous ait fallu verser sur ses os la moitié de notre vin.

CHAPITRE LXVI.

Mais enfin que vous a-t-on servi? reprit Trimalchion. — Je vais vous le dire, si je puis; car j'ai si bonne mémoire qu'il m'arrive souvent d'oublier mon propre nom. Nous avons eu d'abord, au premier service, un porc couronné de boudins, et entouré de saucisses, des gésiers très-bien accommodés, des citrouilles, et du pain bis de ménage, que je préfère au pain blanc, parce qu'il est fortifiant, laxatif, et me fait aller où vous savez sans douleur. Le second service se composait d'une tarte froide, arrosée d'un miel d'Espagne chaud et délicieux : aussi je n'ai pas touché à la tarte; quant au miel, je m'en suis léché les doigts. Alentour étaient des pois chiches, des lupins, des noix à foison, mais seulement une pomme pour chaque convive; cependant j'en ai pris deux; et, tenez, les voici roulées dans ma serviette : car si je n'apportais quelque petit cadeau de ce genre à mon esclave favori, il y aurait du bruit à la maison. Mais ma femme me fait souvenir d'un mets que j'allais oublier. On servit devant nous un morceau d'ourson, et Scintilla en ayant goûté sans savoir ce que c'était, faillit

---

manumiserat : et, puto, cum vicesimariis magnam mantissam habet. Quinquaginta enim millibus æstimant mortuum. Sed tamen suaviter fuit, etiamsi coacti sumus dimidias potiones super ossicula ejus effundere.

CAPUT LXVI.

Tamen, inquit Trimalchio, quid habuistis in cœnam?—Dicam, inquit, si potuero : nam tam bonæ memoriæ sum, ut frequenter nomen meum obliviscar. Habuimus tamen in primo porcum, botulo coronatum, et circa lucanicam, et gigeria optime facta, et cucurbitam, et panem autopyrum de suo sibi, quem ego malo quam candidum; et vires facit, et, quum meæ rei causa facio, non ploro. Sequens ferculum fuit scriblita frigida, et supra mel caldum infusum excellens et hispanum : itaque de scriblita quidem non minimum edi; de melle me usque tetigi. Circa cicer et lupinum, calvæ arbitratu, et mala singula; ego tamen duo sustuli, et ecce in mappa alligata habeo : nam, si aliquid muneris meo vernulæ non tulero, habebo convicium. Bene me admonet domina mea. In prospectu habuimus ursinæ frustum, de quo quum impru-

vomir jusqu'à ses entrailles : pour moi, j'en ai mangé plus d'une livre, car il avait un fumet de sanglier à s'y méprendre. En effet, me disais-je, si les ours mangent les hommes, à plus forte raison les hommes doivent manger les ours. Enfin, nous avons eu un fromage mou, du vin cuit, quelques escargots, des tripes hachées, des foies en caisses, des œufs chaperonnés, des raves, de la moutarde, un petit plat de coquillages, des biscuits, une couple de jeunes thons ; on fit aussi circuler, dans une petite nacelle, des olives marinées, que quelques convives nous disputèrent grossièrement à coups de poing : quant au jambon, nous le renvoyâmes sans y toucher.

CHAPITRE LXVII.

Mais dites-moi, Gaïus, je vous prie, pourquoi Fortunata n'est-elle pas des nôtres? — Pourquoi? ne la connaissez-vous pas? Elle ne boirait pas même un verre d'eau avant d'avoir serré l'argenterie et distribué aux esclaves la desserte du repas. — Je le sais; mais si elle ne se met pas à table, je vais me retirer. — Et, en effet, il faisait déjà le geste de se lever, lorsqu'à un signal donné par leur maître, tous les esclaves se mirent à appeler Fortunata à trois et quatre reprises. Elle arriva enfin. Sa robe, retroussée par une ceinture vert-pâle, laissait apercevoir en dessous sa tunique couleur cerise, ses jarretières en torsade d'or et ses mules ornées de broderies du même métal. Après avoir essuyé ses mains au mouchoir

---

dens Scintilla gustasset, pæne intestina sua vomuit. Ego contra plus libram comedi, nam ipsum aprum sapiebat. Et si, inquam, ursus humuncionem comest, quanto magis humuncio debet ursum comesse. In summo habuimus caseum mollem, et sapam, et cochleas singulas, et chordæ frusta, et hepatia in catillis, et ova pileata, et rapam, et sinapi, et catillum concharum et par pelamidum ; etiam in alveo circumlata sunt oxycomitra, unde quidam etiam improbiter nos pugno sustulerunt : nam pernæ missionem dedimus.

CAPUT LXVII.

Sed narra mihi, Gai, rogo, Fortunata quare non recumbit? — Quomodo? nosti illam, inquit Trimalchio; nisi argentum composuerit, nisi reliquias pueris diviserit, aquam in os suum non conjiciet. — Atqui, respondit Habinnas, nisi illa discumbit, ego me apoculo. — Et cœperat surgere, nisi, signo dato, Fortunata quater amplius a tota familia esset vocata. Venit ergo galbino succincta cingillo, ita ut infra cerasina appareret tunica, et periscelides tortæ, phæcasiaque inauratæ. Tunc sudario manus

qu'elle portait autour du cou, elle se plaça sur le même lit qu'occupait l'épouse d'Habinnas, Scintilla, qui lui en témoigna sa satisfaction. Fortunata l'embrassa et lui dit : — Quel bonheur de vous voir! — Ensuite elles en vinrent à un tel degré d'intimité, que Fortunata, détachant de ses gros bras les bracelets dont ils étaient ornés, les offrit à l'admiration de Scintilla. Enfin elle ôta jusqu'à ses jarretières; elle ôta même le réseau de sa coiffure qu'elle assura être filé de l'or le plus pur. Trimalchion, qui le remarqua, fit apporter tous les bijoux de sa femme. — Voyez, dit-il, quel est l'attirail d'une femme! c'est ainsi que nous nous dépouillons pour elles, sots que nous sommes! Ces bracelets doivent peser six livres et demie; j'en ai moi-même un de dix livres que j'ai fait faire avec les millièmes voués à Mercure. — Et, pour nous montrer qu'il n'en imposait pas, il fit apporter une balance, et tous les convives furent forcés de vérifier le poids de chacun de ces bracelets. Scintilla, non moins vaine, détache de son cou une cassolette d'or, à laquelle elle donnait le nom de *Felicion*, et en tire deux pendants d'oreille, qu'elle fait à son tour admirer à Fortunata. — Grâce à la générosité de mon mari, personne, dit-elle, n'en a de plus beaux. — Parbleu! dit Habinnas, ne m'as-tu pas ruiné de fond en comble pour t'acheter ces babioles de verre? Certes, si j'avais une fille, je lui ferais couper les oreilles. S'il n'y avait pas de femmes au monde, nous mépriserions tout cela comme de la boue; mais toutes nos remontrances n'y font que de l'eau claire. — Cependant, les deux

tergens, quod in collo habebat, applicat se illi toro, in quo Scintilla Habinnæ discumbebat uxor, osculataque plaudentem : — Est te, inquit, videre? — Eo deinde perventum est, ut Fortunata armillas suas crassissimis detraheret lacertis, Scintillæque miranti ostenderet. Ultimo et periscelides resolvit, et reticulum aureum, quem ex obrussa esse dicebat. Notavit hæc Trimalchio, jussitque afferri omnia; et : — Videtis, inquit, mulieris compedes! Sic nos baceli despoliamur. Sex pondo et selibram debet habere, et ipse nihilominus habeo decem pondo armillam, ex millesimis Mercurii factam. — Ultimo etiam, ne mentiri videretur, stateram jussit afferri, et circulatim approbari pondus. Nec melior Scintilla; quæ de cervice sua capsellam detraxit aureolam, quam Felicionem appellabat : inde duo crotalia protulit, et Fortunatæ in vicem consideranda dedit; et : — Domini, inquit, mei beneficio nemo habet meliora. — Quid? inquit Habinnas, excatarizasti me, ut tibi emerem fabam vitream. Plane, si filiam haberem, auriculas illi præciderem. Mulieres si non essent, omnia hæc pro luto haberemus; nunc hoc est caldum meiere, et frigidum potare. — Interim mulieres sauciæ inter se riserunt, ebriæque

6.

amies, déjà étourdies par le vin, se mettent à rire entre elles, et, dans leur ivresse, se jettent au cou l'une de l'autre. Scintilla vante les soins diligents que Fortunata donne à son ménage; Fortunata, le bonheur de Scintilla et les bons procédés de son mari. Mais, tandis qu'elles se tiennent ainsi étroitement embrassées, Habinnas se lève en tapinois; et, saisissant Fortunata par les pieds, lui fait faire la culbute sur le lit. — Ah! ah! s'écria-t-elle, en voyant ses jupons retroussés par-dessus ses genoux. Soudain elle se rajuste; et, se jetant dans les bras de Scintilla, cache sous son mouchoir un visage que la rougeur rendait encore plus laid.

CHAPITRE LXVIII.

Quelques instants après, Trimalchion ordonna de servir le dessert. Les esclaves enlevèrent aussitôt toutes les tables, et en apportèrent de nouvelles; ensuite, ils répandirent sur le plancher de la sciure de bois teinte avec du safran et du vermillon, et, ce que je n'avais encore vu nulle part, de la pierre spéculaire réduite en poudre. Alors Trimalchion : — J'aurais pu, nous dit-il, me contenter de ce service, car vous avez devant vous les secondes tables; mais s'il y a quelques friandises, qu'on nous les apporte. — Sur ces entrefaites, un esclave égyptien qui servait de l'eau chaude se mit à imiter le chant du rossignol; mais bientôt Trimalchion ayant crié : — Un autre! — la scène change. — Un

---

junxerunt oscula : dum altera diligentiam matrisfamiliæ jactat, altera delicias et indulgentiam viri. Dumque sic cohærent, Habinnas furtim consurrexit, pedesque Fortunatæ correctos super lectum immisit. Ah! ah! illa proclamavit, aberrante tunica super genua. Composita ergo, in gremio Scintillæ, indecentissimam rubore faciem sudario abscondit.

CAPUT LXVIII.

Interposito deinde spatio, quum secundas mensas Trimalchio jussisset afferri, sustulerunt servi omnes mensas, et alias attulerunt, scobemque croco et minio tinctam sparserunt, et, quod nunquam ante videram, ex lapide speculari pulverem tritum. Statim Trimalchio : — Poteram quidem, inquit, hoc ferculo esse contentus : secundas enim habetis mensas; si quid belli habes, affer. — Interim puer alexandrinus, qui caldam ministrabat, luscinias cœpit imitari; clamante Trimalchione subinde : —

esclave qui était couché aux pieds d'Habinnas, sans doute par l'ordre de son maître, déclama d'une voix de Stentor les vers suivants :

La flotte des Troyens, sur la plaine liquide,
Suit le chemin tracé par le ciel qui la guide.

Jamais sons plus aigres n'écorchèrent mes oreilles ; car, outre que le barbare haussait ou baissait de ton, toujours à contretemps, il mêlait à son récit des vers empruntés aux farces atellanes ; si bien que, grâce à lui, Virgile me déplut pour la première fois. Enfin, n'en pouvant plus, il s'arrêta. — Et cependant, nous dit Habinnas, croiriez-vous qu'il n'a jamais rien appris? seulement je l'ai envoyé quelquefois entendre les bateleurs ; c'est ainsi qu'il s'est formé. Aussi n'a-t-il pas son pareil, quand il veut contrefaire les muletiers ou les charlatans. Mais c'est surtout dans les cas urgents que brille son génie. Il est à la fois cordonnier, cuisinier, pâtissier ; enfin c'est un homme universel. Il n'a que deux petits défauts, et c'est bien dommage, car sans cela ce serait un garçon accompli : il est circoncis, et il ronfle comme un sabot ; il est vrai qu'il louche aussi un peu. Mais qu'importe? c'est le regard de Vénus ; c'est pour cela qu'il me plaît. En considération de ce prétendu défaut dans la vue, je ne l'ai payé que trois cents deniers.

Muta! — ecce alius ludus. Servus, qui ad pedes Habinnæ sedebat, jussus, credo, a domino suo, proclamavit subito canora voce :

— Interea medium Æneas jam classe tenebat,
Certus iter. . . . . . .

Nullus sonus unquam acidior percussit aures meas : nam, præter errantis barbarie aut adjectum, aut diminutum clamorem, miscebat atellanicos versus ; ut tunc primum me et Virgilius offenderit. Lassus tamen quum aliquando desisset, adjecit Habinnas : — Et nunquam didicit! Sed modo, ad circulatores eum mittendo, erudiebatur ; itaque parem non habet, sive muliones volet, sive circulatores imitari. Desperatus valde ingeniosus est : idem sutor est, idem cocus, idem pistor, omnis Musæ mancipium. Duo tamen vitia habet, quæ si non haberet, esset omnium numerum : recutitus est, et stertit ; nam quod strabonus est, non curo : sicut Venus, spectat ; ideo mihi placet. Ex oculo mortuo illum emi trecentis denariis.

CHAPITRE LXIX

Scintilla, interrompant son mari : — Vous ne nous parlez pas de tous les métiers que fait ce scélérat d'esclave : il est aussi votre mignon ; mais je ferai en sorte qu'il porte la marque de son infamie. — Trimalchion se prit à rire. — Je reconnais bien là, dit-il, le Cappadocien : il ne se refuse rien ; et, certes, ce n'est pas moi qui l'en blâmerai, car il n'a pas son pareil. Pour vous, Scintilla, ne vous montrez pas si jalouse. Croyez-en un vieux renard qui vous connait bien, vous autres femmes. Puissiez-vous me voir toujours sain et sauf, comme il est vrai que je m'escrimais souvent avec Mamméa, la femme de mon maître ; au point que celui-ci, qui en eut soupçon, me relégua dans une de ses métairies. Mais chut ! j'en ai déjà trop dit. — Prenant cela pour un éloge, le maraud de valet tira de sa robe une espèce de cornet à bouquin, et, pendant plus d'une demi-heure, il imita les joueurs de flûte. Habinnas, la main posée sur sa lèvre inférieure, l'accompagnait en sifflant. Enfin cet esclave en vint à ce point d'impertinence, que, s'avançant au milieu de la salle, tantôt, avec des roseaux fendus, il parodiait les musiciens ; tantôt, couvert d'une casaque et le fouet à la main, à ses discours, à ses gestes, on eût dit un muletier. Cela dura jusqu'au moment où Habinnas, l'appelant auprès de lui, l'embrassa et lui offrit à boire, en disant : — De mieux en mieux, Massa ! je te fais présent d'une paire de bottines. — Nous n'eussions pas vu le terme de toutes

CAPUT LXIX.

Interpellavit loquentem Scintilla ; et : — Plane, inquit, non omnia artificia servi nequam narras: agapa est ; at curabo stigmam habeat. — Risit Trimalchio ; et : — Adcognosco, inquit, Cappadocem : nihil sibi defraudat, et me Hercules ! laudo illum ; huic enim nemo par extat : tu autem, Scintilla, noli zelotypa esse. Crede mihi, et vos novimus. Sic me salvum habeatis, ut ego sic solebam ipsam Mammeam debatuere, ut etiam dominus suspicaretur, et ideo me in villicationem relegavit. Sed tace, lingua, dabo panem. — Tanquam laudatus esset nequissimus servus, lucernam de sinu fictilem protulit, et amplius semihora tubicines imitatus est, succinente Habinna, et inferius labrum manu deprimente. Ultimo, et in medium processit, et modo arundinibus quassis choraulas imitatus est, modo lacernatus cum flagello mulionum fata egit ; donec vocatum ad se Habinnas basiavit, potionemque illi porrexit ; et : — Tanto melior, inquit, Massa, dono tibi caligas. — Nec ullus tot malorum finis fuisset,

ces pauvretés, si l'on n'eût enfin apporté le dernier service, composé d'un pâté de grives, de raisins secs et de noix confites. Ensuite vinrent des coings lardés de clous de girofle qui ressemblaient à des hérissons. Tout cela était encore supportable; mais voilà qu'on nous sert un nouveau plat si monstrueux, que nous eussions mieux aimé mourir de faim que d'y goûter. Chacun de nous eût juré que c'était une oie grasse entourée de poissons et d'oiseaux de toute espèce. Trimalchion nous détrompa en disant : — Tout ce que vous voyez dans ce plat est fait de la chair d'un seul animal. — Pour moi, en homme expérimenté, je crus deviner sur-le-champ ce que c'était; et me tournant vers Agamemnon : — Je suis bien trompé, si tout cela n'est pas artificiel, ou fait de terre cuite : j'ai vu à Rome, pendant les Saturnales, des festins entiers représentés de la même manière.

CHAPITRE LXX.

Je n'avais pas fini de parler, quand Trimalchion ajouta : — Puissé-je voir s'augmenter, non pas mon embonpoint, mais mon patrimoine, comme il est vrai que mon cuisinier a fait tout cela avec de la chair de porc! Je ne crois pas qu'il existe au monde un homme plus précieux. Voulez-vous qu'il vous fasse du ventre d'une truie un poisson, une colombe avec le lard, une tourterelle avec le jambon, une poule avec les intestins? vous n'avez qu'à parler. Aussi, j'ai imaginé pour lui

---

nisi epidipnis esset allata, turdi siligine, uvis passis, nucibusque farsi. Insecuta sunt cydonia etiam mala, spinis confixa, ut echinos efficerent; et hæc quidem tolerabilia erant, si non fericulum longe monstruosius effecisset, ut vel fame perire mallemus. Nam, quum positus esset, ut nos putabamus, anser altilis, circaque pisces, et omnium genera avium, inquit Trimalchio : — Quidquid videtis hic positum, de uno corpore est factum. — Ego, scilicet homo prudentissimus, statim intellexi quid esset; et respiciens Agamemnonem, — Mirabor, inquam, nisi omnia ista delicta sunt, aut certe de luto : vidi Romæ Saturnalibus ejusmodi cœnarum imaginem fieri.

CAPUT LXX.

Necdum finieram sermonem, quum Trimalchio ait : — Ita crescam patrimonio, non corpore, ut ista cocus meus de porco fecit. Non potest esse pretiosior homo. Volueris : de vulva faciet piscem, de lardo palumbum, de perna turturem, de coliphio gallinam; et ideo, ingenio meo, impositum est illi nomen bellissimum : nam Dæ-

un nom superbe : je l'ai appelé Dédale. Et pour récompenser son mérite, je lui ai fait venir de Rome des couteaux d'acier de Norique. — Et sur-le-champ il se fit apporter ces couteaux, les contempla avec admiration, et nous donna la permission d'en essayer le tranchant sur nos joues. Dans le même instant, entrèrent deux esclaves qui faisaient semblant de s'être pris de querelle à la fontaine; en effet, ils portaient encore des cruches suspendues à leur cou. Ce fut en vain que Trimalchion voulut prononcer sur leur différend, ils refusèrent de se soumettre à sa sentence ; mais chacun d'eux frappa de son bâton la cruche de son adversaire. Stupéfaits de l'insolence de ces ivrognes, nous regardions attentivement leur combat, lorsque nous vîmes tomber de leurs cruches brisées des huîtres et des pétoncles qu'un esclave recueillit sur un plat et nous offrit à la ronde. L'habile cuisinier, pour égaler cette ingénieuse magnificence, nous apporta des escargots sur un gril d'argent, en accompagnant cette action des sons affreux de sa voix chevrotante. J'ai honte de rapporter les détails suivants. Par un raffinement inouï jusqu'alors, des esclaves à longue chevelure apportèrent des parfums dans un bassin d'argent, en frottèrent les pieds des convives, après leur avoir d'abord entrelacé les jambes de guirlandes depuis la cuisse jusqu'au talon. Ensuite ils versèrent le surplus de ces parfums liquides dans les amphores à vin et dans les lampes. Déjà Fortunata avait commencé à figurer quelques danses, et Scintilla, trop ivre pour parler, l'applaudissait du geste, lorsque Trimalchion s'écria : — Philargyre, et toi, Carrion, qui

dalus vocatur. Et quia bonam mentem habet, attuli illi Roma munus cultros norico ferro ; — quos statim jussit afferri, inspectosque miratus est, etiam nobis potestatem fecit, ut mucronem ad buccam probaremus. Subito intraverunt duo servi, tanquam qui rixam ad lacum fecissent; certe in collo adhuc amphoras habebant. Quum ergo Trimalchio jus inter litigantes diceret, neuter sententiam tulit decernentis ; sed alter alterius amphoram fuste percussit. Consternati nos insolentia ebriorum, intentavimus oculos in prœliantes, notavimusque ostrea, pectinesque e testis labentia, quæ collecta puer lance circumtulit. Has lautitias æquavit ingeniosus cocus : in craticula enim argentea cochleas attulit, et tremula, teterrimaque voce cantavit. Pudet referre quæ sequuntur : inaudito enim more, pueri capillati attulerunt unguentum in argentea pelvi, pedesque recumbentium unxerunt, quum ante crura, pedesque, talosque corollis vinxissent. Hinc ex eodem unguento in vinarium atque lucernam liquatum est infusum. Jam cœperat Fortunata velle saltare : jam Scintilla frequentius plaudebat,

es un des plus fameux champions de la faction verte, je vous permets de vous mettre à table. Minophile, dis à ta femme qu'elle s'y mette aussi. — Il dit; et soudain toute la valetaille de la maison envahit la salle du festin; peu s'en fallut qu'ils ne nous renversassent de nos lits pour s'en emparer. Ce même cuisinier, qui d'un porc avait fait une oie, s'était placé au-dessus de moi; je le reconnus aussitôt à l'odeur fétide de saumure et de sauce qu'il exhalait. Non content d'être à table, il se mit aussitôt à parodier le tragédien Éphésus, et voulut ensuite gager contre son maître que, s'il était de la faction verte, il remporterait le premier prix à la prochaine course du cirque.

CHAPITRE LXXI.

Charmé de ce défi, Trimalchion nous dit : — Mes amis, les esclaves sont des hommes comme nous; ils ont sucé le même lait, quoique la Fortune les ait traités en marâtre. Cependant, je veux que, bientôt et de mon vivant, ils goûtent l'eau des hommes libres. Enfin, je les affranchis tous par mon testament. Je lègue en outre à Philargyre un fonds de terre et sa femme; à Carrion, un pâté de maisons avec le produit du vingtième et un lit garni. Quant à ma chère Fortunata, je l'institue ma légataire universelle, et je la recommande à tous mes amis. Et, si je publie à l'avance mes dernières volontés, c'est afin que toutes les personnes de ma maison me chérissent dès à présent comme si j'étais mort. — Tous les esclaves aussitôt de

---

quam loquebatur, quum Trimalchio, — Permitto, inquit, Philargyre, et Carrio, etsi prasianus es famosus; dic et, Minophile, contubernali tuæ, discumbat. — Quid multa? pæne de lectis dejecti sumus, adeo totum triclinium familia occupaverat. Certe ego notavi super me positum cocum, qui de porco anserem fecerat, muria condimentisque fœtentem. Nec contentus fuit recumbere, sed continuo Ephesum tragœdum cœpit imitari, et subinde dominum suum sponsione provocare. Si prasinus proximis circensibus primam palmam......

CAPUT LXXI.

Diffusus hac contentione Trimalchio : — Amici, inquit, et servi homines sunt, et æque unum lactem biberunt, etiamsi illos malus fatus oppresserit : tamen, me salvo, cito aquam liberam gustabunt. Ad summam, omnes illos in testamento meo manumitto. Philargyro etiam fundum lego, et contubernalem suam. Carrioni quoque insulam, et vicesimam, et lectum stratum. Nam Fortunatam meam heredem facio, et, commendo illam omnibus amicis meis : et hæc omnia publico ideo ut familia mea

rendre grâce à la généreuse bonté de leur maître; mais lui, prenant la chose au sérieux, fit apporter son testament, et le lut d'un bout à l'autre, au milieu des gémissements de tous ses domestiques. Ensuite, se tournant vers Habinnas : — Qu'en dites-vous, mon cher ami? Hé bien, bâtissez-vous mon tombeau d'après le plan que je vous ai donné? je vous recommande surtout de mettre l'image de ma petite chienne aux pieds de ma statue, puis des couronnes, des vases de parfums, et tous les combats que j'ai livrés, afin que je doive à votre habile ciseau la gloire de vivre après ma mort. Je veux en outre que le terrain où je serai inhumé ait cent pieds de long sur la voie publique, et deux cents sur la campagne : car je prétends que l'on plante autour de ma sépulture toutes sortes d'arbres à fruits, et surtout beaucoup de vignes. En effet, rien n'est plus absurde que d'avoir de notre vivant des maisons très-soignées, et de négliger celles où nous devons demeurer bien plus longtemps. Mais, avant toute chose, je veux que l'on y grave cette inscription :

MON HÉRITIER N'A AUCUN DROIT SUR CE MONUMENT.

Au reste, je mettrai bon ordre, par mon testament, à ce qu'il ne soit fait aucune injure à mes restes. Un de mes affranchis sera préposé à la garde de mon tombeau, pour empêcher les passants de venir y faire leurs ordures. Je vous prie, Habinnas, qu'on y voie figurer des vaisseaux voguant à pleines voiles, et moi-même, assis sur un tribunal et vêtu de la robe prétexte,

jam nunc sic me amet, tanquam mortuum. — Gratias agere omnes indulgentiæ cœperant domini, quum ille, oblitus nugarum, exemplar testamenti jussit afferri, et totum a primo ad ultimum, ingemiscente familia, recitavit. Respiciens deinde Habinnam : — Quid dicis, inquit, amice carissime? ædificas monumentum meum quemadmodum te jussi? Valde te rogo ut secundum pedes statuæ meæ catellam pingas, et coronas, et unguenta, et peractas omnes pugnas, ut mihi contingat tuo beneficio post mortem vivere. Præterea, ut sint in fronte pedes centum, in agrum pedes ducenti. Omne genus enim pomorum, volo, sint circa cineres meos, et vinearum largiter. Valde enim falsum est vivo quidem domos cultas esse; non curari eas, ubi diutius nobis habitandum est; et ideo ante omnia adjici volo :

HOC. MONUMENTUM. HEREDEM. NON. SEQUATUR.

Ceterum erit mihi curæ ut testamento caveam ne mortuus injuriam accipiam : præponam enim unum ex libertis sepulcro meo, custodiæ causa, ne in monumentum meum populus cacatum currat. Te rogo ut naves etiam monumenti mei facias, plenis velis euntes : et me in tribunali sedentem prætextatum, cum annulis aureis quinque,

avec cinq anneaux d'or aux doigts, et distribuant au peuple un sac d'argent; car vous savez que j'ai donné un repas public et deux deniers d'or à chaque convive. Représentez-y, si bon vous semble, des salles à manger, et le peuple en foule se livrant au plaisir. A ma droite, vous placerez la statue de Fortunata, tenant une colombe, et conduisant en laisse une petite chienne; puis mon cher Cicaron; puis de larges amphores hermétiquement bouchées, de peur que le vin ne se répande. Vous pouvez aussi y sculpter une urne brisée, sur laquelle un enfant versera des pleurs. Au centre du monument, vous tracerez un cadran solaire, disposé de telle sorte que tous ceux qui regarderont l'heure soient forcés, bon gré, mal gré, de lire mon nom. Quant à l'épitaphe, examinez soigneusement si celle-ci vous semble convenable :

ICI REPOSE
C. POMPEIUS TRIMALCHION,
DIGNE ÉMULE DE MÉCÈNE;
EN SON ABSENCE, IL FUT NOMMÉ SÉVIR;
BIEN QU'IL PUT OCCUPER UN RANG DANS TOUTES
LES DÉCURIES, IL REFUSA CET HONNEUR;
PIEUX, VAILLANT, FIDÈLE,
NÉ PAUVRE, IL S'ÉLEVA A UNE GRANDE FORTUNE;
IL A LAISSÉ TRENTE MILLIONS DE SESTERCES,
ET N'A JAMAIS ASSISTÉ AUX LEÇONS DES PHILOSOPHES.
PASSANT, JE TE SOUHAITE LE MÊME SORT.

et nummos in publico de sacculo effundentem; scis enim, quod epulum dedi, et binos denarios. Faciantur, si tibi videtur, et triclinia : facies et totum populum, sibi suaviter facientem. Ad dexteram meam ponas statuam Fortunatæ meæ, columbam tenentem; et catellam, cingulo alligatam, ducat; et Cicaronem meum; et amphoras copiosas, gypsatas, ne effluat vinum : et urnam licet fractam sculpas, et super eam puerum plorantem : horologium in medio, ut quisquis horas inspiciet, velit, nolit, nomen meum legat. Inscriptio quoque, vide diligenter, si hæc satis idonea tibi videtur :

C. POMPEIUS. TRIMALCHIO. MÆCENATIANUS.
HIC. REQUIESCIT.
HUIC. SEVIRATUS. ABSENTI. DECRETUS. EST.
QUUM. POSSET. IN. OMNIBUS. DECURIIS. ROMÆ.
ESSE. TAMEN. NOLUIT.
PIUS. FORTIS. FIDELIS.
EX. PARVO. CREVIT.
SESTERTIUM. RELIQUIT. TRECENTIES.
NEC. UNQUAM. PHILOSOPHUM. AUDIVIT.
VALE. ET. TU.

CHAPITRE LXXII.

En achevant cette lecture, Trimalchion se mit à verser un torrent de larmes ; Fortunata pleurait aussi, Habinnas de même ; enfin tous les esclaves, comme s'ils eussent assisté au convoi de leur maître, remplissaient la salle de leurs lamentations. Je commençais moi-même à m'attendrir, lorsque Trimalchion reprit tout à coup :.— Eh bien donc, mes amis, convaincus que nous devons tous mourir, que ne jouissons-nous de la vie ? Maintenant, pour mettre le comble à nos plaisirs, allons nous jeter dans le bain. J'en ai fait l'essai, et vous n'aurez pas à vous en repentir, car il est chaud comme un four. — Bravo ! bravo ! répondit Habinnas, d'un jour en faire deux, voilà ce que j'aime. — Et, se levant pieds nus, il suivit Trimalchion enchanté. Pour moi, regardant Ascylte : — Que ferons-nous ? lui dis-je ; la vue seule du bain est capable de me faire mourir sur le coup. — Dites comme eux, répondit Ascylte ; et, tandis qu'ils se rendent au bain, échappons-nous dans la foule. — J'approuve son idée, et, conduits par Giton, nous traversons le vestibule, et nous gagnons la porte. Nous allions sortir, lorsqu'un énorme chien, quoique enchaîné, nous causa une telle frayeur par ses aboiements, qu'Ascylte, en s'enfuyant, tomba dans un vivier ; et moi, qui, même à jeun, avais eu peur d'un dogue en peinture, non moins ivre que mon compagnon, en voulant le secourir, je tombai dans l'eau avec lui. Heureusement, le concierge vint nous délivrer

CAPUT LXXII.

Hæc ut dixit Trimalchio, flere cœpit ubertim : flebat et Fortunata ; flebat et Habinnas ; tota denique familia, tanquam in funus rogata, lamentatione triclinium implevit. Immo jam cœperam et ego plorare, quum Trimalchio, — Ergo, inquit, quum sciamus nos morituros esse, quare non vivamus ? Sic vos felices videam, conjiciamus nos in balneum, meo periculo, non pœnitebit. Sic calet, tanquam furnus. — Vere, vere, inquit Habinnas, de una die duas facere, nihil malo ; nudisque consurrexit pedibus, et Trimalchionem gaudentem subsequi. Ego respiciens ad Ascylton : — Quid cogitas ? inquam : ego enim, si videro balneum, statim exspirabo. — Assentemur, ait ille, et dum illi balneum petunt, nos in turba exeamus. — Quum hæc placuissent, ducente per porticum Gitone, ad januam venimus : ubi canis catenarius tanto nos tumultu excepit, ut Ascyltos etiam in piscinam ceciderit. Nec non ego quoque ebrius, qui etiam pictum timueram canem, dum natanti opem fero, in eumdem gurgitem tractus sum. Servavit nos tamen atriensis, qui, interventu suo, et canem

de ce péril; sa présence suffit pour faire taire le chien, et il nous tira tout tremblants du vivier. Giton, plus avisé que nous, avait trouvé un admirable expédient pour se garantir des attaques du chien : il lui avait jeté tous les bons morceaux que nous lui avions donnés pendant le repas; aussi l'animal, occupé à dévorer la pâture qu'il lui offrait, s'était-il calmé sur-le-champ. Cependant, transis de froid, nous demandâmes à notre libérateur de nous ouvrir la porte. — Vous vous trompez beaucoup, nous dit-il, si vous croyez sortir par où vous êtes entrés. Jamais les convives ne repassent deux fois par la même porte : on entre par un côté, on sort par l'autre.

CHAPITRE LXXIII.

Que faire? comment trouver l'issue de ce labyrinthe où, pour notre malheur, nous étions enfermés? Nous venions déjà de nous baigner malgré nous : prenant donc notre parti, nous prions le concierge de nous conduire au bain : nous quittons nos habits, que Giton fait sécher à l'entrée, et l'on nous introduit dans une étuve fort étroite, espèce de citerne à rafraîchir, où Trimalchion se tenait debout, tout nu, et, dans cette posture, débitait, avec sa forfanterie ordinaire, d'insipides discours que nous fûmes forcés d'écouter. Il disait que rien n'était plus agréable que de se baigner loin d'une foule importune; que cette étuve avait été jadis une boulangerie. Enfin, las de rester sur ses jambes, il s'assit; mais, par malheur, cette salle avait un écho qui lui donna l'idée de chanter : le

---

placavit, et nos trementes extraxit in siccum. Et Giton quidem jamdudum se ratione acutissima redemerat a cane : quidquid enim a nobis acceperat de cœna, latranti sparserat. At ille, avocatus cibo, furorem suppresserat. Ceterum, quum algentes utique petissemus ab atriense, ut nos extra januam emitteret : — Erras, inquit, si putas te exire hac posse qua venisti. Nemo unquam convivarum per eamdem januam emissus est : alia intrant, alia exeunt.

CAPUT LXXIII.

Quid faciamus? homines miserrimi, et novi generis labyrintho inclusi, quibus lavari jam cœperat notum esse. Ultro ergo rogavimus ut nos ad balneum duceret : projectisque vestimentis, quæ Giton in aditu siccare cœpit, balneum intravimus, angustum scilicet, et cisternæ frigidariæ simile, in qua Trimalchio nudus stabat; ac ne sic quidem putidissimam ejus jactationem licuit effugere : nam nihil melius esse dicebat, quam sine turba lavari; et eo loco ipso aliquando pistrinum fuisse. Deinde, ut

voilà donc qui fait trembler la voûte de ses hurlements entrecoupés des hoquets de l'ivresse, et à écorcher des airs qui, au dire de ceux qui y comprenaient quelque chose, étaient des chansons de Ménécrate. Quelques-uns des convives couraient autour de sa baignoire en se tenant par la main ; d'autres se chatouillaient mutuellement, et poussaient des cris à fendre le crâne. Ceux-ci, les mains liées, tâchaient de ramasser à terre des anneaux ; ceux-là, un genou en terre, se renversaient la tête en arrière, et s'efforçaient de toucher l'extrémité de leurs orteils. Laissant donc tous ces ivrognes se divertir à leur manière, nous descendîmes dans la cuve que l'on préparait pour Trimalchion. Lorsque les fumées du vin furent dissipées, on nous conduisit dans une autre salle, où Fortunata avait fait disposer tous les apprêts d'un splendide repas. Les lustres qui ornaient le plafond étaient soutenus par de petites figures de pêcheurs en bronze ; les tables étaient d'argent massif, les coupes d'argile dorée ; et devant nous était une outre d'où le vin coulait en abondance. — Amis, nous dit Trimalchion, c'est aujourd'hui que l'on coupe la première barbe de mon esclave favori ; c'est un garçon de bonne conduite et que j'aime beaucoup, soit dit sans offenser personne. Buvons donc comme des éponges, et que le jour nous trouve encore à table.

CHAPITRE LXXIV.

Comme il disait ces mots, un coq vint à chanter. Tout déconcerté, Trimalchion ordonna aussitôt aux esclaves de ré-

---

lassatus consedit, invitatus balnei sono, diduxit usque ad camaram os ebrium, et cœpit Menecratis cantica lacerare, sicut illi dicebant qui linguam ejus intelligebant. Ceteri convivæ circa labrum, manibus nexis, currebant, aut gingilismo et ingenti clamore exsonabant : alii autem, aut restrictis manibus annulos de pavimento conabantur tollere, aut posito genu cervices post terga flectere, et pedum extremos pollices tangere. Nos, dum alii sibi ludos faciunt, in solio, quod Trimalchioni parabatur, descendimus. Ergo, ebrietate discussa, in aliud triclinium deducti sumus, ubi Fortunata disposuerat lautitias suas, ita ut supra lucernas æucolosque piscatores notaverim ; et mensas totas argenteas, calicesque circa fictiles inauratos ; et vinum in conspectu sacco defluens. Tum Trimalchio, — Amici, inquit, hodie servus meus barbatoriam fecit, homo, præfiscini, frugi, et mihi carus. Itaque tingomenas faciamus, et usque in lucem cœnemus.

CAPUT LXXIV.

Hæc dicente eo, gallus gallinaceus cantavit ; qua voce confusus Trimalchio vinum

pandre du vin sous la table, et d'en arroser aussi les lampes ;
il passa même son anneau de la main gauche à la droite : —
Ce n'est pas sans raison, dit-il, que ce héraut du jour nous
donne l'alarme ; il y a, j'en suis certain, quelque incendie
prêt à éclater dans les environs, ou quelqu'un qui va rendre
l'âme. Loin de nous ce présage ! Je promets une récompense
au premier qui m'apportera ce prophète de malheur. — A
peine il achevait, qu'on lui apporta un coq du voisinage. Trimalchion le condamne à être fricassé. Dédale, cet habile cuisinier qui naguère d'un porc avait fait des oiseaux et des poissons, le coupe en morceaux, le jette dans un chaudron ; et,
tandis qu'il l'arrose d'eau bouillante, Fortunata broie du poivre
dans un mortier de buis. Ce service étant terminé, Trimalchion se tourna vers les esclaves : — Eh quoi ! leur dit-il,
vous n'avez pas encore soupé ? allez, et que d'autres viennent
vous remplacer. — Une nouvelle troupe d'esclaves se présente
aussitôt ; les uns, en se retirant, criaient : — Adieu, Gaïus ! —
Les autres, en entrant : — Bonjour, Gaïus ! — Dès ce moment,
adieu tous nos plaisirs ! Parmi les nouveaux venus se trouvait
un esclave d'une figure assez agréable : Trimalchion s'en empare et le couvre de mille baisers. Fortunata, réclamant alors
ses droits d'épouse, accable d'injures son mari, et crie à haute
voix qu'il est bien ordurier, bien infâme, de se livrer ainsi
sans contrainte à ses honteux penchants. Enfin, à tous ces
noms elle ajoute celui de — Chien ! — Trimalchion, confus,
exaspéré de cet outrage, lance une coupe à la tête de Fortu-

sub mensa jussit effundi, lucernamque et mero spargi ; immo annulum trajecit in
dexteram manum ; et : — Non sine causa, inquit, hic buccinus signum dedit : nam,
aut incendium oportet fiat, aut aliquis in vicinia animam abjiciet. Longe a nobis !
Itaque, quisquis hunc indicem attulerit, corollarium accipiet. — Dicto citius de vicinia gallus allatus est, quem Trimalchio jussit, ut aeno coctus fieret. Laceratus igitur
ab illo doctissimo coco qui paulo ante aves piscesque fecerat, in cacabum est con-
jectus ; dumque Dædalus potionem ferventissimam haurit, Fortunata mola buxea
piper trivit. Sumtis igitur matteis, respiciens ad familiam Trimalchio : — Quid vos,
inquit, adhuc non cœnastis ? abite, ut alii veniant ad officium. — Subiit igitur alia
classis, et illi quidem exclamavere : — Vale, Gai ! — hi autem : — Ave, Gai ! — Hinc
primum hilaritas nostra turbata est ; nam quum puer non inspeciosus inter novos intrasset ministros, invasit eum Trimalchio, et osculari diutius cœpit. Itaque Fortunata, ut ex æquo jus firmum approbaret, maledicere Trimalchionem cœpit, et purgamentum, dedecusque prædicare, qui non contineret libidinem suam. Ultimo etiam
adjecit, — Canis ! — Trimalchio contra confusus, offensus convicio, calicem in faciem

nata. Celle-ci se met à crier, comme s'il lui eût crevé un œil, et se cache le visage dans ses mains tremblantes. Scintilla, consternée de cet accident, la reçoit dans ses bras, et la couvre de son corps. Un esclave obligeant s'empresse d'approcher de sa joue malade un vase d'eau glacée; Fortunata, la tête penchée sur ce vase, gémit et verse un torrent de larmes. Mais Trimalchion, loin d'en être ému : — Eh quoi! dit-il, 'cette coureuse ne se souvient-elle plus que je l'ai tirée de la huche à pétrir? que je lui ai donné un rang dans le monde? La voilà qui s'enfle comme une grenouille! elle crache en l'air, et cela lui retombe sur le nez. C'est une bûche, et non pas une femme. On sent toujours la fange où l'on est né. Le ciel me soit en aide! je rabattrai le caquet de cette Cassandre qui veut porter les chausses. Elle oublie sans doute que lorsque je n'avais pas encore un sou vaillant, j'ai pu trouver des partis de dix millions de sesterces. Vous savez, Habinnas, que c'est la vérité. Hier encore, Agathon, le parfumeur, me tirant à l'écart, me dit : « Je vous conseille de ne pas laisser périr votre race. » Et moi, par une délicatesse outrée, pour ne pas paraître volage, je me coupe ainsi bras et jambes. C'est bien : je ferai en sorte qu'après ma mort tu gratteras la terre avec tes ongles pour me ravoir; et pour que, dès aujourd'hui, tu saches tout le tort que tu t'es fait à toi-même, je vous défends, Habinnas, de placer sa statue sur mon tombeau, car je veux reposer en paix dans mon dernier asile. Bien plus, pour lui prouver que j'ai le pouvoir de punir qui m'offense, je ne veux pas qu'elle m'embrasse après ma mort.

Fortunatæ immisit. Illa, tanquam oculum perdidisset, exclamavit, manusque trementes ad faciem suam admovit. Consternata est etiam Scintilla, trepidantemque sinu suo texit : immo puer quoque officiosus urceolum frigidum ad malam ejus admovit, super quem incumbens Fortunata gemere ac flere cœpit. Contra Trimalchio : — Quid enim? inquit, ambubaia non meminit si e mactra illam sustuli : hominem inter homines feci; at inflat se tanquam rana, et in sinum suum conspuit; codex, non mulier. Sed hic, qui in pergula natus est, ædes non somniatur. Ita genium meum propitium habeam, curabo domata sit Cassandra caligaria. Et ego, homo dupondiarius, sestertium centies accipere potui. Scis, tu, me non mentiri. Agatho unguentarius here proxime seduxit me, et : « Suadeo, inquit, non patiaris genus tuum interire. » At ego, dum bene natus ago, et nolo videri levis, ipse mihi asciam in crus impegi. Recte ; curabo me unguibus quæras : et ut depræsentiarum intelligas quid tibi feceris; Habinna, nolo statuam ejus in monumento meo ponas, ne mortuus quidem lites habeam ; immo, ut sciat me posse malum dare, nolo me mortuum basiet.

CHAPITRE LXXV.

Lorsqu'il eut ainsi fulminé contre sa femme, Habinnas le conjura de se calmer. — Personne de nous, lui dit-il, n'est exempt de commettre des fautes ; nous ne sommes pas des dieux, mais des hommes. — Scintilla lui adressait en pleurant la même prière : — Au nom de votre génie tutélaire, mon cher Gaïus, lui disait-elle tendrement, laissez-vous fléchir ! — Trimalchion ne pouvant plus retenir ses larmes : — Habinnas, dit-il, par tous les vœux que je forme pour votre fortune, crachez-moi au visage, je vous en supplie, si j'ai tort dans cette affaire ! J'ai embrassé, il est vrai, cet excellent jeune homme, mais ce n'est pas pour sa beauté, c'est pour ses bonnes qualités. Il sait les dix parties de l'oraison ; il lit à livre ouvert. Avec ce qu'il épargne chaque jour sur sa nourriture, il a amassé de quoi payer sa liberté, et de ses économies il s'est acheté une armoire et deux coupes : n'est-il pas digne de mon affection? Mais madame s'y oppose. C'est là ton dernier mot, pendarde ! Crois-moi, ronge en paix l'os que je te jette, oiseau de proie ; et ne me fais pas trop enrager, ma mignonne, ou je pourrais bien faire quelque coup de ma tête ! Tu me connais, quand j'ai une fois résolu quelque chose, cela tient comme un clou dans une poutre. Mais pensons plutôt à jouir de la vie. Allons, mes amis, vive la joie ! Je n'étais à mon début qu'un simple affranchi comme vous; mon mérite seul m'a conduit où vous voyez. C'est le cœur qui fait

CAPUT LXXV.

Post hoc fulmen Habinnas rogare cœpit ut jam desineret irasci; et : — Nemo, inquit, non nostrum peccat. Homines sumus, non dei. — Idem et Scintilla flens dixit; ac per genium ejus, Gaium appellando, rogare cœpit ut se frangeret. Non tenuit ultra lacrymas Trimalchio, et : — Rogo, inquit, Habinna, sic peculium tuum fruniscaris, si quid perperam feci, in faciem meam inspue. Puerum basiavi frugalissimum, non propter formam, sed quia frugi est : decem partes dicit : librum ab oculo legit : pretium sibi de diariis fecit : armariolum de suo paravit, et duas trullas. Non est dignus, quem in oculis feram? sed Fortunata vetat. Ita tibi videtur, fulcipedia? Suadeo bonum tuum concoquas, milva, et me non facias ringentem, amasiuncula; aliquando experieris cerebrum meum. Nosti me : quod semel destinavi, clavo tabulari fixum est. Sed vivorum meminerimus. Vos rogo, amici, ut vobis suaviter sit; nam ego quoque tam fui, quam vos estis; sed virtute mea ad hoc perveni. Corcillum est, quod homines facit, cetera quisquilia omnia. Bene emo, bene vendo : alius alia vobis

l'homme; je ne donnerais pas un fétu de tout le reste. J'achète loyalement, je vends de même. Je laisse à d'autres le soin de faire mon éloge. Lorsque je suis au comble du bonheur, pourquoi viens-tu encore m'étourdir de tes pleurnicheries, ivrognesse? je te ferai pleurer pour quelque chose. Mais, comme je vous le disais, c'est ma bonne conduite qui m'a fait parvenir à la fortune. Quand j'arrivai d'Asie, je n'étais pas plus haut que ce chandelier auquel je me mesurais chaque jour; et, pour faire pousser plus promptement ma barbe, je me frottais les lèvres avec l'huile d'une lampe. Cependant j'ai fait pendant quatorze ans les délices de mon maître, et je n'en rougis pas, car mon devoir était de lui obéir. J'étais en même temps le favori de ma maîtresse. Vous comprenez ce que cela veut dire. Je me tais, car je n'aime pas à me faire valoir.

CHAPITRE LXXVI.

Enfin, par la volonté des dieux, je devins maître dans la maison; alors, je commençai à vivre à ma fantaisie. Que vous dirai-je? mon maître me fit son héritier conjointement avec César, et je recueillis un patrimoine de sénateur. Mais l'homme ne sait jamais borner son ambition. Je me mis alors en tête de faire du commerce. Pour abréger, vous saurez que je fis construire cinq vaisseaux que je chargeai de vin; c'était, à cette époque, de l'or en barre. Je les expédiai pour Rome; mais, comme si c'eût été un fait exprès, ils firent tous naufrage. Ce n'est point un conte, mais la pure vérité; la mer, en un seul jour, m'en-

dicet. Felicitate dissilio; tu autem, sterteia, etiamnum ploras? jam curabo fatum tuum plores. Sed, ut cœperam dicere, ad hanc me fortunam frugalitas mea perduxit. Tam magnus ex Asia veni, quam hic candelabrus est ad summa. Quotidie me solebam ad illum metiri, et, ut celerius rostrum barbatum haberem, labra de lucerna ungebam. Tamen ad delicias femina ipse mei domini annos quatuordecim fui; nec turpe est, quod dominus jubet. Ego tamen et ipsi meæ dominæ satisfaciebam. Scitis quid dicam. Taceo, quia non sum de gloriosis.

CAPUT LXXVI.

Ceterum, quemadmodum di volunt, dominus in domo factus sum; et ecce! cepi ipsi mi cerebellum. Quid multa? coheredem me Cæsari fecit, et accepi patrimonium laticlavium. Nemini tamen nihil satis est : concupivi negotiari. Ne multis vos morer, quinque naves ædificavi : oneravi vinum, et tunc erat contra aurum : misi Romam. Putares me hoc jussisse : omnes naves naufragarunt. Factum, non fabula : una die

gloutit pour trente millions de sesterces. Vous croyez peut-être que je perdis courage; non, ma foi! cette perte me mit en goût de tenter encore la fortune; et malgré cet échec récent, j'équipai de nouveaux vaisseaux, plus grands, plus solides que les premiers, et qui partirent sous de meilleurs auspices; si bien que chacun vanta mon intrépidité. Vous savez que les plus gros vaisseaux sont ceux qui luttent avec le plus d'avantage contre les flots. Je chargeai donc ma nouvelle flotte de vin, de lard, de fèves, de parfums de Capoue et d'esclaves. Dans cette circonstance, Fortunata me donna une grande preuve de dévouement : elle vendit tous ses bijoux, toutes ses robes, et de leur produit me mit dans la main cent pièces d'or qui furent la source de ma nouvelle fortune. On va vite en affaires, lorsque le ciel vous aide: en une seule course, je gagnai, de compte rond, dix millions de sesterces. Je commençai par racheter toutes les terres qui avaient appartenu à mon maître, je bâtis ensuite un palais, et j'achetai des bêtes de somme pour les revendre. Tout ce que j'entrepris me réussit à souhait. Dès que je me vis plus riche à moi seul que tout le pays ensemble, laissant là mes registres, je quittai le commerce, et je me contentai de prêter de l'argent à intérêt aux nouveaux affranchis. J'étais même sur le point de renoncer entièrement aux affaires, lorsque j'en fus détourné par un astrologue qui vint par hasard dans cette colonie. Il était Grec de naissance, et se nommait Sérapa : il semblait inspiré par les dieux. Il me rappela même plusieurs circonstances de ma vie que j'avais oubliées, et qu'il me ra-

---

Neptunus trecenties sestertium devoravit. Putatis me defecisse? non, me Hercules! mihi hæc jactura gustui fuit; tanquam nihil facti : alteras feci majores, et meliores, et feliciores : ut nemo non me virum fortem diceret. Scis, magna navis magnam fortitudinem habet. Oneravi rursus vinum, lardum, fabam, seplasium, mancipia. Hoc loco Fortunata rem piam fecit; omne enim aurum suum, omnia vestimenta vendidit, et mihi centum aureos in manu posuit : hoc fuit peculii mei fermentum. Cito fit quod dii volunt. Uno cursu centies sestertium corrotundavi. Statim redemi fundos omnes qui patroni mei fuerant; ædifico domum; venalitia coemo jumenta; quidquid tangebam crescebat tanquam favus. Postquam cœpi plus habere quam tota patria mea habet, manum de tabula, sustuli me de negotiatione, et cœpi libertos fœnerare. Et sane nolentem me negotium meum agere exoravit mathematicus, qui venerat forte in coloniam nostram, Græculio, Serapa nomine, consiliator deorum. Hic mihi dixit etiam ea quæ oblitus eram, ab acia et acu mihi omnia exposuit : intes-

conta de fil en aiguille. J'aurais cru qu'il lisait dans mes entrailles, s'il avait pu me dire ce que j'avais mangé la veille à souper. En un mot, on eût juré qu'il ne m'avait pas quitté de sa vie.

CHAPITRE LXXVII.

Mais, Habinnas, vous étiez présent, je pense, lorsqu'il me dit : « De moins que rien vous êtes devenu un riche propriétaire : vous n'êtes pas heureux en amis; vous n'obligez que des ingrats; vous possédez de vastes domaines; vous nourrissez une vipère dans votre sein. » Que vous dirai-je enfin? Il assura que j'avais encore à vivre trente ans, quatre mois et deux jours : il ajouta que je recueillerais bientôt un héritage. Voilà ce que j'ai appris de ma destinée; et, si j'ai le bonheur de joindre l'Apulie à mes domaines, je croirai avoir bien employé ma vie. En attendant, par la protection de Mercure, j'ai fait bâtir ce palais. Jadis, vous le savez, ce n'était qu'une baraque, maintenant c'est un temple. Il renferme quatre salles à manger, vingt chambres à coucher, deux portiques de marbre ; et, dans l'étage supérieur, un autre appartement; la chambre où je couche; celle de cette mégère : on y trouve en outre une très-belle loge de concierge, et cent chambres d'amis. Enfin, lorsque Scaurus vient dans ce pays, il aime mieux descendre chez moi que partout ailleurs; et pourtant il a sur le bord de la mer un logement chez son père. Il y a encore dans ma maison plusieurs autres pièces que je vais

---

tinas meas noverat; tantumque non dixerat, quid pridie cœnaveram. Putasses illum semper mecum habitasse.

CAPUT LXXVII.

Rogo, Habinna (puto, interfuisti) : « Tu dominium tuum de rebus pusillis fecisti : tu parum felix in amicos es; nemo unquam tibi parem gratiam refert; tu latifundia possides; tu viperam sub ala nutricas. » Et quid vobis non dixerim? et nunc mi restare vitæ annos triginta, et menses quatuor, et dies duos? Præterea cito accipiam hereditatem. Hoc mihi dicit fatus meus. Quod si contigerit fundos Apuliæ jungere, satis vivus pervenero. Interim, dum Mercurius vigilat, ædificavi hanc domum : ut scitis, casula erat, nunc templum est; habet quatuor cœnationes, cubicula viginti, porticus marmoratas duas, susum cellationem, cubiculum in quo ipse dormio, viperæ hujus sessorium, ostiarii cellam perbonam, hospitium centum hospites capit. Ad summa, Scaurus, quum huc venit, nusquam mavoluit hospitari, et habet ad mare

vous faire voir tout à l'heure. Croyez-moi, mes amis, on ne vaut que ce que l'on a ; soyez riches, on vous estimera. C'est ainsi que moi, votre ami, qui n'étais naguère qu'une grenouille, je suis maintenant aussi puissant qu'un roi. Cependant, Stichus, apporte ici les vêtements funéraires dans lesquels je veux être enseveli; apporte aussi les parfums, et un échantillon de cette amphore de vin dont je veux qu'on arrose mes os.

CHAPITRE LXXVIII.

Stichus ne se fit pas attendre, et rentra bientôt dans la salle avec une couverture blanche et une robe prétexte. Trimalchion nous les fit manier pour voir si elles étaient tissues de bonne laine; puis il ajouta en souriant : — Prends bien garde, Stichus, que les rats ou les vers ne s'y mettent ; car je te ferais brûler vif. Je veux être inhumé avec pompe, afin que le peuple bénisse ma mémoire. — Ayant ainsi parlé, il déboucha une fiole de nard, et nous en fit tous frictionner. — J'espère, nous dit-il, que ce parfum me fera autant de plaisir après ma mort que j'en éprouve maintenant à le sentir. — Ensuite, il fit verser du vin dans un grand vase, et nous dit : — Figurez-vous que vous êtes invités au repas de mes funérailles. — Ces dégoûtantes libations nous soulevaient le cœur, quand Trimalchion, qui était ivre mort, s'avisa, pour nous procurer un nouveau plaisir, de faire entrer dans la salle des joueurs de cor; puis, se plaçant sur un lit de parade, la tête appuyée sur

paternum hospitium : et multa alia sunt, quæ statim vobis ostendam. Credite mihi : assem habeas, assem valeas : habes, habeberis. Sic amicus vester, qui fuit rana, nunc est rex. Interim, Stiche, profer vitalia in quibus volo me efferri. Profer et unguentum, et ex illa amphora gustum, ex qua jubeo lavari ossa mea.

CAPUT LXXVIII.

Non est moratus Stichus, sed et stragulam albam, et prætextam in triclinium attulit, jussitque nos tentare, an bonis lanis essent confectæ. Tum subridens : — Vide tu, inquit, Stiche, ne ista mures tangant, aut tineæ; alioquin te vivum comburam. Ego gloriosus volo efferri, ut totus mihi populus bene imprecetur. — Statim ampullam nardi aperuit, omnesque nos unxit; et : — Spero, inquit, futurum ut æque me mortuum juvet, tanquam vivum. — Nam vinum quidem in vinarium jussit infundi; et : — Putate, vos, ait, ad parentalia mea invitatos esse. — Ibat res ad summam nauseam, quum Trimalchio, ebrietate turpissima gravis, novum acroama, cornicines, in triclinium jussit adduci, fultusque cervicalibus multis, extendit se supra

une pile de coussins : — Supposez, dit-il, que je suis mort, et faites-moi une belle oraison funèbre. — Soudain les cors sonnèrent un air lugubre. Un entre autres, le valet de cet entrepreneur de convois, qui était le plus honnête homme de la bande, fit entendre des sons si aigus, qu'il mit en rumeur tout le voisinage ; de sorte que les gardes du quartier, croyant que le feu était à la maison de Trimalchion, en brisèrent tout à coup les portes, et, pleins de zèle, se précipitèrent en tumulte dans l'intérieur avec de l'eau et des haches. Pour nous, profitant de cette occasion favorable, et, sous un prétexte frivole, prenant congé d'Agamemnon, nous nous sauvâmes à toutes jambes, comme d'un véritable incendie.

CHAPITRE LXXIX.

N'ayant pas de flambeaux pour nous guider, nous errions à l'aventure. Il était minuit, et le silence qui régnait partout ne nous laissait aucun espoir de rencontrer quelqu'un qui nous procurât de la lumière. Pour surcroît de malheur, nous étions ivres, et nous ignorions les chemins qui, en cet endroit, sont difficiles à trouver, même en plein jour. Aussi ne fut-ce qu'après avoir marché pendant près d'une heure, à travers les gravois et les cailloux qui nous mirent les pieds en sang, que l'adresse de Giton nous tira enfin de ce mauvais pas. En effet, la veille, en plein midi, craignant de s'égarer, il avait eu la sage précaution de marquer, chemin faisant, tous les piliers et toutes les colonnes avec de la craie dont la blancheur, vic-

torum extremum; et : — Fingite, me, inquit, mortuum esse; dicite aliquid belli. — Consonuere cornicines funebri strepitu. Unus præcipue servus libitinarii illius, qui inter hos honestissimus erat, tam valde intonuit, ut totam concitaret viciniam. Itaque vigiles, qui custodiebant vicinam regionem, rati ardere Trimalchionis domum, effregerunt januam subito, et cum aqua securibusque tumultuari suo jure cœperunt. Nos, occasionem opportunissimam nacti, Agamemnoni verba dedimus, raptimque tam plane, quam ex incendio, fugimus.

CAPUT LXXIX.

Neque fax ulla in præsidio erat, quæ iter aperiret errantibus, nec silentium noctis jam mediæ promittebat occurrentium lumen. Accedebat huc ebrietas, et imprudentia locorum, etiam interdiu obscura. Itaque quum hora pæne tota, per omnes scrupos, gastrorumque eminentium fragmenta, traxissemus cruentos pedes, tandem expliciti acumine Gitonis sumus. Prudens enim pridie, quum luce etiam clara timeret errorem,

torieuse des plus épaisses ténèbres, nous indiqua la route que
nous cherchions. Arrivés au logis, nouvel embarras. Notre
vieille hôtesse, qui avait passé la nuit à boire avec des voyageurs, dormait si profondément, qu'on aurait pu la brûler
vive sans la réveiller. Nous courions donc grand risque de
coucher à la porte, si le hasard n'eût conduit en ce lieu un
des messagers de Trimalchion. Cet homme, riche pour son
état (il possédait dix chariots), se lassa bientôt d'appeler en
vain, et, brisant la porte de l'auberge, il nous fit entrer avec
lui par la brèche. Je ne fus pas plutôt dans ma chambre, que
je me mis au lit avec mon cher Giton. Le repas succulent que
je venais de faire avait allumé dans mes veines un feu dévorant que je ne pus éteindre qu'en me plongeant dans un océan
de voluptés :

> Dieu d'amour, quelle nuit! quels transports ravissants!
> Rien ne pouvait calmer la fièvre de nos sens ;
> Nos lèvres s'unissaient dans des baisers de flamme,
>   Et, pour jouir, nous ne formions qu'une âme.
> Ah! que ne puis-je encore, au gré de mon désir,
>   Dans les bras de ce que j'aime,
>   Goûter ce bonheur suprême,
>   Et mourir à l'instant même,
>   Mais y mourir de plaisir!

J'avais tort, cependant, de me féliciter de mon sort; car,
profitant du sommeil léthargique où le vin m'avait plongé,

omnes pilas columnasque notaverat creta, quæ lineamenta evicerunt spississimam
noctem, et notabili candore ostenderunt errantibus viam. Quamvis non minus sudoris
habuimus, etiam postquam ad stabulum pervenimus. Anus enim ipsa, inter diversitores diutius ingurgitata, ne ignem quidem admotum sensisset : et forsitan pernoctassemus in limine, ni tabellarius Trimalchionis intervenisset, decem vehiculis dives.
Non diu ergo tumultuatus, stabuli januam effregit, et nos per camdem fenestram admisit. [Cubiculum ingressus, cum fratre lectum petii ; et opipare epulatus, ardensque
tentigine, me totum voluptatibus ingurgitavi.]

> Qualis nox fuit illa, di, deæque!
> Quam mollis torus! hæsimus calentes,
> Et transfudimus hinc et hinc labellis
> Errantes animas. Valete, curæ
> Mortales! ego sic perire cœpi.

Sine causa gratulor mihi. Nam quum, solutus mero, amisissem ebrias manus, Ascyltos,

Ascylte, toujours fertile en inventions pour me nuire, enleva Giton d'entre mes bras engourdis par l'ivresse, et le porta dans son lit. Là, foulant aux pieds tous les droits humains, il usurpa sans scrupule des plaisirs qui n'étaient dus qu'à moi, et s'endormit sur le sein de Giton, qui ne sentit pas, ou peut-être feignit de ne pas sentir l'injure qu'Ascylte me faisait. A mon réveil, je cherchai vainement dans ma couche solitaire l'objet de mon amour : pour me venger des deux parjures, je fus tenté de leur passer mon épée au travers du corps, et de les envoyer du sommeil à la mort ; mais enfin, prenant le plus sage parti, je réveillai Giton à coups de houssine ; puis, jetant sur Ascylte un regard farouche : — Scélérat, lui dis-je, puisque, par un lâche attentat, tu as violé les lois de l'amitié, prends ce qui t'appartient, pars, et cesse de souiller ces lieux de ta présence. — Ascylte parut y consentir ; mais dès que nous eûmes partagé nos nippes de bonne foi : — Maintenant, dit-il, partageons aussi cet enfant.

CHAPITRE LXXX.

Je crus d'abord que c'était une plaisanterie, et qu'il allait partir ; mais lui, tirant son épée d'une main fratricide : — Tu ne jouiras pas seul, s'écria-t-il, de ce trésor que tu prétends t'approprier. Il faut que j'en aie aussi ma part, et ce glaive va sur-le-champ me la donner. — Je saute aussi sur mon épée, et, roulant mon manteau autour de mon bras, je me mets en

---

omnis injuriæ inventor, subduxit mihi nocte puerum, et in lectum transtulit suum ; volutatusque liberius cum fratre, non suo, sive non sentiente injuriam, sive dissimulante, indormivit alienis amplexibus, oblitus juris humani. Itaque ego experrectus, pertrectavi gaudio despoliatum torum ; si qua est amantibus fides, ego dubitavi an utrumque trajicerem gladio, somnumque morti jungerem. Tutius demum secutus consilium, Gitona quidem verberibus excitavi ; Ascylton autem truci intuens vultu : — Quoniam, inquam, fidem scelere violasti, et communem amicitiam ; res tuas ocius tolle, et alium locum, quem polluas, quære. — Non repugnavit ille, sed postquam optima fide partiti manubias sumus : — Age, inquit, nunc et puerum dividamus.

CAPUT LXXX.

Jocari putabam discedentem : at ille gladium parricidali manu strinxit, et : — Non frueris, inquit, hac præda, super quam solus incumbis. Partem meam, necesse est, vel hoc gladio contentus, abscindam. — Idem ego ex altera parte feci, et, intorto

garde. Pendant ces transports furieux, le malheureux enfant embrassait nos genoux, et, baigné de larmes, nous suppliait de ne pas faire de cette méchante auberge le théâtre d'une nouvelle Thébaïde, de ne pas souiller du sang d'un frère nos mains qu'unissait naguère la plus tendre intimité. — Oui, s'écria-t-il, si la mort d'un de nous est nécessaire, voici ma gorge, frappez, plongez-y vos épées; c'est à moi de mourir, à moi qui ai brisé les liens de votre amitié mutuelle. — Désarmés par ces prières, nous remîmes nos épées dans le fourreau. Ascylte, prenant alors l'initiative : — J'ai trouvé, dit-il, un expédient pour nous mettre d'accord. Que Giton soit à celui qu'il préférera; laissons-le, du moins, choisir librement celui de nous deux qu'il veut pour son frère. — Plein de confiance dans l'ancienneté de mes liaisons avec cet enfant, qui semblaient m'unir à lui par une sorte de parenté, j'acceptai avec empressement le parti qu'Ascylte me proposait, et je m'en rapportai au jugement de Giton; mais lui, sans balancer, sans paraître hésiter un seul instant, choisit Ascylte pour son frère. Foudroyé par cet arrêt, je n'eus pas même l'idée de disputer Giton par la voie des armes, et, tombant sur mon lit, je me serais donné la mort, si je n'eusse craint d'augmenter le triomphe de mon rival. Fier du succès, Ascylte sort avec le trophée de sa victoire, laissant un ancien camarade, le compagnon de sa bonne comme de sa mauvaise fortune, qu'hier encore il appelait son ami, seul et sans secours dans un pays étranger.

circa brachium pallio, composui ad prœliandum gradum. Inter hanc miserorum dementiam infelicissimus puer tangebat utriusque genua cum fletu, petebatque suppliciter ne Thebanum par humilis taberna spectaret, neve sanguine mutuo pollueremus familiaritatis carissimæ sacra. — Quod si utique, proclamabat, facinere opus est, nudo, ecce jugulum! convertite huc manus; imprimite mucrones! Ego mori debeo, qui amicitiæ sacramentum delevi! — Inhibuimus ferrum post has preces : et prior Ascyltos : — Ego, inquit, finem discordiæ imponam. Puer ipse, quem vult, sequatur, ut sit illi saltem in eligendo fratre salva libertas — Ego vetustissimam consuetudinem putabam in sanguinis pignus transiisse, nihil timui, immo conditionem præcipiti festinatione rapui, commisique judici litem : qui ne deliberavit quidem, ut videretur cunctatus, verum statim ab extrema parte verbi consurrexit, fratrem Ascylton elegit. Fulminatus hac pronuntiatione, sicut eram sine gladio, in lectulum decidi, et attulissem mihi damnatas manus, si non inimici victoriæ invidissem. Egreditur superbus cum præmio Ascyltos, et paulo ante carissimum sibi commilitonem, fortunæque etiam similitudine parem, in loco peregrino destituit abjectum.

L'amitié n'a d'attraits qu'autant qu'elle est utile.
Comme au jeu l'échec quitte ou suit l'échec mobile,
Tel, l'ami qu'à son gré la fortune conduit,
Nous sourit avec elle, avec elle nous fuit.
Telle encor, sur la scène affichant la sagesse,
La plus vile Phryné parle, agit en Lucrèce :
Mais baissez le rideau, le rôle est terminé :
Lucrèce disparaît, et fait place à Phryné.

CHAPITRE LXXXI.

Cependant je séchai bientôt mes larmes; et craignant que, pour comble de malheur, Ménélas, notre répétiteur, ne me trouvât seul dans cette auberge, je fis un paquet de mes hardes, et j'allai tristement me loger dans un quartier peu fréquenté, sur le bord de la mer. Là, je restai trois jours sans sortir : le souvenir de mon abandon et des mépris de Giton me revenait sans cesse à l'esprit; je me frappais la poitrine en poussant des sanglots déchirants; et, dans mon violent désespoir, je m'écriais souvent : Pourquoi la terre ne s'est-elle pas ouverte pour m'engloutir? pourquoi la mer, si funeste même aux innocents, m'a-t-elle épargné? J'ai tué mon hôte, et cependant j'ai échappé au châtiment; je me suis sauvé de l'arène où l'on me croyait mort, et, pour prix de tant d'audace, me voilà seul, abandonné comme un mendiant, comme

Nomen amicitiæ, si, quatenus expedit, hæret,
  Calculus in tabula mobile ducit opus.
Quum Fortuna manet, vultum servatis, amici :
  Quum cecidit, turpi vertitis ora fuga.
Grex agit in scena mimum, pater ille vocatur,
  Filius hic, nomen divitis ille tenet :
Mox ubi ridendas inclusit pagina partes,
  Vera redit facies, assimulata perit.

CAPUT LXXXI.

Nec diu tum lacrymis indulsi, sed veritus ne Menelaus etiam antescholanus, inter cetera mala, solum me in diversorio inveniret, collegi sarcinulas, locumque secretum, et proximum littori, mœstus conduxi. Ibi triduo inclusus, redeunte in animum solitudine, atque contemptu, verberabam ægrum planctibus pectus, et inter tot altissimos gemitus frequenter etiam proclamabam : Ergo me non ruina terra potuit haurire? non iratum etiam innocentibus mare? Effugi judicium, arenæ imposui, hospitem occidi, ut inter audaciæ nomina mendicus, exsul, in diversorio græcæ urbis jacerem

un exilé, dans cette méchante auberge d'une ville grecque!
Et quel est celui qui me plonge dans cette horrible solitude?
un jeune homme souillé de toute espèce de débauches, qui,
de son propre aveu, a mérité d'être banni de son pays; qui n'a
dû sa liberté et son affranchissement qu'aux plus honteuses
complaisances; dont les faveurs furent vendues à l'encan, et
que l'on acheta, le sachant homme, pour s'en servir comme
d'une fille. Et que dirai-je, grands dieux! de cet autre, de ce
Giton, qui prit la robe de femme à l'époque où l'on prend la
toge virile; qui, dès sa plus tendre enfance, renonça aux attributs de son sexe; qui, dans une prison, s'abandonna aux
caresses des plus vils esclaves; qui, après avoir passé de mes
bras dans ceux d'un rival, abandonne tout-à coup un ancien
ami, et, comme une vile prostituée, ô honte! dans l'espace
d'une seule nuit, sacrifie tout à sa nouvelle passion? Maintenant, couple heureux, ils passent les nuits entières dans les
plus douces étreintes. Peut-être même qu'en ce moment, épuisés par l'excès du plaisir, ils se raillent de mon triste abandon. Les lâches! ils ne jouiront pas impunément de leur trahison. Ou je ne suis pas un homme, et un homme libre, ou
je laverai mon outrage dans leur sang infâme.

CHAPITRE LXXXII.

A ces mots, je ceins mon épée, et, de peur que mes forces
ne trahissent mon ardeur belliqueuse, pour augmenter ma

---

desertus! Et quis hanc mihi solitudinem imposuit? Adolescens omni libidine impurus, et sua quoque confessione dignus exsilio : stupro liber, stupro ingenuus, cujus anus ad tesseram veniit, quem tanquam puellam conduxit etiam qui virum putavit. Quid ille alter? o dii! qui, tanquam togam virilem, stolam sumsit; qui, ne vir esset, a matre persuasus est; qui opus muliebre in ergastulo fecit; qui, postquam concubavit, et libidinis suæ solum vertit, reliquit veteris amicitiæ nomen, et, proh pudor! tanquam mulier secutuleia, unius noctis tractu omnia vendidit? Jacent nunc amatores obligati noctibus totis, et forsitan, mutuis libidinibus attriti, derident solitudinem meam; sed non impune. Nam aut vir ego, liberque non sum, aut noxio sanguine parentabo injuriæ meæ.

CAPUT LXXXII.
Hæc locutus, gladio latus cingor, et, ne infirmitas militiam perderet, largioribus cibis excito vires, mox in publicum prosilio, furentisque more omnes circumeo por-

vigueur je fais un repas plus copieux que de coutume; puis, prenant mon essor, je m'élance hors du logis, et, comme un furieux, je parcours à grands pas tous les portiques. Je marchais d'un air effaré, avec des gestes menaçants; je ne respirais que sang, que carnage; à chaque instant je portais la main à la garde de mon épée, de cette épée vouée aux furies vengeresses. Un soldat me remarqua; j'ignore si c'était un vagabond ou un voleur de nuit : — Qui es-tu, camarade? me dit-il; quelle est ta légion, ta centurie? — Moi, sans me troubler, je me forgeai sur-le-champ une légion et un centurion. — Allons donc, répondit-il, est-ce que dans votre troupe les soldats portent des souliers de baladin? — La rougeur de mon visage et le tremblement de tous mes membres trahirent bientôt mon imposture. — Bas les armes! et prends garde à toi, me cria le soldat. — Me voyant ainsi désarmé et privé de tout moyen de vengeance, je rebroussai chemin vers mon auberge; ma colère se calma peu à peu, et je ne tardai pas à savoir bon gré à ce coupe-jarret de son audace.

CHAPITRE LXXXIII.

Ce ne fut toutefois qu'avec peine que je triomphai du désir de me venger, et je passai une partie de la nuit dans une grande agitation. Vers le point du jour, pour chasser ma tristesse et le souvenir de mon injure, je sortis et je parcourus de nouveau tous les portiques. J'entrai dans une galerie ornée

ticus. Sed dum attonito vultu efferatoque nil aliud quam cædem et sanguinem cogito, frequentiusque manum ad capulum, quem devoveram, refero, notavit me miles, sive ille planus fuit, sive nocturnus grassator : et : — Quid tu, inquit, commilito, ex qua legione es, aut cujus centuriæ? — Quum constantissime et centurionem et legionem essem ementitus. — Age ergo, inquit ille, in exercitu vestro phæcasiati milites ambulant? — Quum deinde vultu atque ipsa trepidatione mendacium prodidissem, ponere jussit arma, et malo cavere. Despoliatus ergo, immo præcisa ultione, retro ad diversorium tendo, paulatimque, temeritate laxata, cœpi grassatoris audaciæ gratias agere.

CAPUT LXXXIII.

[Interim mihi arduum erat amorem vindictæ superare, et mediam noctem anxius consumsi; sed tristitiæ sublevandæ, injuriæque propellendæ causa, egressus diluculo, omnes circuivi porticus, et] in pinacothecam perveni, vario genere tabularum mira-

de divers tableaux très-remarquables. J'en vis, de la main de Zeuxis, qui résistaient encore à l'injure du temps, et je remarquai des ébauches de Protogène, qui disputaient de vérité avec la nature elle-même, et que je n'osai toucher qu'avec un frissonnement religieux. Je me prosternai devant des grisailles d'Apelles (espèce de peinture que les Grecs appellent *monochrome*). Les contours des figures étaient dessinés avec tant d'art et de naturel, que l'on eût cru que le peintre avait trouvé le secret de les animer. Ici, sur les ailes d'un aigle, on voyait un dieu s'élever au plus haut des airs. Là, l'innocent Hylas repoussait les caresses d'une lascive Naïade. Plus loin, Apollon déplorait le meurtre commis par sa main, et décorait sa lyre détendue d'une fleur d'hyacinthe nouvellement éclose. Au milieu de toutes ces peintures de l'amour, oubliant que j'étais dans un lieu public, je m'écriai : Ainsi donc l'amour n'épargne pas même les dieux! Jupiter, ne trouvant dans les cieux aucune beauté digne de son choix, descend sur la terre pour satisfaire ses caprices; mais du moins il n'enlève à personne un objet aimé. La Nymphe qui ravit Hylas eût sans doute imposé silence à sa passion, si elle eût pensé qu'Hercule viendrait le réclamer. Apollon fit revivre dans une fleur l'enfant qu'il adorait; enfin toutes les fables sont pleines d'amoureuses liaisons qui ne sont point traversées par des rivaux; mais moi, j'ai admis dans mon intimité un hôte plus cruel encore que Lycurgue. Tandis que je prodiguais aux vents mes plaintes inutiles, je vis entrer dans la galerie un vieillard à cheveux blancs, dont le visage annonçait la réflexion et semblait promettre

---

bilem : nam et Zeuxidos manus vidi, nondum vetustatis injuria victas ; et Protogenis rudimenta, cum ipsius naturæ veritate certantia, non sine quodam horrore tractavi. Jam vero Apellis, quam Græci monochromon appellant, etiam adoravi. Tanta enim subtilitate extremitates imaginum erant ad similitudinem præcisæ, ut crederes etiam animorum esse picturam. Hinc aquila ferebat, cœlo sublimis, deum. Illinc candidus Hylas repellebat improbam Naïda. Damnabat Apollo noxias manus, lyramque resolutam modo nato flore honorabat. Inter quos etiam pictorum amantium vultus, tanquam in solitudine exclamavi : Ergo amor etiam deos tangit? Jupiter in cœlo suo non invenit quod eligeret, et, peccaturus in terris, nemini tamen injuriam fecit. Hylam Nympha prædata imperasset amori suo, si venturum ad interdictum Herculem credidisset. Apollo pueri umbram revocavit in florem, et omnes fabulæ quoque habuerunt sine æmulo complexus. At ego in societatem recepi hospitem, Lycurgo crudeliorem. Ecce autem, ego dum cum ventis litigo, intravit pinacothecam senex

quelque chose de grand, mais dont la mise n'était pas très-soignée : tout dans son extérieur trahissait au premier abord un de ces hommes de lettres qui, pour l'ordinaire, sont en butte à la haine des gens riches. Il s'arrêta près de moi : — Je suis poëte, me dit-il, et, je me flatte, poëte de quelque mérite, s'il faut en croire ceux qui m'ont décerné des couronnes publiques : il est vrai qu'on les accorde souvent par faveur à des ignorants. Pourquoi donc, me direz-vous, êtes-vous si mal vêtu ? Par cela même que je suis poëte ; l'amour des lettres n'a jamais enrichi personne :

> Le marchand qui brava les fureurs de Neptune,
> Après mille dangers, arrive à la fortune ;
> Mars de l'or des vaincus enrichit le vainqueur ;
> Aux frais d'un vil Crésus s'engraisse un vil flatteur ;
> Tandis que tour à tour, trafiquant du scandale,
> Un fat à vingt beautés vend sa flamme banale.
> Seul, hélas ! le savant, dans ce siècle pervers,
> Ébloui par l'appât d'une gloire stérile,
> Mal nourri, mal vêtu, sans patron, sans asile,
> Invoque les beaux-arts dans leurs temples déserts.

CHAPITRE LXXXIV.

Cela n'est que trop vrai : qu'un philosophe, ennemi du vice, marche droit son chemin dans le sentier de la vie, le contraste de ses mœurs avec celles du siècle lui attire aussitôt la

---

canus, exercitati vultus, et qui videretur nescio quid magnum promittere; sed cultu non proinde speciosus, ut facile appareret eum ex hac nota litteratorum esse, quos odisse divites solent. Is ergo, ut ad latus constitit meum : — Ego, inquit, poeta sum, et, ut spero, non humillimi spiritus, si modo coronis aliquid credendum est, quas etiam ad imperitos deferre gratia solet. Quare ergo, inquis, tam male vestitus es? Propter hoc ipsum : amor ingenii neminem unquam divitem fecit.

> Qui pelago credit, magno se fœnore tollit;
> Qui pugnas et castra petit, præcingitur auro ;
> Vilis adulator picto jacet ebrius ostro ;
> Et qui sollicitat nuptas, ad præmia peccat :
> Sola pruinosis horret Facundia pannis,
> Atque inopi lingua desertas invocat artes.

CAPUT LXXXIV.

Non dubie ita est; sed qui, vitiorum omnium inimicus, rectum iter vitæ cœpit insistere, primum propter morum differentiam odium habet (quis enim potest pro-

haine générale (qui pourrait, en effet, approuver dans autrui les vertus qu'il n'a pas?). Ensuite, ceux qui sont uniquement occupés du soin d'amasser des richesses veulent persuader à tous les hommes que cet or qu'ils possèdent est le souverain bien. Qu'on prône donc, disent-ils, tant qu'on voudra, les hommes de lettres, pourvu que, dans l'opinion publique, ils cèdent le pas aux hommes d'argent. — Je ne sais comment il se fait que la pauvreté soit sœur du génie, dis-je à Eumolpe en soupirant. — Vous avez raison, reprit le vieillard, de déplorer le sort des gens de lettres. — Ce n'est pas cela, répliquai-je, qui me fait soupirer; j'ai bien d'autres sujets d'affliction! — Et, par ce penchant naturel qui nous porte à déposer nos chagrins dans le sein d'autrui, je lui fis sur-le-champ le récit de ma triste aventure, et je lui peignis sous les plus odieuses couleurs la perfidie d'Ascylte. — Plût au ciel! ajoutai-je en gémissant, que l'ennemi cruel qui me force à la continence fût assez honnête homme pour se laisser attendrir; mais c'est un scélérat endurci qui en remontrerait aux débauchés de profession! — Ma franchise ingénue me gagna le cœur de ce vieillard : il se mit à me consoler; et, pour faire diversion à mon chagrin, il me raconta en ces termes une aventure galante de sa jeunesse.

CHAPITRE LXXXV.

Dans un voyage que je fis en Asie à la suite d'un questeur, je logeai chez un habitant de Pergame. Je me plaisais beau-

---

bare diversa?). Deinde, qui solas exstruere divitias curant, nihil volunt inter homines melius credi quam quod ipsi tenent. Jactentur itaque, quacumque ratione possunt, litterarum amatores, ut videantur illi quoque infra pecuniam positi. — Nescio [inquam] quo modo bonæ mentis soror est paupertas; [et suspirabam. — Merito, inquit senex, sortem doles litteratorum. — Non illud, inquam, suspiriorum materia; dolendi mihi altera causa est, et longe gravior! — simulque, ut propensio humana alienis auribus proprios dolores deponit, fortunam meam illi exposui, imprimisque Ascylti perfidiam exaggeravi, proclamans inter tot gemitus :] — Vellem, tam innocens esset frugalitatis meæ hostis, ut deliniri posset. Nunc veteranus est latro, et ipsis lenonibus doctior. — [Visus ego seni ingenuus; me solari cœpit; utque tristitiam leniret meam, quid sibi in amoribus olim contigerat narravit :]

CAPUT LXXXV.

In Asiam quum a quæstore essem stipendio eductus, hospitium Pergami accepi : ubi quum libenter habitarem, non solum propter cultum ædicularum, sed etiam prop-

coup chez mon hôte, moins à cause de l'élégance des appartements que de la beauté merveilleuse de son fils. J'eus recours à cet expédient, pour que le bon père ne soupçonnât pas la vive passion que m'inspirait cet enfant. Toutes les fois qu'il était question à table de l'amour des jolis garçons, je me répandais en invectives si violentes contre cet infâme usage, je défendais d'un ton si sévère que l'on tînt devant moi ces discours obscènes qui blessaient, disais-je, mes chastes oreilles, que tous, et surtout la mère de mon élève, me regardaient comme un des sept sages. Je fus donc bientôt chargé de le conduire au gymnase : je réglais ses études, je lui donnais des leçons ; et je recommandais par-dessus toutes choses à ses parents de n'admettre chez eux aucun séducteur de la jeunesse. Un jour de fête, après avoir terminé nos travaux plus tôt qu'à l'ordinaire, nous étions couchés dans la salle à manger (car la nonchalance, suite ordinaire d'un long et joyeux festin, nous avait empêchés de remonter dans notre chambre) ; lorsque, vers le milieu de la nuit, je m'aperçus que mon élève ne dormait pas. Je fis alors à voix basse cette prière à Vénus : O déesse ! si je puis embrasser cet aimable enfant, sans qu'il le sente, je fais vœu de lui donner demain une paire de colombes ! L'espiègle n'eut pas plutôt entendu quel était le prix de cette faveur, qu'il se mit à ronfler. Pendant qu'il feignait de dormir, je m'approchai de lui, et je lui dérobai plusieurs baisers. Content de cet essai, je me levai de bonne heure le lendemain, et, pour combler son attente, je lui apportai une belle paire de colombes. C'est ainsi que je m'acquittai de ma promesse.

---

ter hospitis formosissimum filium, excogitavi rationem, qua non essem patrifamiliæ suspectus amator. Quotiescumque enim in convivio de usu formosorum mentio facta est, tamen vehementer excandui, tam severa tristitia violari aures meas obsceno sermone nolui, ut me, mater præcipue, tanquam unum ex philosophis intueretur. Jam ego cœperam ephebum in gymnasium deducere, ego studia ejus ordinare, ego docere, ac præcipere, ne quis prædator corporis admitteretur in domum. Forte quum in triclinio jaceremus, quia dies solemnis ludum arctaverat, pigritiamque recedendi imposuerat hilaritas longior, fere circa mediam noctem intellexi puerum vigilare. Itaque timidissimo murmure votum feci ; et, domina, inquam, Venus, si ego hunc puerum basiavero, ita ut ille non sentiat, cras illi par columbarum donabo. Audito voluptatis pretio, puer stertere cœpit. Itaque aggressus simulantem aliquot basiolis -invasi. Contentus hoc principio, bene mane surrexi, electumque par columbarum attuli exspectanti, ac me voto exsolvi.

CHAPITRE LXXXVI.

La nuit suivante, encouragés par sa facilité, mes vœux changèrent de nature : Si je puis, disais-je, promener sur son corps une main lascive, sans qu'il le sente, pour récompense de sa docilité, je lui donnerai deux coqs gaulois des plus acharnés au combat. A cette promesse, le bel enfant s'approcha de lui-même : il semblait, je crois, appréhender que je ne m'endormisse. Pour dissiper son inquiétude, je parcourus tout son corps avec un plaisir au delà de toute expression. Puis, dès que le jour parut, je le comblai de joie en lui apportant ce que je lui avais promis. Dès que la troisième nuit vint ouvrir une nouvelle carrière à mon audace, je m'approchai de l'oreille du prétendu dormeur : Dieux immortels! m'écriai-je, faites que je puisse, au gré de mes vœux, goûter dans ses bras une jouissance complète, sans, toutefois, qu'il en sente rien ; et, pour prix de tant de bonheur, je lui donnerai demain un beau bidet de Macédoine. Jamais mon élève ne dormit d'un sommeil plus profond. D'abord je promenai mes mains avides sur son sein d'albâtre, puis je le couvris d'ardents baisers; enfin je concentrai tous mes vœux dans le siége même du plaisir. Le lendemain, assis dans sa chambre, il attendait avec impatience mon offrande ordinaire. Il n'est pas aussi facile, vous le savez, d'acheter un bidet que des colombes et des coqs gaulois : outre la dépense, je craignais qu'un cadeau de cette importance ne rendît ma générosité suspecte à ses parents. Donc,

CAPUT LXXXVI.

Proxima nocte, quum idem liceret, mutavi optionem : et, Si hunc, inquam, tractavero improba manu, et ille non senserit, gallos gallinaceos pugnacissimos duos donabo patienti. Ad hoc votum ephebus ultro se admovit, et, puto, vereri cœpit ne ego obdormissem. Indulsi ergo sollicito, totoque corpore citra summam voluptatem me ingurgitavi. Deinde, ut dies venit, attuli gaudenti quidquid promiseram. Ut tertia nox licentiam dedit, consurrexi ad aurem male dormientis: Dii, inquam, immortales! si ego huic dormienti abstulero coitum plenum et optabilem, pro hac felicitate cras puero asturconem macedonicum optimum donabo, cum hac tamen exceptione, si ille non senserit. Nunquam altiore somno ephebus obdormivit. Itaque primum implevi lactentibus papillis manus, mox basio inhæsi, deinde in unum omnia vota conjunxi. Mane sedere in cubiculo cœpit, atque exspectare consuetudinem meam. Scis quanto facilius sit columbas gallosque gallinaceos emere, quam asturconem; et præter hoc etiam timebam ne tam grande munus suspectam faceret humanitatem

après m'être promené quelques heures, je rentrai chez mon hôte les mains vides, et, pour tout présent, je donnai un baiser à mon jeune ami; mais lui me saute au cou pour m'embrasser, et, jetant de tous côtés des regards inquiets : — Mon cher maître, dit-il, où donc est le bidet? — La difficulté d'en trouver un beau m'a forcé, lui répondis-je, à différer cette emplette; mais, d'ici à peu de jours, je tiendrai ma parole. — L'enfant comprit fort bien ce que cela voulait dire, et l'expression de son visage trahit son secret mécontentement.

CHAPITRE LXXXVII.

Bien que mon manque de foi m'eût fermé ce cœur où j'avais su m'ouvrir un accès, je ne tardai pas cependant à reprendre les mêmes libertés. En effet, quelques jours après, un heureux hasard m'ayant de nouveau procuré l'occasion que j'épiais, dès que je vis son père profondément endormi, je priai ce cher enfant de faire sa paix avec moi, en me laissant lui procurer plaisir pour plaisir; enfin j'employai tous les arguments qu'inspire une ardente passion; mais, pour toute réponse, il me dit du ton le plus courroucé : — Dormez, ou je vais appeler mon père. — Il n'est point d'obstacle dont ne triomphe une audace persévérante. Tandis qu'il me menace d'éveiller son père, je me glisse dans son lit; il ne m'oppose qu'une faible résistance, et je lui arrache les plaisirs qu'il me refusait. Il parut prendre goût à cette violence, et se plaignant, pour

meam. Ergo aliquot horis spatiatus, in hospitium reverti, nihilque aliud quam puerum basiavi. At ille circumspiciens, ut cervicem meam junxit amplexui, — Rogo, inquit, domine, ubi est asturco? — [Difficultas, inquam, elegantem nanciscendi munus differre coegit, sed intra paucos dies promissis stabo. — Quid hoc sibi vellet scite intellexit ephebus, et motus internos prodidit vultus.]

CAPUT LXXXVII.

Quum ob hanc offensam præclusissem mihi aditum quem feceram iterum ad licentiam redii. Interpositis enim paucis diebus, quum similis nos casus in eamdem fortunam retulisset, ut intellexi stertere patrem, rogare cœpi ephebum ut reverteretur in gratiam mecum, id est, ut pateretur satisfieri sibi; et cetera quæ libido distenta dictat. At ille, plane iratus, nihil aliud dicebat, nisi hoc : — Aut dormi, aut ego jam dicam patri. — Nihil est tam arduum quod non improbitas extorqueat. Dum dicit : Patrem excitabo, irrepsi tamen, et male repugnanti gaudium extorsi. At ille, non indelectatus nequitia mea, postquam diu questus est, deceptum se, et derisum, tra-

la forme, de ce que, par mon ingratitude, je l'avais exposé aux railleries de ses camarades, auxquels il avait vanté ma générosité : — Pour vous prouver, ajouta-t-il, que je ne vous ressemble pas, vous pouvez recommencer, si cela vous plaît. — La paix étant faite et mon pardon obtenu, j'usai de la permission qu'il m'accordait, et je m'endormis dans ses bras. Mais l'adolescent, déjà mûr pour l'amour, et que l'ardeur de l'âge excitait au plaisir, ne se tint pas pour content de cette double épreuve. Il m'éveilla donc : — Eh quoi! me dit-il, vous ne demandez plus rien ? — Je me sentais encore un reste de vigueur; je m'évertuai donc du mieux que je pus, et, couvert de sueur, hors d'haleine, je parvins enfin à satisfaire son envie; mais alors, épuisé par cette triple jouissance, je me rendormis. Une heure n'était pas écoulée, qu'en me pinçant, il me dit : — Est-ce que nous en restons là? — Fatigué d'être si souvent réveillé, j'entrai dans un violent accès de colère, et, lui rendant la monnaie de sa pièce : — Dormez, lui dis-je à mon tour, ou j'éveille votre père.

CHAPITRE LXXXVIII.

Ranimé par ce récit plaisant, je me mis à interroger le vieillard, plus instruit que moi, sur l'âge de chacun de ces tableaux et sur le sujet de quelques-uns dont je ne pouvais me rendre compte. Je lui demandai ensuite à quelles causes il attribuait la décadence des beaux-arts dans notre siècle, et

---

ductumque inter condiscipulos, quibus jactasset censum meum : — Videris tamen, inquit, non ero tui similis. Si quid vis, fac iterum. — Ego vero, deposita omni offensa, cum puero in gratiam redii, ususque beneficio ejus, in somnum delapsus sum. Sed non fuit contentus iteratione ephebus plenæ maturitatis, et annis ad patiendum gestientibus. Itaque excitavit me sopitum; et : — Numquid vis? inquit. — Et non plane jam molestum erat munus. Utcunque igitur, inter anhelitus sudoresque tritus, quod voluerat, accepit, rursusque in somnum decidi, gaudio lassus. Interposita minus hora, pungere me manu cœpit, et dicere : — Quare non facimus? — Tum ego, toties excitatus, plane vehementer excandui, et reddidi illi voces suas : — Aut dormi, aut ego jam patri dicam.

CAPUT LXXXVIII.

Erectus his sermonibus, consulere prudentiorem cœpi ætates tabularum, et quædam argumenta mihi obscura, simulque causam desidiæ præsentis excutere, quum

surtout de la peinture qui a disparu jusqu'à la dernière trace.
— L'amour des richesses, me répondit-il, a produit ce triste changement. Chez nos ancêtres, lorsque le mérite seul était en honneur, on voyait fleurir les beaux-arts, et les hommes se disputaient à l'envi la gloire de transmettre aux siècles suivants toutes les découvertes utiles. Alors on vit Démocrite, l'Hercule de la science, distiller le suc de toutes les plantes connues, et passer sa vie entière à faire des expériences pour connaître à fond les propriétés diverses des minéraux et des végétaux. Eudoxe vieillit sur le sommet d'une haute montagne pour observer de plus près les mouvements du ciel et des astres; et Chrysippe prit trois fois de l'ellébore pour purifier son esprit et le rendre plus apte à de nouvelles découvertes. Mais, pour en revenir à l'art plastique, Lysippe mourut de faim, en se bornant à perfectionner les contours d'une seule statue; et Myron, qui fit, pour ainsi dire, passer dans le bronze l'âme humaine et l'instinct des animaux, ne trouva personne qui voulût accepter son héritage. Pour nous, plongés dans la débauche et l'ivrognerie, nous n'osons pas même nous élever à la connaissance des arts inventés avant nous; superbes détracteurs de l'antiquité, nous ne professons que la science du vice dont nous offrons à la fois l'exemple et le précepte. Qu'est devenue la dialectique? l'astronomie? la morale, cette route certaine de la sagesse? Qui voit-on aujourd'hui entrer dans un temple, et invoquer les dieux pour atteindre à la perfection de l'éloquence, ou pour découvrir les sources cachées de la phi-

---

pulcherrimæ artes periissent, inter quas pictura ne minimum quidem sui vestigium reliquisset. Tum ille : — Pecuniæ, inquit, cupiditas hæc tropica instituit. Priscis enim temporibus, quum adhuc nuda virtus placeret, vigebant artes ingenuæ, summumque certamen inter homines erat, ne quid profuturum seculis diu lateret. Itaque, Hercules alter, herbarum omnium succos Democritus expressit; et, ne lapidum virgultorumque vis lateret, ætatem inter experimenta consumsit. Eudoxus quidem in cacumine excelsissimi montis consenuit, ut astrorum cœlique motus deprehenderet : et Chrysippus, ut ad inventionem sufficeret, ter helleboro animum detersit. Verum, ut ad plastas convertar, Lysippum, statuæ unius lineamentis inhærentem, inopia exstinxit : et Myron, qui pæne hominum animas ferarumque ære comprehendit, non invenit heredem. At nos, vino scortisque demersi, ne paratas quidem artes audemus cognoscere; sed, accusatores antiquitatis, vitia tantum docemus et discimus. Ubi est dialectica? ubi astronomia? ubi sapientiæ consultissima via? Quis, inquam, venit in templum, et votum fecit, si ad eloquentiam pervenisset? quis, si philosophiæ fontem attigisset? Ac ne bonam quidem valetudinem petunt : sed statim, antequam limen

losophie? On ne leur demande pas même la santé. Suivez cette foule qui monte au Capitole : avant même d'atteindre le seuil du temple, l'un promet une offrande, s'il a le bonheur d'enterrer un riche parent; l'autre, s'il découvre un trésor; un troisième, s'il parvient, avant de mourir, à entasser trente millions de sesterces. Que dis-je? n'a-t-on pas vu souvent le sénat lui-même, le sénat, l'arbitre de l'honneur et de la justice, vouer mille marcs d'or à Jupiter? et ne semble-t-il pas encourager la cupidité, lorsqu'il tâche ainsi, à prix d'argent, de se rendre le ciel favorable? Cessez donc de vous étonner de la décadence de la peinture, puisque les dieux et les hommes trouvent plus de charmes dans la vue d'un lingot d'or que dans tous les chefs-d'œuvre d'Apelles, de Phidias et de tous ces radoteurs de Grecs, comme ils les appellent. Mais je vois que ce tableau qui représente la prise de Troie absorbe toute votre attention : je vais donc tâcher de vous en donner l'explication dans le langage des Muses.

CHAPITRE LXXXIX.

Pergame, après dix ans de siége, de carnage,
Bravait encor des Grecs le superbe courage.
Ces Grecs si fiers, armés sur la foi de Calchas,
Comptaient en frémissant leurs stériles combats.
Mais l'oracle a parlé : sous la hache abattues,
L'Ida voit ses forêts à ses pieds descendues.

Capitolii tangant, alius donum promittit, si propinquum divitem extulerit : alius, si thesaurum-effoderit : alius, si ad trecenties HS. salvus pervenerit. Ipse senatus, recti bonique praeceptor, mille pondo auri Capitolino promittere solet : et, ne quis dubitet pecuniam concupiscere, Jovem quoque peculio exorat. Noli ergo mirari si pictura deficit, quum omnibus diis hominibusque formosior videatur massa auri quam quidquid Apelles, Phidiasve, Graeculi delirantes, fecerunt. Sed video te totum in illa haerere tabula, quae Trojae halosin ostendit : itaque conabor opus versibus pandere.

CAPUT LXXXIX.

Jam decima moestos, inter ancipites metus,
Phrygas obsidebat messis, et vatis fides
Calchantis atro dubia pendebat metu :
Quum, Delio profante, caesi vertices
Idae trahuntur, scissaque in molem cadunt
Robora, minacem quae figurarent equum.

De leurs débris formé, terrible, menaçant,
Un cheval monstrueux s'élève ; et dans son flanc
Mille guerriers cachés contre dix ans d'offense
Méditent sans honneur une lâche vengeance.
D'Atride cependant la flotte a disparu.
Ilion ! à la paix tu crus ton sol rendu.
Fatal aveuglement ! ces voiles fugitives,
Un perfide à dessein rejeté sur tes rives,
Ce coursier que des Grecs le repentir pieux,
Pour les calmer, dit-il, offre enfin à tes dieux :
Tout flattait ta pensée ; et l'heureuse Phrygie
Ressaisit en espoir le sceptre de l'Asie.
Déjà de ses remparts le peuple, à flots pressés,
S'élance ; humide encor des pleurs qu'il a versés,
Son œil sur chaque objet librement se promène :
Il sourit, mais son cœur se rassure avec peine ;
Et dans ce camp désert, si longtemps redouté,
Un reste de frayeur se mêle à sa gaieté.
Laocoon paraît. Pontife de Neptune,
Vers ce cheval hideux dont l'aspect l'importune,
Il marche, tourmenté d'un noir pressentiment.
Ses cheveux sur son sein descendent tristement,
Et la cendre a souillé sa barbe vénérable.
« Fuyez, fuyez ! dit-il d'une voix lamentable,
Ce présent vient des Grecs, c'est le don de la mort ! »
A ces mots, de sa main, qu'anime un noble effort,

    Operitur ingens claustrum, et obducti specus,
    Qui castra caperent. Huc decenni prœlio
    Irata virtus abditur : stipant graves
    Equi recessus Danai, et in voto latent.
    O patria ! pulsas mille credidimus rates,
    Solumque bello liberum : hoc titulus fero
    Incisus, hoc ad fata compositus Sinon
    Firmabat, et mendacium in damnum potens.
    Jam turba portis libera ac bello carens
    In vota properant : fletibus manant genæ,
    Mentisque pavidæ gaudium lacrymas habet,
    Quas metus abegit : namque Neptuno sacer,
    Crinem solutus, omne Laocoon replet
    Clamore vulgus ; mox reducta cuspide
    Uterum notavit : fata sed tardant manus,
    Ictusque resilit, et dolis addit fidem.

Un trait part.... Mais quel dieu rend ce trait inutile?
Il tombe, et meurt au pied du colosse immobile :
Un vain peuple applaudit à cet arrêt des cieux.
La hache cependant porte un coup plus heureux :
Le monstre est ébranlé ; ses entrailles mugissent ;
Sous leur abri douteux les Grecs tremblants pâlissent :
Le cri qu'en cet instant leur arrache la peur
Redouble des Troyens la pieuse ferveur,
Et, dans ses murs livrés, tout un peuple avec joie
Introduit ces captifs qui vont conquérir Troie.
La ruse a triomphé ! mais un prodige affreux
Vient alors de la foule épouvanter les yeux.
Des bords où Ténédos s'élève au sein de l'onde,
Un bruit sourd est parti.... la mer s'émeut et gronde :
Le flot poursuit le flot qui murmure et s'enfuit :
Tel Neptune se plaint dans l'ombre de la nuit,
Quand la rame, docile à la main qui la guide,
De ses coups redoublés fend la plaine liquide.
Tout à coup, déployant leurs immenses anneaux,
Deux serpents monstrueux s'avancent sur les eaux :
Sous leurs bonds convulsifs, en temps égaux pressée,
L'onde écume, et jaillit jusqu'aux cieux élancée :
Leurs yeux, rouges de sang, lancent d'affreux éclairs,
Qui semblent de leurs feux incendier les mers,

    Iterum tamen confirmat invalidam manum,
Altaque bipenni latera pertentat. Fremit
Captiva pubes intus, et, dum murmurat,
Roborea moles spirat alieno metu.
Ibat juventus capta, dum Trojam capit,
Bellumque totum fraude ducebat nova.
Ecce alia monstra ! Celsa qua Tenedos mare
Dorso repellit, tumida consurgunt freta,
Undaque resultat scissa tranquillo minor,
Qualis silenti nocte remorum sonus
Longe refertur, quum premunt classes mare,
Pulsumque marmor, abiete imposita, gemit.
Respicimus, angues orbibus geminis ferunt
Ad saxa fluctus : tumida quorum pectora,
Rates ut altæ, lateribus spumas agunt :
Dat cauda sonitum : liberæ ponto jubæ
Consentiunt ; luminibus fulmineum jubar
Incendit æquor, sibilisque undæ tremunt :

8.

Leurs sifflements aigus font trembler le rivage.
Tout tremble. Cependant, sur cette même plage,
Deux frères, fruits jumeaux d'un hymen plein d'appas,
Du pontife, leur père, avaient suivi les pas :
Revêtus comme lui de la robe sacrée,
Du bandeau phrygien leur tête était parée.
Mais les monstres déjà, sur leur proie élancés,
D'inextricables nœuds les tiennent enlacés.
Les enfants vainement, de leurs mains impuissantes,
Repoussent des serpents les têtes menaçantes ;
Et tous deux, s'oubliant en ce combat cruel,
Se prêtent l'un à l'autre un secours mutuel :
Ils succombent tous deux. Et toi, malheureux père !
Toi qui vois déchirer, par la dent meurtrière,
Le corps de ces enfants qui te doivent le jour,
Pour les sauver, hélas ! tu n'as que ton amour.
Mais que peut ton courage et l'ardeur qui t'anime ?
Le pontife, à son tour, remplaçant la victime,
Tombe, et, roulant aux pieds des autels profanés,
Vers les murs d'Ilion, des dieux abandonnés,
Il tourne en gémissant sa mourante paupière.
Phébé venait d'atteindre au haut de sa carrière,
Et son char, dans les cieux, s'avançait escorté
Des astres moins brillants qu'éclipsait sa clarté.
Dans le sommeil profond que procure l'ivresse,
Les Troyens oubliaient leurs dangers et la Grèce.

Stupuere mentes. Infulis stabant Sacri
Phrygioque cultu, gemina nati pignora
Laocoonte, quos repente tergoribus ligant
Angues corusci : parvulas illi manus
Ad ora referunt : neuter auxilio sibi,
Uterque fratri ; transtulit pietas vices.
Morsque ipsa miseros mutuo perdit metu.
Accumulat, ecce ! liberum funus parens,
Infirmus auxiliator ; invadunt virum,
Jam morte pasti, membraque ad terram trahunt.
Jacet sacerdos, inter aras victima,
Terramque plangit. Sic profanatis sacris,
Peritura Troja perdidit primum deos.
Jam plena Phœbe candidum extulerat jubar,
Minora ducens astra radianti face,
Quum inter sepultos Priamidas nocte et mero,

Insensés! ils rêvaient un heureux lendemain.
Mais du cheval fécond le flanc s'ouvre, et soudain,
Libre de sa prison, une nombreuse élite
Dans les murs de Priam court et se précipite :
Tel, affranchi du mors, vole un coursier fougueux,
L'œil fier, et de ses crins battant ses flancs poudreux.
Déjà le sang ruisselle, et le glaive homicide
Moissonne les Troyens comme un troupeau timide :
Engourdis par le vin, ils passent sans effort
De la mort du sommeil au sommeil de la mort ;
Et, sur l'autel de Troie, une torche allumée
Fournit les feux vengeurs dont Troie est consumée.

CHAPITRE XC.

A peine Eumolpe achevait son récit, que ceux qui se promenaient sous les portiques firent pleuvoir sur lui une grêle de pierres. Accoutumé à de pareils suffrages, il se couvrit la tête, et s'enfuit hors du temple. Craignant qu'on ne me prît aussi pour un poëte, je le suivis de loin jusqu'au bord de la mer : là, dès que je me vis hors de la portée des coups, je m'arrêtai, et, apostrophant Eumolpe : — D'où vous vient, lui dis-je, cette manie? il y a à peine deux heures que nous sommes ensemble, et, au lieu de parler comme tout le monde, vous ne m'avez débité que des vers. Je ne m'étonne plus si le peuple

Danai relaxant claustra, et effundunt viros.
Tentant in armis se duces, ceu ubi solet
Nodo remissus thessali quadrupes jugi
Cervicem, et altas quatere ad excursum jubas.
Gladios retractant, commovent orbes manus,
Bellumque sumunt. Hic graves alius mero
Obtruncat, et continuat in mortem ultimam
Somnos; ab aris alius accendit faces,
Contraque Troas invocat Trojæ sacra.

CAPUT XC.

Ex his, qui in porticibus spatiabantur, lapides in Eumolpum recitantem miserunt. At ille, qui plausum ingenii sui noverat, operuit caput, extraque templum profugit. Timui ego ne me poetam vocarent. Itaque subsecutus fugientem, ad littus perveni : et, ut primum extra teli conjectum licuit consistere : — Rogo, inquam, quid tibi vis cum isto morbo? Minus quam duabus horis mecum moraris, et sæpius poetice, quam humane, locutus es. Itaque non miror si te populus lapidibus prosequitur. Ego

vous poursuit à coups de pierres. Je vais faire aussi ma provision de cailloux, et, toutes les fois que cet accès vous prendra, je vous tirerai du sang de la tête. — Il secoua les oreilles et répondit : — Jeune homme, ce n'est pas d'aujourd'hui seulement que l'on me traite de la sorte : je ne parais jamais sur le théâtre, pour réciter quelques vers, sans recevoir un pareil accueil des spectateurs. Quoi qu'il en soit, pour n'avoir pas aussi maille à partir avec vous, je consens à me sevrer de ce plaisir tout le reste du jour. — Et moi, répliquai-je, si vous tenez en bride votre Pégase, je vous promets un bon souper. — Puis je confiai à la gardienne de mon chétif logis le soin de mon chétif repas, et je me rendis au bain avec Eumolpe.

CHAPITRE XCI.

En y entrant, j'aperçus Giton appuyé contre la muraille et tenant dans ses mains des frottoirs et des racloirs d'étuviste. A son air triste et abattu, on devinait sans peine que c'était contre son gré qu'il servait Ascylte. Tandis que je le regardais attentivement pour m'assurer que c'était bien lui, il m'aperçut, et, tournant vers moi son visage où brillait la joie la plus vive : — Grâce, mon frère! s'écria-t-il ; ayez pitié de moi! Ici, je ne vois plus briller les armes, et je puis vous faire connaître mes vrais sentiments. Délivrez-moi de la tyrannie d'un brigand sanguinaire, et, pour me punir de l'arrêt que j'ai prononcé contre vous, infligez-moi le plus sévère châtiment; mais n'est-

---

quoque sinum meum saxis onerabo, ut, quotiescumque cœperis a te exire, sanguinem tibi a capite mittam. Movit ille vultum, et : — O mi, inquit, adolescens, non hodie primum auspicatus sum : immo quoties theatrum, ut recitarem aliquid, intravi, hac me adventitia excipere frequentia solet. Ceterum, ne et tecum quoque habeam rixandum, toto die me ab hoc cibo abstinebo. — Immo, inquam ego, si ejuras hodiernam bilem, una cœnabimus : — [simulque] mando ædicularum custodi cœnulæ officium, [et continuo in balneum ivimus.]

CAPUT XCI.

Ibi video Gitona, cum linteis et strigilibus parieti applicitum, tristem confusumque. Scires non libenter servire. Itaque, ut experimentum oculorum caperem, convertit ille solutum gaudio vultum; et : — Miserere, inquit, frater : ubi arma non sunt, libere loquor. Eripe me latroni cruento, et qualibet sævitia pœnitentiam judicis tui puni. Satis magnum erit misero supplicium, tua voluntate cecidisse. — Supprimere ego querelam jubeo, ne quis consilia deprehenderet : relictoque Eumolpo (nam in

ce pas déjà, pour le malheureux Giton, un supplice assez cruel que d'avoir perdu votre affection? — Je lui ordonne de cesser ses plaintes, de peur d'attirer l'attention des curieux; puis, laissant Eumolpe dans le bain où il déclamait déjà un de ses poëmes, j'entraîne Giton hors de ces lieux par une obscure et fétide issue; et nous fuyons à toutes jambes vers mon auberge. Là, fermant la porte sur nous, je me précipite dans ses bras, et, par d'ardents baisers, je sèche les pleurs dont ses joues sont inondées. Nous restâmes longtemps sans pouvoir proférer une seule parole : car cet aimable enfant se brisait la poitrine à force de sanglots. — Quelle honte pour moi, lui disais-je, de t'aimer encore après ton lâche abandon! je cherche en vain dans mon cœur la profonde blessure que tu y as faite, et je n'en trouve plus même la cicatrice. Comment te justifier de m'avoir ainsi quitté pour voler à de nouvelles amours? avais-je mérité un tel affront? — Giton, voyant que je l'aimais encore, prit une contenance plus hardie. — Cependant, poursuivis-je, je n'ai point cherché d'autre arbitre que toi pour juger qui, d'Ascylte ou de moi, méritait le mieux ton amour; mais je supprime de justes plaintes, j'oublie tout, pourvu que ton repentir soit sincère. — En prononçant ces mots, je gémissais et je versais un torrent de larmes. Giton, m'essuyant le visage avec son manteau, me dit : — Soyez juste, mon cher Encolpe; j'en appelle à votre mémoire. Est-ce moi qui vous ai abandonné? et ne vous êtes-vous pas trahi vous-même? je l'avouerai franchement et sans détour, quand je vous vis tous deux les armes à la main, je me rangeai du côté du plus fort. — A ces mots, je me jetai à son cou, et je

---

balneo carmen recitabat), per tenebrosum et sordidum egressum extraho Gitona, raptimque in hospitium meum pervolo. Præclusis deinde foribus, invado pectus amplexibus, et perfusum os lacrymis vultu meo contero. Diu vocem neuter invenit : nam puer etiam singultibus crebris amabile pectus quassaverat. — O facinus, inquam, indignum! Quod amo te, quamvis relictus; et in hoc pectore, quum vulnus ingens fuerit, cicatrix non est. Quid dicis, peregrini amoris concessio? Dignus hac injuria fui? — Postquam se amari sensit [Giton], supercilium altius sustulit. [— Sed, inquam ego,] nec amoris arbitrium ad alium judicem tuli; sed nihil jam queror; nihil jam memini, si bona fide pœnitentiam emendas. — Hæc quum inter gemitus lacrymasque fudissem, detersit ille pallio vultum; et : — Quæso, inquit, Encolpi, fidem memoriæ tuæ appello : Ego te reliqui, an tu prodidisti? Equidem fateor et præ me fero, quum duos armatos viderem, ad fortiorem confugi. — Exosculatus pectus sapientia plenum,

baisai la bouche d'où était sortie une réponse si sensée ; puis, pour mieux le convaincre que je lui pardonnais le passé, et que mon amour pour lui était aussi vif et aussi sincère que jamais, je lui prodiguai les plus tendres caresses.

CHAPITRE XCII.

Il était nuit close, et la femme avait ponctuellement exécuté mes ordres pour le souper, lorsque Eumolpe vint frapper à ma porte. — Combien êtes-vous? lui demandai-je. — Et, avant d'ouvrir, je regardai par le trou de la serrure si Ascylte n'était pas avec lui. Quand je vis qu'il était seul, je lui ouvris sur-le-champ. Dès qu'il fut entré, il se jeta sur un lit de repos, et, apercevant Giton qui dressait la table, il me fit un signe de tête, et me dit : — Je vous fais mon compliment de votre Ganymède : il faut nous divertir ce soir. — Un début si gaillard ne me plut nullement, et je craignis d'avoir reçu chez moi un second Ascylte. Eumolpe n'en resta pas là; car Giton lui ayant présenté à boire : — Je t'aime plus, lui dit-il, que tous les mignons que j'ai vus au bain. — Puis, vidant la coupe d'un seul trait : — Je n'ai jamais été si altéré, poursuivit-il ; car, en me baignant, j'ai failli être assommé, parce que, pour distraire ceux qui étaient assis autour du bassin, j'ai essayé de leur déclamer un de mes poëmes. Chassé du bain, comme je l'ai si souvent été du théâtre, je vous cherchais dans tous les coins, et je criais à tue-tête : Encolpe! Encolpe! quand du

injeci cervicibus manus : et, ut facile intelligeret rediisse me in gratiam, et optima fide reviviscentem amicitiam, toto pectore adstrinxi.

CAPUT XCII.

Et jam plena nox erat, mulierque cœnæ mandata curaverat, quum Eumolpus ostium pulsat. Interrogo ego : — Quot estis? — obiterque per rimam foris speculari diligentissime cœpi num Ascyltos una venisset. Demum, ut solum hospitem vidi, momento recepi. Ille, se ut in grabatum rejecit, viditque Gitona in conspectu ministrantem, movit caput; et : — Laudo, inquit, Ganymedem : oportet hodie bene sit. — Non delectavit me tam curiosum principium, timuique ne in contubernium recepissem Ascylti parem. Instat Eumolpus, et, quum puer illi potionem dedisset : — Malo te, inquit, quam balneum totum : — siccatoque avide poculo, negat sibi unquam aridius fuisse : — Nam et, dum lavor, ait, pæne vapulavi, quia conatus sum circa solium sedentibus carmen recitare : et, postquam de balneo, tanquam de theatro, ejectus sum, circuire omnes angulos cœpi, et clara voce Encolpion clamitare. Ex altera parte juvenis nudus, qui vestimenta perdi-

côté opposé, un jeune homme tout nu et qui avait perdu ses habits se mit à crier aussi fort que moi, et d'une voix qu'animait la colère : Giton! Giton! Il y avait cependant cette différence entre nous, que les valets du bain se moquaient de moi comme d'un fou, et me contrefaisaient insolemment, tandis que la foule nombreuse qui l'entourait lui prodiguait les applaudissements et les témoignages d'une respectueuse admiration. Il faut vous dire que la nature l'a si richement doté des attributs de la virilité, qu'à la grandeur de ses proportions on le prendrait pour Priape lui-même. O le vigoureux champion! je crois qu'il pourrait soutenir une lutte amoureuse deux jours entiers sans discontinuer. Aussi ne fut-il pas longtemps dans l'embarras; car je ne sais quel chevalier romain, connu, m'a-t-on dit, pour un infâme débauché, le voyant courir ainsi tout nu, le couvrit de son manteau et l'emmena chez lui, sans doute pour s'assurer le monopole de cette bonne fortune. Mais moi, je n'aurais pas même pu retirer mes habits du vestiaire, si je n'eusse produit un témoin qui affirma qu'ils m'appartenaient. Tant il est vrai qu'on fait plus de cas des dons du corps que de ceux de l'esprit! — A chaque mot que disait Eumolpe, je changeais de couleur : car si l'accident arrivé à mon ennemi m'avait réjoui d'abord, j'étais désolé de le voir ainsi tourner à son avantage. Toutefois, comme si j'eusse été complétement étranger à cette aventure, je gardai le silence sur mes relations avec Ascylte, et je détaillai à Eumolpe le menu de notre souper. A peine avais-je cessé de parler, qu'on nous servit. Ce n'était que des mets assez communs, mais substantiels et nutritifs : notre poëte famélique les dévora avec

---

derat, non minore clamoris indignatione Gitona flagitabat. Et me quidem pueri, tanquam insanum, imitatione petulantissima deriserunt : illum autem frequentia ingens circumvenit cum plausu et admiratione timidissima. Habebat enim inguinum pondus tam grande, ut ipsum hominem laciniam fascini crederes. O juvenem laboriosum! puto illum pridie incipere, postero die finire. Itaque statim invenit auxilium : nescio quis enim eques romanus, ut aiebant, infamis, sua veste errantem circumdedit, ac domum abduxit : credo, ut tam magna fortuna solus uteretur. At ego ne mea quidem vestimenta ab officioso recepissem, nisi notorem dedissem. Tanto magis expedit inguina quam ingenia fricare. — Hæc Eumolpo dicente, mutabam ego frequentissime vultum : injuriis scilicet inimici nostri hilaris, commodis tristis. Utcumque tamen, tanquam non agnoscerem fabulam, tacui, et cœnæ ordinem explicui. [Vixdum finieram, quum cœnula allata est : cibus scilicet plebeius, sed succosus et nutritivus, quem

une effrayante avidité. Lorsqu'il fut enfin rassasié, il se prit à moraliser, et se répandit en invectives contre ces hommes qui dédaignent tout ce qui est d'un usage commun et vulgaire, et n'estiment que ce qui est rare.

CHAPITRE XCIII.

Par une dépravation vraiment déplorable, dit-il, on méprise les jouissances faciles, et on se passionne avec entêtement pour celles qui nous semblent interdites :

> Je ne veux point d'une facile gloire :
> L'obstacle ajoute un lustre à la victoire.
> Aux bords du Phase habite le faisan :
> Voilà son prix. La poule numidique
> A vu le jour dans les sables d'Afrique :
> Pour un gourmet, c'est un morceau friand.
> Pauvre canard, ta chair est fine et molle ;
> Fidèle oison, des fureurs du Gaulois
> Ton cri jadis sauva le Capitole ;
> Mais humblement vous croissez sous nos toits :
> Vous n'êtes bons qu'à nourrir des bourgeois.
> Du bout du monde, où le sort l'a fait naître,
> La sargue accourt ; on l'achète à grands frais ;
> Et le barbeau, de la table du maître,
> Ne fait qu'un saut à celle des valets.
> La rareté fait le prix de la chose :
> Le cinnamome, enfant d'un sol lointain,
> Fait oublier les parfums d'une rose ;
> Et pour l'amour on néglige l'hymen.

Eumolpus, doctor famelicus, devoravit. Satur vero philosophos de negotio ejicere cœpit, et multa jactare in illos, qui vulgo nota contemnunt, raraque solum plurimi faciunt.]

CAPUT XCIII.

[Corruptæ menti, inquit,] vile est, quod licet, et animus, errore tentus, injurias diligit.

> Nolo, quod cupio, statim tenere,
> Nec victoria mi placet parata.
> Ales Phasiacis petita Colchis,
> Atque afræ volucres placent palato,
> Quod non sunt faciles : at albus anser,
> Et pictis anas enotata pennis,
> Plebeium sapit. Ultimis ab oris
> Attractus scarus, atque arata Syrtis,
> Si quid naufragio dedit, probatur ;
> Mullus jam gravis est. Amica vincit
> Uxorem. Rosa cinnamum veretur.
> Quidquid quæritur, optimum videtur.

— Est-ce ainsi, dis-je à Eumolpe, que vous tenez votre promesse de faire, pour aujourd'hui, trêve à la poésie? De grâce, épargnez nos oreilles, à nous qui ne vous avons jamais lapidé. Car, si quelqu'un de ceux qui boivent près de nous, dans cette auberge venait à flairer un poëte, il mettrait tout le voisinage en rumeur; et, nous prenant pour vos complices en Apollon, on nous assommerait tous trois en même temps. Cessez, par pitié, et rappelez-vous ce qui vient de vous arriver aux bains et sous le portique. — Giton, dont le caractère était naturellement doux et compatissant, me gronda de parler de la sorte. — Ce n'est pas bien, me dit-il, d'injurier un homme plus âgé que vous. Outrager ainsi celui que vous avez invité à votre table, c'est manquer aux lois de l'hospitalité, c'est perdre tout le fruit de votre politesse. A cette remontrance il ajouta des discours pleins de modération et de décence, qui avaient une grâce toute particulière dans la bouche de ce bel enfant.

CHAPITRE XCIV.

Trois fois heureuse, dit Eumolpe, la mère qui t'a mis au monde! Courage, mon garçon! persévère dans ces bons sentiments; offre toujours le rare assemblage de la sagesse et de la beauté. Ce n'est pas en vain que tu as pris ma défense : tu as gagné mon cœur; je t'aime; et je veux désormais consacrer ma muse à chanter tes louanges. Je veux être ton précepteur, ton gardien; je te suivrai partout, bon gré, mal gré : Encolpe n'en peut prendre ombrage, car je sais qu'il aime ailleurs. —

— Hoc est, inquam, quod promiseras, ne quem hodie versum faceres? Per fidem, saltem nobis parce, qui te nunquam lapidavimus. Nam si aliquis ex his, qui in eodem synœcio potant, nomen poetæ olfecerit, totam concitabit viciniam, et nos omnes sub eadem causa obruet. Miserere, et, aut pinacothecam, aut balneum cogita. — Sic me loquentem objurgavit Giton, mitissimus puer, et negavit recte facere, quod seniori conviciarer : simulque oblitus officii, mensam, quam humanitate posuissem, contumelia tollerem, multaque alia moderationis verecundiæque verba, quæ formam ejus egregie decebant.

CAPUT XCIV.

O felicem, inquit [Eumolpus,] matrem tuam, quæ te talem peperit! Macte virtute esto! Raram facit mixturam cum sapientia forma. Itaque, ne putes te tot verba perdidisse, amatorem invenisti. Ego laudes tuas carminibus implebo. Ego, pædagogus et custos, etiam quo non jusseris, sequar : nec injuriam Encolpius accipit; alium

Fort heureusement pour notre poëte, je n'avais plus l'épée que le soldat m'avait enlevée : bien lui en prit; car tout le courroux qu'Ascylte avait allumé dans mon âme, je l'aurais éteint dans le sang d'Eumolpe. Giton s'en aperçut, et, sous le prétexte d'aller chercher de l'eau, il quitta la chambre. Son départ opportun apaisa mon ressentiment; et, devenu plus calme : — J'aime encore mieux, dis-je à Eumolpe, vos vers que votre prose, quand vous exprimez de semblables désirs. Vous êtes libertin; moi, je suis violent; certes, nos caractères ne pourront jamais sympathiser. Je vous parais, sans doute, un insensé, un furieux; eh bien, soit; évitez les accès de ma folie, ou, pour parler clairement, décampez au plus vite. — Étourdi de cette apostrophe, Eumolpe, sans m'en demander l'explication, sort sur-le-champ, tire la porte sur lui, la ferme à double tour, met la clef dans sa poche, et court à la recherche de Giton. J'étais loin de m'attendre à une pareille ruse, et, me voyant ainsi renfermé, dans mon désespoir je résolus de me pendre. En conséquence, je dressai le bois du lit contre la muraille, et j'y attachai ma ceinture. Déjà je passais mon cou dans le nœud fatal; c'en était fait de moi.... lorsque Eumolpe, accompagné de Giton, ouvre brusquement la porte et me rend à la vie. Giton, surtout, passant, à cette vue, de la douleur à la rage, pousse un grand cri, me prend dans ses deux bras, et, me jetant à la renverse sur le lit : — Vous vous trompez, Encolpe, me dit-il, si vous pensez qu'il vous soit possible de mourir avant moi. Je vous avais prévenu dans ce dessein : quand j'étais

---

amat. — Profuit etiam Eumolpo miles ille, qui mihi abstulit gladium; alioquin, quem animum adversus Ascylton sumseram, eum in Eumolpi sanguinem exercuissem. Nec fefellit hoc Gitona. Itaque extra cellam processit, tanquam aquam peteret, iramque meam prudenti absentia exstinxit. Paululum ergo intepescente sævitia : — Eumolpe, inquam, jam malo vel carminibus loquaris, quam ejusmodi tibi vota proponas : et ego iracundus sum, et tu libidinosus; vide quam non conveniat his moribus. Putas igitur me furiosum esse? cede insaniæ, id est, ocius foras exi. — Confusus hac denuntiatione Eumolpus, non quæsiit iracundiæ causam, sed, continuo limen egressus, adduxit repente ostium cellæ, meque, nihil tale exspectantem, inclusit, exemitque raptim clavem; et ad Gitona investigandum cucurrit. Inclusus ego, suspendio vitam finire constitui : et jam semicinctio stanti ad parietem spondæ me junxeram, cervicesque nodo condebam, quum reseratis foribus intrat Eumolpus cum Gitone, meque a fatali jam meta revocat ad lucem. Giton præcipue, ex dolore in rabiem efferatus, tollit clamorem, me, utraque manu impulsum, præcipitat super lectum. — Erras, inquit, Encolpi, si putas contingere posse, ut ante moriaris. Prior cœpi, in Ascylti

chez Ascylte, j'ai vainement cherché une épée; mais j'avais résolu, si je ne parvenais pas à vous rejoindre, de trouver la mort au fond d'un précipice : et, pour vous prouver que la mort ne se fait jamais attendre au malheureux qui la cherche, jouissez, à votre tour, du spectacle que vous me destiniez tout à l'heure. — A ces mots, il arrache un rasoir des mains du valet d'Eumolpe, en passe deux fois le tranchant sur sa gorge, et tombe à nos pieds. Saisi d'épouvante, je jette de grands cris, et je me précipite sur le corps de Giton : armé du même rasoir, je veux moi-même mourir avec lui. Mais l'espiègle ne s'était pas fait la moindre égratignure, et, comme lui, je ne sentais aucune douleur. C'était, en effet, un de ces rasoirs émoussés que l'on donne aux apprentis barbiers pour corriger leur maladresse, et pour leur faire la main. Aussi le valet, en voyant Giton le prendre dans sa trousse, n'avait pas témoigné le plus léger effroi, et Eumolpe avait considéré de sang-froid cette tragédie pour rire.

CHAPITRE XCV.

Au dénoûment de cette farce, où Giton et moi nous jouions les rôles d'amoureux, survint le maître de l'auberge qui nous apportait le second service ; nous voyant ainsi étendus par terre dans le plus grand désordre : — Qui êtes-vous ? s'écria-t-il; des ivrognes ou des vagabonds?... peut-être l'un et l'autre? Qui de vous a dressé ce lit contre le mur? quel secret

---

hospitio gladium quæsivi. Ego, si te non invenissem, periturus per præcipitia fui : et, ut scias non longe esse quærentibus mortem, specta invicem, quod me spectare voluisti. — Hæc locutus, mercenario Eumolpi novaculam rapit, et, semel iterumque cervice percussa, ante pedes collabitur nostros. Exclamo ego attonitus, secutusque labentem, eodem ferramento ad mortem viam quæro. Sed neque Giton ulla erat suspicione vulneris læsus, neque ego ullum sentiebam dolorem. Rudis enim novacula, et in hoc retusa, ut pueris discentibus audaciam tonsoris daret, instruxerat thecam. Ideoque nec mercenarius ad raptum ferramentum expaverat, nec Eumolpus interpellaverat mortem mimicam.

CAPUT XCV.

Dum hæc fabula inter amantes luditur, diversitor cum [altera] parte cœnulæ intervenit, contemplatusque fœdissimam jacentium volutationem, — Rogo, inquit, ebrii estis, an fugitivi, an utrumque? quis autem grabatum illum erexit? aut quid sibi vult tam furtiva molitio? Vos, me Hercules! ne mercedem cellæ daretis, fugere nocte in

dessein avez-vous machiné? Je crois, ma foi, que vous vouliez déloger cette nuit sans payer le loyer de votre chambre; il n'en sera rien. Je vous ferai voir que cette maison isolée n'appartient pas à quelque pauvre veuve sans appui, mais à Marcus Manicius. — Tu oses nous menacer! s'écrie Eumolpe. — Et en même temps il détache à l'aubergiste un vigoureux soufflet; mais celui-ci, échauffé par les nombreuses libations qu'il avait faites avec ses hôtes, lance à la tête d'Eumolpe une cruche de terre qui lui meurtrit le front, puis s'enfuit à toutes jambes. Notre poëte, furieux d'un tel outrage, se saisit d'un grand chandelier de bois, poursuit le fuyard, et, l'en frappant à tour de bras, lui rend avec usure le coup qu'il a reçu au front. Les valets de l'auberge et un grand nombre d'ivrognes accourent à ce bruit. Quant à moi, profitant de cette occasion pour me venger d'Eumolpe et rendre la pareille à ce brutal, je ferme la porte sur lui, bien résolu à jouir sans concurrent de ma chambre et des plaisirs que la nuit me promet. Cependant les marmitons et tous les habitants de l'auberge tombent sur le pauvre diable dont j'ai coupé la retraite : l'un, armé d'une broche chargée de rôtis frémissants au feu, menace de lui crever les yeux; un autre, saisissant un croc à suspendre les viandes, se place dans une attitude belliqueuse. Je remarquai surtout une servante vieille et chassieuse, qui, ceinte d'un torchon horriblement sale, et chaussée de sabots dépareillés, traînait par la chaîne un énorme dogue, et l'agaçait contre Eumolpe; mais notre héros parait adroitement avec son chandelier tous les coups qu'on lui portait.

publicum voluistis; sed non impune. Jam enim faxo sciatis, non viduæ hanc insulam esse, sed M. Manicii. — Exclamat Eumolpus: Etiam minaris? — simulque os hominis palma excussissima pulsat. Ille, tot hospitum potionibus ebrius, urceolum fictilem in Eumolpi caput jaculatus est, solvitque clamantis frontem, et de cella se proripuit. Eumolpus, contumeliæ impatiens, rapit ligneum candelabrum, sequiturque abeuntem, et creberrimis ictibus supercilium suum vindicat. Fit concursus familiæ, hospitumque ebriorum frequentia. Ego autem, nactus occasionem vindictæ, Eumolpum excludo, redditaque scordalo vice, sine æmulo scilicet, et cella utor, et nocte. Interim coctores insulariique mulcant exclusum : et alius veru, extis stridentibus plenum, in oculos ejus intentat : alius, furca de carnario rapta, statum prœliantis componit : anus præcipue lippa, sordidissimo præcincta linteo, soleis ligneis imparibus imposita, canem ingentis magnitudinis catena trahit, instigatque in Eumolpum. Sed ille candelabro se ab omni periculo vindicabat.

CHAPITRE XCVI.

Nous regardions toute cette bagarre à travers une fente qu'Eumolpe, un instant auparavant, avait faite à la porte, dont il avait brisé le marteau. J'applaudissais aux coups qu'il recevait ; mais Giton, toujours compatissant, était d'avis qu'il fallait lui ouvrir et le secourir dans ce pressant danger. Mon ressentiment n'était pas encore apaisé, et, pour punir Giton de sa pitié hors de saison, je ne pus m'empêcher de lui donner sur la tête une chiquenaude bien appliquée. Le pauvre enfant, fondant en larmes, alla se jeter sur le lit. Pour moi, je mettais, tantôt un œil, tantôt l'autre, au trou de la porte, et je jouissais de voir Eumolpe ainsi maltraité ; c'était un aliment dont se repaissait ma colère ; quand tout à coup survint Bargate, le procurateur du quartier. Il avait quitté son souper pour venir mettre le holà, et se faisait porter dans sa litière sur le champ de bataille, parce qu'il était perclus de ses deux jambes. Il déclama longtemps d'une voix terrible et courroucée contre les ivrognes et les vagabonds ; puis, reconnaissant Eumolpe : — Quoi ! c'est vous, lui dit-il, vous, la fleur de nos poëtes ! et ces pendards de valets ne s'enfuient pas au plus vite ! et ils osent lever la main sur vous ! — Puis, s'approchant d'Eumolpe, il lui dit tout bas à l'oreille : — Ma femme prend avec moi des airs dédaigneux ; veuillez, pour l'amour de moi, faire une satire contre elle, afin qu'elle rougisse de sa conduite.

CAPUT XCVI.

Videbamus nos omnia per foramen valvæ, quod paulo ante ansa ostioli rupta laxaverat, favebamque ego vapulanti. Giton autem, non oblitus misericordiæ suæ, reserandum ostium, succurrendumque periclitanti censebat. Ego, durante adhuc iracundia, non continui manum, sed caput miserantis stricto acutoque articulo percussi. Et ille flens quidem consedit in lecto : ego autem alternos opponebam foramini oculos, injuriæque Eumolpi advocationem commodabam, et veluti quodam cibo me replebam : quum procurator insulæ, Bargates, a cœna excitatus, a duobus lecticariis in mediam rixam perfertur : nam erat etiam pedibus æger. Is, ut rabiosa barbaraque voce in ebrios fugitivosque diu peroravit, respiciens ad Eumolpum : — O poetarum, inquit, disertissime, tu eras ? et non discedunt ocius nequissimi servi, manusque continent a rixa ? — [Tum ad aures Eumolpi accedens :] — Contubernalis mea, [inquit submissius,] mihi fastum facit. Ita, si me amas, maledic illam versibus, ut habeat pudorem.

CHAPITRE XCVII.

Pendant que Bargate était en conversation secrète avec Eumolpe, entra dans l'auberge un crieur public, suivi d'un valet de ville et d'une grande foule de curieux : secouant un flambeau qui répandait plus de fumée que de lumière, il lut à haute voix cette proclamation :

Un jeune homme d'environ seize ans, nommé Giton, aux cheveux frisés, d'une complexion délicate et d'un extérieur agréable, vient de s'égarer au bain public : mille écus de récompense à quiconque le ramènera ou pourra indiquer le lieu de sa retraite.

Près du crieur se tenait Ascylte, vêtu d'une robe bigarrée de diverses couleurs, et portant dans un plat d'argent la récompense promise. Sans perdre un instant, j'ordonnai à Giton de se fourrer sous le lit, et, comme autrefois Ulysse s'était caché sous le ventre d'un bélier, d'entrelacer ses pieds et ses mains dans les sangles qui soutenaient le matelas, pour échapper aux perquisitions de ceux qui le cherchaient. Giton s'empressa de m'obéir, et se suspendit si bien aux sangles du lit, qu'Ulysse se serait avoué vaincu par notre ruse. De mon côté, pour éloigner tout soupçon, j'étendis mes vêtements sur le lit, et, m'y couchant, j'y imprimai la forme d'un homme de ma taille. Cependant Ascylte, après avoir visité toutes les chambres avec le valet du crieur, s'arrêta devant la mienne :

CAPUT XCVII.

Dum Eumolpus cum Bargate in secreto loquitur, intrat stabulum præco cum servo publico, aliaque sane non modica frequentia, facemque fumosam magis quam lucidam, quassans, hæc proclamavit :

Puer in balneo paulo ante aberravit, annorum circa xvi, *crispus, mollis, ormosus, nomine Giton. Si quis eum reddere, aut commonstrare voluerit, accipiet nummos mille.*

Nec longe a præcone Ascyltos stabat, amictus discoloria veste, atque in lance argentea indicium, et fidem præferebat. Imperavi Gitoni, ut raptim grabatum subiret, annecteretque pedes et manus institis, quibus sponda culcitam ferebat : ac, sicut olim Ulyxes utero arietis adhæsisset, extentus infra grabatum, scrutantium eluderet manus. Non est moratus Giton imperium, momentoque temporis inseruit vinculo manus, et Ulyxem astu simillimo vicit. Ego, ne suspicioni relinquerem locum, lectulum vestimentis implevi, uniusque hominis vestigium ad corporis mei mensuram figuravi. Interim Ascyltos, ut pererravit omnes cum viatore cellas, venit ad meam :

voyant que la porte était soigneusement fermée, il en conçut d'autant plus d'espoir. Mais le valet, introduisant sa hache entre la porte et son chambranle, en fit sauter les ferrures. Alors, me jetant aux pieds d'Ascylte, je le conjurai, au nom de notre ancienne amitié et des mauvais jours que nous avions supportés ensemble, de me laisser voir pour la dernière fois le frère que je regrettais. Et, pour donner plus de vraisemblance à mes prières hypocrites : — Je sais, lui dis-je, Ascylte, que vous êtes venu dans l'intention de m'ôter la vie : ne le vois-je pas à ces haches qui vous accompagnent? Assouvissez donc votre haine : voilà ma tête ; versez mon sang dont vous êtes altéré, car vos recherches ne sont qu'un vain prétexte. — Ascylte, indigné d'un pareil soupçon, jura qu'il n'avait d'autre but que de rattraper son fugitif; qu'il ne demandait la mort de personne, encore moins celle d'un suppliant dans lequel il ne pouvait, même après un fâcheux démêlé, méconnaître le plus cher de ses amis.

CHAPITRE XCVIII.

Cependant le valet de ville se montrait plus actif : armé d'une canne qu'il avait arrachée au cabaretier, il sondait le dessous du lit, et fouillait tous les coins et recoins de la chambre. Mais Giton évitait adroitement tous les coups, et retenait sa respiration, malgré les punaises qui lui couraient sur le visage. Dès qu'ils furent partis, Eumolpe, profitant de ce que la frac-

et hoc quidem pleniorem spem concepit, quo diligentius oppessulatas invenit fores. Publicus vero servus, insertans commissuris secures, claustrorum firmitatem laxavit. Ego ad genua Ascylto procubui, et per memoriam amicitiæ, perque societatem miseriarum, petii ut saltem ostenderet fratrem ; immo, ut fidem haberent fictæ preces : — Scio te, inquam, Ascylte, ad occidendum me venisse : quo enim secures attulisti? Itaque satia iracundiam tuam : præbeo, ecce ! cervicem; funde sanguinem, quem sub prætextu quæstionis petiisti. — Amolitur Ascyltos invidiam ; et, se vero nihil aliud, quam fugitivum suum, dixit, quærere ; mortem nec hominis concupisse, nec supplicis ; utique ejus, quem post fatalem rixam habuit carissimum.

CAPUT XCVIII.

At non servus publicus tam languide agit, sed raptam cauponi arundinem subter lectum mittit, omniaque etiam foramina parietum scrutatur. Subducebat Giton ab ictu corpus, et, reducto timidissime spiritu, ipsos cimices ore tangebat. [Illis autem vix egressis,] Eumolpus, quia effractum ostium cellæ neminem poterat excludere,

ture de la porte ouvrait un libre accès à tout le monde, se précipita dans la chambre; et, transporté de joie, s'écria : — J'ai gagné mille écus! Je vais courir après le crieur qui s'en va, et, pour vous punir du tour que vous m'avez joué, je lui déclarerai que Giton est entre vos mains. — Voyant qu'il persistait dans sa résolution, j'embrasse ses genoux, et je le conjure de ne pas donner le dernier coup à des malheureux déjà plus qu'à demi morts. — Vous auriez raison de vous venger, ajoutai-je, s'il était en votre pouvoir de trouver celui que vous voulez livrer; mais le pauvre enfant vient de s'échapper dans la foule, et je ne sais où il est allé. Au nom des dieux! Eumolpe, tâchez de le retrouver, dussiez-vous même le rendre à Ascylte. — Il commençait à ajouter foi à cette histoire, lorsque Giton, ne pouvant plus longtemps retenir son haleine, éternua trois fois de suite avec tant de force, que le lit en trembla. — Les dieux vous bénissent! — dit Eumolpe, se tournant du côté d'où venait ce bruit; et, soulevant le matelas, il aperçut notre Ulysse, qu'un Cyclope même à jeun eût épargné. A cette vue, il m'apostropha de la sorte : — Scélérat! pris sur le fait, tu as encore l'effronterie de nier la vérité! Que dis-je? si la divinité, qui ne souffre pas que le crime reste impuni, n'eût forcé cet enfant à me découvrir sa retraite, dupe de tes artifices, je serais maintenant à courir tous les cabarets pour l'y chercher. — Mais Giton, qui s'entendait bien mieux que moi à cajoler son monde, commença par panser avec des toiles d'araignée trempées dans de l'huile la blessure qu'Eumolpe avait reçue au front; ensuite, à la robe déchirée du

irrumpit perturbatus, et : — Mille, inquit, nummos inveni : jam enim persequar abeuntem præconem, et, in potestate tua esse Gitonem, meritissima proditione monstrabo. — Genua ego perseverantis amplector, ne morientes vellet occidere : et : — Merito, inquam, excandescereꞏ, si posses proditum ostendere. Nunc inter turbam puer fugit, nec, quo abierit, suspicari possum. Per fidem, Eumolpe, reduc puerum, et vel Ascylto redde. — Dum hæc ego jam credenti persuadeo, Giton, collectione spiritus plenus, ter continuo ita sternutavit, ut grabatum concuteret. Ad quem motum Eumolpus conversus, salvere Gitona jubet. Remota etiam culcita, videt Ulyxem, cui vel esuriens Cyclops potuisset parcere. Mox conversus ad me : — Quid est, inquit, latro? Ne deprehensus quidem ausus es mihi verum dicere? Immo, ni deus quidam, humanarum rerum arbiter, pendenti puero excussisset indicium, elusus circa popinas errarem. — [At] Giton longe blandior, quam ego, primum araneis oleo madentibus vulnus, quod in supercilio factum erat, coarctavit; mox palliolo suo laceratam mutavit vestem, amplexusque jam mitigatum, osculis, tanquam fomentis,

poëte il substitua son petit manteau; puis, voyant qu'il commençait à se calmer, pour dernier lénitif il le prit dans ses bras et le couvrit de baisers : — O mon père! mon tendre père! s'écria-t-il, notre sort est entre vos mains. Si vous aimez un peu votre petit Giton, commencez par le sauver. Plût au ciel, hélas! que je fusse dévoré par les flammes; plût au ciel que la mer orageuse m'engloutît! moi qui suis l'unique sujet, la seule cause de ces criminels débats; du moins, ma mort rapprocherait deux amis que j'ai brouillés. — Eumolpe, touché de mes maux et de ceux de Giton, attendri surtout par les caresses que lui avait prodiguées cet aimable enfant : — Fous que vous êtes, nous dit-il, avec le mérite que vous avez, vous pourriez vivre heureux, et cependant vous passez votre misérable existence dans des inquiétudes continuelles : chaque jour vous vous créez à vous-mêmes de nouveaux chagrins.

CHAPITRE XCIX.

Pour moi, toujours et partout, j'ai vécu comme si chaque jour dont je jouissais était le dernier de mes jours et ne devait jamais revenir, c'est-à-dire sans m'inquiéter du lendemain. Suivez donc mon exemple, et narguez les soucis. Ascylte vous poursuit ici; fuyez au plus tôt. Je suis sur le point de faire un voyage dans un pays lointain; venez avec moi : le vaisseau sur lequel je dois m'embarquer mettra peut-être à la voile cette nuit : je suis connu des gens de l'équipage, et nous serons bien reçus. Ce conseil me parut sage et utile; il me

---

aggressus est: et : — In tua, inquit, pater carissime, in tua sumus custodia. Si Gitona tuum amas, incipe velle servare. Utinam me solum inimicus ignis hauriret! utinam hibernum invaderet mare! Ego enim omnium scelerum materia, ego causa sum. Si perirem, conveniret inimicis. — [Eumolpus, tum Encolpii, tum Gitonis, commotus ærumnis, et præcipue blanditiarum Gitonis non immemor : — Stultissimi, inquit, certe estis vos, qui virtute præditi, felices esse potestis, vitam tamen ærumnosam degitis, et singulis diebus vos ultro novis torquetis cruciatibus.]

CAPUT XCIX.

Ego sic semper et ubique vixi, ut ultimam quamque lucem, tanquam non redituram, consumerem : [id est, in tranquillitate : si me vultis imitari, sollicitudines animis mittite. Ascyltos hic vos insectatur : fugite illum, et me profecturum in regiones extraneas sequimini. In navigio vector proxima forsan nocte proficiscar : ibi plane notus sum, et gratiose accipiemur. — Prudens utileque hoc consilium mihi

délivrait des persécutions d'Ascylte, et me promettait une existence plus heureuse. Vaincu par la générosité d'Eumolpe, je me repentais amèrement des mauvais procédés que je venais d'avoir à son égard, et je me reprochais la jalousie qui en avait été la cause. Je le conjurai donc, les larmes aux yeux, de me pardonner : — Il n'est pas, lui dis-je, au pouvoir d'un homme qui aime de réprimer ses transports jaloux; mais je ferai en sorte de ne rien dire et de ne rien faire à l'avenir qui puisse vous déplaire. Vous devez donc, en véritable philosophe, bannir de votre esprit le souvenir des différends qui se sont élevés entre nous, de manière qu'il n'en reste aucune trace. Les neiges séjournent longtemps sur un sol inculte et raboteux; mais, sur une terre unie et domptée par la charrue, elles se fondent aussitôt, comme une gelée blanche. Il en est de même de la colère : elle prend racine dans un esprit grossier, mais elle effleure à peine une âme éclairée. — Pour confirmer, répondit Eumolpe, la vérité de ce que vous dites, tenez, je vous donne le baiser de paix. Maintenant, pour que tout aille à bien, faites au plus vite vos paquets, et suivez-moi; ou, si vous le préférez, soyez mes guides. — Il parlait encore, quand on heurta rudement à la porte, qui, en s'ouvrant, offrit à nos regards un marin à la barbe touffue. — Qui vous arrête? dit-il à Eumolpe; ne savez-vous pas qu'il faut se hâter? — Nous nous levons aussitôt, et Eumolpe, réveillant son valet qui dormait depuis longtemps, lui ordonne de partir avec notre bagage. Moi et Giton, nous faisons un paquet de tout ce qui nous reste de vivres; et, après

---

visum est, quia Ascylti vexationibus me vindicabat, vitamque pollicebatur feliciorem. Eumolpi victus humanitate, nuper illi injuriam fecisse maxime dolui; meæque æmulationis, tot malorum causæ, pœnitentiam agere cœpi.] Profusis ego lacrymis rogo, quæsoque, ut mecum quoque redeat in gratiam : neque enim in amantium esse potestate furiosam æmulationem : daturum tamen operam, ne aut dicam, aut faciam amplius, quo possit offendi. Tantum omnem scabitudinem animo, tanquam bonarum artium magister, deleret sine cicatrice. Incultis asperisque regionibus diutius nives hærent : ast, ubi ex aratro domefacta tellus nitet, dum loqueris, velut pruina dilabuntur. Similiter in pectoribus ira considit : feras quidem mentes obsidet, eruditas prælabitur. — Ut scias, inquit Eumolpus, verum esse quod dicis, ecce ! etiam osculo iram finio. Itaque, quod bene eveniat! expedite sarcinulas, et vel sequimini me, vel, si mavultis, ducite. — Adhuc loquebatur, quum crepuit ostium impulsum, stetitque in limine barbis horrentibus nauta; et : — Moraris, inquit, Eumolpe, tanquam properandum ignores ? — Haud mora, omnes consurgimus, et Eumolpus quidem mercenarium suum, jam olim dormientem, exire cum sarcinis jubet. Ego

une fervente prière aux astres protecteurs de la navigation, nous montons à bord.

CHAPITRE C.

Nous nous plaçâmes dans un endroit écarté, près de la poupe; et, comme il ne faisait pas encore jour, Eumolpe s'endormit. Quant à Giton et à moi, il nous fut impossible de fermer l'œil. Je réfléchissais tristement à l'imprudence que j'avais faite en recevant dans ma société Eumolpe, rival plus dangereux encore qu'Ascylte : sa présence m'inspirait les plus vives inquiétudes. Enfin, pour triompher de mon chagrin, j'appelai la raison à mon secours. — Il est fâcheux, disais-je en moi-même, que cet enfant plaise à Eumolpe. Mais, après tout, la nature n'a-t-elle pas mis en commun, pour l'usage de tous, ses plus belles créations? Le soleil luit pour tout le monde. La lune, accompagnée d'un cortége innombrable d'étoiles, ne refuse pas même sa lumière aux bêtes sauvages qui cherchent leur pâture pendant la nuit. Qu'y a-t-il de plus beau que les eaux? cependant elles coulent pour tous les habitants de la terre. Pourquoi donc l'amour seul serait-il le prix d'un larcin, plutôt que la récompense du mérite? et, toutefois, nous n'estimons que les biens dont les autres nous envient la possession. Mais, après tout, je n'ai plus qu'un rival, et encore si vieux, que, s'il voulait prendre quelques libertés avec Giton, il perdrait sa peine et ses soins, faute d'haleine — Rassurée par le peu de vraisemblance d'une pareille tentative, mon humeur

cum Gitone, quidquid erat, in altum compono, et, adoratis sideribus, intro navigium.

CAPUT C.

[In puppis constrato locum semotum elegimus, et, nondum orta die, Eumolpus dormitabat. Ego vero Gitonque, ne quidem minimum somni haurire potuimus. Anxius perpendebam, me in societatem recepisse Eumolpum, Ascylto formidabiliorem æmulum, et illud valde me torquebat. Ratione vero dolorem vincente] molestum : [inquam] quod puer hospiti placet. Quid autem, non commune est, quod natura optimum fecit? Sol omnibus lucet. Luna, innumerabilibus comitata sideribus, etiam feras ducit ad pabulum. Quid aquis dici formosius potest? in publico tamen manant. Solus ergo amor furtum potius, quam præmium, erit? Immo vero nolo habere bona, nisi quibus populus inviderit. Unus, et senex, non erit gravis : etiam quum voluerit aliquid sumere, opus anhelitu perdet. Hoc ut infra fiduciam posui, sedavique animum diffidentem, cœpi somnum, obruto tunicula capite, mentiri. Sed repente, quasi de-

jalouse se calma, et, me couvrant la tête de mon manteau, je feignis de dormir. Mais, au même instant, comme si la Fortune eût pris à tâche d'abattre ma constance, j'entendis, sur le tillac, ces paroles articulées d'un ton gémissant : — C'est donc ainsi qu'il s'est joué de ma crédulité? — Les sons mâles de cette voix, qui ne m'était pas tout à fait inconnue, me frappèrent d'épouvante. Mais que devins-je, lorsqu'une femme, qui paraissait également irritée, s'écria d'un ton encore plus animé : — Si quelque divinité faisait tomber Giton entre mes mains, comme je recevrais ce fugitif! — Cette rencontre imprévue nous glaça à tous deux le sang dans les veines. Moi, surtout, comme étouffé par un horrible cauchemar, je fus longtemps sans pouvoir proférer une seule parole. Enfin, d'une main tremblante, tirant Eumolpe, déjà endormi, par le pan de sa robe : — Mon père, lui dis-je, au nom du ciel! à qui appartient ce navire? ne pourriez-vous m'apprendre quels passagers y sont embarqués? — Troublé dans son sommeil, il me répondit avec humeur : — Était-ce donc pour nous empêcher de dormir qu'il vous a plu de choisir l'endroit le plus écarté du tillac? En serez-vous plus avancé quand je vous aurai dit que ce vaisseau appartient à Lycas de Tarente, qui ramène dans cette ville une voyageuse nommée Tryphène?

CHAPITRE CI.

Ces paroles furent pour moi un coup de foudre. Je frissonnai de tous mes membres, et, présentant ma gorge à décou-

struente Fortuna constantiam meam, ejusmodi vox super constratum puppis congemuit : — Ergo me derisit? — At hæc quidem virilis, et pæne auribus meis familiaris, animum palpitantem percussit. Ceterum eadem indignatione mulier lacerata ulterius excanduit; et : — Si quis deus manibus meis, inquit, Gitona imponeret, quam bene exsulem exciperem! — Uterque nostrum, tam inexspectato ictus sono, amiserat sanguinem. Ego præcipue, quasi somnio quodam turbulento circumactus, diu vocem collegi, tremulisque manibus Eumolpi, jam in soporem labentis, laciniam duxi ; et : — Per fidem, inquam, pater, cujus hæc navis est? aut quos vehat, dicere potes? — Inquietatus ille, moleste tulit ; et : — Hoc erat, inquit, quod placuerat tibi, ut super constratum navis, occuparemus secretissimum locum, ne nos patereris requiescere? Quid porro ad rem pertinet, si dixero Lycam Tarentinum esse dominum hujusce navigii, qui Tryphænam exulem Tarentum ferat?

CAPUT CI.
Intremui post hoc fulmen attonitus, juguloque detecto : — Aliquando, inquam,

vert : — Fortune, m'écriai-je, tu l'emportes! je suis perdu sans ressource. — Giton, renversé sur mon sein, y resta longtemps sans connaissance. Enfin, lorsqu'une abondante sueur nous eut rendu l'usage de nos sens, embrassant les genoux d'Eumolpe : — Ayez pitié, lui dis-je, de deux mourants. Au nom de cet enfant, nos communes amours, délivrez-nous de la vie : la mort est devant nous, et, si vous n'y mettez obstacle, nous la recevrons comme un bienfait du ciel. — Étourdi de cette violente apostrophe, Eumolpe jure ses grands dieux qu'il ignore de quel événement nous sommes menacés, qu'il n'a eu aucun mauvais dessein, qu'il ne nous a tendu aucun piége, mais que c'est de bonne foi et le plus innocemment du monde qu'il nous a conduits sur ce navire, où son passage était arrêté depuis longtemps. — Quelles sont donc, dit-il, les embûches que vous redoutez ici? quel nouvel Annibal se trouve à bord parmi nous? Lycas de Tarente, à la fois le pilote et le propriétaire de ce vaisseau, est un fort honnête homme qui possède, en outre, plusieurs domaines : il a embarqué une troupe d'esclaves qu'il transporte à Tarente pour y être vendus. Voilà le cyclope, le pirate auquel nous devons notre passage. Il y a aussi sur ce vaisseau Tryphène, la plus belle des femmes, qui aime à voyager de côté et d'autre pour son plaisir. — Ce sont justement, reprit Giton, les ennemis que nous fuyons! — Et, sur-le-champ, il raconta succinctement à Eumolpe, muet de surprise, les motifs de haine que ces gens avaient contre nous, et les périls dont nous étions menacés.

totum me, Fortuna, vicisti. — Nam Giton quidem, super meum pectus positus, animam egit. Deinde, ut effusus sudor utriusque spiritum revocavit, comprehendi Eumolpi genua : — Miserere, inquam, morientium, id est, pro consortio studiorum commoda manum. Mors venit, quæ, nisi per te non licet, potest esse pro munere. — Inundatus hac Eumolpus invidia jurat per deos deasque, se neque scire quid acciderit, nec ullum dolum malum consilio adhibuisse; sed mente simplicissima, et vera fide in navigium comites induxisse, quo ipse jam pridem fuerit usurus. — Quæ autem hic insidiæ sunt? inquit, aut quis nobis Annibal navigat? Lycas Tarentinus, homo verecundissimus, et non tantum hujus navigii dominus, quod regit, sed fundorum etiam aliquot, et familiæ negotiantis, onus deferendum ad mercatum conduxit. Hic est cyclops ille, et archipirata, cui vecturam debemus : et præter hunc Tryphæna, omnium feminarum formosissima, quæ voluptatis causa huc atque illuc vectatur. — Hi sunt, inquit Giton, quos fugimus : — simulque raptim causas odiorum, et instans periculum trepidanti Eumolpo exponit. Confusus ille, et consilii egens, jubet quemque suam sententiam proponere : et : — Fingite, inquit, nos antrum Cyclopis

Interdit, et ne sachant quel parti prendre : — Que chacun, dit le poëte, expose son avis. Figurez-vous que nous sommes dans l'antre de Polyphème ; il nous faut chercher quelque moyen d'en sortir, à moins que nous ne préférions nous jeter à la mer, ce qui nous délivrerait à l'instant de tout danger. — Il vaudrait mieux, reprit Giton, tâcher d'obtenir du pilote, moyennant salaire, bien entendu, qu'il nous débarquât au port le plus voisin. Vous affirmerez que votre frère, tourmenté du mal de mer, est à toute extrémité. Pour donner à ce mensonge un air de vérité, vous vous présenterez au pilote les larmes aux yeux et le visage renversé, afin qu'ému de compassion il se rende à votre prière. — Cela n'est pas possible, répondit Eumolpe ; un grand vaisseau comme le nôtre n'entre que bien difficilement dans un port ; et, d'ailleurs, il ne serait pas vraisemblable que votre frère eût pu perdre la santé en si peu de temps. Ajoutez à cela que Lycas, par humanité, voudra peut-être visiter le moribond. Voyez maintenant s'il est de votre intérêt d'attirer auprès de vous ce même capitaine que vous fuyez. Mais supposons qu'il soit facile de détourner le vaisseau de sa destination lointaine ; supposons même que Lycas ne fera pas la visite et l'inspection de ses malades : comment parviendrons-nous à descendre du vaisseau sans être vus de tout le monde ? Sortirons-nous la tête couverte, ou nue ? Si nous nous couvrons la tête, tout le monde voudra présenter la main à de pauvres malades ; si nous allons tête nue, ce sera nous jeter dans la gueule du loup.

intrasse. Quærendum est aliquod effugium, nisi naufragium ponimus, et omni nos periculo liberamus. — Immo, inquit Giton, persuade gubernatori ut in aliquem portum navem deducat, non sine præmio scilicet ; et affirma ei impatientem maris fratrem tuum in ultimis esse. Poteris hanc simulationem et lacrymis, et vultus confusione obumbrare, ut misericordia permotus gubernator indulgeat tibi. — Negavit hoc Eumolpus fieri posse : — quia magna navigia portibus se gravatim insinuant, nec, tam cito fratrem defecisse verisimile erit. Accedit his, quod forsitan Lycas, officii causa, viscere languentem desiderabit. Vides, quam valde nobis expediat ultro dominum ad fugientes accedere. Sed finge, navem ab ingenti posse cursu deflecti, et Lycam non utique circumiturum ægrorum cubilia : quomodo possumus egredi nave, ut non conspiciamur a cunctis ? opertis capitibus, an nudis ? Opertis, et quis non dare manum languentibus volet ? Nudis ? et quid erit aliud, quam se ipsos proscribere.

CHAPITRE CII.

Trêve, m'écriai-je, à ces timides conseils! n'ayons recours qu'à l'audace; laissons-nous couler dans la chaloupe le long du câble; coupons-le, et abandonnons le reste au hasard. Cependant, cher Eumolpe, mon intention n'est pas de vous associer à nos périls : il n'est pas juste que l'innocent s'expose pour le coupable. Tous mes vœux seront comblés, si la Fortune seconde notre fuite. — Excellent avis! dit Eumolpe, s'il était praticable. Espérez-vous donc que personne ne s'apercevra de votre départ? Échapperez-vous aux regards du pilote, qui, toujours éveillé, passe la nuit à observer le cours des astres? Et quand bien même il viendrait à s'endormir, vous ne pourriez vous flatter de tromper sa vigilance qu'en vous échappant par le côté du vaisseau opposé à celui où il se tient; mais c'est à la poupe, auprès du gouvernail, qu'est attaché le câble qui retient la chaloupe, et c'est par là qu'il vous faut descendre. Je m'étonne d'ailleurs, Encolpe, que vous n'ayez pas songé au matelot qui est de garde jour et nuit dans cette chaloupe, et que vous n'en pourrez chasser qu'en le tuant ou en le jetant à la mer de vive force. Vous sentez-vous capable d'un coup si hardi? Consultez votre courage. Quant à moi, je suis prêt à vous suivre, et aucun danger ne m'arrêtera, pourvu qu'il y ait quelque chance de salut; car je ne vous crois pas assez fou pour exposer votre vie de gaieté de cœur et sans aucun espoir de succès. Voyez si vous préférez l'expédient

CAPUT CII.

Quin potius, inquam ego, ad temeritatem confugimus, et per funem lapsi descendimus in scapham, præcisoque vinculo, reliqua Fortunæ committimus? Nec ego in hoc periculum Eumolpum arcesso. Quid enim attinet innocentem alieno periculo imponere? Contentus sum, si nos descendentes adjuverit casus. — Non imprudens consilium, inquit Eumolpus, si aditum haberet. Quis enim non euntes notabit? Utique gubernator, qui, pervigil, nocte siderum quoque motus custodit. Et utcunque imponi vel dormienti posset, si per aliam partem navis fuga quæreretur: nunc per puppim, per ipsa gubernacula delabendum est, a quorum regione funis descendit, qui scaphæ custodiam tenet. Præterea illud miror, Encolpi, tibi non succurrisse, unum nautam stationis perpetuæ, interdiu noctuque, jacere in scapha, nec posse inde custodem, nisi aut cæde expelli, aut præcipitari viribus. Quod an fieri possit, interrogate audaciam vestram. Nam quod ad meum quidem comitatum attinet, nullum recuso periculum, quod salutis spem ostendit. Nam sine causa quidem spiritum, tanquam rem vacuam, impendere, nec vos quidem existimo velle. Videte, numquid hoc placeat?

que voici : je vous mettrai avec mes habits dans deux valises, qui seront censées faire partie de mon bagage, et j'en fermerai les courroies, en y laissant seulement une petite ouverture, par laquelle vous puissiez respirer et recevoir des aliments ; puis, demain matin, je publierai que mes deux esclaves, craignant un châtiment encore plus rigoureux, se sont jetés à la mer pendant la nuit ; et lorsque le vent nous aura conduits au port, je vous ferai débarquer avec mes valises, sans exciter aucun soupçon. — A merveille! m'écriai-je; nous prenez-vous pour des corps solides que l'on peut enfermer à volonté? Croyez-vous donc que nous soyons exempts des nécessités ordinaires à tous les hommes; que nous soyons habitués à rester immobiles, sans éternuer, sans ronfler? Est-ce parce que ce stratagème m'a réussi une fois? Mais je vous accorde que nous puissions rester tout un jour empaquetés de la sorte : qu'en résultera-t-il ? Si le calme ou les vents contraires nous retiennent en mer, que deviendrons-nous ? nous moisirons comme des habits renfermés trop longtemps, ou nous serons comme des livres qu'une forte pression rend illisibles. Jeunes comme nous le sommes, et peu faits à ce genre de fatigue, nous resterions emballés, emmaillottés comme des statues! Cherchons donc, je vous prie, quelque autre moyen de salut. Que vous semble, par exemple, de cette invention ? Eumolpe, en sa qualité d'homme de lettres, doit avoir avec lui sa provision d'encre : servons-nous-en pour nous teindre en noir de la tête aux pieds ; ainsi déguisés, nous passerons pour des esclaves éthiopiens, nous vous servirons comme tels, trop heu-

Ego vos in duas jam pelles conjiciam, vinctosque loris inter vestimenta pro sarcinis habebo, apertis scilicet aliquatenus labris, quibus et spiritum recipere possitis, et cibum. Conclamabo deinde, nocte servos, pœnam graviorem timentes, præcipitasse se in mare : deinde, quum ventum fuerit in portum, sine ulla suspicione, pro sarcinis vos efferam. — Ita vero, inquam ego, tanquam solidos alligaturus, quibus non soleat venter injuriam facere; an tanquam eos, qui sternutare non soleamus, nec stertere ? an quia hoc genus furti semel mihi feliciter cessit? Sed finge, una die vinctos posse durare : quid ergo ? si diutius aut tranquillitas nos tenuerit, aut adversa tempestas, quid facturi sumus? Vestes quoque, diutius vinctas, ruga consumit, et chartæ alligatæ mutant figuram. Juvenes adhuc laboris expertes, statuarum ritu patiemur pannos et vincula? Adhuc aliquod iter salutis quærendum est. Inspicite quod ego inveni. Eumolpus, tanquam litterarum studiosus, utique atramentum habet. Hoc ergo remedio mutemus colores, a capillis usque ad ungues. Ita, tanquam servi æthiopes, et præsto tibi erimus, sine tormentorum injuria hilares, et, permutato

reux d'éviter ainsi le châtiment dont nous sommes menacés ; et notre changement de couleur nous rendra méconnaissables aux yeux mêmes de nos ennemis. — Oui-da? reprit Giton ; que ne nous proposez-vous aussi de nous circoncire, afin qu'on nous prenne pour des Juifs ; de nous percer les oreilles, pour ressembler à des Arabes ; ou de nous frotter le visage avec de la craie, pour paraître de vrais Gaulois? comme si, en changeant notre couleur, nous pouvions aussi changer nos traits. Cela ne suffit pas ; il faut encore que tout concoure, que tout soit d'accord pour soutenir un pareil rôle. Supposons que la drogue dont on nous barbouillera soit longtemps sans s'effacer ; que l'eau qui tombera par hasard sur notre corps n'y fasse aucune tache ; que l'encre ne se collera pas à nos habits, ce qui arrive souvent, même lorsqu'on n'y met point de gomme : dites-moi, pourrons-nous aussi nous faire des lèvres d'une grosseur démesurée comme les Éthiopiens ; friser nos cheveux comme les leurs, nous tatouer comme eux le visage, nous courber les jambes en cerceaux, marcher sur les talons, et imiter la laine qui leur couvre le menton? croyez-moi, cette couleur artificielle nous salira le corps sans le changer. Écoutez l'avis que m'inspire le désespoir : enveloppons-nous la tête de nos robes, et jetons-nous à la mer.

CHAPITRE CIII.

Que les dieux et les hommes, s'écrie Eumolpe, vous préservent d'une mort si misérable ! faites plutôt ce que je vais

colore, imponemus inimicis. — Quin tu, inquit Giton, et circumcide nos, ut Judæi videamur ; et pertunde aures, ut imitemur Arabes ; et increta facies, ut suos Gallia cives putet : tanquam hic solus color figuram possit pervertere, et non multa una oporteat consentiant, ut omni ratione mendacium constet. Puta infectam medicamine faciem diutius durare posse : finge, nec aquæ asperginem impositam aliquam corpori maculam, nec vestem atramento adhæsuram, quod frequenter, etiam non arcessito ferrumine, infigitur : age, numquid et labra possumus tumore teterrimo implere? numquid et crines calamistro convertere? numquid et frontes cicatricibus scindere? numquid et crura in orbem pandere? numquid et talos ad terram deducere? numquid barbam peregrina ratione figurare? Color, arte compositus, inquinat corpus, non mutat. Audite, quid dementi succurrerit. Præligemus vestibus capita, et nos in profundum mergamus.

CAPUT CIII.

Nec istud dii hominesque patiantur, Eumolpus exclamat, ut vos tam turpi exitu

vous dire. Mon valet est barbier, comme vous l'avez pu voir déjà : eh bien ! il va vous raser sur-le-champ, à tous deux, non-seulement la tête, mais même les sourcils ; ensuite je tracerai adroitement sur vos fronts une inscription qui indiquera que vous avez été marqués pour désertion : ces stigmates d'un honteux supplice déguiseront votre visage, et mettront en défaut la sagacité de ceux qui vous cherchent. — Cet avis prévalut, et l'on se mit sur-le-champ à l'œuvre. Nous nous approchons à pas de loup du bord du vaisseau, et nous livrons notre tête au barbier, qui fait tomber sous son rasoir nos cheveux et nos sourcils ; alors Eumolpe, d'une main exercée, nous couvre à grands traits le visage entier des lettres dont on marque ordinairement les esclaves fugitifs. Par malheur, un des passagers qui, penché sur le flanc du navire, soulageait son estomac travaillé du mal de mer, aperçut, au clair de la lune, notre barbier en fonction à cette heure indue : maudissant cette action comme un funeste présage (car ce n'est qu'au moment du naufrage que les nautoniers font le sacrifice de leur chevelure), il se rejeta dans son lit. Pour nous, faisant semblant de ne pas entendre ses imprécations, nous reprîmes notre air triste ; et, gardant le plus profond silence, nous passâmes le reste de la nuit dans un sommeil agité. Le lendemain matin, dès qu'Eumolpe apprit que Tryphène était levée, il entra dans la chambre de Lycas. On s'entretint d'abord du beau temps et de l'heureuse navigation qu'il nous promettait ; puis Lycas, s'adressant à Tryphène, lui parla en ces termes :

vitam finiatis! Immo potius facite quod jubeo : mercenarius meus, ut ex novacula comperistis, tonsor est : hic continuo radat utriusque non solum capita, sed etiam supercilia. Sequar ego, frontes notans inscriptione sollerti, ut videamini stigmate esse puniti. Ita eædem litteræ, et suspicionem declinabunt quærentium, et vultus umbra supplicii tegent. — [Placuit, et] non est dilata fallacia ; sed ad latus navigii furtim processimus, capitaque cum superciliis denudanda tonsori præbuimus. Implevit Eumolpus frontes utriusque ingentibus litteris, et notum fugitivorum epigramma per totam faciem liberali manu duxit. Unus forte ex vectoribus, qui, acclinatus lateri navis, exonerabat stomachum, nausea gravem, notavit sibi ad lunam tonsorem, intempestivo inhærentem ministerio, exsecratusque omen, quod imitaretur naufragorum ultimum votum, in cubile rejectus est. Nos, dissimulata nauseantis devotione, ad ordinem tristitiæ redimus, silentioque composito, reliquas noctis horas male soporati consumsimus. [Postero die statim atque Eumolpus e lecto Tryphænam consurrexisse intellexit, diætam Lycæ intravit ; ubi postquam locutum est de felicissima navigatione, quam cœli serenitas augurabat, Lycas respiciens ad Tryphænam :]

CHAPITRE CIV.

Cette nuit, Priape m'est apparu en songe : Apprends, m'a-t-il dit, que j'ai conduit à bord de ton vaisseau cet Encolpe que tu cherches. — Tryphène tressaillit et s'écria : — On dirait que nous avons dormi sur le même oreiller ; car cette statue de Neptune, que j'avais remarquée sous le péristyle du temple de Baïes, m'est aussi apparue, et m'a dit : — Tu trouveras Giton dans le navire de Lycas. — Cela vous prouve, reprit Eumolpe, combien le divin Épicure a eu raison de blâmer, d'une manière si plaisante, ceux qui ajoutent foi à ces vaines illusions :

Ces songes, légers fils de l'ombre et du sommeil,
Que la nuit a formés, que détruit le réveil,
N'annoncent point du ciel les avis fatidiques :
L'homme à ses souvenirs doit leurs jeux fantastiques.
Dès que ce dieu pesant qui donne le repos
Sur nos sens engourdis a versé ses pavots,
Des entraves du corps l'âme débarrassée
Des scènes de la veille amuse la pensée,
Et, de l'illusion empruntant le pinceau,
D'un objet qui n'est plus trace un vivant tableau.
Voyez ce conquérant : fécond en funérailles,
Son bras de vingt cités sape encor les murailles,
Met les rois au tombeau, force leurs bataillons,
Et de ruisseaux de sang inonde les sillons.

CAPUT CIV.

Videbatur [inquit] mihi secundum quietem, Priapus dicere : Encolpion, quem quæris, scito a me in navem tuam esse perductum. — Exhorruit Tryphæna ; et : — Putes, inquit, una nos dormiisse ; nam et mihi simulacrum Neptuni, quod Baiis in peristylo notaveram, videbatur dicere : in navi Lycæ Gitona invenies. — Hinc scies, inquit Eumolpus, Epicurum hominem esse divinum, qui ejusmodi ludibria facetissima ratione condemnat :

Somnia, quæ mentes ludunt volitantibus umbris,
Non delubra deûm, nec ab æthere numina mittunt ;
Sed sibi quisque facit. Nam, quum prostrata sopore
Urget membra quies, et mens sine pondere ludit :
Quidquid luce fuit, tenebris agit. Oppida bello
Qui quatit, et flammis miserandas sævit in urbes,
Tela videt, versasque acies, et funera regum,
Atque exundantes perfuso sanguine campos.

L'avocat, au barreau, désarme la justice,
Et sauve son client des rigueurs du supplice.
L'avare, ouvrant le sol pour enfouir son or,
Dans son champ, tout à coup, trouve un nouveau trésor;
Et dans ses billets doux une épouse coquette
Réclame d'un galant les faveurs qu'elle achète.
Le pilote englouti s'agite, et presse en vain
La planche de salut qui se brise en sa main.
Tandis que le chasseur, sur la plume immobile,
Derrière ses rideaux poursuit un cerf agile;
Par un rêve emporté, le chien, du lièvre absent,
Dans un bois idéal suit la piste en jappant.
De l'homme riche ainsi doublant les jouissances,
La nuit du malheureux prolonge les souffrances.

Cependant Lycas, après avoir fait les ablutions nécessaires pour expier le songe de Tryphène : — Qui nous empêche, dit-il, de faire la visite de ce navire, pour n'avoir point à nous reprocher de mépriser ces avertissements du ciel? — Le passager qui, pour notre malheur, avait été témoin de notre déguisement nocturne, Hésus était son nom, entre tout à coup chez Lycas, et s'écrie : — Quels sont donc les misérables qui se sont fait raser la tête cette nuit au clair de la lune? Par Hercule! ce sacrilège est d'un très-dangereux exemple; car j'ai ouï dire qu'il n'est permis à personne de se couper les ongles ou les cheveux sur un vaisseau, à moins que le vent ne soit irrité contre la mer.

> Qui causas orare solent, legesque forumque,
> Et pavido cernunt inclusum corde tribunal.
> Condit avarus opes, defossumque invenit aurum.
> Venator saltus canibus quatit. Eripit undis,
> Aut premit eversam periturus navita puppim.
> Scribit amatori meretrix. Dat adultera nummos.
> Et canis, in somnis, leporis vestigia latrat.
> [In noctis spatio miserorum vulnera durant.]

Ceterum Lycas, ut Tryphænæ somnium expiavit : — Quis, inquit, prohibet navigium scrutari, ne videamur divinæ mentis opera damnare? — Is, qui nocte miserorum furtum deprehenderat, Hesus nomine, subito proclamat : — Ergo illi qui sunt, qui nocte ad lunam radebantur? Pessimo, me dius Fidius, exemplo. Audio enim non licere cuiquam mortalium in nave neque ungues, neque capillos deponere, nisi quum pelago ventus irascitur.

CHAPITRE CV.

Troublé par ces paroles, Lycas devint furieux. — Est-il possible, dit-il, que quelqu'un des passagers ait eu l'audace de se couper les cheveux sur mon navire, et cela par une si belle nuit? Qu'on amène ici les coupables, afin que je sache quels sont ceux dont le sang doit purifier ce navire. — C'est par mon ordre, dit Eumolpe, que cela s'est fait. Comme je devais faire route avec eux sur le même bâtiment, j'ai voulu par là me rendre les auspices favorables. En punition de leurs crimes, ils portaient leur chevelure longue et en désordre : pour ne pas faire un bagne de ce navire, j'ai ordonné à mon barbier de les nettoyer de leurs souillures ; j'ai voulu, en outre, que les stigmates d'infamie gravés sur leur front n'étant plus cachés sous l'ampleur de leurs cheveux, tout le monde pût y lire leur faute et leur châtiment. Parmi leurs divers méfaits, ils mangeaient chez une prostituée, qu'ils avaient en commun, l'argent qu'ils me volaient : c'est là que je les ai surpris la nuit dernière, parfumés d'essences et ivres-morts. Enfin, je crois que ces marauds flairent encore le reste de mon patrimoine. — Néanmoins, Lycas, pour purifier son vaisseau, nous condamna l'un et l'autre à recevoir quarante coups de corde. L'exécution suivit de près l'arrêt. Les matelots, armés de câbles, se jettent sur nous comme des furieux, et se disposent à apaiser leur divinité tutélaire par l'effusion d'un sang abject. Pour moi, je digérai les trois premiers coups

CAPUT CV.

Excanduit Lycas, hoc sermone turbatus; et : — Itane, inquit, capillos aliquis in nave præcidit, et hoc nocte intempesta? attrahite ocius nocentes in medium, ut sciam quorum capitibus debeat navigium lustrari. — Ego, inquit Eumolpus, hoc jussi, nec non eodem futurus navigio, auspicium mihi feci : et quia nocentes horridos longosque habebant capillos, ne viderer de nave carcerem facere, jussi squalorem damnatis auferri : simul ut notæ quoque litterarum, non adumbratæ comarum præsidio, totæ ad oculos legentium accederent. Inter cetera apud communem amicam consumserunt pecuniam meam, a qua illos proxima nocte extraxi, mero unguentisque perfusos. Ad summam, adhuc patrimonii mei reliquias olent. — Itaque, ut Tutela navis expiaretur, placuit, quadragenas utrisque plagas imponi. Nulla ergo fit mora. Aggrediuntur nos furentes nautæ cum funibus, tentantque vilissimo sanguine Tutelam placare. Et ego quidem tres plagas spartana nobilitate concoxi. Ceterum Giton,

avec la fermeté d'un Spartiate ; mais Giton, dès la première décharge, jeta un cri si perçant, que Tryphène s'émut aux accents de cette voix connue ; ses femmes en furent frappées comme elle, et s'élancèrent aussitôt vers le pauvre patient. Mais déjà l'extrême beauté de Giton avait désarmé les matelots eux-mêmes, et ses regards seuls, plus puissants que sa voix, plaidaient pour son pardon, lorsque les suivantes de Tryphène crièrent toutes à la fois : — C'est Giton ! c'est Giton ! Barbares ! suspendez ce cruel châtiment ! C'est Giton, madame ; venez à son secours ! — Ce nom n'eut pas plutôt frappé les oreilles de Tryphène (on croit sans peine ce que l'on désire), qu'elle vole vers l'aimable enfant. Quant à Lycas, qui ne me connaissait que trop, il n'eut pas besoin d'entendre ma voix ; certain de ma présence, il accourt ; et, sans s'arrêter à examiner mes mains ou mon visage, il fixe ses regards plus bas que ma ceinture, et, par un simple attouchement, s'assure que c'est bien moi. — Bonjour, Encolpe, me dit-il aussitôt. — Qu'on s'étonne maintenant que la nourrice du roi d'Ithaque l'ait reconnu, après vingt ans d'absence, à une cicatrice qu'elle avait remarquée en lui, puisque cet habile homme, malgré la confusion des traits de mon visage et le déguisement de toute ma personne, reconnut sur-le-champ son fugitif à un si léger indice ! Tryphène, trompée par l'apparence, prenait pour réels les stigmates gravés sur nos fronts, et nous demandait tout bas, en versant un torrent de larmes, quelle était la prison où l'on nous avait jetés comme vagabonds, quel était le bourreau

---

semel ictus, tam valde exclamavit, ut Tryphænæ aures notissima voce repleret. Non solum ergo turbata est, sed ancillæ quoque omnes, familiari sono inductæ, ad vapulantem decurrunt. Jam Giton mirabili forma exarmaverat nautas, cœperatque etiam sine voce sævientes rogare, quum ancillæ pariter proclamant : — Giton est, Giton ! inhibete crudelissimas manus ; Giton est, domina, succurre ! — Deflectit aures Tryphæna, jam sua sponte credentes, raptimque ad puerum devolat. Lycas, qui me optime noverat, tanquam et ipse vocem audisset, accurrit : et nec manus, nec faciem meam consideravit, sed continuo ad inguina mea luminibus deflexis, movit officiosam manum ; et : — Salve, inquit, Encolpi. — Miretur nunc aliquis, Ulyxis nutricem post vicesimum annum cicatricem invenisse, originis indicem, quum homo prudentissimus, confusis omnibus corporis indiciorumque lineamentis, ad unicum fugitivi argumentum tam docte pervenerit. Tryphæna lacrymas effudit, decepta supplicio : vera enim stigmata credebat captivorum frontibus impressa, sciscitarique submissius cœpit : Quod ergastulum intercepisset errantes ? aut cujus tam crudeles manus in hoc suppli-

qui avait eu le courage de nous infliger ce cruel supplice.
— Votre fuite, disait-elle, méritait sans doute un châtiment, ingrats qui avez dédaigné les bienfaits dont vous comblait mon amour !

CHAPITRE CVI.

— Pauvre femme ! reprit Lycas transporté de fureur, vous êtes assez simple pour croire que ces lettres ont été imprimées sur leur front avec un fer chaud ! Plût aux dieux que ces marques d'infamie fussent véritables ! nous serions enfin vengés ! Mais en ce moment même on cherche à nous abuser par cette comédie, et cette inscription postiche est un nouveau tour qu'on veut nous jouer. — Tryphène, heureuse de n'avoir pas entièrement perdu son amant, penchait vers l'indulgence ; mais Lycas, qui conservait un vif ressentiment de mes liaisons avec Doris, son épouse, et de l'affront qu'il avait reçu sous le portique d'Hercule, s'anima de plus en plus, et, le visage enflammé, s'écria : — Ne voyez-vous pas, ô Tryphène ! dans cet événement une preuve convaincante de la sollicitude des dieux pour les choses d'ici-bas ? C'est conduits par eux que ces coupables sont venus, sans s'en douter, sur notre vaisseau ; ce sont eux qui, pour nous en avertir, nous ont envoyé à tous deux le même songe. Voyez maintenant s'il nous est permis de faire grâce à des scélérats que les dieux mêmes ont livrés à notre justice. Pour moi, je ne suis pas un barbare ; mais je craindrais, en leur pardonnant, d'attirer sur moi la vengeance

cium durassent? Meruisse quidem contumeliam aliquam fugitivos, quibus in odium bona sua venissent.

CAPUT CVI.

Concitatus iracundia prosiliit Lycas ; et : — O te, inquit, feminam simplicem ! tanquam vulnera, ferro præparata, litteras biberint. Utinam quidem hacce inscriptione frontis maculassent ! haberemus nos extremum solatium. Nunc mimicis artibus petiti sumus, et adumbrata inscriptione derisi. — Volebat Tryphæna misereri, quia non totam voluptatem perdiderat ; sed Lycas, memor adhuc uxoris corruptæ, contumeliarumque, quas in Herculis porticu acceperat, turbato vehementius vultu, proclamat : — Deos immortales rerum humanarum agere curam, puto, intellexisti, o Tryphæna ! nam imprudentes noxios in nostrum induxere navigium, et, quid fecissent, admonuerunt pari somniorum consensu. Ita vide, ut prosit illis ignosci, quos ad pœnam ipse Deus deduxit. Quod ad me attinet, non sum crudelis ; sed vereor ne,

céleste. — Ces paroles superstitieuses changèrent tellement les dispositions de Tryphène, que, bien loin de s'opposer à notre supplice, elle déclara qu'elle consentait de grand cœur à ce juste châtiment; ajoutant qu'elle avait essuyé les mêmes outrages que Lycas, et que nous l'avions aussi exposée à la risée publique par d'infâmes propos contre son honneur. Lycas, voyant que Tryphène le secondait dans ses projets de vengeance, donna de nouveaux ordres pour rendre notre torture encore plus cruelle : ce qu'Eumolpe ayant entendu, il s'efforça de le fléchir par ces paroles :

CHAPITRE CVII.

Ces infortunés, dont vous avez résolu la perte pour vous venger, implorent, ô Lycas! votre pitié. Sachant que je ne vous étais pas inconnu, ils m'ont choisi pour leur avocat auprès de vous, et m'ont prié de les réconcilier avec d'anciens amis qui leur sont toujours chers. Vous croyez peut-être que c'est le hasard qui a conduit ces jeunes gens sur votre bord; mais il n'est pas un seul passager qui ne s'informe avant toutes choses du nom de celui à qui il va confier son existence. Cette démarche spontanée doit vous satisfaire et fléchir votre courroux : laissez donc des hommes libres naviguer en paix vers leur destination. Le maître le plus cruel, le plus implacable, oublie son ressentiment, dès que le repentir amène à ses pieds son esclave fugitif. Comment ne pas pardonner à un ennemi qui se livre à

---

quod remisero, patiar.— Tam superstitiosa oratione Tryphæna mutata negat se interpellare supplicium, immo accedere etiam justissimæ ultioni : nec se minus grandi vexatam injuria, quam Lycam, cujus pudoris dignitas in concione proscripta sit. [Ut ad vindictam unanimem et propensam vidit Tryphænam Lycas, nova jussit addi supplicia : quæ ut intellexit Eumolpus, his eum mitigare conatus est.

CAPUT CVII.

Infelices, inquit, illi quorum te vindice stat exitium, tuam, Lyca, implorant misericordiam, et] me, utpote hominem non ignotum, elegerunt ad hoc officium, petieruntque ut se reconciliarem aliquando amicissimis. Nisi forte putatis, juvenes casu in has plagas incidisse, quum omnis vector nihil prius quærat, quam cujus se diligentiæ credat. Flectite ergo mentes, satisfactione lenitas, et patimini liberos homines ire sine injuria, quo destinant. Sævi quoque, implacabilesque domini crudelitatem suam impediunt, si quando pœnitentia fugitivos reduxit; et dedititiis hos-

notre merci? que voulez-vous, que prétendez-vous de plus? Vous voyez, suppliants devant vous, des jeunes gens aimables, bien nés, et, ce qui doit surtout vous toucher, des jeunes gens avec lesquels vous avez vécu naguère dans la plus étroite intimité. Certes, s'ils vous eussent volé votre argent, s'ils eussent répondu à votre confiance par la plus lâche trahison, vous seriez assez vengé par le châtiment que vous lisez sur leur front. Nés libres, ils se sont volontairement infligé, pour expier leur offense, ces marques de la servitude qui les isolent à jamais de la société. — Lycas, interrompant la défense d'Eumolpe :— N'embrouillez pas la question, dit-il, et réduisons chaque chose à sa juste valeur. Et d'abord, s'ils sont venus ici de leur plein gré, pourquoi se sont-ils fait raser la tête? Quiconque se déguise a dessein de tromper, et non d'offrir une satisfaction. En second lieu, s'ils avaient l'intention d'obtenir leur grâce par votre entremise, pourquoi tant d'efforts pour cacher vos clients à tous les yeux? Il est donc clair que le hasard seul les a conduits dans nos filets, et qu'ensuite vous avez cherché par vos artifices à les soustraire aux transports de notre ressentiment. Quant à ce que vous affectez de dire, pour nous intimider, que ce sont des hommes libres et de bonne famille, prenez garde de gâter votre cause par cet argument qui vous inspire tant de confiance. Que doit faire un homme offensé, lorsque le coupable court de lui-même au-devant du châtiment? Mais, dites-vous, ils ont été nos amis. C'est par cela même qu'ils méritent un traitement plus rigoureux. Offenser un inconnu, ce n'est qu'un crime ordinaire; mais outrager un

---

tibus parcimus. Quid ultra petitis? Aut quid vultis? In conspectu vestro supplices jacent, juvenes, ingenui, honesti, et, quod utroque potentius est, familiaritate vobis aliquando conjuncti. Si, me Hercules! intervertissent pecuniam vestram, si fidem proditione læsissent, satiari tamen potuissetis hac pœna, quam videtis. Servitia, ecce! in frontibus cernitis, et vultus ingenuos voluntaria pœnarum lege proscriptos.— Interpellavit deprecationem supplicis Lycas; et: — Noli, inquit, causam confundere, sed impone singulis modum. Ac primum omnium, si ultro venerunt, cur nudavere crinibus capita? vultum enim qui permutat, fraudem parat, non satisfactionem. Deinde, si gratiam a legato moliebantur, quid ita omnia fecisti, ut, quos tuebaris, absconderes? Ex quo apparet casu incidisse noxios in plagas, et te artem quæsisse qua nostræ animadversionis impetum eluderes. Nam, quod invidiam facis nobis, ingenuos honestosque clamando, vide ne deteriorem facias confidentia causam. Quid debent læsi facere, ubi rei ad pœnam confugiunt? At enim amici fuerunt nostri? eo majora meruerunt supplicia. Nam, qui ignotos lædit latro appellatur : qui amicos,

ami, c'est presque un parricide.—Eumolpe rétorqua ainsi cette fausse argumentation : —Je vois, dit-il, que ce qui fait le plus de tort à ces malheureux jeunes gens, c'est de s'être fait raser les cheveux pendant la nuit : vous concluez de là que le hasard, et non leur volonté, les a conduits sur ce vaisseau. Je vais tâcher d'expliquer ce grief aussi simplement et avec autant de bonne foi qu'il a été commis. Mes amis, avant de s'embarquer, voulaient décharger leur tête d'un fardeau incommode et inutile ; mais les vents, en précipitant leur départ, les ont forcés à remettre à un autre temps l'exécution de ce projet. Ils ont cru qu'ils pouvaient le réaliser ici aussi bien qu'ailleurs, sans que cela tirât à conséquence ; car ils ignoraient le présage funeste qu'on en pouvait tirer, et les lois de la navigation. — Qu'avaient-ils besoin, dit Lycas, de se raser la tête, pour s'offrir à nous en suppliants ? depuis quand un front chauve est-il plus digne de compassion ? Mais à quoi bon m'arrêter à chercher la vérité dans les paroles d'un interprète ? Qu'as-tu à dire, infâme voleur ? quelle salamandre a fait tomber tes sourcils ? à quelle divinité as-tu fait le sacrifice de ta chevelure ? Réponds, misérable, réponds.

CHAPITRE CVIII.

La crainte du supplice avait glacé ma langue, et, convaincu par l'évidence, je ne trouvais pas une seule parole pour me justifier. Troublé, confus de ma laideur, il me semblait qu'avec une tête nue comme un genou, et des sourcils rasés au niveau

paulo minus quam parricida. — Resolvit Eumolpus tam iniquam declamationem, et : — Intelligo, inquit, nihil magis obesse juvenibus miseris, quam quod nocte deposuerunt capillos : hoc argumento incidisse in navem videntur, non venisse. Quod velim tam candide ad vestras aures perveniat, quam simpliciter gestum est. Voluerunt enim, antequam conscenderent, exonerare capita molesto et supervacuo pondere, sed celerior ventus distulit curationis propositum. Nec tamen putaverunt ad rem pertinere, ubi inciperent, quod placuerat ut fieret : quia nec omen, nec legem navigantium noverant. — Quid, inquit Lycas, attinuit supplices radere ? nisi forte miserabiliores calvi solent esse ? Quanquam quid attinet veritatem per interpretem quærere ? Quid dicis tu, latro ? quæ salamandra supercilia excussit tua ? Cui deo crinem vovisti ? Pharmace, responde.

CAPUT CVIII.

Obstupueram ego, supplicii metu pavidus, nec quid in re manifestissima dicerem

du front, je ne pouvais rien dire ni rien faire qui ne me rendît encore plus ridicule. Mais dès que l'on eut passé l'éponge sur mon visage baigné de pleurs, lorsque l'encre, en se délayant, confondit tous les caractères qui étaient tracés, et me couvrit la figure d'un masque noir comme de la suie, alors la colère qui m'animait se changea en fureur. Cependant, Eumolpe proteste qu'il ne souffrira pas qu'au mépris des lois et du droit des gens on maltraite ainsi des hommes libres : il repousse les menaces de nos bourreaux, non-seulement de la voix, mais du geste. Il est secondé dans ses efforts par son valet à gages, et par un ou deux passagers, mais si faibles, qu'ils peuvent tout au plus nous offrir des consolations, sans augmenter la force de notre parti. Trop irrité pour implorer la clémence de mes ennemis, je menace de mes ongles les yeux de Tryphène, criant à haute et intelligible voix que, si l'on fait le moindre mal à Giton pour cette prostituée, qui seule mérite d'être fustigée aux yeux de tout l'équipage, je ferai contre elle usage de toutes mes forces. Mon audace redouble la rage de Lycas, qui s'indigne que j'oublie ma propre défense pour embrasser celle d'autrui. Tryphène, non moins exaspérée de mes outrages, se livre aux mêmes transports. Enfin, tout l'équipage se partage en deux camps. D'un côté, le barbier d'Eumolpe s'avance, armé d'un rasoir, après nous avoir distribué le reste de sa trousse. Du côté opposé, les esclaves de Tryphène, retroussant leurs manches, se disposent à jouer des mains. Les servantes elles-mêmes, à défaut d'autres armes, excitent par leurs cris l'ardeur des com-

---

inveniebam : turbatus, et deformis, præter spoliati capitis dedecus, superciliorum etiam æquali cum fronte calvitie, ut nihil nec facere deceret, nec dicere. Ut vero spongia uda facies plorantis detersa est, et liquefactum per totum os atramentum, omnia scilicet lineamenta fuliginea nube confudit, in odium se ira convertit. Negat Eumolpus passurum se ut quisquam ingenuos contra fas legemque contaminet, interpellatque sævientium minas, non solum voce, sed et manibus. Aderat interpellanti mercenarius comes, et unus, alterque infirmissimus vector, solatia magis litis, quam virium auxilia. Nec quidquam pro me deprecabar, sed, intentans in oculos Tryphænæ manus, usurum me viribus meis, clara liberaque voce clamavi, ni abstineret a Gitone mulier damnata, et in toto navigio sola verberanda. Accenditur audacia mea iratior Lycas, indignaturque, quod ego, relicta mea causa, tantum pro alio clamo. Nec minus Tryphæna contumelia sævit accensa, totiusque navigii turbam diducit in partes. Hinc mercenarius tonsor ferramenta sua nobis, et ipse armatus, distribuit : illinc Tryphænæ familia nudas expedit manus. Ac ne ancillarum quidem clamor aciem

battants. Seul, tranquille à son poste, en vain le pilote déclare qu'il va quitter le gouvernail, si l'on ne fait cesser ce vacarme excité par quelques débauchés. La lutte se prolonge avec le même acharnement : Lycas et les siens combattent pour se venger ; nous, pour défendre notre vie. Déjà, de part et d'autre, plusieurs champions sont tombés demi-morts de frayeur ; un plus grand nombre, couverts de sang et de blessures, se retirent de la mêlée ; cependant la fureur des deux partis ne se ralentit point. Alors Giton, approchant bravement son rasoir des organes de sa virilité, menace de couper dans sa racine la cause de tant de désordres ; mais Tryphène, en lui faisant espérer sa grâce, s'oppose à la consommation d'un si grand sacrifice. Pour moi, j'avais déjà plusieurs fois appuyé sur ma gorge le fer du barbier, sans avoir plus d'envie de me tuer que Giton de se faire eunuque ; néanmoins, il jouait son rôle plus hardiment que moi, car il savait que le rasoir qu'il tenait était le même dont il avait feint déjà de vouloir se couper la gorge. Les deux armées étaient toujours en présence, et le combat était sur le point de recommencer plus sérieux que jamais, quand le pilote obtint à grand' peine que Tryphène ferait l'office de héraut, et proposerait une trêve. Après avoir, selon la coutume, reçu le serment des deux partis, Tryphène, tenant à la main un rameau d'olivier dont elle a dépouillé la divinité tutélaire du vaisseau, s'avance hardiment au milieu des combattants, et leur adresse cette allocution :

destituit, uno tantum gubernatore, relicturum se navis ministerium, denuntiante, si non desinat rabies, libidine perditorum collecta. Nihilominus tamen perseverat dimicantium furor ; illis pro ultione, nobis pro vita pugnantibus. Multi ergo utrinque semimortui labuntur, plures cruenti vulneribus referunt, veluti ex prœlio, pedem : nec tamen cujusquam ira laxatur. Tunc fortissimus Giton ad virilia sua admovit novaculam infestam, minatus se abscissurum tot miseriarum causam : inhibuitque Tryphæna tam grande facinus, non dissimulata missione. Sæpius ego cultrum tonsorium super jugulum meum posui, non magis me occisurus quam Giton, quod minabatur facturus. Audacius ille tamen tragœdiam implebat, quia sciebat se illam habere novaculam, qua jam sibi cervicem præciderat. Stante ergo utraque acie, quum appareret futurum non stlatarium bellum, ægre expugnavit gubernator, ut, caduceatoris more, Tryphæna inducias faceret. Data ergo, acceptaque, patrio more, fide, protendit ramum oleæ, a Tutela navigii raptum, atque in colloquium venire ausa :

Quelle fureur impie alluma cette guerre,
Et du sein de la paix vous appelle aux combats?
A-t-on vu parmi nous une Hélène adultère
Oser flétrir l'honneur d'un nouveau Ménélas?
Ou Médée, en fuyant, pour arrêter son père,
Lui jeter de son fils les membres palpitants?
Non; l'amour méprisé veut venger son outrage.
Eh bien! d'un seul trépas, cruels, soyez contents:
Puisse ma mort, du moins, assouvir votre rage!
N'allez pas, surpassant Neptune en ses fureurs,
Des flots de votre sang grossir ses flots vengeurs.

CHAPITRE CIX.

Ce discours, prononcé d'un son de voix qui trahissait l'émotion de Tryphène, parut calmer un peu l'ardeur des deux armées, qui, ramenées à des sentiments plus pacifiques, s'arrêtèrent et suspendirent les hostilités. Eumolpe, comme chef de son parti, voyant que l'heure du repentir avait sonné, profita de l'occasion; et, après avoir fait à Lycas une verte réprimande, dressa les articles d'un traité d'alliance dont voici la teneur :

Vous, Tryphène, consentez, de votre plein gré, à oublier tous les sujets de plainte que vous avez contre Giton, à ne jamais lui reprocher les torts qu'il peut avoir eus envers vous jusqu'à ce jour, à ne pas en tirer vengeance et à n'exercer en-

---

— Quis furor, exclamat, pacem convertit in arma?
Quid nostræ meruere manus? Non Troius hostis
Hac in classe vehit decepti pignus Atridæ;
Nec Medea furens fraterno sanguine pugnat :
Sed contemtus amor vires habet. Heu! mihi fata
Hos inter fluctus quis raptis evocat armis?
Cui non est mors una satis? Ne vincite pontum,
Gurgitibusque feris alios imponite fluctus.

CAPUT CIX.

Hæc ut turbato clamore mulier effudit, hæsit paulisper acies, revocatæque ad pacem manus intermiscere bellum. Utitur pœnitentiæ occasione dux Eumolpus, et, castigato ante vehementissime Lyca, tabulas fœderis signat, queis hæc formula erat :

Ex tui animi sententia, ut tu, Tryphæna, neque injuriam tibi factam a Gitone

vers lui aucune espèce de poursuite pour ce motif, comme aussi à ne rien exiger de lui par force, ni caresses, ni baisers, ni faveurs plus tendres : le tout, sous peine de lui payer cent deniers comptants pour chaque contravention. De votre côté, Lycas, vous vous engagez volontairement à n'adresser à Encolpe aucune parole injurieuse, à ne pas lui faire mauvaise mine, à ne pas chercher à le surprendre dans son lit pendant la nuit ; ou, le cas échéant, à lui payer pour chaque violence deux cents deniers comptants.

Le traité étant ainsi conclu, nous mîmes bas les armes ; et, pour qu'aucun levain de haine ne fermentât dans les âmes après ce serment, pour ratifier l'oubli complet du passé, on se donna de part et d'autre le baiser de paix. Alors les haines se calment, et, à la demande générale, le champ de bataille se transforme en un banquet où la gaieté achève de concilier les esprits. Tout le vaisseau retentit de chants joyeux ; et comme un calme subit était venu suspendre notre navigation, les uns, armés de crocs, harponnent les poissons qui bondissent sur l'eau ; les autres, couvrant leurs hameçons d'un appât perfide, enlèvent leur proie, qui se débat en vain. Des oiseaux de mer étaient venus se percher sur nos antennes : un matelot les touche d'une claie de roseaux artistement préparée : les malheureux volatiles, retenus par la glu, se laissent prendre à la main : l'air emporte leur léger duvet ; leurs plumes, plus pesantes, tombent dans la mer et roulent avec l'écume des

---

quæreris, neque, si quid ante hunc diem factum est, objicies, vindicabisve, aut ullo alio genere persequendum curabis : ut tu imperabis puero repugnanti, non amplexum, non osculum, non coitum Venere constrictum, nisi pro qua re præsentes numeraveris denarios centum. Item, Lyca, ex tui animi sententia, ut tu Encolpion nec verbo contumelioso insequeris, nec vultu ; neque quæres ubi nocte dormiat ? aut si quæsieris, pro singulis injuriis numerabis præsentes denarios ducentos.

In hæc verba, fœderibus compositis, arma deponimus ; et, ne residua in animis etiam post jusjurandum ira remaneret, præterita aboleri osculis placet. Exhortantibus universis, odia detumescunt ; epulæque, ad certamen prolatæ, conciliant hilaritate convivium. Exsonat ergo cantibus totum navigium, et, quia repentina tranquillitas intermiserat cursum, alius exsultantes quærebat fuscina pisces : alius hamis blandientibus convellebat prædam repugnantem. Ecce ! etiam per antennam pelagiæ considerant volucres, quas textis arundinibus peritus artifex tetigit. Illæ, viscatis illigatæ viminibus, deferebantur ad manus. Tollebat plumas aura volitantes, pennasque per maria inanis spuma torquebat. Jam Lycas redire mecum in gratiam cœperat ; jam Tryphæna Gitona extrema parte potionis spargebat, quum Eumolpus, et ipse vino

flots. Déjà s'opérait un raccommodement entre Lycas et moi ; déjà Tryphène, folâtrant avec Giton, lui aspergeait le visage des gouttes de vin qui restaient dans sa coupe ; lorsque Eumolpe, échauffé par l'ivresse, se mit à plaisanter sur les chauves et les teigneux. Après s'être épuisé en fades railleries sur ce sujet, son accès poétique le reprit, et il nous débita cette espèce d'élégie sur la perte des cheveux :

> Où sont ces beaux cheveux dont ton front s'ombrageait ?
> A travers leurs flots d'or le zéphyr voltigeait.
> Les grâces avec eux ont quitté ton visage :
> Tel l'arbuste, en hiver, privé de son feuillage,
> Languit seul à l'écart, et dans ses rameaux nus
> Appelle, mais en vain, le printemps qui n'est plus.
> Sort cruel ! en naissant voués à la vieillesse,
> Nous mourons chaque jour : la fleur de la jeunesse
> Compte peu de matins, comme la fleur des champs,
> Et les premiers à fuir sont nos premiers beaux ans !
> Rival du blond Phébus, et conquérant des belles,
> Hier, tu défiais l'orgueil des plus cruelles ;
> Leur vengeance aujourd'hui montre au doigt ta laideur.
> Tu crains, pauvre tondu, leur sourire moqueur.
> Cache de ses attraits la tête dépouillée !
> La rose, par l'orage une fois effeuillée,
> N'a qu'un moment à vivre ; et la pâle Atropos,
> Sur le fil de tes jours a levé ses ciseaux.

solutus, dicta voluit in calvos tineososque jaculari : donec, consumta frigidissima urbanitate, rediit ad carmina sua, cœpitque capillorum elegidarion dicere :

> Quod solum formæ decus est, cecidere capilli,
>   Vernantesque comas tristis abegit hiems.
> Nunc, umbra nudata sua, jam tempora mœrent ;
>   Areaque attritis ridet adusta pilis.
> O fallax natura deûm ! quæ prima dedisti
>   Ætati nostræ gaudia, prima rapis.
>
> Infelix, modo crinibus nitebas,
> Phœbo pulchrior, et sorore Phœbi :
> At nunc lævior ære, vel rotundo
> Horti tubere, quod creavit unda,
> Ridentes fugis et times puellas.
> Ut mortem citius venire credas,
> Scito, jam capitis perisse partem.

CHAPITRE CX.

Ce n'était là que le prélude, et il allait nous débiter de plus grandes inepties, quand une servante de Tryphène emmena Giton dans l'entre-pont du vaisseau, et orna la tête du pauvre enfant d'une perruque appartenant à sa maîtresse. Elle tira aussi d'une boîte des sourcils postiches, et les ajusta avec tant d'adresse sur les endroits qui avaient été rasés, qu'elle lui rendit tous ses charmes. Retrouvant alors en lui le véritable Giton, Tryphène en fut émue jusqu'aux larmes, et cette fois l'embrassa de tout son cœur. Je n'étais pas moins enchanté qu'elle de revoir Giton dans tout l'éclat de sa beauté ; et cependant je me cachais le visage le plus que je pouvais ; car je comprenais sans peine tout ce que ma laideur avait de repoussant, puisque Lycas lui-même dédaignait de m'adresser la parole. Mais cette même servante vint à mon secours et dissipa mon chagrin : me prenant à part, elle me couvrit la tête d'une chevelure d'emprunt, non moins belle que celle de Giton. Mon visage en devint même plus agréable, parce que cette perruque était blonde. Cependant Eumolpe, notre défenseur au moment du danger, et l'auteur de notre réconciliation, voulant entretenir notre gaieté par des propos plaisants, se mit à débiter mille folies sur la légèreté des femmes, sur leur facilité à s'enflammer, sur leur promptitude à oublier leurs amants. — Il n'y a pas, disait-il, de femme, quelque prude qu'elle soit, qu'une passion nouvelle ne puisse porter aux

CAPUT CX.

Plura volebat proferre, credo, et ineptiora præteritis ; quum ancilla Tryphænæ Gitona in partem navis inferiorem ducit, corymbioque dominæ pueri adornat caput. Immo supercilia etiam profert de pyxide, sciteque jacturæ lineamenta secuta, totam illi formam suam reddidit. Agnovit Tryphæna verum Gitona : lacrymisque turbata, tunc primum bona fide puero basium dedit. Ego, etiamsi repositum in pristinum decorem puerum gaudebam, abscondebam tamen frequentius vultum, intelligebamque, me non tralatitia deformitate esse insignitum, quem alloquio dignum nec Lycas quidem crederet. Sed huic tristitiæ eadem illa succurrit ancilla, sevocatumque me non minus decoro exornavit capillamento : immo commendatior vultus enituit, quia flavicomum corymbion erat. Ceterum Eumolpus, et periclitantium advocatus, et præsentis concordiæ auctor, ne sileret sine fabulis hilaritas, multa in muliebrem levitatem cœpit jactare : quam facile adamarent ; quam cito etiam philorum obliviscerentur ; nullamque esse feminam tam pudicam, quæ non peregrina libidine usque

plus grands excès. Je n'ai pas besoin, pour prouver ce que j'avance, de recourir aux tragédies anciennes, et de citer des noms fameux dans les siècles passés ; je vais, si vous daignez m'écouter, vous raconter un fait arrivé de nos jours. — Tout le monde se tourna aussitôt vers lui, et, voyant qu'on lui prêtait une oreille attentive, il commença en ces termes :

CHAPITRE CXI.

Il y avait à Éphèse une dame en si grande réputation de chasteté, que les femmes mêmes des pays voisins venaient la voir par curiosité, comme une merveille. Cette dame, ayant perdu son mari, ne se contenta pas des signes ordinaires de la douleur; de marcher, les cheveux épars, à la suite du char funèbre ; de se meurtrir le sein devant tous les assistants : elle voulut encore accompagner le défunt jusqu'à sa dernière demeure, le garder dans le caveau où on l'avait déposé, selon la coutume des Grecs, et pleurer nuit et jour auprès de lui. Son affliction était telle, que ni parents, ni amis ne purent la détourner du dessein qu'elle avait formé de se laisser mourir de faim. Les magistrats eux-mêmes, ayant voulu faire une dernière tentative, se retirèrent sans avoir pu rien obtenir. Tout le monde pleurait comme morte une femme qui offrait un si rare modèle de fidélité, et qui avait déjà passé cinq jours sans prendre aucune nourriture. Une servante fidèle l'avait accompagnée dans sa triste retraite, mêlant ses larmes à celles de sa

ad furorem averteretur : nec se tragœdias veteres curare, aut nomina seculis nota ; sed rem, sua memoria factam, expositurum se esse, si vellemus audire. Conversis igitur omnium in se vultibus auribusque, sic exorsus est :

CAPUT CXI.

Matrona quædam Ephesi tam notæ erat pudicitiæ, ut vicinarum quoque gentium feminas ad sui spectaculum evocaret. Hæc ergo, quum virum extulisset, non contenta, vulgari more, funus sparsis prosequi crinibus, aut nudatum pectus in conspectu frequentiæ plangere, in conditorium etiam prosecuta est defunctum ; positumque in hypogeo, græco more, corpus custodire, ac flere totis noctibus diebusque cœpit. Sic afflictantem se, ac mortem inedia persequentem, non parentes potuerunt abducere, non propinqui : magistratus ultimo repulsi abierunt : comploratáque ab omnibus singularis exempli femina, quintum jam diem sine alimento trahebat. Assidebat ægræ fidissima ancilla, simulque et lacrymas commodabat lugenti, et, quoties defecerat

maîtresse, et ranimant la lampe placée sur le cercueil, toutes les fois qu'elle était prête à s'éteindre. Il n'était bruit, dans la ville, que de ce sublime dévouement, et les hommes de toute classe le citaient comme un exemple vraiment unique de chasteté et d'amour conjugal. Dans ce même temps, il advint que le gouverneur de la province fit mettre en croix quelques voleurs, tout proche de ce même caveau où notre matrone pleurait la perte récente de son époux. La nuit suivante, le soldat qui gardait ces croix, de peur que quelqu'un ne vînt enlever les corps de ces voleurs, pour leur donner la sépulture, aperçut une lumière qui brillait au milieu des tombeaux, et entendit les gémissements de notre veuve. Cédant à la curiosité innée chez tous les hommes, il voulut savoir qui c'était, et ce qu'on faisait en cet endroit. Il descend donc dans le caveau; et, d'abord, à l'aspect de cette femme d'une beauté plus qu'humaine, il s'arrête, immobile d'effroi, comme s'il avait devant les yeux un fantôme ou une apparition surnaturelle. Mais bientôt ce cadavre étendu sur la pierre, ce visage baigné de larmes, ces marques sanglantes que les ongles y ont creusées, tout ce qu'il voit dissipe son illusion; et il comprend enfin, comme cela était vrai, que c'était une veuve qui ne pouvait se consoler de la mort de son époux. Il commença donc par apporter dans le caveau son pauvre souper de soldat, puis il exhorta la belle affligée à ne pas s'abandonner plus longtemps à une douleur inutile, à des gémissements superflus. — La mort, lui dit-il, est le terme commun de tout ce qui existe; le tombeau est pour tous le dernier asile. — Enfin il

positum in monumento lumen, renovabat. Una igitur in tota civitate fabula erat; et, solum illud affulsisse verum pudicitiæ amorisque exemplum, omnis ordinis homines confitebantur; quum interim imperator provinciæ latrones jussit crucibus affigi, secundum illam casulam in qua recens cadaver matrona deflebat. Proxima ergo nocte, quum miles, qui cruces servabat, ne quis ad sepulturam corpora detraheret, notasset sibi et lumen, inter monumenta clarius fulgens, et gemitum lugentis audisset, vitio gentis humanæ, concupiit scire quis, aut quid faceret? Descendit igitur in conditorium; visaque pulcherrima muliere, primo, quasi quodam monstro, infernisque imaginibus turbatus, substitit. Deinde ut et corpus jacentis conspexit, et lacrymas consideravit, faciemque unguibus sectam, ratus scilicet id, quod erat, desiderium exstincti non posse feminam pati, attulit in monumentum cœnulam suam, cœpitque hortari lugentem, ne perseveraret in dolore supervacuo, et nihil profuturo gemitu pectus diduceret: omnium eumdem exitum esse, sed et idem domicilium; et cetera, quibus exulceratæ mentes ad sanitatem revocantur. At illa, ignota consola-

épuisa tous les lieux communs qu'on emploie pour guérir une âme profondément ulcérée. Mais ces consolations qu'un inconnu ose lui offrir irritent encore plus la douleur de la dame : elle se déchire le sein de plus belle, s'arrache les cheveux, et les jette sur le cadavre. Le soldat ne se rebute point pour cela; il lui réitère, avec de nouvelles instances, l'offre de partager son souper. Enfin, la suivante, séduite sans doute par l'odeur du vin, ne put résister à une invitation si obligeante, et tendit la main vers les aliments qu'il lui présentait; puis, dès qu'un léger repas eut restauré ses forces, elle se mit à battre en brèche l'opiniâtreté de sa maîtresse.
— Et que vous servira, lui dit-elle, de vous laisser mourir de faim, de vous ensevelir toute vivante, de rendre au destin une âme qu'il ne réclame pas encore?

> Non, madame, des morts les insensibles restes
> N'exigent point de nous des transports si funestes.

Croyez-moi, revenez à l'existence; défaites-vous d'une erreur trop commune chez notre sexe; et, tandis que vous le pouvez, jouissez de la lumière des cieux. Ce cadavre, ici présent, vous dit assez quel est le prix de la vie. Comment fermer l'oreille aux discours d'un ami qui vous engage à prendre des aliments, et à ne pas vous laisser mourir? La pauvre veuve, exténuée par une si longue abstinence, laissa vaincre son obstination : elle but et mangea avec la même avidité que la suivante, qui s'était rendue la première.

---

tione percussa, laceravit vehementius pectus, ruptosque crines super pectus jacentis imposuit. Nec recessit tamen miles, sed eadem exhortatione tentavit dare mulierculæ cibum, donec ancilla, vini certe ab eo odore corrupta, primum ipsa porrexit ad humanitatem invitantis victam manum : deinde refecta potione et cibo, expugnare dominæ pertinaciam cœpit. Et : — Quid proderit, inquit, hoc tibi, si soluta inedia fueris? si te vivam sepelieris? si, antequam fata poscant, indemnatum spiritum effuderis?

Id cinerem aut manes credis curare sepultos?

Vis tu reviviscere? vis tu, discusso muliebri errore, quamdiu licuerit, lucis commodis frui? ipsum te jacentis corpus commonere debet ut vivas. — Nemo invitus audit, quum cogitur aut cibum sumere, aut vivere. Itaque mulier, aliquot dierum abstinentia sicca, passa est frangi pertinaciam suam : nec minus avide se replevit cibo, quam ancilla, quæ prior victa est.

CHAPITRE CXII.

Vous savez qu'un appétit satisfait éveille bientôt de nouveaux désirs. Notre soldat, encouragé par le succès, employa, pour triompher de la vertu de la dame, les mêmes arguments dont il s'était servi pour lui persuader de vivre. Or, le jeune homme n'était ni sans esprit, ni d'un extérieur désagréable, et notre chaste veuve s'en était aperçue ; la servante, pour lui gagner les bonnes grâces de sa maîtresse, répétait souvent :

> Pouvez-vous résister à de si doux penchants,
> Et, dans ces tristes lieux, consumer vos beaux ans?

Enfin, pour abréger, vous saurez que la bonne dame, après avoir cédé aux besoins de son estomac, ne défendit pas mieux son cœur, et que notre heureux soldat obtint une double victoire. Ils dormirent donc ensemble, non-seulement cette nuit qui fut témoin de leurs noces impromptu, mais le lendemain et le jour suivant. Toutefois, ils eurent soin de fermer les portes du caveau, si bien que quiconque, parent ou ami, fût venu en cet endroit, eût pensé que la fidèle veuve était morte de douleur sur le corps de son mari. Le soldat, charmé de la beauté de sa maîtresse et du mystère de leurs amours, achetait tout ce qu'il pouvait se procurer de meilleur, selon ses moyens, et, dès que le soir était venu, le portait au tombeau. Cependant les parents d'un des voleurs, voyant qu'il n'était

CAPUT CXII.

Ceterum scitis, quid tentare plerumque soleat humanam satietatem? Quibus blanditiis impetraverat miles, ut matrona vivere vellet, iisdem etiam pudicitiam ejus aggressus est. Nec deformis aut infacundus juvenis castæ videbatur, conciliante gratiam ancilla, ac subinde dicente :

> . . . . Placitone etiam pugnabis amori?
> . Nec venit in mentem, quorum consederis arvis?

Quid diutius moror? ne hanc quidem partem corporis mulier abstinuit, victorque miles utrumque persuasit. Jacuerunt ergo una non tantum illa nocte, qua nuptias fecerunt, sed postero etiam ac tertio die, præclusis videlicet conditorii foribus, ut, si quis ex notis cognatisque ad monumentum venisset, putasset exspirasse super corpus viri pudicissimam uxorem. Ceterum delectatus miles et forma mulieris et secreto, quidquid boni per facultates poterat, coemebat, et prima statim nocte in monumentum ferebat. Itaque cruciarii unius parentes, ut viderunt laxatam custo-

plus gardé, enlevèrent son corps pendant la nuit, et lui rendirent les derniers devoirs. Mais que devint le pauvre soldat, qui, renfermé dans le caveau, ne songeait qu'à son plaisir, lorsque, le lendemain matin, il vit une des croix sans cadavre? Effrayé du supplice qui l'attend, il va trouver la veuve, et lui fait part de cet événement : — Non, lui dit-il, je n'attendrai point ma condamnation, et ce glaive, prévenant la sentence du juge, va me punir de ma négligence. Daignez seulement, quand je ne serai plus, m'accorder un asile dans ce tombeau; placez-y votre amant auprès de votre époux. — Me préservent les dieux, répondit la dame, non moins compatissante que chaste, d'avoir à pleurer en même temps la perte de deux personnes si chères! J'aime mieux pendre le mort que de laisser périr le vivant. — Après ce beau discours, elle exige que l'on tire du cercueil le corps de son mari, et qu'on l'attache à la croix vacante. Notre soldat s'empresse de suivre le conseil ingénieux de cette femme prudente; et le lendemain le peuple criait miracle, ne pouvant concevoir comment un mort était allé de lui-même au gibet.

CHAPITRE CXIII.

Cette histoire fit beaucoup rire les matelots; et Tryphène, pour cacher la rougeur qui couvrait son visage, se penchait amoureusement sur le cou de Giton. Mais Lycas ne goûta point la plaisanterie; et secouant la tête d'un air mécontent : — Si le gouverneur d'Éphèse eût fait justice, il eût fait repla-

diam, detraxerunt nocte pendentem, supremoque mandaverunt officio. At miles, circumscriptus dum residet, ut postero die vidit unam sine cadavere crucem, veritus supplicium, mulieri, quid accidisset, exponit : nec se exspectaturum judicis sententiam, sed gladio jus dicturum ignaviæ suæ : commodaret modo illa perituro locum, et fatale conditorium familiari ac viro faceret. Mulier non minus misericors, quam pudica : — Nec istud, inquit, dii sinant, ut eodem tempore duorum mihi carissimorum hominum duo funera spectem : malo mortuum impendere, quam vivum occidere. — Secundum hanc orationem jubet corpus mariti sui tolli ex arca, atque illi, quæ vacabat, cruci affigi. Usus est miles ingenio prudentissimæ feminæ; posteroque die populus miratus est, qua ratione mortuus isset in crucem.

CAPUT CXIII.

Risu excepere fabulam nautæ, et erubescente non mediocriter Tryphæna, vultum suum super cervicem Gitonis amabiliter posuit. At non Lycas risit; sed iratum commovens caput : — Si justus, inquit, imperator fuisset, debuit patrisfamiliæ corpus in

cer dans sa tombe le corps du défunt et pendre la veuve à sa place. — Sans doute l'injure que j'avais faite à sa couche, notre fuite et le pillage du vaisseau d'Isis lui revenaient en ce moment à l'esprit. Mais les clauses du traité s'opposaient à toute récrimination de sa part, et la gaieté qui s'était emparée de tous les esprits l'empêchait de donner un libre cours à sa colère. Cependant Tryphène, toujours couchée sur Giton, couvrait son sein de baisers et rajustait, sur ce front chauve les boucles de la chevelure postiche. Pour moi, leur raccommodement me causait tant d'impatience et de chagrin, que je ne pouvais, ni boire ni manger. Je leur lançais à tous deux de farouches regards; les baisers, les caresses de cette femme impudique étaient pour moi autant de coups de poignard : je ne savais contre lequel des deux devait se tourner ma fureur, ou contre Giton, qui m'enlevait ma maîtresse, ou contre Tryphène, qui me débauchait ce bel enfant. Tous deux m'offraient un spectacle odieux et plus triste encore que ma captivité passée. Pour surcroît de chagrin, Tryphène évitait ma conversation et semblait méconnaître en moi un ami, un amant qui, naguère, lui était si cher. Giton, de son côté, ne me trouvait pas digne qu'il bût, comme d'usage, à ma santé, ou que, du moins, il m'adressât la parole comme à tout le monde : il craignait, je pense, dans ces premiers moments de réconciliation, de rouvrir la plaie encore saignante dans le cœur de Tryphène. Navré de douleur, j'inondais ma poitrine de larmes, et mes sanglots, que je cherchais à étouffer, pensèrent me suf-

---

monumentum referre, mulierem affigere cruci. — Non dubie, redierat in animum cubile, expilatumque libidinosa migratione navigium. Sed nec fœderis verba permittebant meminisse; nec hilaritas, quæ præoccupaverat mentes, dabat iracundiæ locum. Ceterum Tryphæna, in gremio Gitonis posita, modo implebat osculis pectus, modo concinnabat spoliatum crinibus vultum. Ego mœstus, et impatiens fœderis novi, non cibum, non potionem capiebam, sed obliquis trucibusque oculis utrumque spectabam. Omnia me oscula vulnerabant, omnes blanditiæ, quascumque mulier libidinosa fingebat; nec tamen adhuc sciebam, utrum magis puero irascerer, quod amicam mihi auferret, an amicæ, quod puerum corrumperet. Utraque inimicissima oculis meis, et captivitate præterita tristiora. Accedebat huc, quod neque Tryphæna me alloquebatur, tanquam familiarem, et aliquando gratum sibi amatorem, nec Giton me aut tralatitia propinatione dignum judicabat, aut, quod minimum est, sermone communi vocabat : credo, veritus ne inter initia coeuntis gratiæ recentem cicatricem rescinderet. Inundavere pectus lacrymæ dolore paratæ, gemitusque, suspirio tectus, animam pæne submovit. [Mœrenti tamen mihi quum novum decus ad-

foquer. Cependant, malgré ma tristesse, la chevelure blonde dont on m'avait paré prêtait sans doute de nouveaux charmes à mon visage; car Lycas, dont l'amour pour moi s'était rallumé, me lançait des regards passionnés, et tâchait de partager avec moi les plaisirs que Tryphène goûtait avec Giton : il ne prenait pas le ton d'un maître qui ordonne, mais celui d'un amant qui implore une faveur. Il me pressa longtemps sans succès : enfin, se voyant rebuté, son amour se changea en fureur, et il voulait m'arracher de force ce que je refusais à ses prières; quand Tryphène, entrant tout à coup au moment où il s'y attendait le moins, fut témoin de sa brutalité. A son aspect, il se trouble, se rajuste à la hâte et s'enfuit. Cet incident ranime les désirs de Tryphène : — Quel était, me dit-elle, le but des pétulantes attaques de Lycas? — et elle me force à lui tout conter. Ce récit allume encore plus sa passion, et, se rappelant nos anciennes liaisons, elle veut m'exciter à prendre avec elle les mêmes libertés que par le passé. Mais, fatigué de ces plaisirs qu'on m'offrait contre mon gré, je repoussai dédaigneusement ses avances. Alors sa passion devient une frénésie : elle m'enlace dans ses bras, et me serre si fortement contre son sein, que la douleur m'arrache un cri. Une suivante accourt à ce bruit, et s'imaginant, avec vraisemblance, que je voulais ravir à sa maîtresse les faveurs que je lui refusais en réalité, elle s'élance sur nous et nous sépare. Tryphène, furieuse de mes refus et de n'avoir pu satisfaire sa lubricité, me charge d'injures, et sort en me menaçant d'aller trouver Lycas, pour

---

deret flavum corymbion, Lycas, novo etiam incensus amore, amasiis oculis mi nictitabat, et] in partem voluptatis tentabat admitti, nec domini supercilium induebat, sed amici quærebat obsequium, [et diu frustraque tentavit : tandem, omnino repulsus, amorem vertit in furorem, et vi gratiam extorquere conatus est. quum inexspectata Tryphæna, oppido ingressa, illius procacitatem notavit. Ille perturbatus diligenter amicitur, et fugit. Hinc Tryphæna, majore libidine concitata : — Quo pertinet, inquit, illa petulans Lycæ molitio? — Et fari coegit : narratione ardentior facta, et antiquæ familiaritatis memor, ad pristinas me voluit revocare voluptates. Ast ego, tot voluptatibus fatigatus, illius blanditias respui. Illa autem, amore furens, amplexu effusissimo me invasit, et tam arcte me complexa est, ut subito exclamaverim. Ex ancillis una ad clamorem accurrit, facileque credidit, me, quam gratiam dominæ negaveram, ab ea extorquere conari ; et irrumpens amplexus solvit. Tryphæna sic repudiata, furorisque libidinosæ impatiens, durius me excepit, et, additis minis, convolat ad Lycam, ut eum in me magis commoveret, meque vindicta communi insectarent.

l'exciter encore plus contre moi, et m'accabler sous le poids de leur commune vengeance. Or, vous saurez que la suivante avait pris un goût très-vif pour moi dans le temps de mes liaisons avec Tryphène : affligée de m'avoir surpris avec sa maîtresse, elle poussait de gros soupirs ; je la pressai vivement de m'en apprendre la cause ; et, après quelque résistance, sa douleur s'exhala en ces termes : — S'il existe encore dans votre âme quelques sentiments honnêtes, vous ne devez pas faire plus de cas de Tryphène que d'une coureuse ; si vous êtes un homme, vous ne devez pas rechercher les caresses d'une prostituée.

Tout cela me causait de vives inquiétudes ; mais ce que je redoutais le plus, c'était qu'Eumolpe n'en fût instruit, et que ce railleur impitoyable ne voulût me venger, par une satire, de l'affront qu'il prétendrait que j'avais reçu ; car son zèle aveugle m'eût couvert par là d'un ridicule dont l'idée seule me faisait trembler. Je réfléchissais, à part moi, aux moyens de lui tout cacher, quand je le vis entrer. Il était déjà au fait de cette histoire, dont Tryphène avait fait confidence à Giton, aux dépens duquel elle avait voulu s'indemniser de mes refus : ce qui excitait d'autant plus la colère d'Eumolpe, que ces coupables violences étaient des contraventions manifestes au traité de paix que nous venions de conclure. L'officieux vieillard, s'apercevant de ma tristesse, parut compatir à mon sort, et m'ordonna de lui raconter comment la chose s'était passée. Voyant qu'il était instruit de tout, je lui avouai franchement

---

Scies autem, me olim huic ancillæ acceptissimum fuisse, quum dominæ familiaris eram : itaque iniquo tulit animo me cum Tryphæna deprehendisse, et gemitus duxit altissimos, quorum ardenter causam sciscitatus sum,] dum ancilla restitans in hæc erupit : — Si quid ingenui sanguinis habes, non pluris illam facies, quam scortum : si vir fueris, non ibis ad spurcam. — Hæc animi pendentem angebant. Sed me nihil magis pudebat, quam ne Eumolpus sensisset, quidquid illud fuerat, et homo dicacissimus carminibus vindicaret creditam noxiam : [hoc enim ardens studium haud dubie me traduxisset, et illud valde timebam. Quum autem apud me perpenderem, quo pacto, ne id resciret Eumolpus, efficere possem, ecce subito ipse ingreditur rei peractæ haud ignarus : Tryphæna enim omnia Gitoni retulerat, ipsaque repulsæ meæ pensationem, fratris sumptibus, habere tentaverat : unde vehementer excandescebat Eumolpus, et eo magis, quod petulantiæ illæ signatum fœdus aperte violarent. Quum senex me conspexit, sortem meam dolens, narrare jussit ut res se habuerat. Lycæ ergo stuprosam petulantiam, Tryphænæque libidinosum impetum jam bene monito

les brutales attaques de Lycas et les lascifs emportements de Tryphène. A ce récit, il jura formellement de nous venger, ajoutant que les dieux étaient trop justes pour laisser tant de crimes impunis.

CHAPITRE CXIV.

Tandis qu'il proférait ces imprécations, la mer s'enfle, les nuages s'épaississent, et les ténèbres nous dérobent la clarté du jour. Les matelots tremblants courent à la manœuvre, et dérobent les voiles aux coups de la tempête.

Mais le vent, qui changeait à chaque minute, agitait les flots dans tous les sens, et le pilote ne savait quelle route tenir. Tantôt nous étions poussés vers la Sicile ; tantôt l'Aquilon, qui règne en maître sur les côtes de l'Italie, chassait çà et là notre navire, en butte à sa fureur ; et, pour comble de danger, l'obscurité était si grande, que le pilote pouvait à peine entrevoir la proue du vaisseau. Mais lorsque la tempête fut à son comble, Lycas, épouvanté et tendant vers moi ses mains suppliantes : — Encolpe, s'écria-t-il, secourez-nous dans cette extrémité ; rendez le voile sacré et le sistre à la patronne de ce navire ! Au nom des dieux, daignez compatir à notre sort : votre cœur ne fut jamais sourd à la pitié ! — Il criait de toutes ses forces, quand un coup de vent le jeta dans la mer. Nous le vîmes reparaître un instant, tournoyer sur la vague, puis le gouffre béant l'engloutit sans retour. Déjà des

---

ingenue exposui : quibus auditis,] jurat Eumolpus verbis conceptissimis, [se nos haud dubie vindicaturum, et deos æquiores esse, ut tot crimina paterentur impunita.]

CAPUT CXIV.

Dum hæc taliaque jactamus, inhorruit mare, nubesque undique adductæ obruere tenebris diem. Discurrunt nautæ ad officia trepidantes, velaque tempestati subducunt. Sed nec certos fluctus ventus impulerat, nec, quo destinaret cursum, gubernator sciebat. Siciliam modo ventus dabat, sæpissime italici littoris Aquilo possessor convertebat huc illuc obnoxiam ratem : et, quod omnibus procellis periculosius erat, tam spissæ repente tenebræ lucem suppresserant, ut ne proram quidem totam gubernator videret. Itaque, Hercules ! postquam tempestas convaluit, Lycas trepidans ad me supinas porrigit manus, et : — Tu, inquit, Encolpi, succurre periclitantibus, id est, vestem illam divinam, sistrumque redde navigio. Per fidem, miserere, quemadmodum quidem soles. — Et illum quidem vociferantem in mare ventus excussit, repetitumque infesto gurgite procella circumegit, atque hausit.

esclaves fidèles s'étaient hâtés d'enlever Tryphène ; et, la plaçant sur la chaloupe, avec la meilleure partie de son bagage, ils la sauvèrent d'une mort inévitable. Pour moi, penché sur Giton, je m'écriais en pleurant : — Hélas ! notre amour avait mérité des dieux qu'un même trépas nous unît ; mais le sort jaloux nous refuse cette consolation. Vois ces flots prêts à engloutir notre vaisseau ; vois ces ondes irritées qui bientôt vont briser nos douces étreintes. Giton, si tu as jamais eu quelque affection pour Encolpe, couvre-moi de baisers : il en est temps encore, et dérobons au moins ce dernier plaisir à la mort qui s'approche.

A peine eus-je achevé, que Giton se dépouilla de sa robe, et, s'enveloppant dans la mienne, approcha de mes lèvres sa tête charmante ; puis, pour nous attacher si étroitement que la fureur des flots ne pût nous séparer, il nous lia tous les deux de la même ceinture : — Si nul autre espoir ne nous reste, nous sommes certains maintenant que la mer nous portera longtemps unis de la sorte ; peut-être même que, touchée de notre sort, elle nous jettera ensemble sur le même rivage ; peut-être qu'un passant, par un sentiment vulgaire d'humanité, couvrira nos restes de quelques pierres, ou que du moins les flots, dans leur aveugle fureur, nous enseveliront sous un monceau de sable.

Je laissai Giton serrer ces derniers nœuds : il me semblait que j'étais déjà étendu sur le lit funèbre, et j'attendais la mort sans la craindre. Cependant la tempête achevait d'exécuter les ordres du destin, et dispersait les débris du vaisseau.

Tryphænam autem propere jam fidelissimi rapuerunt servi, scaphæque impositam, cum maxima sarcinarum parte, abduxere certissimæ morti. Ego, Gitoni applicitus, cum clamore flevi, et : — Hoc, inquam, a diis meruimus, ut nos sola morte conjungerent ; sed non crudelis fortuna concedit. Ecce ! jam ratem fluctus evertet. Ecce ! jam amplexus amantium iratum dividet mare. Igitur, si vere Encolpion dilexisti, da oscula, dum licet, et ultimum hoc gaudium fatis properantibus rape. — Hæc ut ego dixi, Giton vestem deposuit, meaque tunica contectus, exseruit ad osculum caput ; et, ne sic cohærentes malignior fluctus distraheret, utrumque zona circumvenienti præcinxit, et : — Si nihil aliud, certe diutius, inquit, junctos nos mare feret ; vel, si voluerit, misericors, ad idem litus expellere, aut præteriens aliquis tralatitia humanitate lapidabit, aut, quod ultimum est, iratis etiam fluctibus, imprudens arena componet. — Patior ego vinculum extremum, et, veluti lecto funebri aptatus, exspecto mortem jam non molestam. Peragit interim tempestas

Il ne restait plus de mâts, plus de gouvernail, plus de câbles, plus de rames ; tout avait disparu ; et désormais, semblable à une informe et grossière charpente, le navire roulait ballotté par les flots.

Des pêcheurs, montés sur de petites barques, accoururent, animés de l'espoir du butin ; mais lorsqu'ils virent sur le pont quelques passagers prêts à défendre leurs biens, ils changèrent leurs projets de pillage en offres de service.

CHAPITRE CXV.

Tout à coup un bruit extraordinaire se fait entendre sous la chambre du pilote : on eût dit les hurlements d'une bête féroce qui cherche à sortir de sa cage. Nous courons vers l'endroit d'où les cris semblent partir : qu'y trouvons-nous ? Eumolpe assis devant un immense parchemin qu'il couvrait de ses vers. Chacun s'étonne de voir un homme, que la mort menace de si près, s'occuper tranquillement d'un poëme ; et, malgré ses cris, nous le tirons de là, et nous l'engageons à songer à son salut. Mais, furieux d'être interrompu dans son œuvre : — Laissez-moi, nous criait-il, achever ce passage ; mon poëme est presque fini. — Je me saisis de ce frénétique, j'appelle Giton à mon aide, et nous traînons jusqu'au rivage le poëte mugissant de colère. Après cette pénible expédition, nous entrâmes, le cœur navré, dans la cabane d'un pêcheur ; nous y prîmes, tant bien que mal, un repas dont quelques vivres avariés firent tous les frais, et nous y passâmes la plus

---

mandata fatorum, omnesque reliquias navis expugnat. Non arbor erat relicta, non gubernacula, non funis, aut remus : sed quasi rudis atque infecta materies ibat cum fluctibus. Procurrere piscatores, parvulis expediti navigiis, ad prædam rapiendam : deinde, ut aliquos viderunt, qui suas opes defenderent, mutaverunt crudelitatem in auxilium.

CAPUT CXV.

Audimus murmur insolitum, et sub diæta magistri, quasi cupientis exire belluæ gemitum. Persecuti igitur sonum, invenimus Eumolpum sedentem, membranæque ingenti versus ingerentem. Mirati ergo, quod illi vacaret in vicinia mortis, poema facere, extraximus clamantem, jubemusque bonam habere mentem. At ille interpellatus excanduit ; et : — Sinite me, inquit, sententiam explere ; laborat carmen in fine. — Injicio ego phrenetico manum, jubeoque Gitona accedere, et in terram trahere poetam mugientem. Hoc opere tandem elaborato, casam piscatoriam subi-

triste des nuits. Le lendemain, tandis que nous tenions conseil pour savoir vers quelle contrée nous tournerions nos pas, je vis tout à coup flotter sur l'eau un corps humain que les vagues portaient vers le rivage. A cet aspect, profondément ému et les yeux humides, je m'arrêtai et je réfléchis aux dangers de confier à l'Océan son existence. Hélas! m'écriai-je, peut-être en ce moment une épouse, tranquille sur le sort de ce malheureux, l'attend dans quelque contrée lointaine! peut-être a-t-il laissé un fils qui ignore son naufrage, ou un père qui, à son départ, reçut ses derniers baisers! Voilà donc où aboutissent les projets des mortels! voilà le résultat de leurs désirs ambitieux! l'infortuné! il semble encore nager comme s'il était vivant! — Jusqu'alors je croyais m'attendrir sur le sort d'un inconnu, quand les flots, déposant le cadavre sur le rivage, me montrèrent ses traits qui n'étaient point défigurés par la mort. O surprise! c'était ce Lycas, naguère encore si terrible, si implacable, que je voyais étendu à mes pieds! Je ne pus retenir mes larmes, et, me frappant la poitrine à coups redoublés: — Que sont devenus, disais-je, ce courroux, ces transports que rien ne pouvait calmer? Te voilà exposé en proie aux poissons et aux bêtes féroces, toi qui, il n'y a qu'un instant, te montrais si fier de ton pouvoir! de tout ce grand vaisseau que tu possédais, il ne t'est pas même resté une planche pour te sauver du naufrage! Allez maintenant, mortels insensés, le cœur gonflé de projets ambitieux! fiez-vous à l'avenir, et préparez-vous à jouir pendant des milliers d'années de vos richesses acquises par la

---

mus mœrentes, cibisque, naufragio corruptis, utcumque curati, tristissimam exegimus noctem. Postero die, quum poneremus consilium, cui nos regioni crederemus, repente video corpus humanum, circumactum levi vortice, ad littus deferri. Substiti ergo tristis, cœpique uventibus oculis maris fidem inspicere. Et : Hunc forsitan, proclamo, in aliqua parte terrarum secura exspectat uxor : forsitan ignarus tempestatis filius : aut patrem utique reliquit aliquem, cui proficiscens osculum dedit. Hæc sunt consilia mortalium; hæc vota magnarum cogitationum. En ! homo quemadmodum natat? Adhuc tanquam ignotum deflebam, quum inviolatum os fluctus convertit in terram, agnovique terribilem paulo ante et implacabilem Lycam, pedibus meis pæne subjectum. Non tenui igitur diutius lacrymas; immo percussi semel iterumque manu pectus; et : — Ubi nunc est, inquam, iracundia tua? Ubi impotentia tua ? Nempe piscibus belluisque expositus es, et, qui paulo ante jactabas vires imperii tui, de tam magna nave ne tabulam quidem naufragus habes. Ite

fraude! Lui aussi, il supputait encore hier le produit de ses domaines : que dis-je? il fixait en idée le jour où il reverrait sa patrie! O ciel! qu'il est loin du but qu'il se proposait! Mais ce n'est pas seulement la mer qui se rit de l'aveugle confiance des hommes. L'un, en combattant, se croit protégé par ses armes qui le trahissent; l'autre adresse des vœux à ses dieux pénates, et périt écrasé sous les ruines de sa maison; celui-ci tombe haletant de son char et rend l'âme; celui-là, trop glouton, s'étrangle en mangeant; cet autre, trop frugal, meurt victime de son abstinence. Calculez bien toutes les chances de la vie : vous trouverez partout un naufrage. Mais, dira-t-on, celui qui est englouti par les flots est privé des honneurs de la sépulture. Et qu'importe, après tout, qu'un corps, né pour périr, soit consumé par le feu, par les flots ou par le temps? quoi qu'il arrive, le résultat est toujours le même. Cependant ce cadavre va être déchiré par les bêtes féroces. Croyez-vous donc qu'il lui soit plus avantageux d'être dévoré par les flammes? le feu n'est-il pas regardé comme le supplice le plus rigoureux dont un maître irrité puisse punir ses esclaves? Quelle est donc notre folie de nous donner tant de soins pour qu'aucune partie de nous-mêmes ne reste sans sépulture? les destins, malgré nous, n'en disposent-ils pas à leur gré? — Après ces réflexions, nous rendîmes les derniers devoirs à la dépouille mortelle de Lycas, qui fut brûlée sur un bûcher dressé par les mains de ses ennemis, tandis qu'Eumolpe s'occupait à faire l'épitaphe du dé-

---

nunc, mortales, et magnis cogitationibus pectora implete. Ite cauti, et opes, fraudibus captas, per mille annos disponite. Nempe hic proxima luce patrimonii sui rationes inspexit; nempe diem etiam, quo venturus esset in patriam, animo suo finxit. Dii deæque, quam longe a destinatione sua jacet! Sed non sola mortalibus maria hanc fidem præstant. Illum bellantem arma decipiunt : illum, diis vota reddentem, penatum suorum ruina sepelit : ille, vehiculo lapsus, properantem spiritum excussit. Cibus avidum strangulavit, abstinentem frugalitas. Si bene calculum ponas : ubique naufragium est. At enim fluctibus obruto non contingit sepultura. Tanquam intersit, periturum corpus quæ ratio consumat, ignis, an fluctus, an mora? Quidquid feceris, omnia hæc eodem ventura sunt. Feræ tamen corpus lacerabunt. Tanquam melius ignis accipiat; immo hanc pœnam gravissimam credimus, ubi servis irascimur. Quæ ergo dementia est, omnia facere, ne quid e nobis reliquat sepultura, quando etiam ita de invitis fata statuant? — [Secundum has considerationes supremo cadaver mandavimus officio.] Et Lycam quidem rogus,

funt, et, les yeux fixés vers le ciel, semblait appeler l'inspiration.

CHAPITRE CXVI.

Quittes envers Lycas de ce pieux tribut, nous poursuivîmes notre route; et, bientôt après, nous gravîmes, tout en sueur, une montagne d'où nous aperçûmes, à peu de distance, une ville située sur le sommet d'une hauteur. Marchant à l'aventure, nous ignorions quel en était le nom, quand un paysan que nous rencontrâmes nous apprit que c'était Crotone, ville très-ancienne, et jadis la première de l'Italie. Alors nous le questionnâmes en détail sur les habitants de cette cité célèbre et sur le genre d'industrie auquel ils s'adonnaient de préférence, depuis les guerres fréquentes qui avaient ruiné leur puissance. — Mes braves étrangers, nous dit-il, si vous êtes négociants, cherchez fortune ailleurs, ou trouvez quelque autre moyen de gagner votre vie. Mais si vous êtes des personnes d'une classe plus distinguée, et que l'obligation de mentir du matin au soir ne vous effraye pas, vous êtes ici sur le chemin de la richesse. Car, dans cette ville, on ne fait aucun cas des belles-lettres; l'éloquence en est bannie, la tempérance et les bonnes mœurs n'y obtiennent ni estime ni récompense. Tous ceux que vous rencontrerez dans Crotone se partagent en deux classes : les testateurs et les coureurs de

---

inimicis collatus manibus, adolebat ; Eumolpus autem dum epigramma mortuo facit, oculos ad arcessendos sensus longius mittit.

CAPUT CXVI.

Hoc peracto libenter officio, destinatum carpimus iter, ac momento temporis in montem sudantes conscendimus, ex quo haud procul impositum arce sublimi oppidum cernimus. Nec, quid esset, sciebamus errantes, donec a villico quodam, Crotona esse, cognovimus, urbem antiquissimam, et aliquando Italiæ primam. Quum deinde diligentius exploraremus, qui homines inhabitarent nobile solum, quodve genus negotiationis præcipue probarent, post attritas bellis frequentibus opes : — O mi, inquit, hospites, si negotiatores estis, mutate propositum, aliudque vitæ præsidium quærite. Sin autem, urbanioris notæ homines, sustinetis semper mentiri, recta ad lucrum curritis. In hac enim urbe non litterarum studia celebrantur, non eloquentia locum habet, non frugalitas sanctique mores laudibus ad fructum perveniunt, sed, quoscumque homines in hac urbe videritis, scitote in duas partes esse

successions. Personne ici ne prend soin d'élever des enfants, parce que tout homme qui a des héritiers légitimes n'est admis ni aux festins ni aux spectacles, et, privé de tous les agréments de la vie, se voit relégué parmi la canaille. Mais ceux qui n'ont jamais été mariés, et qui n'ont point de proches parents, parviennent aux premiers honneurs. Au jugement des Crotoniates, eux seuls ont des talents militaires, eux seuls sont vertueux. Cette ville, en un mot, vous offrira l'image d'une campagne ravagée par la peste ; on n'y voit que des cadavres à demi dévorés, et des corbeaux qui les dévorent.

CHAPITRE CXVII.

Eumolpe, qui avait de l'expérience, se mit à réfléchir sur cette spéculation d'un nouveau genre, et nous avoua que cette manière de s'enrichir n'avait rien qui lui déplût. Je crus d'abord que c'était une plaisanterie, et que le vieillard parlait ainsi par licence poétique ; mais il ajouta : — Plût au ciel que je pusse me produire sur un plus grand théâtre, c'est-à-dire avoir des habits plus décents pour donner crédit à la ruse que je médite ! Certes, je ne porterais pas longtemps cette besace, et je vous ferais bientôt faire une brillante fortune ! — Je lui promis, pourvu qu'il consentît à me mettre de moitié dans son gain, de lui fournir tout ce qu'il voudrait, la robe d'Isis et tout ce que nous avions enlevé de la maison de campagne de Lycurgue : la mère des dieux, ajoutai-je, ne manquera pas de

---

divisos. Nam aut captantur, aut captant. In hac urbe nemo liberos tollit : quia, quisquis suos heredes habet, nec ad cœnas, nec ad spectacula admittitur ; sed omnibus prohibetur commodis, inter ignominiosos latitat. Qui vero nec uxores unquam duxerunt, nec proximas necessitudines habent, ad summos honores perveniunt, id est, soli militares, soli fortissimi, atque etiam innocentes habentur. Videbitis, inquit, oppidum, tanquam in pestilentia campos, in quibus nihil aliud est, nisi cadavera quæ lacerantur, aut corvi qui lacerant.

CAPUT CXVII.

Prudentior Eumolpus convertit ad novitatem rei mentem, genusque divitationis sibi non displicere confessus est. Jocari ego senem poetica levitate credebam, quum ille : — Utinam quidem sufficeret largior schema, id est, vestis humanior, quæ præberet mendacio fidem. Non, me Hercules ! peram istam differrem, sed continuo vos ad magnas opes ducerem. — Atqui promitto, quidquid exigeret, dummodo

nous procurer tout l'argent dont nous aurons besoin pour le moment. — Que tardons-nous, reprit Eumolpe, à faire le plan de notre comédie? Si l'affaire vous convient, je remplirai le rôle du maître. — Aucun de nous n'osa blâmer une entreprise où nous n'avions rien à perdre. Aussi, pour que cette fourberie restât entre nous un secret inviolable, nous prêtâmes entre les mains d'Eumolpe le serment, dont il nous dicta la formule, de souffrir le feu, l'esclavage, la bastonnade, la mort même, en un mot tout ce qu'il ordonnerait; enfin nous jurâmes par tout ce qu'il y a de plus sacré d'être à lui, corps et âme, comme des gladiateurs légalement engagés. — Cette formalité remplie, nous nous déguisons en esclaves, et nous saluons notre nouveau maître. Il fut aussi convenu entre nous qu'Eumolpe venait de perdre un fils, jeune homme très-éloquent et d'une grande espérance; que, depuis sa mort, le malheureux père s'était exilé de sa ville natale, pour ne pas avoir sans cesse devant ses yeux le tombeau, les clients et les amis de son fils, qui renouvelaient chaque jour la source de ses larmes; que, pour surcroît d'affliction, il venait d'essuyer un naufrage dans lequel il avait perdu deux millions de sesterces; mais que cette perte le touchait moins que celle de ses serviteurs, qui l'empêchait de paraître avec l'éclat convenable à son rang; qu'il possédait encore en Afrique trente millions de sesterces en biens-fonds et en argent placé, et qu'il avait une si grande quantité d'esclaves répandus dans ses domaines de Numidie, qu'on en formerait une armée assez nombreuse pour prendre

---

placeret rapinæ comes, vestem et quidquid Lycurgi villa grassantibus præbuisset. Nam nummos in præsentem usum deûm matrem pro fide sua redditurum. — Quid ergo, inquit Eumolpus, cessamus mimum componere? Facite ergo me dominum, si negotiatio placet. — Nemo ausus est artem damnare, nihil auferentem. Itaque, ut duraret inter omnes tutum mendacium, in verba Eumolpi sacramentum juravimus, uri, vinciri, verberari, ferroque necari, et quidquid aliud Eumolpus jussisset, tanquam legitimi gladiatores, domino corpora animasque religiosissime addicimus. Post peractum sacramentum, serviliter ficti, dominum consalutamus, elatumque ab Eumolpo filium pariter condiscimus, juvenem ingentis eloquentiæ, et spei : ideoque de civitate sua miserrimum senem exisse, ne aut clientes sodalesque filii sui, aut sepulcrum ; quotidie causam lacrymarum, cerneret. Accessisse huic tristitiæ proximum naufragium, quo amplius vicies sestertium amiserit. Nec illum jactura moveri, sed destitutum ministerio, non agnoscere dignitatem suam. Præterea habere in Africa trecenties sestertium fundis, nominibusque depo-

Carthage. Notre plan ainsi arrêté, nous conseillâmes à Eumolpe de tousser beaucoup, comme un homme attaqué de la poitrine, d'affecter en public un grand dégoût pour tous les aliments, de ne parler que d'or et d'argent; de se plaindre sans cesse de la stérilité continuelle des terres et de l'incertitude de leur revenu. Il devait encore s'enfermer tous les jours pour calculer, et changer à chaque instant quelques-unes des clauses de son testament. Enfin, pour que la comédie fût complète, il devait, lorsqu'il appellerait quelqu'un de nous, feindre de prendre un nom pour un autre, afin que l'on s'imaginât qu'il croyait avoir encore auprès de lui ceux de ses esclaves qui étaient absents. Lorsque tout fut réglé de la sorte, nous priâmes les dieux de nous accorder un prompt et heureux succès, et nous nous remîmes en route. Mais Giton succombait sous un fardeau au-dessus de ses forces; et Corax, le valet de louage, pestant contre sa condition, posait fréquemment à terre le bagage, et se répandait en imprécations contre nous, qui marchions trop vite, jurant qu'il allait tout jeter à terre ou s'enfuir avec sa charge. — Quoi donc! disait-il, me prenez-vous pour une bête de somme, ou pour un vaisseau de transport? Je me suis loué pour faire le service d'un homme et non d'un mulet. Je suis né libre comme vous, quoique mon père m'ait laissé sans fortune. — Non content de ces plaintes, il levait de temps en temps la jambe, et, chemin faisant, se permettait des incongruités qui blessaient également notre oreille et notre odorat. Giton riait de tout son cœur de l'au-

---

situm. Nam familiam quidem tam magnam per agros Numidiæ esse sparsam, ut possit vel Carthaginem capere. Secundum hanc formulam imperamus Eumolpo ut plurimum tussiat, ut sit modo solutioris stomachi, cibosque omnes palam damnet; loquatur aurum et argentum, fundosque mendaces, et perpetuam terrarum sterilitatem. Sedeat præterea quotidie ad rationes, tabulasque testamenti omnibus horis renovet; et, ne quid scenæ deesset, quotiescumque aliquem nostrum vocare tentasset, alium pro alio vocaret, ut facile appareret dominum etiam eorum meminisse, qui præsentes non essent. His ita ordinatis, quod bene feliciterque eveniret precati deos, viam ingredimur. Sed neque Giton sub insolito fasce durabat, et mercenarius Corax, detrectator ministerii, posita frequentius sarcina, maledicebat properantibus, affirmabatque se aut projecturum sarcinas, aut cum onere fugiturum. — Quid vos, inquit, me jumentum putatis esse, aut lapidariam navem? hominis operas locavi, non caballi; nec minus liber sum, quam vos, etsi pauperem pater me reliquit. — Nec contentus maledictis, tollebat subinde altius pedem, et strepitu ob-

dace de ce valet, et, à chaque détonation, répondait, avec sa bouche, par un bruit semblable.

CHAPITRE CXVIII.

Mais Eumolpe, retombant alors dans sa manie ordinaire : — Combien de gens, ô mes jeunes amis! nous dit-il, se sont laissé séduire par les attraits de la poésie! A peine est-on parvenu à mettre un vers sur ses pieds, et à noyer quelques sentiments tendres dans un vain déluge de paroles, qu'on se croit au sommet de l'Hélicon. C'est ainsi que, souvent, rebuté des fatigues du barreau, maint avocat cherche un asile dans le temple des Muses, comme dans un port plus tranquille et plus assuré : insensé! il se figure qu'il est plus facile de bâtir un poëme que d'écrire un plaidoyer enluminé de petites sentences scintillantes! Mais un esprit généreux ne se flatte pas ainsi : il sait que le génie ne peut ni concevoir ni enfanter une grande production, s'il n'a été d'abord fécondé par de longues études. Il faut surtout éviter toute expression basse et triviale, et n'employer que les termes les plus éloignés du langage de la populace : c'est le

Loin de moi, profane vulgaire!

d'Horace. En outre, il faut que les pensées saillantes ne soient point des hors-d'œuvre, mais qu'enchâssées dans le corps de l'ouvrage, elles y brillent comme formées d'un

sceno simul atque odore viam implebat. Ridebat contumaciam Giton, et singulos strepitus ejus pari clamore prosequebatur.

CAPUT CXVIII.

Sed et hic ad ingenium redux poeta : — Multos, inquit Eumolpus, o juvenes, carmen decepit : nam, ut quisque versum pedibus instruxit, sensumque teneriorem verborum ambitu intexuit, putavit se continuo in Heliconem venisse. Sic forensibus ministeriis exercitati, frequenter ad carminis tranquillitatem, tanquam ad portum faciliorem, refugerunt, credentes facilius poema exstrui posse, quam controversiam, vibrantibus sententiolis pictam. Ceterum neque generosior spiritus vanitatem amat, neque concipere, aut edere partum mens potest, nisi ingenti flumine litterarum inundata. Effugiendum est ab omni verborum, ut ita dicam, vilitate, et sumendæ voces a plebe submotæ, ut fiat,

Odi profanum vulgus, et arceo.

Præterea curandum est ne sententiæ emineant extra corpus orationis expressæ;

même tissu. Homère et les lyriques grecs ; Virgile, l'honneur de la poésie romaine, et Horace, si heureux dans le choix de ses expressions, en sont la preuve. Les autres n'ont point vu la route qui conduit au Parnasse, ou, s'ils l'ont vue, ils ont craint de s'y engager. Quiconque, par exemple, entreprendra de traiter un sujet aussi important que celui de la guerre civile, succombera infailliblement sous le faix, s'il ne s'y est préparé par un grand fonds d'études. Il ne s'agit pas, en effet, de renfermer dans ses vers le récit exact des événements : c'est le propre de l'histoire, qui y réussit beaucoup mieux ; mais il faut y arriver par de longs détours, par l'intervention des dieux ; il faut que le génie, toujours libre dans son essor, se précipite à travers le torrent des fictions de la fable ; en un mot, que son inspiration ressemble plutôt aux oracles de la Pythie s'agitant, dans son délire prophétique, sur son trépied, qu'à un récit fidèle, appuyé sur des témoignages incontestables. Voyez, par exemple, si cette ébauche, à laquelle je n'ai pas encore mis la dernière main, est de votre goût :

CHAPITRE CXIX.

LA GUERRE CIVILE, POÈME.

Rome au monde tremblant avait donné des fers ;
Mais les trésors des rois, mais les tributs des mers

sed intexto versibus colore niteant. Homerus testis, et lyrici, Romanusque Virgilius, et Horatii curiosa felicitas. Ceteri enim aut non viderunt viam qua iretur ad carmen, aut versu timuerunt calcare. Ecce ! belli civilis ingens opus quisquis attigerit, nisi plenus litteris, sub onere labetur. Non enim res gestæ versibus comprehendendæ sunt, quod longe melius historici faciunt ; sed per ambages, deorumque ministeria, et fabulosum sententiarum torrentem, præcipitandus est liber spiritus, ut potius furentis animi vaticinatio appareat, quam religiosæ orationis sub testibus fides ; tanquam si placet hic impetus, etiamsi nondum recepit ultimam manum :

CAPUT CXIX.
CARMEN DE BELLO CIVILI.

Orbem jam totum victor Romanus habebat,
Qua mare, qua terræ, qua sidus currit utrumque,

N'ont point assouvi Rome, et, de nouveau, les ondes
Ont gémi sous le poids de ses nefs vagabondes.
Tout sol où germe l'or éveille sa fureur :
Le butin, non la gloire, est le prix du vainqueur.
Plus d'attraits pour l'orgueil dans un éclat vulgaire ;
Le soldat resplendit d'une pourpre étrangère ;
Sa tente est un palais où luit, au sein des camps,
Près du glaive étonné le feu des diamants ;
Où dort, sur le duvet, la valeur assoupie ;
Où, pour embaumer l'air, s'épuise l'Arabie.
La paix, comme la guerre, accuse nos excès.
Dans les forêts du Maure, achetés à grands frais,
Ses tigres, en grondant, accourent à nos fêtes,
Et dans des cages d'or, affrontant les tempêtes,
Vont boire, aux cris d'un peuple atroce en ses plaisirs,
Le sang humain coulant pour charmer nos loisirs.
O crime, avant-coureur de la chute de Rome !
Dans l'homme en son printemps le fer détruisant l'homme
Veut fixer, mais en vain, de fugitifs appas :
La nature s'y cherche, et ne s'y trouve pas.
Brillant efféminé ! compose ton sourire ;
Livre tes longs cheveux aux baisers du zéphyre :

    Nec satiatus erat. Gravidis freta pressa carinis
Jam peragebantur. Si quis sinus abditus ultra,
Si qua foret tellus, quæ fulvum mitteret aurum,
Hostis erat : fatisque in tristia bella paratis,
Quærebantur opes. Non vulgo nota placebant
Gaudia ; non usu plebeio trita voluptas.
Assyriæ concham laudarat miles ; in Inda
Quæsitus tellure nitor certaverat ostro.
Hinc Numidæ adtulerant, illinc nova vellera Seres ;
Atque Arabum populus sua despoliaverat arva.
Ecce aliæ clades, et læsæ vulnera pacis !
Quæritur in silvis Mauri fera, et ultimus Ammon
Afrorum excutitur ; ne desit bellua dente
Ad mortes pretiosa : fremens premit advena classes
Tigris, et aurata gradiens vectatur in aula,
Ut bibat humanum, populo plaudente, cruorem.
Heu ! pudet effari, perituraque prodere fata !
Persarum ritu, male pubescentibus annis,
Subripuere viros, exsectaque viscera ferro
In Venerem fregere ; atque ut fuga mobilis ævi
Circumscripta mora properantes differat annos :
Quærit se natura, nec invenit. Omnibus ergo

Adonis et Vénus, d'un impudique amour,
A tes autels douteux vont brûler tour à tour.
Hôte odorant des bois dont l'Atlas se couronne,
Le citronnier, pour nous, en tables se façonne ;
Et, sur ses veines d'or appelant l'œil surpris,
Du métal qu'il imite, il usurpe le prix.
Comus, en ses festins, ne connaît plus d'entraves ;
Le front paré de fleurs, environné d'esclaves,
Il parle ; et, moissonnée en cent climats divers,
La pompe d'un seul jour appauvrit l'univers.
Le scare aux larges flancs du fond des mers arrive ;
L'huître, enfant du Lucrin, abandonne sa rive :
Tes bords muets, ô Phase ! ont perdu leurs oiseaux,
Et le vent seul murmure à travers tes roseaux.
Entrons au Champ-de-Mars : l'or préside aux comices ;
L'or prête aux candidats des vertus ou des vices ;
D'un suffrage vénal l'or dispose en tyran ;
Le peuple et le sénat se vendent à l'encan.
Aux lieux même où du monde on voit siéger la reine,
Rampe aux pieds de Plutus la majesté romaine.
Là, Caton outragé brigue en vain les faisceaux ;
Les faisceaux et l'opprobre attendent ses rivaux.

>Scorta placent, fractique enervo corpore gressus,
Et laxi crines, et tot nova nomina vestis,
Quæque virum quærunt. Ecce ! Afris eruta terris
Ponitur, ac maculis imitatur vilibus aurum
Citrea mensa, greges servorum, ostrumque renidens
(Quæ turbant censum) ; hostile ac male nobile lignum
Turba sepulta mero circumvenit : omniaque orbis
Præmia, correptis miles vagus exstruit armis.
Ingeniosa gula est. Siculo scarus æquore mersus
Ad mensam vivus perducitur ; atque lucrinis
Eruta littoribus condunt conchylia cœnas,
Ut renovent per damna famem. Jam Phasidos unda
Orbata est avibus : mutoque in littore tantum
Solæ desertis aspirant frondibus auræ.
Nec minor in Campo furor est, emtique Quirites
Ad prædam strepitumque lucri suffragia vertunt ;
Venalis populus, venalis curia patrum.
Est favor in pretio. Senibus quoque libera virtus
Exciderat, sparsisque opibus conversa potestas,
Ipsaque majestas, auro corrupta, jacebat.
Pellitur a populo victus Cato : tristior ille est,
Qui vicit, fascesque pudet rapuisse Catoni.

Qu'ils subissent en paix l'affront de la victoire.
Caton, vaincu, s'éloigne escorté de sa gloire;
Et chassés devant lui, la liberté, l'honneur,
Laissent les lois sans force, et l'État sans vengeur.
Plus loin, riche d'emprunts, l'opulence factice,
Dans l'antre de l'usure implore l'avarice;
Trop heureux si, bientôt, l'insolvable Crésus
N'est vendu pour sa dette, et ne meurt comme Irus!
Tel qu'un venin perfide errant de veine en veine,
Le luxe, dans ton sein, couve ta mort prochaine,
O Rome! Enfin, la guerre est ton unique espoir :
Quand on a tout perdu, la guerre est un devoir.
Sors du lâche sommeil où ta fierté s'oublie;
Mars accourt dans ton sang retremper ton génie.

CHAPITRE CXX.

Mais déjà ne sont plus tes bouillants triumvirs.
L'Euphrate de Crassus voit les derniers soupirs.
Pompée au Nil en deuil a légué sa poussière;
César en plein sénat expire... Ainsi la terre,

> Namque hoc dedecori est populo, morumque ruina.
> Non homo pulsus erat; sed in uno victa potestas,
> Romanumque decus. Quare jam perdita Roma
> Ipsa sui merces erat, et sine vindice præda.
> Præterea gemino deprensam gurgite pridem
> Fœnoris ingluvies, ususque exederat æris.
> Nulli est certa domus, nullum sine pignore corpus :
> Sed veluti tabes, tacitis concepta medullis.
> Intra membra furens curis latrantibus errat.
> Arma placent miseris, detritaque commoda luxu
> Vulneribus reparantur. Inops audacia tuta est.
> Hoc mersam cœno Romam, somnoque jacentem
> Quæ poterant artes sana ratione movere,
> Ni furor, et bellum, ferroque excita libido?

CAPUT CXX.

> Tres tulerat Fortuna duces, quos obruit omnes
> Armorum strue diversa feralis Erinnys.
> Crassum Parthus habet; libyco jacet æquore Magnus;
> Julius ingratam perfudit sanguine Romam;

N'osant les rapprocher, disperse leurs tombeaux :
Digne prix dont la gloire honore ses héros !
Aux champs de Parthénope il est un vaste gouffre,
Impur amas de feux, de bitume et de soufre ;
Le Cocyte y bouillonne, et d'un fatal poison
La vapeur qu'il exhale infecte l'horizon.
Tout est morne à l'entour. Jamais Flore ou Pomone
N'y sourit au printemps, n'y fait mûrir l'automne ;
Jamais le doux zéphyr, agitant ses rameaux,
N'y mêla ses soupirs aux doux chants des oiseaux :
Le noir chaos y règne ; et les cyprès funèbres
Du sombre soupirail bordent seuls les ténèbres...
Les cheveux de fumée et de cendre couverts,
Par là Pluton, un jour, s'élance des enfers.
— Des mortels et des dieux souveraine volage,
O Fortune ! dit-il, qu'un long bonheur outrage,
Toi pour qui l'inconstance a de constants attraits,
Rome triomphe donc ! Tremblante sous le faix,
N'oses-tu de sa gloire ébranler l'édifice ?
Oui, Rome doit à Rome un sanglant sacrifice.
Sous ses trésors, déjà, sa mollesse a fléchi.
Des dépouilles des rois vois son faste enrichi

  Et, quasi non posset tot tellus ferre sepulcra,
  Divisit cineres. Hos gloria reddit honores.
  Est locus, exciso penitus demersus hiatu,
  Parthenopen inter magnæque Dicarchidos arva,
  Cocyta perfusus aqua : nam spiritus extra
  Qui furit, effusus funesto spargitur æstu.
  Non hæc autumno tellus viret, aut alit herbas
  Cespite lætus ager : non verno persona cantu
  Mollia discordi strepitu virgulta loquuntur :
  Sed chaos, et nigro squallentia pumice saxa
  Gaudent ferali circum tumulata cupressu.
  Has inter sedes Ditis pater extulit ora
  Bustorum flammis, et cana sparsa favilla :
  Ac tali volucrem Fortunam voce lacessit :
  Rerum humanarum, divinarumque potestas,
  Fors, cui nulla placet nimium secura potestas,
   Quæ nova semper amas, et mox possessa relinquis,
  Ecquid romano sentis te pondere victam ?
  Nec posse ulterius perituram extolleré molem ?
  Ipsa suas vires odit romana juventus,
  Et, quas struxit opes, male sustinet. Aspice late
  Luxuriam spoliorum, et censum in damna furentem.

Élever jusqu'aux cieux l'orgueil de ses portiques ;
Là, repousser les mers de leurs rives antiques ;
Ici, creuser des lacs où dominaient des monts,
Dompter les éléments et vaincre les saisons.
Que dis-je? jusqu'à moi perçant de longs abîmes
Pour exhumer cet or, père de tous les crimes,
Des coups de ses marteaux il fait gémir ma cour,
Et menace les morts de la clarté du jour.
Qu'attends-tu? trop longtemps a dormi ta colère,
Déesse! vengeons-nous ; souffle aux Romains la guerre :
Mon cœur est altéré de leur sang odieux ;
Et Tisiphone, oisive, atteste en vain les dieux,
Depuis que Rome, en deuil de tant de funérailles,
Vit, par deux fiers proscrits, déchirer ses entrailles.

CHAPITRE CXXI.

Il dit, étend son sceptre, et, d'un front redouté
Tempère, en s'inclinant, la noire majesté.
La Fortune répond : — Maître du sombre empire,
O Pluton! dans les temps s'il m'est permis de lire,

Ædificant auro, sedesque ad sidera mittunt.
Expelluntur aquæ saxis; mare nascitur arvis ;
Et permutata rerum statione rebellant ;
En! etiam mea regna petunt. Perfossa dehiscit
Molibus insanis tellus ; jam montibus haustis
Antra gemunt ; et, dum varius lapis invenit usum,
Inferni manes cœlum spectare jubentur.
Quare, age, Fors, muta pacatum in prœlia vultum,
Romanosque cie, ac nostris da funera regnis.
Jam pridem nullo perfudimus ora cruore,
Nec mea Tisiphone sitientes perluit artus,
Ex quo Sullanus bibit ensis, et horrida tellus
Extulit in lucem nutritas sanguine fruges.

CAPUT CXXI.

Hæc ubi dicta dedit, dextræ conjungere dextram
Conatus, rupto tellurem solvit hiatu.
Tum Fortuna levi defudit pectore voces :
O genitor, cui Cocyti penetralia parent,

Tes vœux seront comblés. Va, d'une même ardeur,
Le courroux qui t'anime a pénétré mon cœur.
De mes nombreux bienfaits Rome est trop orgueilleuse ;
J'ai regret à mes dons : Rome m'est odieuse.
Mais je puis renverser l'ouvrage de mes mains.
Oui, je prétends armer Romains contre Romains,
Me baigner dans leur sang. Je vois, en Æmathie,
Dans un double combat s'acharner leur furie ;
Je vois l'Espagne en deuil, la Thessalie en feux.
D'où viennent dans les airs ces accents belliqueux ?
La Libye et le Nil sont en proie aux alarmes :
Du vainqueur d'Actium ils redoutent les armes.
Ouvre, dieu des enfers, tes avides manoirs !
Pour passer tant de morts sur tes rivages noirs,
Caron, cherche une flotte, au lieu de ta nacelle.
Et toi, pâle Érinnys, repais ta faim cruelle ;
Ma main, pour t'assouvir, arme tous les fléaux,
Et livre à tes serpents l'univers en lambeaux.

CHAPITRE CXXII.

A ces mots, l'éclair luit, le ciel gronde, la foudre
Vole, et d'un roc voisin réduit la cime en poudre.

Si modo vera mihi fas est impune profari,
Vota mihi cedent : nec enim minor ira rebellat
Pectore in hoc, leviorve exurit flamma medullas.
Omnia, quæ tribui romanis arcibus, odi ;
Muneribusque meis irascor. Destruat istas
Idem, qui posuit, moles deus. Est mihi cordi
Quippe armare viros, et sanguine pascere luctum.
Cerno equidem gemino jam stratos marte Philippos,
Thessaliæque rogos, et funera gentis iberæ.
Jam fragor armorum trepidantes personat auras ;
Et Libyam cerno, et te, Nile, gementia castra,
Actiacosque sinus, et Apollinis arma timentes.
Pande, age, terrarum sitientia regna tuarum,
Atque animas arcesse novas. Vix navita Porthmeus
Sufficiet simulacra virum traducere cymba ;
Classe opus est. Tuque ingenti satiare ruina,
Pallida Tisiphone, concisaque vulnera mande :
Ad stygios manes laceratus ducitur orbis.

CAPUT CXXII.

Vixdum finierat, quum fulgure rupta corusco
Intremuit nubes, elisosque abscidit ignes.

Aux coups de Jupiter, Pluton, saisi d'effroi,
S'enfuit... L'enfer tressaille en revoyant son roi.
Bientôt des dieux vengeurs les sinistres augures
Annoncent aux mortels nos discordes futures ;
L'astre du jour, dans l'ombre éclipsant sa clarté,
Voile son front brillant d'un crêpe ensanglanté ;
La lune éteint ses feux. Des montagnes tremblantes
Se fendent, à grand bruit, les cimes mugissantes...
De ces fleuves taris où sont les flots fougueux ?
Le clairon des combats retentit dans les cieux
Où semblent se heurter d'invisibles armées.
L'Etna s'ouvre, et vomit des laves enflammées.
On vit pleuvoir du sang ; on vit sur leurs tombeaux
Des spectres se dresser, poussant de longs sanglots ;
Et la comète en feu, promenant l'épouvante,
Secoua dans les cieux sa chevelure ardente.
C'en est fait ; et déjà l'impatient César,
De la guerre civile arborant l'étendard,
Loin du Gaulois vaincu, vers les Alpes s'avance.
Le premier, sur ces monts témoins de sa puissance,
Hercule osa frayer une route aux mortels,
Et leur encens toujours y fume à ses autels.

<blockquote>
Subsedit pater umbrarum, gremioque reducto
Telluris, pavitans fraternos palluit ictus.
Continuo clades hominum, venturaque damna
Auspiciis patuere deum ; namque ore cruento
Deformes Titan vultus caligine texit :
Civiles acies jam tum spirare putares.
Parte alia plenos exstinxit Cynthia vultus,
Et lucem sceleri subduxit. Rupta tonabant,
Vorticibus laxis, montis juga ; nec vaga passim
Flumina per notas ibant morientia ripas.
Armorum strepitu cœlum furit ; et tuba mortem
Sideribus transacta ciet : jamque Ætna voratur
Ignibus insolitis, et in æthera fulmina mittit.
Ecce inter tumulos atque ossa carentia bustis,
Umbrarum facies diro stridore minantur.
Fax, stellis comitata novis, incendia ducit ;
Sanguineoque rubens descendit Juppiter imbre.
Hæc ostenta brevi solvit deus. Exuit omnes
Quippe moras Cæsar, vindictæque actus amore
Gallica projecit, civilia sustulit arma.
Alpibus aeriis, ubi graio numine pulsæ,
Descendunt rupes, et se patiuntur adiri,
</blockquote>

Leur front, blanchi de neige, est caché dans la nue ;
Le ciel semble s'asseoir sur leur tête chenue.
Là, jamais n'a fleuri la rose du printemps ;
Là, Phébus est armé de rayons impuissants ;
Et ces rocs, des frimas antiques tributaires,
Opposent aux étés leurs glaces séculaires.
César aime à fouler ces sommets sourcilleux.
Rome, de ces hauteurs, n'est qu'un point à ses yeux.
Malgré lui, cependant, il soupire, il s'écrie :
— Dieux immortels ! et vous, ô champs de l'Hespérie,
Pleins encor de mon nom, fameux par mes combats,
Je vous atteste ! Rome a seule armé mon bras.
A regret ma fierté court venger son injure.
Et pourquoi m'a-t-on vu dompter le Rhin parjure,
A l'orgueil d'Albion dicter de justes lois,
Et, loin du Capitole, enchaîner les Gaulois ?
C'est pour toi, peuple ingrat, que fatigue ma gloire
Pour toi, qui me proscris !... Hélas ! à la victoire
Cinquante fois César a conduit tes guerriers ;
Deux fois j'ai vu mon sang arroser mes lauriers.
Les voilà, mes forfaits ! Quels sont donc ces pygmées
Qui préparent des fers à mes mains désarmées ?
Étrangers sans vertus, vil ramas de brigands,

Est locus, Herculeis aris sacer ; hunc nive dura
Claudit hiems, canoque ad sidera vertice tollit.
Cœlum illic sedisse putes : non solis adulti
Mansuescit radiis, non verni temporis aura ;
Sed glacie concreta algens, hiemisque pruinis,
Totum ferre potest humeris minitantibus orbem.
Hæc ubi calcavit Cæsar juga milite læto,
Optavitque locum, summo de vertice montis
Hesperiæ campos late prospexit ; et ambas
Intentans cum voce manus ad sidera, dixit :
— Jupiter omnipotens, et tu, Saturnia tellus,
Armis læta meis, olimque ornata triumphis,
Testor ad has acies invitum arcessere Martem,
Invitas me ferre manus ; sed vulnere cogor,
Pulsus ab urbe mea, dum Rhenum sanguine tingo,
Dum Gallos, iterum Capitolia nostra petentes,
Alpibus excludo : vincendo certior exsul,
Sanguine germano, sexagintaque triumphis,
Esse nocens cœpi. Quamquam quos gloria terret
Aut qui sunt, qui bella jubent ? mercedibus emtæ

Citoyens nés d'hier, vendus aux plus offrants.
Et, de ces fils nouveaux follement idolâtre,
Rome les traite en mère, et me traite en marâtre!
Non, de ma gloire ainsi je ne descendrai pas ;
Non. L'honneur ou la mort! Et vous, braves soldats,
Compagnons de César, notre cause est commune,
De nos communs succès on punit ma fortune ;
Je n'ai pas vaincu seul... Puisqu'un choix sans pudeur
Couronne la bassesse et flétrit la valeur,
Le sort en est jeté : que le glaive en décide ;
Marchons! fort de vos bras, César est un Alcide.
— A peine il a parlé ; trois fois, présage heureux !
Sur son front se balance un aigle audacieux ;
Des bois muets trois fois l'ombre antique murmure,
Trois fois un feu léger sillonne leur verdure.
Tu vis croître, ô Soleil! ton disque étincelant,
Et dans les cieux ton char rayonna plus brillant.

CHAPITRE CXXIII.

Tout s'ébranle, tout part ; bien mieux que les présages,
L'exemple du héros enflamme les courages.

Ac viles operæ! quorum est mea Roma noverca,
Ut reor, haud impune; nec hanc sine vindice dextram
Vinciet ignavus. Victores ite furentes,
Ite, mei comites, et causam dicite ferro.
Namque omnes unum crimen vocat; omnibus una
Impendet clades. Reddenda est gratia vobis :
Non solus vici. Quare, quia pœna tropæis
Imminet, et sordes meruit victoria nostra,
Judice Fortuna, cadat alea. Sumite bellum,
Et tentate manus. Certe mea causa peracta est.
Inter tot fortes armatus nescio vinci.
— Hæc ubi personuit, de cœlo delphicus ales
Omina læta dedit, pepulitque meatibus auras.
Nec non horrendi nemoris de parte sinistra
Insolitæ voces flamma sonuere frequenti.
Ipse nitor Phœbi, vulgato latior orbe,
Crevit, et aurato præcinxit fulgure vultus.

CAPUT CXXIII.

Fortior ominibus, movit mavortia signa
Cæsar; et insolito gressus prior occupat ausu.

Le roc, d'abord docile, aux bataillons pressés
Laisse gravir ses flancs de frimas hérissés ;
Mais sous le poids bientôt, fumantes et fendues,
Et la neige et la glace, en torrents épandues,
Tombent du haut des monts : armes, coursiers, soldats,
L'un sur l'autre entassés, roulent avec fracas ;
Puis tout à coup, fixant sa course interrompue,
L'onde, en blocs de cristal, s'arrête suspendue,
Et, rebelle à l'effort de l'acier qui la fend,
Sème encor de périls un passage glissant.
Éole dans les airs a déployé sa rage :
Il mugit ; et soudain, déchirant le nuage,
Fondent sur les Romains, qu'en vain cache le fer,
Et la grêle et la pluie, et la foudre, et l'éclair :
Ses feux sillonnent seuls la nuit de la tempête.
Le roc fuit sous leurs pieds, ou menace leur tête,
Et ce conflit des cieux, de la terre et des eaux,
Fait craindre à l'univers le retour du chaos.
Jule est calme. Debout, appuyé sur sa lance,
A travers les écueils, d'un pas ferme il s'élance.
Tel jadis du Caucase Hercule descendit ;
Tel, tremblant sous tes pas, l'Olympe s'aplanit,

    Prima quidem glacies, et cana vincta pruina
    Non pugnavit humus, mitique horrore quievit.
    Sed postquam turmæ nimbos fregere ligatos,
    Et pavidus quadrupes undarum vincula rupit,
    Incaluere nives : mox flumina montibus altis
    Undabant modo nata ; sed hæc quoque (jussa putares),
    Stabant, et vincta fluctus stupuere pruina,
    Et paulo ante lues jam concidenda jacebat.
    Tum vero malefida prius vestigia lusit,
    Decepitque pedes : passim turmæque, virique,
    Armaque, congesta strue, deplorata jacebant.
    Ecce etiam rigido concussæ flamine nubes
    Exonerabantur ; nec rupto turbine venti
    Deerant, nec tumida confractum grandine cœlum.
    Ipsæ jam nubes ruptæ super arma cadebant,
    Et concreta gelu, ponti velut, unda ruebat.
    Victa erat ingenti tellus nive, victaque cœli
    Sidera, victa suis hærentia flumina ripis ;
    Nondum Cæsar erat : sed magnum nisus in hastam,
    Horrida securis frangebat gressibus arva.
    Qualis caucasea decurrens arduus arce
    Amphitryoniades, aut torvo Jupiter ore,

Roi des dieux, quand sa cime, aux éclats du tonnerre,
Vit les Géants vaincus mordre enfin la poussière.
Cependant, du héros devançant les exploits,
Dans son rapide vol, la déesse aux cent voix
Jusqu'aux remparts de Mars a semé l'épouvante.
« Sous la rame elle a vu l'onde au loin blanchissante.
Déjà paraît César. Teint du sang des Germains,
Terrible, il marche, il touche aux portes des Romains. »
Elle dit ; Rome en pleurs, dans ses murs au pillage,
Croit voir courir la flamme et fumer le carnage.
Quel parti prendre ? où fuir en ces moments affreux ?
L'un poursuit sur les flots un asile douteux ;
L'autre implore l'abri d'une terre lointaine.
L'avare, chargé d'or, chancelant, hors d'haleine,
Porte, sans le savoir, ses trésors au vainqueur.
Le péril du guerrier ranime la valeur :
Il veut tenter encor la fortune des armes.
Belle de son désordre autant que de ses charmes,
L'épouse de la veille embrasse son époux.
Contemplez cet enfant : le regard triste et doux,
Il caresse le sein de sa mère éplorée :
La douleur par l'amour est du moins tempérée.
Plus loin, cet autre Énée, au toit de ses aïeux,

Quum se verticibus magni demisit Olympi,
Et periturorum dejecit tela Gigantum,
Dum Cæsar timidas iratus deprimit arces;
Interea volucer, motis conterrita pennis,
Fama volat, summique petit juga celsa Palati :
Atque hoc Romanos tonitru ferit, omnia signans,
Jam classes fluitare mari, totasque per Alpes
Fervere germano perfusas sanguine turmas.
Arma, cruor, cædes, incendia, totaque bella
Ante oculos volitant : ergo pulsata tumultu
Pectora per dubias scinduntur territa causas.
Gaudet Roma fuga, debellatique Quirites
Rumoris sonitu mœrentia tecta relinquunt,
Grandævosque patres : oneris non gnara juventus,
Et pro quo metuit, tantum trahit. Omnia secum
Hic vehit imprudens, prædamque in prœlia ducit.
Huic fuga per terras; illi magis unda probatur,
Et patria est pontus jam tutior. Est, magis arma
Qui tentata velit, fatisque jubentibus uti.
Quantum quisque timet, tanto fugit ocior. Ipse,

Arrache en soupirant et son père et ses dieux ;
Et du ciel, dans ses vœux, vaine et faible défense !
Contre César absent invoque la vengeance.
Ainsi quand l'ouragan, déchaîné sur les flots,
Bat les flancs d'un navire, en vain les matelots
Ont recours à leur art. Au plus prochain rivage
L'un cherche un port tranquille, à l'abri de l'orage ;
L'autre assure ses mâts ; l'autre, bravant la mort,
Livre la voile au vent, et s'abandonne au sort.
Et toi, Pompée ! et toi, l'effroi de Mithridate,
La terreur de l'Hydaspe et l'écueil du pirate ;
Toi devant qui l'Euxin humilia ses flots,
Dont le Bosphore ému craint encor les vaisseaux,
Dont Rome a vu trois fois la pompe triomphale ;
O honte ! à fuir ainsi ta fierté se ravale !
Et, flétrissant l'honneur d'un triple consulat,
Tu livres au vainqueur le peuple et le sénat.

CHAPITRE CXXIV.

Le grand Pompée a fui... Tremblants à son exemple,
Les dieux amis du calme ont déserté leur temple ;

> Hos inter motus, populus (miserabile visu !),
> Quo mens icta jubet, deserta ducitur urbe.
> Sunt, qui conjugibus mœrentia pectora jungant :
> Ille manu trepida natos tenet ; ille Penates
> Occultat gremio, deploratumque relinquit
> Limen, et absentem votis interficit hostem.
> Ac, velut ex alto quum magnus inhorruit Auster,
> Et pulsas evertit aquas, non arma ministris,
> Non regimen prodest : ligat alter pondera pinus,
> Alter tuta sinu, tranquillaque littora quærit ;
> Hic dat vela fugæ, Fortunæque omnia credit.
> Quid tam parva queror ? Gemino cum consule Magnus,
> Ille tremor Ponti, sævi quoque terror Hydaspis,
> Et piratarum scopulus ; modo quem ter ovantem
> Jupiter horruerat, quem fracto gurgite Pontus,
> Et veneratus erat submissa Bosphorus unda,
> Proh pudor ! Imperii deserto nomine, fugit,
> Ut Fortuna levis Magni quoque terga videret.
>
> CAPUT CXXIV.
> Ergo tanta lues divum quoque numina vicit ;
> Consensitque fugæ cœli timor ? Ecce ! per orbem

Et, détestant de Mars les tragiques horreurs,
Ils abandonnent Rome à ses propres fureurs.
Le front ceint d'un cyprès, errante, méprisée,
La douce Paix s'envole au tranquille Élysée ;
La Justice et la Foi la suivent l'œil en pleurs,
Et la Concorde en deuil accompagne ses sœurs.
Soudain l'Érèbe s'ouvre, et sa bouche béante
Vomit tous les fléaux : la Guerre menaçante,
Érinnys, Alecton, le Meurtre sans remord,
La noire Trahison, la Mort, la pâle Mort,
Et la Terreur, que suit l'impitoyable Rage ;
Son front cicatrisé respire le carnage :
D'un vaste bouclier, chargé de mille traits,
Sa gauche, sans fléchir, soutient l'énorme faix ;
Et le brandon fumant dont sa droite est armée
Apporte l'incendie à la terre alarmée.
Deux mortels dans l'Olympe ont divisé les dieux :
En faveur de César, Vénus quitte les cieux ;
Mars a saisi son glaive et Pallas son égide.
Contre Jule Apollon tend son arc homicide ;
Phœbé, Mercure, Hercule, entraînés tour à tour,
S'unissent, pour Pompée, au brillant roi du jour.

Mitis turba deum, terras exosa furentes,
Deserit, atque hominum damnatum avertitur agmen.
Pax prima ante alias niveos pullata lacertos,
Absconditque oleâ vinctum caput, atque relicto
Orbe fugax, Ditis petit implacabile regnum.
Huic comes it submissa Fides, et, crine soluto,
Justitia, ac mœrens lacera Concordia palla.
At contra, sedes Erebi qua rupta dehiscit,
Emergit late Ditis chorus : horrida Erinnys,
Et Bellona minax, facibusque armata Megæra ;
Letumque, Insidiæque, et lurida Mortis imago.
Quas inter Furor, abruptis ceu liber habenis,
Sanguineum late tollit caput, oraque mille
Vulneribus confossa cruenta casside velat.
Hæret detritus lævæ mavortius umbo,
Innumerabilibus telis gravis : atque flagranti
Stipite dextra minax terris incendia portat.
Sentit terra deos, nudataque sidera pondus
Quæsivere suum : namque omnis regia cœli
In partes diducta ruit : primumque Dione
Cæsaris acta sui ducit. Comes additur illi
Pallas, et ingentem quatiens Mavortius hastam.

La trompette a sonné : soudain, impatiente,
Les cheveux hérissés et la bouche écumante,
La Discorde rugit. A son souffle empesté
Pâlit l'éclat des cieux ; l'air en est infecté.
Son œil louche et meurtri cherche et fuit la lumière :
Sur sa tête se dresse une horrible vipère ;
Un tartre impur et noir ronge ses dents d'airain ;
De sa langue distille un fétide venin ;
Sa robe est en lambeaux ; et sa main menaçante
Agite dans les airs une torche sanglante.
Sur le froid Apennin le monstre s'est assis.
Déjà dans sa pensée, entouré de débris,
Il compte les États qui vont être sa proie :
Il les compte et sourit. Dans sa barbare joie :
— Aux armes ! a-t-il dit ; aux armes ! levez-vous,
Peuples, enfants, veillards, femmes, accourez tous !
Qui se cache est vaincu. Que le fer, que la flamme
Dévorent les cités que ma fureur réclame !
Vole, fier Marcellus, défends la liberté !
Soulève, ô Curion, le peuple révolté !
Lentulus, aux combats anime tes cohortes !
Que tardes-tu, César ? ose enfoncer ces portes !

Magnum cum Phœbo soror, et cyllenia proles
Excipit, ac totis similis Tirynthius actis.
Infremuere tubæ, ac scisso Discordia crine
Extulit ad Superos stygium caput. Hujus in ore
Concretus sanguis, contusaque lumina flebant :
Stabant ærati scabra rubigine dentes,
Tabo lingua fluens, obsessa draconibus ora,
Atque, intertorto lacerans in pectore vestem,
Sanguineam tremula quatiebat lampada dextra.
Hæc ut Cocyti tenebras, et Tartara liquit,
Alta petit gradiens juga nobilis Apennini,
Unde omnes terras, atque omnia littora posset
Aspicere, ac toto fluitantes orbe catervas :
Atque has erupit furibundo pectore voces :
— Sumite nunc, gentes, accensis mentibus arma ;
Sumite, et in medias immittite lampadas urbes !
Vincetur, quicumque latet. Non femina cesset,
Non puer, aut ævo jam desolata senectus.
Ipsa tremat tellus, lacerataque tecta rebellent.
Tu legem, Marcelle, tene ; tu concute plebem,
Curio ; tu fortem neu supprime, Lentule, Martem.

Pour s'écrouler, ces murs attendent tes regards :
L'or de Rome t'appelle. Et toi, rival de Mars,
Invincible Pompée! où donc est ton courage?
Viens! Bellone à Pharsale apprête le carnage :
Là, du sang des humains doit s'abreuver un dieu.
— La Discorde a parlé : l'univers est en feu.

Eumolpe, dans ces vers, avait ainsi épanché sa bile à grands flots, lorsque nous entrâmes enfin dans Crotone, où nous nous arrêtâmes, pour nous restaurer, dans une assez méchante auberge. Le lendemain, étant sortis pour chercher un meilleur gîte, nous rencontrâmes une bande de ces coureurs de successions, qui nous demandèrent qui nous étions et d'où nous venions. Conformément au plan que nous avions arrêté en commun, nous répondîmes à cette double question avec tant d'assurance et une telle volubilité de paroles, qu'ils donnèrent tête baissée dans le panneau. Ils s'empressèrent donc à l'envi d'offrir leurs richesses à Eumolpe; et tous, à qui mieux mieux, cherchèrent à obtenir ses bonnes grâces en le comblant de présents.

CHAPITRE CXXV.

Il y avait déjà longtemps que nous vivions ainsi à Crotone, et Eumolpe, enivré de son bonheur, oubliait tellement sa pre-

Quid porro tu, Dive, tuis cunctaris in armis?
Non frangis portas? non muris oppida solvis?
Thesaurosque rapis? Nescis tu, Magne, tueri
Romanas arces? Epidauria mœnia quære,
Thessalicosque sinus humano sanguine tinge.
— Factum est in terris, quidquid Discordia jussit.

Quum hæc Eumolpus ingenti bile effudisset, tandem Crotona intravimus : ub quidem parvo diversorio refecti, postero die amplioris fortunæ domum quærentes, incidimus in turbam heredipetarum sciscitantium, quod genus hominum, aut unde veniremus? Ex præscripto ergo consilii communis, exaggerata verborum volubilitate, unde, aut qui essemus, haud dubie credentibus indicavimus. Qui statim opes suas summo cum certamine in Eumolpum congesserunt, certatim omnes ejus gratiam muneribus sollicitant.

CAPUT CXXV.

Dum hæc magno tempore Crotone aguntur, et Eumolpus felicitate plenus, prioris fortunæ esset oblitus statum, adeo ut suis jactaret, neminem gratiæ suæ ibi

mière condition, qu'il se vantait à ceux qui l'entouraient, que rien dans Crotone n'était impossible à son crédit; et que, si l'un d'entre eux commettait quelque délit dans la ville, il pourrait le soustraire au châtiment par la protection de ses amis. Pour moi, bien que j'engraissasse à vue d'œil au sein de l'abondance dont nous jouissions, et que j'eusse lieu de croire que la fortune se lassait de me poursuivre, je ne laissais pas de réfléchir souvent tant à ma position présente qu'à la cause qui l'avait produite. Que deviendrions-nous, me disais-je, si un de ces rusés intrigants s'avisait d'envoyer prendre des informations en Afrique, et découvrait notre fourberie? si le valet d'Eumolpe, las de son bonheur présent, allait donner l'éveil à nos amis, et, par jalousie, leur révélait tout le mystère? Il nous faudrait donc de nouveau, errants et fugitifs, après avoir triomphé de la pauvreté, mendier pour soutenir notre existence! Grands dieux! à combien de dangers sont exposés ceux qui vivent en dehors des lois? Ils craignent sans cesse les châtiments qu'ils ont mérités. Tout en faisant ces tristes réflexions, je sortis de la maison pour prendre l'air et pour me distraire l'esprit. Mais à peine avais-je fait quelques pas sur la promenade publique, qu'une jeune fille d'un extérieur agréable vint à ma rencontre, et, me saluant du nom supposé de Polyænos, que j'avais pris depuis ma métamorphose, m'annonça que sa maîtresse me priait de lui accorder un moment d'entretien.
— Vous vous trompez, lui répondis-je tout troublé, je ne suis qu'un esclave étranger, tout à fait indigne d'une telle faveur.

posse resistere, impuneque suos, si quid deliquissent in ea urbe, beneficio amicorum facturos. Ceterum ego, etsi quotidie magis magisque superfluentibus bonis saginatum corpus impleveram, putabamque, a custodia mei removisse vultum Fortunam, tamen sæpius tam consuetudinem meam cogitabam, quam causam. Et: Quid, aiebam, si callidus captator exploratorem in Africam miserit, mendaciumque deprehenderit nostrum? Quid, si etiam mercenarius, præsenti felicitate lassus, indicium et amicos detulerit, totamque fallaciam invidiosa proditione detexerit? Nempe rursus fugiendum erit, et tandem expugnata paupertas nova mendicitate revocanda. Dii, deæque, quam male est extra legem viventibus! quidquid meruerunt, semper exspectant. [Animo hæc volvens, domo egredior tristissimus, liberiori aere mentis recreandæ causa: sed ambulationem publicam vix intraveram, quum haud inculta puella obvia venit, meque vocans Polyænum, fictum mihi nomen metamorphoseos, declaravit dominam suam rogare ut sibi mecum liceret loqui. — Falleris, inquam ego perturbatus, servus sum extraneus, et hac gratia minime dignus.

CHAPITRE CXXVI.

Non, reprit-elle, c'est bien vous que l'on m'a désigné. Mais, fier de votre beauté dont vous savez le prix, vous vendez vos caresses et ne les prêtez pas. Pourquoi vos cheveux sont-ils si artistement bouclés? pourquoi votre visage emprunte-t-il au fard son éclat? à quoi bon ces œillades tendres et lascives, cette démarche compassée et ces pas qui ne s'écartent jamais de la même mesure, si ce n'est pour mettre votre beauté à l'enchère et en faire commerce? Regardez-moi bien : je n'entends rien aux augures ni aux calculs astronomiques; mais je lis sur le visage d'un homme ses habitudes, et, en vous voyant marcher ainsi, j'ai deviné ce que vous aviez dans l'âme. Si donc vous vendez la denrée que nous cherchons, l'acheteur est tout prêt; si vous la prêtez, ce qui est plus honnête, consentez à ce que nous vous soyons redevables de nos plaisirs. Quant à votre humble condition d'esclave que vous m'objectez, elle ne peut qu'aiguillonner encore plus la vivacité de nos désirs. Il est des femmes qu'enflamme l'odeur des haillons; rien n'excite leur passion comme la vue d'un esclave ou d'un valet de pied à la robe retroussée; d'autres, dont un gladiateur, un muletier couvert de poussière, ou un histrion prostitué aux plaisirs du public, allument l'appétit. Ma maîtresse est de ce goût : elle franchirait quatorze gradins au delà de l'orchestre, pour aller chercher l'objet de ses désirs dans les derniers rangs de la populace. — Charmé du gracieux babil de

CAPUT CXXVI.

Ad te ipsum, inquit, jussa sum, sed] quia nosti venerem tuam, superbiam captas, vendisque amplexus, non commodas. Quo enim spectant flexæ pectine comæ? quo facies medicamine attrita, et oculorum quoque mollis petulantia? quo incessus tute compositus, et ne vestigia quidem pedum extra mensuram aberrantia, nisi quod formam prostituis, ut vendas? Vides me? nec auguria novi, nec mathematicorum cœlum curare soleo : ex vultibus tamen hominum mores colligo, et, quum spatiantem vidi, quid cogites, scio. Sive ergo nobis vendis quod peto, mercator paratus est; sive, quod humanius est, commodas, effice ut beneficium debeam. Nam, quod servum te et humilem fateris, accendis desiderium æstuantis. Quædam enim feminæ sordibus calent, nec libidinem concitant, nisi aut servos viderint, aut statores altius cinctos. Arenarius aliquas accendit, aut perfusus pulvere mulio, aut histrio, scenæ ostentatione traductus. Ex hac nota domina est mea : usque ab orchestra quatuordecim transilit, et in extrema plebe quærit quod diligat. — Ita-

l'aimable messagère : — Et ne seriez-vous pas, lui dis-je, celle à qui j'ai le bonheur de plaire? — Cette mauvaise plaisanterie la fit rire aux éclats : — Pas tant de présomption, je vous prie ; apprenez que je ne me suis jamais livrée à un esclave : me préservent les dieux de voir l'objet de mes affections exposé à être mis en croix! C'est bon pour les femmes de condition qui baisent les cicatrices que le fouet a creusées sur les épaules de leurs amants. Je ne suis qu'une servante ; mais je ne fraye qu'avec des chevaliers. — Je ne pouvais me lasser d'admirer le contraste qui existait entre ces deux femmes : n'est-ce pas le monde renversé, me disais-je, que de trouver dans une servante la fierté d'une dame de premier rang, et dans une dame de qualité les goûts abjects d'une servante? Cet entretien plaisant se prolongea longtemps ; enfin je priai cette fille d'amener sa maîtresse sous les platanes voisins. Elle approuva cet avis, et, relevant sa robe, elle disparut dans un bosquet de lauriers qui joignait la promenade. Elle ne me fit pas longtemps attendre, et sortit bientôt de ce mystérieux asile avec sa maîtresse, qui vint s'asseoir à côté de moi. Jamais la sculpture ne produisit rien de plus parfait : les paroles me manquent pour faire la description de tant de charmes, et tout ce que j'en pourrais dire serait trop peu. Ses cheveux, naturellement frisés et relevés sur un front étroit, retombaient en boucles innombrables sur ses épaules; ses sourcils fuyaient en arc jusqu'à ses tempes, et se croisaient presque ; le tout avec une grâce infinie. Ses yeux étaient plus brillants que les étoiles

---

que oratione blandissima plenus : — Rogo, inquam, numquid illa, quæ me amat, tu es? — Multum risit ancilla post tam frigidum schema ; et : — Nolo, inquit, tibi tam valde placeas : ego adhuc servo nunquam succubui, nec hoc dii sinant, ut amplexus meos in crucem mittam. Viderint matronæ, quæ flagellorum vestigia osculantur : ego, etiamsi ancilla sum, nunquam tamen, nisi in equestribus sedeo. — Mirari equidem tam discordem libidinem cœpi, atque inter monstra numerare, quod ancilla haberet matronæ superbiam, et matrona ancillæ humilitatem. Procedentibus deinde longius jocis, rogavi ancillam, ut in platanona duceret dominam. Placuit puellæ consilium : itaque collegit altius tunicam, flexitque se in eum daphnona, qui ambulationi hærebat. Nec diu morata, dominam producit e latebris, laterique applicat meo mulierem omnibus simulacris emendatiorem. Nulla vox est, quæ formam ejus possit comprehendere : nam, quidquid dixero, minus erit. Crines, ingenio suo flexi, per totos sese humeros effuderant : frons minima, et quæ apices capillorum retroflexerat : supercilia usque ad malarum scripturam currentia, et rursus confinio luminum pæne permixta. Oculi clariores stellis extra lunam ful-

dans une nuit obscure; son nez était légèrement recourbé, et sa bouche mignonne ressemblait à celle que Praxitèle donnait à sa Vénus. Puis son gracieux menton, son cou, ses mains, ses pieds, emprisonnés dans un mince réseau d'or, tout cela eût effacé par sa blancheur le marbre de Paros. Oh! dès lors, Doris, mes anciennes amours, ne fut plus rien pour moi :

> Qu'as-tu fait de ta foudre, ô souverain des cieux ?
>   Près de Junon, là-haut tu te reposes :
>   Ton sot amour est la fable des dieux.
> As-tu donc oublié tant de métamorphoses?
>   C'est maintenant qu'il faut, galant taureau,
>   Armer ton front de cornes menaçantes ;
> Ou bien, cygne amoureux, d'un plumage nouveau
> Couvrir de tes cheveux les boucles grisonnantes.
>   Moins belle fut ta Danaé.
> Touche de ce beau corps les formes bondissantes,
> Et soudain, de désirs et d'amour consumé,
> Le tien éprouvera le sort de Sémélé.

CHAPITRE CXXVII.

Cette apostrophe me valut un sourire si aimable, que je crus voir Diane montrant son disque argenté à travers un nuage. Bientôt accompagnant sa voix d'un geste gracieux : —

---

gentibus : nares paululum inflexæ : et osculum, quale Praxiteles habere Dionen credidit. Jam mentum, jam cervix, jam manus, jam pedum candor, intra auri gracile vinculum positus, parium marmor exstinxerat. Itaque tunc primum Dorida vetus amator contemsi.

> Quid factum est, quod tu projectis, Jupiter, armis,
>   Inter cœlicolas, fabula muta, taces?
> Nunc erat a torva submittere cornua fronte;
>   Nunc pluma canos dissimulare tuos.
> Hæc vera est Danae : tenta modo tangere corpus;
>   Jam tua flammifero membra calore fluent.

CAPUT CXXVII.

Delectata illa risit tam blandum, ut videretur mihi plenum os extra nubem luna proferre. Mox, digitis gubernantibus vocem : — Si non fastidis, inquit, feminam

Jeune homme, me dit-elle, si vous ne dédaignez pas une femme de quelque distinction, et qui, il y a un an, était encore vierge, acceptez-moi pour votre sœur. Vous avez un frère, je le sais, et je ne rougis point des informations que j'ai prises à cet égard; mais qui vous empêche d'avoir aussi une sœur? c'est à ce titre que je me présente, et vous pourrez, quand il vous plaira, sceller par un baiser les liens de notre parenté. — C'est plutôt moi, lui répondis-je, qui vous conjure par vos divins attraits de vouloir bien admettre un pauvre étranger au nombre de vos adorateurs. Permettez-moi de vous aimer, et je voue à vos appas un culte religieux; mais gardez-vous de croire que je me présente sans offrande à votre autel : je vous abandonne ce frère dont vous me parlez. — Qui, moi, répliqua-t-elle, exiger de vous le sacrifice de celui sans qui vous ne pouvez vivre, dont les caresses font tout votre bonheur, et pour qui vous avez tout l'amour que je voudrais vous inspirer? — Elle prononça ces paroles avec tant de charme, sa voix était si douce, que je crus entendre le concert des Sirènes. J'étais en extase, et, croyant voir rayonner autour d'elle une clarté plus brillante que celle des cieux, je la pris pour une déesse, et lui demandai quel était son nom dans l'Olympe. — Eh quoi! me dit-elle, ma suivante ne vous a-t-elle pas dit que je m'appelais Circé? Toutefois, je ne suis pas la fille du Soleil, et jamais ma mère n'eût le pouvoir d'arrêter à sa volonté l'astre du jour; cependant je me croirais égale aux dieux, si les destins nous unissaient l'un à l'autre. Oui, je ne

---

honoratam, et hoc primum anno virum expertam, concilio tibi, o juvenis, sororem. Habes tu quidem et fratrem; neque enim me piguit quærere : sed quid prohibet et sororem adoptare? Eodem gradu venio : tu tamen dignare et meum osculum, quum libuerit, cognoscere. — Immo, inquam ego, per formam tuam te rogo, ne fastidias hominem peregrinum inter cultores admittere : invenies religiosum, si te adorari permiseris. Ac ne me judices ad hoc templum Amoris gratis accedere, dono tibi fratrem meum. — Quidni? inquit illa, donas mihi eum, sine quo non potes vivere? ex cujus osculo pendes? quem sic tu amas, quemadmodum ego te volo? — Hæc ipsa quum diceret, tanta gratia conciliabat vocem loquentis, tam dulcis sonus pertentabat aera, ut putares inter auras canere Sirenum concordiam. Itaque miranti, et toto mihi clarius cœlo nescio quid relucente, libuit deæ nomen quærere. — Ita, inquit, non dixit tibi ancilla mea, Circen me vocari? Non sum quidem Solis progenies; nec mea mater, dum placuit, labentis mundi cursum detinuit : habebo tamen quod cœlo imputem, si nos fata conjunxerint. Immo etiam,

puis méconnaître dans tout ceci l'influence secrète d'une divinité favorable; et ce n'est pas sans motif qu'une nouvelle Circé aime un autre Polyænos : toujours une tendre sympathie unit ces deux noms. Venez sur mon sein, si vous m'aimez, et ne redoutez pas les regards indiscrets : votre frère est loin d'ici. — Elle dit, et, m'enlaçant dans ses bras plus doux que le duvet, elle m'entraîna sur un gazon émaillé de mille fleurs :

    Tel qu'autrefois l'Ida de fleurs couvrit sa cime,
    Quand Jupiter, brûlant d'un amour légitime,
    Dans les bras de Junon oubliait l'univers;
    Les roses du printemps, les myrtes toujours verts,
    Les lis encor baignés des larmes de l'aurore,
    Autour des deux époux s'empressèrent d'éclore :
    Telle, et non moins propice à nos brûlants désirs,
    La terre se couvrit d'une herbe plus épaisse,
    Le jour brilla plus pur, et, par son allégresse,
    La nature sembla sourire à nos plaisirs.

Étendus sur le gazon, nous préludions par mille baisers à des jouissances plus solides; mais, trahi par une faiblesse subite, je trompai l'attente de Circé.

CHAPITRE CXXVIII.

Eh quoi! s'écria-t-elle, indignée de cet affront, mes caresses

---

nescio quid tacitis cogitationibus deus agit. Nec sine causa Polyænon Circe amat. Sed inter hæc nomina fax surgit. Sume ergo amplexum, si placet. Neque est, quod curiosum aliquem extimescas : longe ab hoc loco frater est. — Dixit hæc Circe, implicitumque me brachiis mollioribus pluma, deduxit in terram, vario gramine indutam.

    Idæo quales fudit de vertice flores
    Terra parens, quum se confesso junxit amori
    Jupiter, et toto concepit pectore flammas :
    Emicuere rosæ, violæque, et molle cyperon,
    Albaque de viridi riserunt lilia prato :
    Talis humus Venerem molles clamavit in herbas,
    Candidiorque dies secreto favit amori.

In hoc gramine pariter compositi, mille osculis lusimus, quærentes voluptatem robustam; [sed nervorum subita debilitate Circe decepta fuit.

CAPUT CXXVIII.

Qua injuria excandescens:] — Quid est, inquit, numquid te osculum meum

sont-elles pour vous un objet de dégoût? mon haleine, aigrie par le jeûne, est-elle fétide, ou quelque négligence de toilette offense-t-elle en moi votre odorat? ou plutôt ne dois-je pas attribuer votre état à la crainte que Giton vous inspire? — La rougeur me couvrait le visage, et la honte acheva de m'ôter le peu de forces qui me restait : j'étais comme un homme perclus de tous ses membres. — O ma reine, m'écriai-je, je vous en supplie, n'accablez pas un malheureux en butte à quelque maléfice! — Une excuse si frivole ne pouvait calmer la colère de Circé : elle jeta sur moi un coup d'œil de mépris, et, se tournant vers sa suivante : — Chrysis, lui dit-elle, parle-moi franchement ; suis-je donc repoussante? suis-je mal mise? ou quelque difformité naturelle obscurcit-elle l'éclat de ma beauté? Ne déguise rien à ta maîtresse ; car j'ignore quel défaut l'on peut me reprocher. — Voyant que Chrysis se taisait, elle lui arrache un miroir qu'elle tenait ; elle le promène sur toutes les parties de son visage, et, secouant sa robe un peu fripée, mais non pas chiffonnée, comme de coutume, par une lutte amoureuse, elle gagna brusquement un temple voisin, consacré à Vénus. Pour moi, semblable à un condamné, et comme épouvanté d'une horrible apparition, je me demandais si les plaisirs dont je venais d'être privé pouvaient avoir quelque chose de réel.

> La nuit, jouet d'un doux mensonge,
> Dans un jardin qu'il bêche en songe,

offendit? numquid spiritus jejunio marcet? numquid alarum negligens, sudore puteo? Si hæc non sunt, numquid Gitona times? — Perfusus ego rubore manifesto, etiam, si quid habueram virium, perdidi ; totoque corpore velut laxato : — Quæso, inquam, regina, noli suggillare miserias. Veneficio contactus sum. — [Tam levis excusatio Circes iram minime sedavit : a me contemptim oculos reflexit, et ad ancillam respiciens :] — Dic, Chrysis, sed verum : numquid indecens sum? numquid incompta? numquid ab aliquo naturali vitio formam meam excæco? noli decipere dominam tuam : nescio quid peccavimus. — Rapuit deinde tacenti speculum, et, postquam omnes vultus tentavit, quos solet inter amantes nisus frangere, excussit vexatas solo vestes, raptimque [in vicinam] ædem Veneris intravit. Ego contra damnatus, et quasi quodam visu in horrorem perductus, interrogare animum meum cœpi, an vera voluptate fraudatus essem?

> Nocte soporifera veluti quum somnia ludunt
> Errantes oculos, effossaque protulit aurum

L'indigent découvre un trésor.
Muet de surprise et de joie,
Il tourne et retourne sa proie,
L'emporte, fuit et court encor.
Mais dans sa fuite un rien l'ombrage :
Si le volé, sur son passage,
Allait détrousser le voleur !
Le pauvre diable, à cette image,
Se trouble ; une froide sueur
Sillonne à longs flots son visage.
Il se réveille au même instant :
Détrompé d'une erreur trop chère,
Notre Crésus imaginaire,
Léger de soucis et d'argent,
Malgré lui regarde en arrière,
Et caresse encor la chimère
Qui fit sa joie et son tourment.

Tout concourait à me faire croire que ma triste aventure n'était qu'un songe, une véritable hallucination ; cependant ma faiblesse était si grande, qu'il me fut longtemps impossible de me lever. Mais, à mesure que l'accablement de mon esprit se dissipa, la force me revint peu à peu, et je pus enfin retourner au logis. Dès que j'y fus, prétextant une indisposition, je me jetai sur mon lit. Bientôt après, Giton, qui avait appris que j'étais malade, entra fort triste dans ma chambre. Pour calmer ses inquiétudes, je lui assurai que je ne m'étais mis au lit que pour prendre un peu de repos dont j'avais besoin. Je lui fis à ce sujet mille contes en l'air ; mais de ma mésaventure, pas

In lucem tellus, versat manus improba furtum,
Thesaurosque rapit, sudor quoque perluit ora,
Et mentem timor altus habet, ne forte gravatum
Excutiat gremium secreti conscius auri.
Mox ubi fugerunt elusam gaudia mentem,
Veraque forma redit, animus, quod perdidit, optat,
Atque in præterita se totus imagine versat.

[Infortunium illud somnium verum, immo vera fascinatio mihi certe videbatur, et tam diu nervis destitutus fui, ut nec surgere potuerim. Animi tandem oppressione paulatim laxata, vigor sensim rediit, domumque petii, ubi languorem simulans, in lectulum me conjeci. Paulo post Giton, qui me ægrotare acceperat, tristis intravit cubiculum. Ut vero mentem illius sedarem, declaravi me sola quiescendi causa

un mot, car je craignais fort sa jalousie. Bien plus, pour dissiper tout soupçon à cet égard, je le fis coucher auprès de moi, et j'essayai de lui donner des preuves de mon amour. Mais, voyant que toutes mes tentatives, tous mes efforts étaient inutiles, il se leva furieux et me reprocha cette infirmité, qui, selon lui, provenait du refroidissement de ma tendresse. Il ajouta que, depuis longtemps, il avait acquis la certitude que je portais ailleurs mes feux et mes hommages. — Que dis-tu, frère? m'écriais-je; mon amour pour toi est toujours le même; mais la raison, croissant avec l'âge, modère ma passion et mes transports. — En ce cas, répliqua-t-il d'un ton railleur, j'ai de grands remercîments à vous faire! vous m'aimiez à la manière de Socrate: jamais Alcibiade ne sortit plus pur du lit de son maître.

CHAPITRE CXXIX.

Ce fut en vain que j'ajoutai: — Crois-moi, frère, je ne me reconnais plus; je n'ai plus d'un homme que le nom : elle est morte cette partie de moi-même qui naguère faisait de moi un Achille. — Convaincu de mon impuissance, et craignant que, s'il était surpris en tête à tête avec moi, cela ne donnât, sans motif, carrière à la médisance, Giton s'arracha de mes bras et s'enfuit dans l'intérieur de la maison. A peine était-il

lectum petiisse : multaque alia jactavi, de infortunio autem nihil, quia ejus æmulationem valde timebam; et ad omnem suspicionem avertendam, eum lateri applicans meo, amoris specimen præbere tentavi : sed anhelitus sudoresque fuerunt irriti. Surrexit ira commotus, et nervorum debilitatem animique alterationem accusans, dixit se jam dudum animadvertisse, me non dubie primum vires spiritusque alibi consumere. — Immo, inquam, frater, erga te meus semper idem fuit amor : sed nunc ratio amorem vincit, et petulantiam.] — Itaque, [inquit me irridens,] hoc nomine tibi gratias ago, quod me Socratica fide diligis. Non tam intactus Alcibiades in præceptoris sui lectulo jacuit.

CAPUT CXXIX.

[Tum rursus adjeci :] — Crede mihi, frater, non intelligo me virum esse, non sentio. Funerata est pars illa corporis, qua quondam Achilles eram. — [Me sine nervis esse, Giton sentiens, et,] veritus puer ne, in secreto deprehensus, daret sermonibus locum, proripuit se, et in partem ædium interiorem fugit. [Eo vix egresso,]

sorti de ma chambre, que Chrysis y entra, et me remit, de la part de sa maîtresse, une lettre ainsi conçue :

CIRCÉ A POLYÆNOS, SALUT.

Si j'étais une dévergondée, je me plaindrais d'avoir été déçue ; mais, au contraire, je rends grâce à votre impuissance : elle a prolongé pour moi l'illusion du plaisir. Mais qu'êtes-vous devenu, je vous prie ? vos jambes ont-elles pu vous porter jusque chez vous ? car les médecins assurent qu'il faut des nerfs pour marcher. Jeune homme, prenez-y garde ! vous êtes menacé de paralysie ; et jamais malade ne me parut en plus grand danger. Certes, vous êtes à moitié mort. Si le même froid vient à gagner vos genoux et vos mains, faites au plus tôt les apprêts de vos funérailles.. Mais qu'importe ? quoique vous m'ayez fait un sanglant affront, j'ai pitié de votre misère, et je consens à vous indiquer un remède à votre mal. Si vous voulez recouvrer la santé, sevrez-vous de Giton ; trois nuits passées sans lui vous rendront toutes vos forces. Quant à moi, je ne crains pas de manquer d'amants ; mon miroir et ma réputation me rassurent à cet égard. Adieu, tâchez de vous rétablir, si c'est possible.

Dès que Chrysis vit que j'avais lu en entier cette mordante satire : — Votre aventure, me dit-elle, n'a rien d'extraordinaire, surtout dans cette ville où il y a des sorcières capables de faire descendre la lune du haut des cieux. Votre mal n'est

---

cubiculum autem meum intravit Chrysis, codicillosque mihi dominæ suæ reddidit, in quibus hæc erant scripta :

[CIRCE POLYÆNO SALUTEM.]

Si libidinosa essem, quererer decepta : nunc etiam languori tuo gratias ago. In umbra voluptatis diutius lusi. Quid tamen agas, quæro, et, an tuis pedibus perveneris domum? negant enim medici sine nervis posse ire. Narrabo tibi, adolescens, paralysin cave. Nunquam ego ægrum tam magno periculo vidi. Medius fidius ! jam peristi. Quod si idem frigus genua manusque tentaverit tuas, licet ad tubicines mittas. Quid ergo est? etiamsi gravem injuriam accepi, homini tamen misero non invideo medicinam. Si vis sanus esse, Gitonem abroga ; recipies, inquam, nervos tuos, si triduo sine fratre dormieris. Nam, quod ad me attinet non timeo, ne quis inveniatur, cui minus placeam. Nec speculum mihi, nec fama mentitur. [Vale, si potes.]

Ut intellexit Chrysis me perlegisse totum convicium : — Solent, inquit, hæc fieri, et præcipue in hac civitate, in qua mulieres etiam lunam deducunt. Itaque

donc pas sans remède. Tâchez seulement de faire une réponse à ma maîtresse; et regagnez ses bonnes grâces par un aveu sincère de vos torts. Car, depuis qu'elle a reçu cet affront, elle ne se possède plus. — Je suivis de grand cœur ce conseil, et je fis sur les mêmes tablettes une réponse en ces termes:

CHAPITRE CXXX.

POLYÆNOS A CIRCÉ, SALUT.

Je l'avouerai, madame, j'ai fait bien des fautes en ma vie; car je suis homme, et jeune encore : cependant, jusqu'à ce jour, je n'avais commis aucun forfait digne de la peine capitale. Je vous livre un coupable qui confesse volontairement son crime; et, quel que soit le châtiment auquel vous me condamniez, je l'ai mérité. Je suis un traître, un parricide, un sacrilége : inventez des supplices nouveaux pour de si grands attentats. Voulez-vous ma mort? je cours vous offrir mon épée : ou, si votre indulgence se borne à me condamner au fouet, j'irai nu m'offrir à vos coups. Souvenez-vous seulement que ma volonté n'eut aucune part à cette offense, et que la nature seule fut coupable. Soldat plein d'ardeur, je n'ai pu retrouver mes armes au moment du combat. Qui me les a dérobées? je l'ignore. Peut-être mon imagination trop active a devancé l'action de mes organes; peut-être, trop empressé de jouir de tant d'appas, j'ai tari dans mes veines les sources de la volupté.

---

hujus quoque rei cura agetur : rescribe modo blandius dominæ, animumque ejus candida humanitate restitue. Verum enim fatendum est : ex qua hora injuriam accepit, apud se non est. — Libenter quidem parvi ancillæ, verbaque codicillis talia imposui.

CAPUT CXXX.

POLYÆNOS CIRCÆ SALUTEM.

Fateor, me, domina, sæpe peccasse; nam et homo sum, et adhuc juvenis. Nunquam tamen ante hunc diem usque ad mortem deliqui. Habes, inquam, confitentem reum. Quidquid jusseris, merui. Proditionem feci, hominem occidi, templum violavi. In hæc facinora quære supplicium. Sive occidere placet, ferro meo venio : sive verberibus contenta es, curro nudus ad dominam. Id tantum memento, non me, sed instrumenta peccasse. Paratus miles arma non habui. Quis hæc turbaverit, nescio. Forsitan animus antecessit corporis moram; forsitan, dum omnia concupisco, voluptatem tempore consumsi. Non invenio quod feci. Paralysin tamen

Je cherche en vain quelle est la cause de mon impuissance. Cependant, je dois, dites-vous, craindre la paralysie; ah! peut-il en être une plus complète que celle qui m'a privé du bonheur de vous posséder? Au reste, voici ma meilleure et dernière excuse : permettez-moi de réparer ma faute, et j'ose me flatter que vous serez satisfaite. Adieu. —

Dès que j'eus congédié Chrysis avec ces belles promesses, je songeai sérieusement aux remèdes qui pouvaient rendre la vigueur à la partie malade. Je remis le bain à un autre jour, et je me bornai cette fois à quelque frictions légères. Je pris une nourriture plus stimulante, telle que les échalotes et les huîtres crues; je bus aussi du vin, mais en petite quantité. Puis, préparé au sommeil par une courte promenade, je me mis au lit sans Giton. J'avais un si grand désir de faire ma paix avec Circé, que je craignais jusqu'au moindre contact de mon ami.

CHAPITRE CXXXI.

Le lendemain, m'étant levé parfaitement sain de corps et d'esprit, je me rendis au même bois de platanes : je n'y entrai qu'en tremblant : il m'avait été si funeste! et j'attendis sous les arbres que Chrysis vînt me conduire auprès de sa maîtresse. Après m'être promené quelque temps, je venais de m'asseoir au même endroit que la veille, lorsque je la vis venir, accompagnée d'une petite vieille. — Eh bien, me dit-elle

cavere jubes; tanquam major fieri possit, quæ abstulit mihi, per quod etiam te habere potui. Summa tamen excusationis meæ hæc est : Placebo tibi, si me culpam emendare permiseris. Vale.

Dimissa cum ejusmodi pollicitatione Chryside, curavi diligentius noxiosissimum corpus, balneoque præterito, modica unctione usus, mox cibis validioribus pastus, id est, bulbis, cochlearumque sine jure cervicibus, hausi parcius merum. Hinc, ante somnum levissima ambulatione compositus, sine Gitone cubiculum intravi. Tanta erat placandi cura, ut timerem ne latus meum frater convelleret.

CAPUT CXXXI.

Postero die, quum sine offensa corporis animique consurrexissem, in eumdem platanona descendi, etiamsi locum inauspicatum timebam; cœpique inter arbores ducem itineris exspectare Chrysidem. Nec diu spatiatus, consederam ubi hesterno die fueram, quum illa intervenit, comitem aniculam trahens. Atque, ut me consalu-

en me saluant, dégoûté personnage, commencez-vous à être plus vaillant? — A ces mots, la vieille tire de son sein un réseau formé de fils de différentes couleurs, l'attache autour de mon cou. Ensuite, pétrissant de la poussière avec sa salive, elle prend ce mélange avec le doigt du milieu, et m'en signe le front malgré ma répugnance :

>Si l'on te compte encore au nombre des vivants,
>   Mortel, conserve l'espérance :
>Et toi, dieu des jardins et des exploits galants,
>O Priape! aide-nous de toute ta puissance.

Après cette invocation, la magicienne m'ordonna de cracher trois fois, et de jeter par trois fois dans ma robe de petits cailloux constellés qu'elle avait enveloppés dans des bandes de pourpre. Alors elle porta la main sur la partie malade, pour s'assurer du retour de mes forces. Jamais charme n'opéra plus promptement : le coupable redressa la tête et repoussa la main de la vieille, stupéfaite de l'énormité du prodige. Transportée de joie à cet aspect : — Voyez, Chrysis, s'écria-t-elle, quel lièvre je viens de lever pour d'autres que pour moi! — La cure était complète, et l'opératrice me remit à Chrysis, qui parut ravie de rendre à sa maîtresse le trésor qu'elle avait perdu : elle me conduisit donc en toute hâte auprès d'elle, et m'introduisit dans une retraite délicieuse, où la nature semblait avoir déployé tous ses trésors pour charmer la vue.

---

tavit : — Quid est, inquit, fastose, ecquid bonam mentem habere cœpisti? — [Hæc dicente, anus] illa de sinu licium protulit, varii coloris filis intortum, cervicemque vinxit meam. Mox turbatum sputo pulverem medio sustulit digito, frontemque repugnantis signat.

>Dum vivis, sperare licet : tu, rustice custos,
>Huc ades, et nervis tente Priape, fave.

Hoc peracto carmine, ter me jussit exspuere, terque lapillos conjicere in sinum, quos ipsa præcantatos purpura involverat, admotisque manibus tentare cœpit inguinum vires. Dicto citius nervi paruerunt imperio, manusque aniculæ ingenti motu repleverunt. At illa, gaudio exsultans : — Vides, inquit, Chrysis mea, vides, quod aliis leporem excitavi! [His peractis, anus me restituit Chrysidi, quæ lætissima erat thesaurum recuperasse dominæ : festinans ergo me ad illam præcipitem duxit, et in secessum admisit amœnissimum, ubi, quidquid gratum oculis natura prodit, videbatur.]

Là, du plane touffu la cime se balance;
Là, du pin dans les airs le front léger s'élance;
Là, le cyprès tremblant, défiant les hivers,
Au laurier balsamique unit ses rameaux verts;
Là, sur un sable d'or, sous des bosquets errants,
Gazouille, en se jouant, une onde blanchissante.
Philomèle et Progné chérissent ce séjour,
Où le parfum des fleurs se mêle aux chants d'amour.

Je trouvai Circé couchée sur un lit d'or, où s'appuyait son cou d'albâtre; sa main agitait un rameau de myrte fleuri. En me voyant, elle rougit un peu, sans doute au souvenir de l'affront de la veille; mais, lorsqu'elle eut fait retirer toutes ses femmes, et, qu'obéissant à son invitation, je me fus assis auprès d'elle, elle me mit devant les yeux la branche qu'elle tenait à la main; et, comme rassurée par ce rempart qui nous séparait : — Eh bien, paralytique, me dit-elle, venez-vous aujourd'hui tout entier? — Pourquoi cette question, lui répondis-je, quand la preuve est sous votre main? — A ces mots, je me précipite dans ses bras, et, ne trouvant aucune résistance, je me rassasie à mon aise des baisers les plus enivrants.

CHAPITRE CXXXII.

La vue de tant de charmes m'excitait à de plus doux plaisirs. Déjà du choc de nos lèvres s'échappaient mille baisers

Mobilis æstivas platanus diffuderat umbras,
Et baccis redimita daphne, tremulæque cupressus,
Et circumtonsæ trepidanti vertice pinus.
Has inter ludebat, aquis errantibus, amnis
Spumeus, et querulo versabat rore lapillos.
Dignus amore locus, testis silvestris Aedon,
Atque urbana Progne : quæ circum gramina fusæ,
Et molles violas, cantu sua rura colebant.

Premebat illa resoluta marmoreis cervicibus aureum torum, myrtoque florenti quietum verberabat. Itaque, ut me vidit, paululum erubuit, hesternæ scilicet injuriæ memor : deinde ut, remotis omnibus, secundum invitantem consedi, ramum super oculos meos posuit, et, quasi pariete interjecto, audacior facta : — Quid est, inquit, paralytice, ecquid hodie totus venisti? — Rogas, inquam ego, potius, quam tentas? totoque corpore in amplexum ejus immissus non deprecantis, usque ad satietatem osculis fruor.

CAPUT CXXXII.

Ipsa corporis pulchritudine me ad se vocante trahebat ad Venerem. Jam pluri-

sonores; déjà nos mains entrelacées avaient interrogé tous les organes du plaisir; déjà nos corps, unis par les plus douces étreintes, allaient réaliser la fusion complète de nos âmes, quand tout à coup, au milieu de ces délicieux préludes de la jouissance, les forces m'abandonnent de nouveau; et je ne puis atteindre au terme du plaisir. Exaspérée d'un affront désormais sans excuse, Circé ne songe plus qu'à se venger : elle appelle ses valets de chambre, et leur ordonne de me fustiger. Mais bientôt ce châtiment lui paraît trop doux; elle rassemble toutes ses servantes, et jusqu'à la valetaille chargée des plus vils emplois, et me livre aux insultes de cette canaille. Je me bornais, pour toute défense, à mettre mes mains devant mes yeux; et, sans recourir aux prières, car je sentais que j'avais mérité un pareil traitement, je me laissai jeter à la porte roué de coups et couvert de crachats. La vieille Prosélénos fut aussi chassée de la maison, et Chrysis fut battue. Tous les domestiques affligés se demandaient à l'oreille quelle était la cause de la mauvaise humeur de leur maîtresse. Je rentrai chez moi le corps couvert de contusions et la peau plus bigarrée que celle d'une panthère. Je me hâtai de déguiser adroitement les marques des coups que j'avais reçus, de peur d'exciter, par ma triste aventure, les railleries d'Eumolpe, et de causer des chagrins à Giton. J'eus donc recours au seul expédient qui pût sauver ma réputation : je feignis d'être malade. Enfoncé dans mon lit, je tournai toute ma fureur contre l'unique cause de tous mes maux.

bus osculis collisa labra crepitabant ; jam implicitæ manus omne genus amoris invenerant ; jam alligata mutuo ambitu corpora animarum quoque mixturam fecerant. [Sed inter hæc gratissima primordia, nervis adhuc subito deficientibus, ad summam voluptatem pervenire non potui.] Manifestis matrona contumeliis verberata, tandem ad ultionem decurrit, vocatque cubicularios, et me jubet catomidiare. Nec contenta mulier tam gravi injuria mea, convocat omnes quasillarias, familiæque sordidissimam partem, ac me conspui jubet. Oppono ego manus oculis meis, nullisque precibus effusis, quia sciebam quid meruissem, verberibus sputisque extra januam ejectus sum. Ejicitur et Proselenos, Chrysis vapulat, totaque familia tristis inter se mussat, quæritque quis dominæ hilaritatem confuderit. Itaque densatis vibicibus panthera maculosior, verberum notas arte contexi, ne aut Eumolpus contumelia mea hilarior fieret, aut tristior Giton. Quod solum igitur, salvo pudore, poteram confingere, languorem simulavi, conditusque lectulo, totum ignem furoris in eam converti, quæ mihi omnium malorum causa fuerat.

Trois fois ma main saisit un fer à deux tranchants ;
Trois fois le fer échappe à ma main défaillante :
Tel qu'un roseau, pliant sur sa tige mouvante,
S'incline vers la terre au gré des moindres vents ;
Tel, et plus humble encor, l'auteur de ma disgrâce,
Le front baissé, plus froid que la plus froide glace,
Se dérobant aux coups de l'homicide acier,
Va jusque dans mon sein se cacher tout entier.
Ne pouvant le saisir dans ce dernier asile,
J'exhale en vains discours ma colère stérile.

Appuyé sur le coude, j'apostrophai en ces mots l'invisible contumax : Eh bien! que diras-tu, opprobre de la nature! car ce serait folie de te nommer parmi les choses sérieuses. Parle, que t'ai-je fait pour me précipiter au fond des enfers, quand je touchais à l'Olympe? que t'ai-je fait pour flétrir les fleurs brillantes de mon printemps sous les glaces de la vieillesse la plus décrépite? Qu'attends-tu donc pour me donner mon congé? Ainsi s'exhalait mon courroux :

Mais insensible, hélas! à ma douleur amère,
Le malheureux s'obstine à regarder la terre.
Ainsi penche, accablé du poids de la chaleur,
Le pavot languissant ou le saule pleureur.

Dès que je pus réfléchir sur l'indécence de cette invective,

Ter corripui terribilem manu bipennem,
Ter languidior coliculi repente thyrso,
Ferrum timui, quod trepido male dabat usum.
Nec jam poteram, quod modo conficere libebat.
Namque illa metu frigidior rigente bruma,
Confugerat in viscera mille operta rugis.
Ita non potui supplicio caput aperire :
Sed furciferæ mortifero timore lusus,
Ad verba, magis quæ poterant nocere, fugi.

Erectus igitur in cubitum, hac fere oratione contumacem vexavi : Quid dicis, nquam, omnium hominum deorumque pudor? nam nec nominare quidem te inter res serias, fas est. Hoc de te merui, ut me in cœlo positum ad inferos traheres? ut traduceres annos primo florentes vigore, senectæque ultimæ mihi lassitudinem imponeres? Rogo te, mihi apodixin defunctoriam redde. Hæc ut iratus effudi,

Illa solo fixos oculos aversa tenebat;
Nec magis incepto vultus sermone movetur,
Quam lentæ salices, lassove papavera collo.

Nec minus ego, tam fœda objurgatione finita, pœnitentiam agere sermonis mei

je me repentis de l'avoir faite, et j'éprouvai une secrète confusion d'avoir oublié les lois de la pudeur, au point de m'entretenir avec cette partie de mon corps à laquelle les hommes qui se respectent n'osent pas même penser. Je me frottai longtemps le front avec dépit : — Après tout, m'écriai-je, quel mal ai-je fait en soulageant ma douleur par des reproches si naturels? Ne fait-on pas tous les jours des imprécations contre toutes les autres parties du corps humain, contre son ventre, sa bouche, sa tête, lorsqu'ils vous causent de fréquentes douleurs? Le sage Ulysse lui-même n'a-t-il pas un démêlé avec son cœur? Et les héros de tragédies ne gourmandent-ils pas leurs yeux, comme s'ils pouvaient entendre leurs reproches? Le goutteux peste contre ses pieds ou ses mains, le chassieux contre ses yeux ; et, lorsque nous nous blessons aux doigts de la main, nous nous en prenons à nos pieds, en les frappant contre terre.

> Froids Catons! déridez votre front magistral;
> Le plaisir, dans mon livre, à la raison s'allie :
> D'un discours sérieux la tristesse m'ennuie.
> J'ai peint les mœurs du peuple ; et mon original
>   Dut respirer dans ma copie.
> Qui ne connaît l'amour et ses transports charmants?
> Qui, dans un lit bien chaud, ne chérit la paresse?
> Croyons-en Épicure et sa haute sagesse,
> Quand il nous peint les dieux livrés à nos penchants,
>   Et, comme nous, bercés par la mollesse.

cœpi, secretoque rubore perfundi, quod, oblitus verecundiæ meæ, cum ea parte corporis verba contulerim, quam ne ad cognitionem quidem admittere severioris notæ homines solent. Mox perfricata diutius fronte : — Quid autem ego, inquam, mali feci, si dolorem meum naturali convicio exoneravi? aut quid est, quod in corpore humano ventri maledicere solemus, aut gulæ, capitique etiam, quum sæpius dolet ? quid ? non et Ulyxes cum corde litigat suo ? Et quidem tragici oculos suos, tanquam audientes, castigant. Podagrici pedibus suis maledicunt, chiragrici manibus, lippi oculis; et, qui offenderunt sæpe digitos, quiquid doloris habent, in pedes deferunt.

> Quid me spectatis, constricta fronte, Catones,
>   Damnatisque novæ simplicitatis opus ?
> Sermonis puri non tristis gratia ridet;
>   Quodque facit populus, candida lingua refert.
> Nam quis concubitus, Veneris quis gaudia nescit ?
>   Quid vetat in tepido membra calere toro ?
> Ipse pater veri doctos Epicurus in arte
>   Jussit, et hanc vitam dixit habere deos.

Rien n'est plus absurde que de sots préjugés, rien n'est plus ridicule qu'une sévérité hypocrite.

CHAPITRE CXXXIII.

Après ces réflexions, j'appelai Giton, et je lui dis : — Raconte-moi, mon ami, mais bien franchement, quelle fut à ton égard la conduite d'Ascylte, dans cette nuit où il te ravit à mon amour. N'a-t-il point poussé l'outrage jusqu'aux derniers excès, ou s'est-il borné à passer chastement la nuit dans une continence absolue ? — L'aimable enfant, portant la main à ses yeux, jura en termes formels qu'Ascylte ne lui avait fait aucune violence. J'étais si accablé des événements de la journée, que je n'avais pas la tête à moi, et que je ne savais ce que je disais. A quel propos, par exemple, allais-je chercher dans le passé de nouveaux sujets d'affliction ? Enfin, devenu plus raisonnable, je ne négligeai rien pour rétablir mes forces. Je voulus même me vouer aux dieux : je sortis, en effet, pour aller invoquer Priape ; et, à tout événement, feignant sur mon visage un espoir que je n'avais guère, je m'agenouillai sur le seuil de son temple, et lui adressai cette prière :

> Fils de Bacchus et de Vénus la belle,
> Folâtre dieu des jardins et des bois,

Nihil est hominum inepta persuasione falsius, nec ficta severitate ineptius.

CAPUT CXXXIII.

Hac declamatione finita, Gitona voco ; et : — Narra mihi, inquam, frater, sed tua fide : ea nocte, qua te mihi Ascyltos subduxit, usque in injuriam vigilavit, an contentus fuit vidua pudicaque nocte ? — Tetigit puer oculos suos, conceptisque juravit verbis, sibi ac Ascylto nullam vim factam. [His certe obrutus, non mei compos eram, nec quæ dicebam, probe noram. Quid enim, aiebam, præterita, iterum nocitura, in memoriam revocare ? Denique, ut nervos reciperem, nihil non sum molitus. Volui et etiam me diis vovere : Priapum igitur exoraturus egredior, et] ut ut res se haberet, spem vultu simulavi, positoque in limine genu, sic deprecatus sum numina versu :

> Nympharum, Bacchique comes, quem pulchra Dione
> Divitibus silvis numen dedit, inclyta paret

Si Mitylène à ton culte est fidèle,
Et si le Tmole, où l'aurore étincelle,
T'élève un temple et reconnaît tes lois,
Priape! entends ma dévote prière!
Je ne viens point, souillé du sang d'un père,
Ou des autels sacrilége agresseur,
T'offrir l'aspect d'un front profanateur.
Près d'immoler mon heureuse victime,
Tout mon courage à l'instant s'est glacé,
Et dans mes mains le poignard émoussé
Ne consomma que la moitié du crime.
Je fus coupable, hélas! bien malgré moi!
Si j'ai péché, c'était par impuissance.
Accorde-moi, pour réparer l'offense,
Ces dons heureux qu'on voit briller en toi.
Ah! du plaisir si l'heure m'est rendue,
Je veux qu'un bouc, l'orgueil de mon troupeau,
En ton honneur tombe sous le couteau.
La coupe en main, aux pieds de ta statue,
Je veux trois fois répandre un vin nouveau;
Et cependant une aimable jeunesse,
Ivre de joie, et de vin, et d'amour,
Dans les transports d'une vive allégresse,
De tes autels fera trois fois le tour.

Tandis que je faisais cette invocation, sans quitter de l'œil la partie défunte, entra la vieille Prosélénos, les cheveux en

Cui Lesbos, viridisque Thasos, quem Lydus adorat
Vestifluus, templumque tuis imponit Hypæpis.
Huc ades, o Bacchi tutor, Dryadumque voluptas,
Et timidas admitte preces : non sanguine tristi
Perfusus venio; non templis impius hostis
Admovi dextram; sed inops, et rebus egenus
Attritis, facinus non toto corpore feci.
Quisquis peccat inops, minor est reus. Hac prece, quæso,
Exonera mentem, culpæque ignosce minori.
Et, quandoque mihi Fortunæ arriserit hora,
Non sine honore tuum patiar decus : ibit ad aras,
Sancte, tuas hircus, pecoris pater, ibit ad aras
Corniger, et querulæ fœtus suis, hostia lactens;
Spumabit pateris hornus liquor : et ter ovantem
Circa delubrum gressum feret ebria pubes.

Dum hæc ago, solertique cura deposito meo caveo, intravit delubrum anus lace-

désordre, et vêtue d'une robe noire qui la rendait hideuse. Elle me prit par le bras et m'entraîna, tout tremblant, hors du portique.

CHAPITRE CXXXIV.

Quels vampires, me dit-elle, ont rongé tes nerfs? aurais-tu, en passant la nuit dans un carrefour, mis le pied sur quelque ordure ou sur un cadavre? Je sais que tu n'as pas pu en venir à ton honneur, même avec Giton; et que mou, languissant, haletant comme un vieux cheval sur le penchant d'un coteau, tu t'es épuisé en efforts inutiles. Que dis-je? non content de te rendre coupable, tu as attiré sur moi la colère des dieux; et tu crois que je n'en tirerai pas vengeance! — Là-dessus elle m'entraîne dans la cellule de la prêtresse, sans que j'oppose aucune résistance, me pousse sur le lit, prend un bâton derrière la porte, et m'en frappe à tour de bras. Je n'osais pas proférer une seule parole, et, si le bâton, en se rompant au premier coup, n'eût ralenti l'élan de sa fureur, elle m'aurait, je crois, brisé les bras et la tête. Je ne pus cependant retenir mes gémissements, lorsque sa main décharnée voulut réveiller en moi la nature engourdie; versant alors un torrent de larmes, je me renversai sur l'oreiller, et je cachai ma tête sous mon bras droit. La vieille, de son côté, s'assit sur le pied du lit, et se mit à pleurer à chaudes larmes, accusant d'une voix tremblante le destin de prolonger son inutile existence. Atti-

---

ratis crinibus, atraque veste deformis; extraque vestibulum me, injecta manu, duxit cuncta timentem.

CAPUT CXXXIV.

Quæ striges, [inquit,] comederunt nervos tuos? aut quod purgamentum nocte calcasti in trivio, aut cadaver? Nec a puero quidem te vindicasti; sed mollis, debilis, lassus, tanquam caballus in clivo, et operam, et sudorem perdidisti; nec contentus ipse peccare, mihi deos iratos excitasti, ac pœnas mihi nullas dabis? — Ac me iterum in cellam sacerdotis nihil recusantem perduxit, impulitque super lectum, et arundinem ab ostio rapuit, iterumque nihil respondentem mulcavit. Ac, nisi primo ictu arundo quassata impetum verberantis minuisset, forsitan etiam brachia mea caputque fregisset. Ingemui ego, utique propter masturbatorem, lacrymisque ubertim manantibus, obscuratum dextra caput super pulvinar inclinavi. Nec minus illa, fletu confusa, altera parte lectuli sedit, ætatisque longæ moram tremulis vocibus

rée par nos cris, survint la prêtresse : — Que venez-vous faire ici? nous dit-elle; croyez-vous être ici devant un bûcher? et cela dans un jour de fête, où les plus affligés doivent s'égayer !

— O Œnothée! lui répondit la vieille, ce jeune homme que vous voyez est né sous un mauvaise étoile : ni filles ni garçons ne peuvent tirer parti de sa marchandise. Jamais vieillard plus impotent ne s'offrit à vos yeux. Ce n'est pas un homme, c'est un morceau de cuir détrempé dans l'eau. En un mot, que pensez-vous d'un galant qui sort du lit de Circé sans avoir pu goûter aucun plaisir? — A ces mots, Œnothée vint s'asseoir entre nous deux, et, branlant la tête d'un air capable : — Il n'y a que moi, dit-elle qui sache guérir ces sortes d'infirmités. Et ne croyez pas que je me vante mal à propos : que ce jeune homme couche seulement une nuit avec moi, et je vous le rends plus dur qu'une corne.

> L'univers m'obéit. Je parle, et la nature
> Se couvre d'un long deuil, ou revêt sa parure;
> Neptune me soumet ses flots humiliés;
> Le tigre s'adoucit; des flancs d'un roc aride
>   Jaillit une source limpide;
> L'Aquilon vole et gronde, ou s'endort à mes pieds.
> Dans l'ombre de la nuit, par mes charmes vaincue,
>   De son trône sanglant la Lune est descendue;

cœpit accusare, donec intervenit sacerdos; et : — Quid vos, inquit, in cellam meam, tanquam ante recens bustum, venistis? utique die feriarum, quo etiam lugentes rident. — O, inquit, o Œnothea ! hunc adolescentem, quem vides, malo astro natus est : nam neque puero, neque puellæ, bona sua vendere potest. Nunquam tu hominem tam infelicem vidisti. Lorum in aqua, non inguina habet. Ad summam, qualem putas esse, qui de Circes toro sine voluptate surrexit? — His auditis, Œnothea inter utrumque consedit, motoque diutius capite : — Istum, inquit, morbum sola sum quæ emendare scio. Et, ne putetis perplexe agere, rogo ut adolescentulus mecum nocte dormiat, nisi illud tam rigidum reddidero, quam cornu.

> Quidquid in orbe vides, paret mihi. Florida tellus,
> Quum volo, siccatis arescit languida sulcis;
> Quum volo, fundit opes scopulis; atque arida saxa
> Niliacas jaculantur aquas : mihi pontus inertes
> Submittit fluctus, Zephyrique tacentia ponunt
> Ante meos sua flabra pedes. Mihi flumina parent,
> Hyrcanæque tigres, et jussi stare dracones.
> Quid leviora loquor? Lunæ descendit imago,

La terre, en gouffre ouverte, a frémi de terreur,
Et le char du Soleil a reculé d'horreur.
Qu'à la voix de Médée un dragon s'assoupisse,
Et retienne les feux que soufflaient ses naseaux ;
Qu'en vil troupeau Circé change les Grecs d'Ulysse ;
Que Protée, à son aide appelant l'artifice,
Se transforme à nos yeux en cent monstres nouveaux,
Moi, j'étends sur les monts l'eau des mers desséchées,
    Et, du sol natal arrachées,
Les forêts verdiront où voguaient les vaisseaux.

CHAPITRE CXXXV.

Je frémissais d'horreur au récit de tant de merveilles, et je regardais de tous mes yeux la vieille prêtresse, lorsqu'elle s'écria : — Préparez-vous à m'obéir ! — Elle dit ; et, se lavant les mains avec le plus grand soin, elle se penche sur le lit et m'applique deux gros baisers. Ensuite, elle pose une vieille table au milieu de l'autel, et la couvre de charbons ardents. Une écuelle de bois, toute fendue par le temps, pendait à la muraille : elle l'en détache ; mais le clou qui la supportait lui reste dans la main : elle raccommode l'écuelle avec de la poix tiédie, et renfonce le clou dans la muraille enfumée. Puis, ceignant ses reins d'une espèce de tablier carré, elle place sur le feu un grand coquemar, et décroche avec une fourche un sac

Carminibus deducta meis : trepidusque furentes
Flectere Phœbus equos revoluto cogitur orbe.
Tantum dicta valent! Taurorum flamma quiescit,
Virgineis exstincta sacris ; Phœbeia Circe
Carminibus magicis socios mutavit Ulyxis :
Proteus esse solet, quidquid libet. His ego callens
Artibus, Idæos frutices in gurgite sistam,
Et rursus fluvios in summo vertice ponam.

CAPUT CXXXV.

Inhorrui ego, tam fabulosa pollicitatione conterritus, anumque inspicere diligentius cœpi. — Ergo, exclamat Œnothea, imperio para te ! — detersisque curiose manibus, inclinavit se in lectulum, ac me semel iterumque basiavit. Postea mensam veterem posuit in medio altari, quam vivis implevit carbonibus, et camellam etiam, vetustate ruptam, pice temperata refecit. Tum clavum, qui detrahentem secutus cum camella lignea fuerat, fumoso parieti reddidit : mox incincta quadrato pallio, cucumam ingentem foco apposuit, simulque pannum de carnario detulit furca,

suspendu dans son garde-manger, et qui, outre des fèves pour son usage personnel, contenait un vieux reste de bajoue de porc percé de tous côtés. Elle délie ce sac, et répand sur la table une partie des fèves, qu'elle m'ordonne d'éplucher promptement. J'obéis, et je mets soigneusement à part toutes celles dont la cosse est moisie. Mais Œnothée, impatiente de ma lenteur, s'empare des fèves que j'avais mises au rebut, et, avec ses dents, les dépouille adroitement de leurs enveloppes qu'elle crache sur le plancher, drues comme mouches. La pauvreté est la mère de l'industrie, et l'invention de plusieurs arts doit son origine à la faim. La prêtresse était un admirable modèle de tempérance, et tout chez elle respirait la plus stricte économie : sa demeure, en un mot, était le véritable sanctuaire de l'indigence. Là,

> L'ivoire incrusté d'or n'éblouit point la vue;
> Le pied ne foule point le marbre de Paros :
> L'hôtesse de ces lieux a pour lit de repos
>   Un amas de paille battue,
> Que sa main étendit sur un grabat d'osier.
>   Quelques paniers, des pots de terre,
>   Et quelques vieux tessons de verre
> Encor tachés de vin, forment son mobilier.
>   Un torchis de chaume et d'argile
> Recouvre les parois de ce champêtre asile,

in quo faba erat ad usum reposita, et sincipitis vetustissima particula mille plagis dolata. Ut solvit ergo licio pannum, partem leguminis super mensam effudit, jussitque me diligenter purgare. Servio ego imperio, granaque, sordidissimis putaminibus vestita, curiosa manu segrego. At illa, inertiam meam accusans, improba tollit, dentibusque folliculos perite spoliat, atque in terram, veluti muscarum imagines, despuit. Mirabile quidem paupertatis ingenium, singularumque rerum quasdam artes fames edocuit. [Sacerdos hujus virtutis ita sectatrix videbatur, ut apud eam eluceret in minimis. Casa præcipue illius verum erat paupertatis sacrarium.]

> Non Indum fulgebat ebur, quod inhæserat auro,
> Nec jam calcato radiabat marmore terra,
> Muneribus delusa suis : sed crate saligna
> Impositum Cereris vacuæ nemus, et nova terræ
> Pocula, quæ facili vilis rota finxerat actu.
> Hinc mollis stillæ lacus, et de caudice lento
> Vimineæ lances, maculataque testa Lyæo :
> Et paries circa palea satiatus inani,

Dont le comble est tressé de joncs et de roseaux.
Dans le taudis fumeux on voit, aux soliveaux,
　　Pendre en festons le thym, la sarriette,
　　Les raisins secs, les cormes déjà mûrs.
Telle fut, Hécalès, ta paisible retraite,
　　Qui jadis, dans ses humbles murs,
Reçut le grand Thésée ; Hécalès, dont l'histoire
　　Célébra l'hospitalité,
　　Et dont le nom, couvert de gloire,
Fut transmis par la muse à la postérité.

CHAPITRE CXXXVI.

Œnothée, ayant achevé d'éplucher les fèves, se met à ronger un peu de la chair du crâne de porc ; puis, voulant replacer avec sa fourche, dans le garde-manger, cette tête aussi vieille et aussi décharnée que la sienne, elle monte, pour y atteindre, sur une chaise vermoulue qui se brise : la vieille, entraînée par son poids, tombe sur le foyer, casse le haut du coquemar, et éteint le feu qui commençait à se rallumer. Elle se brûla même le coude à un tison ardent, et se couvrit le visage d'un nuage de cendre chaude. Effrayé, je me lève, et je la remets sur ses jambes, non, toutefois, sans rire de sa chute. Mais, craignant que le sacrifice ne fût retardé par cet accident, elle

　　　　Fortuitoque luto, clavos numerabat agrestes ;
　　　　Et viridi junco gracilis pendebat arundo.
　　　　Præterea quas, fumoso suspensa tigillo,
　　　　Conservabat opes humilis casa, mitia sorba
　　　　Inter odoratas pendebant texta coronas,
　　　　Et thymbræ veteres, et passis uva racemis.
　　　　Qualis in Actæa quondam fuit hospita terra,
　　　　Digna sacris Hecales, quam Musa loquentibus annis
　　　　Battiadæ veteris mirando tradidit ævo.

CAPUT CXXXVI.

Tum illa [purgata faba,] carnis etiam paululum delibat : et dum coæquale natalium suorum sinciput in carnarium furca reponit, fracta est putris sella, quæ staturæ altitudinem adjecerat, anumque, suo pondere dejectam, super focum mittit. Frangitur ergo cervix cucumæ, ignemque modo convalescentem exstinguit : vexat cubitum ipsa stipite ardente, faciemque totam excitato cinere perfudit. Consurrexi equidem turbatus, anumque non sine risu erexi : statimque, ne res aliqua sacrificium moraretur, ad reficiendum ignem in vicinia cucurrit. Vix ad casæ ostiolum pro-

courut aussitôt chercher du feu chez une voisine. Elle venait de sortir, quand trois oies sacrées, qui, sans doute, recevaient au milieu du jour leur nourriture des mains de la vieille, s'élancent sur moi, et m'entourent en poussant des cris affreux, des cris de rage qui me font trembler : l'une déchire ma robe ; l'autre dénoue les cordons de mes sandales ; une troisième, qui semblait être leur chef et leur donnait l'exemple de la voracité, pousse l'audace jusqu'à me mordre la jambe de son bec aussi dur que des tenailles. Sans m'amuser à la bagatelle, j'arrache un des pieds de la table, et, armé de cette massue, je m'escrime de mon mieux contre la belliqueuse volatile : je n'y allais pas de main morte, et, d'un coup bien asséné, j'étendis mort à mes pieds mon féroce agresseur.

> Tel le Stymphale a vu, d'un vol rapide,
>   Ses oiseaux regagner les cieux,
>   Redoutant du vaillant Alcide
>   Le stratagème ingénieux ;
> Des sœurs de Céléno telle la troupe avide,
>   Du venin de son souffle infect,
>   Souillait le banquet de Phinée,
>   Quand Calaïs parut.... A son aspect,
> Les trois monstres ont fui la table empoisonnée :
> L'air retentit au loin de leurs longs hurlements,
> Et l'Olympe en trembla jusqu'en ses fondements.

Les deux oies, qui avaient survécu au combat, avalèrent

---

cesserat, quum ecce tres anseres sacri, qui, ut puto, medio die solebant ab anu diaria exigere, impetum in me faciunt, fœdoque ac veluti rabioso stridore circumsistunt trepidantem : atque alius tunicam meam lacerat, alius vincula calceamentorum resolvit, ac trahit : unus etiam, dux ac magister sævitiæ, non dubitavit crus meum serrato vexare morsu. Oblitus itaque nugarum, pedem mensulæ extorsi, cœpique pugnacissimum animal armata elidere manu ; nec satiatus defunctorio ictu, morte me anseris vindicavi.

> Tales Herculea Stymphalidas arte coactas
> Ad cœlum fugisse reor, sanieque fluentes
> Harpyas, quum Phinei maduere veneno
> Fallaces epulæ. Tremuit perterritus æther
> Planctibus insolitis, confusaque regia cœli
> [Visa suas moto transcurrere cardine metas.]

Jam reliqui revolutam, passimque per totum effusam pavimentum collegerant

toutes les fèves répandues sur le plancher ; et la mort de leur chef fut sans doute le motif qui les décida à se retirer dans le temple. Pour moi, ravi tout à la fois de ma victoire et du butin qu'elle me procurait, je jette l'oie morte derrière le lit, et j'étuve avec du vinaigre la blessure légère qu'elle m'a faite à la jambe. Puis, craignant les reproches de la vieille, je forme le projet de me sauver. En conséquence, je ramasse mes hardes, et je me dirige vers la porte. A peine j'en touchais le seuil, quand j'aperçois Œnothée qui revenait au logis portant du feu sur un vieux tesson. Je battis donc en retraite, et, quittant mon manteau, je me mis sur la porte dans l'attitude d'un homme qui attend avec impatience. La prêtresse pose son feu sur un tas de roseaux secs, y ajoute plusieurs morceaux de bois, et, tout en rallumant son foyer, s'excuse d'avoir tardé si longtemps : son amie, disait-elle, n'avait pas voulu la laisser partir avant d'avoir bu, comme de coutume, une triple rasade : — Et vous, ajouta-t-elle, qu'avez-vous fait pendant mon absence ? où sont les fèves ? — Moi, qui croyais avoir fait la plus belle chose du monde, je lui racontai tous les détails du combat ; et, pour la consoler de la perte de son oie, je lui offris de lui en acheter une autre. A la vue de la victime, la vieille poussa des cris si épouvantables, qu'on eût cru que les trois oies rentraient dans la chambre. Étourdi de ce vacarme, et ne comprenant rien à ce crime d'un nouveau genre, je demandai à la vieille quelle était la cause de son emportement, et pourquoi elle témoignait plus de chagrin de la perte de son oie que de ma blessure.

fabam, orbatique, ut existimo, duce, redierant in templum, quum ego præda simul atque hac vindicta gaudens, post lectum occisum anserem mitto, vulnusque cruris haud altum aceto diluo. Deinde convicium verens, abeundi formavi consilium : collectoque cultu meo, ire extra casam cœpi. Necdum liberaveram cellulæ limen, quum animadverto Œnotheam, cum testo ignis pleno venientem. Reduxi igitur gradum, projectaque veste, tanquam exspectarem morantem, in aditu steti. Collocavit illa ignem, cassis arundinibus collectum, ingestisque super pluribus lignis, excusare cœpit moram, quod amica se non dimississet, tribus nisi potionibus e lege siccatis. — Quid porro tu, inquit, me absente, fecisti ? aut ubi est faba ? — Ego, qui putaveram me rem laude etiam dignam fecisse, ordine illi totum prœlium exposui ; et, ne diutius tristis esset, jacturæ pensionem anserem obtuli. Quem anus ut vidit, tam magnum æque clamorem sustulit, ut putares iterum anseres limen intrasse. Confusus itaque, et novitate facinoris attonitus, quærebam, quid excanduisset, aut quare anseris potius quam mei misereretur ?

CHAPITRE CXXXVII.

Mais, faisant craquer ses mains : — Scélérat, s'écria-t-elle, tu oses encore parler! Ignores-tu donc l'énormité du crime que tu viens de commettre? tu viens de tuer le favori de Priape, une oie dont toutes nos dames raffolaient! Et ne crois pas que ta faute soit une bagatelle : si les magistrats en étaient instruits, ils t'enverraient au gibet. Par l'effusion de ce sang, tu as profané ma demeure, pure, jusqu'à ce jour, de toute souillure. Sais-tu à quoi tu m'exposes par ce sacrilége? qu'un ennemi me dénonce, et me voilà chassée du sacerdoce. — Elle dit :

> Et de son front, blanchi par l'âge,
> Furieuse, elle arrache un reste de cheveux,
> De ses ongles crochus se meurtrit le visage ;
> Et deux ruisseaux de pleurs s'échappent de ses yeux.
> Tel, quand le tiède Auster, au sommet des montagnes,
> Dissout la froide neige, un torrent orageux
> Roule son onde impure à travers les campagnes :
> Ainsi les larmes à grands flots
> Inondaient sa face ridée ;
> Et sa poitrine soulevée
> Exhalait de bruyants sanglots.

Modérez vos cris, lui dis-je alors, et, pour une oie, je vous

CAPUT CXXXVII.

At illa, complosis manibus : — Scelerate, inquit, et loqueris? Nescis, quam magnum flagitium admiseris. Occidisti Priapi delicias, anserem omnibus matronis acceptissimum. Itaque, ne te putes nihil egisse, si magistratus hoc scierint, ibis in crucem. Polluisti sanguine domicilium meum, ante hunc diem inviolatum; fecistique ut me, quisquis voluerit inimicus, sacerdotio pellat.

> Hæc ait, et tremulo deduxit vertice canos,
> Consecuitque genas ; oculis nec defuit imber :
> Sed qualis rapitur per valles improbus amnis,
> Quum gelidæ periere nives, et languidus Auster
> Non patitur glaciem resoluta vivere terra :
> Gurgite sic pleno facies manavit, et alto
> Insonuit gemitu turbatum murmure pectus.

Tum ego : — Rogo, inquam, noli clamare : ego tibi pro ansere struthiocamelum

rendrai une autruche. — Tandis que je restais immobile de stupeur, la vieille, assise sur son lit, continuait à gémir sur la mort de son oie. Prosélénos survint, apportant l'argent nécessaire pour les frais du sacrifice. Elle s'informa d'abord de la cause de notre tristesse; mais, dès qu'elle aperçut l'oie que j'avais tuée, elle se mit à pleurer plus fort que la prêtresse, et à s'apitoyer sur mon sort, comme si j'eusse tué mon père, et non une oie nourrie aux dépens du public. Excédé de ces ennuyeuses lamentations : — De grâce, leur dis-je, quand bien même je vous aurais battues, quand bien même j'aurais commis un homicide, ne pourrais-je pas expier mon crime à prix d'argent ? Eh bien, voici deux pièces d'or avec lesquelles vous pourrez acheter et des oies et des dieux. — A la vue de ce métal : — Pardonnez-moi, mon enfant, me dit Œnothée; je n'étais inquiète que pour vous; ne voyez dans tout ceci qu'une preuve de l'intérêt que je vous porte, et non l'intention de vous nuire. Je vais donc faire en sorte que cette affaire ne s'ébruite pas. Pour vous, priez seulement les dieux qu'ils vous pardonnent. —

> Le riche ne craint point les fureurs de Neptune;
> Il dirige à son gré l'inconstante fortune.
> Si Danaé, captive, est l'objet de ses feux,
> Qu'il fasse briller l'or : soudain verrous et grille
> Tomberont devant lui; complaisant de sa fille,
> Acrisius, alors, saura fermer les yeux.

reddam. — Dum hæc, me stupente, in lectulo sedet, anserisque fatum complorat, interim Proselenos cum impensa sacrificii venit, visoque ansere occiso, sciscitata causam tristitiæ, et ipsa flere vehementius cœpit, meique misereri, tanquam patrem meum, non publicum anserem, occidissem. Itaque tædio fatigatus : — Rogo, inquam, expiare manus pretio licet, si vos provocassem, etiam si homicidium fecissem? Ecce ! duos aureos pono, unde possitis et deos et anseres emere. — Quos ut vidit Œnothea : — Ignosce, inquit, adolescens, sollicita sum tua causa : amoris est hoc argumentum, non malignitatis. Itaque dabimus operam ne quis hoc sciat. Tu modo deos roga ut illi facto tuo ignoscant. —

> Quisquis habet nummos, secura naviget aura,
> Fortunamque suo temperet arbitrio.
> Uxorem ducat Danaen, ipsumque licebit
> Acrisium jubeat credere, quod Danaen.

Il est tout ce qu'il veut, déclamateur, poëte,
Philosophe, avocat ; enfin, Caton nouveau,
Il décide de tout, au sénat, au barreau.
C'est beaucoup ! dira-t-on. Non, chez nous tout s'achète.
Quiconque a des écus, tout sourit à ses vœux ;
Et le sceptre puissant du souverain des dieux,
C'est, croyez-m'en, la clef d'une cassette.

Œnothée cependant dispose à la hâte les apprêts du sacrifice : elle place sous mes mains une gamelle pleine de vin, y trempe des poireaux et du persil, me fait étendre les doigts, et les arrose de cette liqueur en guise d'eau lustrale. Ensuite, elle plonge dans le vin des avelines, en prononçant des paroles magiques ; et, selon qu'elles restent au fond du vase ou remontent à sa surface, elle en tire des pronostics. Mais je n'étais pas dupe de sa ruse : je savais bien que celles qui étaient vides et sans amandes surnageaient, tandis que celles qui étaient pleines et dont le fruit était intact retombaient au fond par leur propre poids. Alors, s'approchant de l'oie, elle l'ouvrit, et en tira le foie qui était parfaitement sain : elle s'en servit pour me prédire mes destinées futures. Enfin, pour détruire jusqu'au moindre vestige de mon crime, elle coupa l'oie en morceaux, et les mit à la broche pour en faire, disait-elle, un splendide régal à celui que, l'instant d'avant, elle vouait à la mort. Cependant, mes deux vieilles buvaient à qui mieux mieux, et, joyeuses, dévoraient à belles dents cette oie, naguère

Carmina componat, declamet, concrepet, omnes
Et peragat causas, sitque Catone prior.
Jurisconsultus, PARET, NON PARET, habeto,
Atque esto, quidquid Servius et Labeo.
Multa loquor : quidvis, nummis præsentibus, opta ;
Et veniet. Clausum possidet arca Jovem.

Interea hæc satagens, infra manus meas camellam vini posuit, et, quum digitos pariter extensos porris apioque lustrasset, avellanas nuces cum precatione mersit in vinum : et, sive in summum redierant, sive subsederant, ex hoc conjecturam ducebat ; nec me fallebat, inanes scilicet, ac sine medulla ventosas, nuces in summo humore consistere, graves autem et plenas integro fructu ad ima deferri. Tum ad anserem appellens sese, recluso pectore extraxit fortissimum jecur, et inde mihi futura prædixit. Immo, ne quod vestigium sceleris superesset, totum anserem laceratum verubus confixit, epulasque etiam lautas, paulo ante, ut ipsa dicebat, perituro

la cause de tant de chagrins. Lorsqu'il n'en resta plus rien, Œnothée, à moitié ivre, se tourna vers moi, et me dit : — Il faut maintenant achever les mystères qui doivent rendre à vos nerfs toute leur vigueur.

CHAPITRE CXXXVIII.

A ces mots, elle apporte un phallus de cuir, le saupoudre de poivre et de graine d'ortie pilée, détrempés d'huile, et me l'introduit par degrés dans l'anus. Puis, l'impitoyable vieille me bassine les cuisses de cette liqueur stimulante. Mêlant ensuite du cresson avec de l'aurone, elle m'en couvre la partie malade, et, saisissant une poignée d'orties vertes, m'en fouette à petits coups le bas-ventre. Cette opération me causait de cuisantes douleurs : pour m'y soustraire, je prends la fuite. Furieuses, les vieilles courent à ma poursuite, et, bien qu'étourdies par le vin et la débauche, elles prennent la même route que moi, et me suivent quelque temps dans les rues en criant : — Au voleur ! arrêtez le voleur ! — Je parvins cependant à leur échapper ; mais une course si rapide m'avait mis les pieds tout en sang. Dès que je pus regagner mon logis, épuisé de fatigue, je me jetai sur mon lit, mais je n'y pus trouver le sommeil. Tous les maux qui m'avaient accablé me revenaient à l'esprit ; et, me figurant que jamais existence n'avait été plus traversée que la mienne par les revers : La Fortune,

---

paravit. Volabant inter hæc potiones meracæ; [aniculæque anserem, materiam antea tristitiæ, vorabant lætæ : illo exeso, Œnothea semiebria ad me respiciens : — Perficienda sunt, inquit, mysteria, ut recipias nervos.

CAPUT CXXXVIII.

Simulque] profert Œnothea scorteum fascinum, quod, ut oleo et minuto pipere, atque urticæ trito circumdedit semine, paulatim cœpit inserere ano meo. Hoc crudelissima anus spargit subinde humore femina mea. Nasturtii succum cum abrotono miscet, perfusisque inguinibus meis, viridis urticæ fascem comprehendit, omniaque infra umbilicum cœpit lenta manu cædere. Urticis ustum, fuga subductum, exæstuantes aniculæ consectantur; et quamvis solutæ mero ac libidine essent, eamdem viam tentant, et per aliquos vicos secutæ fugientem : — Prehende furem ! — clamant. — Evasi tamen, omnibus digitis inter præcipitem decursum cruentatis. [Ubi tamen me domum potui recipere, defatigatione gravis, lectum petii, nec tamen somnum capere potui : quæque enim adversa mihi contigerant, animo volvebam;

disais-je, ma constante ennemie, avait-elle besoin de s'unir à l'Amour pour augmenter mes tourments? Malheureux que je suis! ces deux divinités, liguées contre moi, ont conjuré ma perte. L'Amour surtout, l'impitoyable Amour, ne m'a jamais épargné : amant ou aimé, je suis également en butte à ses rigueurs. Et maintenant ne voilà-t-il pas que Chrysis m'aime à la fureur, et me poursuit en tous lieux ! cette Chrysis, qui naguère fut auprès de moi l'entremetteuse de sa maîtresse, et qui alors me dédaignait comme un esclave, parce que j'en portais l'habit ; oui, cette même Chrysis qui avait tant d'éloignement pour ma condition servile, veut maintenant me suivre au péril de sa vie ; elle vient de me jurer, en me dévoilant la violence de sa passion, qu'elle s'attachait à moi comme mon ombre. Mais, elle a beau faire, je suis tout entier à Circé, et je méprise toutes les autres femmes. Et n'est-elle pas, en effet, le chef-d'œuvre de la nature ? Ariadne ou Léda eurent-elles jamais rien de comparable à tant de charmes? Hélène et Vénus elle-même peuvent-elles lui être comparées? Pâris, juge du différend des trois déesses, s'il l'eût vue paraître auprès d'elles avec des yeux si resplendissants, lui eût sacrifié et son Hélène et les trois déesses. Oh ! que ne m'est-il permis du moins de lui ravir un baiser, de serrer dans mes bras ces formes célestes et ravissantes ! Peut-être alors je retrouverais toute ma vigueur, et mes organes, assoupis sans doute par quelque maléfice, se relèveraient brillants de force et de santé. Ses outrages ne peuvent me rebuter ; je ne me souviens plus des

---

reputansque, neminem magis casibus me obnoxium esse, proclamabam : Fortuna, semper infensa mihi, egebatne Amoris cruciatibus, ut me magis torqueret? O me infelicem ! junctis viribus, Fortuna et Amor in perniciem conspirant meam. Ipse dirus Amor nusquam mihi pepercit : amans amatusve crucior. En! Chrysis, quæ me perdite amat, lacessere non desinit. Illa, quæ, quum mihi dominam conciliabat, me ut servum contemtum despexit, quia servili induebar veste : illa, inquam,] Chrysis, quæ priorem fortunam tum oderat, hanc vel cum periculo capitis persequi destinat, [seque lateribus meis semper instituram juravit, quum sui amoris vehementiam mihi patefecit. At Circe me totum habet ; ceteras sperno. Revera quid illa pulchrius?] Quid huic formæ aut Ariadne habuit, aut Leda simile ? quid contra hanc Helene, quid Venus posset? Ipse Paris, dearum litigantium judex, si hanc in comparatione vidisset tam petulantibus oculis, et Helenen huic donasset, et deas. Saltem, si permitteretur osculum capere, si illud cœleste ac divinum pectus amplecti, forsitan rediret hoc corpus ad vires, et resipiscerent partes veneficio, credo, sopitæ. Nec me

coups que j'ai reçus : elle m'a chassé ; ce n'est qu'un jeu.
Que je puisse seulement mériter ma grâce !

CHAPITRE CXXXIX.

Ces réflexions, jointes aux appas de Circé dont je jouissais en idée, avaient tellement échauffé mon imagination, que je foulais mon lit avec fureur, comme si j'eusse tenu dans mes bras l'objet de mes désirs ; mais tous ces mouvements furent encore sans effet. Cet acharnement du sort mit enfin ma patience à bout, et je me livrai aux plus violents reproches contre le malin génie qui sans doute m'avait ensorcelé. Enfin, mon esprit se calma ; et, cherchant alors des motifs de consolation parmi les héros de l'antiquité, qui, comme moi, avaient été en butte au courroux des dieux, je m'écriai :

> Je ne suis pas le seul qu'un destin implacable
> De ses coups redoublés sans cesse opprime, accable.
> Avant moi, de Junon l'ordre capricieux
> Força le grand Alcide à supporter les cieux ;
> Victime, comme lui, de la déesse altière,
> Pélias éprouva le poids de sa colère ;
> Le vieux Laomédon, vaincu dans les combats,
> Pour prix de son parjure, y trouve le trépas ;

contumeliæ lassant. Quod verberatus sum, nescio ; quod ejectus sum, lusum puto ; modo redire in gratiam liceat.

CAPUT CXXXIX.

[Hæc taliaque cum idea formosissimæ Circes ita meum concitarunt animum, ut] torum frequenti tractatione vexavi, amoris mei quasi quamdam imaginem ; [sed inutiles adhuc fuerunt conatus.] Sic pervicax [vexatio meam tandem fregit patientiam ; et veneficium, quo eram contactus, Genio inimico exprobravi. Animo tamen collecto, inter heroas antiquos, ira deorum olim insectatos, consolationem quærens in hæc erupi :]

> Non solum me numen, et implacabile fatum
> Persequitur ; prius Inachia Tirynthius ira
> Exagitatus, onus cœli tulit : ante profanus
> Junonem Pelias sensit : tulit inscius arma
> Laomedon : gemini satiavit numinis iram

Et Télèphe, innocent du crime qu'il expie,
De deux divinités assouvit la furie.
Près d'atteindre le bord qui sans cesse le fuit,
Ulysse, sur les mers, cherche en vain son Ithaque ;
Moi, jouet de Vénus et du dieu de Lampsaque,
Partout leur bras vengeur sur moi s'appesantit.

Torturé d'inquiétudes, je passai toute la nuit dans cette agitation. Au point du jour, Giton, informé que j'avais couché au logis, entra dans ma chambre, et se plaignit amèrement de mon libertinage. A l'entendre, il n'était bruit dans toute la maison que du scandale de ma conduite. On ne me voyait, disait-il, que très-rarement à l'heure du service, et ce commerce clandestin finirait probablement par me porter malheur. Ces reproches me prouvèrent qu'il était instruit de mes affaires, et que quelqu'un sans doute était venu s'enquérir de moi pendant mon absence. Pour m'en assurer, je m'informai de Giton si personne ne m'avait demandé : — Non, pas aujourd'hui, répondit-il ; mais hier, une femme d'assez bonne mine est entrée chez nous : après s'être entretenue longtemps avec moi et m'avoir fatigué de ses questions, elle finit par me dire que vous aviez mérité d'être puni, et que vous subiriez le châtiment des esclaves, si la partie lésée persévérait dans sa plainte. — Cette nouvelle me mit au désespoir, et je me répandis de nouveau en imprécations contre la Fortune. Je n'étais pas au bout de mes invectives, lorsque Chrysis entra,

---

Telephus : et regnum Neptuni pavit Ulyxes.
Me quoque per terras, per cani Nereos æquor
Hellespontiaci sequitur gravis ira Priapi.

[His tortus sollicitudinibus, anxie noctem consumsi totam; et Giton, qui acceperat me cubuisse domi, cellulam intravit primo diluculo, meque licentiosius vivere vehementer accusavit, dixitque familiam de mea agendi ratione valde conqueri, rarissime ministeriis me adesse, et mihi fortasse funestum fore illud, quod gerebam, commercium. His intellexi, de meis negotiis illum esse commonitum, et aliquem domi forte de me percontatum fuisse]. Quærere [igitur] a Gitone meo cœpi, num aliquis me quæsisset? — Nemo, inquit, hodie; sed hesterno die mulier quædam haud inculta januam intravit; quumque diu mecum esset locuta, et me accersito sermone lassasset, ultimo cœpit dicere, te noxam meruisse, daturumque serviles pœnas, si læsus in querela perseverasset. — [Hæc vehementer me torserunt, novaque convicia in fortunam jeci, et] nondum querelam finieram, quum Chrysis intervenit, amplexuque effusissimo me invasit; et : — Teneo te, inquit, qualem speraveram ;

et, me serrant dans ses bras avec la plus tendre effusion : — Enfin je te tiens, me dit-elle ; je te trouve dans l'état où je te voulais ! Polyænos, mon âme ! mon bonheur ! tu ne pourras éteindre le feu qui me dévore qu'avec le plus pur de ton sang. — L'emportement de Chrysis me mettait dans le plus grand embarras ; et j'eus recours, pour l'éloigner, aux plus douces protestations : car je craignais que le bruit que faisait cette folle ne vînt aux oreilles d'Eumolpe, qui, depuis sa prospérité, nous traitait avec l'orgueil d'un maître. Je mis donc tous mes soins à calmer les transports de Chrysis : je feignis de répondre à son amour ; je lui tins les plus tendres propos ; enfin, je dissimulai si bien, qu'elle me crut sérieusement épris de ses charmes. Alors je lui représentai les dangers auxquels nous serions exposés tous deux, si on la surprenait dans ma chambre ; je lui peignis Eumolpe comme un maître qui punissait avec rigueur la moindre peccadille. A ces mots, elle s'empressa de partir, et d'autant plus vite, qu'elle vit revenir Giton, qui était sorti de ma chambre un moment avant son arrivée. Elle venait de me quitter, lorsqu'un des nouveaux valets d'Eumolpe accourut, et m'apprit que son maître était furieux de ce que je n'avais pas fait mon service depuis deux jours, ajoutant que je ferais sagement de préparer quelque excuse plausible pour me justifier : car, disait-il, il est fort douteux que sa colère se calme avant de vous avoir fait donner la bastonnade. Giton me trouva si triste, si consterné de cette menace, qu'il ne me dit pas un mot de Chrysis, et ne me parla que

---

tu desiderium meum, tu voluptas mea, nunquam finies hunc ignem, nisi sanguine exstinxeris. — [Chrysidis petulantia multum turbatus fui, et verborum blanditiis usus sum, ut illam dimitterem : timebam enim, ne rumores furentis ad aures Eumolpi pervenirent ; nam a felicitate superbum domini supercilium induerat. Omnem ergo adhibui industriam, ut mitigaretur Chrysis : amorem finxi ; blande susurravi ; in summam, ita dissimulavi astute, ut me amore captum crediderit. Exposui, quo in periculo uterque essemus, si mecum in cella deprehenderetur, Eumolpumque vel de minimo pœnas repetere. His auditis, confestim exit, et eo celerius, quod reducem videbat Gitona, qui paulo antequam illa me convenisset, exierat e cubiculo. Vix egressa,] unus ex novitiis servulis subito accucurrit, et, mihi dominum iratissimum esse affirmavit, quod biduo jam officio defuissem ; recte ergo me facturum, si excusationem aliquam idoneam præparassem. Vix enim posse fieri, ut rabies irascentis sine verbere considat. [Adeo turbatus mœstusque visus sum Gitoni, ut nihil mihi de muliere dixerit : de Eumolpo duntaxat locutus est, jussitque potius cum illo jocari,

d'Eumolpe : il me conseilla de ne pas prendre avec lui l'affaire au sérieux, mais de la tourner en plaisanterie. Je profitai de son avis, et j'abordai le patron avec un visage si riant, que son accueil, loin d'être sévère, fut on ne peut plus gai. Il me plaisanta sur mes bonnes fortunes, me fit des compliments sur ma bonne mine et sur ma tournure, dont toutes les dames raffolaient : — Je n'ignore pas, ajouta-t-il, qu'une de nos beautés se meurt d'amour pour toi, mon cher Encolpe : cela peut un jour nous être utile en temps et lieu. Courage ! joue bien ton rôle d'amoureux ; de mon côté, je soutiendrai le mien jusqu'au bout.

CHAPITRE CXL.

Il parlait encore, quand nous vîmes entrer une dame des plus respectables : Philumène était son nom. Dans sa jeunesse, elle avait spéculé sur ses charmes pour extorquer plusieurs successions ; mais alors, vieille et fanée, elle introduisait son fils et sa fille auprès des vieillards sans héritiers, et, se succédant ainsi à elle-même, elle continuait à exercer son honnête commerce. Elle vint donc trouver Eumolpe, et recommanda à sa prud'homie et à sa bonté ces enfants, son unique espérance. A l'entendre, Eumolpe était l'homme du monde le plus capable de donner sans cesse de sages instructions à la jeunesse. Elle finit en disant qu'elle laissait ses enfants dans la maison d'Eumolpe, pour qu'ils écoutassent ses leçons, ajoutant que c'était le plus bel héri-

---

quam agere serio. Parui equidem, et tam hilari vultu ad eum accessi, ut non severe, sed festive me exceperit : de Venere mihi propitia cavillatus est : laudavit formam et elegantiam meam, matronis omnibus acceptissimam; et : — Non me latet, inquit, te a formisissima deperiri : at nunc, Encolpi, illud nobis in loco poterit prodesse : Phili ergo sustine personam ; equidem, quam suscepi, sustinebo.

CAPUT CXL.

Adhuc loquebatur, quum intravit] matrona inter primas honesta, Philumene nomine, quæ multas sæpe hereditates officio ætatis extorserat, tum anus et floris exstincti, filium filiamque ingerebat orbis senibus, et per hanc successionem artem suam perseverabat extendere. Ea ergo ad Eumolpum venit, et commendare liberos suos ejus prudentiæ, bonitatique credere se et vota sua. Illum esse solum in toto orbe terrarum, qui præceptis etiam salubribus instruere juvenes quotidie posset. Ad summum, relinquere se pueros in domo Eumolpi, ut illum loquentem audirent, quæ sola posset hereditas juvenibus dari. Nec aliter fecit ac dixerat, filiamque speciosis-

tage qu'elle pût leur léguer. Ce qui fut dit fut fait : elle laissa dans la chambre une fort belle fille et un jeune adolescent, son frère, et sortit sous prétexte d'aller au temple faire des vœux pour son bienfaiteur. Eumolpe, si peu délicat sur cet article, que, malgré mon âge, il eût fait de moi son mignon, ne perdit pas de temps, et invita la jeune fille à un combat amoureux. Mais, comme il s'était donné à tout le monde pour un homme atteint de la goutte et d'une paralysie lombaire, il courait risque, s'il ne soutenait pas son imposture, de renverser notre plan de fond en comble. Pour ne pas se démentir, il pria la jeune fille d'avoir la complaisance de jouer le rôle de l'homme, en se plaçant sur lui ; ensuite il ordonna à Corax de se glisser sous le lit où il était couché, de s'appuyer les deux mains contre terre, et de remuer son maître avec ses reins. Corax obéit, et, par des secousses lentes et régulières, répondit aux mouvements de la jeune fille. Mais, lorsque le moment de la jouissance approcha, Eumolpe cria de toutes ses forces à Corax de redoubler de vitesse. A voir le vieillard ainsi balancé entre son valet et sa maîtresse, on eût dit qu'il jouait à l'escarpolette. Nous éclations de rire, et Eumolpe partageait notre gaîté, ce qui ne l'empêcha pas de courir deux fois la même carrière. Quant à moi, ne voulant pas laisser mes facultés se rouiller, en restant témoin inactif d'un si doux jeu, j'avisai le frère de cette jeune fille qui regardait avidement, à travers la cloison, l'exercice gymnastique de sa sœur, et je m'approchai de lui pour voir s'il était disposé à se laisser faire. En garçon

simam cum fratre ephebo in cubiculo reliquit, simulavitque se in templum ire ad vota nuncupanda. Eumolpus, qui tam frugi erat, ut illi etiam ego puer viderer, non distulit puellam invitare ad pygesiaca sacra. Sed et podagricum se esse, lumborumque solutorum, omnibus dixerat, et, si non servasset integram simulationem, periclitabatur totam pæne tragœdiam evertere. Itaque, ut constaret mendacio fides, puellam quidem exoravit ut sederet supra, commodata bonitate ; Coraci autem imperavit ut lectum, in quo ipse jacebat, subiret, positisque in pavimento manibus, dominum lumbis suis commoveret. Ille lento parebat imperio, puellæque artificium pari motu remunerabat. Quum ergo res ad effectum spectaret, clara Eumolpus voce exhortabatur Coraca ut spissaret officium. Sic inter mercenarium amicamque positus senex, veluti oscillatione, ludebat. Hoc semel iterumque ingenti risu, etiam suo, Eumolpus fecerat. Itaque ego quoque, ne desidia consuetudinem perderem, dum frater sororis suæ automata per cloštellum miratur, accessi tentaturus an pateretur injuriam.

bien appris, il se prêta de bonne grâce à toutes mes caresses ; mais un dieu jaloux s'opposait encore à mon bonheur. Cependant ce nouvel échec m'affligea moins que les précédents ; car, un instant après, je sentis renaître ma vigueur. Fier de cette découverte : — Les dieux, m'écriai-je, m'ont restitué toutes les puissances de mon être. Sans doute Mercure, qui conduit les âmes au Tartare et les en ramène, m'a, dans sa bonté, rendu ce qu'une main hostile m'avait ravi, pour vous convaincre que je suis plus heureusement partagé que Protésilas ou tout autre héros de l'antiquité. — A ces mots, je relève ma robe, et je me montre à Eumolpe dans toute ma gloire. Il en fut d'abord épouvanté ; puis, pour s'assurer davantage de la réalité, il caressa de l'une et l'autre main ce présent des dieux. Cette merveilleuse résurrection nous mit en belle humeur, et nous rîmes beaucoup du sage discernement de Philumène, qui, dans l'espoir d'un riche héritage, nous avait livré ses enfants, dont l'expérience précoce dans cet honnête métier ne devait cette fois lui être d'aucun profit. Cet infâme manége pour séduire les vieillards me conduisit à réfléchir sur notre situation présente, et, trouvant l'occasion propice pour en raisonner avec Eumolpe, je lui représentai que les trompeurs se prennent souvent dans leurs propres piéges : — Toutes nos démarches, lui dis-je, doivent être réglées par la prudence. Socrate, le plus sage des mortels, au jugement des dieux et des hommes, se glorifiait souvent de n'avoir jamais

---

Nec se rejiciebat a blanditiis doctissimus puer, sed numen inimicum ibi quoque inveni. [Non tam graviter sustuli hanc debilitatem, quam pristinas : paulo post enim redierunt nervi, et repente me sentiens valentiorem esse, proclamavi :] — Dii majores sunt, qui me restituerunt in integrum. Mercurius enim, qui animas ducere et reducere solet, suis beneficiis reddidit mihi quod manus irata præciderat, ut scias me gratiosiorem esse, quam Protesilaum, aut quemquam alium antiquorum. — Hæc locutus, sustuli tunicam, Eumolpoque me totum approbavi. At ille primo exhorruit ; deinde, ut plurimum crederet, utraque manu deorum beneficia tractat. [Hac ingenti gratia hilaritatem nobis concitante, risimus prudentiam Philumenes, liberorumque experientiam in arte, illis quoad nos nihil profuturam ; sola enim hereditatis spe puerum puellamque illa nobis prodiderat. Hinc igitur sordidum orbos senes circumveniendi modum apud me reputans, de nostræ præsentis fortunæ statu ratiocinandi occasionem nactus, commonui Eumolpum, captando captatores captari posse. — Omnes, aiebam, nostræ actiones cum prudentia convenire debent.] Socrates, deorum hominumque judicio sapientissimus, gloriari solebat, quod nunquam neque in tabernam conspexerat, nec ullius turbæ frequentioris concilio oculos

jeté les yeux dans une taverne, et de ne s'être jamais hasardé dans une assemblée trop nombreuse : tant il est vrai que rien n'est plus utile que de consulter la sagesse en toute chose ! Cela est d'une vérité incontestable; et ce qui ne l'est pas moins, c'est qu'il n'y a personne qui coure plus promptement à sa perte que celui qui spécule sur le bien d'autrui. En effet, quels seraient les moyens d'existence des vagabonds et des filous, s'ils ne jetaient en guise d'hameçons, à la foule qu'ils veulent duper, des bourses et des sacs d'argent bien sonnants? Les animaux se laissent amorcer par l'appât de la nourriture, et les hommes par celui de l'espérance; mais il faut pour cela qu'ils trouvent quelque chose à mordre. Ainsi les Crotoniates nous ont hébergés jusqu'à ce jour de la manière la plus splendide. Mais on ne voit point arriver d'Afrique ce vaisseau chargé d'argent et d'esclaves que vous leur aviez annoncé. Les ressources de nos héritiers s'épuisent, leur libéralité se refroidit. Je me trompe fort, ou la Fortune commence à se lasser des faveurs dont elle nous a comblés.

CHAPITRE CXLI.

J'ai inventé, dit Eumolpe, un expédient qui mettra dans un grand embarras ces coureurs d'héritages. — En même temps il tira de sa valise les tablettes où étaient consignées ses dernières volontés, qu'il nous lut en ces termes : — Tous ceux qui sont couchés sur mon testament, à l'exception de mes

suos crediderat. Adeo nihil est commodius quam semper cum sapientia loqui. Omnia ista vera sunt : nec ulli enim celerius homines incidere debent in malam fortunam, quam qui alienum concupiscunt. Unde plani autem, unde levatores viverent, nisi aut locellos, aut sonantes ære sacellos pro hamis in turbam mittereut? Sicut muta animalia cibo inescantur, sic homines non caperentur spe, nisi aliquid morderent. [Quamobrem Crotoniatæ tam laute hactenus nos exceperunt; sed,] ex Africa navis, ut promiseras, cum pecunia tua et familia tua non venit. Captatores jam exhausti liberalitatem imminuerunt. Itaque aut fallor, aut fortuna communis cœpit redire ad pœnitentiam suam.

CAPUT CXLI.

[Modum excogitavi, inquit Eumolpus, quo nostros captatores valde sollicitos habeamus : simulque tabulas e pera trahens, sic ultimas legit voluntates.] Omnes, qui in testamento meo legata habent, præter libertos meos, hac conditione perci-

affranchis, ne pourront toucher leurs legs que sous la condition expresse de couper mon corps en morceaux, et de le manger en présence du peuple assemblé. Cette clause n'a rien qui doive tant les effrayer ; car il est à notre connaissance qu'une loi, encore en vigueur chez certains peuples, oblige les parents d'un défunt à manger son corps ; et cela est si vrai, que, dans ces pays, on reproche souvent aux moribonds de gâter leur chair par la longueur de leur maladie. Cet exemple doit engager mes amis à ne point se refuser à l'exécution de ce que j'ordonne, mais à dévorer mon corps avec un zèle égal à celui qu'ils mettront à maudire mon âme. — Tandis qu'il lisait les premiers articles, quelques-uns de nos héritiers, les plus assidus auprès d'Eumolpe, entrèrent dans la chambre, et, lui voyant son testament à la main, le prièrent instamment de leur permettre d'en entendre la lecture : il y consentit aussitôt, et le lut d'un bout à l'autre. Mais ils firent triste mine, lorsqu'ils entendirent la clause formelle qui les obligeait à manger son cadavre. Cependant la grande réputation de richesse dont jouissait Eumolpe aveuglait tellement ces misérables, et les tenait si rampants devant lui, qu'ils n'osèrent se récrier contre cette condition inouïe jusqu'alors. L'un d'eux, nommé Gorgias, déclara même qu'il était prêt à s'y soumettre, pourvu que le legs ne se fît pas attendre longtemps. — Je ne doute pas, reprit Eumolpe, de la complaisance de votre estomac : une heure de dégoût, largement compensée par l'espoir d'une longue suite de bons repas, me

pient quæ dedi, si corpus meum in partes conciderint, et, adstante populo, comederint. Ne plus æquo exhorrescant, apud quasdam gentes scimus adhuc legem servari, ut a propinquis suis consumantur defuncti, adeo quidem, ut objurgentur ægri frequenter, quod carnem suam faciant pejorem. His admoneo amicos, ne recusent quæ jubeo, sed, quibus animis devoveant spiritum meum, eisdem etiam corpus consumant. — [Quumque prima capita legeret, quidam magis Eumolpo familiares intrarunt cubiculum, et in ejus manu tabulas testamenti conspicientes, ut fierent lectionis participes, eum enixe rogarunt. Annuit ille subito, et a primo ad ultimum recitavit. Hi vero, audita necessitate cadaveris edendi non tralatitia propositione, tristes admodum fuerunt. Sed] excæcabat ingens fama oculos, animosque miserorum, [et illius ad aspectum tam humiles erant, ut de hac novitate conqueri non ausi fuerint. Ast unus ex eis nomine] Gorgias paratus erat exsequi, [dummodo diutius non exspectaret. Ad hoc Eumolpus :] — De stomachi tui recusatione non habeo quod timeam : sequetur imperium, si promiseris illi, pro unius horæ fastidio, mul-

répond de sa docilité; vous n'avez qu'à bien fermer les yeux, et à vous figurer qu'au lieu des entrailles d'un homme vous mangez un million de sesterces. Ajoutez à cela que nous trouverons quelque assaisonnement pour corriger le goût d'un pareil mets : car il n'y a pas de viandes qui, par elles-mêmes, excitent notre appétit; mais la manière de les préparer les déguise si bien, que notre estomac s'en arrange. Pour prouver la vérité de cette assertion, je puis vous citer l'exemple des Sagontins, qui, assiégés par Annibal, se nourrirent de chair humaine; et cependant ils n'avaient pas de succession à espérer. Les Pérusiens, réduits à une extrême disette, en firent autant, sans autre but, en mangeant leurs compatriotes, que de s'empêcher de mourir de faim. Lorsque Scipion prit Numance, on trouva dans cette ville des enfants à moitié dévorés sur le sein de leurs mères. Enfin, comme le dégoût qu'inspire la chair humaine provient uniquement de l'imagination, vous ferez tous vos efforts pour triompher de cette répugnance, afin de recueillir les legs immenses dont je dispose en votre faveur. — Eumolpe débitait ces révoltantes nouveautés avec si peu d'ordre et de suite, que nos héritiers en herbe commencèrent à douter de la réalité de ses promesses. Dès ce moment, ils épièrent de plus près nos paroles et nos actions; cet examen accrut leurs soupçons, et bientôt ils furent convaincus que nous étions des vagabonds et des escrocs. Alors ceux qui s'étaient mis le plus en dépense pour nous faire accueil résolurent de se saisir de nous et de nous punir selon

---

torum bonorum pensationem. Operi modo oculos, et finge, te non humana viscera, sed centies sestertium comesse. Accedet huc, quod aliqua inveniemus blandimenta, quibus saporem mutemus. Neque enim ulla caro per se placet, sed arte quadam corrumpitur, et stomacho conciliatur averso. Quod si exemplis vis quoque probari consilium, Saguntini oppressi ab Hannibale, humanas edere carnes : nec hereditatem exspectabant. Perusii idem fecerunt in ultima fame, nec quidquam aliud in hac epulatione captabant, nisi tantum ne esurirent. Quum esset Numantia a Scipione capta, inventæ sunt matres quæ liberorum suorum tenerent semesa in sinu corpora. [Ultimo quum sola cogitatio humanæ carnis edendæ fastidium creare potest, animum adversum toto corde vincetis, ut legata immensa, de quibus statuo vobis, recipiatis.
— Has novitates propudiosas ita incomposite effudit Eumolpus, ut captatores de illius promissis diffidere cœperint, et statim dicta factaque nostra propius explorantes, suspicionibus experientia auctis, planos et levatores nos crediderint. Itaque qui majoribus impensis nos exceperant, invadere, et vindictam pro merito sumere,

nos mérites. Heureusement Chrysis, qui était de toutes ces intrigues, m'avertit des intentions des Crotoniates à notre égard. Cette nouvelle m'effraya tellement, que je m'enfuis sur-le-champ avec Giton, abandonnant Eumolpe à son mauvais destin. A quelques jours de là, j'appris que les Crotoniates, indignés que ce vieux fourbe eût vécu si longtemps en prince à leurs dépens, le traitèrent à la mode de Marseille. Pour comprendre ceci, vous saurez que toutes les fois que cette ville était désolée par la peste, un de ses plus pauvres habitants se dévouait pour le salut de tous, à la condition d'être nourri pendant une année entière des mets les plus délicats aux frais du public. Ce terme expiré, on lui faisait faire le tour de la ville, couronné de verveine et vêtu de la robe sacrée ; on le chargeait de malédictions, pour faire retomber sur sa tête tous les maux de la ville, et, du haut d'un rocher, on le précipitait dans la mer.

decreverunt. Sed Chrysis, omnium machinarum particeps, Crotoniatum in nos consilium mihi renuntiavit; quo audito, ita perterritus fui, ut illico una cum Gitone effugerim, relicto fatis iniquis Eumolpo : et paucis abhinc diebus accepi, Crotoniatas indignantes, quod veterator iste sumtibus publicis laute diu alitus fuerat, Massiliotico more illum mactasse. Id ut intelligatis, scitote, quod] Massilienses quoties pestilentia laborabant, unus se ex pauperibus offerebat, alendus anno integro publicis et purioribus cibis. Hic postea ornatus verbenis et vestibus sacris, circumducebatur per totam civitatem cum exsecrationibus, ut in ipsum reciderent mala civitatis : et sic [de rupe] projiciebatur.

FRAGMENTS

ATTRIBUÉS

A T. PÉTRONE

I

A SA MAÎTRESSE.

Tes yeux étincellent de tout l'éclat des astres ; l'incarnat des roses anime ton teint ; l'or est moins brillant que tes cheveux ; tes lèvres, plus suaves que le miel, ont les vives couleurs de la pourpre, et l'azur des veines qui sillonnent ton sein en relève la blancheur ; enfin, tous les attraits composent ton apanage : ta taille est celle des déesses, et tes formes célestes l'emportent sur celles de Vénus. Lorsque ta blanche main et tes doigts délicats tressent la soie, ils semblent jouer avec son précieux tissu. Ton pied mignon n'est point fait pour fouler les plus petits cailloux, et la terre se ferait un crime de le blesser ; si tu voulais marcher sur des lis, leur tige ne fléchi-

I

AD AMICAM.

Candida sidereis ardescunt lumina flammis ;
Fundunt colla rosas, et cedit crinibus aurum ;
Mellea purpureum depromunt ora ruborem,
Lacteaque admixtus sublimat pectora sanguis,
Ac totus tibi servit honor, formaque dearum
Fulges, et Venerem cœlesti corpore vincis.
Argento stat facta manus, digitisque tenellis
Serica fila trahens, pretioso stamine ludis.
Planta decens modicos nescit calcare lapillos,
Et dura lædi scelus est vestigia terra :
Ipsa tuos quum ferre velis per lilia gressus,
Nulli sternuntur leviori pondere flores.

rait pas sous un poids si léger. Que d'autres ornent leur cou de riches colliers, ou chargent leur tête de pierreries; tu sais plaire par toi-même, et sans le secours d'aucune parure. Nulle autre beauté n'est parfaite dans son ensemble : celui qui pourrait jouir de la vue de tous tes charmes serait forcé de tout admirer en toi. Sans doute, les Sirènes suspendirent leurs concerts, et Thalie déposa sa lyre mélodieuse aux accents de ta voix, de ta voix dont la douceur contagieuse lance dans l'âme des malheureux qui t'écoutent tous les traits de l'Amour. Mon cœur, frappé par toi, saigne d'une blessure profonde que l'acier même ne peut guérir : mais que tes lèvres calment par un baiser mes cruelles souffrances; ce bienfaisant dictame est seul capable de dissiper les maux que j'endure. Cesse de déchirer avec tant de violence mes fibres ébranlées; et je payerai de ma mort le crime de t'avoir aimée. Mais si cette faveur te paraît trop grande, accorde au moins à ma prière une dernière grâce : lorsque j'aurai cessé d'être, entoure-moi de tes bras d'albâtre, et tu me rendras la vie.

II

L'ENVIE, VAUTOUR DE L'AME.

Le vautour qui dévore le foie, déchire les fibres et pénètre jusqu'au fond des entrailles, ce n'est pas, comme le disent les

Guttura nunc aliæ magnis monilibus ornent,
Aut gemmas aptent capiti : tu sola placere,
Vel spoliata, potes. Nulli laudabile totum :
In te cuncta probat, si quisquam cernere possit.
Sirenum cantus, et dulcia plectra Thaliæ
Ad vocem tacuisse, reor, quæ mella propagas
Dulcia, et in miseros telum jacularis Amoris.
Cor grave vulnus alit, nullo sanabile ferro,
Sed tua labra meo sævum de corde dolorem
Depellant, morbumque animæ medicaminis hujus
Cura fuget, nec tanta putres violentia nervos
Dissecet, atque tuæ moriar pro crimine causæ.
Sed, si hoc grande putas, saltem concede precanti,
Ut jam defunctum niveis ambire lacertis
Digneris, vitamque mihi post fata reducas.

II
LIVOR, CORDIS VULTUR.
Qui vultur jecur intimum pererrat,

poëtes, le vautour de Tityus, mais l'envie et le chagrin, ces maladies de l'âme.

III

L'ART DE PLAIRE. — A UNE BELLE.

Ce n'est pas assez d'être belle : celle qui veut qu'on la trouve aimable ne doit pas se contenter de ce qui suffit au vulgaire des femmes. Les bons mots, les fines plaisanteries, l'enjouement, la grâce du langage, la gaieté l'emportent sur les plus heureux dons de la nature. Les ressources de l'art relèvent encore la beauté; mais, sans le désir de plaire, la beauté perd tout son prix.

IV

SUR LA CORRUPTION DES MŒURS.

N'est-ce donc pas assez qu'une jeunesse furieuse nous perde et nous entraîne avec elle dans l'opprobre où sa gloire est ensevelie? faut-il aussi que des valets, encore tachés de la lie où ils sont nés, se gorgent de richesses enfouies dans l'argile? Un vil esclave possède tous les biens de l'empire; et la loge

---

Et pectus trahit, intimasque fibras,
Non est, quem Tityi vocant poetæ;
Sed cordis mala, livor atque luctus.

III
AD PUELLAM PLACENDI STUDIOSAM.

Non est forma satis; nec, quæ vult bella videri,
Debet vulgari more placere sibi.
Dicta, sales, lusus, sermonis gratia, risus,
Vincunt naturæ candidioris opus.
Condit enim formam quidquid consumitur artis,
Et, nisi velle subest, gratia tota perit.

IV
DE CORRUPTIS MORIBUS.

Non satis est, quod nos mergis, furiosa juventus,
Transversosque rapit fama sepulta probris?
Anne etiam famuli, cognata fæce sepulti,
In testa mersas luxuriantur opes?

d'un captif insulte par son luxe au temple de Jupiter et à l'antique demeure de Romulus. Aussi la vertu est plongée dans la fange, et le vice déploie aux vents ses voiles triomphantes.

V

LA CRAINTE, ORIGINE DES DIEUX.

La crainte fut, dans l'univers, l'origine des dieux. Les mortels avaient vu la foudre, tombant du haut des cieux, renverser les murailles sous ses carreaux enflammés, et mettre en feu les sommets de l'Athos; Phébus, après avoir parcouru toute la terre, revenir vers son berceau ; la lune vieillir et décroître, puis reparaître dans toute sa splendeur : dès lors les images des dieux se répandirent par toute la terre. Le changement des saisons qui divisent l'année accrut encore la superstition : le laboureur, dupe d'une erreur grossière, offrit à Cérès les prémices de sa moisson, et couronna Bacchus de grappes vermeilles : Palès fut décorée par la main des pasteurs ; Neptune eut pour empire toute l'étendue des mers, et Diane réclama les forêts. Maintenant, celui qui est lié par un vœu, et celui même qui a vendu l'univers, se forgent à l'envi des dieux propices à leurs désirs.

Vilis servus habet regni bona : cellaque capti
   Deridet festram Romuleamque casam.
Idcirco virtus medio jacet obruta cœno :
   Nequitiæ classes candida vela ferunt.

V

TIMOR, DEORUM ORIGO.

Primus in orbe deos fecit timor : ardua cœlo
Fulmina quum caderent, discussaque mœnia flammis;
Atque ictu flagraret Athos: mox Phœbus ad ortus,
Lustrata devectus humo : Lunæque senectus,
Et reparatus honos : hinc signa effusa per orbem,
Et permutatis disjunctus mensibus annus
Projecit vitium hoc : atque error jussit inanis
Agricolas primos Cereri dare messis honores :
Palmitibus plenis Bacchum vincire; Palemque
Pastorum gaudere manu : natat obrutus omni
Neptunus demersus aqua : silvasque Diana
Vindicat. Et voti reus, et qui vendidit orbem,
Jam sibi quisque deos avido certamine fingit.

VI
LA VARIÉTÉ PRÉVIENT L'ENNUI.

Je ne voudrais pas toujours parfumer ma tête des mêmes essences, ni toujours humecter mon palais du même vin. Le taureau aime à changer de gazons et de pâturages : les bêtes féroces cherchent des aliments nouveaux pour aiguiser leur appétit ; et si la chaleur du soleil nous est agréable, c'est que le soleil reparaît chaque matin avec de nouveaux coursiers.

VII
MA FEMME ET MON BIEN.

On doit aimer son épouse comme un revenu légitime ; et je ne voudrais pas être condamné à n'aimer que mon revenu.

VIII
CHACUN SON GOUT.

Comment contenter tous les goûts? Le même objet ne plaît pas à tout le monde : où l'un cueille des roses, l'autre ne trouve que des épines.

VI
VARIETAS OCCURRIT SATIETATI.

Nolo ego semper idem capiti suffundere costum,
Nec toto stomachum conciliare mero.
Taurus amat gramen mutata carpere valle,
Et fera mutatis sustinet ora cibis.
Ipse dies ideo nos grato perluit æstu,
Quod permutatis mane recurrit equis.

VII
UXOR ET CENSUS.

Uxor legitimus debet quasi census amari :
Nec censum vellem semper amare meum.

VIII.
NON OMNIBUS IDEM PLACET.

Invenias quod quisque velit. Non omnibus unum est
Quod placet : hic spinas colligit, ille rosas.

IX

RIEN N'EST A DÉDAIGNER.

Il n'y a rien qui ne puisse être utile aux mortels. Dans l'adversité, ce qu'on méprisait devient précieux. Ainsi, lorsqu'un vaisseau est submergé, l'or, entraîné par son poids, tombe au fond des eaux, et les rames légères servent de soutien aux naufragés. Lorsque le clairon sonne, le fer menace la gorge du riche; mais le pauvre, sous ses haillons, nargue la fureur des combats.

X

EXHORTATION A ULYSSE.

Abandonne tes États et vogue vers des bords étrangers, jeune héros. Une plus noble carrière s'ouvre devant toi. Brave tous les dangers. Visite tour à tour et les rives de l'Ister, aux limites du monde, et les contrées glacées de Borée, et le paisible royaume de Canope, et les climats qui voient renaître Phébus, et ceux où il termine sa carrière. Roi d'Ithaque, tu dois descendre plus grand sur ces plages lointaines.

IX
NIL CONTEMNENDUM.

Nam nihil est, quod non mortalibus afferat usum;
    Rebus in adversis, quæ jacuere juvant.
Sic, rate demersa, fulvum deponderat aurum;
    Remorum levitas naufraga membra vehit.
Quum sonuere tubæ, jugulo stat divite ferrum;
    Barbara contemptu prœlia pannus habet.

X
EXHORTATIO AD ULYSSEM.

Linque tuas sedes, alienaque littora quære,
O juvenis! major rerum tibi nascitur ordo.
Ne succumbe malis : te noverit ultimus Ister,
Te Boreas gelidus, securaque regna Canopi;
Quique renascentem Phœbum, cernuntque cadentem.
Major in externas Ithacus descendat arenas.

XI

LES OREILLES DE MIDAS.

Les mortels tiendraient dans la bouche des charbons allumés, plutôt que de garder un secret. Toutes les paroles qui vous échappent à la cour se répandent aussitôt, et le bruit en émeut toute la ville. Mais c'est peu de trahir votre confiance : la perfidie déguise, exagère vos paroles, et se plaît à en grossir le scandale. C'est ainsi que ce barbier, qui craignait et qui brûlait en même temps de découvrir ce qu'on lui avait confié, fit un trou dans la terre, et y déposa le secret du monarque aux longues oreilles. La terre conserva fidèlement ses paroles, et les roseaux trouvèrent une voix pour chanter ce que le barbier délateur avait raconté de Midas.

XII

L'ILLUSION DES SENS.

Nos yeux nous trompent souvent, et nos sens incertains nous abusent en imposant silence à notre raison. Cette tour, de près, se montre carrée ; vue de loin, ses angles disparaissent : elle nous semble ronde. L'homme rassasié dédaigne le miel

---

XI
AURES MIDÆ.

Nam citius flammas mortales ore tenebunt,
Quam secreta tegant. Quidquid dimittis in aula
Effluit, et subitis rumoribus oppida pulsat.
Nec satis est vulgasse fidem : simulatius exit
Proditionis opus, famamque onerare laborat.
Sic commissa verens avidus reserare minister
Fodit humum, regisque latentes prodidit aures.
Concepit nam terra sonos, calamique loquentes
Incinuere Midam, qualem narraverat index.

XII
FALLUNT NOS SENSUS.

Fallunt nos oculi ; vagique sensus,
Oppressa ratione, mentiuntur.
Nam turris, prope quæ quadrata surgit,
Adtritis procul angulis rotatur.

de l'Hybla, et notre odorat repousse souvent les parfums du romarin. Comment un objet pourrait-il nous plaire plus ou moins qu'un autre, si la nature n'avait, à dessein, établi cette lutte parmi nos sens?

XIII
L'AUTOMNE.

Déjà l'automne avait rafraîchi l'ombre des bois; déjà Phébus dirigeait ses coursiers brûlants vers sa station d'hiver; déjà le platane s'enorgueillissait de son feuillage; déjà la vigne, émondée du superflu de ses rameaux, se couvrait de grappes : enfin, l'œil ravi voyait se réaliser toutes les promesses de l'année.

XIV
GÉNÉRATION DIVERSE DES ANIMAUX.

C'est au moment où la nature déploie ses plus riches dons, lorsque les fruits sont mûrs, que le corbeau recommence sa couvée; sitôt que l'ourse a mis bas ses petits, elle les façonne avec sa langue; les poissons frayent sans goûter les plaisirs de

Hyblæum refugit satur liquorem,
Et naris casiam frequenter odit.
Hoc illo magis, aut minus, placere
Non posset, nisi lite destinata
Pugnarent dubio tenore sensus.

XIII
AUCTUMNUS.

Jam nunc ardentes auctumnus fregerat umbras.
Atque hiemem tepidis spectabat Phœbus habenis :
Jam platanus jactare comas; jam cœperat uvas
Annumerare suas, desecto palmite, vitis.
Ante oculos stabat quidquid promiserat annus.

XIV
DE VARIA ANIMALIUM GENERATIONE.

Sic contra rerum naturæ munera nota,
  Corvus maturis frugibus ova refert :
Sic format linguæ fœtum, quum protulit, ursa,
  Et piscis, nullo junctus amore, parit.

l'amour; la tortue, à peine sortie des entrailles de sa mère, réchauffe de son haleine les organes de Lucine; les abeilles, engendrées sans aucun accouplement, sortent à grand bruit de leurs alvéoles, et remplissent les ruches de leurs belliqueuses phalanges. Ainsi la nature, loin de se borner à une marche uniforme, se plaît à varier les moyens de reproduction.

XV

L'AFFLICTION RAPPROCHE LES MALHEUREUX.

Le naufragé qui s'est échappé nu de son vaisseau submergé en cherche un autre, frappé du même coup, auquel il puisse raconter son infortune. Celui dont la grêle a détruit la moisson, fruit de toute une année de labeur, dépose ses chagrins dans le sein d'un ami, victime du même fléau. L'affliction rapproche les malheureux; les parents, privés de leurs enfants, unissent leurs gémissements : penchés sur la même tombe, ils sont égaux. Et nous aussi, que les accents de notre douleur s'élèvent confondus vers les astres; car on dit que, réunies, les prières arrivent plus puissantes à l'oreille des dieux.

Sic Phœbeia chelys, vinclo resoluta parentis,
    Lucinæ tepidis naribus ora fovet.
Sic, sine concubitu, textis apis excita ceris
    Fervet, et audaci milite castra replet.
Non uno contenta valet natura tenore,
    Sed permutatas gaudet habere vices.

XV

LUCTUS CONCILIAT MISEROS.

Naufragus, ejecta nudus rate, quærit eodem
    Percussum telo, cui sua fata legat.
Grandine qui segetes et totum perdidit annum,
    In simili deflet tristia fata sinu.
Funera conciliant miseros, orbique parentes
    Conjungunt gemitus, et facit urna pares.
Nos quoque confusis feriemus sidera verbis,
    Et fama est junctas fortius ire preces.

XVI

LA NATURE NOUS DONNE LE NÉCESSAIRE.

Une divinité propice a mis à la portée des mortels tout ce qui peut soulager leurs maux et faire cesser leurs plaintes. Les végétaux les plus communs et les mûres suspendues aux buissons épineux suffisent pour apaiser la faim d'un estomac à jeun. Il n'y a qu'un sot qui puisse mourir de soif, quand un fleuve coule près de lui, ou trembler de froid, lorsqu'il peut s'approcher du foyer où petille un bois enflammé. La loi, armée de son glaive, défend le seuil redoutable de la femme mariée, et la jeune épouse goûte sans crainte les douceurs d'un hymen légitime. Ainsi la nature prodigue nous donne tout ce qui peut satisfaire nos besoins; mais rien ne peut mettre un terme à l'amour effréné de la gloire.

XVII

SUR LA CIRCONCISION DES JUIFS.

Quoiqu'il adore la divinité sous la forme d'un porc, et qu'il invoque dans ses prières l'animal aux longues oreilles, un juif, s'il n'est pas circoncis, s'il ne s'est pas, d'une main ha-

XVI
QUOD SATIS EST NATURA MINISTRAT.

Omnia, quæ miseras possunt finire querelas,
  In promptu voluit candidus esse Deus.
Vile olus, et duris hærentia mora rubetis,
  Pugnantis stomachi composuere famem.
Flumine vicino stultus sitit, et riget Euro,
  Quum calidus tepido consonat igne rogus.
Lex armata sedet circum fera limina nuptæ,
  Nil metuit licito fusa puella toro.
Quod satiare potest, dives natura ministrat,
  Quod docet infrenis gloria, fine caret.

XVII
DE JUDÆORUM CIRCUMCISIONE.

Judæus licet et porcinum numen adoret,
  Et cœli summas advocet auriculas :
Ni tamen et ferro succiderit inguinis oram,
  Et nisi nudatum solverit arte caput,

bile, dégagé le gland de son enveloppe, se verra retranché du peuple hébreu, et forcé de chercher un refuge dans quelque ville grecque, où il sera dispensé d'observer le jeûne du sabbat. Ainsi, chez ce peuple, la seule noblesse, la seule preuve d'une condition libre, c'est d'avoir eu le courage de se circoncire.

XVIII
LE VRAI PLAISIR.

Le plaisir de l'accouplement est sale et de courte durée : le dégoût le suit aussitôt. N'allons donc pas tout d'abord nous y précipiter en aveugles, comme des brutes lascives; car, par lui, la flamme de l'amour languit et s'éteint. Ah! plutôt, prolongeons, prolongeons sans fin ses doux préludes! Restons longtemps couchés dans les bras l'un de l'autre! Plus de fatigue alors, plus de honte. Cette jouissance nous a plu, nous plaît et nous plaira longtemps; jamais elle ne finit, et se renouvelle sans cesse.

XIX
L'ÎLE DE DÉLOS.

Cette Délos, maintenant unie à la terre par des liens indissolubles, jadis nageait dans la mer azurée, et, poussée çà et

---

Exemptus populo, Graiam migrabit ad urbem,
Et non jejuna sabbata lege premet.
Una est nobilitas, argumentumque coloris
Ingenui, timidas non habuisse manus.

XVIII
DE VERA VOLUPTATE.

Fœda est in coitu et brevis voluptas,
Et tædet Veneris statim peractæ.
Non ergo, ut pecudes libidinosæ,
Cæci protinus irruamus illuc :
Nam languescit amor, peritque flamma :
Sed sic, sic sine fine feriati,
Et tecum jaceamus osculantes;
Hic nullus labor est, ruborque nullus;
Hoc juvit, juvat, et diu juvabit;
Hoc non deficit, incipitque semper.

XIX
DE INSULA DELOS.

Delos, jam stabili revincta terra,

là par de légers zéphyrs, voguait ballottée sur la cime des flots. Bientôt un dieu l'attacha par une double chaîne, d'un côté à la haute Gyare, de l'autre à l'immobile Mycone.

XX

APOLLON ET BACCHUS.

Apollon et Bacchus répandent tous deux la lumière; tous deux, créés par les flammes, tous deux furent produits par une essence ignée. Tous deux lancent de leur chevelure, l'un par ses rayons, l'autre par les pampres dont il se couronne, une chaleur qui nous embrase : l'un dissipe les ténèbres de la nuit, l'autre celles de l'âme.

XXI

SUR UN CHIFFRE GRAVÉ SUR L'ÉCORCE D'UN ARBRE.

Quand je plantai, jeunes encore, ces pommiers et ces poiriers, je gravai sur leur tendre écorce le nom de l'objet de mes feux. Depuis ce jour, plus de fin, plus de repos pour mon amour. L'arbre croît, ma flamme augmente; et de nouvelles branches ont rempli la trace des lettres.

Olim purpureo mari natabat,
Et moto levis hinc et inde vento,
Ibat fluctibus inquieta summis :
Mox illam geminis deus catenis
Hac alta Gyaro ligavit, illac
Constanti Mycono dedit tenendam.

XX

DE APOLLINE ET BACCHO.

Sic Apollo, deinde Liber, sic videtur ignifer.
Ambo sunt flammis creati, prosatique ex ignibus.
Ambo de comis calorem vite et radio conserunt :
Noctis hic rumpit tenebras, hic tenebras pectoris.

XXI

DE LITTERIS IN ARBORE INCISIS.

Quando ponebam novellas arbores mali et piri,
Cortici summæ notavi nomen ardoris mei :
Nulla fit exinde finis vel quies cupidinis.
Crescit arbor, gliscit ardor, ramus implet litteras.

XXII
LES MŒURS D'OUTRE-MER.

Méprise les mœurs d'outre-mer : elles sont pleines de fourberie. Personne dans l'univers ne vit plus honnêtement qu'un vrai citoyen romain. J'aimerais mieux un seul Caton que trois cents Socrates.

XXIII
PRÉCEPTE DE SAGESSE.

Il est aussi nuisible d'avoir beaucoup d'or que de n'en pas avoir du tout ; il est aussi nuisible d'oser toujours que d'avoir toujours peur ; il est aussi nuisible de trop se taire que de trop parler ; il est aussi nuisible d'avoir en ville une maîtresse que d'avoir au logis une épouse. Tout le monde avoue ces vérités, et personne n'agit en conséquence.

XXIV
UN ROI ET UN POÈTE, OISEAUX RARES.

On fait tous les ans des consuls et des proconsuls nouveaux ; mais on ne voit pas tous les jours naître un roi ou un poëte.

XXII
DE MORIBUS TRANSMARINIS.

Sperne mores transmarinos, mille habent offucias.
Cive romano per orbem nemo vivit rectius.
Quippe malim unum Catonem, quam trecentos Socratas.

XXIII
SAPIENTIÆ PRÆCEPTA.

Tam malum est habere nummos, non habere quam malum est.
Tam malum est audere semper, quam malum est semper pudor.
Tam malum est tacere multum, quam malum est multum loqui.
Tam malum est foris amica, quam malum est uxor domi.
Nemo non hæc vera dicit, nemo non contra facit.

XXIV
RARÆ AVES, REX ET POETA.

Consules fiunt quotannis, et novi proconsules :
Solus aut rex aut poeta non quotannis nascitur.

XXV

ÉPITHALAME.

Courage, jeunes gens, redoublez d'ardeur; unissez tous vos efforts! Que les colombes ne soupirent pas plus amoureusement que vous; que vos bras s'entrelacent par des chaînes plus étroites que celles du lierre; que les coquilles soient moins unies entre elles que vos lèvres. Courage! amusez-vous; mais n'éteignez pas ces lampes vigilantes. Témoins muets des mystères de la nuit, elles n'en révèlent rien au jour.

XXVI

ALLOCUTION A UNE NOUVELLE MARIÉE.

Déliez, jeune épouse, ces voiles de lin qui tiennent vos appas captifs, et confiez-vous sans crainte à votre maître. N'allez pas déchirer de vos ongles ce visage d'albâtre; ne repoussez pas les caresses. Cette nuit qui vous effraye n'offre pourtant aucun danger. Pourquoi vous défendre? lorsqu'il aura vaincu, votre triomphe est certain.

XXV

EPITHALAMIUM.

Ite, agite, o juvenes; et desudate medullis
Omnibus inter vos; non murmura vestra columbæ,
Brachia non hederæ, non vincant oscula conchæ.
Ludite : sed vigiles nolite exstinguere lychnos.
Omnia nocte vident : nil cras meminere lucernæ.

XXVI

ALLOCUTIO SPONSALIS.

Linea constricto de pectore vincula solve,
Et domino te crede tuo : ne candida lædas
Unguibus ora, vide; vel ne contacta repugnes.
Est in nocte timor, non est in nocte periclum :
Nec volo contendas; vinces, quum vicerit ille.

XXVII

LA FABLE DE PASIPHAÉ, SUR TOUS LES MÈTRES EMPLOYÉS PAR HORACE.

La fille du Soleil brûle d'un feu nouveau, et poursuit, égarée par sa passion, un jeune taureau à travers les prairies. Les saints nœuds de l'hymen ne la retiennent plus : l'honneur du rang suprême, la grandeur de son époux, elle a tout oublié. Elle voudrait être métamorphosée en génisse; elle porte envie au bonheur des Prétides, et fait l'éloge d'Io; non pas parce qu'on l'adore au ciel sous le nom d'Isis, mais à cause des cornes qui s'élèvent sur son front. Si rien ne s'oppose plus à sa malheureuse passion, elle serre dans ses bras le cou du farouche taureau, pare ses cornes des fleurs du printemps, et s'efforce de coller sa bouche à la sienne. Que l'Amour inspire d'audace à ceux qu'il frappe de ses traits! Elle ne craint pas de renfermer son corps dans des planches de chêne qui ont reçu la forme d'une génisse : elle se livre à tous les égarements que lui inspire un amour infâme, et donne la vie... O crime! à un monstre ambiforme, immolé par le bras de ce

XXVII

PASIPHAÆ FABULA, EX OMNIBUS METRIS HORATIANIS.

Filia Solis
Æstuat igne novo,
Et per prata juvencum,
Mentem perdita, quæritat.
Nam illam thalami pudor arcet;
Non regalis honos, non magni cura mariti.
Optat in formam bovis
Convertier vultus suos :
Et Prœtidas dicit beatas,
Ioque laudat; non quod Isis alta est,
Sed quod juvenca cornu in frontem levat.
Si quando miseræ copia suppetit,
Brachiis ambit fera colla tauri,
Floresque vernos cornibus illigat,
Oraque jungere quærit ori.
Audaces animos efficiunt tela Cupidinis :
Illiceisque gaudet
Corpus includi tabulis, efficiens juvencam
Et amoris pudibundi malesuadis
Obsequitur votis, et procreat, heu nefas! bimembrem,

jeune descendant de Cécrops, qu'un fil protecteur guidait à travers les détours du labyrinthe de Crète.

XXVIII

LE DÉDOMMAGEMENT. IMITATION DE MÉNANDRE.

Si je ne puis jouir, qu'il me soit du moins permis d'aimer.

Que d'autres jouissent, j'y consens; je ne leur porte point envie. C'est faire son propre supplice, que d'être jaloux du bonheur d'autrui. Vénus couronne les vœux de ceux qu'elle favorise. Cupidon m'a donné les désirs, mais il me refuse la possession.

Heureux mortels! savourez des baisers de flamme; froissez, par de douces morsures, des lèvres de rose; collez une bouche amoureuse sur des joues qu'anime le fard de la nature, sur des prunelles qui brillent comme des diamants! Faites plus : lorsque étendus près de votre belle, sur une couche moelleuse, vos membres, vos poitrines s'unissent, s'attachent par la glu du plaisir; lorsque l'instinct du désir excite votre maîtresse à seconder vos efforts amoureux; lorsqu'elle gémit d'une voix éteinte par le plaisir, pressez sa gorge d'albâtre,

---

* Cecropidæ juvenis quem perculit fractum manus,
Filo resolvens Gnosiæ tristia tecta domus.

XXVIII
DAMNI COMPENSATIO. EX MENANDRO.

Amare liceat, si potiri non licet.
Fruantur alii : non moror, non sum invidus;
Nam sese excruciat, qui beatis invidet.
Quos Venus amavit, facit amoris compotes :
Nobis Cupido velle dat, posse abnegat.
Olli, purpurea delibantes oscula,
Clemente morsu rosea labella vellicent,
Malas adorent ore. et ingenuas genas,
Et pupularum nitidas geminas gemmulas.
Quin et quum tenera membra molli lectulo,
Quum pectora arcte adhærent Veneris glutino,
Libido quum lascivo instinctu suscitat
Sinuare ad Veneris usum femina : feminæ,
Inter gannitus et subantis voculas,
Carpant papillas, atque amplexus intiment,

serrez-la plus étroitement dans vos bras, tracez de nouveaux sillons dans le champ de Vénus ; redoublez d'ardeur ; et, parvenus au terme de la carrière, les yeux égarés, prêts à rendre l'âme, épuisés de plaisir, faites pleuvoir dans son sein une tiède rosée.

Voilà votre lot, à vous que Vénus favorise. Mais laissez-moi, du moins, cette vaine consolation : si je ne puis jouir, qu'il me soit permis d'aimer.

XXIX
L'INUTILITÉ DE LA PARURE.

Cesse, je t'en supplie, aimable fille, de te montrer à moi si parée ; épargne un cœur qui t'appartient tout entier ; ne l'accable pas par ta beauté ! Cesse de surcharger tes attraits d'ornements superflus : l'art ne peut rien ajouter à tant d'appas. A quoi bon arranger avec tant de soin ta tête et tes cheveux ? ta tête est si belle par elle-même, tes cheveux en désordre me plaisent tant ! Pourquoi ce ruban de soie qui tient captive ta blonde chevelure ? près de ses tresses dorées, pâlit la soie la plus brillante. Pourquoi multiplier les boucles qui couronnent ta tête ? abandonnés à la nature, tes cheveux ont tant de charmes

Iterentque sulcos molles arvo venerio,
Thyrsumque pangant hortulo in Cupidinis,
Dent crebros ictus, connivente lumine,
Repedante cursu, Venere et anima fessula,
Ejaculent tepidum rorem niveis laticibus.
Hæc illi faciant, queis Venus non invidet :
At nobis casso saltem delectamine
Amare liceat, si potiri non licet.

XXIX
AD NYMPHAM NIMIS CULTAM.

Parce, precor, virgo, toties mihi culta videri,
   Meque tuum forma perdere parce tua.
Parce supervacuo cultu componere membra :
   Augeri studio tam bona forma nequit.
Ne tibi sit tanto caput et coma pexa labore,
   Et caput hoc bellum est, et coma mixta placet.
Ne stringant rutilos tibi serica vincla capillos,
   Quum vincant rutilæ serica vincla comæ.
Nec tibi multiplicem crines revocentur in orbem,
   Inculti crines absque labore placent.

Je ne puis concevoir pourquoi tu portes un voile d'or : ton front nu a plus d'éclat que l'or. Ton oreille est chargée d'or et de pierreries; et cependant, nue, ton oreille est préférable à la rose nouvelle. Tu empruntes au pastel un coloris éblouissant, et cependant ton teint est, par lui-même, plus brillant que le pastel. Un collier, en forme de croissant, étincelle sur ton cou de neige, et, sans cette parure, ton cou est ravissant. Tu couvres d'un voile jaloux ta gorge d'albâtre, et ta gorge repousse le voile qui la couvre. Pour empêcher ta robe de flotter, tu emprisonnes ta taille dans les nœuds d'une ceinture : ta taille est l'objet de ma vénération, même lorsque ta robe est flottante.

Dis-moi : pourquoi cet anneau et cette pierre précieuse qui entourent tes doigts délicats, quand la pierre reçoit tout son prix du doigt qui la porte? Il n'est point de parure qui puisse ajouter à tes charmes naturels, et tu n'es déjà que trop belle, pour mon malheur! Cesse, par des agréments d'emprunt, de vouloir paraître trop belle : ne l'es-tu pas déjà par tes propres attraits? Ce n'est pas pour moi que tu dois avoir recours à tant de soins : comme si, pour t'aimer, j'avais besoin d'y être contraint par la violence! Mon penchant me porte à t'aimer, et je

> Aurea nec video cur flammea vertice portes :
>   Aurea nam nudo vertice tota nites.
> Utraque fert auris aurum, fert utraque gemmas,
>   Utraque nuda novis anteferenda rosis.
> Ora facis vitreo tibi splendidiora nitore,
>   Quum tamen ora vitro splendidiora geras.
> Incendunt niveum lunata monilia collum,
>   Nec collum simplex dedecuisse potest.
> Contegis occulta candentes veste papillas,
>   Candida quum nolit veste papilla tegi.
> Ne toga fluxa volet, reprimit tibi fascia corpus :
>   Sat corpus veneror, sit toga fluxa licet.
> Dic, teretes digitos quare annulus et lapis ambit,
>   Quum teretes digiti dent pretium lapidi?
> Ornatu nullo potes exornatior esse,
>   Et tantum ornaris in mea damna nimis.
> Ne te plus æquo species externa perornet,
>   Quum sis plus æquo pulchra decore tuo.
> Non ego sum, pro quo te componendo labores,
>   Nec qui te talem non, nisi cogar, amem.
> Pronus amo : non sum, tenero qui pugnet amori,

ne combats pas cette douce inclination. Je ne t'aimerais pas davantage, quand tu serais la déesse des fleurs.

Tes yeux le disputent d'éclat aux rayons qui entourent Jupiter, et les traits de sa foudre pâliraient aux feux que lancent tes prunelles. Rien dans l'univers de plus brillant que le soleil; et cependant, près de toi, le soleil est pâle et sans clarté. Ton cou est plus blanc que la neige nouvellement tombée, que la neige dont le soleil n'a point encore altéré la blancheur. Ton front, ta poitrine, ressemblent à du lait, au lait d'une chèvre qu'on vient de traire, à son retour du pâturage. Les parfums balsamiques que répand une forêt au printemps sont moins doux que ton haleine, et le plus frais jardin n'a rien qui te soit préférable. Les suaves couleurs d'une prairie, même lorsqu'elle est émaillée de fleurs, n'approchent pas de ta beauté. Le blanc troène ne peut t'égaler; le lis qui s'élève sur un vert gazon s'avouerait vaincu par ton éclat. La rose, avant même d'être détachée de son buisson épineux, n'égale point l'incarnat de tes joues. La violette épanouie et dans toute sa gloire, quand on ose la comparer à toi, n'a plus rien que de vulgaire.

Hélène, et Léda sa mère, ne pourraient supporter le parallèle, quoique l'une ait séduit Pâris, et l'autre Jupiter : et

---

Nec qui te roseam vellet amare deam.
Cum radiis certare Jovis tua lumina possent,
   Et possent radiis vincere signa Jovis.
Sole nihil toto melius splendescit in orbe;
   Sole tamen melius splendidiusque nites.
Sunt tibi colla quidem nive candidiora recenti,
   Sed nive quæ nullo marcida sole jacet.
Conveniunt tepido tua frons et pectora lacti,
   Sed lacti, saturæ quod posuere capræ.
Cedit odora tibi vernantis gloria silvæ,
   Nec tibi quod riguus præferat hortus, habet.
Nulla colorati species tibi proxima prati,
   Nec quum floruerit, par tibi campus erit.
Alba ligustra tuæ nequeunt accedere laudi,
   Fixaque cespitibus lilia laude premis.
Nulla tuos possunt æquare rosaria vultus,
   Quum nec adhuc spinis sit rosa vulsa tuis.
Gratia, quam violæ maturo flore merentur,
   Si quæ contulerit se tibi, vilis erit.
Non Helenæ mater, nec par tibi filia Ledæ;

pourtant Léda força Jupiter à se déguiser sous le plumage d'un cygne; Hélène fit prendre les armes à tous les rois de l'Asie! Léda, les cheveux flottants sur son cou d'albâtre, tressait des guirlandes de fleurs pour la déesse d'Argos; Jupiter parcourait alors la voûte céleste : il l'aperçut du haut d'un nuage, et, pour elle, se métamorphosa en oiseau. Quand tu joues au milieu de la foule de tes compagnes, dont tu sembles la reine, étoile resplendissante au milieu de tes jeunes satellites, si, du haut des cieux, le puissant Jupiter t'apercevait, il ne rougirait pas de déposer à tes pieds sa divinité. La beauté d'Hélène et ses puissants attraits furent la proie du Troyen Pâris, qui l'emporta au delà des mers. La Grèce conjurée arma mille vaisseaux pour la reprendre; mille voiles volèrent à sa poursuite. Si le ravisseur phrygien t'eût vue si belle, il t'eût enlevée, soit sur son navire, soit sur son coursier. La guerre de Troie dura dix ans entiers; mais cette guerre, si on l'eût faite pour toi, un seul mois eût suffi pour la terminer. A mon avis, la fille de Léda méritait moins que toi qu'Ilion, pour la garder, devînt la proie des flammes, et, pour toi, Priam eût eu plus de raison de ne pas regretter la perte de son empire.

Quamvis hæc Paridem moverit, illa Jovem.
Compulit illa Jovem cycni latuisse sub alis,
   Compulit illa phrygas sæva sub arma duces.
Leda, per albentes humeros fluitante capillo,
   Dum legit argivæ florea serta deæ,
Erranti super astra Jovi de nube suprema
   Cognita, plumalem de Jove fecit avem.
Tuque puellarum dum ludis in agmine princeps,
   Inter virgineos lucida stella choros,
Si magno conspecta Jovi de nube fuisses,
   Deposuisse deum non puduisset cum.
Ast Helenæ facies et opima potentia formæ
   Dardanio Paridi per mare præda fuit.
Græcia conjurat repetendam mille carinis,
   Jurata hanc ratibus Græcia mille petit.
Te tam conspicuam phrygius si prædo videret,
   Et te vel ratibus, vel rapuisset equo.
Annis tracta decem sunt troica bella, sed uno,
   Si pro te fierent, mense peracta forent.
Virgine Ledæa, me judice, dignior esses,
   Pro qua trojanas flamma cremaret opes.
Tu poteras Priamo validissima causa fuisse,
   Nulla ut cura foret regna perire sua.

Si, la robe retroussée, les cheveux flottants, l'arc en main, les bras nus, comme Diane la chasseresse, et accompagnée d'un chœur de dryades, tu poursuivais de tes traits les sangliers fougueux, et qu'un dieu te rencontrât errante au milieu des forêts, il te prendrait pour une véritable divinité.

Lorsque trois déesses se disputèrent le prix de la beauté, et prirent Pâris pour leur juge, son choix préféra Vénus aux deux autres; et, sur trois, deux se retirèrent vaincues. Ah! si, te joignant alors à ces trois rivales, tu te fusses offerte la quatrième à cette épreuve, Pâris eût adjugé le prix à la quatrième; et si la pomme devait être la récompense de la plus belle, elle aurait été la tienne.

Celui-là porte un cœur de fer, qui peut voir sans émotion tes célestes appas et l'incarnat brillant de tes joues. S'il est un mortel insensible à tant de charmes, je le convaincrai sans peine d'être né d'un chêne ou d'un rocher.

XXX
LA VIE HEUREUSE.

Non, tu te trompes : le bonheur de la vie n'est pas ce que, vous autres hommes, vous vous figurez. Ce n'est pas d'avoir

Si succincta togam, ritu pharetrata Dianæ,
  Venatrix toto crine soluta fores;
Si Dryadum comitata choro, si nuda lacertos,
  Arcu fulmineos insequereris apros :
Te quicumque deus silvosa per antra vagantem
  Conspiceret, veram crederet esse deam.
De pretio formæ quum tres certamen inissent,
  Electusque Paris arbiter esset eis;
Præfecit Venerem Paridis censura duabus,
  Deque tribus victæ succubuere duæ.
Cum tribus ad Paridem si quarta probanda venires,
  De tribus a Paridi quarta probata fores :
Pomaque si formæ potiori danda fuere,
  Hæc potius formæ danda fuere tuæ.
Ferrea corda gerit, tua quem cœlestis imago,
  Vel tam purpureæ non tetigere genæ :
Robore vel scopulo genitum convincere possim,
  Quem tam solemnis forma movere nequit.

XXX
DE VITA BEATA.

Non est (falleris) hæc beata, non est,

les mains couvertes de pierreries, de reposer sur un lit incrusté d'écaille, d'ensevelir ses flancs dans une plume moelleuse, de boire dans des vases d'or, ou de s'asseoir sur la pourpre, de couvrir sa table de mets dignes d'un roi, ou de serrer dans ses vastes greniers toutes les moissons de l'Afrique. Mais présenter un front calme à l'adversité, dédaigner la vaine faveur du peuple, contempler, sans s'émouvoir, les épées nues : quiconque est capable d'un tel effort peut se vanter de maîtriser la fortune.

XXXI
LA GRENADE.

Lesbie, la lumière de mon âme, m'a envoyé une grenade : maintenant je n'ai plus que du dégoût pour tous les autres fruits. Je dédaigne le coing que blanchit un léger duvet; je dédaigne la châtaigne hérissée de dards; je ne veux ni des noix, ni des prunes dorées qu'aimait Amaryllis; je laisse le grossier Corydon mettre un grand prix à de tels présents! j'ai en horreur les mûres, que rougit la couleur du sang : elles rappellent, hélas! un crime affreux, commis par l'Amour.

Quod vos creditis, vita, non est,
Fulgentes manibus videre gemmas,
Aut testudineo jacere lecto,
Aut pluma latus abdidisse molli,
Aut auro bibere et cubare cocco.
Regales dapibus gravare mensas,
Et quidquid libyco secatur arvo,
Non una positum tenere cella.
Sed nullos trepidum timere casus,
Nec vano populi favore tangi,
Et stricto nihil æstuare ferro.
Hoc quisquis poterit, licebit illi
Fortunam moveat loco superbus.

XXXI
MALUM PUNICEUM.

Lux mea puniceum misit mihi Lesbia malum :
 Jam sordent animo cetera poma meo.
Sordent velleribus hirsuta cydonia canis :
 Sordent hirsutæ munera castaneæ.
Nolo nuces, Amarylli, tuas, nec cerea pruna :
 Rusticus hæc Corydon munera magna putet.

Lesbie m'a aussi envoyé des gâteaux où elle a légèrement imprimé ses dents; le miel de ses lèvres en a augmenté la douceur. Son haleine, plus embaumée que le thym du mont Hymette, répand sur tout ce qui l'approche je ne sais quel parfum plus doux que celui du miel.

XXXII

LA MÉTEMPSYCHOSE. IMITATION DE PLATON.

Tandis que je cueillais un baiser suave sur les lèvres de mon jeune ami, et que j'aspirais sur sa bouche entr'ouverte le doux parfum de son haleine, mon âme, souffrante et blessée, se précipitait sur mes lèvres, et, cherchant à se frayer un passage entre celles de cet aimable enfant, s'efforçait de m'échapper.

Si ce tendre rapprochement de nos lèvres eût duré un seul instant de plus, brûlée des feux de l'amour, mon âme passait dans la sienne et m'abandonnait. O prodigieuse métamor-

Horreo sanguineo male mora rubentia succo :
Heu grave funesti crimen amoris habent !
Misit dente levi paulum libata placentæ
Munera, de labris dulcia mella suis.
Nescio quid plus melle sapit, quod contigit ipsa
Spirans Cecropium dulcis odore thymum.

XXXII

METEMPSYCHOSIS. EX PLATONE.

Dum semihulco savio
Meum puellum savior,
Dulcemque florem spiritus
Duco ex aperto tramite;
Animula ægra et saucia
Cucurrit ad labia mihi,
Rictumque in oris pervium,
Et labra pueri mollia,
Rimata itineri transitus,
Ut transiliret, nititur.
Tum si moræ quid plusculæ
Fuisset in coitu osculi;
Amoris igni percita
Transisset, et me linqueret;
Et mira prorsum res foret;

phose! mort par moi-même, j'aurais continué de vivre dans le sein de mon ami!

XXXIII
L'HERMAPHRODITE.

Lorsque ma mère me portait encore dans son sein, elle consulta, dit-on, les dieux : — Que dois-je mettre au jour? — Apollon répondit : un fils; — Mars : une fille; — Junon : ni l'un ni l'autre. — Quand je fus né, j'étais hermaphrodite. — Quelle sera la cause de sa mort? — Les armes, dit la déesse; — Le gibet, dit Mars; — L'eau, dit Apollon. — Ces trois prédictions s'accomplirent. Un arbre ombrageait l'onde voisine; j'y grimpe : je portais une épée; elle tombe; et moi, par malheur, je tombe dessus; mon pied s'arrête dans les branches, ma tête plonge dans l'eau. Ainsi donc, homme, femme, sans sexe, je meurs noyé, percé, pendu.

XXXIV
LA BOULE DE NEIGE.

Je ne pouvais croire que la neige renfermât du feu; mais, l'autre jour, Julie me jeta une boule de neige : cette neige

Ut ad me fierem mortuus,
Ad puerum ut intus viverem.

XXXIII
DE HERMAPHRODITO.

Quum mea me genitrix gravida gestaret in alvo,
  Quid pareret, fertur consuluisse deos.
Mas est, Phœbus ait; Mars : femina; Junoque : neutrum :
  Quumque forem natus, hermaphroditus eram.
Quærenti lethum, dea sic ait : occidet armis;
  Mars : cruce; Phœbus : aquis : sors rata quæque fuit.
Arbor obumbrat aquas : ascendo, decidit ensis,
  Quem tuleram, casu labor et ipse super.
Pes hæsit ramis, caput incidit amne, tulique
  Femina, vir, neutrum, flumina, tela, cruces.

XXXIV
NIVIS GLOBULUS.

Me nive candenti petiit modo Julia. Rebar
Igne carere nivem; nix tamen ignis erat.

était de feu. Quoi de plus froid que la neige? et pourtant, Julie, une boule de neige lancée par ta main a eu le pouvoir d'enflammer mon cœur. Où trouverai-je maintenant un refuge assuré contre les piéges de l'Amour, si même une onde glacée recèle sa flamme? Tu peux cependant, ô Julie, éteindre l'ardeur qui me consume, non pas avec la neige, non pas avec la glace, mais en brûlant d'un feu pareil au mien.

XXXV

ÉPITAPHE DE CLAUDIA HOMONÉA, ÉPOUSE D'ATIMETUS.

Voyageur qui poursuis tranquillement ta route, arrête un instant, je te prie, et lis ce peu de mots :

HOMONÉA.

Moi, cette même Homonéa qui se vit préférée aux jeunes filles les plus illustres; moi qui reçus de Vénus la beauté, et des Grâces le talent de plaire; moi qui fus instruite dans tous les arts par la docte Pallas; je suis maintenant renfermée dans l'étroit espace de ce tombeau. Et, cependant, à peine quatre lustres composaient mon âge, lorsque le destin jaloux étendit sur moi sa fatale main. J'en gémis, non pas pour moi, mais

---

Quid nive frigidius? nostrum tamen urere pectus
    Nix potuit manibus, Julia, missa tuis.
Quis locus insidiis dabitur mihi tutus amoris,
    Frigore concreta si latet ignis aqua?
Julia, sed potes et nostras extinguere flammas,
    Non nive, non glacie, sed potes igne pari.

XXXV

EPITHAPHIUM CLAUDIÆ HOMONOEÆ CONJUGIS ATIMETI.

Tu qui secura procedis mente, parumper
    Siste gradum, quæso, verbaque pauca lege.

HOMONOEA.

Illa ego, quæ claris fueram prælata puellis,
    Hoc Homonœa brevi condita sum tumulo,
Cui formam Paphie, Charites tribuere decorem,
    Quam Pallas cunctis artibus erudiit.
Nondum bis denos ætas mea viderat annos :
    Injecere manus invida fata mihi.

pour Atimetus, mon époux, dont la douleur est pour moi plus triste que la mort même.

ATIMETUS.

Si le sort cruel consentait à faire l'échange de nos âmes, et que ton existence pût être rachetée par la mienne, quel que soit le peu de jours qu'il me reste à vivre, j'en eusse volontiers fait le sacrifice pour toi, ô ma chère Homonéa ! Hélas ! tout ce que je puis faire, c'est d'abandonner la lumière céleste, et, par une prompte mort, de te rejoindre bientôt sur les rives du Styx.

HOMONÉA.

Cesse, ô mon époux ! de flétrir ta jeunesse par la douleur, et de provoquer la mort par tes regrets ! Les larmes sont inutiles ; elles ne peuvent émouvoir le destin. J'ai vécu : c'est le sort commun de tous les mortels. Cesse tes plaintes. Puisses-tu ne jamais éprouver encore une semblable douleur ! puisse le ciel couronner tous tes vœux ! puisse-t-il ajouter à ton existence tout ce qu'une mort prématurée a retranché de jours à ma jeunesse !

Nec pro me queror hoc : morte est mihi tristior ipsa
    Mœror Atimeti conjugis ille mei.

ATIMETUS.

Si pensare animas sinerent crudelia fata,
    Et posset redimi morte aliena salus;
Quantulacumque meæ debentur tempora vitæ,
    Pensassem pro te, cara Homonœa, libens.
At nunc, quod possum, fugiam lucemque deosque,
    Ut te matura per Styga morte sequar.

HOMONŒA.

Parce tuam, conjux, fletu quassare juventam,
    Fataque mœrendo sollicitare mea.
Nil prosunt lacrymæ, nec possunt fata moveri :
    Viximus ; hic omnes exitus unus habet.
Parce, ita non unquam similem experiare dolorem,
    Et faveant votis numina cuncta tuis.
Quodque meæ eripuit mors immatura juventæ,
    Id tibi victuro proroget ulterius.

ATIMETUS.

Que la terre te soit légère, ô femme si digne de vivre, et de jouir longtemps des biens dont la nature t'avait comblée !

XXXVI
ÉPITAPHE D'UNE CHIENNE DE CHASSE.

La Gaule me vit naître ; la Conque me donna le nom de sa source féconde, nom dont j'étais digne par ma beauté. Je savais courir, sans rien craindre, à travers les plus épaisses forêts, et poursuivre sur les collines le sanglier hérissé. Jamais de pesants liens ne captivèrent ma liberté ; jamais mon corps, blanc comme la neige, ne porta l'empreinte des coups. Je reposais, mollement étendue sur le sein de mon maître ou de ma maîtresse ; un lit dressé pour moi délassait mes membres fatigués. Quoique privée du langage, je savais me faire comprendre mieux qu'aucun de mes semblables ; cependant, jamais personne ne redouta mes aboiements. Mère infortunée ! je trouvai la mort en donnant le jour à mes petits ; et maintenant un marbre étroit couvre la terre où je repose.

ATIMETUS.

Sit tibi terra levis, mulier dignissima vita,
　Quæque tuis olim perfruerere bonis.

XXXVI
EPITAPHIUM CANIS VENATRICIS.

Gallia me genuit ; nomen mihi divitis undæ
　Concha dedit, formæ nominis aptus honos.
Docta per incertas audax discurrere silvas,
　Collibus hirsutas atque agitare feras.
Non gravibus vinclis unquam consueta teneri,
　Verbera nec niveo corpore sæva pati.
Molli namque sinu domini dominæque jacebam,
　Et noram in strato lassa cubare toro.
Et plus, quam licuit muto, canis ore loquebar,
　Nulli latratus pertimuere meos.
Sed jam fata subi, partu jactata sinistro,
　Quam nunc sub parvo marmore terra tegit.

NOTES

CHAPITRE I. *Num alio furiarum genere declamatores inquietantur?* — C'est ici que commence, à proprement parler, le *Satyricon;* tout ce qui précède est regardé comme une interpolation par les meilleurs éditeurs et commentateurs de Pétrone.

Succisi poplites membra non sustinent. — Allusion aux soldats vaincus, auxquels on coupait les nerfs des jarrets pour les empêcher de fuir.

CHAPITRE II. *Non magis sapere possunt quam bene olere qui in culina habitant.* — On nous pardonnera d'avoir traduit ces mots par le proverbe trivial : « Un cuistre sent toujours sa cuisine. » C'est qu'il rend parfaitement le sens du latin, et qu'en outre le mot de *cuistre* s'applique très-bien à ces pédants ridicules, à ces déclamateurs dont parle Pétrone, lesquels, au lieu de former l'esprit et le goût de leurs élèves, ne leur enseignent qu'à couvrir des lieux communs *d'un déluge de périodes mielleuses et d'expressions boursouflées, et réduisent l'éloquence à une harmonie puérile, à de vaines antithèses.*

Homericis versibus canere non timuerunt. — Toutes les éditions de Pétrone que nous avons sous les yeux portent simplement *canere timuerunt;* mais nous pensons, avec Heinsius, qu'il faut lire *non timuerunt:* sans cette négation, le passage n'a plus de sens. Pétrone vient de dire : *Nondum umbraticus doctor ingenia deleverat quum Pindarus et novem Lyrici.... canere timuerunt.* Quel serait donc ce talent dans toute sa force, qui ne servirait qu'à *craindre* d'imiter la sublimité d'Homère?

CHAPITRE IV. *Improbasse schedium Lucilianæ improbitatis.* — Pétrone parle ici du talent de l'improvisation. *Schedium* est un canevas, une matière traitée sur-le-champ et sans préparation. *Improbitas Luciliana* est pris dans le même sens que ce passage de Martial : *Improbos Phædri jocos,* c'est-à-dire les plaisanteries audacieuses de Phèdre.

CHAPITRE VIII. *Omnes mihi videbantur satyrion bibisse.* — « Le satyrion, dit Pline, est un fort stimulant pour l'appétit charnel. Les Grecs prétendent que cette racine, en la tenant seulement dans la main, excite des désirs amoureux, et beaucoup plus fortement encore si on en boit une infusion dans du vin ; et que c'est pour cette raison qu'on en fait boire aux béliers et aux boucs trop lents à saillir. On éteint, ajoute-t-il, les ardeurs produites par le satyrion en buvant de l'eau de miel et une infusion de laitue. Les Grecs donnent en général le nom de satyrion à toute espèce de boisson propre à exciter ou ranimer les désirs. » C'est la même plante qu'Apulée, le médecin, nomme *priapiscon* ou *testiculum leporis*.

CHAPITRE IX. *Tuus inquit iste frater*. — Le nom de *frater*, que l'on trouvera plusieurs fois répété dans cet ouvrage, était parfois un nom de débauche chez les Romains : il signifiait un *mignon;* mais il est plus exactement rendu par le mot de *giton*, emprunté à un des personnages de cette satire, et pris substantivement pour désigner celui qui se livre au vice honteux de la pédérastie. Nous verrons plus loin *soror* signifier une maîtresse.

CHAPITRE XI. *Sic dividere cum fratre nolito, etc.* — A partir de ces mots, tout ce qui suit, jusqu'au chapitre XII, *veniebamus in forum, etc.*, est une interpolation évidente, adoptée par Nodot, mais que Burmann a rejetée, avec raison, de son édition. Nous ne l'avons traduite que pour ne pas interrompre le fil de la narration ; mais nous ne donnerons aucune note sur ce passage, d'une latinité bien inférieure à celle de Pétrone, et qui, d'ailleurs, ne présente aucune difficulté sérieuse. On y reconnaît aisément la main d'un écrivain moderne, qui a cherché vainement à imiter les grâces et quelquefois même jusqu'aux incorrections de l'auteur qu'il a voulu compléter.

CHAPITRE XIV. *Ipsi qui cynica traducunt tempora cœna*. — La frugalité des philosophes cyniques qui, au rapport de Lucien, ne mangeaient que des légumes, couvrait, sous l'apparence de la sévérité, la turpitude de leurs mœurs.

CHAPITRE XVII. *Neve traducere velitis tot annorum secreta*. — Ces prétendus mystères n'étaient plus même un secret du temps de Juvénal. Voici la description qu'il nous en a laissée dans sa satire VI, *Contre les femmes*, v. 315. Nous empruntons cette citation à l'excellente traduction de Dusaulx, (voir la nouvelle édition publiée par MM. *Garnier* frères).
« On sait à présent ce qui se passe aux mystères de la Bonne-Déesse, quand la trompette agite ces autres ménades, et que la musique et le vin excitant leurs transports, elles font voler en tourbillons leurs cheveux épars, et invoquent Priape à grands cris. Quelle ardeur, quels élans! quels torrents de vin ruissellent sur leurs jambes! Laufella, pour

obtenir la couronne offerte à la lubricité, provoque de viles courtisanes, et remporte le prix. A son tour, elle rend hommage aux fureurs de Médulline. Celle qui triomphe dans ce conflit est regardée comme la plus noble. Là, rien n'est feint; les attitudes sont d'une telle vérité, qu'elles enflammeraient le vieux Priam et l'infirme Nestor. Déjà les désirs exaltés veulent être assouvis ; déjà chaque femme reconnaît qu'elle ne tient dans ses bras qu'une femme impuissante, et l'antre retentit de ces cris unanimes : Introduisez les hommes; la déesse le permet. Mon amant dormirait-il? qu'on l'éveille. Point d'amant? je me livre aux esclaves. Point d'esclaves? qu'on appelle un manœuvre. A son défaut, si les hommes manquent, l'approche d'un âne ne l'effrayerait pas. »

CHAPITRE XIX. *Et præcincti certe altius eramus*. — Allusion à la coutume qu'avaient les soldats romains de relever leur robe avec leur ceinture, quand ils se disposaient à combattre. C'est pourquoi Virgile a dit : *Discinctos Afros*, c'est-à-dire *inhabiles militiæ*, parce que les soldats courageux *cincti erant*. De là vient aussi *cingulam militiæ dare*, qui, selon Rufin, signifie : *Dare jus militandi*.

CHAPITRE XXIV. *Ascylto embasicœtas detur*; et, plus haut, *non intellexeras cinædum embasicœtam vocari?* Il y a ici un jeu de mots intraduisible en français, qui roule sur ce mot, *embasicœtes*, composé de ἐμβαίνειν, monter, et κοίτη, lit. On donnait ce nom à des débauchés qui parcouraient les lits pour faire souffrir aux autres l'espèce de débauche dont parle ici Pétrone. C'est ce qui fait dire à Catulle, dans sa trentième épigramme : *Perambulavit omnium cubilia*. Nous avons traduit ce mot par celui d'*incube*, qui, en français, s'en rapproche le plus, et qui en donne une idée assez exacte. Il paraît d'ailleurs que ce débauché s'appelait *Embasicœtas*, nom qui convenait parfaitement à ses fonctions, comme celui de *Coupé* à l'écuyer tranchant dont il sera question plus loin.

CHAPITRE XXV. *Quæ tulerit vitulum, illa potest et tollere taurum*. Ce proverbe, auquel Quartilla donne ici un sens obscène, a cependant une autre origine que celle dont elle le fait dériver. Il fait allusion à Milon de Crotone, qui, s'étant habitué à porter un veau nouvellement né à une distance de plusieurs stades, finit, en continuant chaque jour cet exercice, par le porter de même lorsqu'il fut parvenu à la dimension d'un taureau. Quintilien rappelle ce trait, liv. Ier, chap. 9, de son *Institution oratoire* : « Milo, quem vitulum assueverat ferre, taurum ferebat. » Du reste, ce proverbe peut s'appliquer très-bien à cette femme, qui, par une habitude quotidienne du libertinage, finit par se livrer sans danger aux plus grands excès.

Venerat jam dies.... liberæ cœnæ apud Trimalchionem. — Nous avons traduit, d'après Nodot, « Nous touchions au jour où Trimalchion, dans un festin, devait affranchir un grand nombre d'esclaves. » Mais ce sens ne nous satisfait point. Selon Lavaur, *libera cœna* était un festin où l'on n'élisait point de roi, au lieu qu'ordinairement on choisissait un *roi des festins*, qui les réglait à sa volonté, et qui était reconnu comme maître par tous les convives, ce qu'attestent assez les écrits des anciens. Le *festin libre*, dont il est ici question, sera donc sans règle, sans ordre ; tout s'y passera dans la licence et le déréglement. On peut aussi interpréter *libera cœna* par un festin auquel tout le monde était indistinctement admis, même les esclaves de Trimalchion, comme nous le verrons plus loin. On peut encore prendre ici le mot *libera cœna* dans le même sens que le *libera vina* d'Horace (*Art poétique*, vers 85).

CHAPITRE XXVII. *Inter pueros capillatos*. — Il sera souvent question, dans le cours de cet ouvrage, de ces *pueri capillati*. Ce n'était qu'aux esclaves destinés aux plaisirs qu'on laissait et entretenait une longue chevelure : tous les autres portaient les cheveux courts.

Digitos concrepuit. — C'était la coutume des grands d'appeler leurs esclaves en faisant craquer leurs doigts. Martial, sur l'inscription de *Matella*, dit, liv. XIV, épigr. 119 : *Dum poscor crepitu digitorum*. L'affranchi Pallas, étant accusé d'une conspiration contre Néron, quand on lui nomma quelques-uns de ses affranchis comme ses complices, répondit avec arrogance qu'il ne leur avait jamais parlé que par des gestes de la tête ou de la main, pour ne pas se familiariser avec eux (TAC., *Ann.*, XIII).

Digitos.... in capite pueri tersit. — C'était encore un raffinement qui annonçait l'opulence et la mollesse chez les anciens, que d'essuyer ses mains aux cheveux d'un de ces esclaves à longue chevelure.

CHAPITRE XXVIII. *Hoc suum propinasse dicebat*. — Ce passage n'est intelligible qu'en sous-entendant le mot *genium*. Trimalchion voulait dire que ces étuvistes venaient de faire des libations à son bon génie, ou plutôt de boire à sa santé ; car c'est là le véritable sens de *propinare*.

Chiramaxio, in quo deliciæ ejus vehebantur. — Espèce de chaise à porteur ; des deux mots grecs, χείρ, main, et ἄμαξα, char.

CHAPITRE XXIX. *Cave, cave canem!* — Sénèque rapporte que, de son temps, il y avait aux portes des palais de gros chiens d'attache ; et Artémidore, que quelques-uns se contentaient d'en faire peindre l'image sur la muraille, auprès de la loge du portier, avec cette inscription : *Cave canem!* ce qui fait dire à Varron : *Cave canem inscribi jubeo :*

c'était aussi une inscription assez ordinaire sur les grandes portes, pour avertir les étrangers de ne pas entrer témérairement.

Erat venalitium titulis pictum. — Chaque esclave, mis en vente dans un marché public, portait suspendu au cou un écriteau qui indiquait son pays, son savoir-faire, ses défauts : cela était ordonné par les édiles. *Voyez* AULU-GELLE, liv. IV, chap. 2 ; et ce distique de PROPERCE, liv. IV, élégie 5 :

> Aut quorum titulus per barbara colla pependit,
> Cœlati medio quum saliere foro.

Et pixis aurea non pusilla, in qua barbam ejus conditam esse dicebant. — Les Romains gardaient leur première barbe avec un soin superstitieux ; ils adoptèrent assez tard l'usage de se raser. Varron nous apprend que les premiers barbiers vinrent de Sicile en Italie, l'an 454 de la fondation de Rome, amenés par Publius Ticinus Mena ; avant cette époque, on ne s'y rasait pas.

CHAPITRE XXX. *Vestimenta mea cubitoria perdidit.* — Les Romains avaient pour la table des habits particuliers qu'ils y portaient toujours, et qu'ils ne pouvaient porter ailleurs ; et, quand ils mangeaient hors de chez eux, ils envoyaient ces habits chez leur hôte, à moins que celui-ci ne leur en fournît. La couleur de ces habits n'était point fixée, tandis que l'habit de ville devait toujours être blanc. Ils appelaient cette robe de festin *vestis cœnatoria* ou *cubitoria ;* celle des gens de qualité s'appelait *synthesis.* Néron portait quelquefois en public cette robe de festin, ce que Suétone, au chapitre LI de la vie de cet empereur, lui reproche comme un manque de bienséance.

CHAPITRE XXXI. *Pueris alexandrinis aquam in manus nivatam infundentibus.* — Les esclaves d'Alexandrie étaient les plus recherchés, non-seulement parce qu'ils venaient de loin, mais parce qu'ils étaient particulièrement propres aux plaisirs les plus effrénés, et que rien d'infâme ni de vil ne les rebutait. Martial, épigr. 42 du liv. IV, décrivant les qualités qu'il veut trouver dans un esclave, exige d'abord qu'il soit Égyptien :

> Niliacis primum puer is nascatur in oris,
> Nequitias tellus scit dare nulla magis.

Aquam nivatam. — Cette eau se faisait avec de la neige fondue, puis filtrée, et plongée de nouveau dans la neige pour la frapper de glace. Néron l'aimait à un tel point, qu'il en faisait mettre dans ses bains. Cette invention est d'ailleurs fort ancienne. Pline (liv. XXXI, chap. 3) dit que Néron s'avisa le premier de faire bouillir de l'eau, et de la mettre ensuite dans la neige, afin qu'elle prît mieux le froid et fût moins dangereuse.

In quarum marginibus nomen Trimalchionis inscriptum erat et argenti pondus. — Avant l'invention des armes ou du blason, on gravait le nom des grands seigneurs sur leur vaisselle, ou des emblèmes qui leur convenaient; et les pièces d'argenterie qui étaient ainsi marquées se nommaient *pocula litterata*. Plaute dit, en parlant d'une urne : *Hæc litterata est; ab se cantat cuja sit*. Pétrone, pour tourner en ridicule l'ostentation de Trimalchion, ajoute *et argenti pondus*. Ce n'était point l'usage, chez les gens habitués à l'opulence, d'indiquer ainsi le poids de l'argent.

Glires, melle et papavere sparsos. Les anciens se servaient du miel comme nous faisons du sucre. Quant à *papaver*, il s'agit ici du pavot blanc : on faisait des sauces avec le jus de sa graine broyée, après l'avoir fait rissoler (PLINE, liv. XXIX, chap. 8). On l'employait aussi quelquefois avec du lait, comme le prouve ce passage d'Ovide, *Fastes*, liv. IV, vers 149 :

> Nec pigeat tritum niveo cum lacte papaver
> Sumere, et expressis mella liquata favis.

Glires, les loirs étaient fort estimés, chez les anciens, de ceux qui aimaient la bonne chère. Martial, liv. XIII, dit, en faisant parler le loir :

> Tota mihi dormitur hiems, et pinguior illo
> Tempore sum quo me nil nisi somnus alit.

CHAPITRE XXXII. *Pallio enim coccineo adrasum excluserat caput.* — C'était une grande marque de luxe et de mollesse de porter la tête enveloppée dans son manteau. Sénèque, lettre CXV, décrivant la mollesse de Mécène, lui reproche particulièrement de s'être montré en public ainsi vêtu.

CHAPITRE XXXIII. *Ut deinde spina argentea dentes perfodit.* — Un cure-dents d'argent était, chez les Romains, une marque de luxe, parce qu'ils ne se servaient ordinairement que de petits morceaux de bois ou de plume.

CHAPITRE XXXIV. *Jam Trimalchio fecerat potestatem si quis nostrum iterum vellet mulsum sumere.* — Ce que les Romains appelaient *mulsum* était une espèce d'hypocras ou vin miellé dont quatre parties étaient de vin, et la cinquième de miel : il en est souvent question dans les auteurs anciens;

et c'est par là qu'on commençait le repas. Auguste, demandant à Pollion, alors âgé de plus de cent ans, et encore vigoureux, par quels moyens il avait conservé une si belle santé, Pollion lui répondit : *Intus mulso, foris oleo.*

Argentumque inter reliqua purgamenta scopis cœpit verrere. — Sénèque, lettre LXVII du livre VI, raconte que pendant que les maîtres étaient à table, un esclave était obligé de laver les crachats sur le parquet ; un autre recevait les vomissements de ceux qui étaient ivres ; un autre balayait tout ce qui tombait de la table : *Alius sputa detegit, alius reliquias temulentorum subditus colligit, etc.* Pétrone, pour nous donner une idée de la magnificence extravagante de Trimalchion, dit que, par son ordre, un plat d'argent tombé à terre est balayé avec les ordures par un esclave.

Statim allatæ sunt amphoræ vitreæ diligenter gypsatæ. — Ces bouteilles étaient bouchées avec une espèce de mastic fait de plâtre fin mêlé avec de la résine : on s'en sert encore aujourd'hui en Italie pour le même usage, et c'est l'équivalent de notre goudron. Les anciens plaçaient sur le cou ou goulot des bouteilles, *cervicibus*, des étiquettes, *pittacia*, qui indiquaient le nom du vin, son terroir, son âge ; ce qui nous est confirmé par Juvénal, en parlant d'un vin :

. . . . Cujus patriam titulumque senectus
Delevit.

Larvam argenteam attulit servus. — C'était, dit Plutarque, un usage que les Grecs avaient emprunté des Égyptiens, et qu'ils avaient transmis aux Romains, de faire figurer dans les repas des têtes de mort, des squelettes. Le but de cette coutume, selon Scaliger, était de porter les convives à goûter les douceurs de la vie pendant qu'ils jouissaient d'une bonne santé, et à s'abandonner aux plaisirs que la mort devait bientôt leur ravir. Hérodote en parle liv. II, chap. 78. Les vers que Pétrone met dans la bouche de Trimalchion développent cette pensée : on les croirait inspirés par ce passage du livre de la *Sagesse*, où Salomon fait dire à l'impie : *Umbræ transitus est tempus nostrum, et non est reversio finis nostri. Venite ergo, et fruamur bonis quæ sunt, et utamur creatura, tanquam in juventute celeriter. Vino pretioso et unguentis nos impleamus, et non prætereat nos flos temporis. Coronemus nos rosis antequam marcescant : nullum pratum sit quod non pertranseat luxuria nostra. Nemo vestrum exsors sit luxuriæ nostræ, ubique relinquamus signa lætitiæ, quoniam hæc est pars nostra, et hæc est sors nostra.* Cette idée a été reproduite sous toutes les formes par les poëtes anacréontiques; elle fait le sujet de cette chanson si connue :

> Nous n'avons qu'un temps à vivre;
> Amis, passons-le gaiement, etc.

CHAPITRE XXXV. *Repositorium enim rotundum duodecim habebat signa in orbe disposita.* — Cette machine, qui avait la forme d'un globe, et qui contenait les douze signes du zodiaque, était sans doute une chose singulière, mais non pas nouvelle. Alexis, de Thurium, poëte comique, plus ancien que Ménandre, décrit ainsi, au rapport de Suidas, une machine ou un surtout de table à peu près semblable : « Après qu'on nous eut donné à laver, on dressa une table sur laquelle on servit, non du fromage, des olives, des ragoûts et d'autres mets ordinaires, mais un bassin magnifique qui représentait la moitié du ciel, et dans les divers compartiments duquel on avait enchâssé tout ce que le firmament offre de plus beau : des poissons, des chevreaux, des écrevisses et tous les signes du zodiaque. Enfin nous portâmes les mains sur ces astres, et nous ne quittâmes le ciel qu'après l'avoir percé comme un crible. » (ATHÉNÉE, liv. II, chap. 18.) — D'après ce passage du poëte grec, on voit que l'invention de ce globe n'était point due à l'imaginative du maître d'hôtel de Trimalchion, mais que c'était une nouveauté renouvelée des Grecs.

Suadeo, inquit Trimalchio, cœnemus; hoc est jus cœnæ. — Je soupçonne fort Trimalchion de vouloir faire ici un calembour, et de jouer sur le mot *jus*, qui, comme chacun sait, a deux sens fort opposés : *jus*, droit, et *jus*, sauce. Ainsi *hoc est jus cœnæ* signifierait également : *c'est le droit du festin, c'est pour cela qu'on est à table;* ou *c'est l'assaisonnement, la quintessence, le plus succulent du repas.* Nous voyons de même ces mots, *in jus vocare*, tour à tour traduits par *appeler en justice*, et par *fricasser, mettre à l'étuvée, au court-bouillon*. On connaît d'ailleurs le fameux calembour de Cicéron : *Jure te adjuvabo.*

CHAPITRE XXXVI. *Altilia, et sumina.* — *Altilia*, toutes sortes de volailles engraissées; *sumina*, sorte de ragoût fait des mamelles de la tétine d'une truie qui vient de mettre bas. Martial dit, livre XIII, épigramme 41 :

> Esse potes nudum sumen, sic ubere largo
> Effluit, et vivo lacte papilla tumet.

Le mot *sumen* se prend aussi pour la poitrine d'une laie, que l'on appelle le *bourbelier* en termes de vénerie.

Garum piperatum. — Le *garum* était la liqueur ou sauce que l'on tirait d'un poisson nommé γάρον par les Grecs; on a ensuite étendu ce nom à toutes sortes de sauces faites avec des poissons ou avec leur saumure, ce qui fait dire avec tant de raison à Manilius, liv. v, vers 671, en parlant de cette sauce :

> Hinc sanies pretiosa fluit, floremque cruoris
> Evomit, et mixto gustum sale temperat oris.

Sénèque dit, lettre xcvi : *Garum, pretiosam malorum piscium saniem;* et Martial, liv. xiii, sur le mot *Ostrea :*

> Ebria baiano veni modo concha Lucrino :
> Nobile nunc sitio luxuriosa garum.

On faisait le *garum* avec des entrailles de poisson confites dans le vin et le vinaigre, ou bien dans l'eau et le sel, et souvent dans l'huile ; on y mettait aussi du poivre, *garum piperatum,* comme le dit ici Pétrone, et quelquefois des fines herbes. Pline (liv. xxxi, chap. 3) dit que le *garum* fait avec le maquereau seul était le plus estimé ; mais Célius Aurelianus donne le prix au *garum* fait avec un poisson du Nil appelé *silurus.* C'était en même temps la meilleure sauce à servir avec les poissons.

De nos jours on fait aussi différentes sauces avec des poissons, entre autres la sauce d'anchois dont les Anglais font un très-grand usage.

Pisces, qui in Euripo natabant. — L'Euripe, comme on sait, est ce bras de mer qui sépare l'île d'Eubée ou de Négrepont de la Grèce, et qui est si resserré devant Chalcis, qu'une galère pouvait à peine y passer. Ce canal était et est encore remarquable par l'irrégularité de ses marées. Les Romains avaient donné, par extension, le nom d'*Euripes* aux canaux par lesquels ils conduisaient et distribuaient les eaux pour l'embellissement de leurs maisons de campagne. *Ductus aquarum quos Euripos vocant,* dit Cicéron (*de Legibus,* lib. ii). Ils appelaient aussi *Euripes* les fossés dont ils environnaient leurs cirques et leurs théâtres : *Civitas exstruxit theatrum, scena erat talis, et statuæ super Euripum, etc.* Voir Tertullien contre Hermogène. Sidonius Apollinaris, poëme xxii, v. 208 :

> Fusilis Euripus propter : cadit unda superne
> Ante fores pendente lacu, venamque secuti
> Undosa inveniunt nantes cœnacula pisces.

Pétrone, par une hyperbole plaisante, donne ici le nom d'Euripe à ces flots de saumure ou de court-bouillon qui, coulant des outres portées par quatre satyres, placés aux angles du surtout, allaient se réunir au fond de cette machine, et y formaient une espèce de lac où nageaient des poissons tout accommodés.

Scissor, et ad symphoniam itq gesticulatus laceravit obsonium. — Ce passage, et cent autres de ce festin, prouvent que les anciens étaient bien plus raffinés que nous dans les plaisirs de la table. Nous n'avons point, comme eux, de ces écuyers tranchants qui découpaient les viandes en mesure, aux sons de l'orchestre.

CHAPITRE XXXVII. *Uxor, inquit, Trimalchionis, etc.* — Ce n'est plus Pétrone qui parle ici, c'est un des affranchis de Trimalchion, ou plutôt un de ses anciens compagnons d'esclavage. Nous allons, dans la suite de ce festin, voir plusieurs de ces affranchis prendre la parole : un Seleucus, un Philéros, un Ganymède, un Échion, etc.; leurs locutions seront barbares et étrangères, fourmilleront de solécismes et de barbarismes, de mots bâtards, formés du grec et du latin, de proverbes et de quolibets bas et grossiers, ce qui nous donnera une juste idée de l'éducation de ces parasites, et de la société que rassemble autour de lui ce Trimalchion, esclave parvenu, dont les goûts dépravés ne tarderont pas à se faire connaître. L'hôte et les convives sont dignes les uns des autres, et peuvent aller de pair ; c'est à quoi il faut bien prendre garde : il n'y a dans leurs discours ni justesse, ni suite, ni liaison, ni sens : ce sont des manières de parler triviales, telles que Plaute, Térence et Molière en mettent dans la bouche des esclaves et des valets.

Cet avertissement est nécessaire pour faire sentir et apprécier le mérite de cet ouvrage, où les interlocuteurs s'expriment avec une vérité et un naturel qui prouvent dans notre auteur une observation profonde des mœurs et du langage des différentes classes de la société.

Ignoscet mihi genius tuus. — Comme nous dirions en français : *sauf votre respect.* On sait d'ailleurs que les anciens croyaient que chacun avait son génie particulier, ainsi que nous avons notre ange gardien, nos bons et nos mauvais anges. L'auteur dit, dans un autre endroit : *genios vestros iratos habeam.*

Pica pulvinaris. — Mot à mot, *une pie d'oreiller*; parce que c'est lorsqu'elles sont au lit avec leurs maris que les commères de l'espèce de Fortunata donnent carrière à leur médisance, et cherchent à nuire à ceux qu'elles n'aiment pas ; d'où Martial :

. . . . Sit non ditissima conjux,
Sit nox cum somno, sit sine lite dies.

Quem amat, amat; quem non amat, non amat. — C'est un proverbe vulgaire :

> Aut amat, aut odit mulier, nihil est tertium,

dit Publius Syrus, en parlant des femmes.

CHAPITRE XXXVIII. *Arietes a Tarento emendos.* — Le territoire de Tarente était célèbre pour ses bons vins et ses bonnes laines. Martial dit, livre XIII :

> Nobilis et lanis, et felix vitibus, Aulon
> Det pretiosa tibi vellera, vina mihi.

Aulon est une colline fertile en vins et en troupeaux, aux environs de Tarente. On trouve aussi dans Horace, ode 6 du livre II, l'éloge des laines de Tarente :

> Unde si Parcæ prohibent iniquæ,
> Dulce pellitis ovibus Galesi
> Flumen, et regnata petam Laconi
> Rura Phalantho.

Varron (*de Re rustica*, lib. II) dit que les brebis de Tarente avaient de si bonne laine, qu'on les couvrait de peaux, afin que leur toison ne se gâtât pas ; c'est pour cela qu'on les appelait *oves pellitæ*.

Semen boletorum. — De la graine de champignons ou de morilles. Ainsi Trimalchion voulait faire venir de l'Inde de la graine de champignons, quoique ces cryptogames n'en produisent point. Cela peint admirablement bien la démence d'un de ces riches ignorants qui se figurent qu'avec de l'or on peut tout se procurer, comme le *Financier* de La Fontaine, qui se plaignait

> Que les soins de la Providence
> N'eussent point au marché fait vendre le dormir,
> Comme le manger et le boire.

Ex onagro. — L'onagre est une espèce d'âne sauvage. On le trouvait principalement en Phrygie et en Lycaonie. Pline (liv. VIII, chap. 44) en parle ainsi : *Mula autem, ex equa et onagra mansuefacta, velox in cursu, duritia eximia pedum, verum strigoso corpore, indomito animo. Sed generator, onagro et asina genitus, omnes antecellit.* Les riches faisaient de cet animal un objet de luxe, comme nous le prouve la lettre de Cicéron à Atticus, livre VI : *Nec deerant onagri*, dit-il en parlant du voyage fastueux de Védius Pollion.

Collibertos ejus. — Nous voyons par là qu'à l'exception d'un très-petit nombre de personnes, telles qu'Ascylte, Encolpe, Agamemnon, tous les autres convives de Trimalchion n'étaient que des affranchis.

Quum olla male fervet.... amici de medio. — Quand la marmite est renversée, adieu les amis! Horace exprime la même idée, ode 5 du livre 1ᵉʳ :

> .... Diffugiunt cadis
> Cum fæce siccatis amici.

Apros gausapatos. — Littéralement, *des sangliers en capote velue*, c'est-à-dire encore couverts de leur peau, pour montrer qu'on les servait tout entiers; ce qu'on ne voyait que sur les tables somptueuses. Juvénal, satire 1, s'élève avec sa verve ordinaire contre ce luxe monstrueux :

> .... Quanta est gula, quæ sibi totos
> Ponit apros!

P. Servilius Rufus fut le premier, au témoignage de Pline (liv. VIII, chap. 51), qui fit servir sur sa table un sanglier tout entier.

CHAPITRE XXXIX. *Sermonibus publicatis* signifie ici une conversation générale, par opposition aux entretiens particuliers et à voix basse. C'est l'effet ordinaire du vin, que les convives commencent, dès qu'ils sont ivres, à parler à haute voix, et souvent tous à la fois.

Is ergo reclinatus in cubitum. — C'était un air dégagé et sans façon, fort opposé à la bienséance et à la politesse, comme on dit parmi nous : *mettre les coudes sur la table.* Un homme qui savait vivre se tenait droit de la ceinture en haut, sans être trop penché en avant sur la table, ni couché en arrière ou sur le côté.

Sic notus Ulyxes? — Trimalchion vient de faire un mauvais quolibet, en disant à ses convives de boire assez pour mettre à la nage les poissons qu'ils ont mangés, *pisces natare oportet.* Le voici maintenant qui fait de l'érudition : *Sic notus Ulyxes?* par allusion à ces vers du IIᵉ livre de l'Énéide :

> .... Aut ulla putatis
> Dona carere dolis Danaum? sic notus Ulyxes?

Oportet etiam inter cœnandum philologiam nosse. — De plus fort en plus fort! voici notre amphitryon qui s'élève à la philologie, et Dieu sait quelle philologie! Nous allons bientôt le voir tomber de balourdise en balourdise.

In totidem se figuras convertit. — Nous ne nous arrêterons pas sur l'explication astronomique, ou plutôt astrologique, de ce globe céleste inventé par le cuisinier de Trimalchion. Il serait en effet impossible d'expliquer toutes les absurdités que Pétrone met à dessein dans la bouche de cet ignorant présomptueux.

Cornu acutum. — C'est-à-dire des gens à se bien défendre, et qu'il ne fait pas bon attaquer, comme l'on dit, *tollere cornua, cornu ferire*. Ainsi Horace, ode 21 du livre III, pour dire que le vin donne des forces et du courage :

> Viresque, et addis cornua pauperi.

Laudamus urbanitatem mathematici. — Le sens de *mathematicus* est ici *astrologue*, parce qu'en effet la plupart des mathématiciens se livraient à l'étude de l'*astrologie*.

Ne genesim meam premerem. — Trimalchion avait fait mettre une simple couronne sur le signe du Cancer, comme nous l'avons vu précédemment, pour ne pas défigurer son horoscope par quelque mets ignoble, mais au contraire pour en relever la noblesse.

Cucurbitæ. — Des têtes de citrouille. Ce n'est pas d'aujourd'hui qu'on a donné ce nom aux têtes vides et sans cervelle. Juvénal dit, satire XIV :

> Quum facias pejora senex, vacuumque cerebro
> Jampridem caput hoc ventosa cucurbita quærat.

Obsonatores, et rhetores. — Pétrone revient ici avec complaisance sur cette comparaison des rhéteurs et des cuisiniers, que nous avons déjà vue au commencement de cette satire.

CHAPITRE XL. *Altera caryotis, altera thebaicis repleta.* — Ces dattes croissent en Syrie et en Judée, et surtout dans le territoire de Jéricho : elles sont jaunes et noires, grosses, rondes comme des pommes, et très-douces. Quant aux autres, appelées *thebaïcæ*, elles se trouvent dans les déserts de la Thébaïde, voisins du Grand-Caire en Égypte, qu'habitaient anciennement ces fameux anachorètes qui ne vivaient que de ce fruit. Ces dernières sont blanches et petites, mais fort nourrissantes. Pline compte quarante-neuf espèces de dattes ; et comme ce fruit croît dans les forêts, on en avait suspendu des corbeilles aux défenses du sanglier, en guise des glands dont il se nourrit, pour les distribuer aux convives, comme nous le verrons bientôt.

CHAPITRE XLI. *Dionyse.... liber esto!* — C'est un jeu de mots qu'il est impossible de rendre clairement en français. Trimalchion y revient encore quelques lignes plus loin, lorsqu'il dit aux convives : *Non negabitis me habere Liberum patrem.* Les anciens donnaient le nom de *Pater* à presque tous les dieux, et celui de *Mater* aux déesses, comme le prouve le nom de Jupiter, composé de Ζεύς et de πατήρ, ou, selon d'autres étymologistes, de *Juvans Pater;* on trouve partout, dans les poëtes, le nom de *Mater* donné à Junon, à Cérès, etc. Nous rappellerons, à propos de ces divers noms donnés à Bacchus, qu'Antoine eut la fantaisie, en traversant la Grèce, de se faire appeler *Liber* ou *Bacchus;* il prit le costume de ce dieu, et, comme lui, monté sur un char traîné par des tigres, il se fit accompagner d'hommes et de femmes vêtus en satyres et en bacchantes. Les Athéniens allèrent à sa rencontre en l'invoquant comme Bacchus ; et, pour se moquer de lui, lui offrirent en mariage la déesse Minerve, protectrice de leur ville. Antoine prit fort bien la plaisanterie ; mais, pour les payer de la même monnaie, il accepta la fiancée qu'ils lui offraient, et leur fit payer mille talents pour sa dot.

CHAPITRE XLII. *Homo bellus.* — Cette épithète *bellus* est parfaitement placée dans la bouche de celui qui parle, et nous apprend l'usage que l'on doit faire de ce mot, qu'on applique souvent mal à propos, et qui ne peut convenir à un personnage de quelque importance. Il se prenait tantôt en bonne, tantôt en mauvaise part. Martial raille plusieurs personnes qui, de son temps, abusaient de ce mot, dont il détermine le véritable sens dans les épigrammes 7 du livre II et 63 du livre III, où il dit : « Un joli homme sait et fait joliment une foule de jolies petites bagatelles inutiles ; et tout son mérite se borne là ; bien différent en cela d'un honnête homme, etc. » Aussi, dans le passage qui nous occupe, Seleucus, après avoir dit que Chrysante était un homme aimable, un joli homme, ajoute et *tam bonus,* comme pour corriger la faiblesse du premier éloge.

Medicus enim nihil aliud est quam animi consolatio. — Cet axiome de Pétrone, quoique placé dans la bouche d'un fou, est admirable. En effet, le médecin doit commencer sa cure par consoler son patient, par guérir son esprit toujours affecté par la maladie. C'est ce que négligent trop de docteurs dont l'aspect triste, la figure sévère, le ton brusque et tranchant, sont plus propres à intimider le malade qu'à lui donner le courage dont il a besoin.

CHAPITRE XLIII. *Qui linguam caninam comedi.* — Scheffer s'imagine à tort qu'il est question ici de cette herbe qu'on appelle *cynoglosse,* ou langue de chien, plante borraginée, narcotique et anodine, qui n'a nullement la vertu de rendre les gens hardis à parler. *Linguam caninam* est plutôt, selon moi, une allusion à l'effronterie si connue des *cyniques*. C'est ainsi que Quintilien dit *canina eloquentia*, style mordant. Dans Homère, Achille irrité appelle Agamemnon *œil de chien*, et la Fable rapporte qu'Hécube, captive, fut changée en chienne, et le lieu de sa sépulture, près d'Abydos, fut appelé le *Tombeau de la chienne*, parce que, comme cet animal, Hécube *aboyait* continuellement contre les Grecs. Cependant *lingua canina* ne doit pas se prendre ici en mauvaise part, car Philéros ne dirait pas du mal de lui-même, mais dans le même sens que, chez nous, un *saint Jean bouche d'or*, un homme franc, qui ne déguise en rien sa pensée.

Discordia, non homo. — La discorde incarnée, la discorde en personne. Nous verrons plus loin *piper, non homo*.

CHAPITRE XLIV. *Cùm quo audacter posses in tenebris micare.* — Expression proverbiale chez les anciens pour désigner un homme de bien. « Vous auriez pu sans crainte jouer à la mourre avec lui dans les ténèbres. » La mourre est un jeu qui consiste à lever autant de doigts que l'indique celui qui commande : il exige une grande vivacité dans l'exécution, et en même temps celui qui commande a besoin de ses yeux pour voir si on lui présente le nombre de doigts indiqué. Mais Ganymède dit ici que Safinius était de si bonne foi, qu'on pouvait jouer à ce jeu avec lui au milieu des ténèbres, sans crainte qu'il accusât faux. Ce jeu est très-ancien ; Cicéron en parle presque dans les mêmes termes que Pétrone : *Dignus est quicum in tenebris mices ;* et livre III, chapitre 3 des *Offices : Nullum erit certamen, sed quasi forte, aut micando victus, alteri cedat alter.* Calpurnius en fait mention dans sa 2ᵉ églogue :

> Et nunc alternos magis ut distinguere cantus
> Possitis, ter quisque manus jactate micantes.
> Nec mora, discernunt digitis : prior incipit Idas.

Saint Augustin rapporte aussi ce proverbe, livre VIII, chapitre 5 *de Trin.* : *Nam ubi id volumus, facile habemus, ut alia omittam, vel micando digitis tribus. Porro cum quo micas in tenebris, ei liberum est, si velit, fallere.* Ce jeu est encore fort en usage aujourd'hui en Italie et en Hollande parmi le menu peuple, qui joue à la mourre dans les rues avec des éclats de voix surprenants.

Nescio quid asiatici habuisse. — Ce Ganymède qui parle ici était probablement originaire d'Asie, et il profite de cette occasion pour vanter l'inépuisable faconde des orateurs de son pays. Les Asiatiques passaient à Rome pour de grands discours de riens sonores, comme le prouve ce passage du chapitre 2 de notre auteur : *Nuper ventosa isthæc et enormis loquacitas Athenas ex Asia commigravit.* Or, en Asie on exerçait les chanteurs, les comédiens et toutes sortes d'acteurs, à ne point suer ni cracher, pendant qu'ils étaient en scène. C'est à cette coutume que Ganymède fait allusion ; et ce qu'il trouve surtout d'admirable dans Safinius, c'est qu'on ne le voyait jamais ni suer ni cracher, lorsqu'il parlait au barreau.

Urceatim pluebat. — Comme nous disons en français, *il pleut à seaux.*

CHAPITRE XLV. *Echion centonarius.* — La plupart des éditions portent *centenarius* : on appelait ainsi les affranchis qui avaient cent mille petits sesterces de rente ; mais j'ai préféré m'en tenir au manuscrit de Trau, qui porte *centonarius*, qui signifie ravaudeur, chiffonnier, marchand de haillons. Les discours que va tenir Échion, par exemple son allusion *au paysan qui avait perdu un porc bigarré*, me semblent convenir parfaitement à un homme de cette profession. Cependant on donnait aussi le nom de *centonarii* à ceux qui fournissaient dans les villes et dans les camps les objets propres à éteindre les incendies ; dans ce dernier sens, Échion serait une espèce de pompier. Ceux qui adoptent *centenarius* allèguent pour motif, que notre homme paraît très-content de son sort, comme le prouvent ces mots : *Non, me Hercules! patria melior dici posset ;... non debemus delicati esse : ubique melius cœlus est.... Tu, si alibi fueris, dices, hic porcos coctos ambulare,* etc.; mais l'expérience prouve que les hommes les plus pauvres ne sont pas toujours ceux qui se plaignent le plus de leur condition.

Familia non lanistitia, sed plurimi liberti. — Les maîtres qui instruisaient les gladiateurs portaient le nom de *lanistæ* ; ils achetaient des esclaves ou prenaient des enfants trouvés qu'ils élevaient pour cette profession. On appelait une troupe de ces gladiateurs *familia lanistitia,* c'est-à-dire *cui lanista præerat.* Auguste les chassa de Rome, au rapport de Suétone, dans la vie de cet empereur, chapitre 42 ; Sénèque en parle aussi, *de Beneficiis.* Les Romains en vinrent à un tel excès de cruauté au sujet des combats de gladiateurs, qu'outre les esclaves sans nombre qu'ils faisaient égorger dans ces affreux spectacles, ils y engageaient encore des affranchis et des citoyens qui jouissaient d'une pleine liberté. Suétone, dans la *Vie de Néron,* dit que ce prince poussa encore plus loin la barbarie, et qu'il fit paraître dans un amphithéâtre qu'il fit bâtir exprès, non pas des gladiateurs ordinaires ni même des affranchis, mais des chevaliers et des sénateurs romains, au nombre de mille ; et que, non content de cela, il en contraignit quelques-uns des plus considérables à combattre contre les bêtes féroces : il y fit même combattre des femmes. Caligula égala et surpassa même la cruauté de Néron. Claude, l'imbécile époux de Messaline, ayant vu avec un extrême plaisir deux gladiateurs se tuer l'un l'autre en même temps, se fit apporter leurs épées pour en faire deux couteaux de table! *Voyez* le même Suétone, *Vies de Caligula et de Claude.*

Non est mixcix. — J'ignore quel est le sens et l'étymologie de ce mot; peut-être faudrait-il écrire *mittix* de *mittere,* c'est-à-dire *missionem dare gladiatoribus; non est mittix,* il n'est point homme à ménager ses esclaves, il veut qu'on se batte sans quartier, *sine fuga, ut amphitheatrum videat carnarium in medio,* pour que les spectateurs jouissent d'un véritable carnage au milieu du Cirque; *ferrum optimum daturus est,* il donnera aux gladiateurs du fer bien trempé, et non pas de ces épées au tranchant émoussé comme celles dont on se sert au théâtre. Peut-être faut-il lire simplement *mitis* au lieu de *mixcix* ou *mittix.*

Mulierem essedariam. — Juste-Lipse, dans ses *Saturnales,* traite amplement de ces espèces d'amazones qui montaient des chars armés en guerre. *Essedaria* de *esseda,* chariot dont se servaient les Gaulois et les Bretons, et qui avait été inventé chez les Belges.

Qui deprehensus est, quum dominam suam delectaretur. — *Deprehensus* est le terme propre pour dire : surpris en adultère. Horace, satire 2 du livre I :

Deprendi miserum est. . . . .

Par la loi *Julia* de l'empereur Auguste, la peine de ce crime n'était que l'exil. Cependant, sous ce même prince et sous ses successeurs, les adultères furent souvent condamnés à mort par plusieurs décrets particuliers, jusqu'à ce que, par les constitutions générales de l'empereur Théodose et ensuite de Justinien, les peines contre tous les adultères fussent rendues capitales. Outre cela, il avait été permis de tout temps au mari qui surprenait un coupable en flagrant délit de le tuer, si c'était un esclave, comme celui dont parle Pétrone.

Glyco autem, sestertiarius homo, dispensatorem ad bestias dedit. — *Sestertiarius homo,* un homme de quatre sous, un homme de rien. Pour comprendre ce passage, il faut bien faire attention à ces mots *ad bestias dedit.* Cela ne veut pas dire que Glycon *a fait jeter aux bêtes son trésorier,* mais simplement qu'*il l'a condamné aux bêtes.*

Ce Glycon, cet homme de rien, n'ayant probablement ni bêtes féroces, ni amphithéâtre pour faire exécuter sa condamnation, a donné, peut-être même vendu cet esclave à Titus, pour que celui-ci le fît déchirer par les bêtes dans le spectacle de gladiateurs qu'il est sur le point d'offrir au public. Ce qui prouve que la sentence n'est pas encore exécutée, c'est qu'Échion ajoute : *Ridebis populi rixam inter zelotypos, et amasiunculos.* « Vous rirez de voir les spectateurs prendre parti les uns pour le mari jaloux, les autres pour le galant favorisé. » Ce mot *ridebis* indique clairement que le supplice n'a pas encore eu lieu. C'est ainsi que nous voyons dans le Martyre de sainte Perpétue : *Quia sciebam me ad bestias datam esse, mirabar quod non mitterentur mihi bestiæ.* Dans ce passage, *datam esse ad bestias* ne signifie pas *jetée aux bêtes*, mais *condamnée aux bêtes*, et a le même sens que *pronunciare ad bestias* que nous trouvons dans Tertullien, *de Resurrectione carnis;* de même, *dare ad remum*, dans Suétone, condamner aux galères.

Magis illa matella digna fuit, quam taurus jactaret. — *Matella*, un pot de nuit, c'est-à-dire une femme impudique ; *quam taurus jactaret*, qu'un taureau la fît sauter en l'air. C'était le supplice des adultères. Nodot prétend « qu'on les exposait ainsi à la fureur des cornes d'un taureau pour en avoir fait pousser sur le front de leurs maris. » Ce qu'il y a de certain, c'est que, pour entretenir les taureaux dans cet exercice, on plaçait, dans les amphithéâtres, de gros rouleaux de bois qu'ils ramassaient avec leurs cornes, et qu'ils lançaient en l'air avec une grande vigueur. Martial, épigramme 21, *sur les Spectacles de Domitien :*

> Namque gravem gemino cornu sic excutit ursum,
> Jactat ut impositas taurus in astra pilas.

Nous trouvons encore dans le Martyre de sainte Perpétue : *Puellis ferocissimam vaccam præparavit : prior Perpetua jactata est ;* et Rufin dit, dans son Histoire ecclésiastique : *Quum a tauro ferociter instigata fuisset, innumeris ictibus lacessita, et toto arenæ ambitu jactata, nihil læditur.*

Colubra restem non parit. — Une couleuvre n'engendre pas une corde. C'est un proverbe qui a le même sens que cet autre qu'on trouve dans un ancien poëte :

> E vipera rursum vipera nascitur.

C'est l'équivalent de celui-ci : *Bon chien chasse de race.*

Tertiarius mortuus pro mortuo. — Les anciens, à un gladiateur vaincu, en substituaient jusqu'à trois l'un après l'autre, pour combattre contre le vainqueur ; on les appelait *subdititii* ou *supposititii* ou *tertiarii*, en grec ἔφεδροι. Ici Pétrone dit que le gladiateur qu'on substitua à un autre,

17.

qui venait de mourir, était lui-même un *mort*, un cadavre, *mortuus pro mortuo*, car il avait les nerfs coupés, *nervia præcisa*. Caracalla, au rapport de Dion dans la *Vie* de cet empereur, prenait un si grand plaisir à voir répandre le sang des gladiateurs, qu'il en obligea un, nommé *Baton*, à combattre dans un même jour contre trois autres successivement, jusqu'à ce qu'il l'eût fait tuer; après quoi il lui fit faire des obsèques magnifiques.

Ad summam, omnes postea secti sunt. — La loi des gladiateurs les contraignant à combattre jusqu'à la mort, ceux qui n'avaient pas de cœur, après un combat d'un moment, se blessaient eux-mêmes, et se coupaient quelquefois un bras pour émouvoir la compassion des spectateurs et obtenir qu'on leur sauvât la vie. C'est là le sens de *secti sunt*: « Ils se firent quelques blessures pour terminer le combat. » Juvénal, dans sa deuxième satire, dit en parlant d'un de ces poltrons :

. . . . . Sergiolus jam radere guttur
Cœperat, et secto requiem sperare lacerto.

CHAPITRE XLVI. *Cicaro meus.* — C'est un terme de tendresse, comme nous disons en français : *mon poupon, mon poulet.* Horace, satire 3 du livre II, en parlant d'un enfant, l'appelle *catellus*. Ce qui prouve que *Cicaro* n'est pas ici un nom propre, mais un surnom d'amitié, c'est que Trimalchion s'en sert dans la suite de cette satire, chapitre 71, pour désigner son fils, ou du moins un enfant qu'il affectionnait beaucoup : *Ad dexteram pones statuam Fortunatæ meæ, et catellam cingulo alligatam, et Cicaronem meum.* Selon Heinsius et Burmann, *Cicaro* serait mis ici, par corruption, pour *Cicero*, nom que les anciens donnaient à tous les enfants qui annonçaient de grandes dispositions, comme nous dirions d'un enfant borné : *Ce n'est pas un Voltaire.* Quintilien, livre X, dit en parlant de Cicéron : *Apud posteros id consequutus est, ut Cicero non jam hominis nomen, sed eloquentiæ habeatur.* Peut-être est-ce là l'origine du nom de *cicerone* que l'on donne, en Italie, à ceux qui se louent aux étrangers pour leur montrer et leur expliquer les antiquités de cette contrée.

Libra rubricata. — Pour *libros rubricatos*; barbarisme grossier, qui indique assez l'ignorance de celui qui parle. C'est ainsi que l'on appelait les livres de droit, parce que les titres en étaient écrits en lettres rouges, ce qui leur fit donner le titre de *rubriques*. Perse, satire cinquième, dit, en parlant d'un livre renfermant les réponses d'un célèbre jurisconsulte :

Excepto, si quid Mazuri rubrica vetavit.

Ce mot est passé de la jurisprudence dans le langage ordinaire, pour signifier des ruses, des finesses, des détours.

Destinavi illum artificium aut tonsorium doceri, aut præconem, aut certe causidicum. — Admirez la progression dans laquelle cet affranchi place les diverses professions auxquelles son fils peut prétendre, s'il apprend bien le droit : *J'ai résolu*, dit-il, *de lui faire apprendre quelque profession utile, comme celle de barbier, de crieur public, ou tout au moins d'avocat.* Et ce n'est pas sans raison qu'il place en première ligne le métier de barbier ; car, sous Néron et ses successeurs, on vit souvent les premières charges de la cour occupées par des gens qui avaient été barbiers ou baigneurs. Ce qui motive encore son estime particulière pour les barbiers, c'est qu'on en vit plusieurs qui l'emportaient en crédit et en richesses sur tous les patriciens ; comme celui dont parle Juvénal dans sa première satire :

> Patricios omnes opibus quum provocet unus
> Quo tondente gravis juveni mihi barba sonabat.

Il juge, en outre, que faire de son fils un barbier ou un crieur public, c'est plus que d'en faire un avocat. Il avait vu sans doute plus de gens de cette sorte, que d'avocats, faire fortune à la cour. Ainsi, le même Juvénal dit, satire VII, que si l'empereur ne relevait pas la fortune et l'espérance des poëtes, les plus célèbres allaient se faire ou baigneurs, ou boulangers, ou crieurs publics :

> . . . . . Quum jam celebres notique poetæ
> Balneolum Gabiis, Romæ conducere furnos
> Tentarent ; nec fœdum alii, nec turpe putarent
> Præcones fieri.

Martial, livre V, épigramme 56, donnant des conseils à un de ses amis sur l'éducation de son fils, lui recommande de l'éloigner de l'étude de l'éloquence, de la poésie, du droit et de toutes les sciences ; et il ajoute : « Veut-il apprendre quelque chose d'utile, qu'il se fasse musicien ou joueur d'instruments :

> Fac, discat citharœdus, aut choraules ;

ou, s'il n'a pas assez d'esprit pour ces arts, faites-le crieur public ou architecte. » Et livre VI, épigramme 8, il raconte qu'un vieillard avait refusé sa fille à deux préteurs, quatre tribuns, sept avocats et dix poëtes,

> Prætores duos, quatuor tribuni,
> Septem causidici, decem poetæ,

pour la donner à un crieur public.

CHAPITRE XLVII. *Petauristarios.* — Il paraît, d'après ce passage, que les anciens étaient parvenus à dresser des porcs à différents exercices de voltige et à certains tours d'adresse, ce qui est prodigieux, vu la lourdeur et le peu d'intelligence de ces animaux.

Vitulos, acno coctos. — On servait sur la table, des veaux, des porcs, des sangliers tout entiers. Érasme rapporte le proverbe : *Solidos e clibano boves ;* et le poëte comique Antiphane, au rapport d'Athénée, livre IV, dit, dans sa pièce intitulée *Pélops : Nos pères faisaient rôtir un bœuf entier, un mouton, un cerf. On dit même,* ajoute-t-il, *qu'un cuisinier* (ce qui est monstrueux) *fit rôtir et servit au grand roi* (le roi des Perses) *un chameau tout entier !*

Ex quota decuria es? — Chaque corps de métier avait, chez les anciens, ses chefs, qu'on appelait décurions, et chacun d'eux avait plusieurs ouvriers et artisans dans sa décurie, c'est-à-dire sous sa direction. Ces décuries étaient plus ou moins honorables, selon la profession ou l'emploi de ceux dont elles étaient composées ; ce qui faisait que l'on tirait quelquefois un homme d'une décurie pour le placer dans une autre plus distinguée, pour récompenser son mérite ; et quelquefois aussi qu'on le faisait descendre dans une décurie inférieure pour le punir. *Ex quota decuria es?* Ces paroles sont pleines de vanité et d'ostentation : par là Trimalchion indique qu'il avait tant d'esclaves, qu'il était obligé de les distinguer par décuries. Or, les Romains avaient trois sortes de valets : les principaux se nommaient *atrienses,* et ils servaient dans le palais ; *viatores* étaient les valets de pied, qu'on envoyait de côté et d'autre, et qu'on appelait aussi *cursores ;* les moins estimés étaient les *villici,* ou valets de basse-cour.

CHAPITRE XLVIII. *Dicitur confine esse Tarracinensibus et Tarentinis.* — La première de ces villes est dans la campagne de Rome, et la seconde aux extrémités du royaume de Naples. Ce passage suffirait seul pour prouver que ce n'est pas Néron que Pétrone a eu en vue sous le nom de Trimalchion : cet empereur n'était pas sans doute un érudit, mais il n'était pas non plus d'une ignorance assez grossière pour commettre d'aussi lourdes bévues. Il est donc beaucoup plus probable que notre auteur a voulu peindre ici Tigelfin, cet homme sorti de la lie du peuple, qui, à force de bassesses et d'intrigues, parvint à supplanter Pétrone dans la faveur de Néron, et bientôt après à le perdre.

CHAPITRE L. *Quum Ilium captum est, Annibal, homo vafer, etc.* — Cette histoire, ou plutôt ce conte de Trimalchion sur l'origine de l'airain de Corinthe, est parfaitement conforme à son éducation, et offre un trait d'excellent comique. Personne n'ignore combien Annibal fut postérieur à la guerre de Troie. Ce fut l'an de Rome 608, cinquante-sept ans après qu'Annibal eut quitté l'Italie, que les Romains prirent Corinthe et la livrèrent aux flammes. On prétend que, du mélange des métaux qui se fondirent dans l'embrasement de cette ville, se forma le bronze de Corinthe.

CHAPITRE LI. *Fuit tamen faber, qui fecit phialam vitream, quæ non frangebatur.* — Parmi les découvertes que nous devons aux anciens, il en est peu de plus utiles pour les commodités et les agréments de la vie que l'invention du verre. Cette découverte est due au hasard, et remonte à mille ans environ avant l'ère chrétienne. Pline dit que des marchands de nitre, qui traversaient la Phénicie, s'étant arrêtés sur les bords du fleuve Bélos pour y faire cuire leur nourriture, mirent, à défaut de pierres, des morceaux de nitre pour soutenir leurs vases, et que ce nitre, mêlé avec le sable, se fondit à la chaleur du feu, et forma une liqueur claire et transparente qui, s'étant figée, donna la première idée de la façon du verre.

Il est d'autant plus étonnant que les anciens n'aient pas connu plus tôt l'art de rendre le verre propre à transmettre la lumière dans leurs maisons, et à conserver la représentation des objets, en appliquant l'étain derrière les glaces, que les progrès de la découverte du verre furent chez eux portés fort loin. En effet, quels beaux ouvrages n'ont-ils pas faits avec cette matière! Quoi de plus superbe, par exemple, que ces colonnes de verre, d'une hauteur et d'une grosseur prodigieuses qui décoraient le temple de l'île d'Aradus? Mais le plus fameux ouvrage en verre est le théâtre que Scaurus fit construire, pendant qu'il était édile : ce théâtre avait trois étages ornés de trois cent soixante colonnes. Le premier étage était tout de marbre ; le deuxième, tout incrusté de verre en mosaïque, ornement jusqu'alors inconnu, et qui n'a jamais été imité depuis; le troisième était de bois doré. Les colonnes du premier étage avaient 13 mètres environ de hauteur; trois mille statues de bronze, placées entre les piliers, rendaient ce théâtre le plus noble et le plus somptueux que l'on ait jamais vu.

Quant à l'histoire racontée par Trimalchion au sujet du verre malléable, elle ne mérite aucune croyance. C'était un conte déjà usé chez les anciens, et dont les hommes instruits se moquaient. Cependant, il paraît qu'on y croyait encore du temps de Pline l'Ancien, qui place cette invention sous le règne de Tibère. *Voyez* livre XXXVI, chapitre 26, où il assure qu'on se contenta de ruiner la boutique et les instruments de l'ouvrier. D'autres auteurs, comme Dion, livre LVII, et Isidore, livre XVI, chapitre 15, prétendent qu'on fit mourir l'inventeur.

CHAPITRE LII. *Quemadmodum Cassandra occidit filios suos.* — Cette histoire de Cassandre qui tue ses enfants, et de Niobé enfermée dans le cheval de Troie, est une nouvelle preuve de l'ignorance de Trimalchion, qui, voulant expliquer à ses convives les sujets ciselés sur ses amphores d'argent, brouille, confond les faits et les époques. Qu'est-ce encore que ces combats d'Herméros et de Pétracte? Je pense que notre Midas veut parler du combat d'Hector et de Patrocle. On voit tous les jours des gens sans éducation commettre de pareilles bévues, lorsqu'ils veulent faire preuve d'érudition. Ce serait donc peine perdue que de chercher à expliquer sérieusement les discours de cet ivrogne.

Credite mihi, cordacem nemo melius ducit. — La cordace, danse lascive des Grecs. Athénée, livres IX et XIV, dit qu'il n'y avait que des personnes sans pudeur qui osassent la danser : elle était probablement du genre des *boleros* espagnols et de la *chahut* de nos guinguettes. Meursius, dans son *Orchestrum*, prodigue l'érudition sur cette danse, et cite une multitude de passages empruntés d'auteurs grecs et latins qui en ont parlé ; mais nous n'avons pu faire aucun usage des lambeaux qu'il entasse sans choix et sans ordre, malgré l'extrême envie que nous avions d'offrir à nos lecteurs une description détaillée de cette danse.

Quoi qu'il en soit, elle devait être d'une indécence rare; puisque Trimalchion veut en amuser l'ivresse de ses convives et la sienne ; et nous croyons pouvoir, sans nous tromper, la ranger dans la classe des danses obscènes. Les Grecs en firent leurs délices, et les Romains l'adoptèrent avec une espèce de fureur, lorsqu'ils eurent pris les mœurs, les arts et les vices de la Grèce.

C'est probablement la cordace qui donna aux Romains l'idée de la danse nuptiale qui offrait la peinture la plus dissolue de toutes les actions secrètes du mariage. La licence de cet exercice fut poussée si loin sous le règne de Tibère, que le sénat fut forcé de chasser de Rome, par un décret solennel, tous les danseurs et tous les maîtres de danse ; mais le mal était trop grand, lorsqu'on y appliqua ce remède extrême, et la défense ne servit qu'à rendre ce plaisir plus piquant. Qui le croirait? la jeunesse romaine prit la place des danseurs à gages qu'on avait chassés. Le peuple imita la noblesse; et les sénateurs eux-mêmes n'eurent pas honte de se livrer à cet indigne exercice. Il n'y eut plus de distinction sur ce point entre les plus grands noms et la plus vile canaille de Rome. Enfin l'empereur Domitien, qui n'était rien moins que délicat sur les mœurs, se vit obligé d'exclure du sénat des pères conscrits qui s'étaient avilis au point d'exécuter en public ces sortes de danses.

Cette frénésie de danser était bien éloignée de la modestie des mœurs romaines du temps de Cicéron, qui, dans l'oraison *pro Murena*, dit que l'on ne pouvait faire à un homme une injure plus grave que de l'appeler danseur: *Un homme,* ajoute-t-il, *ne peut danser, s'il n'est ivre ou fou.*

CHAPITRE LIII. *Saltuariorum testamenta.* — *Saltuarii*, ceux qui étaient chargés de la garde des forêts et des fruits.

Trimalchio cum elogio exheredabatur. — Tel était le malheur de ces temps-là, que les empereurs cassaient souvent les testaments des particuliers pour s'emparer de leurs biens. Dès lors, ceux qui voulaient en conserver une partie à leur famille étaient obligés de faire un legs considérable à l'empereur, pour l'intéresser à maintenir leurs dispositions testamentaires. Quelques-uns s'en excusaient dans leurs testaments, et y expliquaient les raisons qu'ils avaient de ne rien laisser à l'empereur. C'est le sens du mot *elogium*, qui, dans le droit, se prend ordinairement en mauvaise part, et s'applique aux motifs qu'on alléguait pour exhéréder quelqu'un. Ainsi saint Augustin (*in Sermone de vita et moribus clericorum*) dit: *Ambos exheredavit, illum cum laude, istum cum elogio.*

CHAPITRE LIV. *Alienum mortuum plorare.* — Allusion au métier de ces femmes qu'on louait pour pleurer aux funérailles. Lucilius, satire XXII, dit à ce sujet: *Conductæ flent alieno in funere;* Stace, livre V des *Silves*, vers 245: *Non sua funera plorant;* et Sénèque, *de Clementia*, livre X, chapitre 6: *Qui a sapiente exigit ut lamentationem exigat et in alienis funeribus gemitus.*

CHAPITRE LV. *Summa carminis penes Marsum Thracem commorata est.* — Quelques critiques veulent que ce Marsus soit le poète de ce nom auquel Martial (liv. IV, épigr. 29) attribue un poème sur les Amazones, et dont les ouvrages n'existent plus, à l'exception du quatrain suivant sur la mort de Tibulle, dont il était contemporain, et qui mourut apparemment peu de jours après Virgile:

> Te quoque Virgilio comitem non æqua, Tibulle,
> Mors juvenem campos misit in Elysios,
> Ne foret, aut Elegis molles qui fleret amores,
> Aut caneret forti regia bella manu.

D'autres critiques ont substitué Mopsus, poète tragique, à Marsus. Mais, dit Burmann, on ne voit nulle part que ni l'un ni l'autre soient nés dans la Thrace. D'ailleurs, il est vraisemblable que les convives de Trimalchion, beaux esprits, qui affectaient la grécomanie, qui faisaient à l'envi parade de leur érudition, ont imaginé de citer plutôt quelque poëte ancien de la Grèce, qu'un poëte latin moderne ; et comme l'intention de Pétrone était de les tourner en ridicule, et de mettre dans tout son jour la bêtise de ces fanfarons de science, il n'est pas étonnant qu'ils aient nommé précisément le plus mauvais. J'aime donc mieux croire, ajoute Burmann, que les copistes, pour abréger le mot, ont écrit *Morsum* pour *Morsimum*. Morsimus était effectivement un poëte tragique, que Suidas représente comme le plus méprisable des Pradons de la Grèce, et dont Aristophane se moque dans sa comédie *des Grenouilles*.

Quid putes inter Ciceronem et Publium interesse. — Publius Syrus, ainsi nommé parce qu'il était né en Syrie, fut conduit comme esclave à Rome, y acquit dans la suite beaucoup de célébrité par ses comédies, qui lui valurent l'estime et la protection de Jules César. Decius Laberius, qui excellait dans ce genre, appelé *mimique* par les anciens, venait de mourir. Publius, qui avait été quelque temps son rival, lui succéda, et obtint des succès plus éclatants encore que son prédécesseur. Quelques anciens ont mis les pièces de ce mimographe au-dessus de tout ce que les poëtes tragiques et comiques avaient produit de meilleur. Jules César en faisait un cas infini ; et, après lui, Cassius Severus et Sénèque le Philosophe en jugèrent très-favorablement.

Néanmoins ses pièces n'eurent pas le même succès dans tous les temps : l'empereur Claude en raffolait ; mais, à cette époque, le peuple jadis roi ne partageait pas l'engouement du prince, et frondait au théâtre l'admiration de l'auguste protecteur. Claude prit le parti d'user de rigueur ; et, tandis que Messaline remplissait Rome et l'univers du scandale de ses débauches, plus soigneux de la gloire de Publius que de l'honneur du lit impérial, il ordonnait au censeur de prendre les précautions nécessaires pour forcer les Romains à rire aux comédies de son poëte favori.

Quoi qu'il en soit, Cicéron, très-bon juge en littérature, ou n'aimait pas le genre de Publius, ou méprisait ses talens ; car il écrit à l'un de ses amis qu'il a su se faire assez de violence pour assister sans ennui, pendant les jeux célébrés par César, aux pièces de Publius et de Laberius. Mais, pensât-on différemment sur le compte de ce poëte, le parallèle que fait Trimalchion n'en paraîtra sûrement pas moins absurde au lecteur sensé : car l'auteur des *Offices*, des *Tusculanes*, et de tant d'autres ouvrages sérieux et sublimes, ne peut avoir aucun trait de ressemblance avec un poëte comique, quelles que soient les saillies aimables et spirituelles que celui-ci ait semées dans ses pièces.

Ciconia etiam grata, peregrina, hospita. — Avant le règne d'Auguste, on ne s'était pas encore avisé de manger des cigognes ; d'où Horace dit, satire 2 du livre II :

> Tutus erat rhombus, tutoque ciconia nido,
> Donec vos auctor docuit prætorius.

Ce fut un certain Acinius Rufus qui, le premier, fit servir des cigognes sur sa table, et les mit à la mode ; et comme ensuite il brigua la préture qui lui fut refusée, on fit à ce propos une chanson dont voici le sens : *Si ce galant Rufus, qui apprête si bien les cigognes, n'a pas eu les suffrages en sa faveur, c'est que le peuple a voulu venger la mort de ces oiseaux.* Les cigognes, d'ailleurs, n'étaient pas bonnes à manger : leur rareté en faisait tout le prix.

Æquum est, induere nuptam ventum textilem. — Sénèque, *de Beneficiis*, lib. VII, dit : « Je vois des vêtements de soie, si l'on peut appeler vêtements ces étoffes qui ne mettent à couvert ni le corps ni la pudeur, et avec lesquelles une femme ne peut dire, sans mentir, qu'elle n'est pas nue. C'est ce qu'on va chercher à grands frais chez des nations inconnues, afin que nos femmes fassent voir au public tout ce qu'elles peuvent faire voir en particulier à leurs galants. » Il n'est pas nécessaire de faire sentir le rapport qui existe entre le passage de Sénèque et les vers de Pétrone :

> Æquum est, induere nuptam ventum textilem,
> Palam prostare nudam in nebula linea.

Varron appelle ces habits : *vitreas togas*, des robes de verre. Saint Jérôme, écrivant à Léta sur l'éducation de sa fille, veut qu'elle porte des habits qui la garantissent du froid, et qui ne la laissent pas nue en la couvrant : *Non quibus vestita corpora nudentur.* Horace, satire 2 du livre I :

> . . . . Cois tibi pæne videre est,
> Ut nudam. . . . . . .

Coæ vestes étaient des habits d'une gaze très-fine qu'on faisait dans l'île de Cos, où il y avait une grande quantité de vers à soie (PLINE, liv. II, chap. 23).

CHAPITRE LVI. *Puerque, super hoc positus officium, apophoreta recitavit.* — Les Romains, pendant les Saturnales, et lorsqu'ils donnaient des festins, faisaient des espèces de loteries où l'on tirait des billets qui contenaient toutes sortes de choses dont le maître de la maison faisait présent aux convives. Pour rendre ces loteries plus divertissantes, au lieu de billets blancs, comme dans les nôtres, on y mettait des sentences extravagantes ou des choses de nulle valeur, pour se moquer de ceux à qui ces billets tombaient en partage. Suétone, dans la *Vie d'Auguste*, chapitre 75, en donne des exemples : « Aux Saturnales, dit-il, et même en d'autres occasions où il voulait se divertir, cet empereur faisait des loteries où il mettait des habits magnifiques, de l'or, de l'argent, quelquefois des médailles ; puis des éponges, des pelles à feu, des pincettes, des tuniques de poil de chèvre, et des lots encore plus bizarres. »

Le même historien dit que Néron faisait en particulier de semblables loteries, et que dans les fêtes qu'il célébra *pro æternitate imperii*, pour l'éternelle durée de l'empire, il en ouvrit de publiques, où il fut, selon sa coutume dans ces sortes d'occasions, généreux et prodigue à l'excès. Il faisait jeter au peuple mille billets par jour, dont quelques-uns renfermaient des lots assez considérables pour faire tout d'un coup la fortune de ceux entre les mains desquels ils tombaient. Louis XIV donna quelquefois le même divertissement à sa cour ; mais la dignité naturelle du prince n'y admettait que des accessoires convenables à la majesté du trône.

Argentum sceleratum! — L'argent est appelé ici *sceleratum*, c'est-à-dire : *causa omnium scelerum*.

. . . . . . Quid non mortalia pectora cogis
Auri sacra fames?

a dit Virgile. On donnait à Rome le nom de *sceleratus*, non-seulement aux personnes qui commettaient des crimes, mais aux choses inanimées. C'est ainsi qu'on appelait *porte Scélérate* la porte Carmentale, par où étaient sortis les trois cent six Fabiens qui furent tous tués par les Étruriens ; et *rue Scélérate*, celle dans laquelle la femme de Tarquin fit passer son char sur le corps de son père.

Seriphia et contumelia! — Il y a dans ce passage une foule de jeux de mots et de mauvaises plaisanteries dont le sens est souvent inintelligible. Cependant nous avons quelquefois réussi à les comprendre : tel est, par exemple, le rapport de son, intraduisible en français, qui existe entre *contumelia*, des outrages, et *contus cum malo*, un croc et une pomme ; le rapport de forme entre *porri*, des poireaux, et *flagellum*, un fouet ; entre *canalem* et *pedalem* un canal et une mesure d'un pied, et *lepus* et *solea*, un lièvre et une pantoufle. Mais entre les mots *murænam* et *litteram*, et *murem cum rana alligatum et fascem betæ*, le jeu de mots est encore plus facile à saisir : *muræna*, en effet, renferme, à une lettre près, *mus* et *rana*. Pour comprendre l'analogie qui existe entre *litteram* et *betœ*, il faut se rappeler que *beta*, β, est la seconde lettre de l'alphabet grec. Ces niaiseries sont bien dignes de Trimalchion et de ses convives.

CHAPITRE LX. *Repente lacunaria sonare cœperunt.* — Les Romains étaient si somptueux dans leurs festins, que les lambris de leurs salles à manger se changeaient quelquefois à chaque service, soit en tournant sur eux-mêmes, soit en s'entr'ouvrant. Sénèque, épître 91 : *Qui versatilia cœnationum laquearia ita coagmentat, ut subinde alia facies atque alia succedat, et toties tecta quoties fercula mutentur, etc.* Suétone, dans la *Vie de Néron*, chapitre 31, décrit de semblables lambris pratiqués dans le palais de cet empereur, et d'où l'on répandait sur les convives des fleurs et des parfums.

Coronœ aureœ, cum alabastris unguenti, pendebant. — Athénée, livre xv, nous apprend qu'on apportait pour chacun des convives des couronnes et des parfums, avant de servir le fruit : les Grecs les faisaient descendre du plafond à l'aide d'une machine. Le poëte Alexis raconte que l'on vit paraître dans les banquets des colombes frottées d'essences qu'elles répandaient, en volant, sur la table et sur les convives. Horace, odes 4 et 38 du livre i, demande des couronnes de myrte à l'esclave qui lui verse à boire : il est aussi question, au chapitre 28 d'Isaïe, de ces couronnes dont les buveurs se paraient à la fin des repas, et lorsque le vin les faisait chanceler. Presque toutes ces habitudes de luxe avaient passé des Assyriens aux Grecs, soit par les Égyptiens, soit par les Phéniciens, et s'étaient transmises des Grecs aux Romains. Les couronnes ordinaires des festins étaient de fleurs ou de myrte ; mais celles que Trimalchion fait donner à ses convives sont d'or, ou tout au moins dorées, pour montrer la richesse et la magnificence du maître de la maison.

Priapus, a pistore factus. — Comme Priape était le dieu des jardins, il était tout naturel qu'il présidât au dessert. Les pâtissiers faisaient pour ce service des figures de Priape qui, dans le devant de leur robe, car tel est le véritable sens de ces mots *sinu satis amplo*, offraient aux convives toutes sortes de fruits et de raisins : *omnis generis poma et uvas sustinebat.* Ces Priapes étaient de pâte cuite, et on pouvait les manger, comme le dit Martial dans l'épigramme 69 du livre xiv :

Si vis esse satur, nostrum potes esse Priapum.

Cœperunt effundere crocum. — Sénèque, dans l'épître 91, rapporte que l'on faisait jaillir du safran dans les salles de festin par des tuyaux cachés. On s'en servait surtout dans les fêtes sacrées, et on en parfumait les coussins sur lesquels on posait les statues des dieux.

Unum Cerdonem, alterum Felicionem, tertium Lucronem. — Ce sont des noms de divinités, comme celles que saint Augustin tourne en ridicule au commencement de son ouvrage intitulé *la Cité de Dieu*. Les anciens avaient fini par établir une divinité spéciale pour chaque action et pour chaque objet. — *Cerdonem*, de κέρδος, signifie gain, lucre, profit, d'où l'on tire l'étymologie du vieux mot français *guerdon*, qui veut dire la récompense ou le profit de quelque travail ou service. Polémon, ancien et célèbre historien, écrit, au rapport d'Athénée, livre v, que les habitants de Sparte adoraient un dieu qu'ils appelaient Κέρδων. Juvénal appelle *cerdones* des artisans, des *gagne-petit*, satire iv, avant-dernier vers. — *Felicionem* de *felix*, le dieu du bonheur. — *Lucronem* de *lucrum*, le dieu du gain ; le même probablement que Cerdon : ce n'était pas trop de deux divinités de cette nature pour un homme qui avait fait sa fortune par des gains qui n'étaient probablement pas très-légitimes. Arnobe, livre iv, *Contre les gentils*, leur reproche des dieux qu'ils adoraient sous le même nom, *Lucrios deos*, qui présidaient aux gains même les plus déshonnêtes et les plus injustes.

CHAPITRE LXII. *Intellexi illum versipellem esse.* — Les Latins nommaient *varios* et *versipelles* ceux qui, comme Protée, changeaient de forme quand il leur plaisait. Plaute, dans *Amphitryon*, dit en parlant de Jupiter, tantôt taureau, tantôt cygne, tantôt corbeau :

Ita versipellem se facit quando lubet.

Ce mot répond à peu près à notre *loup-garou* et au *lycanthrope* des Grecs. Pline dit à ce sujet, livre viii, chapitre 22 : *Homines in lupos verti, rursumque restitui sibi, falsum esse, confidenter existimare debemus. Unde tamen ista vulgo infixa sit fama in tantum, ut in maledictis versipelles habeat, indicabitur.*

CHAPITRE LXIII. *Asinus in tegulis.* — C'est une expression proverbiale, pour dire une chose surprenante et incroyable.

Nam a puero vitam chiam gessi. — « Car, dès mon enfance, j'ai toujours mené une vie voluptueuse. » *Vitam chiam*, ainsi appelée de Chio, une des îles de la mer Égée, renommée pour la mollesse de ses habitants. Athénée, livre i, nous apprend que la vie voluptueuse de ce peuple était passée en proverbe, comme celle des Phéaciens, leurs voisins. Homère, dans l'*Odyssée*, Horace, épître 15 du livre i, et Junius, dans ses proverbes, font mention de cette île, où les concerts d'instruments, les danses et les festins étaient continuels.

Subito strigæ cœperunt. — *Strigæ* ou *striges* étaient des oiseaux de nuit qui, disait-on, enlevaient les enfants au berceau et leur suçaient le sang : c'est cette espèce de grande chauve-souris que nous appelons *vampire.* Ovide explique ainsi l'origine de leur nom au livre VI des *Fastes* :

Nocte volant, puerosque petunt nutricis egentes,
. . . .
Est illis strigibus nomen, sed nominis hujus
Causa, quod horrenda stridere nocte solent.

On a ensuite donné ce nom aux sorcières, parce qu'elles choisissent la nuit pour faire leurs maléfices. Robert Southey, dans une de ses ballades, fait parler ainsi *la Sorcière de Berkeley* :

I have suck'd the breath of sleeping babes,
The fiends have been my slaves;
I have 'nointed myself with infants' fat,
And feasted on rifled graves.

« J'ai sucé le souffle des nouveau-nés pendant leur sommeil; les démons ont été mes esclaves; je me suis parfumée de la graisse des enfants, et je me suis régalée de la chair des cadavres sur les tombeaux profanés. »

Apulée, dans *l'Ane d'or*, livre I, parle amplement de ces sorcières, et dit qu'elles sont surtout friandes de chair humaine. Les lois saliques ordonnent que « si une sorcière a mangé un homme, et qu'elle en soit convaincue, elle payera 200 écus, » ce qui était une grande somme pour ce temps-là. C'est pour cette raison qu'on gardait anciennement les corps morts avec tant de soin.

Salvum sit, quod tango. — C'est une formule de prière pour écarter un fâcheux événement. Le narrateur vient de dire que le Cappadocien perça de son épée une sorcière dans l'endroit qu'il indique sur son propre corps ou sur celui d'un de ses voisins de table, comme le marquent ces mots, *hoc loco*; et, pour effacer la fâcheuse impression de son récit, ou la crainte superstitieuse que le geste qu'il vient de faire a pu faire naître soit dans son esprit, soit dans celui du convive qu'il a touché, il ajoute : *Salvum sit quod tango :* « Que les dieux préservent d'un pareil accident l'endroit que je touche ! »

CHAPITRE LXIV. *Unum Apelletem.* — Apellète était un tragédien qui avait une très-belle voix; Caligula le fit déchirer à coups de verges, pour avoir balancé à répondre lequel il trouvait le plus grand, de Jupiter ou de lui; et, tandis qu'il expirait sous les coups, ce prince, en l'entendant gémir, eut la férocité de dire qu'il lui trouvait la voix charmante en cet instant..*Voyez* Suétone, dans la *Vie* de cet empereur, chapitre 33.

Buccæ! buccæ! quot sunt hic? — C'est une espèce de jeu puéril que Lavaur décrit ainsi : « L'un monte à califourchon sur le dos de l'autre ; il le frappe d'une main et lève quelques-uns des doigts de l'autre main, comme ceux qui jouent à la mourre ; puis il demande à celui qui est sous lui combien il a levé de doigts, et continue à le frapper jusqu'à ce qu'il ait deviné. » Chaque pays a un mot particulier pour désigner le patient. Peut-être, au lieu de *buccæ*, serait-il préférable de lire *bucco*, sot, imbécile, reproche qui semblerait s'adresser à la lenteur d'esprit de celui qui ne peut pas deviner combien de doigts on lui présente.

CHAPITRE LXV. *Insecutæ sunt matteæ.* — Les *mattées* étaient un service composé de mets délicats, hachés et assaisonnés d'épiceries, enfin tel que notre auteur va les décrire ; ce mot est tiré du grec ματτύη, qui vient de μάττω, ou μάσσω, pétrir, hacher. Athénée, vers la fin de son livre XIV, enseigne la manière de faire les mattées ; sa prescription est digne de figurer dans le *Cuisinier royal* ou le *Cordon-Bleu* : « Hachez et mêlez ensemble, dit-il, une perdrix, des pigeons gras, des petits poulets gras, et arrosez le tout de vinaigre ou de verjus ; » et, livre IV, il y ajoute des oisons, des tourterelles, des grives, des merles, des lièvres, des agneaux, des chevreaux. C'est une espèce de salmis, ou plutôt d'*olla podrida*, qu'on mettait ordinairement sur table avant le dernier service. Sénèque, épître 95, dit à ce sujet : *Piget esse singula, coguntur in unum sapores, in coena fit quod fieri debet saturo in ventre ; exspecto jam ut manducata ponantur :* « On ne se contente plus de manger les mets séparés, on rassemble tous les goûts en un seul ; on fait à table ce qui doit se faire dans l'estomac rassasié ; on en viendra bientôt, j'espère, à servir des viandes toutes mâchées. »

Nudos pedes in terram deferre. — On devait cet hommage aux premiers magistrats du pays, et surtout au préteur (qui rendait et faisait rendre la justice), de se lever sur ses pieds, lorsqu'il entrait dans le lieu où l'on était ; et c'est ce qu'Encolpe se disposait à faire, prenant Habinnas pour le préteur, lorsqu'Agamemnon l'avertit de son erreur. Ce passage prouve d'ailleurs évidemment que les anciens se mettaient à table les pieds nus, comme nous l'avons dit précédemment. Quand ils passaient dans la salle du festin, ils prenaient des mules de chambre, qu'ils quittaient au bas des lits, et qu'ils reprenaient en se levant. Ainsi Horace, satire 2 du livre II, dit que le maître de la maison, voulant se lever pour donner quelques ordres, demande ses pantoufles : *soleas poposcit.*

Scissa lautam novemdialem servo suo Misello faciebat. — On nommait *sacrum novemdiale* le sacrifice que l'on faisait pour un mort, neuf jours après son décès, et qui était suivi d'un festin, auquel on invitait tous les amis du défunt. Cette solennité est indiquée dans la novelle 115 de Justinien, chapitre v, et dans saint Augustin, *Questions sur la Genèse*, où il se plaint que les chrétiens imitent cette coutume des païens, *quod apud Latinos novemdiale appellatur.* Les jeux de l'anniversaire de la mort d'Anchise se font au jour de la neuvaine, *Énéide*, livre v :

> Exspectata dies aderat, nonamque serena
> Auroram Phaethontis equi jam luce vehebant.

Dans l'*Iliade* (chant xxiv), Priam demande à Achille neuf jours pour pleurer Hector.

Ordinairement on gardait pendant sept jours le corps du défunt ; on le brûlait le huitième jour, et le neuvième on l'ensevelissait.

Quem mortuum manumiserat. — C'était un caprice, dont il est difficile de concevoir la raison, d'affranchir un esclave à l'article de sa mort, à moins que ce ne fût pour ne pas perdre le prix de sa liberté ; c'est ce que les anciens appelaient *moribundum manumittere*, et non pas *mortuum*, comme le dit ici Pétrone pour outrer la plaisanterie. Les jurisconsultes ont été plusieurs fois consultés pour savoir si cet affranchissement était valable, et la loi dernière (*Digest. de manum. testam.*) dit positivement : *Quosdam scribere solitos, stichus, quum morietur, liber esto.*

Coacti sumus dimidias potiones super ossicula ejus effundere. — C'était l'usage chez les anciens de verser du vin sur les bûchers et sur les tombeaux des morts ; ainsi aux funérailles de Misène, livre vi de l'*Énéide* :

> Postquam collapsi cineres, et flamma quievit,
> Relliquias vino et bibulam lavere favillam.

Selon Festus, on appelait ces libations *vinum respersum*. Le religieux Numa avait cependant défendu de répandre du vin sur les bûchers, par la loi *Postumia*, qui réglait les funérailles : *Vino rogum ne adspergito* (Pline, liv. xiv, chap. 2).

CHAPITRE LXVI. *Scriblita frigida.* — Habinnas se moque ici de Scissa, quand il parle de la tarte froide qu'il a fait servir à ses convives : les tartes, chez les anciens, ne se servaient que chaudes, comme le prouve ce passage de Martial, livre iii, épigramme 17 :

> Circumlata diu mensis scriblita secundis,
> Urebat nimio sæva calore manus.

CHAPITRE LXXX. *Intorto circa brachium pallio.* — Ferrarius (*de Re vestiaria*, liv. I, ch. 5) nous apprend que c'était la coutume des Romains, lorsqu'ils se préparaient à un combat imprévu, ou lorsqu'ils n'avaient pas eu le temps de prendre leurs armes défensives, de s'entourer le bras gauche de leur manteau, en guise de bouclier. On en voit un exemple dans César, *Guerre civile*, livre I : *Reliqui coeunt inter se, et, repentino periculo exterriti, sinistras sagis involvunt, gladios distringunt, atque ita se a cetratis equitibusque defendunt, castrorum propinquitate confisi;* et dans Valerius Flaccus, livre III, vers 118 :

> Linquit et undantes mensas infectaque pernox
> Sacra Medon, chlamys imbelli circumvenit ostro
> Torta manum, strictoque vias præfulgurat ense.

Grex agit in scena mimum. — Que diraient les *artistes dramatiques* de notre siècle (remarquez bien que je ne me sers pas du mot de *comédiens*), s'ils venaient, ce qui n'est pas probable, à jeter les yeux sur ce passage où Pétrone, en parlant des acteurs de son temps, se sert de l'expression grossière *grex*, troupe, troupeau : il y aurait de quoi faire jeter les hauts cris, même aux *artistes funambules*. Il est bien vrai que, sous Louis XIV, on disait *la troupe de Molière*, et que l'auteur du *Tartufe*, qui était comédien lui-même, ne s'en offensait pas. Mais nous avons changé tout cela; et maintenant on dit : *une compagnie, une société d'artistes dramatiques :* ce qui ne veut pas dire que ces messieurs et ces dames aient plus de mérite que les comédiens du temps de Molière. Non, sans doute, mais ils ont gagné en considération ce qu'ils ont perdu en talent : c'est encore un perfectionnement.

A propos de ce passage : *Grex agit in scena mimum,* nous croyons devoir relever l'erreur où sont tombés plusieurs interprètes d'Horace, qui prétendent que les *mimes* de l'antiquité étaient une espèce de comédie jouée par un seul acteur. Si ces mots de Pétrone : *Grex agit mimum,* ne suffisaient pas pour prouver le contraire, nous pourrions citer plusieurs autres autorités non moins imposantes, et entre autres ce vers d'Horace lui-même, livre I, épître 18 :

> . . . . . . Vel partes mimum tractare secundas.

CHAPITRE LXXXI. *Menelaus etiam antescholanus.* — Les savants sont divisés sur la véritable signification de ce mot *antescholanus :* les uns en font une espèce de *sous-maître*, de *répétiteur;* d'autres, et Gonsalle de Salas est de ce nombre, n'y voient qu'un inspecteur, un gardien du *proscholium*, vestibule des écoles publiques, qui n'était séparé que par un rideau du lieu où se tenait l'auditoire. Les élèves, avant de se présenter devant le professeur, devaient s'y arrêter pour composer leur visage et leur maintien, ce dont ils étaient avertis par le *proscholus* chargé de ce soin.

CHAPITRE LXXXII. *In exercitu vestro phœcasiati milites ambulant?* — Le *phœcasion* était un soulier blanc, dont la mode était venue des Grecs, et que portaient les prêtres, les courtisans et les baladins. Du reste, cette scène, entre Encolpe et ce soldat *matamore*, est d'un naturel exquis. Il est impossible de peindre d'une manière plus vraie les transes d'un poltron qui veut faire le brave.

CHAPITRE LXXXIII. *Etiam animorum esse picturam.* — Le plus grand mérite de la peinture et de la sculpture a toujours été, non pas simplement de rendre exactement la forme des objets, mais d'*animer* les personnages que l'on représente de façon à faire croire à leur existence réelle. C'est ce qui a fait dire à Virgile, en parlant des statues de bronze, *spirantia æra*. Pline rapporte un exemple remarquable d'un peintre qui excellait à donner l'expression de la nature à ses figures : *Æqualis ejus fuit Aristides Thebanus. Is omnium primus animum pinxit, et sensus omnes expressit, quos vocant Græci ἔθη; item perturbationes, durior paulo in coloribus. Hujus pictura est, oppido capto ad matris morientis e vulnere mammam adrepens infans : intelligitur sentire mater et timere ne, emortuo lacte, sanguinem infans lambat, etc.*

Si modo coronis aliquid credendum est. — On n'a jamais donné de couronnes publiques aux poëtes, pour prix de leurs ouvrages, avec plus de magnificence que du temps de Domitien et de Néron. Ce dernier prince les briguait avec beaucoup d'avidité, au rapport de Tacite et de Suétone. On comptait jusqu'à sept sortes de ces couronnes. La première se nommait *querna*, de chêne; elle se donnait *in Capitolino certamine*, parce que le chêne était consacré à Jupiter Capitolin. Martial, livre IV, épigramme 45, s'écrie :

> O cui tarpeias licuit contingere quercus,
> Et meritas prima cingere fronde comas !

La deuxième, *oleacea*, qui fut instituée en l'honneur de Minerve, à qui l'olivier était dédié : on la recevait *in Albano certamine. Voyez* Suétone, dans la *Vie de Domitien*. La troisième, *palmea*, était composée de branches de palmier, nouées avec des rubans de diverses couleurs ; ce qui lui faisait donner l'épithète de *lemniscata*. Ausone dit à ce sujet :

> Et quæ jam dudum tibi palma poetica pollet
> Lemnisco ornata est, quo mea palma caret.

La quatrième, *laurea* : on en couronnait aussi les empereurs; ce qui a inspiré à Stace cette pensée ingénieuse pour flatter Domitien :

> At tu, quem longe primum stupet itala virtus
> Graiaque, cui geminæ florent vatumque ducumque
> Certatim laurus, olim dolet altera vinci.
> (*Achilleidos* lib. I, v. 14.)

La cinquième, *ex edera*. Pline en parle, livre XVI, chapitre 62 : *Alicui et semen nigrum, alii crocatum : cujus coronis poetæ utuntur, foliis minus nigris*. D'où Ovide (*Art d'aimer*, liv. III, v. 411), se plaignant que les Muses sont délaissées et sans honneur :

> Nunc ederæ sine honore jacent. . . . . .

La sixième, *myrtea*. C'était avec raison qu'on couronnait les poëtes élégiaques et lyriques du myrte consacré à Vénus; ce qui a fait dire à Stace, livre I, silve 2 :

> . . . . Mitisque incedere vates
> Maluit, et nostra laurum subtexere myrto. .

Enfin la septième, *ex apio*, d'ache, espèce de grand persil. Dans son commentaire sur ces vers de la sixième églogue de Virgile :

> Ut linus hæc illi divino carmine pastor,
> Floribus atque apio crines ornatus amaro,
> Dixerit. . . . . .

Servius nous apprend qu'on décernait cette couronne dans les jeux Néméens, qui furent institués en l'honneur du poëte Archemorus. Juvénal (sat. VIII, v. 224) adresse à Néron le reproche d'avoir brigué la couronne d'ache :

> Quid Nero tam sæva crudaque tyrannide fecit?
> Hæc opera atque hæ sunt generosi principis artes,
> Gaudentis fœdo peregrina ad pulpita saltu
> Prostitui, graiæque apium meruisse coronæ.

Dans les jeux publics, le même poëte pouvait remporter plusieurs couronnes; Stace en obtint trois aux jeux Albins. Une ancienne inscription, recueillie par Gruter, nous apprend qu'un enfant de treize ans obtint la couronne décernée aux poëtes dans les jeux Capitolins. Voici cette inscription :

> L. VALERIO. PUDENT.
> HIC. QUUM. ESSET. ANNORUM. XIII.
> ROMÆ.
> CERTAMINE. JOVIS. CAPITOLINI.
> LUSTRO. SEXTO.
> CLARITATE. INGENII.
> CORONATUS. EST INTER. POETAS. LATINOS.
> OMNIBUS. SENTENTIIS. JUDICUM.

Quare ergo, inquis, tam male vestitus es? — On trouve un passage semblable dans Martial, livre VI, épigramme 82 :

> Subrisi modice, levique nutu;
> Me, quem dixerat esse, non negavi.
> Cur ergo, inquit, habes malas lacernas?
> Respondi : Quia sum malus poeta.

Ces plaisanteries sur la misère des gens de lettres sont maintenant usées et rebattues, et ne trouvent plus guère d'applications dans notre siècle, où tout homme doué d'un talent, même médiocre, tire presque toujours un parti avantageux de son travail. On a d'ailleurs justement blâmé dans Boileau ce sarcasme cruel sur la pauvreté d'un mauvais poëte :

> Tandis que Colletet, crotté jusqu'à l'échine,
> S'en va chercher son pain de cuisine en cuisine.

Et qui sollicitat nuptas, ad præmia peccat. — Comme l'adultère était puni de mort chez les Romains, les femmes mariées payaient souvent leurs amants pour les engager au secret. Cette loi est encore en usage chez plusieurs peuples modernes. Du reste, il n'y avait que l'adultère et le viol qui fussent si sévèrement punis ; tout autre genre de prostitution était toléré, on pourrait presque dire encouragé, comme le montre ce passage de saint Jérôme : *Apud illos viris impudicitiæ frena laxantur, et solo stupro atque adulterio condemnato, passim per lupanaria, et ancillulas libido permittitur, quasi culpam faciat dignitas, non voluntas.* Pétrone s'élève encore plus loin contre cet infâme commerce des hommes qui faisaient payer leurs caresses :

> Scribit amatori meretrix ; dat adultera nummos.

CHAPITRE LXXXV. *In Asiam quum a quæstore essem stipendio eductus.* — On ne peut nier que cette aventure du poëte Eumolpe ne soit racontée avec beaucoup d'esprit et d'agrément ; mais quelles mœurs, grands dieux ! quelle profonde dépravation dans cet homme qui, ayant reçu l'hospitalité dans une maison, cherche, par tous les moyens possibles, à corrompre le fils de son hôte, et abuse d'une manière infâme de la confiance de ses parents, qui, dupes de son air sévère et de ses chastes discours, l'ont chargé de veiller sur l'éducation de leur enfant ! Qu'Encolpe raconte ses honteuses amours avec Giton, on le conçoit : l'auteur, dès les premières lignes de cet ouvrage, nous a représenté son héros comme un aventurier souillé de toute espèce d'infamies, et de la part duquel on doit s'attendre à tout ; mais qu'Eumolpe, un poète de quelque mérite, dans la bouche duquel Pétrone place ses plus beaux vers, le poëme de la *Guerre civile;* qu'un vieillard se vante, en plaisantant, d'avoir violé les plus saintes lois de l'hospitalité, c'est ce que je ne pourrais pardonner à Pétrone, si je ne savais que ce qui, dans nos mœurs, serait monstrueux, semblait aux Romains tout simple, tout naturel. Preuve nouvelle des immenses services rendus à l'humanité par le christianisme. Du reste, je partage entièrement l'avis de Saint-Évremond, qui a réfuté, d'une manière très-ingénieuse, les auteurs qui ont fait l'éloge de la morale du *Satyricon*. Saint-Évremond s'était montré l'admirateur passionné du style et de l'esprit de Pétrone ; mais son enthousiasme, comme on va le voir, ne lui fermait pas les yeux sur l'immoralité de ses personnages. Le passage dont il s'agit est écrit avec tant de grâce, qu'on me saura gré de le mettre ici sous les yeux du lecteur, malgré son étendue :

« Je ne suis pas de l'opinion de ceux qui croient que Pétrone a voulu reprendre les vices de son temps ; je me trompe, ou les bonnes mœurs ne lui ont pas tant d'obligation. S'il avait voulu nous laisser une morale ingénieuse dans la description des voluptés, il aurait tâché de nous en donner quelque dégoût ; mais c'est là que paraît le vice avec toutes les grâces de l'auteur ; c'est là qu'il fait voir, avec le plus grand soin, l'agrément et la politesse de son esprit. S'il avait eu dessein de nous instruire par une voie plus fine et plus cachée que celle des préceptes, pour le moins verrions-nous quelque exemple de la justice divine et humaine sur ses débauchés. Tant s'en faut : le seul homme de bien qu'il introduit, le pauvre Lycas, marchand de bonne foi, craignant bien les dieux, périt misérablement dans la tempête au milieu de ces corrompus qui sont conservés. Encolpe et Giton s'attachent l'un avec l'autre pour mourir plus étroitement unis, et la mort n'ose toucher à leurs plaisirs. La voluptueuse Tryphène se sauve avec toutes ses hardes dans un esquif. Eumolpe fut si peu ému du danger, qu'il avait le loisir de faire quelques épigrammes. Lycas, le pieux Lycas appelle inutilement les dieux à son secours ; à la honte de leur providence, il paye ici pour tous les coupables. Si l'on voit quelquefois Encolpe dans les douleurs, elles ne lui viennent point de son repentir ; il a tué son hôte, il est fugitif ; il n'y a sorte de crimes qu'il n'ait commis : grâce à la bonté de sa conscience, il vit sans remords. Ses larmes, ses regrets ont une cause bien différente : il se plaint de l'infidélité de Giton qui l'abandonne ; son désespoir est de se l'imaginer dans les bras d'un autre qui se moque de la solitude où il est réduit. Tous les crimes lui ont succédé heureusement, à la réserve d'un seul qui lui a véritablement attiré une punition ; mais c'est un péché pour qui les lois divines et humaines n'ont point ordonné de châtiment. Il avait mal répondu aux caresses de Circé ; et, à la vérité, son impuissance est la seule faute qui lui ait fait de la peine. Il avoue qu'il a failli plusieurs fois, mais qu'il n'a jamais mérité la mort qu'en cette occasion. Bientôt il retombe dans le même crime, et reçoit le supplice mérité avec une parfaite résignation. Alors il rentre en lui-même et reconnaît la colère des dieux ; il se lamente du pitoyable état où il se trouve ; et, pour recouvrer sa vigueur, il se met entre les mains d'une prêtresse de Priape, avec de très-bons sentiments de religion, mais, en effet, les seuls qu'il paraisse avoir dans toutes ses aventures. Je pourrais dire encore que le bon Eumolpe est couru des petits enfants quand il récite ses vers ; mais quand il corrompt son disciple, la mère le regarde comme un philosophe ; et, couché dans une même chambre, le père ne s'éveille pas. Tant le ridicule est sévèrement puni chez Pétrone, et le vice heureusement protégé ! Jugez par là si la vertu n'a pas besoin d'un autre orateur pour être persuadée. Je pense qu'il était du sentiment de Beautru : qu'honnête homme et bonnes mœurs ne s'accordent pas ensemble. » (*Dissertation sur Pétrone.*)

CHAPITRE LXXXVIII. *Et Chrysippus... ter helleboro animum detersit.* — Chrysippe, fils d'Apollonius de Tarse, fut un philosophe stoïcien qui excella surtout dans la dialectique. Diogène Laërce rapporte qu'il composa soixante-quinze volumes, et Pétrone dit qu'il prit trois fois de l'ellébore. Les anciens philosophes croyaient que cette herbe était salutaire à l'esprit, comme le tabac des modernes. Valère Maxime (liv. II, chap. 8) rapporte que Carnéade en usait beaucoup. Le meilleur croissait dans l'île d'Anticyre. De là vient qu'anciennement on disait, par raillerie, d'un homme qui faisait quelque extravagance, *naviget Anticyram*. L'ellébore dont les anciens se servaient était l'ellébore blanc, ou *veratrum* ; en français, *viraire* ; c'est un purgatif très-violent.

Lysippum, statuæ unius lineamentis inhærentem. — Lysippe fut, au rapport des anciens historiens, le plus célèbre sculpteur qui ait jamais existé. Quintilien rapporte qu'on a vu de lui jusqu'à cent dix ouvrages; ce qui semblerait contredire ce que Pétrone dit ici : *Statuæ unius lineis inhærentem inopia extinxit.* Alexandre le Grand faisait tant de cas de cet excellent artiste, qu'il fit une ordonnance par laquelle il défendait à tout autre sculpteur que Lysippe de faire sa statue, et à tout autre qu'Apelles de le peindre; ce qu'Horace rappelle très-spirituellement à Auguste, dans son épître 1re du livre II :

>   Edicto vetuit ne quis se, præter Apellem,
>   Pingeret, aut alius Lysippo duceret æra,
>   Fortis Alexandri vultum simulantia. . . . . .

CHAPITRE XC. *Lapides in Eumolpum recitantem miserunt.* — Gonsalle de Salas compare ici très-plaisamment le poëte Eumolpe, à la tête duquel les pierres volent sitôt qu'il commence à réciter ses vers, à cet Amphion qui faisait mouvoir les pierres aux accents de sa voix, comme le dit Horace dans son *Art poétique* (v. 393) :

>   Dictus et Amphion, thebanæ conditor arcis,
>   Saxa movere sono testudinis, et prece blanda
>   Ducere quo vellet. . . . . .

C'était une coutume barbare, sans doute, mais assez fréquente chez les anciens, lorsqu'ils étaient réunis au théâtre, de lancer des pierres à la tête des mauvais poëtes, comme ils jetaient des couronnes de fleurs à ceux dont les ouvrages obtenaient leur approbation.

Immo, inquam ego, si ejuras hodiernam bilem, una cœnabimus. — Pétrone a représenté très-plaisamment, sous le personnage d'Eumolpe, ces poëtes qui ont la manie de réciter leurs vers à tout venant et partout, au bain, à la promenade, à table.

CHAPITRE XCI. *Video Gitona, cum linteis et strigilibus.* — Le strigile ou racloir, en usage dans les bains des anciens pour masser, était une petite ratissoire en forme de serpette, mais sans tranchant, dont on se servait pour faire tomber la sueur, et en même temps la crasse qui était sur le corps.

CHAPITRE XCII. *Ipsum hominem lacinium fascini crederes.* — Mot à mot : *Vous eussiez dit que cet homme n'était que le bord d'un phallus;* c'est-à-dire que l'homme semblait attaché à la verge, plutôt que la verge à l'homme. C'est dans ce sens que Catulle a dit :

>   Non homo, sed vere mentula magna, minax.

Ne mea quidem vestimenta ab officioso recepissem. — Dans les premiers temps de la puissance romaine, on avait établi dans les bains publics des officiers nommés *capsarii*, pour garder les habits de ceux qui venaient se baigner. Ensuite la république ayant perdu sa liberté avec son respect pour les mœurs, on confia ce soin à de jeunes garçons d'un extérieur agréable, qu'au rapport de Sénèque le Rhéteur on nomma *officiosi*, en raison de leur complaisance à se prêter aux goûts lascifs des baigneurs.

Tanto magis expedit, inguina, quam ingenia fricare. — Il y a ici un jeu de mots intraduisible en français, qui consiste dans le rapprochement de ces mots *inguina, ingenia*.

CHAPITRE XCIII. *Ultimis ab oris Attractus scarus.* — Le latin dit que la sargue était attirée à Rome des extrémités du monde, parce que ce poisson était très-rare. On le faisait venir de la mer Carpathienne, avant qu'un certain Optatus, affranchi de Tibère, qui avait le commandement de l'armée navale sur la côte d'Ostie, en fît apporter un très-grand nombre qu'on jeta dans la mer de Toscane. L'empereur ayant ordonné qu'on rejetât tous ceux que l'on pêcherait, il s'en trouva quelque temps après une fort grande quantité, particulièrement vers la Sicile, où ils avaient été inconnus jusqu'alors. Pline le Naturaliste dit que ce poisson vit d'herbes, et rumine comme le bœuf.

Amica vincit Uxorem. — Ovide donne la raison de cette préférence dans son *Art d'Aimer*, livre III, vers 585 :

> Hoc est, uxores quod non patiatur amari :
> Conveniunt illas, quum voluere, viri ;

et un peu plus loin, vers 603 :

> Quæ vehit ex tuto minus est accepta voluptas.

Rosa cinnamum veretur. — La cinnamome est un arbuste odoriférant, de la famille du cannelier ; les anciens tiraient de son suc un parfum très-rare et très-estimé, dont Martial (liv. IV, épigr. 13) parle en ces termes :

> Tam bene rara suo miscentur cinnama nardo.

Quant aux roses, elles étaient si communes en Italie, qu'au rapport de Servius, dans son commentaire sur le livre IV des *Géorgiques*, il y avait une ville en Calabre où l'on faisait deux fois l'an la récolte des roses ; c'est probablement la ville de *Pæstum*, que Virgile, pour cette raison, appelle *biferum*. A moins qu'il ne soit ici question de cette espèce de roses qu'on appelle *remontantes*, et qui fleurissent plusieurs fois l'an.

CHAPITRE XCIV. *Raram facit mixturam cum sapientia forma*. — Virgile exprime ainsi la même pensée :

> Gratior est pulchro veniens in corpore virtus.

Et Juvénal :

> . . . . Rara est concordia formæ
> Atque pudicitiæ. . . . . . .

Et jam semicinctio stanti ad parietem spondæ me junxeram. — Le semicinctium était une espèce de demi-ceinture. Saint Isidore (liv. xix, chap. 33 des *Origines*) dit, en parlant des différentes espèces de ceintures en usage chez les anciens : *Cinctus est lata zona, et ex utrisque minima cingulum*. Quant à *sponda*, c'est le bois du lit qu'Encolpe avait dressé debout, le long de la muraille, et auquel il avait attaché sa ceinture pour se pendre.

Mercenario Eumolpi novaculam rapit. — Il ne faut pas confondre, dans les auteurs latins, *mercenarius* avec *servus* : *mercenarius, a mercede*, était un homme libre qui se louait comme valet à un autre homme, moyennant une récompense convenue. Celui-ci, dont le nom était *Corax*, comme on le verra plus loin, a bien soin de rappeler à son maître qu'il est né libre : *Quid vos, inquit, me jumentum putatis esse, aut lapidariam navem? hominis operas locavi, non caballi; nec minus liber sum quam vos, etsi pauperem pater me reliquit*.

CHAPITRE XCV. *Sciatis, non viduæ hanc insulam esse*. — C'est ici le lieu de bien préciser le sens de ces mots *insula, insularii*, qui se représenteront plusieurs fois dans la suite. *Insula* ne signifie pas une *île*, dans le sens ordinaire, mais une maison isolée, dont les murs ne tiennent à aucune maison voisine, et qui, par cette raison, forme une espèce d'île ou d'oasis dans une ville ou un village. C'est l'explication que Festus donne de ce mot : *Insulæ dictæ proprie, quæ non junguntur, parietibus cum vicinis, circuituque publico, vel privato cinguntur*. Tacite (*Mœurs des Germains*, chap. 16) : *Suam quisque domum spatio circumdat, nullis cohærentibus ædificiis, more insularum*; et Donat dans son commentaire sur ce passage des *Adelphes* de Térence, acte IV, sc. 2 :

> Id quidem angiportum,

dit : *Domos, vel portus, vel insulas, veteres dixerunt*. Ces maisons isolées étaient beaucoup plus communes à Rome que les maisons mitoyennes avec d'autres. Les Pères de l'Église donnent également le nom d'*insulæ* aux églises, parce qu'elles étaient nécessairement séparées de toutes les demeures voisines. *Insula* signifie aussi un quartier isolé des autres par les rues environnantes.

Insularii, dont il est question un peu plus loin, signifie par cette raison, non pas simplement les habitants d'une maison de cette nature, mais ceux qui en occupaient une partie à titre de location. D'*insula* on a fait *insulare*, d'où vient notre verbe français *isoler*.

Ille, tot hospitum potionibus ebrius, urceolum fictilem in Eumolpi caput juculatus est. — Burmann lit : *Ille tot hospitum potionibus dives*; ce qui n'offre aucun sens, car la richesse de cet aubergiste n'a aucun rapport avec la rixe qui s'élève entre lui et le poëte Eumolpe. Nodot, Tornæsius, Patisson et Puteanus, auxquels il faut joindre Erhard, Richard de Bourges et plusieurs autres commentateurs, lisent : *Ille tot hospitum potationibus liberum fictilem urceolum*, et ils expliquent les mots *liberum fictilem urceolum*, par *une cruche de terre vide*, ou *vidée* par les nombreuses libations des hôtes de Manicius. Ce sens est plus raisonnable ; mais tous les manuscrits portent *liber*, et non pas *liberum*, ce qui est bien différent. Ne pourrait-on pas, dans ce cas, entendre par *liber potationibus hospitum*, un homme échauffé, rendu libre dans ses propos et dans ses actions par les nombreuses rasades qu'il avait bues avec ses hôtes? Je conviens que le mot *liber* est très-rarement employé dans ce sens. Par ces motifs, j'ai pensé que quelque copiste, voyant sur un ancien manuscrit le mot *ebrius* à demi effacé, aura lu *liber*. Dans tous les cas, *ebrius* a plus de rapport avec *liber* que le *dives* de Burmann.

Anus... soleis ligneis imparibus imposita. — Sans doute cette vieille servante était boiteuse ; c'est du moins ce que l'on peut inférer de ces mots *soleis imparibus imposita*.

CHAPITRE XCVI. *Caput miserantis stricto acutoque articulo percussi.* — C'est ce que les Latins appelaient *talitrum*, et nous *chiquenaude*. C'était un châtiment qu'on infligeait aux enfants et aux esclaves. Cependant Gonsalle de Salas et Burmann, dans leurs notes, le traduisent en grec par le mot κονδύλος, qui signifie un coup de poing. Je pencherais assez pour ce sens ; car il ne me paraît pas naturel que Giton, âgé de seize ans, comme nous le verrons bientôt, pleurât pour une chiquenaude.

Procurator insulæ, *Bargates*. — *Procurator* signifie ici le quartenier, le commissaire du quartier, et non pas l'intendant, l'administrateur d'une maison, d'un bien, comme l'entend Bourdelot.

CHAPITRE XCVII. *Crispus, mollis, formosus.* — Crispus, frisé, ce qui était regardé comme une grande beauté chez les anciens. *Voyez* Martial, livre v, épigramme 62 :

> Crispulus iste quis est, uxori semper adhæret
> Qui, Mariane, tuæ? crispulus iste quis est?

Moschus, dans sa charmante idylle de l'*Amour fugitif*, représente Cupidon frisé.

Ascyltos stabat, amictus discoloria veste. — Le code Théodosien (*du Vêtement dont il convient de se servir dans Rome*) ordonne que ceux qui feront quelque acte public seront revêtus d'une robe de plusieurs couleurs.

Annecteretque pedes et manus institis, quibus sponda culcitam ferebat. — Ces cordes étaient passées les unes dans les autres, et tenaient aux traverses du lit comme sont aujourd'hui nos fonds sanglés. C'est ce que prouve un autre passage de notre auteur, chapitre 140 : *Coraci autem imperavit ut lectum, in quo ipse jacebat, subiret, positisque in pavimento manibus, dominum lumbis suis commoveret.* Ce qu'il n'eût pu faire, si le fond du lit eût été fait de planches, et non de sangles ou de cordes.

CHAPITRE XCVIII. *Eumolpus conversus salvere Gitona jubet.* — L'usage de saluer, quand on éternue, est le seul peut-être qui ait résisté aux diverses révolutions qui ont changé la face du monde. L'universalité, comme l'antiquité de cette coutume, est vraiment étonnante.

1º Aristote remonte, pour expliquer cet usage, aux sources de la religion naturelle : il observe que la tête est l'origine des nerfs, des esprits, des sensations, le siége de l'âme, l'image de la divinité ; qu'à tous ces titres, la substance du cerveau a toujours été honorée ; que les premiers hommes juraient par leur tête ; qu'ils n'osaient toucher, encore moins manger la cervelle d'aucun animal : remplis de ces idées, il n'est pas étonnant qu'ils aient étendu leur respect religieux jusqu'à l'éternument. Telle est, suivant Aristote, l'opinion des anciens et des plus savants philosophes.

2º D'autres crurent trouver à cet usage une source plus lumineuse, en la cherchant dans la philosophie de la Fable et de l'âge d'or. Quand Prométhée, disent-ils, eut mis la dernière main à sa figure d'argile, il eut besoin du secours du ciel pour lui donner le mouvement et la vie. Il y fit un voyage sous la conduite de Minerve. Après avoir parcouru légèrement les tourbillons de plusieurs planètes, où il se contenta de recueillir, en passant, certaines influences qu'il jugea nécessaires pour la température des humeurs, il s'approcha du soleil sous le manteau de la déesse, remplit subtilement une fiole de cristal, faite exprès, d'une portion choisie de ses rayons, et, l'ayant bouchée hermétiquement, il revint aussitôt à son ouvrage favori. Alors, ouvrant le flacon sous le nez de la statue, le divin phlogistique pénétra dans la tête, s'insinua dans les fibres du cerveau ; et le premier signe de vie que donna la créature nouvelle fut d'éternuer. Prométhée, ravi de l'heureux succès de son invention, se mit en prière, et fit des vœux pour la conservation de son ouvrage qui les entendit, s'en souvint, et les répéta toujours, dans la même occasion, à ses enfants, et ceux-ci les ont perpétués jusqu'à ce jour, de génération en génération, dans toutes leurs colonies.

Cette ingénieuse fiction, qui nous laisse entrevoir, dans la plus haute antiquité, la connaissance des procédés de l'électricité ; qui montrait à l'homme le premier anneau de la chaîne qui le lie au système général de la création ; qui lui révélait enfin le plus haut principe de la physique et de la religion naturelle, quoiqu'elle manque de solidité sous le point de vue historique, nous a paru peindre d'une manière trop intéressante la nature et l'homme à sa naissance, pour nous refuser au plaisir de la transmettre à nos lecteurs.

3° Enfin, l'hypothèse suivante n'est peut-être pas la moins spécieuse. Parmi les enfants qui viennent de naître, dit-on, les uns ne respirent que quelques instants après qu'ils sont au monde, et d'autres restent tellement plongés dans un état de mort apparente, qu'il faut, avec des liqueurs irritantes, leur souffler la chaleur et la vie. Alors le premier effet de l'air, le premier signe d'existence qu'ils donnent, est l'éternument. Cette espèce de convulsion générale semble les réveiller en sursaut, et là commence le jeu de la respiration, l'harmonie parfaite, et le libre exercice de chaque organe. Au comble de ses vœux, ou dans l'excès même de ses craintes, un père n'a qu'un souhait qu'il répétera, un souhait qui retentira dans son cœur à chaque secousse qui fait tressaillir son enfant : c'est que son fils vive, que le dieu des cieux le conserve !

Quoi qu'il en soit de ces diverses hypothèses, ce respect religieux pour les éternuments fut pour les Romains une source inépuisable d'erreurs et de préjugés ridicules. La superstition distingua les bons éternuments d'avec les mauvais. Quand la lune était dans certains signes du zodiaque, l'éternument était un bon augure, et dans les autres il était mauvais. Le matin, depuis minuit jusqu'à midi, c'était un fâcheux pronostic ; favorable, au contraire, depuis midi jusqu'à minuit. On le jugeait pernicieux en sortant du lit ou de table ; il fallait s'y remettre et tâcher ou de dormir, ou de boire, ou de manger quelque chose pour changer ou rompre les lois du mauvais quart d'heure. Ils tiraient aussi de semblables inductions des éternuments simples ou redoublés, de ceux qui se faisaient en tournant la tête à droite ou à gauche, au commencement ou au milieu de l'ouvrage, et de plusieurs autres circonstances dont le détail serait aussi long qu'inutile.

CHAPITRE XCIX. *Ego sic semper et ubique vixi, ut ultimam quamque lucem, tanquam non redituram, consumerem.* — Cette maxime vraiment épicurienne se trouve souvent reproduite dans Horace : livre I, épitre 4 :

> Omnem crede diem tibi diluxisse supremum.

Ode 16 du livre II :

> Quid brevi fortes jaculamur ævo.
> Multa? . . . . .
> Lætus in præsens animus quod ultra est
> Oderit curare, et amara lento
> Temperet risu ; nihil est ab omni
> Parte beatum.

Ode 8 du livre III :

> Dona præsentis cape lætus horæ, et
> Linque severa.

Moraris, inquit Eumolpe, tanquam properandum ignores? — Burmann lit *propudium* au lieu de *properandum*. J'avoue qu'avec ce mot la phrase est pour moi inintelligible. *Propudium*, en effet, signifie *honte, infamie, obscénité*, et je ne vois pas quelle honte il pouvait y avoir à faire attendre le patron du navire. Nodot imprime *prope diem ignores*; ce qui a du moins plus de sens. J'ai adopté *properandum*, d'après l'autorité de Tornésius.

In altum compono. — Pour *ad alendum*. On trouve souvent dans les auteurs *altum componere*, faire provision de vivres.

Et, adoratis sideribus, intro navigium. — *Sidera* indique ici Castor et Pollux, que les marins et tous ceux qui s'embarquaient avaient coutume d'invoquer avant de monter sur mer. Vénus était aussi une des divinités propices aux navigateurs, comme on le voit dans Horace, ode 3 du livre I :

> Sic te Diva potens Cypri,
> Sic fratres Helenæ, lucida sidera.

CHAPITRE C. *In puppis constrato locum semotum elegimus.* — *Puppis constratum*, la chambre de poupe. Ce n'était autre chose qu'un retranchement pratiqué dans le tillac avec des planches, à travers lesquelles il était très-facile d'entendre ce qui se disait dans cette chambre. *Naves constratœ,* vaisseaux pontés; c'est ce que César appelle *naves tectœ.*

Qui tryphœnam exulem Tarentum ferat? — D'autres lisent *uxorem* au lieu d'*exulem;* mais ayant admis les prétendus fragments de Pétrone retrouvés à Bellegrade, où l'auteur donne pour femme à Lycas une certaine Doris, je n'ai point cru devoir adopter la leçon d'*uxorem,* quoiqu'à toute force un mari aussi peu délicat sur l'article des mœurs que Lycas, eût bien pu changer de femme, surtout depuis qu'il avait eu connaissance des liaisons qui existaient entre Doris et Encolpe, et dont il est fait mention au chapitre XI.

CHAPITRE CI. *Pro consortio studiorum, commoda manum.* — *Pro consortio studiorum* signifie *en raison de la communauté de nos goûts,* c'est-à-dire *de notre amour commun pour Giton.* — *Commoda manum,* prêtez-nous la main. On trouve dans Sénèque *commodare manum morituro,* aider quelqu'un à mourir.

Et familiæ negotiantis onus deferendum ad mercatum conduxit. — Les commentateurs ne nous offrent aucun secours pour l'intelligence de ce passage assez obscur. Il est souvent fait mention dans les auteurs anciens du mot *familia*; Ulpien en donne l'explication suivante: *Familiæ adpellatione omnes qui in servitio erant continentur.* Martianus le jurisconsule (liv. LXV) parle en ces termes de ceux qu'il appelle *servos negotiatores:* — *Legatis servis, exceptis negotiatoribus, Labeo scripsit, eos legato exceptos videri, qui præpositi essent, negotii exercendi causa, veluti qui ad emendum, locandum, conducendum præpositi sunt.* Mais cela ne jette pas une grande lumière sur le passage en question. Mon opinion personnelle est que Pétrone veut parler ici d'une troupe d'esclaves que Lycas avait embarquée sur son vaisseau, moyennant un prix convenu, pour la transporter à Tarente, où elle devait être vendue, mais non pas pour son compte: car il y a dans le latin *conduxit;* ce qui ne signifie pas qu'il avait loué ces esclaves (on ne loue pas des esclaves pour les vendre), mais qu'il avait pris à tâche, qu'il avait entrepris de les transporter. *Conducere* est pris dans le sens de *suscipere:* c'est ainsi que l'on dit *conducere aliquem docendum,* « entreprendre l'éducation de quelqu'un, » et non pas « louer quelqu'un pour l'instruire. » On trouve un autre exemple, encore plus frappant, de *conducere* pris en ce sens, dans la fable où Phèdre dit, en parlant de Simonide:

> Victoris laudem cuidam pyctæ ut scriberet,
> Certo conduxit pretio...

Tryphœna.... quœ voluptatis causa huc atque illuc vectatur. — Ces mots me confirment encore plus dans l'opinion que j'ai émise plus haut, que Tryphène n'était pas la femme de Lycas, mais que c'était une voyageuse *sentimentale* qui aimait à aller de côté et d'autre pour son seul plaisir, c'est-à-dire pour donner carrière à ses goûts érotiques. D'ailleurs, on ne peut nier qu'il existât des relations intimes entre cette femme et Lycas ; car, lorsqu'elle le surprend cherchant à faire violence à Encolpe, il s'enfuit tout honteux à sa vue. Il est vrai qu'elle ne se gêne pas pour faire des caresses et des avances à Giton à la barbe de Lycas ; mais c'était du moins un amour *légitime* pour de pareilles gens, tandis que la tentative de Lycas était, pour le sexe de Tryphène, une insulte que les femmes ne pardonnent jamais, à moins qu'elles n'y trouvent leur compte, comme cette Doris qui engageait ce même Encolpe à écouter les propositions de son mari, pour lui fermer les yeux sur leurs amours secrets.

Quomodo possumus egredi nave.... opertis capitibus, an nudis? Opertis, et quis non dare manum languentibus volet? — On voit, par ce passage de Pétrone, que les anciens avaient coutume de se couvrir la tête, lorsqu'ils étaient malades, non-seulement pour se défendre des injures de l'air, mais pour indiquer aux autres l'état de leur santé. Ce qui fait dire à Eumolpe, que, s'ils se couvrent la tête, tout le monde s'empressera de leur offrir la main, comme à des malades, *languentibus*, pour descendre du vaisseau. Dans tout autre cas, c'était un signe de la mollesse la plus efféminée, que de sortir la tête couverte. Aussi notre auteur, parmi les bizarreries et les inconvenances qu'il remarque dans Trimalchion, a-t-il soin de dire, au chapitre XXXII : *Palliolo enim coccineo adrasum excluserat caput*, « Sa tête chauve sortait à demi d'un petit manteau de pourpre. »

CHAPITRE CII. *Eumolpus, tanquam litterarum studiosus, utique atramentum habet.* — Les anciens se servaient, comme nous, d'encre pour écrire sur le *charta*, ou papier, qu'ils roulaient, *volvebant*, lorsqu'il était rempli, et qu'on appelait pour cette raison *volumen*, volume. Cette encre était de différentes natures, et portait différents noms, selon l'usage auquel on l'employait. Vitruve appelle *atramentum librarium*, et Cornelius Celsus *scriptorium*, celle qui servait à écrire ; mais ils en avaient d'autres qu'ils appelaient *tectoria* ou *pictoria*, qui servaient au dessin, à la peinture, et *sutoria*, celle qui servait à noircir les chaussures. L'encre à écrire était ordinairement faite de noir de fumée que l'on recueillait sur les murs des chambres qui n'avaient pas de cheminée ni d'ouverture par où la fumée pût s'échapper. Pour empêcher cette encre de s'emboire ou de s'étaler sur le papier, on y ajoutait une espèce de gomme que Pétrone appelle *ferrumen*. De quelle espèce était cette gomme? c'est ce qu'il nous est impossible de déterminer d'une manière précise ; mais il paraît que cette encre avait le défaut d'être gluante et de déteindre sur les habits, comme Giton le dit un peu plus loin : *Nec vestem atramento adhæsurum, quod frequenter, etiam non arcessito ferrumine, infigitur.*

Et circumcide nos, ut Judæi videamur, etc. — Isidore (*Origines*, liv. XIX, chap. 23) parle des Juifs, des Arabes et des Gaulois dans les mêmes termes que Pétrone : *Nonnullæ etiam gentes, non solum in vestibus, sed et in corporibus aliqua sibi propria vindicant. Circumcidunt Judæi præputia, pertundunt aures Arabes, etc. Mauros habet tetra nox corporum, Gallos candida cutis.* Pétrone parle avec plus de détails de la circoncision des Juifs, dont il se moque, dans une épigramme que l'on trouvera dans les fragments attribués à cet auteur. Les Arabes n'étaient pas les seuls qui se perçaient les oreilles, cette coutume était aussi pratiquée chez les Carthaginois ; ce qui fait dire à Plaute (*Pœnulus*, acte V, scène 3) :

> MIL. Atque ut opinor digitos in manubiis non habent.
> AG. Qui jam ? — MIL. Quia incedunt cum anulatis auribus.

La blancheur des Gaulois était proverbiale chez les anciens, et l'on pensait qu'ils avaient d'abord porté le nom de Galates, en raison de ce que leur teint avait la blancheur du lait, en grec γάλα. *Galli a candore corporis primum Galatæ appellati;* ce qu'un poëte a exprimé ainsi :

> Ignea mens Gallis, et lactea corpora, nomen
> A candore datum.....

Numquid et labra possumus tumore teterrimo implere? — L'auteur du *Moretum* a rendu d'une manière pittoresque les caractères distinctifs de la race éthiopienne :

> Afra genus, tota patriam testante figura,
> Torta comam, labroque tumens, et fusca colorem ;
> Pectore lata, jacens mammis, compressior alvo,
> Cruribus exilis, spatiosa prodiga planta.

Numquid et talos ad terram deducere? — Peut-être serait-il mieux de lire *producere*, et de traduire *pourrons-nous allonger nos talons* (*comme les Éthiopiens*), c'est-à-dire les rendre saillants ; ce qui est une difformité remarquable chez presque tous les individus de la race nègre.

CHAPITRE CIII. *Continuo radat utriusque non solum capita, sed etiam supercilia.* — On rasait les cheveux aux esclaves; mais on ne rasait les sourcils qu'aux scélérats, aux séditieux et aux déserteurs. Cicéron fait une ingénieuse allusion à cet usage, dans son oraison *pour Roscius*, lorsqu'il dit, en parlant d'un certain Fannius Chéréa : *Nonne ipsum caput, et supercilia illa penitus abrasa, olere malitiam et clamitare calliditatem videntur? Nonne ab imis unguibus usque ad verticem summum (si quam conjecturam adfert hominis tacita corporis figura) ex fraude, fallaciis, mendaciis, constare totus videtur? qui idcirco capite et superciliis semper est rasis, ne ullum viri boni pilum habere dicatur.*

Et notum fugitivorum epigramma per totam faciem.... duxit. — Les caractères qu'on imprimait sur le visage des esclaves, et qui marquaient le crime qu'ils avaient commis, étaient deux lettres, l'une grecque, l'autre latine : Φ et *F* ; c'est pour cette raison qu'on appelait ces criminels *inscripti, litterati, notati.* Cette coutume dura jusqu'au temps de Constantin, qui, au rapport d'Ulpien, défendit par la loi *Tamdiu*, paragraphe *de Fugitivis*, qu'on exerçât à l'avenir cette cruauté, parce qu'elle déshonorait l'espèce humaine, que le Créateur avait faite à sa ressemblance : ce qui fit que, depuis cette époque, on se servit, pour le même objet, de colliers qu'on rivait au cou des esclaves qui avaient déserté, et sur lesquels on gravait des inscriptions qui publiaient leur crime. Pignorius, dans son livre *de Servis*, affirme qu'il avait vu à Rome un collier de cette nature, avec l'inscription que voici :

TENE ME, QUIA FUGI, ET REVOCA ME
DOMINO MEO BONIFACIO LINARIO.

On voit dans le premier chapitre du roman d'*Ivanhoë*, par Walter Scott, que les Anglo-Saxons avaient adopté cette coutume des Romains : Wamba, et Gurth, le gardien des pourceaux, portent également à leur cou un collier rivé, sur lequel est gravé le nom de Cédric, leur maître.

CHAPITRE CIV. *Lycas, ut Tryphœnæ, somnium expiavit.* — Il y a deux choses à considérer ici : l'expiation du songe de Tryphène, et celle du crime qu'Encolpe et Giton avaient commis dans le vaisseau, en s'y faisant couper les cheveux pendant une nuit fort calme. Nous verrons plus loin à quel supplice Lycas les condamna pour expier cette impiété, bien qu'ils prétendissent, pour se disculper, *qu'ils ignoraient qu'on ne fait le sacrifice de ses cheveux sur un vaisseau qu'à la dernière extrémité, etc.* Du reste, le sacrifice des cheveux passait, chez les anciens, pour un des plus agréables qu'ils pussent offrir aux dieux. Les esclaves

prêts à être affranchis, se rasaient la tête, et en consacraient la dépouille à quelque dieu, comme en échange du bienfait de la liberté
qu'ils supposaient lui devoir. Les matelots en faisaient autant, non-seulement dans la circonstance dont parle Pétrone, mais encore lorsque,
échappés du naufrage, ils étaient de retour dans leur patrie : alors ils
faisaient ce sacrifice à la mer, et, de plus, suspendaient leurs vêtements
humides dans le temple de Neptune.

Pour en revenir au songe de Tryphène, et aux expiations auxquelles
il donna lieu, l'auteur ne nous dit pas quelles en furent les cérémonies,
parce que c'était une chose fort commune. C'était un acte de religion
généralement établi chez les païens, pour purifier les coupables et les
lieux que l'on croyait souillés, ou pour apaiser la colère des dieux que
l'on supposait irrités.

La cérémonie de l'expiation ne s'employa pas seulement pour les
crimes ; elle fut pratiquée dans mille autres occasions différentes. Ainsi
ces mots si fréquents chez les anciens, *expiare, lustrare, purgare, fe-
bruare*, signifiaient faire des actes de religion pour effacer quelque
faute, ou détourner de sinistres présages.

L'usage des expiations, innocent par lui-même, devint, entre les
mains de la superstition, une source intarissable de pratiques ridicules,
dont l'avarice et l'hypocrisie des prêtres multiplièrent tellement les
abus, qu'elles allumèrent la bile de Juvénal, qui s'exprime ainsi à ce
sujet dans sa VIe satire : « Vois-tu fondre, chez ta pieuse épouse, la
foule des prêtres de Cybèle et de Bellone? Vois-tu ce personnage gi-
gantesque, et vénérable aux yeux de ses vils subalternes ; cet homme
qui, s'étant autrefois privé des sources de la vie, n'est plus homme
qu'à demi, mais à qui la cohorte enrouée et les tambours plébéiens cèdent unanimement l'honneur du pas et la tiare phrygienne? L'en-
tends-tu parler avec emphase? Redoutez, lui dit-il, les approches de
septembre et les vents du midi, si vous n'expiez pas vos fautes par une
offrande de cent œufs ; si vous ne me donnez vos robes couleur de
feuille-morte, afin de détourner sur elles les malignes influences qui
vous menacent dans le cours de l'année.

« Au plus fort de l'hiver, elle ira, dès la pointe du jour, briser la
glace du Tibre ; elle y plongera par trois fois sa tête intimidée : de là,
tremblante et toute nue, elle se traînera sur ses genoux ensanglantés
autour du champ de Tarquin le Superbe. S'il lui dit : Partez ; la blanche
Io l'ordonne ! elle ira jusqu'aux confins de l'Égypte ; elle en rapportera
des eaux chaudes puisées dans l'île de Meroé, pour les répandre dans le
temple d'Isis, voisin de l'antique demeure du pâtre Rómulus. Elle croit,

n'en doutez pas, avoir entendu la voix de la déesse. Et voilà les êtres privilégiés à qui les dieux parlent dans la nuit!

« Tels sont les prestiges qui consacrent ce pontife escorté d'un troupeau de prêtres tondus et revêtus de lin, ce vagabond, ce nouvel Anubis, qui se rit de la superstition des folles qu'il aveugle et séduit. Il prie encore pour celles qui cédèrent aux désirs de leurs époux pendant les jours de continence et de fêtes solennelles. Vous avez encouru, leur dit-il, un châtiment rigoureux ; car j'ai vu le serpent d'argent remuer sa tête. Ses larmes feintes et ses formules préparées apaisent enfin Osiris : bien entendu qu'on l'avait déjà gagné par l'offrande d'une oie grasse et d'un gâteau. Mais est-il vrai qu'il daigne communiquer avec ces insensés? dans ce cas, l'Olympe est bien oisif, et vous autres dieux, bien désœuvrés là-haut! »

CHAPITRE CV. *Nec non eodem futurus navigio.* — Nodot, qui, non content d'avoir attribué à Pétrone des fragments de sa façon, se permet fréquemment d'altérer le texte authentique de notre auteur, dénature ainsi ce passage : *Non omen facturus navigio, hospitio, mihi;* et il traduit : « Je ne l'ai pas fait pour attirer aucun malheur sur le vaisseau, puisque j'étais dedans. » J'avoue franchement que je ne comprends pas cet endroit ainsi défiguré par Nodot, même après avoir lu sa traduction, et il me semble que le texte généralement adopté est beaucoup plus clair ; en voici l'explication : « J'ai ordonné que l'on délivrât mes esclaves de leur longue chevelure, parce que, devant faire route avec eux sur le même vaisseau, je ne voulais pas me trouver à bord avec des malheureux couverts de ces signes de deuil et de châtiment; j'ai voulu me rendre les auspices favorables en leur faisant raser la tête. » Il est notoire que les anciens regardaient comme un fâcheux présage de se trouver sur le même vaisseau avec des malheureux et des coupables, et même d'habiter auprès d'eux sous le même toit. Ils croyaient qu'en pareil cas le crime d'un seul homme retombait sur ceux qui l'entouraient. C'est ce qu'Horace exprime dans son ode 2 du livre III :

> . . . . . . Vetabo, qui Cereris sacrum
> Vulgarit arcanæ, sub iisdem
> Sit trabibus, fragilemque mecum
> Solvat phaselum. Sæpe Diespiter
> Neglectus incerto addidit integrum.

Théophraste se moque de ceux *qui, à la moindre agitation des vagues, demandent si tous les passagers sont initiés.* D'ailleurs les cheveux longs et en désordre étaient regardés par les anciens comme la marque distinctive des coupables.

Ut tutela navis expiaretur. — *Tutela navis*, la divinité dont l'image décorait la proue du vaisseau, et qui lui donnait son nom. C'est ce que Lutacius explique en ces termes : *Tutelam navis intelligimus cum gubernatore navigare. Habent enim pictos præsules, quorum nominibus nuncupantur et naves.* Du reste, cet usage existe encore de nos jours, et nos bâtiments portent le nom de la figure représentée sur leur proue.

Placuit quadragenas utrisque plagas imponi. — Quand on condamnait au fouet ou à quelque autre châtiment semblable, on marquait dans la sentence le nombre de coups que le coupable devait recevoir. Les Romains avaient pris cette coutume des Égyptiens, qui eux-mêmes la tenaient des Juifs, comme le prouve la loi de Moïse (*Deutéronome*, XXV, versets 2 et 3) : *Si eum, qui peccavit, dignum viderint plagis, prosternent et coram se facient verberari. Pro mensura peccati erit et plagarum modus, ita duntaxat, ut quadrigenarium numerum non excedant, ne fæde laceratus ante oculos tuos abeat frater tuus.* Or, les Juifs étaient si religieux observateurs de cette loi, qu'ils ne donnaient jamais que trente-neuf coups aux criminels, de peur de se tromper et d'outre-passer le nombre fixé. Nous en avons la preuve dans la seconde épître de saint Paul aux Corinthiens (chap. XI, verset 24), où il dit *qu'il a été maltraité cinq fois par les Juifs, et qu'à chaque fois il a reçu quarante coups moins un.* On remarquera en passant que le nombre de quarante coups, prescrit par la loi de Moïse, est celui que Lycas fit donner à Encolpe et à Giton. Les coups de corde ou de *garcette* sont encore aujourd'hui le châtiment qu'on inflige sur les vaisseaux.

Tres plagas spartana nobilitate concoxi. — Les Spartiates faisaient fouetter leurs enfants jusqu'au sang devant les autels, afin de les accoutumer de bonne heure à la souffrance ; et il ne leur était pas même permis de jeter un seul cri. Ce qui a fait dire à Cicéron (*Tusculanes*, liv. II) : *Spartæ vero pueri ad aram sic verberibus accipiuntur, ut multus e visceribus sanguis exeat : nonnunquam etiam, ut, quum ibi essem, audiebam, ad necem : quorum non modo nemo exclamavit unquam, sed ne ingemuit quidem.* Il ajoute plus loin (liv. VI) : *Pueri spartiatæ non ingemiscunt verberum dolore laniati.*

Jam Giton mirabili forma exarmaverat nautas. Ovide dit de même (liv. II des *Amours*, élégie 5) :

> Ut faciem vidi, fortes cecidere lacerti :
> Defensa est armis nostra puella suis.

Quem homo prudentissimus. — Pétrone appelle ici Lycas *homo prudentissimus*, par ironie.

Quod ergastulum intercepisset non errantes? — Tout le monde sait qu'*ergastulum* était une prison où l'on renfermait les esclaves, et où on les obligeait à travailler, tout enchaînés qu'ils étaient ; mais de nombreux passages des auteurs latins prouvent qu'on y renfermait aussi d'autres coupables, quelles que fussent d'ailleurs leur naissance et leur condition. *Voyez* Suétone (*Vie d'Auguste*, ch. xxxii) : *Rapti per agros viatores sine discrimine, liberi servique, ergastulis possessorum supprimebantur.* Dans ce passage, *viatores* doit évidemment s'entendre dans le même sens qu'*errantes* dans Pétrone, *des vagabonds.* Suétone dit encore (*Vie de Tibère*, ch. viii) : *Curam administravit.... repurgandorum tota Italia ergastulorum, quorum domini in invidiam venerant, quasi exceptos supprimerent, non solum viatores, sed et quos sacramenti metus ad hujusmodi latebras compulisset.* Dans ces deux phrases, *supprimere* est synonyme d'*intercipere.*

CHAPITRE CVI. *Lycas, memor adhuc uxoris corruptæ.* — C'est sur ce passage, sans nul doute, que Nodot, dans ses prétendus fragments retrouvés à Bellegrade, s'est fondé pour forger toute cette histoire des amours de Lycurgue avec Ascylte, d'Encolpe avec Doris, de Lycas, époux de celle-ci, avec le même Encolpe, et de Tryphène avec Encolpe et Giton à la fois : cette histoire si embrouillée et si peu vraisemblable, qui remplit presque tout le chapitre xi, lequel ne contient pas moins de onze pages de texte, et qui, par sa longueur, est hors de toute proportion avec les autres chapitres de cet ouvrage. Cette interpolation, facile à reconnaître par les fréquents gallicismes qui s'y trouvent, excita surtout la bile de Breugières de Barante, qui attaqua ces nouveaux fragments dans ses *Observations*, auxquelles Nodot répondit avec aigreur par sa *Contre-Critique*, comme nous l'avons dit ailleurs.

Je pense que le lecteur ne sera pas fâché de connaître quelques-unes des objections que Breugières fit à Nodot, à propos de ce chapitre xi, et la manière dont Nodot y répondit. Je prie le lecteur, pour mieux comprendre les unes et les autres, d'avoir sous les yeux le chapitre en question. J'ai eu soin de faire imprimer en italique les objections, pour qu'on puisse plus facilement les distinguer des réponses de Nodot. Quant à mes observations personnelles, je les ai placées entre parenthèses.

Considérons à présent quelle gêne et quelle torture paraissent dans le fragment qui conduit Encolpe, Ascylte et Giton dans le château de Lycurgue. On les y fait aller pour donner l'intelligence de ce qui suivra, et pour que quand on parlera de Lycas, de Tryphène et de Doris (comme dans les chapitres c, ci, civ, cv *et suivants), ce ne soient plus des personnages inconnus.* — Hé bien, que trouvez-vous à redire à cela? cette conduite n'est-elle pas d'un auteur de bon sens? Rien ne paraît gêné dans ce discours (Nodot veut dire dans ce fragment), et je ne vois pas que Pétrone se soit donné la torture pour écrire si naturellement. (Permis à Nodot de trouver naturel le style de ce fragment dont il est le père; bien des lecteurs ne seront pas de son avis.)

Encolpe et Ascylte (après la querelle qu'ils ont eue au sujet de Giton, au chapitre x, et dans laquelle ils se sont dit toutes leurs vérités, et se sont traités réciproquement d'infâmes débauchés, d'assassins et de coupe-jarrets) *se rendent en pèlerinage au château de Lycurgue, où ils trouvent bonne compagnie* (c'est-à-dire une compagnie digne d'eux) *Lycas qui, selon les apparences, y avait aussi peu affaire que la coquette Tryphène. Lycas, Encolpe, Giton et Tryphène, ne trouvant pas qu'on vécût assez librement chez Lycurgue, prirent le parti de s'en aller à la maison de Lycas, où ils espéraient d'être plus à leur aise, et comptaient de faire meilleure chère.* — Je vous avoue que vous commencez à m'embarrasser pour vous répondre; tantôt je vous vois si confus, que j'ai peine à débrouiller ce que vous prétendez montrer clairement; et tantôt vos connaissances sont si bornées, qu'il ne leur est pas permis de parvenir à celle de l'auteur : car de croire qu'il y ait de la malice en votre fait, je ne puis me l'imaginer. Toutefois, comment se peut-il faire, sans malice ou sans ignorance, que vous donniez un tout autre sens au texte que celui qu'il renferme? (Nodot se fâche, comme on voit; ce n'est pas la meilleure manière de répondre; et ne pourrait-on pas lui dire, comme ce philosophe qui vit tomber la foudre à ses pieds au moment où il parlait contre les dieux : *Bon Jupiter! tu te fâches; donc tu as tort?*)

Les trois vols que font Encolpe, Ascylte et Giton sont tout à fait impossibles. — Il n'y a que deux vols, vous n'en trouverez pas davantage. (J'en demande bien pardon à Nodot, il y a trois vols; il y en a même quatre : 1° le vol du voile et du cistre d'Isis; 2° celui des effets les plus précieux de la campagne de Lycurgue; 3° la bourse qu'Ascylte ramasse à terre, et avec laquelle il s'enfuit aussitôt, *crainte de réclamation;* 4° et enfin, le superbe manteau qu'Encolpe détache de la selle d'un cheval, et qu'il emporte dans la forêt prochaine.)

Est-il vraisemblable que deux hommes aillent dans un vaisseau, et que, sans être aperçus des matelots qui les reçoivent et leur font honneur, ils s'enfuient chargés de marchandises? L'autre vol a quelque chose de plus surnaturel. Encolpe et Giton sont enfermés dans une chambre entourée de gardes : Ascylte vient pendant que ces gardes sont endormis; il ouvre la porte dont il brise la serrure, et, pendant tout ce bruit, les gardes continuent à dormir sur les deux oreilles. — C'en est assez, je vous arrête encore. Pour faire connaître que vous avez aussi falsifié cette citation, lisons ce fragment. Il y est dit qu'Ascylte vint pour délivrer ses amis, et que, voyant les gardes endormis, il ouvrit la porte avec un morceau de fer ; et cela est aisé à comprendre. (Pas si facile à comprendre. Il fallait que ces gardes fussent bien négligents, pour s'endormir près d'une porte qui n'était fermée qu'avec un verrou de bois, *ligneum claustrum ;* d'ailleurs il y a dans le texte même de Nodot : *Serraque delapsa nos excitavit.* Comment se fait-il que la chute de cette serrure réveille Encolpe et Giton sans interrompre le sommeil des gardes?). A cela que répond Nodot? — L'auteur, dit-il, le marque précisément : *Ob pervigilium altus custodes habebat somnus.* Considérez que Pétrone (ou plutôt Nodot) a tout prévu. Les gardes avaient veillé fort tard, et ils étaient alors dans le premier sommeil, que certaines gens ont si dur, qu'on peut les toucher et les pousser même fortement sans qu'ils s'éveillent. (Cela est vrai ; mais n'est-ce pas le cas de dire avec Boileau :

> Le vrai peut quelquefois n'être pas vraisemblable?)

Nous ne poursuivrons pas ces citations qui fatigueraient le lecteur ; nous avons voulu seulement lui donner une idée de la polémique de Nodot contre un des plus redoutables adversaires de *ses fragments.* Burmann, dans sa préface, prouve peut-être encore plus clairement par les gallicismes sans nombre, et même les solécismes dont ces fragments sont remplis, qu'ils ne peuvent être de Pétrone. Nous aurons probablement l'occasion de revenir plus tard sur les *Observations* de Breugières, à propos des autres interpolations de Nodot que nous trouverons dans les chapitres suivants.

CHAPITRE CVII. *Me, utpote hominem non ignotum, elegerunt.* — Eumolpe adresse à Lycas un discours selon toutes les règles de l'art oratoire. Il commence par un exorde insinuant et modeste, où il établit que lui, l'avocat des coupables, n'est pas un homme inconnu à Lycas, à la fois juge et partie dans cette cause ; ensuite, pour l'intéresser davantage en faveur de ses clients, il lui rappelle qu'ils ont été autrefois ses amis intimes, *amicissimi.* Puis arrivant, sans autre préparation, au fait principal, il adresse à Lycas cette question : *Vous croyez peut-être que c'est le hasard qui a conduit ces jeunes gens sur votre bord?* Et il répond aussitôt à cette objection par une raison convaincante : c'est qu'*il n'est pas un seul passager qui ne s'informe avant toutes choses du nom de celui à qui il va confier son existence.* Donc Encolpe et Giton savaient que le vaisseau sur lequel ils s'embarquaient appartenait à Lycas, et cependant ils n'ont pas hésité à y monter ; donc ils n'avaient d'autre but, en faisant cette démarche spontanée, que de le fléchir et de rentrer en grâce avec lui. Mais Eumolpe sent que cet argument n'est pas inattaquable, comme nous le verrons bientôt ; et, pour l'étayer, il entre dans plusieurs considérations. D'abord, c'est que Lycas n'a pas le droit d'empêcher *des hommes libres* de naviguer où bon leur semble. Secondement, c'est que, lors même que ce seraient des esclaves, *le maître le plus cruel pardonne à son esclave fugitif que le repentir ramène à ses pieds.* Enfin, *comment ne pas pardonner à un ennemi qui se livre à notre merci ?* Alors Eumolpe, résumant tous ses moyens de défense, interpelle son juge: *Vous voyez, suppliants devant vous, des jeunes gens aimables, bien nés, etc.* Avant de terminer, Eumolpe, prévoyant que Lycas lui objectera surtout le déguisement d'Encolpe et de Giton, et le crime dont ils se sont rendus coupables en se faisant tondre sur son bord, se hâte d'aller au-devant de ce reproche, en disant *que c'est pour se punir de l'offense qu'ils ont faite à Lycas et à Tryphène, que ces jeunes gens, nés libres, ont fait graver sur leur front ces honteux stigmates de la servitude.*

Lycas, comme on le pense bien, n'est pas dupe d'une pareille ruse, *et réduit,* comme il le dit, *les arguments d'Eumolpe à leur juste valeur ;* mais nous ne le suivrons pas dans sa réponse nerveuse, brusque et concise, comme il convenait à un homme de son caractère. Cependant Eumolpe ne se tient pas pour battu, et répond, tant bien que mal, à Lycas. Mais toute son éloquence ne peut parvenir à désarmer la colère de ce marin qui persiste dans son premier arrêt, et exige le supplice des coupables.

Ou je me trompe, ou tout ce plaidoyer, pour et contre, est traité avec beaucoup d'esprit, et offre une scène pleine de naturel et de vérité.

Quæ salamandra supercilia excussit tua? — La salamandre est un animal de la figure du lézard, excepté qu'elle a la tête plus large et la queue plus longue. Les anciens prétendaient que le sang de cet animal, et même sa salive, avaient la propriété de faire tomber les cheveux ou le poil aux endroits qui en étaient frottés, comme si le feu y avait passé. Dioscoride (liv. I, ch. 54) dit qu'il suffit pour cela de se frotter avec le sang de la salamandre ; d'autres ajoutent qu'il faut la faire mourir dans l'huile et se servir de cette huile. On sait d'ailleurs que la salamandre passait pour incombustible. Pline l'Ancien prétend (liv. XXIX, ch. 23) qu'il suffit de frotter quelque partie du corps que ce soit, même le bout du pied, avec de la salive de salamandre, pour que le poil tombe à l'instant de tout le corps : *Quum, saliva ejus (salamandræ) quacumque parte corporis, vel in pede imo respersa, omnis in toto corpore defluat pilus.*

CHAPITRE CVIII. *Multi ergo utrinque semimortui labuntur.* — Je ne sais pas pourquoi Gronove et Burmann se tourmentent pour corriger ce mot *semimortui* que portent tous les anciens manuscrits, et essayent de lui substituer *sine mora*, qui ne signifie rien, ou *sine morte*, qui n'est guère plus intelligilible. Ils l'ont si bien senti, qu'ils se voient forcés, par cette correction, de changer les mots suivants *cruenti vulneribus*, et de lire *incruenti vulneribus*, ou *cruenti sine vulneribus*; ce qui est presque une absurdité : car, s'il y a du sang de répandu, il y a des blessures, quelque légères qu'elles soient. Je ne vois pas non plus sur quoi ils se fondent pour prétendre que toute cette scène de tumulte n'est qu'un combat pour rire. Il est vrai que Pétrone en fait un récit plaisant ; mais cela n'empêche pas qu'il n'y eut de bons coups donnés de part et d'autre, comme cela arrive souvent en pareil cas, quoique tout finisse par s'arranger à l'amiable. L'auteur le dit positivement : *Quum appareret futurum non stlatarium bellum.* — *Stlatarius*, de *stlata*, espèce de navire plus large que profond, et dont, pour cette raison, la marche était très-lente. Ainsi *non stlatarium bellum* signifiera *une guerre qui n'est pas lente*, ou *une guerre vigoureuse*.

Heu! mihi fata Hos inter fluctus quis raptis evocat armis? — Cette phrase, quoique difficile et embrouillée, peut cependant se construire et s'expliquer ainsi : *Quis* (sous-entendu *vestrum*) *evocat fata mihi*, appelle la mort sur ma tête, *inter hos fluctus*, au milieu des flots qui nous entourent, *raptis armis*, en prenant les armes ! *Cui mors una non est satis?* A qui une seule mort ne suffit-elle pas?

CHAPITRE CIX. *Pelagiæ consederant volucres, quas textis arundinibus, etc.* Ces roseaux étaient si adroitement préparés, qu'on les allongeait ou qu'on les diminuait à volonté ; si bien qu'en mettant au bout une petite baguette enduite de glu, on les approchait insensiblement des oiseaux sans qu'ils s'en aperçussent, et on les prenait de la sorte. La facilité que ces gluaux avaient de s'allonger les avait fait nommer *crescentes*. Martial l'explique clairement, livre IX, épigramme 55 :

> Aut crescente levis traheretur arundine præda,
> Pinguis et implicitas virga teneret aves.

Jam Tryphæna Gitona extrema parte potionis spargebat. — Cette manière de plaisanter a existé de tout temps, et elle était fort en usage chez les Romains, qui, dans leurs banquets, s'amusaient souvent à jeter au nez des spectateurs le fond de leurs verres : ils avaient même dressé à ce manége les éléphants destinés aux jeux publics, comme Élien le rapporte dans son *Histoire des animaux* (liv. II, ch. 2). Cependant, selon Gonsalle de Salas, on pourrait aussi entendre ce passage en ce sens, que Tryphène présentait à Giton le reste du vin qu'elle avait bu ; ce qui serait plus délicat et plus galant, quoique *spargebat parte extrema potionis* puisse difficilement se traduire ainsi. Quoi qu'il en soit, voici une anecdote assez curieuse que Caïus Fortunatius rapporte à ce sujet : *Une femme galante avait trois amants ; se trouvant un jour à table avec eux, elle baisa le premier, donna le reste de son verre au second, et couronna le troisième*. On demande quel est celui qu'elle aimait le plus. Je réponds, sans hésiter : celui à qui elle donne à boire le reste de son verre. En effet, couronner un homme est peut-être un témoignage d'estime ou de simple amitié ; en embrasser un autre, cela suppose sans doute de la tendresse pour lui ; mais donner à son amant le reste de son verre, c'est une preuve d'amour bien plus intime. Ovide me confirme dans cette opinion par ce précepte de son *Art d'aimer* (liv. I, v. 575) :

<blockquote>
Fac primus rapias illius tacta labellis
Pocula ; quaque bibet parte puella, bibas.
</blockquote>

CHAPITRE CX. *Corymbioque dominæ pueri adornat caput.* — Ce n'est pas d'aujourd'hui, comme l'on voit, que les femmes et même bon nombre d'hommes, s'efforcent, par mille inventions, de tromper les yeux, et empruntent le secours de l'art pour cacher leurs défauts naturels. M. de Guerle, mon beau-père, dans son *Éloge des perruques,* prouve que les chevelures postiches sont presque aussi anciennes que le monde. Comme cet ouvrage, tiré à un petit nombre d'exemplaires, est devenu fort rare, on me permettra d'en extraire un assez long fragment qui offrira au lecteur une histoire complète de la perruque chez les anciens. Cette citation aura d'ailleurs l'avantage de jeter un peu de gaieté dans ces notes. On y trouvera, je pense, une plaisanterie fine et légère, jointe à une érudition variée, sans être superficielle. Écoutons le moderne Mathanasius.

« J'ignore pourquoi les jésuites de Trévoux, Furgaut et plusieurs autres, ont prétendu qu'il n'y avait pas chez les anciens de têtes à perruque. L'histoire, la poésie, la tradition et les monuments déposent contre leur témoignage. L'un de nos plus graves historiens, Legendre, l'a solennellement réfuté, en attestant que la perruque était commune chez les Romains et chez les Grecs. A l'autorité de Legendre se joint celle du savant auteur dont l'ouvrage a pour titre : *Mœurs et usages des Romains* : ce fut, dit-il, vers le commencement de l'empire que s'introduisit à Rome l'usage commode des perruques. Ménage, dans son *Dictionnaire étymologique*, et Saint-Foix ont également reconnu l'antiquité de la perruque.

« Quelle ville fut son berceau ? La perruque eut le sort d'Homère, et la question reste à résoudre. Dans sa glose sur le *Livre des Rois*, un rabbin, grand commentateur, voulant rapporter à son pays l'honneur d'une découverte aussi utile, attribue l'invention des perruques à Michol, fille, comme on sait, du roi Saül. Dans ce système, la perruque serait juive, et n'aurait guère que deux mille huit cent cinquante-huit ans, à quelques jours près. Ce calcul me paraît mesquin. Et puis cette peau de chèvre dont Michol, pour sauver son pauvre mari des fureurs de Saül, s'avisa de coiffer une statue, quelle ressemblance avait-elle, je vous prie, avec une perruque ? La prétention du rabbin est donc sans fondement. Dans son épithalame pour Julie, saint Paulin s'est permis, il est vrai, de dire, en parlant des filles de Sion :

> Quæque caput passis cumulatum crinibus augent,
> Triste gerent nudo vertice calvitiem.

Ou, comme le traduit un de nos vieux poëtes :

> Pour les punir d'avoir porté perruque,
> Le Seigneur Dieu va mettre à nu leur nuque.

Mais ce distique ne peut tirer à conséquence. Saint Paulin n'avait d'autre but que d'empêcher Julie de se damner pour une perruque : il faut bien lui pardonner l'anachronisme en faveur de l'intention.

« Les historiens profanes n'ont pas été plus heureux dans leurs recherches. Je ne vois pas sur quelle autorité pouvait se fonder Cléarque, par exemple, quand il plaçait chez les Lapygiens, c'est-à-dire dans l'ancienne Pouille, la première tête à perruque. Selon moi, l'origine des perruques se perd dans la nuit des temps ; elles durent naître chez les femmes avec l'envie de plaire. Fille de la coquetterie, la perruque est donc aussi ancienne que le monde. C'est aussi le sentiment de Rangon, dans son traité *de Capillamentis*; et ce sentiment est d'autant mieux motivé, qu'il repose sur une certitude morale qui, dans cette occasion, vaut bien toutes les certitudes physiques et métaphysiques possibles. Mais ne nous brouillons pas avec les chronologistes ; dans leur mauvaise humeur, ils pourraient nous accabler sous le poids des chiffres. Abandonnons-leur donc les temps fabuleux de la perruque, et descendons au siècle de Cyrus.

« Au rapport de Posidippe, cité par Élien (liv. I, ch. 26 de ses *Histoires diverses*), la parure ordinaire de la belle Aglaïs, fille de Mégacle, contemporain de Cyrus, était une perruque ornée d'une aigrette. Qui ne sait qu'aux funérailles d'Adonis, les Phéniciennes devaient à la déesse Ergetto, la Vénus de Tyr, le sacrifice de leur pudeur, ou celui de leurs cheveux? Assurément les Phéniciennes ont porté perruque. Cette assertion, fondée sur la présomption de leur sagesse, devient une démonstration par le témoignage de Saint-Foix. Voici comme il raconte la chose dans ses *Essais sur Paris*. Après avoir parlé de l'embarras où l'alternative plaçait sans cesse la pudeur des beautés de Tyr et de Sidon, il ajoute : « L'argent que quelques-unes recevaient pour prix de leurs complai- « sances appartenait à la déesse ; c'était le casuel des prêtres. Un par- « ticulier, peut-être un mari, un jaloux, imagina les perruques, et le « proposa aux femmes qui ne voulaient ni se prostituer, ni perdre leurs « cheveux. L'invention parut commode, mais elle excita la réclamation « des prêtres : ils décidèrent que les perruques pouvaient nuire à leurs « droits, et les perruques furent défendues. » Quelle rude épreuve pour la chasteté des Phéniciennes !

« Mausole, roi de Carie, aimait beaucoup l'argent, et ses peuples aimaient presque autant leurs cheveux. Que fit Mausole? Aristote nous l'apprend (*Économ.*, liv. II). En vertu d'un ordre secret du roi, les magasins se remplissent tout à coup de perruques achetées au rabais chez les nations voisines. A peine furent-elles toutes accaparées, qu'un édit solennel vint condamner les têtes lyciennes, sans distinction d'âge ni de sexe, à se faire tondre dans les vingt-quatre heures. La désolation fut extrême ; mais il fallut obéir : un refus eût attiré plus que la perte des cheveux. Alors les magasins s'ouvrent, les perruques sont mises à l'enchère, la concurrence en élève le prix à un taux excessif ; et voilà le trésor du prince enrichi de plusieurs millions. Ce roi-là savait spéculer sur le luxe ; et le monopole des perruques ne l'a pas rendu moins célèbre que le monument superbe où la chaste Artémise le fit loger quand il fut mort.

« Si l'on en croit Suidas et Tite-Live (liv. XXI), Annibal, ce guerrier non moins fameux par ses ruses que par son courage, afin de mieux échapper aux embûches des Gaulois, changeait souvent d'habits et de perruques. Appien (*Histoire de la guerre d'Espagne*, ch. IX) dit que, pour jeter l'épouvante dans les rangs ennemis, les Ibères, sous la conduite de Viriatus, arborèrent des perruques à longues queues. Les lois assyriennes défendaient aux jeunes gens des deux sexes de se marier avant d'avoir coupé leurs cheveux, et de les avoir appendus dans le temple de Bélus, en l'honneur de l'immortel brochet Oannès. Tous les mariages se faisaient donc à Babylone, en perruque. Le même usage avait lieu chez les Grecs de Trézènes ; mais là, c'était au pudique Hippolyte qu'étaient consacrées les dépouilles des têtes vierges. Voyez *Histoire de la déesse de Syrie*, faussement attribuée à Lucien.

« Héritiers des arts, enfants de l'Égypte et de la Phénicie, les Grecs ne pouvaient manquer d'être excellents perruquiers. La perruque se nommait chez eux φηνάχη (imposture) ; c'est Ménage qui nous l'apprend. Et qu'est-ce en effet qu'une perruque, sinon l'officieux mensonge d'une chevelure artificielle ? D'après quelques passages de Thucydide (*Préface de la Guerre du Péloponnèse*), on voit que les jeunes Athéniennes préféraient, parmi les perruques, celles dont les tresses blondes, repliées sous un réseau transparent, s'y cachaient à moitié pour briller davantage. D'autres aimaient à ramener ces tresses sur le sommet du front, où des aiguilles d'or les tenaient arrêtées. La tête de ces aiguilles avait la forme de cigales auxquelles il ne manquait que la voix, et qui, dans un balancement perpétuel, semblaient toujours prêtes à s'envoler. Les petits-maîtres, du temps d'Aristophane, avaient mis à la mode la coiffure d'enfant, ou la perruque à la jockei : c'était celle de l'efféminé Cratinus ; et, si l'on en croit Ovide, Sapho, pour plaire à Phaon, plaçait dans sa perruque des poinçons garnis de perles.

« Il est évident qu'à Rome la mode des perruques était devenue générale vers les derniers temps de la république. Tibulle, Ovide, Properce et Gallus ont chanté les perruques de leurs maîtresses, dans une foule de jolis vers. Il fallait, dit un grave académicien (l'abbé Nadal, *Dissertation sur le luxe des dames romaines*), il fallait, pour l'ornement d'une tête romaine, les dépouilles d'une infinité d'autres têtes. Tantôt les cheveux flottaient sur les épaules au gré des vents, tantôt ils s'arrondissaient en boucles sur un sein d'albâtre. Souvent on en tressait des couronnes ; quelquefois ils s'élevaient à pic, et laissaient à découvert l'ivoire d'un joli cou. Ce fut Plotine, femme de Trajan, qui introduisit à Rome ces perruques *à l'Andromaque*, dont parle Juvénal dans sa sixième satire. Elles s'élevaient par étages sur le devant de la tête, et formaient une espèce de turban à triple rouleau : c'était la coiffure favorite des femmes à petite taille. L'illustre Adrien Valois a recueilli quatorze médailles d'impératrices romaines ; et, sur chacune de ces médailles, on voit une perruque différente. Les dieux même honoraient les perruques d'une protection spéciale. Les prêtres de Diane, selon saint Maxime (dans ses *Homélies*), portaient une perruque courte à cheveux hérissés. La coquetterie, si l'on en croit Dion Chrysostome (*Oratio de cultu corporis*), s'était glissée jusque sur les autels. C'est là que la majesté des dieux s'accroissait encore de la majesté des perruques. On murmura plus d'une fois tout bas contre Apollon qui, non content de briller dans les cieux par sa chevelure d'or, accaparait encore sur la terre, pour parer ses images, les plus belles perruques de Rome. Les prêtres de la bonne Cybèle tenaient en réquisition permanente le génie des coiffeuses; ils leur disputaient, souvent avec avantage, l'honneur de rajeunir, à l'aide des colifichets de la mode, les vieux attraits de la mère des dieux. L'aiguille dont ils se servaient pour la coiffer était devenue miraculeuse, et Servius la place à côté du sceptre de Priam et du bouclier de Romulus, parmi les gages de la gloire et de la durée de l'empire romain. Mais de toutes les perruques divines, nulle n'était plus imposante que la perruque de Jupiter *Multi-comans*.

« Martial, plus malin que galant, critiqua seulement l'abus des perruques. Tête chaussée ! *calceatum caput !* s'écriait-il quelquefois (liv. xii, épigr. 45). Seize siècles avant que Boileau eût plaisanté l'abbé Pochette sur ses sermons d'achat, Martial avait déjà dit, à peu près de même (liv. vi, épigr. 12) :

> Jurat capillos esse, quos emit, suos
> Fabulla : numquid illa, Paulle, pejerat ? nego.

Plus loin, il ajoute (liv. xii, épigr. 23) :

> Dentibus, atque comis, nec te pudet, uteris emptis :
> Quid facies oculo, Lælia ? non emitur.

Mais qu'est-ce que cela prouve ? Il est clair que Martial n'en voulait qu'aux vilaines têtes à perruque.

« Les médailles nous montrent les têtes impériales d'Othon, de Commode, de Poppée, de Julie, de Lucile, ornées de *capillaments :* c'était le nom générique des perruques romaines. Les petites-maîtresses avaient sur leur toilette diverses espèces de perruques pour les différentes heures du jour. Elles portaient en chenille le *galericon :* c'était une sorte de petit casque qui donnait à leurs traits, avec un air cavalier, quelque chose de plus piquant. Le *corymbion* était pour les visites d'étiquette, les promenades et le spectacle. Cette coiffure d'apparat avait un volume immense ; elle ressemblait assez à celle des Bacchantes. Othon, au rapport de Suétone, se servait du *galericon* pour cacher sa calvitie ; Caligula, sous la même perruque, courait lutiner dans l'ombre les prostituées de Rome ; et Messaline, abaissant, la nuit, devant la coiffure blonde des amours, la majesté du diadème, allait *incognito* provoquer dans les camps les robustes caresses des soldats romains (*voyez la satire* VI *de Juvénal*). Mais la perruque la plus fameuse de l'antiquité fut, sans contredit, la perruque de l'empereur Commode. La description élégante que Lampride en a faite dans la vie de cet empereur (*Historiæ Augustæ scriptores*), lui assure l'immortalité : c'était le *corymbion*, mais le *corymbion* dans tout son éclat. Il faut voir dans l'historien ce prince, apparemment seul avec ses remords et ses craintes, n'osant confier son cou royal au rasoir d'un barbier, ni son front même à l'aiguille des coiffeurs, se brûlant lui-même les cheveux et la barbe, ajustant devant son miroir sa vaste perruque, l'abreuvant de parfums et d'essences, et répandant sur elle des flots de poudre d'or.

« Les chevelures allemandes et gauloises étaient les plus recherchées des perruquiers romains ; leur couleur approchait de celle de l'or. En vain le déclamateur Sénèque (épître CXV, et *de la Brièveté de la vie*) gourmanda les perruques ; on ne l'écouta même pas. L'éloquence chrétienne de Tertullien, dans son traité *de la Toilette des dames*, chapitre VII, ne fut pas plus heureuse. Clément d'Alexandrie, dans ses *Stromates* ou *Tapisseries* ; Grégoire de Nazianze, dans l'*Éloge de Gorgonie*, sa sœur ; saint Ambroise, dans son livre *de la Virginité* ; saint Jérôme, dans ses brûlantes *Épîtres*, ne produisirent pas plus d'effet. Ces bons Pères eurent beau nommer les perruques *fourreaux de têtes, dépouille des morts, édifices de prostitution, tours de Satan* ; ils eurent beau vouer aux flammes de l'enfer les chevelures postiches, et ceux ou celles qui les portaient, la perruque n'en courut pas moins conquérir l'Europe, l'Asie et l'Afrique ; et l'univers fut peuplé de têtes à perruque, à la barbe des saints et des philosophes.

« C'était surtout les jours de fêtes que brillaient les perruques. Aux calendes de janvier, c'est-à-dire aux premiers jours de l'an, l'étrenne la mieux reçue était une perruque. Si les *Matronales* étaient la fête des dames, elles étaient donc aussi la fête des perruques (Ovide, *Fastes*, liv. III). Pendant la célébration des Bacchanales, ou, si vous voulez, à l'époque du carnaval romain, la perruque jouait encore un grand rôle ; on y voyait les hommes se mêler aux Bacchantes, la main armée de torches, et la tête affublée de perruques de femmes (S. Astère, *Hom. in fest. kalend.*). Lisez l'*Ane d'or* d'Apulée, livre XI : vous y verrez, aux processions de la déesse Isis, un dévot africain paraître en escarpins dorés, en robe de soie traînante, chargé de bijoux et de pierreries, agitant avec mollesse les ondes de sa perruque, et contrefaisant la démarche d'une petite-maîtresse. Il paraît que la coiffe des perruques romaines était une calotte de peau de bouc (Martial, liv. XII, épigr. 45). Elle s'ajustait avec tant de dextérité, qu'on distinguait à peine si la coiffure était postiche. Mais l'art des perruquiers ne tenait pas toujours ferme contre l'opiniâtreté des vents ; et Festus Avienus (*carmen* x) nous a conservé l'anecdote d'un cavalier dont une bise incivile mit tout à coup le chef à nu, aux éclats de rire des malins spectateurs. Tel était l'engouement, que le front chauve qui ne pouvait atteindre au prix courant des perruques voulait du moins en arborer l'image. Martial (liv. VI, épigr. 57), Farnabe, et Turnèbe (*Adversar.*, cap. XXVII) nous l'apprennent : on se peignait la tête avec des pommades de diverses couleurs ; on donnait à ces croûtes parfumées la figure d'une perruque, et les sillons onduleux dont on savait les orner jouaient, dit-on, au parfait les tresses de cheveux naturels. Après cela, continue Martial, pour raser, en un moment et sans risque, la plus belle tête du monde, il suffisait d'une éponge.

« Comment les anciens n'auraient-ils pas aimé les perruques? les cheveux étaient ce qu'ils avaient de plus cher ; et cependant il fallait sans cesse les sacrifier pour en semer le tombeau des morts. Teucer, dans Sophocle (*Ajax furieux*, acte IV, sc. 6), dit au jeune Ajax, en lui montrant la tombe de son père : « Venez, enfant ; approchez, en posture de
« suppliant, de celui qui vous donna le jour ; demeurez-y les yeux
« tournés vers votre père, ayant en main l'humble offrande de mes
« cheveux, de ceux de votre mère, et des vôtres. » Dans le même tragique, Électre (acte I, sc. 5), voyant Chrysosthémis, sa sœur, apporter au tombeau d'Agamemnon les présents de Clytemnestre, s'écrie : « Pen-
« sez-vous que ces hypocrites offrandes puissent expier le meurtre de
« mon père? Non, non, il n'en sera rien. Laissez là ces dons stériles ;
« faites mieux : coupez vous-même ces boucles de cheveux, et joignez-
« les aux miens. Hélas ! il m'en reste peu, je les ai déjà sacrifiés ; mais
« enfin j'en offre le reste, et leur dérangement montre assez ma dou-
« leur. » On devait encore se couper les cheveux dans le deuil. Aussi, dans l'*Oreste* d'Euripide (acte II, sc. 1), le chœur chante-t-il : « Voilà
« Tyndare, ce Spartiate chargé d'années, qui s'avance d'un pas préci-
« pité, couvert de noirs vêtements, et la tête rasée dans le deuil où sa
« fille le plonge. » Dans la même pièce (acte I, sc. 3), Électre, toujours plaintive, accuse Hélène de manquer aux bienséances, parce qu'elle n'a coupé que l'extrémité de ses cheveux après la mort d'une de ses sœurs :
« Voyez, dit-elle, avec quel artifice cette femme vient de couper l'ex-

« trémité de ses cheveux sans nuire à sa beauté! Elle est toujours ce
« qu'elle fut autrefois! Puissent les dieux te détester, ô toi qui as perdu,
« moi, mon frère, la Grèce entière!... Ah! malheureuse que je suis! »
A la mort de Masistius, dit Hérodote, livre IX, les Perses, pour marquer leur chagrin, non-seulement se rasèrent la tête, mais ils coupèrent encore le poil à toutes leurs montures : c'est l'expression de Lamothe-Le-Vayer. La douleur, comme tous les extrêmes, est de courte durée; elle n'attendait pas, pour s'envoler, que les cheveux eussent repris leur grandeur naturelle. Comment rappeler alors les jeux et les ris autour d'une tête tondue? c'eût été la chose impossible; mais on prenait perruque, et toute la bande des amours, selon l'expression du bon La Fontaine, revenait au colombier.

« Un nouveau motif de tendresse pour les perruques chez la docte antiquité, c'était la haine religieuse qu'on y portait aux têtes chauves. Qui ne sait que César lui-même, César au milieu de sa gloire, vit les brocards de ses soldats poursuivre son front chauve jusque sur son char de triomphe? « Voici le chauve adultère, criaient-ils en chœur; maris,
« cachez vos femmes! » *Calvum mœchum duximus; mariti, servate uxores!* César, sans cheveux, paraissait d'autant plus ridicule, que le nom même de César rappelait l'idée d'une belle chevelure. Celle de son aïeul était encore célèbre, et ce fut elle, dit-on, qui mérita à cet ancêtre du dictateur le surnom de César. *Cæsar a cæsarie dictus.* Pour consoler le vainqueur du monde, et dérober sa calvitie à la malignité romaine, le sénat permit à César de porter perpétuellement une couronne de lauriers. Un sénatus-consulte fit ainsi de cette couronne la perruque des héros. Si les couronnes étaient aujourd'hui parmi nous à la mode, combien de simples soldats français pourraient porter, sans être chauves, la perruque de César! »

Immo supercilia profert de pyxide. — On voit maintenant, par ces mots *supercilia profert de pyxide*, que les dames romaines portaient aussi des sourcils postiches. Martial (liv. IX, épigr. 37) parle d'une coquette qui avait des cheveux, des dents et des sourcils de contrebande :

> Quum sis ipsa domi, mediaque ornere Suburra,
>   Fiant absentes et tibi, Galla, comæ;
> Nec dentes aliter, quam serica, nocte reponas,
>   Et jaceas centum condita pyxidibus :
> Nec tecum facies tua dormiat : innuis illo,
>   Quod tibi prolatum est mane, supercilio.

Quia flavicomum corymbion erat. — L'auteur soutient ici le caractère qu'il a donné à Tryphène, d'une femme de mauvaise vie, parce qu'il n'y avait que les courtisanes qui portassent des perruques blondes ; les matrones n'en mettaient que de noires : c'est pour cela que Juvénal, dans sa satire vi, vers 120, nous représente Messaline *cachant ses cheveux bruns sous une perruque blonde :*

. . . . . . Nigrum flavo crinem abscondente galero,

pour aller dans une maison de prostitution se livrer à la brutalité publique.

CHAPITRE CXI. *Matrona quædam Ephesi tam notæ erat pudicitiæ.* — Ce conte de *la Matrone d'Éphèse* a été traduit ou imité dans toutes les langues ; et c'est le premier morceau du *Satyricon* qu'on ait fait passer dans la nôtre, comme on l'a vu dans les *Recherches sceptiques sur le Satyricon* : un clerc, nommé Hébert, la rendit en vers français, vers l'an 1200. Ce sujet a aussi été traité pour la scène, et on lui doit un joli vaudeville. De tous les imitateurs de Pétrone, celui qui a le mieux réussi, c'est La Fontaine, dont on me permettra de reproduire ici le conte, fort joli, sans doute, mais peut-être trop prolixe, trop paraphrasé, et qui est loin, selon moi, de reproduire la piquante simplicité de l'original :

S'il est un conte usé, commun et rebattu,
C'est celui qu'en ces vers j'accommode à ma guise.
  Et pourquoi donc le choisis-tu ?
  Qui t'engage à cette entreprise ?
N'a-t-elle point déjà produit assez d'écrits ?
  Quelle grâce aura ta matrone
  Au prix de celle de Pétrone ?
Comment la rendras-tu nouvelle à nos esprits ?
Sans répondre aux censeurs, car c'est chose infinie,
Voyons si dans mes vers je l'aurai rajeunie.

  Dans Éphèse il fut autrefois
Une dame en sagesse, en vertu sans égale,
  Et, selon la commune voix,
Ayant su raffiner sur l'amour conjugale.
Il n'était bruit que d'elle et de sa chasteté ;
  On l'allait voir par rareté ;
C'était l'honneur du sexe : heureuse sa patrie !
Chaque mère à sa bru l'alléguait pour patron ;
Chaque époux la prônait à sa femme chérie :
D'elle descendent ceux de la Prudoterie,
  Antique et célèbre maison.
  Son mari l'aimait d'amour folle.
  Il mourut. De dire comment,
  Ce serait un détail frivole.
  Il mourut ; et son testament
N'était plein que de legs qui l'auraient consolée,

Si les biens réparaient la perte d'un mari
        Amoureux autant que chéri.
Mainte veuve pourtant fait la déchevelée,
Qui n'abandonne pas le soin du demeurant,
Et du bien qu'elle aura fait le compte en pleurant.
Celle-ci, par ses cris, mettait tout en alarme,
        Celle-ci faisait un vacarme,
Un bruit, et des regrets à percer tous les cœurs ;
        Bien qu'on sache qu'en ses malheurs,
De quelque désespoir qu'une âme soit atteinte,
La douleur est toujours moins forte que la plainte,
Toujours un peu de faste entre parmi les pleurs.
Chacun fit son devoir de dire à l'affligée
Que tout a sa mesure, et que de tels regrets
        Pourraient pécher par leur excès :
Chacun rendit par là sa douleur rengrégée.
Enfin, ne voulant plus jouir de la clarté
        Que son époux avait perdue,
Elle entre dans sa tombe, en ferme volonté
D'accompagner cette ombre aux enfers descendue.
Et voyez ce que peut l'excessive amitié
(Ce mouvement aussi va jusqu'à la folie),
Une esclave en ces lieux la suivit par pitié,
        Prête à mourir de compagnie ;
Prête, je m'entends bien, c'est-à-dire, en un mot,
N'ayant examiné qu'à moitié ce complot,
Et jusques à l'effet courageuse et hardie.
L'esclave avec la dame avait été nourrie ;
Toutes deux s'entr'aimaient, et cette passion
Était crûe avec l'âge au cœur des deux femelles :
Le monde entier à peine eût fourni deux modèles
        D'une telle inclination.
Comme l'esclave avait plus de sens que la dame,
Elle laissa passer les premiers mouvements ;
Puis tâcha, mais en vain, de remettre cette âme
Dans l'ordinaire train des communs sentiments.
Aux consolations la veuve inaccessible
S'appliquait seulement à tout moyen possible
De suivre le défunt aux noirs et tristes lieux.
Le fer aurait été le plus court et le mieux ;
Mais la dame voulait paître encore ses yeux
        Du trésor qu'enfermait la bière,
        Froide dépouille, et pourtant chère :
        C'était là le seul aliment
        Qu'elle prit en ce monument.
        La faim donc fut celle des portes
        Qu'entre d'autres de tant de sortes
Notre veuve choisit pour sortir d'ici-bas.
Un jour se passe, et deux, sans autre nourriture
Que ses profonds soupirs, que ses fréquents hélas,
        Qu'un inutile et long murmure
Contre les dieux, le sort et toute la nature.
        Enfin sa douleur n'omit rien,
    Si la douleur doit s'exprimer si bien.

Encore un autre mort faisait sa résidence
Non loin de ce tombeau, mais bien différemment,
  Car il n'avait pour monument
  Que le dessous d'une potence :
Pour exemple aux voleurs on l'avait là laissé.
  Un soldat bien récompensé
  Le gardait avec vigilance.
  Il était dit par ordonnance
Que si d'autres voleurs, un parent, un ami,
L'enlevaient, le soldat, nonchalant, endormi,
  Remplirait aussitôt sa place.
  C'était trop de sévérité ;
  Mais la publique utilité
Défendait qu'on ne fît au garde aucune grâce.
Pendant la nuit il vit, aux fentes du tombeau,
Briller quelque clarté, spectacle assez nouveau.
Curieux, il y court, entend de loin la dame
  Remplissant l'air de ses clameurs.
Il entre, est étonné, demande à cette femme
  Pourquoi ces cris, pourquoi ces pleurs,
  Pourquoi cette triste musique,
Pourquoi cette maison noire et mélancolique ?
Occupée à ses pleurs, à peine elle entendit
  Toutes ces demandes frivoles.
  Le mort pour elle y répondit :
  Cet objet, sans autres paroles,
  Disait assez par quel malheur
La dame s'enterrait ainsi toute vivante.
— Nous avons fait serment, ajouta la suivante,
De nous laisser mourir de faim et de douleur.
— Encor que le soldat fût mauvais orateur,
Il leur fit concevoir ce que c'est que la vie.
La dame cette fois eut de l'attention ;
  Et déjà l'autre passion
  Se trouvait un peu ralentie :
Le temps avait agi. — Si la foi du serment,
Poursuivit le soldat, vous défend l'aliment,
  Voyez-moi manger seulement.
Vous n'en mourrez pas moins. — Un tel tempérament
  Ne déplut pas aux deux femelles.
  Conclusion, qu'il obtint d'elles
Une permission d'apporter son soupé :
Ce qu'il fit. Et l'esclave eut le cœur fort tenté
De renoncer dès lors à la cruelle envie
  De tenir au mort compagnie.
— Madame, ce dit-elle, un penser m'est venu :
Qu'importe à votre époux que vous cessiez de vivre
Croyez-vous que lui-même il fût homme à vous suivre,
Si par votre trépas vous l'aviez prévenu ?
Non, madame ; il voudrait achever sa carrière.
La nôtre sera longue encor si nous voulons.
Se faut-il, à vingt ans, enfermer dans la bière ?
Nous aurons tout loisir d'habiter ces maisons.
On ne meurt que trop tôt : qui nous presse ? attendons.

Quant à moi, je voudrais ne mourir que ridée.
Voulez-vous emporter vos appas chez les morts?
Que vous servira-t-il d'en être regardée?
    Tantôt, en voyant les trésors
Dont le ciel prit plaisir d'orner votre visage,
    Je disais : Hélas ! c'est dommage,
Nous-mêmes nous allons enterrer tout cela.
— A ce discours flatteur la dame s'éveilla.
Le dieu qui fait aimer prit son temps; il tira
Deux traits de son carquois : de l'un il entama
Le soldat jusqu'au vif; l'autre effleura la dame.
Jeune et belle, elle avait sous ses pleurs de l'éclat;
    Et des gens de goût délicat
Auraient bien pu l'aimer, et même étant leur femme.
Le garde en fut épris : les pleurs et la pitié,
    Sorte d'amour ayant ses charmes,
Tout y fit : une belle, alors qu'elle est en larmes,
    En est plus belle de moitié.
Voilà donc notre veuve écoutant la louange,
Poison qui de l'amour est le premier degré;
    La voilà qui trouve à son gré
Celui qui le lui donne. Il fait tant qu'elle mange;
Il fait tant que de plaire, et se rend en effet
Plus digne d'être aimé que le mort le mieux fait;
    Il fait tant enfin qu'elle change;
Et toujours par degrés, comme l'on peut penser,
De l'un à l'autre il fait cette femme passer.
    Je ne le trouve pas étrange :
Elle écoute un amant, elle en fait un mari,
Le tout au nez du mort qu'elle avait tant chéri.
Pendant cet hyménée, un voleur se hasarde
D'enlever le dépôt commis aux soins du garde :
Il en entend le bruit, il y court à grands pas;
    Mais en vain : la chose était faite.
Il revient au tombeau conter son embarras,
    Ne sachant où trouver retraite.
L'esclave alors lui dit, le voyant éperdu :
    — L'on vous a pris votre pendu?
Les lois ne vous feront, dites-vous, nulle grâce?
Si madame y consent, j'y remédierai bien.
    Mettons notre mort en sa place,
    Les passants n'y connaîtront rien.
— La dame y consentit. O volages femelles!
La femme est toujours femme. Il en est qui sont belles;
    Il en est qui ne le sont pas :
    S'il en était d'assez fidèles,
    Elles auraient assez d'appas.

Prudes, vous vous devez défier de vos forces :
Ne vous vantez de rien. Si votre intention
    Est de résister aux amorces,
La nôtre est bonne aussi, mais l'exécution
Nous trompe également; témoin cette matrone.
    Et, n'en déplaise au bon Pétrone,

NOTES.

> Ce n'était pas un fait tellement merveilleux
> Qu'il en dût proposer l'exemple à nos neveux.
> Cette veuve n'eut tort qu'au bruit qu'on lui vit faire,
> Qu'au dessein de mourir, mal conçu, mal formé ;
>   Car de mettre au patibulaire
>   Le corps d'un mari tant aimé,
> Ce n'était pas peut-être une si grande affaire :
> Cela lui sauvait l'autre, et, tout considéré,
> Mieux vaut goujat debout qu'empereur enterré.

Cette imitation du conte de Pétrone inspire à M. Durand les réflexions suivantes :

« Ce conte n'est que plaisant dans La Fontaine ; mais dans Pétrone il finit par un trait horrible et qui choque toutes les convenances. Son esprit, qui savait si bien sacrifier aux grâces, aurait dû lui fournir un dénoûment plus aimable. Suivant lui, c'est l'épouse consolée qui propose d'exhumer son mari et de l'accrocher au poteau dépouillé. Au moins le conteur français met cet avis odieux dans la bouche d'une esclave ; ce correctif même n'adoucit que faiblement, selon moi, l'horreur que cette circonstance inspire. »

N'en déplaise à M. Durand, je ne suis pas de son avis. Le dénoûment du conte de Pétrone est tel qu'il devait être. Il voulait prouver, comme il le fait dire en propres termes à Eumolpe, *qu'il n'y a pas de femme, quelque prude qu'elle soit, qu'une passion nouvelle ne puisse porter aux plus grands excès;* et pour prouver ce qu'il avance, *je vais,* ajoute-t-il, *vous raconter un fait arrivé de nos jours.* C'était, comme on le voit, un fait récent, un fait connu, notoire ; Pétrone n'était donc pas le maître d'en changer le dénoûment. D'ailleurs Flavius, au rapport de Jean de Sarisbéry, dans son traité de *Nug. cur.*, livre VIII, chapitre 11, assure que cette histoire est véritable, et que *la veuve qui en est l'héroïne fut punie de son impiété, de son parricide et de son adultère, en présence du peuple;* ce sont ses propres termes : *mulieremque impietatis suœ, et sceleris parricidalis, et adulterii, in conspectu populi, luisse pœnas.* Apulée a traité un sujet à peu près semblable au livre II de son *Ane d'or,* mais avec beaucoup moins d'enjouement et de grâce que Pétrone ; nous renvoyons, pour la comparaison de ces deux histoires, à l'excellente traduction d'Apulée donnée par M. Bétolaud. Il est facile de reconnaître, dans la *Matrone d'Éphèse,* l'origine d'un charmant épisode du conte de *Zadig,* par Voltaire, celui de la prude, qui, croyant son mari décédé, consent à lui couper le nez dans son tombeau, pour guérir son amant d'une douleur de côté.

Ne quis ad sepulturam corpora detraheret. — On refusait la sépulture à ceux qui avaient été condamnés au dernier supplice, et on les laissait suspendus au gibet pour épouvanter, par ce spectacle, les malfaiteurs qui seraient tentés de les imiter. Cela se pratique encore de nos jours en plusieurs endroits de l'Italie.

Faciemque unguibus sectam. — Cette marque d'une extrême affliction était une coutume que les femmes observaient pour témoigner l'excès de leur douleur. Mais la loi des Douze Tables abolit cet usage chez les Romains.

Nec venit in mentem, quorum consederis arvis? — Ce vers et le précédent sont empruntés au livre IV de l'*Énéide*, où ils sont employés à peu près dans le même sens que Pétrone leur donne ici. Dans Virgile, Anne, conseillant à Didon de ne pas rejeter les services d'Énée, qu'elle aime en secret, lui rappelle qu'elle est dans un pays barbare, etc. Ici une servante, qui ne se sent pas d'humeur à mourir de faim, tâche de décider sa maîtresse à se rendre aux empressements d'un jeune homme qui ne lui est pas indifférent ; et, pour y réussir, elle lui représente l'horreur du lieu où elle se trouve : elle lui a déjà dit précédemment, en citant un autre vers de Virgile :

> Id cinerem aut manes credis curare sepultos?

« Croyez-vous qu'une froide cendre et des mânes inanimés se soucient de vos regrets? »

Ne hanc quidem partem corporis mulier abstinuit. — Ce passage de notre auteur est remarquable par l'extrême retenue avec laquelle il exprime une idée assez gaillarde ; Pétrone parle dans la suite avec une égale pudeur de l'organe de la virilité, lorsqu'il dit : *Quum a parte corporis, quam ne ad cogitationem quidem admittere severioris notæ homines solent, etc.* Cet endroit et plusieurs autres prouvent que Pétrone, en nous offrant le tableau fidèle de la corruption des mœurs de son siècle, a cependant montré plus de retenue dans ses expressions que Martial, Catulle et plusieurs autres que je pourrais citer, et chez lesquels

> Nomen adest rebus, nominibusque pudor.

CHAPITRE CXIII. *Et erubescente non mediocriter Tryphœna.* — On se doute, d'après les mœurs dissolues que Pétrone attribue à Tryphène, que ce n'était pas par pudeur qu'elle rougissait à la fin du récit d'Eumolpe, mais plutôt au souvenir de quelque aventure semblable à celle de la matrone d'Éphèse, et où elle avait joué peut-être un rôle encore plus coupable.

Expilatumque libidinosa migratione navigium. — C'est la première fois qu'il est fait mention du pillage de ce vaisseau dans les manuscrits authentiques. Lycas va y revenir dans le chapitre suivant : *Vestem illam divinam, sistrumque redde navigio.* C'est sur ces deux passages que Nodot s'est fondé, comme nous l'avons déjà dit, pour bâtir cette histoire du pillage qu'Encolpe et Giton font dans le vaisseau d'Isis au chapitre xi du *Satyricon.* C'était fort bien à Nodot de compléter le *Satyricon* pour le rendre plus intelligible ; mais il fallait se borner là, et ne pas chercher à donner le change aux lecteurs, en offrant ces suppléments comme l'œuvre même de Pétrone. Freinshemius et Brottier, savants illustres, qui écrivaient pour le moins en aussi bon latin que Nodot, n'ont jamais cherché à attribuer à Quinte-Curce et à Tite-Live les suppléments qu'ils ont faits à leurs ouvrages.

CHAPITRE CXIV. *Inhorruit mare, nubesque undique adductæ obruere tenebris diem.* — Cette description d'une tempête est tracée de main de maître, et annonce le poète qui va bientôt nous offrir un tableau si vrai, si énergique, des maux de la guerre civile.

Italici littoris Aquilo possessor. — Ces mots rappellent le *Notus Adriæ arbiter* d'Horace, et ce passage de Lucain, livre ii, vers 454 :

> . . . . Ut quum mare possidet Auster
> Flatibus horrisonis.

On trouve aussi dans Properce, livre i, élégie 18 :

> Et vacuum Zephyri possidet aura nemus.

In mare ventus excussit, repetitumque infesto gurgite procella circumegit, atque hausit. — N'est-ce pas là de la véritable poésie ? Cette image de la mer, qui ne semble un instant lâcher sa proie que pour la ressaisir et la plonger de nouveau dans l'abîme, est digne de Virgile, et rappelle ces beaux vers de l'*Énéide*, livre i, vers 114 :

> . . . . Ingens a vertice pontus
> In puppim ferit : excutitur, pronusque magister
> Volvitur in caput ; ast illam ter fluctus ibidem
> Torquet agens circum, et rapidus vorat æquore vortex.

Præteriens aliquis tralatitia humanitate lapidabit. — La religion païenne, par la loi appelée *Jus pontificum*, ordonnait, sous peine d'impiété, crime capital, à tous ceux qui trouvaient des corps sans sépulture, de les inhumer, parce que les anciens croyaient que Caron ne passait pas dans sa barque les âmes de ceux qui n'avaient pas reçu les honneurs funèbres ; mais que ces âmes restaient sur le rivage du Styx, exposées à toutes les insultes des Furies qui venaient les tourmenter. On couvrait les corps morts de mottes de terre ; mais si l'on ne pouvait s'en procurer, comme ici, par exemple, sur le bord de la mer, et si l'on n'avait pas ce qui était nécessaire pour les brûler, on les cachait sous un amas de cailloux : c'est ce que Pétrone appelle *lapidare*.

CHAPITRE CXV. *Mirati ergo, quod illi vocaret in vicinia mortis, poema facere.* — Cette préoccupation poétique, d'un homme oubliant tous les dangers qui l'entourent, et composant des vers, même au milieu d'une tempête, a été admirablement décrite par Ovide dans ses *Tristes*, livre 1, élégie 10 :

> Quod facerem versus inter fera murmura ponti,
>   Cyclades Ægeas obstupuisse puto.
> Ipse ego nunc miror, tantis animique marisque
>   Fluctibus ingenium non cecidisse meum.
> Seu stupor huic studio, sive huic insania, nomen ;
>   Omnis ab hac cura mens relevata mea est.
> Sæpe ego nimbosis dubius jactabar ab Hædis :
>   Sæpe minax Steropes sidere pontus erat.
> Fuscabatque diem custos Erymanthidos Ursæ ;
>   Aut Hyadas sævis hauserat Auster aquis :
> Sæpe maris pars intus erat ; tamen ipse trementi
>   Carmina ducebam qualiacumque manu.

Et Lycam quidem rogus.... adolebat. — Il ne faut pas confondre, dans les auteurs latins, ces trois mots, dont le sens est bien différent : *Pyra, rogus, bustum.* — *Pyra* signifie l'amas de bois qui forme le bûcher ; *rogus*, le bûcher ardent, et *bustum*, le bûcher déjà à demi consumé par le feu. Virgile offre ces différentes nuances dans l'*Énéide*, livre XI, vers 184 et suivants :

> Jam pater Æneas, jam curvo in littore Tarchon
> Constituere *pyras* : huc corpora quisque suorum
> More tulere patrum : subjectisque ignibus atris
> Conditur in tenebras altum caligine cœlum.
> Ter circum *accensos*, cincti fulgentibus armis,
> Decurrere *rogos*. . . . .
> . . . . Tum littore toto
> Ardentes spectant socios, *semiustaque* servant
> *Busta*. . . . .

CHAPITRE CXVI. *Aut captantur, aut captant.* — *Captare*, tâcher de tromper quelqu'un ; *captari*, être dupé par quelqu'un, être l'objet de ses flatteries intéressées ; *captator*, un coureur de successions. Martial (liv. vi, épigr. 63) adresse ces vers à un certain Marianus, dont l'héritage excitait la convoitise d'un de ces intrigants :

> Scis te captari : scis hunc, qui captat, avarum ;
> Et scis qui captat, quid, Mariane, velit.

Pline l'Ancien (liv. xiv, ch. 1) s'élève en ces termes contre cet infâme usage, de courtiser les vieillards pour obtenir un legs dans leur testament : *Postquam cœpere orbitas in auctoritate summa et potentia esse, captatio in quæstu fertilissimo, ac sola gaudia in possidendo : omnesque a maximo modo liberales dictæ artes, in contrarium cecidere, ac servitute sola profici cœptum.*

Et Ammien Marcellin (liv. xviii, ch. 4) : *Subsident aliqui copiosos homines, senes aut juvenes, orbos vel cœlibes, aut etiam uxores et liberos, ad voluntates condendas allicientes eos præstigiis miris.*

Nemo liberos tollit : « personne ne lève ses enfants, » parce que la coutume, chez les Romains, était de poser à terre les enfants dès qu'ils étaient nés : si le père voulait prendre soin de leur éducation, il les levait et les embrassait ; au contraire, s'il n'était pas dans ce dessein, il les faisait exposer, et les laissait à qui les voulait prendre.

Videbitis.... oppidum, tanquam in pestilentia campos. — Pétrone, en traçant cette affreuse caricature, songeait bien moins à Crotone qu'à la capitale de l'empire. Les descriptions que d'autres auteurs en ont faites sont d'une force de coloris également remarquable, et laissent de Rome une idée vraiment effrayante. Nous nous contenterons d'offrir à nos lecteurs le tableau suivant, tiré d'Ammien Marcellin, livre xiv, chapitre 6 :

« Si vous êtes, à votre arrivée à Rome, dit-il, conduit, comme un honnête étranger, chez un homme opulent, c'est-à-dire très-orgueilleux, vous serez d'abord reçu avec toutes sortes de politesses ; et, après avoir essuyé des questions auxquelles il faut le plus souvent répondre par des contes extravagants, vous vous étonnerez qu'un homme si considérable traite un simple particulier avec tant d'attention ; vous irez même jusqu'à vous accuser de n'être pas venu dix ans plus tôt dans un si beau pays. Mais lorsque encouragé par ce premier accueil, vous retournerez le lendemain pour faire votre cour, vous resterez là comme un homme inconnu et qui tombe des nues, tandis qu'on se demandera tout bas d'où vous êtes et d'où vous venez. A la fin, cependant, vous parviendrez à être reconnu et admis à la familiarité ; mais si, après trois ans d'assiduité, vous vous avisiez de vous éloigner le même espace de temps, on ne vous demandera pas à votre retour le motif de votre absence, car on ne s'en sera pas même aperçu. Bien plus, lorsque le temps viendra de donner ces repas si longs et si perfides pour la santé, on délibérera longtemps si, outre les convives d'obligation, on invitera encore quelque étranger ; et si, après un mûr examen, on veut bien s'y résoudre, celui-là seul sera admis qui, docte en fait de spectacles, monte une garde assidue chez les cochers du Cirque, ou qui est expert dans toutes les subtilités du jeu. Pour les hommes savants et vertueux, on les évite comme des ennuyeux et des trouble-fêtes. Que dirai-je de ces ridicules cavalcades de nos riches fastueux, qui se divertissent à courir la poste dans les rues, au risque de se rompre le cou sur le pavé, traînant à leur suite une si grande quantité de domestiques, que, suivant l'expression du poëte comique, ils ne laissent pas même le bouffon pour garder la maison? Et ce divertissement ridicule, les matrones elles-mêmes n'ont pas craint de l'imiter en courant aussi la ville dans des litières découvertes. Le char triomphal marche au centre d'une armée d'esclaves; et l'arrière-garde est formée par les eunuques, dont le nombre et la difformité nous font détester la mémoire de Sémiramis, cette reine cruelle, qui, la première, violant les lois de la nature, fit regretter à cette mère tendre, mais imprudente, d'avoir montré trop tôt, dans les générations à peine commencées, l'espoir des générations futures.

« Avec de pareilles mœurs, on croira facilement que les maisons où les sciences furent jadis cultivées ne sont plus maintenant que le réceptacle de plaisirs vains et frivoles ; de sorte qu'à la place des orateurs et des philosophes, on n'entend plus, du matin au soir, que le son des flûtes et le chant des musiciens. Pour les bibliothèques, elles sont plus closes et plus abandonnées que les sépulcres; les orchestres, les instruments hydrauliques en ont pris la place. Enfin on en est venu à ce comble d'indignité, que, lorsque la disette a obligé de chasser de la ville les étrangers, cette loi a été exécutée à la rigueur pour tous ces hommes utiles qui enseignent les arts libéraux, tandis qu'on a conservé les mimes et les histrions, et que (ô honte!) trois mille danseuses ont été retenues dans la capitale, ainsi que leur cortége de musiciens et de choristes. Autrefois Rome était un asile assuré pour quiconque y portait les arts et l'industrie ; maintenant je ne sais quelle sotte vanité fait regarder comme vil et abject tout ce qui est né au delà du Pomérium. J'en excepte cependant les célibataires et tous ceux qui n'ont pas d'héritiers : ceux-là sont comblés d'attentions et de prévenances. Telles sont les mœurs des nobles; pour le menu peuple, il passe souvent la nuit dans les cabarets, ou même dans les théâtres, à l'abri de ces toiles dont nous devons l'invention à Catulus, qui, le premier, introduisit à Rome cette recherche de commodités plus dignes de Capoue que de la ville de Romulus ; d'autres s'exposent des journées entières au soleil ou à la pluie, pour juger les cochers et disserter sur les événements du Cirque, etc. »

CHAPITRE CXVIII. *Belli civilis ingens opus quisquis attigerit, etc.* — Notre auteur fait ici une censure indirecte de la *Pharsale* de Lucain ; mais Voltaire, dont l'autorité en matière de goût vaut au moins celle de Pétrone, en porte un jugement tout différent et tout à l'avantage de Lucain. « La proximité des temps, dit-il, la notoriété publique de la guerre civile, le siècle éclairé, politique et peu superstitieux où vivait Lucain, ainsi que les héros de son poëme, la solidité de son sujet, ôtaient à son génie toute liberté d'invention fabuleuse. La grandeur véritable des héros réels, qu'il fallait peindre d'après nature, était une nouvelle difficulté. Les Romains du temps de César étaient des personnages bien autrement importants que Sarpédon, Diomède, Mézence et Turnus. La guerre de Troie était un jeu d'enfants en comparaison des guerres civiles de Rome, où les plus grands capitaines et les plus puissants hommes qui aient jamais été se disputaient l'empire de la moitié du monde.

« Virgile et Homère avaient fort bien fait d'amener les divinités sur la scène. Lucain a fait tout aussi bien de s'en passer. Jupiter, Mars, Vénus étaient des embellissements nécessaires aux actions d'Énée et d'Agamemnon : on savait peu de chose de ces héros fabuleux ; ils étaient comme ces vainqueurs des jeux Olympiques que Pindare chantait, et dont il n'avait presque rien à dire. Il fallait qu'il se jetât sur les louanges de Castor, de Pollux et d'Hercule. Les faibles commencements de l'empire romain avaient besoin d'être relevés par l'intervention des dieux ; mais César, Pompée, Caton, Labiénus vivaient dans un autre siècle qu'Énée : les guerres civiles de Rome étaient trop sérieuses pour ces jeux d'imagination. Quel rôle César jouerait-il dans la plaine de Pharsale, si Iris venait lui apporter une armure, ou si Vénus descendait à son secours dans un nuage d'or ?

« Ceux qui prennent les commencements d'un art pour les principes de l'art même sont persuadés qu'un poëme ne saurait subsister sans divinités, parce que l'*Iliade* en est pleine ; mais ces divinités sont si peu essentielles au poëme, que le plus bel endroit qui soit dans Lucain, et peut-être dans aucun poëte, est le discours de Caton, dans lequel ce stoïque ennemi des fables dédaigne d'aller voir le temple de Jupiter Ammon :

> Laissons, laissons, dit-il, un secours si honteux
> A ces âmes qu'agite un avenir douteux.
> Pour être convaincu que la vie est à plaindre,
> Que c'est un long combat dont l'issue est à craindre,
> Qu'une mort glorieuse est préférable aux fers,
> Je ne consulte point les dieux ni les enfers.
> Alors que du néant nous passons jusqu'à l'être,
> Le ciel met dans nos cœurs tout ce qu'il faut connaître :
> Nous trouvons Dieu partout ; partout il parle à nous.
> Nous savons ce qui fait ou détruit son courroux ;
> Et chacun porte en soi ce conseil salutaire,
> Si le charme des sens ne le force à se taire.
> Pensez-vous qu'à ce temple un dieu soit limité ?
> Qu'il ait dans ces déserts caché la vérité ?
> Faut-il d'autre séjour à ce monarque auguste
> Que les cieux, que la terre, et que le cœur du juste ?
> C'est lui qui nous soutient ; c'est lui qui nous conduit ;
> C'est sa main qui nous guide, et son feu qui nous luit ;
> Tout ce que nous voyons est cet être suprême, etc.
>
> (*Trad. de Brébeuf*).

« Ce n'est donc point pour n'avoir pas fait usage du ministère des dieux, mais pour avoir ignoré l'art de bien conduire les affaires des hommes, et de faire agir César, Pompée, Caton d'une manière conforme aux traits nobles et sublimes dont il s'est servi pour les peindre, que la *Pharsale* est si inférieure à l'*Énéide* et à l'*Iliade*. »

CHAPITRE CXIX. *Orbem jam totum victor Romanus habebat.* — Cette façon de parler, qu'on pourrait regarder comme une hyperbole ridicule, était familière dans la bouche des Romains. Les commentateurs et d'autres savants en rapportent un grand nombre d'exemples, tirés non-seulement des poëtes, mais aussi des orateurs et des historiens. Cicéron, parlant de Pompée, dit : *Ses trois triomphes attestent que le globe de la terre est soumis à notre empire*. Pompée lui-même donna ce titre fastueux à l'un de ses triomphes : *De Orbe terrarum*.

Rien n'est plus fréquent, sur les anciens monuments, que cette manière de parler. De là ces épithètes de *rector, restitutor, locupletator orbis terrarum*, qui sont si souvent données aux empereurs sur leurs médailles ; de là ce globe qui représente la terre et qui décore presque toujours les monuments qu'on leur a consacrés. L'empereur Antonin le Pieux, tout modeste qu'il était, n'a pas rougi de s'appeler lui-même le Maître de l'univers. Justinien, longtemps après la destruction de l'empire d'Occident, n'a pas hésité de nommer Rome la capitale du monde. Il paraît que le plus ancien auteur qui se soit servi de cette expression est Polybe, qui néanmoins y met un correctif, en disant que les Romains étaient maîtres de toutes les parties du monde alors connues. Depuis, les Romains s'accoutumèrent facilement à s'entendre traiter de maîtres du monde. Mais cette façon de parler, réduite à sa juste valeur, signifiait seulement l'empire romain, *orbis romanus*.

Gravidis freta pressa carinis Jam peragebantur. — Le président Bouhier, dont nous emprunterons plus d'une fois les savantes et judicieuses remarques sur le poëme *de la Guerre civile*, nous semble s'être grossièrement trompé dans l'interprétation qu'il donne de ce passage. Il lit *Carenis* au lieu de *carinis*, et en fait un peuple au lieu d'une flotte : sa note est trop curieuse pour ne pas la rapporter en entier ; elle prouvera combien la manie des interprétations peut égarer un homme érudit. « Voilà, sans doute, dit-il, quelque chose de bien surprenant, qu'au temps de César la mer fût déjà couverte de vaisseaux richement chargés. Je ne puis croire que Pétrone ait dit une telle sottise ; elle ne serait pas moins choquante, quand il aurait écrit *graiis* au lui de *gravidis*, comme le voulait Philippe Rubens (*Elector.*, II, 10). Je suis donc persuadé que le poëte a eu en vue quelque expédition maritime que les Romains avaient faite peu avant la guerre civile dans des pays jusqu'alors inconnus. Cela m'a fait rejeter une idée, qui m'était d'abord venue, que par *Carinis* le poëte avait entendu des peuples d'Allemagne, qui portaient ce nom, et que Cluvier a placés vers la Baltique ; car ils n'ont été connus que longtemps après. Je crois plutôt que Pétrone a voulu désigner ici la descente que César fit dans la Grande-Bretagne, et dont Florus a parlé, à peu près dans le goût de notre poëte, en cette sorte : *Omnibus terra marique captis ; respexit (Cæsar) Oceanum et quasi huic romanus orbis non sufficeret, alterum cogitavit.* Lucain en a fait mention à peu près de la même manière, livre I, vers 369 :

> Hinc manus, ut vinctum post terga relinqueret orbem,
> Oceani tumidas remis compescuit undas.

Ainsi je soupçonne que Pétrone avait écrit : *Gravidis freta pressa Carenis.* C'était le nom d'un peuple qui habitait à l'extrémité de l'Écosse, d'après Ptolémée, dans quelques manuscrits duquel on trouve Καρινοί au lieu de Καρηνοί, suivant Ortelius, et les diverses leçons que Saumaise avait tirées de la bibliothèque Palatine, et que j'ai entre les mains ; auquel cas, il n'y aurait rien à changer dans ce vers. Ce sont apparemment les mêmes peuples dont Pausanias a vanté la taille, et qu'il appelle Καρηίς. Sur quoi je suis fort de l'avis de Kuhnius, qui en jugeait ainsi. Camden (*Britannia*, p. 616, édit. de 1617) a cru que leur vrai nom était *Catini*, nom dérivé de la ville de *Cathnes*, qui est située au même endroit. Quand il faudrait substituer ce nom dans notre poëme, le changement serait léger ; mais je ne crois pas qu'il y ait grand fond à faire sur cette conjecture, et j'aime mieux m'en tenir aux manuscrits de Ptolémée. On ne niera pas, je pense, que mon explication ne donne plus d'agrément à ce passage. La découverte de la Grande-Bretagne était toute nouvelle dans le temps des brouilleries de César et de Pompée. De la manière dont le premier a décrit cette grande île, il paraît que l'on en avait déjà fait le tour de son temps ; c'est ce que notre poëte a donné à entendre en parlant des plus reculés de ces insulaires. L'épithète de *gravidis* leur convenait à merveille ; elle signifie tout ce qui est gros et pesant, comme dans Cicéron (*de la Divination*, liv. I, ch. 11) :

Aut quum se gravido tremefecit corpore tellus ;

dans Virgile (*Énéide*, liv. VII,) : *Stipites hic gravidi nodis;* et dans Fulgence (*Mytholog.*, liv. I) : *Erat gravido, ut apparebat, corpore*. Or, telle était la taille des anciens Bretons, selon le témoignage, non-seulement de Pausanias, mais encore de Strabon, livre IV, qui dit qu'ils étaient Καυνότεροι τοῖς σώμασι. Il ne reste donc plus de difficulté dans ce passage. »

Ne voilà-t-il pas, je le demande, bien de l'érudition dépensée en pure perte ? Quel besoin y avait-il, pour l'intelligence de ce passage, de recourir à Pausanias, à Strabon, et à tant d'autres écrivains tant anciens que modernes, lorsque le sens est si clair par lui-même ? *gravidis* est ici pour *onustis*. Quelle invraisemblance peut-on trouver à ce que, même du temps de César, il y eût sur la mer des vaisseaux pesamment chargés, puisque l'auteur dit lui-même qu'on allait chercher tous les raffinements du luxe de l'un à l'autre pôle, en Assyrie, dans l'Inde, chez les Numides, chez les Arabes, et jusque chez les Serres, peuple de la Chine ? Du moment qu'il y avait des vaisseaux, pourquoi donc n'auraient-ils pas été pesamment chargés ?... Quant à ces mots *freta pressa*, ils ne veulent pas dire, comme le suppose Bouhier, que toutes les mers fussent couvertes de vaisseaux, car on sait que les anciens ne s'éloignaient guère des côtes, mais simplement qu'elles étaient foulées par les vaisseaux, comme on lit plus haut dans le *Satyricon*, chapitre LXXIX : *classes premunt mare;* et dans Horace : *premere littus*, côtoyer le rivage.

Non usu plebeio trita voluptas. — Quelques commentateurs lisent *risu plebeio tracta voluptas*, ce qui n'offre aucun sens raisonnable, tandis que *usu plebeio trita voluptas*, rappelle ce passage de Sénèque (lettre CXXI) : *Res sordida est, trita ac vulgari via vivere.*

Hinc Numidæ adtulerant, illinc nova vellera Serres; Atque Arabum populus sua despoliaverat arva. — Mon beau-père, M. de Guerle, a pensé que par ces mots : *populus Arabum sua despoliaverat arva*, il fallait entendre les parfums si vantés de l'Arabie ; Bouhier, au contraire, dans ses corrections sur le texte de Pétrone, prétend qu'il ne s'agit ici d'aucune espèce de parfums, mais des diverses sortes de soies qu'on tirait de l'Afrique, chez les Numides et les Arabes, et de l'Inde, chez les Serres. Cela peut être ; mais comme l'examen de cette opinion nous entraînerait dans une trop longue discussion, nous nous contenterons d'extraire de ses notes des détails assez curieux sur les différentes espèces de soies dont, selon Bouhier, il est question dans cet endroit :

« La soie de la Chine, dit-il, est assez connue ; mais comme on connaît moins aujourd'hui celle de l'Afrique, il est bon de rappeler ce que les anciens en ont écrit. Pline nous apprend qu'elle se tirait d'une espèce de cocons qui se formaient sur des arbres du mont Atlas. L'Arabie n'était pas moins fertile que l'Afrique en arbrisseaux qui portaient cette espèce de duvet dont on tirait la soie. Pline en parle en plus d'un endroit ; et, avant lui, Hérodote avait dit qu'elle était d'un grand usage chez les Indiens. Ces soies sont aujourd'hui distinguées des autres par le nom de soies d'Orient, parmi nos commerçants, qui les disent produites par une plante, dans une gousse à peu près semblable à celle des cotonniers. »

Virgile a fait mention des soies de l'Afrique et de la Chine dans les vers suivants (*Géorg.*, liv. II, v. 120) :

> Quid nemora Æthiopum molli canentia lana ?
> Velleraque ut foliis depectant tenuia Seres ?

que Delile a rendus ainsi :

> Là, d'un tendre duvet les arbres sont blanchis ;
> Ici, d'un fil doré les bois sont enrichis.

L'illustre traducteur des *Géorgiques* me semble avoir sacrifié, dans ces vers, la fidélité à la précision. Si je ne me trompe, il fallait nommer les Éthiopiens et les Serres, ou du moins les contrées qu'ils habitaient.

Ut bibat humanum, populo plaudente, cruorem. — « Quelles mœurs, quelles effroyables mœurs que celles des Romains ! s'écrie Diderot : je ne parle pas de la débauche, mais de ce caractère féroce qu'ils tenaient apparemment de l'habitude des combats du Cirque. Je frémis lorsque j'entends un de ces nouveaux Sybarites, blasé sur les plaisirs, las des voluptés de la Campanie, du silence et de la fraîcheur des forêts du Brutium, ou des superbes édifices de Tarente, se dire à lui-même : Je m'ennuie, retournons à la ville; je me sens le besoin de voir couler du sang.... Et ce mot est celui d'un efféminé! »

Heu! pudet effari, perituraque prodere fata! — Ce fut dans une ville appelée Spada que l'on fit les premiers eunuques, si l'on en croit Étienne de Byzance. Dans ce cas, un étymologiste trouverait sans effort dans *spada* l'origine du mot latin *spado*, chapon, eunuque. Mais cette anecdote a bien l'air d'un conte. Quoi qu'il en soit, on ne sait auquel des deux sexes attribuer cette cruelle invention. Plusieurs anciens l'ont imputée à Sémiramis. Mais le reproche n'en doit-il pas plutôt tomber sur les hommes? Ce sont eux, en effet, qui trouvent le plus d'avantages dans cet horrible attentat contre l'ordre de la nature. Il est évident que c'est le sentiment de Pétrone, et c'est aussi l'opinion de Quintilien. La manière la moins dangereuse de faire cette opération était de se servir d'un couteau de terre cuite qu'on fabriquait à Samos, et qu'on appelait, pour cette raison, *testa samia*, ou *samia* seulement. La paraphrase par laquelle Nodot rend ces huit vers de Pétrone sur les eunuques est vraiment curieuse :

> Ah! je n'ose poursuivre, et *rappeler des choses*
> Qui de tous nos malheurs furent les tristes causes.
> *Ils ôtèrent*, suivant l'usage des Persans,
> *Aux enfants le pouvoir d'avoir d'autres enfants.*
> L'affreux raffinement d'une infâme mollesse
> Défend contre les ans leur honteuse jeunesse,
> Et prolonge *le cours* de leurs faibles appas.
> La nature se cherche et ne se trouve pas.
> *On voit naître pour eux une flamme exécrable*
> Qui ne s'allume point pour un sexe semblable.
> Ces jeunes corrompus laissent au gré des vents,
> D'un air efféminé, leurs cheveux ondoyants.
> Leurs habits sont *lascifs*, leur démarche est lascive,
> *Et les mines qu'ils font demandent qu'on les suive.*

M. de Guerle a emprunté à Nodot ce vers :

> La nature s'y cherche et ne s'y trouve pas.

C'est la traduction littérale du latin *quærit se natura, nec invenit.* Aussi le président Bouhier, Boispréaux et Durand l'ont-ils traduit de la même manière. Il n'appartenait qu'à Marolles de ne pas trouver ce qui était sous sa main; et voici comme le bon abbé de Villeloin a rendu ce passage :

> A la mode persique, on taille la jeunesse :
> On l'énerve à dessein d'augmenter sa mollesse :
> On veut que sa beauté n'échappe pas si tôt.
> *La nature se cherche et se tient en dépôt.*

Ces huit vers n'ont pas besoin de glose. Les Romains, selon Pétrone, avaient reçu des Perses l'usage infâme et barbare dont il s'agit ici. Les commentateurs ont dit de fort belles choses sur cette espèce d'eunuques, tour à tour hommes et femmes, sans être ni l'un ni l'autre. *Voyez* surtout Paul Éginette et Frid. Lindinbrog.

Ac maculis imitatur vilibus aurum. Bouhier pense qu'il faut lire : *Heu! maculis mutatur.* Saumaise lisait : *Ac maculis imitatur vilius aurum.* Quoi qu'en dise Bouhier, cette dernière leçon n'est pas si méprisable. Au reste, Hardouin, d'après un passage de Pline, évalue à cent vingt mille francs de notre monnaie le prix romain des belles tables de citronnier. Martial dit expressément qu'elles étaient plus précieuses que l'or. On trouve aussi dans Pline et dans Tertullien des choses presque incroyables sur le prix excessif que les Romains y mettaient. Le *citrum* ou citronnier, dont il est question, n'est pas celui que nous connaissons, mais un arbre beaucoup plus rare, et qui est perdu pour nous. Cicéron reproche à Verrès d'avoir enlevé en Sicile une table superbe, faite de ce bois inestimable. Dans la vente des meubles de Gallus Asinius, il s'en trouva deux de cette espèce, qui furent vendues si cher, que le prix eût suffi, dit Pline, pour acheter deux riches métairies. Ce luxe prodigieux dans les tables excita la bile de Juvénal. « Les tables de nos sobres aïeux, dit-il (sat. XI, v. 118), n'étaient faites qu'avec les arbres du pays : si par hasard l'aquilon renversait un vieux noyer, il servait à cet usage ; mais, aujourd'hui, les riches mangent sans plaisir, et le turbot et le daim leur semblent insipides ; les roses et les parfums blessent leur odorat, à moins que leurs tables ne soient soutenues par un grand léopard à gueule béante, fabriqué avec l'ivoire des plus belles dents que nous envoient Syène, la Mauritanie, l'Inde et les forêts de l'Arabie, où les dépose l'éléphant fatigué de leur poids. »
— Le travail de ces tables l'emportait encore sur la matière ; elles étaient ornées de marqueterie, de nacre de perles et d'ébène. Mais ce qu'il y a de remarquable, c'est que l'ivoire était alors plus estimé que l'argent ; car, au dire du même poëte, les riches ne dédaignaient pas moins de faire usage d'une table avec un pied d'argent, que de porter un anneau de fer au doigt. Ce qui mit probablement cet objet de luxe en faveur, c'est que les Romains furent longtemps sans connaître les nappes et les serviettes. Non-seulement ces tables de citronnier étaient d'un prix exorbitant, mais il fallait, de plus, que, dans les salles à manger, tout répondît à cette magnificence, soit par la pourpre éclatante dont les lits des conviés étaient parés, soit par le multitude d'esclaves destinés à

les servir. Cela suffit pour expliquer le vers qui suit celui qui fait l'objet de cette note :

Citrea mensa, greges servorum, ostrumque renidens!

Ostrum renidens est ici la même chose que, dans Horace (liv. III, od. 1): *purpurarum sidere clarior usus.*

Quæ turbant censum. Ce texte a été ainsi réformé par les éditeurs, car tous les manuscrits ont *quæ censum trahat*, ou *sensim*, ou *sensum*. Bouhier préférerait *quæ censum trahat*, si cela pouvait se lier avec ce qui précède. Mais comme on ne peut l'admettre avec vraisemblance, il suivrait volontiers l'avis de Saumaise, qui lisait : *quæ secum trahat.* Ce changement, selon Bouhier, rend la pensée du poëte à la fois claire et juste.

Hostile ac male nobile lignum. — D'autres lisent *sterile*, au lieu de *hostile*; mais il ne faut rien changer : *hostile* signifiait *étranger*, non-seulement dans les premiers temps de la république, comme on le voit par quelques passages de Varron et de Cicéron, mais encore postérieurement à Pétrone; témoin ce passage de Florus (*Hist.*, liv. III, ch. 2) : *Hostile potius bellum, an civile dixerim, nescio.* On pourrait aussi traduire *hostile* par *venant d'un pays ennemi;* car il est certain, d'après Dion Cassius, que, pendant la guerre civile de César et Pompée, les différents rois de Mauritanie avaient pris des partis opposés : savoir, Juba, celui de Pompée, et Bocchus celui de César. Ainsi les uns et les autres étaient regardés comme ennemis par le parti contraire. Horace a dit encore plus poétiquement : *Captivum portatur ebur.*

Ingeniosa gula est. Martial *de Gallina altili* (liv. XIII) dit exactement dans les mêmes termes :

. . . . Ingeniosa gula est.

Les anciens, qui avaient inventé toutes sortes de raffinements pour la table, appelaient *gulam eruditam* un gourmand raffiné. On trouve dans Sénèque : *ingeniosa luxuria.* L'épithète *ingeniosa* s'applique très-bien à toute invention nouvelle et inconnue jusqu'alors. Suétone, dans la *Vie de Caligula*, chapitre 37, dit : *Nepotinis sumptibus omnium prodigorum ingenia superavit;* et Ovide, *Amours*, livre III, élégie 8, vers 45 :

Contra te solers, hominum Natura, fuisti,
Et nimium damnis ingeniosa tuis.

Siculo scarus æquore mersus ad mensam vivus perducitur. Sénèque, dans ses *Questions naturelles*, livre III, dit exactement la même chose : *Parum videtur recens mulus, nisi qui in convivæ manu emoritur.* — « Le surmulet ne paraît pas assez frais, s'il ne meurt dans la main des convives. »

Atque lucrinis Eruta littoribus condunt conchylia cœnas. Au lieu de *cŏndunt*, Cuperus et Bouhier lisent *tendunt*; ce qui offre un assez bon sens, qu'ils justifient ainsi : *tendunt*, disent-ils, indique que les huîtres servaient à faire durer le repas, parce qu'elles réveillaient l'appétit des convives, comme Pétrone le dit dans le vers suivant :

Ut renovent per damna famem. . . . . . .

Le mot *tendere* a évidemment la signification que Bouhier lui attribue, comme on le voit dans ce vers d'Horace, livre I, épître 5 :

Æstivam sermone benigno tendere noctem.

Du reste, Juvénal a fait aussi mention de cet usage des Romains, de manger des huîtres au milieu du repas, satire VI, vers 302 :

Grandiaque in mediis jam noctibus ostrea mordet.

Pellitur a populo victus Cato. Caton fut exclu de la préture l'an de Rome 699, sous le consulat de Pompée et de Crassus, qui, redoutant l'incorruptibilité de ce vertueux citoyen, forcèrent le peuple, par leurs intrigues et leurs violences, de lui préférer Vatinius, leur créature et le plus pervers des Romains dans ce siècle de corruption. Mais, dans cette occasion, s'agit-il de la préture? Le mot *fasces*, faisceaux, employé par Pétrone, semble désigner le consulat, quoique les autres magistrats supérieurs, tels que les préteurs, en fussent aussi décorés. Ce qu'il y a de certain, c'est que le consulat, au rapport de Plutarque, fut également refusé une fois à Caton. Mais doit-on s'en étonner, dit l'auteur anglais de la vie de Cicéron? sa vertu farouche devait lui faire peu d'amis. Sa vie fut un combat continuel contre la corruption de son siècle, et il finit par en être la victime. Sa mort est le plus bel hommage qu'on ait jamais rendu à la liberté.

Quæ poterant artes sana ratione movere. Ce vers, que les commentateurs ont passé sous silence, me paraît néanmoins mériter quelque examen. Si l'on joint *sana ratione* au verbe *movere*, cela signifiera *faire perdre la raison*; ce qui ne peut convenir ici. Si l'on joint ces mots à *artes*, il semble que, dans le vers suivant, la guerre est mise au rang des moyens raisonnables de tirer les Romains de leur léthargie. C'est le vrai sens de ce passage, comme le prouve celui-ci de Cicéron (*Lettres à Atticus*, liv. VIII, lett. 2) : *Respublica nunc afflicta est, nec excitari sine civili pernicioso bello potest*. Telle est la pensée de Cicéron, qui ne paraît point déraisonnable, quand on considère la déplorable confusion qui régnait alors dans la république romaine. La construction de toute la phrase de Pétrone est celle-ci : *Quæ artes, ni furor, et bellum, et libido excita ferro, poterant movere, sana ratione, Romam mersam hoc cœno et jacentem somno?*

CHAPITRE CXX. *Et, quasi non posset tot tellus ferre sepulcra, Divisit cineres.*—L'hyperbole pourra paraître un peu forte : elle ne l'est pourtant pas plus que celle-ci de Juvénal, lorsqu'en parlant d'Alexandre (sat. x, v. 169) il dit :

> Æstuat infelix angusto in limite mundi ;

ce que Boileau a rendu ainsi, satire VIII :

> . . . . Qui de sang altéré,
> Maître du monde entier, s'y trouvait trop serré.

Du reste, l'idée de Pétrone se trouve reproduite presque mot pour mot dans ces vers de Martial sur Pompée et ses fils, livre V, épigramme 74 :

> Pompeios juvenes Asia atque Europa, sed ipsum
> Terra tegit Libyes ; si tamen ulla tegit.
> Quid mirum toto si spargitur orbe? jacere
> Uno non poterat tanta ruina loco.

Bustorum flammis et cana sparsa favilla. On ne conçoit pas trop, dit Bouhier, comment la flamme des bûchers pouvait paraître sur le visage de Pluton. Toute l'antiquité nous le représente avec un visage noir, mais non pas enflammé. Dans Claudien, il est *nigra majestate verendus*; et c'est sans doute pour cela que Silius Italicus l'a appelé *Jovem nigrum*. Martianus Capella (liv. I) en fait cette peinture : *Pluto lucifuga inumbratione pallescens, in capite gestabat sertum ebenum* (ou plutôt *ebeninum*), *ac Tartareæ noctis obscuritate furvescens*. Cela, ajoute Bouhier, me persuade que le texte original de Pétrone portait : *bustorum fumis*.

Rerum humanarum, divinarumque potestas. Cette puissance sans bornes, que les anciens attribuaient à la Fortune sur les dieux ainsi que sur les hommes, se trouve confirmée par une belle statue antique de cette déesse, dont Spanheim a donné le dessin et la description dans la *Preuve de sa remarque* 789 *sur les Césars de Julien;* la Fortune y est représentée avec les attributs de la plupart des principaux dieux, et avec cette inscription :

FORTVN. OMNIVM. GENT. ET. DEOR.

Fors, cui nulla placet nimium secura potestas. Scaliger, dans ses *Catalectes*, a supprimé ce vers, à cause de la répétition du mot *potestas*, qui se trouve déjà à la fin du vers précédent ; mais les anciens n'étaient pas si scrupuleux que nous à cet égard. Il y en a déjà un exemple dans ce poëme, aux vers 50 et 51, où le mot *præda* est répété deux fois. Dans les six premiers vers d'une ode d'Horace assez courte (la 28e du liv. III), il y en a trois qui finissent par les mots *dies* ou *meridies*. Dans la satire 2 du livre I, le même Horace emploie deux fois en trois vers le mot *positus*, et une fois le verbe *apponit;* et Ovide, dans l'élégie 3 du livre II des *Pontiques*, répète jusqu'à trois fois en quatre vers le verbe *petere*. Il ne serait pas difficile de citer une foule d'autres exemples de ces répétitions. Barthius a donc eu raison, lorsqu'il a soutenu que ce vers, qui se trouve dans presque tous les manuscrits, devait être conservé.

Nec posse ulterius perituram extollere molem? Il y a lieu de s'étonner qu'aucun commentateur ne se soit arrêté à ce passage, qui est cependant assez difficile. En effet, le but de Pluton n'est pas d'engager la Fortune à élever plus haut la puissance des Romains : il lui reproche au contraire de les avoir jusque-là trop favorisés ; il vient même de lui demander ironiquement si elle ne se sent pas abattue sous le poids de leur grandeur. Bien loin qu'il ait l'intention de reculer la chute de Rome, il exhorte au contraire la Fortune, dans les termes les plus pressants, à la hâter : *Quare age, Fors*, etc. Il ne suffirait même pas, pour rétablir ce passage, de substituer *tollere* à *extollere;* car l'adverbe *ulterius* suppose une continuation de la chose commencée, et donne, par conséquent, à Pluton une pensée opposée à la sienne. Brotier propose de changer *ulterius* en *alterius*, en sous-entendant *ponderis*, mot qui se trouve dans le vers précédent. Cela, selon lui, ferait un très-bon sens : *Ne sauriez-vous*, dirait Pluton, *lui opposer une autre puissance, que vous n'élèverez que pour la faire tomber à son tour?* Cela désignerait à merveille l'élévation prochaine de César et sa chute future.

Ædificant auro. — Bourdelot et Gonsalle de Salas pensent à tort qu'il s'agit ici du palais d'or de Néron : il ne peut être question dans ce poëme que du luxe qui précéda la guerre civile ; et cette allusion à Néron serait un anachronisme. Ce passage se rapporte donc uniquement aux dépenses excessives que les Romains, au temps de César et de Pompée, faisaient pour dorer les planchers et même les murs de leurs appartements. Pline rapporte ainsi l'origine de ce luxe (*Histoire naturelle*, liv. xxxiii) : *Laquearia, quæ nunc et in privatis domibus auro teguntur, post Carthaginem eversam primo inaurata sunt in Capitolio. Inde transiere in cameras ; in parietes quoque, etc.* C'est ainsi qu'il faut entendre ce passage de Lucain (*Pharsale*, liv. 1) : *Non auro tectisque modus.*

Dum varius lapis invenit usum. — Je ne serais pas éloigné d'adopter la leçon de *parius* au lieu de *varius* dans ce vers. En effet, cette expression, *varius lapis*, ne peut s'appliquer qu'au marbre, et l'on sait que celui de Paros était le plus renommé, comme on le voit, par exemple, dans ce vers d'Ovide :

> Hæret ut e pario formatum marmore signum.

Cependant *varius* offre aussi un très-bon sens, et *varius lapis* signifierait *un marbre veiné*, ou ces marbres de diverses couleurs dont les anciens formaient leurs admirables mosaïques.

CHAPITRE CXXI. *Quippe armare viros, etc.* — Au lieu d'*armare*, Bouhier, Tornésius et plusieurs autres lisent *cremare ;* mais je préfère la première leçon, adoptée par Gronovius. Il va être question plus loin de bûchers, *Thessaliæque rogos ;* et *cremare* ferait ici une répétition inutile.

Et sanguine pascere luctum. Burmann lit *luxum :* je pense que *luctum* est la vraie leçon, car on n'a jamais dit que le *luxe aimât le sang*. Claudien, qui en fait une espèce de divinité, dit seulement dans le livre 1 de l'*Invective contre Rufin :*

> Et luxus populator opum. . . . . .

On sait d'ailleurs que le luxe est plus propre à amollir les âmes qu'à les porter à la guerre. Il y a donc toute apparence que Pétrone avait écrit : *Et sanguine pascere luctum.* Les poëtes ont fait du *Deuil* une divinité, et Virgile (*Énéide*, liv. vi, v. 273) la place à l'entrée des Enfers :

> Vestibulum ante ipsum primisque in faucibus Orci
> Luctus. . . . .

Dans le passage de Claudien ci-dessus cité, le Deuil est représenté déchirant son voile :

. . . . . Scisso mœrens velamine Luctus.

Stace (*Thébaïde*, liv. III, v. 125) ne se contente pas de lui donner des vêtements déchirés ; il dit, de plus, qu'ils étaient tout sanglants :

. . . . Sanguineo discissus amictu
Luctus atrox. . . . .

Pétrone a donc pu dire avec raison que le Deuil se repaissait de sang.

Cerno equidem gemino jam stratos marte Philippos. — Ce vers fait allusion aux deux batailles de Pharsale en Thessalie, et de Philippes en Macédoine. Les Romains, sous les empereurs, désignaient souvent la réunion de ces deux provinces sous le nom général d'*Émathie*. — Voyez, à ce sujet, l'excellente note de Delille sur ces quatre vers des *Géorgiques* (liv. I, v. 488) :

Ergo inter sese paribus concurrere telis
Romanas acies iterum videre Philippi :
Nec fuit indignum Superis, bis sanguine nostro
Emathiam, et latos Hæmi pinguescere campos.

M. Hellicz, dans sa *Géographie de Virgile*, fait à propos de ces vers la remarque suivante : « Virgile semble mettre la bataille de Pharsale dans la même plaine que celle de Philippes, quoiqu'il y ait quatre-vingts lieues de distance entre ces deux villes. On sauverait cette erreur géographique, si l'on rapportait l'adverbe *iterum* à *concurrere*, et non à *videre*. On sait que ces métathèses sont familières aux poëtes, et dès lors il n'y aura rien que d'exact dans la pensée de Virgile, puisque la bataille de Philippes fut la seconde où les armées romaines en vinrent aux mains pour décider de l'empire du monde. »

Et Libyam cerno, et te, Nile, gementia castra. — Cette correction que je propose, au lieu de celle qui est généralement adoptée :

Et Libyen cerno et tua, Nile, gementia claustra,

est la seule qui me paraisse présenter un sens raisonnable. *Timentes* du vers suivant se rapporterait alors à *Libyam*, à *te, Nile*, et à *actiacos sinus* : alors *gementia castra* ou *claustra* ne serait plus qu'une espèce d'apposition que l'on pourrait retrancher de ces deux vers sans en changer le sens.

Vix navita Porthmeus Sufficiet, etc. — Comme ces deux mots, *navita* et *Porthmeus*, signifient la même chose, on ne peut guère douter que l'un des deux n'ait été inséré ici mal à propos. Quelque commentateur aura probablement écrit à la marge d'un ancien manuscrit le mot *navita* pour expliquer le sens de *porthmeus*, et un copiste ignorant, comme l'étaient la plupart d'entre eux, aura inséré dans le texte ce mot *navita*. Saumaise pensait, avec quelque apparence de raison, que *navita* avait pris la place d'une épithète se rapportant au mot *simulacra* du vers suivant; et il avait proposé, sur son exemplaire, de lire *tabida*, ou *lurida*, ou *squalida*. Au reste, ce n'est pas ici seulement qu'on appelle en latin Caron du nom de *Porthmeus;* on en voit un autre exemple dans cette inscription sépulcrale, rapportée par Spon, dans ses *Recherches d'antiquités,* où un mari dit :

SAT FVERAT, PORTHMEV, CYMBA VEXISSE MARITAM.

Classe opus est. — Ces mots renferment une image noble, vive, grande, et qui n'a rien que de naturel, quand on réfléchit au carnage affreux des batailles de Pharsale, de Philippes et d'Actium : ils expriment avec plus de concision et d'énergie cette pensée de Lucain (*Pharsale,* liv. III, v. 16) :

> Præparat innumeras puppes Acherontis adusti
> Portitor. . . . . . .

CHAPITRE CXXII. *Continuo clades hominum, venturaque damna.*— Pétrone a encore voulu ici lutter avec Lucain ; il a imité le commencement du second livre de la *Pharsale :*

> Jamque iræ patuere deûm, etc.

Olimque ornata triumphis. — Le manuscrit Colbert porte *honorata,* qui ne convient point à la mesure du vers. Burmann imprime *onerata :* cela pourrait passer, si César avait reçu véritablement les honneurs du triomphe. Mais Suétone, dans la Vie de ce grand homme, chapitres 18 et 37, et plusieurs autres historiens, nous apprennent que, bien que César eût mérité le triomphe, après sa première expédition d'Espagne, il ne l'obtint réellement qu'à la fin des guerres civiles. Il faut donc lire *ornata*, avec Bouhier.

Invitas me ferre manus; sed vulnere cogor. — Sans entreprendre de justifier César des motifs qui lui firent porter les armes contre sa patrie, on ne peut se refuser à reconnaître qu'il avait de justes sujets de se plaindre du sénat, de l'aveu même des républicains modérés. Outre ce qu'en ont dit les historiens désintéressés, on peut voir de quelle manière en parle Cicéron lui-même, quoique du parti opposé, dans une lettre qu'il écrivit à César au commencement de la guerre civile : *Judicavi eo bello te violari; contra cujus honorem, populi romani beneficio concessum, inimici atque invidi niterentur.* Il est vrai que dans une autre lettre à son ami Atticus (liv. VII), Cicéron soutient que les mauvais traitements du sénat ne devaient jamais porter César à prendre les armes contre son pays. Mais, si l'on y prend garde, on verra que Cicéron n'avait pas meilleure opinion des desseins de Pompée, et que, dès lors, il prévoyait fort bien qu'il n'était plus question entre lui et son rival que du choix d'un maître; car, répondant à Atticus, qui l'exhortait à se déclarer contre César, et à faire les derniers efforts pour se garantir de la servitude : « A quoi bon? lui écrit-il; pour être proscrits, si nous sommes vaincus, ou tomber dans un autre esclavage, si nous sommes vainqueurs? » Ce sont ses propres termes : *Ut quid? si victus eris, proscribare? si viceris, tamen servias?* Il ne s'en expliquait pas moins franchement, comme on sait, avec les autres chefs du parti républicain. Comment donc César n'aurait-il pas compris que, s'il cédait à son rival, et s'il se laissait une fois désarmer, il tombait lui-même dans la servitude, sans aucun fruit pour la république. Telle est l'extrémité où il se trouvait réduit, et dont ses amis ne se cachaient point. Voici ce que l'un d'eux, Célius, écrivait à Cicéron : *Pompeius constituit non pati C. Cæsarem consulem aliter fieri, nisi exercitum et provincias tradiderit. Cæsari autem persuasum est se salvum esse non posse, si ab exercitu recesserit. Fert tamen illam conditionem ut ambo exercitus tradant.* C'était, ce me semble, entendre la raison, que de consentir à être désarmé, pourvu que son rival le fût aussi. Quoi de plus juste et de plus convenable au salut de la république? Cependant Pompée le refusa, et, par ce refus, poussa d'autant plus César aux dernières extrémités, que personne ne doutait à Rome que, si Pompée devenait le maître, sa domination ne fût aussi cruelle que celle de Sylla : *Mirandum in modum Cnæus noster Sullani regni similitudinem concupivit, etc.,* dit Cicéron lui-même (*Lett. fam.*, liv. IX, lett. 7 et 10).

Ipse nitor Phœbi, vulgato latior orbe. — Bouhier prétend que Pétrone fait ici Phébus favorable à César, et que plus loin (v. 269) il le représente comme favorable à Pompée :

> Magnum cum Phœbo soror, et Cyllenia proles
> Excipit. . . . .

C'est, dit-il, une contradiction qu'on a justement reprochée à Pétrone.

Ce reproche me paraît dénué de toute justice. Ici, *Phœbus* ne signifie pas Apollon, le dieu de l'Olympe, mais simplement le soleil, considéré comme signe céleste. Plus loin, c'est Apollon lui-même que Pétrone a désigné.

CHAPITRE CXXIII. *Fervere germano perfusas sanguine turmas.* — Les traducteurs ont presque tous entendu, par *germano sanguine*, les victoires remportées antérieurement par César sur les peuples de la Germanie. Mais *germano* ne serait-il pas ici synonyme de *fraterno*, pour *romano?*

CHAPITRE CXXIV. *Ergo tanta lues divûm quoque numina vicit.* — Quelques manuscrits, et celui de Colbert entre autres, portent *vidit* au lieu de *vicit*, et les commentateurs s'évertuent à expliquer ce passage sans pouvoir en venir à bout. Bouhier fait à ce sujet la remarque suivante : « Quoique cette leçon se trouve dans les manuscrits, je ne sais comment on a pu s'en accommoder ; car, à supposer que *lues* puisse s'entendre de la Fortune, la phrase signifierait seulement qu'elle a vu les dieux. Or, à quoi cela aboutirait-il? Il n'y a pas de doute qu'il faut lire *tergo*, qui était dans quelques éditions précédentes, et qui rend la lumière à ce passage. *La Fortune n'a pas vu seulement fuir Pompée : elle a vu encore fuir les dieux.* Otons aussi à la Fortune cette vilaine épithète de *tanta lues*, qui ne lui convient point, et ponctuons ainsi ce vers :

> Tergo (tanta lues!) divûm quoque numina vidit. »

Cette correction, que Bouhier propose en désespoir de cause, ne me paraît pas du tout nécessaire, d'autant plus que *tergo vidit divûm numina* n'est ni très-correct ni très-poétique, surtout lorsque Pétrone vient de dire dans le vers précédent :

> Ut Fortuna levis Magni quoque terga videret.

Lisons plutôt *vicit* au lieu de *vidit*, et traduisons *tanta lues*, une si grande contagion (la peur) *vicit quoque numina divûm*, triompha aussi de la puissance des dieux. Cette correction se trouve confirmée par le vers suivant :

> Consensitque fugæ cœli timor. . . . . .

Absconditque olea vinctum caput. — Bouhier lit *galea* au lieu de *olea*, et fait à ce sujet une note trop sérieusement comique pour ne pas la rapporter : « *Galea*, dit-il, pourrait bien marquer ici *un tour de faux cheveux*, nommé *galerus* ou *galericon*, dont se servaient quelquefois les dames romaines pour se déguiser, comme l'a dit Juvénal, à propos de Messaline :

> . . . . . . Flavo crinem abscondente galero,

ce qu'un ancien scoliaste explique ainsi : *Crine supposito, rotundo muliebri capitis tegumento, in modum galeæ facto, quo utebantur meretrices.* Il me paraît assez vraisemblable que Pétrone a voulu parler de cette sorte de perruques. »

Le grave président Bouhier affuble, comme on le voit, la Paix d'une perruque, et d'une perruque de courtisane, encore ! Il ne croyait pas, à coup sûr, être si plaisant. Il aurait pu facilement s'épargner cette bévue, s'il eût réfléchi que, l'attribut ordinaire de la Paix étant l'olivier, il était plus probable que Pétrone avait écrit *olea vinctum caput*.

On pardonnera sans peine une pareille erreur à un homme d'ailleurs si distingué par son érudition ; mais ce qui est moins excusable, c'est l'étonnement que témoignent plusieurs interprètes de Pétrone, de voir que cet auteur fasse descendre aux enfers la Paix et ses compagnes, la Foi, la Justice et la Concorde ; tandis que, selon eux, la place de ces divinités était dans l'Olympe, et non pas chez Pluton. Ces savants ont oublié, sans doute, que la guerre était allumée dans le ciel comme sur la terre : l'auteur le dit positivement quelques vers plus loin :

> . . . . . . Namque omnis regia cœli
> In partes diducta ruit. . . . . . .

Quelle retraite la Paix pouvait-elle choisir qui lui convînt mieux que les champs Élysées, lieux paisibles, habités par les âmes des hommes vertueux, et qui d'ailleurs faisaient aussi partie de l'empire de Pluton ?

Tu legem, Marcelle, tene. — Marcus Claudius Marcellus, ex-consul, du parti de Pompée. Après la défaite et la mort de ce grand homme, Marcellus avait tout à craindre de la part du vainqueur, qu'il avait accusé en plein sénat de plusieurs crimes contre l'État ; mais le sénat tout entier, par l'organe de Cicéron, demanda sa grâce à César, qui l'accorda. Le sage Marcellus apprit son rappel avec indifférence ; et il s'obstinait à ne pas quitter sa retraite : Cicéron eut besoin de toute son adresse et de toute l'autorité qu'il avait sur son esprit pour l'y déterminer. Il partit enfin ; mais s'étant arrêté, dans sa route, au port du Pirée, pour y passer un seul jour avec Serv. Sulpicius, son ancien ami, qui avait été son collègue au consulat, il y fut assassiné par un nommé Magius, l'homme du monde qui lui paraissait le plus attaché. On n'a jamais su la cause du crime de Magius, qui se perça le cœur du même poignard, et mourut sur-le-champ. Sulpicius fit porter à Athènes le corps de son ami, dont il célébra les funérailles avec autant de pompe que sa situation, dans une ville étrangère, le lui permettait. Il ne put obtenir des Athéniens une place dans leurs murs pour y déposer les restes de Marcellus, parce que leur religion le leur défendait ; mais ils lui laissèrent la liberté de prendre une de leurs écoles publiques, et il choisit celle de l'Académie, regardée alors comme le plus noble endroit de l'univers. Il y fit brûler le corps, et laissa des ordres pour élever à sa cendre un monument en marbre. Marcellus était le chef d'une famille qui avait donné, depuis plusieurs siècles, des grands hommes et des citoyens vertueux à la république. La nature lui avait accordé des qualités qui répondaient à l'éclat de sa naissance. Il s'était formé un caractère particulier d'éloquence, qui lui avait acquis une réputation brillante au barreau ; de tous les orateurs de son temps, il était celui qui approchait le plus de la perfection à laquelle Cicéron s'était élevé ; son style avait de l'élégance, de la force et de l'abondance ; sa voix était douce autant que son action était noble et gracieuse. Sa mort coûta des regrets et des larmes à tous les Romains qui chérissaient encore la liberté et la vertu.

Tu concute plebem, Curio. — Curion avait reçu de la nature des qualités égales à sa naissance. Son entrée dans le monde avait été des plus brillantes ; il fronda hautement, à la tête de la jeune noblesse, les entreprises des triumvirs, César, Pompée et Crassus. Cette audace le rendit l'idole du peuple ; il ne paraissait point au théâtre et dans les assemblées sans y recevoir des preuves éclatantes de sa faveur ; et Pompée n'avait jamais été plus applaudi dans les beaux jours de sa gloire. Cicéron l'aimait beaucoup ; ce grand homme, qui lui connaissait assez de génie et d'ambition pour faire beaucoup de bien ou de mal à sa patrie, tâcha de l'engager de bonne heure dans les intérêts de la république, de lui inspirer du goût pour la véritable gloire, et de le décider à faire un noble usage des biens immenses qu'il avait hérités de son père.

Le luxe et la corruption rendirent ses efforts inutiles : Curion, qui venait d'exercer la questure en Asie, donna au peuple, en l'honneur de son père, des jeux qui lui coûtèrent sa fortune. Il y déploya la plus grande magnificence, mais ce fut surtout par la singularité de l'invention qu'il se distingua.

Nous allons mettre le lecteur à même d'en juger, à l'aide des détails suivants : « Il fit construire deux planchers, en forme de croissant, assez vastes pour contenir une portion considérable du peuple romain. Chacun de ces planchers n'avait d'autre point d'appui qu'un pivot sur lequel on le faisait tourner à volonté. Ces deux demi-cercles étaient d'abord adossés l'un à l'autre, mais à une distance convenable, afin qu'on eût la faculté de les faire mouvoir. On représentait en même temps sur tous les deux des pièces dramatiques, sans que de l'un à l'autre les acteurs pussent s'entendre ou s'interrompre. Ensuite on faisait tourner ces deux croissants, dont les extrémités, en se réunissant, formaient un cirque, où se donnaient des combats de gladiateurs. »

C'est à cette occasion que Pline s'écrie avec sa causticité ordinaire : « Que faut-il le plus admirer dans ce spectacle? est-ce l'inventeur ou l'invention? le machiniste, ou celui qui le met en œuvre? la hardiesse de celui qui commande, ou la docilité de celui qui obéit? La nouveauté du spectacle a tourné toutes les têtes ; et, dans son ivresse, le peuple romain ne voit pas l'imminent danger de son étonnante et bizarre position : il siége sans inquiétude sur un échafaud mobile prêt à fondre sous lui. Le voilà donc, ce peuple, le roi des nations, le conquérant de l'univers, le distributeur des provinces et des royaumes, le législateur de la terre, cette assemblée de dieux dont les volontés font la destinée du monde !!! embarqué sur deux espèces de navires, spectateur et spectacle tour à tour, il pirouette sur deux gonds, et s'applaudit de l'étrange nouveauté du péril qu'il affronte ! »

Cicéron, qui craignait que de pareilles dépenses, en absorbant le patrimoine de son élève, ne fussent l'écueil de sa vertu, l'avait inutilement engagé à suspendre son projet. L'événement justifia ses craintes : Curion fut réduit dans la suite à se vendre à César. Il était alors tribun du peuple : il n'avait d'abord sollicité cet emploi que pour attaquer le vainqueur des Gaules, et s'opposer à ses projets contre la république; mais un million que César lui fit offrir changea ses dispositions, et le détacha de la cause commune. Ce n'était plus le temps des Curius ; et Fabricius, contemporain de César, eût peut-être accepté l'or des Samnites.

Lorsque la guerre civile éclata, Curion sortit de Rome, et se rendit au camp de César, qui le chargea d'aller s'emparer de la Sicile. Caton, que Pompée y avait envoyé pour la garder, prit le parti de l'abandonner à Curion, qui le suivit aussitôt en Afrique pour le combattre. Le malheur et la mort l'y attendaient : ses troupes furent taillées en pièces par celles de Juba, roi de Mauritanie, attaché au parti de Pompée. Ses amis le pressaient d'assurer sa vie, et de fuir avec les débris de son armée ; mais il leur répondit qu'ayant si mal rempli les espérances de César, il ne se sentait pas la force de paraître à ses yeux ; et, continuant de combattre en homme désespéré, il fut tué entre ses derniers soldats.

Sa mort causa des regrets : Rome avait peu de jeunes citoyens dont elle eût conçu d'aussi grandes espérances ; et, depuis qu'il avait embrassé le parti de César, il avait fait oublier les désordres de sa première jeunesse par une conduite où la prudence n'avait pas eu moins de part que la valeur. On a dit de lui, comme de Catilina, qu'il méritait de mourir pour une meilleure cause. C'est son père qui, dans une harangue, avait appelé César le mari de toutes les femmes, et la femme de tous les maris.

Non frangis portas?... Thesaurosque rapis? — Ce trésor était une caisse particulière qui depuis longtemps était destinée aux frais de la guerre des Gaules, et qu'il était défendu de divertir à d'autres usages, sous peine de l'exécration publique. Mais César s'en moqua, disant que, puisqu'il avait achevé la conquête des Gaules, cette destination devenait inutile, et qu'on ne devait pas se faire un scrupule de la changer.

CHAPITRE CXXV. *Dii, deæque, quam male est extra legem viventibus! quidquid meruerunt, semper exspectant.* Plaute a dit de même : *Nihil est miserius quam animus hominis conscius;* Sénèque : *Conscientia aliud agere non patitur, ac subinde respicere ad se cogit. Dat pœnas quisquis exspectat; quisquis autem meruit exspectat;* et Macrobe : *Sibi videntur exitium quod merentur excipere.*

CHAPITRE CXXVI. *Vendisque amplexus, non commodas.* — Les ouvrages des poëtes sont remplis d'allusions à cet amour vénal. Ovide, livre 1er des *Amours,* élégie 10, vers 13 :

>   Et vendit quod utrumque juvat, quod uterque petebat :
>   Et pretium, quanti gaudeat ipsa, facit.
>   Quæ Venus ex æquo ventura est grata duobus,
>   Altera cur illam vendit, et alter emit?

et Properce, livre I, élégie 2 :

>   Teque peregrinis vendere muneribus.

Quo facies medicamine attrita? — On trouve dans Ovide (*Cosmétiques,* v. 53) la recette suivante de l'une des compositions alors en usage parmi les femmes pour ajouter à l'éclat de leur teint ou pour en conserver la fraîcheur : « Prenez de l'orge de Libye, ôtez-en la paille et la robe ; prenez une pareille quantité d'ers ou d'orobe ; détrempez l'une et l'autre dans des œufs ; faites sécher, et broyez le tout ; jetez-y de la poudre de corne de cerf, de celle qui tombe au printemps ; joignez-y quelques oignons de narcisse pilés dans un mortier ; faites entrer ensuite dans ce mélange de la gomme et de la farine faite avec du froment de Toscane ;

enfin liez le tout par une plus grande quantité de miel, et cette composition rendra le teint plus net que la glace d'un miroir. »

Pline parle d'une vigne sauvage, qui a les feuilles épaisses et tirant sur le blanc, dont le sarment est noueux et l'écorce ordinairement brisée : « Elle produit, dit-il, des grains rouges avec lesquels on teint en écarlate ; et ces grains, pilés avec des feuilles de la vigne, néttoient parfaitement la peau. » L'encens entrait dans la plupart des cosmétiques alors en usage : tantôt il servait à enlever les taches de la peau, et tantôt les tumeurs. « Bien que l'encens, dit Ovide, soit agréable aux dieux, il ne faut pas néanmoins le jeter tout dans les brasiers sacrés ; il est d'autres autels qui réclament sa vapeur parfumée. »

Le même poëte a connu, dit-il, des femmes qui pilaient du pavot dans de l'eau froide et s'en mettaient sur les joues. D'autres se faisaient enfler le visage avec du pain trempé dans du lait d'ânesse. Poppée se servait d'une espèce de fard onctueux, où il entrait du seigle bouilli ; on se l'appliquait sur le visage, où il formait une croûte qui subsistait quelque temps, et ne tombait qu'après avoir été lavée avec du lait. Poppée, qui avait mis cette pâte à la mode, lui laissa son nom. Les femmes allaient et venaient, ainsi masquées, dans l'intérieur de leur maison. C'était là, pour ainsi dire, leur visage domestique et le seul connu des maris. « Leurs lèvres, dit Juvénal, s'y prenaient à la glu. Les fleurs nouvelles qu'offrait le visage, après la toilette, étaient réservées pour les amants. »

Il y eut une recette plus simple que celle d'Ovide, et qui eut la plus grande vogue : c'était un fard composé de la terre de Chio ou de Samos, que l'on faisait dissoudre dans du vinaigre. Pline nous apprend que les dames s'en servaient pour se blanchir la peau, de même que de la terre de Selinuse, blanche, dit-il, comme du lait, et qui se dissout promptement dans l'eau. Les Grecs et les Romains avaient un fard métallique qu'ils employaient pour le blanc, et qui n'est autre chose que la céruse. Leur fard rouge se tirait de la racine *rizion*, qu'ils faisaient venir de la Syrie. Ils se servirent aussi, mais plus tard, pour leur blanc, d'un fard composé d'une espèce de craie argentine ; et, pour le rouge, du *purpurissimum*, préparation qu'ils faisaient de l'écume de la pourpre, lorsqu'elle était encore toute chaude. Les qualités nuisibles de ces ingrédients ont été senties par les anciens autant que par les modernes. « Des grâces simples et naturelles, a dit Afranius, le rouge de la pudeur, l'enjouement et la complaisance, voilà le fard le plus séduisant de la jeunesse. Quant à la vieillesse, il n'est pour elle d'autre fard que l'esprit et les connaissances. »

Et oculorum quoque mollis petulantia ? — Quelques commentateurs lisent *mobilis,* au lieu de *mollis;* ce qui signifierait alors des yeux sans cesse clignotants, ou, comme le disent les poëtes comiques, *des œillades assassines.* C'est ce que Pétrone nous semble avoir parfaitement rendu dans l'épigramme suivante qu'on lui attribue :

> O blandos oculos et inquietos,
> Et quadam propria nota loquaces !
> Illic et Venus et leves Amores,
> Atque ipsa in medio sedet Voluptas ;

et non pas *solet voluptas,* comme l'imprime Burmann, ce qui n'offrirait aucun sens, non plus que l'épithète d'*inficetos* au lieu d'*inquietos,* telle qu'on la trouve dans les *Catalectes,* à la suite de l'édition Bipontine : c'est, sans doute, une faute d'impression ; car que signifierait *inficetos?* ce serait un contre-sens. On peut traduire ainsi cette épigramme :

« O les beaux yeux ! comme ils sont pétulants, comme ils ont une éloquence qui leur est propre ! Dans leur prunelle, Vénus, les Amours légers et la Volupté elle-même ont placé leur trône. »

Quo incessus tute compositus, etc. — C'est ce qu'on appelle une démarche cadencée. Sénèque, dans ses *Questions naturelles,* dit à ce sujet : *Tenero et molli incessu suspendimus gradum;* Catulle :

> . . . . Quam videtis
> Turpe incedere, mimice ac moleste ;

et Ovide, *Art d'aimer,* livre III :

> Est et in incessu pars non temnenda decoris.

Nunquam tamen, nisi in equestribus sedeo. — Ceci est une suite de la satire contre les femmes de qualité qui se prostituaient à des hommes indignes de leurs faveurs, à des valets, à des muletiers, à des histrions. Mais il faut remarquer cependant que Pétrone, qui connaissait à fond le caractère des femmes, fait dans la suite changer de sentiment à cette soubrette, car elle devient amoureuse folle de celui dont elle rejette ici l'hommage avec tant de dédain.

Frons minima. — La petitesse du front était regardée comme une marque de beauté chez les anciens. Horace, en parlant de sa chère Lycoris, dit : *Insignis tenui fronte.* Arnobe nous apprend que les femmes étaient si curieuses de cet avantage, qu'elles se mettaient des bandeaux sur la tête pour diminuer leur front. Martial dit à ce sujet, liv. IV, épigr. 42 :

> Audi quem puerum, Flacce, locare velim.
> Lumina sideribus certent, mollesque flagellent
> Colla comæ : tortas non amo, Flacce, comas.
> Frons brevis, atque modus breviter sit naribus uncis :
> Pæstanis rubeant æmula labra rosis.

Ce qui surprendra bien plus, c'est que la petitesse du front était regardée, par les anciens, comme une marque d'esprit ; Meletius (*de la Nature de l'homme*, ch. VIII) le dit formellement, et mérite d'être lu à ce sujet. Voici ses propres termes : *Parva vero ac modica fronte ingenii acumine præditos, et ad dicendum propensos opinati sunt.*

CHAPITRE CXXVII. *Ut videretur mihi plenum os extra nubem luna proferre.* — Cette comparaison du visage d'une belle avec la lune dans son plein ne paraîtrait pas très-flatteuse aux dames de nos jours. Les anciens pensaient autrement que nous à ce sujet, et cette idée se trouve très-fréquemment reproduite dans les ouvrages des poëtes grecs et romains.

Mox digitis gubernantibus vocem. Les petites-maîtresses, et même un grand nombre d'hommes chez les Romains, s'étudiaient à accompagner leurs paroles de gestes gracieux ; Suétone le dit formellement dans la *Vie de Tibère*, chapitre 68 : *Sermonem habuisse, non sine molli quadam digitorum gesticulatione.*

Feminam... hoc primum anno virum expertam. Horace (liv. III, ode 14 a dit de même :

> . . . . Et puellæ
> Jam virum expertæ.

Ut putares inter auras canere Sirenum concordiam. — Le chant des Sirènes était proverbial chez les anciens. Pétrone reproduit la même idée dans le premier de ses fragments, *ad Amicam* :

> Sirenum cantus, et dulcia plectra Thaliæ
> Ad vocem tacuisse, reor.

CHAPITRE CXXVIII. *Numquid spiritus jejunio marcet?* — C'est ce que les Latins appelaient *anima jejuna*, et les Grecs, νηστείας ὄζειν, *sentir le jeûne.* On en voit un exemple plaisant dans les vers suivants de Cécilius Plotius, rapportés par Aulu-Gelle, livre II, chapitre 23 :

> Sed tua morosa ne uxor? quam rogas?
> Qui tandem? tædet mentionis : quæ mihi,
> Ubi domum adveni ac sedi, extemplo suavium
> Datat, jejuna anima. Nil peccat suavio ;
> Ut devomas, volt, quod foris potaveris.

Numquid alarum negligens, sudore puteo? Cette négligence de toilette a été stigmatisée par les poëtes anciens. Catulle, poëme LXIX :

> Lædit te quædam mala fabula, qua tibi fertur
> Valle sub alarum trux habitare caper.

Horace revient souvent sur ce défaut de propreté, et dit, dans une de ses satires :

> Pastillos Rufinus olet, Gorgonius hircum.

Ailleurs, épode XII :

> . . . . . . Hirsutis cubet hircus in alis.

Ovide (*Art d'aimer*, liv. 1) recommande à son élève d'éviter avec soin ce double reproche :

> Nec male odorati sit tristis anhelitus oris :
> Nec lædant nares virque paterque gregis.

Rapuit deinde tacenti speculum. Les premiers miroirs artificiels furent de métal ; Cicéron en attribue l'invention au premier Esculape. Quoi qu'il en soit, il paraît que ce meuble n'entrait pas encore dans la toilette des femmes au temps d'Homère : il n'en parle pas dans sa description de la toilette de Junon, quoiqu'il ait pris plaisir à rassembler tout ce qui contribuait à la parure la plus recherchée.

Après avoir fait des miroirs d'airain, d'étain, de fer bruni, on en fabriqua d'un alliage des deux premiers métaux. L'argent pur obtint ensuite la préférence. Un artiste, nommé Praxitèle, contemporain du Grand Pompée, fut l'inventeur des miroirs de cette dernière espèce. On en fit même d'or, où le luxe prodigua les pierreries et les embellissements de tous les genres. Il est étonnant que les anciens, qui poussèrent si loin les progrès de la découverte du verre, n'aient pas connu l'art de le rendre propre à la représentation des objets, en appliquant l'étain derrière les glaces ; il ne l'est pas moins que, connaissant l'usage du cristal, plus propre encore que le verre à la fabrication des miroirs, ils ne s'en soient pas servis pour cet objet. Ce ne fut que très-tard qu'ils commencèrent à faire des miroirs de verre ; et les premiers sortirent des verreries de Sidon. Pline ne dit pas à quelle époque ; mais comme il n'y en avait pas encore du temps de Pompée, il est certain qu'ils parurent depuis la destruction de la république. Avant et depuis cette époque, on en ornait les murs des appartements et les alcôves des lits; on en incrustait les plats et les bassins dans lesquels on servait les viandes sur la table; on en revêtait les tasses et les gobelets, qui multipliaient ainsi l'image des convives.

Non tam intactus Alcibiades in præceptoris sui lectulo jacuit. Cet hommage éclatant, rendu à la vertu de Socrate par un auteur aussi licencieux que Pétrone, qui ne ménageait pas même, dans ses satires, l'empereur, dont sa vie et sa fortune dépendaient, me paraît digne d'attention. Ces mots *socratica fides* prouvent d'ailleurs que la continence de Socrate était passée en proverbe chez les Romains. C'est donc à tort que quelques auteurs ont imputé à ce philosophe un vice si commun de son temps, mais auquel il resta toujours étranger. Maxime de Tyr l'a vengé de ces injurieux reproches dans plusieurs de ses dissertations; et Plutarque, au discours premier *sur les Vertus d'Alexandre*, confirme cette vérité. « Socrate, dit-il, couchait près d'Alcibiade sans violer la chasteté. » Comment donc l'opinion contraire a-t-elle prévalu ? c'est qu'en général les hommes admettent la calomnie sans examen; il n'y a que l'éloge qui soit pour eux un objet de discussion.

CHAPITRE CXXIX. *Licet ad tubicines mittas*. — Mot à mot : « Envoyez chercher les joueurs de flûtes. » C'est comme si nous disions: *Envoyez chercher les croque-morts*. Nous avons déjà vu, au chapitre 78, Trimalchion faire venir les joueurs de cor pour imiter la cérémonie de son enterrement, parce que, chez les anciens, on portait les morts en terre au son des instruments; mais il faut remarquer qu'il n'y avait que les jeunes gens qui fussent enterrés au son de la flûte : les personnes âgées l'étaient au son du cor ou de la trompette.

CHAPITRE CXXX. *Mox cibis validioribus pastus, id est, bulbis, cochlearumque sine jure cervicibus.* — Singulier remède, dira-t-on, pour se préparer à une lutte amoureuse, qu'un menu composé d'échalotes et d'huîtres crues ! Telle était cependant la vertu que les anciens attribuaient à cette espèce d'aliment, comme le prouve ce passage du poëte Alexis, rapporté par Athénée, livre II, chapitre 23 :

Βολβοὺς, κοχλίας, κήρυκας, ὠά, ἀκροκώλια·
Τοσαῦτα τούτων ἄν τις εὕροι φάρμακα,

dont voici la traduction littérale :

Bulbos, cochleas, cerycas, ova, extremos pecudum artus;
Tam multa ex his invenias remedia.

Héraclite de Tarente donne la raison suivante de leurs propriétés aphrodisiaques : Βολβὸς, καὶ ὠὸν, καὶ τὰ ὅμοια δοκεῖ σπέρματος εἶναι ποιητικὰ διὰ τὸ ὁμοειδεῖς ἔχειν τὰς πρώτας φύσεις, καὶ τὰς αὐτὰς δυνάμεις τῷ σπέρματι. *Bulbus, ova et similia gignere semen videntur, quia prima illorum natura eamdem cum genitura speciem et potestatem habet.* Pline (liv. xx, ch. 9) dit que les oignons broyés rendent aux nerfs leur vigueur, qu'on les emploie avec succès pour les paralytiques ; et il ajoute : *Venerem maxime megarici stimulant.* Ovide, dans son *Art d'aimer* (liv. ii. v. 415), ne paraît pas avoir grande confiance dans ces prétendus spécifiques ; et il engage son élève à s'en abstenir comme de vrais poisons :

> Sunt qui præcipiant herbas, satureia, nocentes
> Sumere : judiciis ista venena meis.
> Aut piper urticæ mordacis semine miscent;
> Tritaque in annoso flava pyrethra mero.
> Sed dea non patitur sic ad sua gaudia cogi,
> Colle sub umbroso quam tenet altus Eryx.
> Candidus, Alcathoi qui mittitur urbe pelasga,
> Bulbus, et, ex horto quæ venit, herba salax,
> Ovaque sumantur, sumantur hymettia mella,
> Quasque tulit folio pinus acuta nuces.

Hausi parcius merum. Valerius Flaccus, dans son poëme des *Argonautes*, livre ii, vers 70, offre une imitation remarquable de ce passage. Les Argonautes, dit-il,

> . . . . Fessas
> Restituunt vires, et parco corpora Baccho.

Martial nous offre une ingénieuse plaisanterie sur le même sujet, dans son épigramme 107 du livre i :

> Interponis aquam subinde, Rufe,
> . . . .
> Numquid pollicita est tibi beatam
> Noctem Nævia ? . . . .

Enfin Ovide, qu'il faut toujours citer en pareille matière, dit, dans ses *Remèdes d'amour* (v. 803) :

> Quid tibi præcipiam de Bacchi munere, quæris ?
> Spe brevius monitis expediere meis.
> Vina parant animum Veneri, nisi plurima sumas,
> Ut stupeant multo corda sepulta mero.
> Ignem ventus alit, vento restinguitur ignis.
> Lenis alit flammam, grandior aura necat.
> Aut nulla ebrietas, aut tanta sit, ut tibi curas
> Eripiat : si qua est inter utramque, nocet.

CHAPITRE CXXXI. *Mox turbatum sputo pulverem medio sustulit digito.* — Ce n'est pas sans raison que la vieille Prosélénos prend avec le doigt du milieu ce mélange de poussière et de salive. Le doigt médius était réputé infâme chez les anciens ; et Perse, en parlant d'un semblable enchantement, dit (sat. II, v. 33) :

> Infami digito et lustralibus ante salivis
> Expiat, urentes oculos inhibere perita.

Ter me jussit exspuere. Tibulle a dit de même (élégie 11 du liv. I) :

> Ter cane, ter dictis despue carminibus.

Vides, quod aliis leporem excitavi! Ovide offre un exemple de cette locution proverbiale, vers 661 du livre III de l'*Art d'aimer* :

> Credula si fueris, aliæ tua gaudia carpent ;
> Et lepus hic aliis exagitandus erit.

Nobilis æstivas platanus diffuderat umbras. Virgile ne désavouerait pas cette courte, mais charmante description d'un jardin. Ce que Pétrone dit ici du platane, arbre touffu sous lequel les anciens se plaisaient à goûter le frais, rappelle ces vers d'Horace (liv. II, ode 11) :

> Cur non sub alta vel platano, vel hac
> Pinu jacentes sic temere, et rosa
>   Canos odorati capillos,
>   Dum licet, Assyriaque nardo,
> Potamus uncti?

CHAPITRE CXXXII. *Et me jubet catomidiare.* — Ou plutôt *catomidiari*, c'est-à-dire *catomis cædi*, « être fustigé. » Pétrone est le seul des auteurs de la bonne latinité qui se soit servi de ce mot, qu'on retrouve fréquemment dans les écrivains du moyen âge. Ainsi on lit dans la Vie de saint Vitus : *Tunc iratus Valerianus jussit infantem catomis cædi*; dans la Passion de saint Afrique : *Catomis te cædi jubeam*; et dans Spartianus Hadrianus : *Decoctores bonorum suorum catomidiari in amphitheatro jussit.*

Conditusque lectulo, totum ignem furoris in eam converti. Bussy-Rabutin (*Histoire amoureuse des Gaules*) a imité ce passage presque littéralement ; mais qu'il est loin de reproduire les grâces de l'original ! Dans Rabutin, le comte de Guiche, chassé honteusement par la comtesse d'Olonne, dont il avait mal rempli l'attente amoureuse, s'exprime ainsi :

« Je sortis brusquement de chez elle, et me retirai chez moi, où, m'étant mis au lit, je tournai toute ma colère contre la cause de mon malheur.

> D'un juste dépit tout plein
> Je pris un rasoir en main :
> Mais mon envie était vaine,
> Puisque l'auteur de ma peine,
> Que la peur avait glacé,
> Tout malotru, tout plissé,
> Comme allant chercher son antre,
> S'était sauvé dans mon ventre.

« Ne pouvant donc lui rien faire, voici à peu près comme la rage me lui fit parler : — Hé bien, traître ! qu'as-tu à dire ? Infâme partie de moi-même et véritablement honteuse (car on serait bien ridicule de te donner un autre nom) : dis-moi, t'ai-je jamais obligé à me traiter de la sorte ? à me faire recevoir le plus sanglant affront du monde ? Me faire abuser des faveurs que l'on me donne, et me donner, à vingt-deux ans, les infirmités de la vieillesse !... — Mais en vain la colère me faisait parler ainsi :

> L'œil attaché sur le plancher,
> Rien ne le saurait toucher.
> Aussi, lui faire des reproches,
> C'est justement en faire aux roches... »

Il suffit de jeter les yeux sur l'original pour se convaincre qu'ici Pétrone parle en courtisan, et Rabutin en laquais.

Rogo te, mihi apodixin *defunctoriam* redde. — *Apodixis*, mot tiré du grec ἀπόδειξις, démonstration, preuve, publication : on appelait ainsi un certificat que le créancier donnait à son débiteur, quand celui-ci l'avait payé. *Apodixis defunctoria*, était un congé en forme, pour cause d'âge ou d'affaiblissement, et, par extension, un *extrait mortuaire*. En effet, Suétone, dans la *Vie de Néron*, nous enseigne qu'il y avait à Rome des registres, appelés *rationes libitinæ*, où l'on inscrivait le nom de ceux qui mouraient, et que l'extrait qu'on en tirait se nommait *apodixis defunctoria*.

CHAPITRE CXXXIV. *Quod purgamentum nocte calcasti in trivio, aut cadaver?* Les anciens jetaient *trans caput*, par-dessus leur tête, en certains endroits réservés, dans les carrefours, dans les courants d'eau, et dans la mer même, *purgamenta*, les choses qui avaient servi à expier un crime ; parce qu'ils appréhendaient qu'on ne marchât dessus, et qu'ils croyaient que ceux à qui ce malheur arrivait, par hasard ou autrement, s'attiraient, par une espèce de contagion, la peine que méritait le crime expié. *Voyez*, à ce sujet, VIRGILE, égl. VIII, v. 101 :

> Fer cineres, Amarylli, foras : rivoque fluenti,
> Transque caput jace : ne respexeris. . . .

CLAUDIEN, *Quatrième consulat d'Honorius*, vers 330 :

> Trans caput aversis manibus jaculatur in altum
> Secum rapturas cantata piacula tædas ;

et NÉMÉSIEN, églogue IV :

> Quid prodest, quod me pagani mater Amyntæ
> Ter vittis, ter fronde sacra, ter thure vaporo
> Lustravit, cineresque aversa effudit in amnem.

Aut cadaver. — Les anciens regardaient comme une très-grande impureté, qu'il fallait expier, de toucher un corps mort. Cette superstition leur venait des Grecs, auxquels elle avait probablement été transmise par les Hébreux ; car nous lisons au livre des *Nombres*, chapitre 60, verset 9 : *Celui qui touchera un corps mort sera impur pendant sept jours ; mais s'il jette sur lui de cette eau le troisième jour et le septième, il sera purgé.*

Lorum in aqua. Expression proverbiale. Martial (liv. VII, épigr. 58) l'a employée dans le même sens :

> . . . . Madidoque simillima loro
> Inguina. . . . . .

et livre x, épigramme 55 :

> Loro quum similis jacet remisso.

Lunæ descendit imago, Carminibus deducta meis. Les anciens croyaient que les magiciennes avaient le pouvoir de faire descendre la lune du ciel par la force de leurs enchantements, et surtout en frappant sur des bassins d'airain. Ovide se moque ainsi de cette superstition, dans son poëme des *Cosmétiques*, versets 41-42 :

> Et quamvis aliquis temesæa removerit æra,
> Nunquam Luna suis excutietur equis.

Cependant il s'est montré plus crédule dans l'élégie 1 du livre II des *Amours* (v. 23-24) :

> Carmina sanguineæ deducunt cornua Lunæ,
> Et revocant niveos Solis euntis equos.

Ce dernier vers exprime la même idée que ceux de Pétrone :

> . . . . Trepidusque furentes
> Flectere Phœbus equos revoluto cogitur orbe.

CHAPITRE CXXXV. *Musa Battiadæ veteris*. — C'est-à-dire la muse antique de Callimaque, parce que ce poëte, fils de *Battus*, composa un poëme sur Hécalès.

CHAPITRE CXXXVI. *Tales Herculea Stymphalidas arte coactas.* — Les Stymphalides, oiseaux d'une prodigieuse grandeur, qui infestaient les bords du lac Stymphale, en Arcadie. Pausanias (liv. VIII) rapporte qu'ils persécutaient si cruellement les habitants de cette contrée, que ceux-ci supplièrent Hercule de les en délivrer. Ce héros en vint à bout par le secours de Minerve qui lui conseilla de faire un grand bruit en frappant sur des chaudrons : ce qui réussit ; car ces oiseaux, épouvantés, quittèrent le pays et se réfugièrent dans l'île d'Arétic. Pétrone appelle ce stratagème *ars herculea*, pour le distinguer des autres travaux d'Hercule, qui avait coutume de vaincre par la force et non par l'adresse, *vi, non arte*.

Tribus nisi potionibus e lege siccatis. Conformément à la loi des buveurs, qui ordonnait à chaque convive de boire *trois, ou trois fois trois rasades*, et qu'Ausone a ainsi formulée :

> Ter bibe, vel toties ternos, sic mystica lex est.

Suétone, dans la *Vie d'Auguste*, et Platon, dans sa *République*, font mention de cette coutume.

Occidisti Priapi delicias, anserem omnibus matronis acceptissimum. L'oie était consacrée à Priape, parce que, selon plusieurs auteurs anciens, et Pausanias, entre autres, ce ne fut pas en cygne, mais en oie que Jupiter se métamorphosa pour séduire Léda. C'est ce que l'on trouve exprimé d'une manière positive dans le poëme de *Ciris*, attribué à Virgile :

> . . . . Formosior ansere Ledæ.

Atque esto, quidquid Servius, et Labeo. Servius Sulpicius, jurisconsulte très-estimé, non-seulement pour son érudition, mais encore pour la vigueur avec laquelle il résista aux entreprises de César, en disant librement ce qu'il croyait avantageux pour la république. Quelques-uns de ses amis lui ayant représenté le danger qu'il courait à lutter contre un ennemi aussi puissant que César, il leur répondit avec fermeté : *Suum cuique judicium est.*

Labéon, autre jurisconsulte fort considéré. Appien, au livre de la *Guerre civile*, en parle comme d'un homme d'une intégrité et d'une fermeté admirables. Horace, au contraire, meilleur courtisan que philosophe, le traite de fou, dans sa troisième satire, pour avoir refusé le consulat qu'Auguste lui offrait.

Extraxit fortissimum jecur, et inde mihi futura prædixit. L'auteur fait allusion aux aruspices, qui prédisaient les choses futures par l'inspection du foie et du cœur des animaux sacrifiés, dont ils tiraient de bons ou de mauvais augures, selon le bon ou le mauvais état de ces parties. C'est pour cela que Pétrone dit *fortissimum jecur*; peut-être serait-il mieux de lire *fartissimum*, très-gras, très-bien engraissé, du verbe *farcire, farcio, fartum.*

CHAPITRE CXXXVIII. *Ipse Paris, dearum litigantium judex.* C'est ainsi que je lis ce passage avec Douza; et non pas *lividinantium*, comme le porte l'édition de Burmann; ni *vitilitigantium*, comme le voulait Thomas Munckerus, qui aurait dû laisser ce vieux mot dans Caton, où il était allé le déterrer; ni, comme l'imprime Nodot, *libidinantium*, qui signifie *se livrant aux débauches*, ce qui serait ici un contre-sens. Du reste, je ne crois pas que le jugement de Pâris ait jamais fourni une allusion plus ingénieuse que celle des six vers du XXIXe fragment, ci-dessus cité :

> De pretio formæ quum tres certamen inissent,
> Electusque Paris arbiter esset eis;
> Præfecit Venerem Paridis censura duabus,
> Deque tribus victæ succubuere duæ.
> Cum tribus ad Paridem si quarta probanda venires,
> De tribus a Paridi quarta probata fores.

Nec me contumeliæ lassant. Quod verberatus sum, nescio, etc. L'auteur peint ici avec autant de grâce que de sentiment cette patience infatigable des vrais amants, qui souffrent tout sans se plaindre de leurs maîtresses, même les traitements les plus indignes. On trouve à ce sujet dans Properce, livre II, élégie 19 :

> Ultro contemptus rogat, et peccasse fatetur
> Læsus, et invitis ipse redit pedibus;

et plus loin, dans la même élégie :

> Nil ego non patiar, nunquam me injuria mutat.

Ovide, dans son *Art d'aimer* (liv. II, v. 533), fait à son disciple un précepte de cet oubli des injures :

> Nec maledicta puta, nec verbera ferre puellæ,
> Turpe, nec ad teneros oscula ferre pedes.

CHAPITRE CXXXIX. *Gemini satiavit numinis iram Telephus.* — Les deux divinités dont il est question ici sont Minerve et Bacchus. Pour l'intelligence de ce passage, mal compris par la plupart des commentateurs, je suis obligé d'entrer dans quelques détails sur l'histoire fabuleuse de Télèphe, telle que la rapporte Apollodore, au livre III de l'*Origine des dieux*. Hercule, passant par Tégée, devint amoureux d'Auge, prêtresse de Minerve, et lui fit violence. Elle devint mère, et mit au monde un enfant qu'elle cacha dans un bois qui environnait le temple de la déesse ; ce qui irrita tellement Minerve, qu'elle envoya la stérilité dans le pays. Les oracles consultés répondirent *qu'il y avait une impiété cachée dans le bois sacré*. Il fut visité ; on y trouva l'enfant, et le père d'Auge le livra à Nauplius, pour le faire mourir. Mais celui-ci le remit à Teutras, roi de Mysie, qui le fit exposer sur le mont Parthenius, où il fut allaité par une biche, en grec ἔλαφος, ce qui lui fit donner le nom de *Télèphe*. Étant devenu grand, il se rendit à Delphes pour savoir quels étaient ses parents, et, par le conseil de l'oracle, il prit le chemin de la Mysie, où Teutras l'adopta pour son fils, et le déclara son héritier. Il fut donc, comme on le voit, persécuté dans son enfance par Minerve. Voici maintenant comment il éprouva le courroux de Bacchus. Ce dieu protégeait les Grecs : lorsqu'ils se rendaient au siége de Troie, Télèphe voulut défendre contre eux le passage de la Mysie ; mais les pieds de son cheval s'empêtrèrent dans un cep de vigne ; il tomba par terre, et fut blessé par Achille, qui le guérit ensuite avec la même lance dont il l'avait frappé. Les commentateurs, qui ne connaissaient que la moitié de cette histoire, ont dit à ce sujet bien des absurdités ; ils prétendent, par exemple, que *gemini numinis* désigne ici Minerve, qui méritait ce surnom comme étant à la fois la déesse des beaux-arts et des combats.

Teneo te inquit, qualem speraveram. Cette exclamation, *teneo te !* « je te tiens ! » lorsqu'on rencontre quelqu'un à l'improviste, a passé dans notre langue. Elle était familière aux auteurs latins. Apulée (*Métamorphose*, liv. X) : *Teneo te, inquit, teneo meum palumbulum, meum passerem*. Térence, dans son *Heautontimorumenos*, acte II, scène 3 :

ANTIPHILA.

O mi Clinia, salve.

CLINIAS.
Ut vales?
ANTIPHILA.
Salvum advenisse gaudeo.
CLINIAS.
Teneone te,
Antiphila, maxume animo exoptatam meo?

CHAPITRE CXL. *Philumene nomine, quæ multas sæpe hereditates officio ætatis extorserat.* — Juvénal parle de ces gens qui extorquaient des testaments par de honteuses complaisances, satire I, vers 37 :

Quum te submoveant, qui testamenta merentur
Noctibus. . . . . .

Ut scias, me gratiosiorem esse quam Protesilaum, etc. — Protésilas, un des héros grecs au siége de Troie, débarqua le premier, et fut tué par Hector. Il était fameux dans l'antiquité par le nombre de ses exploits amoureux. Laodamie, sa femme, l'aimait si éperdument, que, pendant son absence, elle satisfaisait sa passion pour lui, en embrassant une statue de cire qu'elle avait fait faire à sa ressemblance. Lorsqu'il fut mort, elle obtint des dieux sa résurrection pour trois jours, selon Lucien; cependant Hyginus assure qu'elle n'en jouit que pendant trois heures. Trois heures ! c'était bien peu ; mais l'aimable revenant sut si bien mettre le temps à profit, que Laodamie mourut de plaisir entre ses bras.

Liberorumque experientiam in arte. Pétrone a déjà dit plus haut, en parlant du fils de l'honnête Philumène, *doctissimus puer*, « ce garçon bien appris. » Cela rappelle cette vieille épigramme sur une jeune fille, savante avant l'àge :

Hic jacet exutis Dionysia flebilis annis,
    Extremum tenui quæ pede rupit iter ;
Cujus in octavo lascivia surgere messe
    Cœperat, et dulces fingere nequitias.
Quod si longa suæ mansissent tempora vitæ,
    Doctior in terris nulla puella foret.

CHAPITRE CXLI. *Perusii idem fecerunt in ultima fame.* — Au lieu de *Perusii*, Burmann lit *Petavii*, d'autres *Petelini;* et ils s'appuient, pour défendre cette leçon, sur plusieurs passages de Frontin (*Stratagèmes*, liv. IV, ch. 5), d'Athénée (*Deipnosophistes*, liv. XII), de Tite-Live (liv. XXIII), de Polybe (liv. VII) et de Valère-Maxime (liv. VI). Cependant, malgré ces imposantes autorités, je pense, avec le docte Joseph Scaliger, qu'il faut lire *Perusii*, et que c'est ainsi que Pétrone avait écrit. *Pérouse,* comme on sait, est une ville de Toscane, bâtie par les Achéens sur les bords du lac Trasimène. L. Antoine y fut assiégé par Auguste, qui ne parvint à s'emparer de la ville qu'après en avoir réduit les habitants à une si horrible famine, qu'ils furent obligés de se nourrir de chair humaine, comme le rapportent Tite-Live, livre cxxvi ; Suétone, dans la *Vie d'Auguste,* chapitre 15 ; Frontin, livre iv, chapitre 5. Ausone confirme encore l'opinion de Scaliger par ce passage de sa vingt-deuxième épître, où il joint, comme Pétrone, les Sagontins aux Pérousins :

>Jamjam perusina et saguntina fame
>Etc.

C'est à ce trait si connu que Lucain fait allusion par ces mots *perusina fames.*

Juvénal (sat. xv, v. 93) rapporte un trait semblable des Vascons ou Gascons de la ville de *Calaguris,* aujourd'hui *Calahorra,* dans l'Espagne Tarragonaise : assiégés par Pompée et Métellus, et réduits aux dernières extrémités, *ils furent forcés,* dit Valère-Maxime, livre vii, chapitre 6, *de faire un horrible festin de la chair de leurs femmes et de leurs enfants.* Voici les vers de Juvénal :

>Vascones, hæc fama est, alimentis talibus olim
>Produxere animas : sed res diversa, sed illic
>Fortunæ invidia est bellorumque ultima, casus
>Extremi, longæ dira obsidionis egestas.
>Hujus enim, quod nunc agitur, miserabile debet
>Exemplum esse cibi : sicut modo dicta mihi gens
>Post omnes herbas, post cuncta animalia, quidquid
>Cogebat vacui ventris furor, hostibus ipsis
>Pallorem ac maciem, et tenues miserantibus artus,
>Membra aliena fame lacerabant, esse parata
>Et sua. Quisnam hominum veniam dare, quisve deorum
>Viribus abnuerit dira atque immania passis,
>Et quibus illorum poterant ignoscere manes
>Quorum corporibus vescebantur? etc.

Massilienses quoties pestilentia laborabant, etc. Ce passage de Pétrone est cité par Servius, dans son commentaire sur ce passage du iiie livre de l'*Énéide : auri sacra fames.* Lactance Placide, dans son commentaire sur le livre x de la *Thébaïde* de Stace, dit que cette coutume était commune à tous les Gaulois, et fait une ample description des cérémonie que l'on observait dans le sacrifice de ces victimes expiatoires : *Lustrare civitatem*, dit-il, *humana hostia gallicus mos est. Nam aliquis de elegantissimis pelliciebatur præmiis, ut se ad hoc venderet : qui anno toto publicis sumptibus alebatur purioribus cibis; denique certo et solemni die per totam civitatem ductus ex urbe, extra pomœria saxis occidebatur a populo.* Si quelque lecteur trouvait la conclusion du roman satirique de Pétrone trop horrible et trop peu vraisemblable, ce passage de Lactance suffirait, je pense, pour justifier notre auteur.

NOTES

SUR LES FRAGMENTS ATTRIBUÉS A PÉTRONE.

---

1. *Cedit crinibus aurum.* — On trouve la même idée dans une pièce attribuée à Gallus :

> Pande, puella, pande capillulos
> Flavos, lucentes, ut aurum nitidum;

et dans Stace, *Achilléide,* livre I, vers 162 :

> . . . . . Fulvoque nitet coma gratior auro.

Ipsa tuos quum ferre velis per lilia gressus. Cette image gracieuse ne le cède guère à celle de Virgile (*Énéide,* liv. VII, v. 808), lorsqu'il dit, en parlant de Camille, reine des Volsques :

> Illa vel intactæ segetis per summa volaret
> Gramina, nec teneras cursu læsisset aristas.

IV. *Transversosque rapit fama sepulta probris?* Ces mots *transversos rapit* répondent à ce passage de Septimius (*Guerre de Troie,* liv. I, ch. 7) : *Præda ac libidine transversi agebantur.*

V. *Primus in orbe deos fecit timor.* — Ce vers se trouve littéralement dans la *Thébaïde* de Stace, livre III, vers 661, et Lucrèce a paraphrasé la même idée :

> Nunc quæ causa deûm per magnas numina gentes
> Pervolgarit, et ararum compleverit urbes;
> . . . .
> Unde etiam nunc est mortalibus insitus horror,
> Qui delubra deûm nova toto suscitat orbi
> Terrarum. . . . .
> . . . .
> Præter eas cœli rationes, ordine certo,
> Et varia annorum cernebant tempora verti;
> Nec poterant, quibus id fieret, cognoscere, causis;
> Ergo perfugium sibi habebant omnia divis
> Tradere, et illorum nutu facere omnia flecti.

VIII. *Invenias quod quisque velit.* — Bourdelot a inséré cette épigramme dans le chapitre CXXVI du *Satyricon*, après ces mots : *Nisi in equestribus sedeo.*

XI. *Si commissa verens avidus reserare minister.* — Pétrone semble avoir emprunté à Ovide (*Métamorphoses*, liv. XI) ces détails sur la fable si connue des oreilles de Midas ; Ausone, dans sa vingt-troisième épître, la rapporte en ces termes :

> Depressis scrobibus vitium regale minister
> Credidit, idque diu texit fidissima tellus.
> Inspirata dehinc vento cantavit arundo.

XII. *Fallunt nos oculi, vagique sensus.* — Lucrèce a traité le même sujet, liv. IV, v. 354 :

> Quadratasque procul turres quum cernimus urbis,
> Propterea fit uti videantur sæpe rotundæ,
> Angulus obtusus quia longe cernitur omnis ;
> Sive etiam potius non cernitur, ac perit ejus
> Plaga, nec ad nostras acies perlabitur ictus.

XIV. *Sic format lingua fœtum, quum protulit ursa.* — On lit dans Ovide (*Métamorphoses*, liv. XV, v. 379) :

> Nec catulus, partu quem reddidit ursa recenti,
> Sed male viva caro est ; lambendo mater in artus
> Fingit ; et in formam, quantam capit ipsa, reducit.

Et piscis nullo junctus amore parit. — C'est une des nombreuses erreurs des anciens sur la génération des animaux ; elle n'a pas besoin d'être réfutée, non plus que la prétendue virginité des mères abeilles, que Pétrone exprime ainsi trois vers plus loin :

> Sic, sine concubitu, textis apis excita ceris
> Fervet, et audaci milite castra replet.

Presque tous les traducteurs de Virgile ont prouvé dans leurs notes l'absurdité de cette opinion, à propos de ces vers (v. 198 et 199) du quatrième livre des *Géorgiques* :

> Quod neque concubitu indulgent, nec corpora segnes
> In Venerem solvunt, aut fœtus nixibus edunt

XV. *Naufragus, ejecta nudus rate, quærit eodem, etc.* — Ces vers ne semblent-ils pas inspirés par ceux-ci de Properce, liv. II, élég. 1, v. 43?

> Navita de ventis, de tauris narrat arator,
> Enumerat miles vulnera, pastor oves.

Grandine qui segetes et totum perdidit annum. — Ovide a dit de même (*Métamorphoses*, liv. I, v. 273) :

> . . . . . . Longique perit labor irritus anni.

XVII. *Judæus et licet porcinum numen adoret, Et cœli summas advocet auriculas.* — Pétrone, par une mauvaise foi commune à tous les païens, qui accusaient les juifs et les chrétiens de toutes sortes de crimes et d'infamies, prétend ici qu'ils adoraient la divinité sous la forme d'un porc, tandis que leur aversion pour cet animal immonde est un fait notoire. Peut-être prenaient-ils pour une preuve de respect religieux cette abstinence de la chair de porc. Juvénal est tombé dans la même erreur, lorsqu'il dit :

> Nec distare putant humana carne suillam.

Quant à cette autre assertion de Pétrone, *et cœli summa advocet auriculas*, on sait que Tacite, Appien d'Alexandrie, Molon et d'autres historiens profanes ont reproché aux juifs de conserver dans le sanctuaire de leur temple une tête d'âne d'or massif, qui était l'objet de leur culte : le motif de ce culte (disent les auteurs païens) était que les Hébreux, traversant le désert sous la conduite de Moïse, et dévorés par la soif, furent redevables de leur salut à l'instinct de leurs ânes, qui découvrirent des sources d'eau où tout le peuple de Dieu se désaltéra. L'historien Josèphe et Tertullien ont démontré clairement l'absurdité de cette fable. Cependant les Romains désignaient les chrétiens ainsi que les juifs par le nom grossier d'*asinarios*, et, dans d'infâmes caricatures exposées en public, ils représentaient le Christ avec des oreilles d'âne ; l'un de ses pieds se terminait par un sabot de corne ; il était vêtu d'une longue robe et portait un livre dans sa main ; et au-dessous de ces images monstrueuses ils mettaient cette inscription insolente : *Deus christianorum* ἀνόχητος.

XIX. *Delos, jam stabili revincta terræ.*— Ce fragment est évidemment imité de Virgile, *Énéide*, livre III, vers 73 :

> Sacra mari colitur medio gratissima tellus
> Nereidum matri, et Neptuno Ægeo :
> Quam pius arcitenens, oras et littora circum
> Errantem, Gyaro celsa Myconoque revinxit,
> Immotamque coli dedit, et contemnere ventos.

Olim purpureo mari natabat. — Dans ce vers, *purpureus* signifie *brillant*, et non pas *pourpré*; c'est encore une imitation de Virgile, *Géorgiques*, livre IV, vers 373 :

> In mare purpureum violentior effluit amnis.

XXI. *Quando ponebam novellas arbores.* — Parny semble avoir voulu imiter cette idée gracieuse dans ces vers :

> Bel arbre, je viens effacer
> Ces deux noms qu'une main trop chère,
> Sur ton écorce solitaire,
> Se plut elle-même à tracer.
> Ne parle plus d'Éléonore;
> Rejette ces chiffres menteurs;
> Le temps a désuni les cœurs
> Que ton écorce unit encore.

XXXI. *Nolo nuces, Amarylli, tuas, nec cerea pruna.* — Allusion à ces vers de la IIe églogue de Virgile :

> Ipse ego cana legam tenera lanugine mala,
> Castaneasque nuces, mea quas Amaryllis amabat.
> Addam cerea pruna. . . . . .

XXXIII. *Quum mea me genitrix gravida gestaret in alvo.* — Cette épigramme est, certes, un tour de force pour la précision; on ne peut dire plus en moins de mots. « L'*Anthologie* entière, s'écrie La Monnoye dans l'enthousiasme de l'admiration, n'a rien de mieux tourné, de plus fin, ni de plus joliment imaginé. » (*OEuvres choisies de La Monnoye*, t. III, p. 418.) La langue grecque est peut-être la seule jusqu'ici qui ait pu rendre avec grâce les dix vers latins par dix vers équivalents; et c'est ainsi que Politien, Lascaris et La Monnoye ont su traduire agréablement en grec l'épigramme de *l'Hermaphrodite*. Nicolas Bourbon l'a refaite, je ne sais pourquoi, en latin; elle se trouve dans ses *Nugæ*. Il s'en faut bien que cette copie vaille l'original. Jean Doublet, mademoiselle de Gournay, et La Monnoye lui-même, ont essayé d'en donner chacun une traduction française. La première est en seize vers irréguliers, la deuxième en dix-huit vers alexandrins, la troi-

sième en quatorze vers de dix syllabes. Ainsi la plus courte des trois
est d'un tiers plus longue que l'original; je la cite comme la meilleure,
la voici :

> Ma mère enceinte, et ne sachant de quoi,
> S'adresse aux dieux; là-dessus grand'bisbille.
> Apollon dit : C'est un fils, selon moi;
> Et selon moi, dit Mars, c'est une fille;
> Point, dit Junon, ce n'est fille ni fils.
> Hermaphrodite ensuite je naquis.
> Quant à mon sort, c'est, dit Mars, le naufrage;
> Junon, le glaive; Apollon, le gibet.
> Qu'arriva-t-il? Un jour, sur le rivage,
> Je vois un arbre, et je grimpe au sommet.
> Mon pied se prend; la tête en l'eau je tombe,
> Sur mon épée. Ainsi, trop malheureux,
> A l'onde, au glaive, au gibet je succombe,
> Fille et garçon, sans être l'un des deux.

M. de Guerle a essayé de faire en français ce que Politien, Lascaris et
La Monnoye ont fait en grec; voici son imitation qui, à défaut d'autre
mérite, a du moins celui de la précision :

> Ma mère enceinte, un jour, vint consulter les dieux.
> — Que dois-je mettre au jour? — Un fils, dit Aphrodite.
> — Phébus dit : une fille; — et Junon : nul des deux. —
> Enfin, me voilà né. Que suis-je? Hermaphrodite.
> Sur ma mort divisés, Pan me voue au gibet,
> Mars au glaive, Bacchus m'envoie à la rivière.
> Aucun ne faut. Un saule ornait une onde claire;
> J'y grimpe. Sur ma brette, en glissant du sommet,
> Je tombe, nez dans l'eau, pieds en l'air, et rends l'âme,
> Percé, noyé, pendu, sans nul sexe, homme et femme.

XXXIV. *Me nive candenti petiit modo Julia.* — Charmé de la délicatesse qui caractérise la pensée et l'expression de l'épigramme de Pétrone,
La Monnoye a voulu la faire passer dans notre langue; on va juger si la
copie a conservé les grâces de l'original :

> Que dans la neige il se trouve du feu,
> Pas n'aurais cru que cela se pût faire;
> Mais lorsqu'Iris, par manière de jeu,
> Hier m'en jeta, j'éprouvai le contraire.
> Par un effet qui n'est pas ordinaire,
> Mon cœur d'abord brûla du feu d'amour;
> Or, si ce feu part du propre séjour
> Où le froid semble avoir élu sa place,
> Pour m'empêcher de brûler nuit et jour,
> N'usez, Iris, de neige ni de glace :
> Mais, comme moi, brûlez à votre tour.

Longtemps avant La Monnoye, Clément Marot avait imité la même épigramme dans son style naïf et badin :

> Anne, par jeu, me jeta de la neige,
> Que je cuidois froide certainement :
> Mais c'étoit feu, l'expérience en ai-je,
> Car embrasé je fus soudainement.
> Puisque le feu loge secrètement
> Dedans la neige, où trouverai-je place
> Pour n'ardre point ? Anne, ta seule grâce
> Esteindre peult le feu que je sens bien,
> Non point par eau, par neige, ne par glace,
> Mais par sentir un feu pareil au mien.

FIN DES NOTES.

Paris. — Imprimerie de P.-A. BOURDIER et Cie, rue Mazarine, 30.

www.ingramcontent.com/pod-product-compliance
Lightning Source LLC
Chambersburg PA
CBHW071105230426
43666CB00009B/1836